经以济世
建行尚未
贺教育部
人文社科项目
心里

李经栋
[印章]

教育部哲学社會科学研究重大课题攻關项目

中国金融国际化中的
风险防范与金融安全研究

A RESEARCH ON RISK PREVENTION
AND FINANCIAL SECURITY IN CHINA'S
FINANCIAL INTERNATIONALIZATION

刘锡良

等著

经济科学出版社
Economic Science Press

图书在版编目（CIP）数据

中国金融国际化中的风险防范与金融安全研究/刘锡良等著．
—北京：经济科学出版社，2012.9
（教育部哲学社会科学研究重大课题攻关项目）
ISBN 978 - 7 - 5141 - 2423 - 1

Ⅰ.①中…　Ⅱ.①刘…　Ⅲ.①金融－国际化－金融风险
防范－研究－中国　Ⅳ.①F832.1

中国版本图书馆 CIP 数据核字（2012）第 216784 号

责任编辑：庞丽佳
责任校对：刘　昕
版式设计：代小卫
技术编辑：邱　天

中国金融国际化中的风险防范与金融安全研究

刘锡良　等著
经济科学出版社出版、发行　新华书店经销
社址：北京市海淀区阜成路甲 28 号　邮编：100142
总编部电话：88191217　发行部电话：88191537
网址：www.esp.com.cn
电子邮件：esp@ esp.com.cn
北京中科印刷有限公司印装
787×1092　16 开　35.75 印张　670000 字
2012 年 11 月第 1 版　2012 年 11 月第 1 次印刷
ISBN 978 - 7 - 5141 - 2423 - 1　定价：89.00 元

课题组主要成员

（按姓氏笔画为序）

首席专家： 刘锡良

主要成员： 邓乐平　王丽娅　王　擎　文庆能
许文彬　周　凯　周轶海　洪　正
聂富强　董青马

编审委员会成员

总　序

哲学社会科学是人们认识世界、改造世界的重要工具，是推动历史发展和社会进步的重要力量。哲学社会科学的研究能力和成果，是综合国力的重要组成部分，哲学社会科学的发展水平，体现着一个国家和民族的思维能力、精神状态和文明素质。一个民族要屹立于世界民族之林，不能没有哲学社会科学的熏陶和滋养；一个国家要在国际综合国力竞争中赢得优势，不能没有包括哲学社会科学在内的"软实力"的强大和支撑。

近年来，党和国家高度重视哲学社会科学的繁荣发展。江泽民同志多次强调哲学社会科学在建设中国特色社会主义事业中的重要作用，提出哲学社会科学与自然科学"四个同样重要"、"五个高度重视"、"两个不可替代"等重要思想论断。党的十六大以来，以胡锦涛同志为总书记的党中央始终坚持把哲学社会科学放在十分重要的战略位置，就繁荣发展哲学社会科学做出了一系列重大部署，采取了一系列重大举措。2004年，中共中央下发《关于进一步繁荣发展哲学社会科学的意见》，明确了新世纪繁荣发展哲学社会科学的指导方针、总体目标和主要任务。党的十七大报告明确指出："繁荣发展哲学社会科学，推进学科体系、学术观点、科研方法创新，鼓励哲学社会科学界为党和人民事业发挥思想库作用，推动我国哲学社会科学优秀成果和优秀人才走向世界。"这是党中央在新的历史时期、新的历史阶段为全面建设小康社会，加快推进社会主义现代化建设，实现中华民族伟大复兴提出的重大战略目标和任务，为进一步繁荣发展哲学社会科学指明了方向，提供了根本保证和强大动力。

高校是我国哲学社会科学事业的主力军。改革开放以来，在党中央的坚强领导下，高校哲学社会科学抓住前所未有的发展机遇，紧紧围绕党和国家工作大局，坚持正确的政治方向，贯彻"双百"方针，以发展为主题，以改革为动力，以理论创新为主导，以方法创新为突破口，发扬理论联系实际学风，弘扬求真务实精神，立足创新、提高质量，高校哲学社会科学事业实现了跨越式发展，呈现空前繁荣的发展局面。广大高校哲学社会科学工作者以饱满的热情积极参与马克思主义理论研究和建设工程，大力推进具有中国特色、中国风格、中国气派的哲学社会科学学科体系和教材体系建设，为推进马克思主义中国化，推动理论创新，服务党和国家的政策决策，为弘扬优秀传统文化，培育民族精神，为培养社会主义合格建设者和可靠接班人，做出了不可磨灭的重要贡献。

自 2003 年始，教育部正式启动了哲学社会科学研究重大课题攻关项目计划。这是教育部促进高校哲学社会科学繁荣发展的一项重大举措，也是教育部实施"高校哲学社会科学繁荣计划"的一项重要内容。重大攻关项目采取招投标的组织方式，按照"公平竞争、择优立项、严格管理、铸造精品"的要求进行，每年评审立项约 40 个项目，每个项目资助 30 万～80 万元。项目研究实行首席专家负责制，鼓励跨学科、跨学校、跨地区的联合研究，鼓励吸收国内外专家共同参加课题组研究工作。几年来，重大攻关项目以解决国家经济建设和社会发展过程中具有前瞻性、战略性、全局性的重大理论和实际问题为主攻方向，以提升为党和政府咨询决策服务能力和推动哲学社会科学发展为战略目标，集合高校优秀研究团队和顶尖人才，团结协作，联合攻关，产出了一批标志性研究成果，壮大了科研人才队伍，有效提升了高校哲学社会科学整体实力。国务委员刘延东同志为此做出重要批示，指出重大攻关项目有效调动各方面的积极性，产生了一批重要成果，影响广泛，成效显著；要总结经验，再接再厉，紧密服务国家需求，更好地优化资源，突出重点，多出精品，多出人才，为经济社会发展做出新的贡献。这个重要批示，既充分肯定了重大攻关项目取得的优异成绩，又对重大攻关项目提出了明确的指导意见和殷切希望。

作为教育部社科研究项目的重中之重，我们始终秉持以管理创新服务学术创新的理念，坚持科学管理、民主管理、依法管理，切实增强服务意识，不断创新管理模式，健全管理制度，加强对重大攻关项目的选题遴选、评审立项、组织开题、中期检查到最终成果鉴定的全过程管理，逐渐探索并形成一套成熟的、符合学术研究规律的管理办法，努力将重大攻关项目打造成学术精品工程。我们将项目最终成果汇编成"教育部哲学社会科学研究重大课题攻关项目成果文库"统一组织出版。经济科学出版社倾全社之力，精心组织编辑力量，努力铸造出版精品。国学大师季羡林先生欣然题词："经时济世　继往开来——贺教育部重大攻关项目成果出版"；欧阳中石先生题写了"教育部哲学社会科学研究重大课题攻关项目"的书名，充分体现了他们对繁荣发展高校哲学社会科学的深切勉励和由衷期望。

　　创新是哲学社会科学研究的灵魂，是推动高校哲学社会科学研究不断深化的不竭动力。我们正处在一个伟大的时代，建设有中国特色的哲学社会科学是历史的呼唤，时代的强音，是推进中国特色社会主义事业的迫切要求。我们要不断增强使命感和责任感，立足新实践，适应新要求，始终坚持以马克思主义为指导，深入贯彻落实科学发展观，以构建具有中国特色社会主义哲学社会科学为己任，振奋精神，开拓进取，以改革创新精神，大力推进高校哲学社会科学繁荣发展，为全面建设小康社会，构建社会主义和谐社会，促进社会主义文化大发展大繁荣贡献更大的力量。

教育部社会科学司

前　言

  本书为刘锡良教授主持的教育部 2006 年重大攻关课题"中国金融国际化中的风险防范与金融安全研究"（06JZD0016）的最终研究成果，剪裁浓缩于"中国金融国际化中的风险防范与金融安全研究系列丛书"十余卷本和课题进行中发表的系列论文、研究报告及讨论中的一些重要思想。自项目申请以来，课题组进行了广泛的多层次国内外学术交流，与世界银行、IMF、一行三会、日本岗山证券等建立了长期的合作关系，并赴美国、日本，以及中国台湾、北京、上海、深圳等地进行调研考察，取得了丰富的第一手资料，主要研究成果呈现于本书之中。该项目历经 5 年，期间史无前例的华尔街金融海啸冲击也为我们的研究提供了丰富素材并赋予了崭新时代意义。

  本项目以西南财经大学中国金融研究中心为依托，联合各方面的力量，组建一流的研究团队，共同完成课题的研究。课题组共由 30 多位同志组成，曾康霖教授、庞皓教授、邓乐平教授、陈野华教授、曹廷贵教授、倪克勤教授、殷孟波教授、黎实教授、高晋康教授、聂富强教授、谢平研究员、唐旭研究员、王松奇研究员、唐思宁研究员、王自力博士、阎庆民博士、姜洋博士、徐诺金博士、陆磊教授、尹龙博士等，对课题的思路设计提出了许多宝贵的意见。董青马副教授、洪正副教授、王擎教授、聂富强教授、文庆能博士、王丽娅博士、刘轶副教授、孙磊博士、周凯博士、李世宏博士、童梦博士、许文彬教授、周轶海博士、吴婷婷博士、胡正博士、刘晓辉副教授、齐稚平博士、苗文龙博士等分别参与部分章节的撰写及资料整理工作，并付出了辛勤劳动。

1

　　本课题由刘锡良教授主持并提出研究的基本思路与框架体系，并与董青马副教授一道，对全书进行了修改总纂和主要观点的提炼，当然限于思维的局限，可能对原稿理解有所偏差，出现的错误与遗漏均由统稿者负责。

　　在课题设计与论证过程中，交通银行董事长胡怀邦教授、中国人民银行研究局局长唐旭教授、中央汇金投资有限公司总经理谢平教授、中央财经大学校长王广谦教授、辽宁大学国际金融研究所所长白钦先教授、中国社会科学金融中心副主任王松奇教授、中国银监会主席助理阎庆民教授、复旦大学姜波克教授、中国人民大学研究生院院长吴晓求教授、中央财经大学副校长史建平教授、教育部社科司袁振国司长、张东刚副司长、西南财经大学副校长刘灿教授等，对课题的设计思路提出了许多有益的建议，西南财经大学中国金融研究中心办公室的同志及其他老师也对课题的顺利进行提供了诸多帮助。在此，表示诚挚感谢。

　　金融安全的研究是一动态变化的开放进程，其探究的边界与重点也将随着全球金融格局特征变化而相应更新。亚洲金融危机让我们反思"东亚模式"、政府失败与裙带资本主义的缺陷，而"华尔街金融海啸"又让我们审视全球金融过度膨胀与金融创新带来的危害。"路漫漫其修远兮，吾将上下而求索"，本课题的研究也仅仅是一个尝试，仅反映了我们对此问题的思考与探索，仍存在许多值得进一步思索的问题，诚请学界各位同行和广大读者不吝赐教。

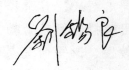

摘　要

人类社会进入 20 世纪后，全球化浪潮风起云涌，金融的发展在促进全球经济增长的同时，也给世界各国特别是发展中国家带来了巨大的风险。世界金融发展史表明，无论是发达国家还是发展中国家，在经济开放的过程中很少能够避免金融危机的爆发，经济发展通常伴随着风险的形成与积聚，金融风险积累到一定程度后，将严重影响到一国金融安全。中国正处在新一轮开放与和平崛起的时期，面对经济全球化的复杂局面，中国政府提出了在"新安全观"指导下构建"和谐世界"的宏大构想。但崛起中的中国应该采取怎样的金融开放战略？金融体系如何支撑中国经济持续高速增长？中国会不会出现金融危机？什么情况下会爆发金融危机？因此，本课题的研究将丰富新时期金融安全理论，为防范风险、维护金融安全，保持国民经济的持续健康发展提供重要决策支持。

本书从最基本概念入手，以个体风险、系统性风险与金融安全之间的逻辑关系作为分析的起点。全书围绕一个中心（以金融机构尤其是银行作为研究核心）、两个视角（金融经济学与金融政治经济学视角）、三个层次（国家安全、经济安全、金融安全）来展开进行。具体来讲，本书从中国双重约束的特殊背景出发研究政府与市场在风险防范和安全维护中的作用，通过构建政府主导型金融体系中的风险防范和金融安全的理论体系，对政府在市场经济中的角色和行为赋予新的内涵。并运用多种方法综合研究中国双重约束下的风险测度和危机预警，为中国金融危机管理体系的建立提供理论支撑。

本书遵循"背景剖析—问题提出—理论解释—对策研究"的基本

逻辑展开。全书共分为三大部分：第一部分为背景研究，将金融国际化分为货币、资本流动、金融机构、金融业务、金融市场及金融监管的国际化六大维度，从理论与全球经验两大视角分析金融国际化与金融安全的理论关系，研判我国金融国际化的阶段特征、演进动因及未来演化路径。第二部分为金融安全的理论解释，包括第三至七章。第三至四章分别从银行及金融市场角度研究金融系统性风险的生成与传染机制，并考察银行系统性风险与金融市场风险的转移问题，得到个体风险向金融系统性风险转移的路径与可能性。第五章考察金融系统性风险在宏观经济部门间的转移与分担机制，评估金融系统性风险向安全问题转化的机理与可能性。第六至七章分别从经济与政治视角考察全球金融风险的转移与分担机制，第六章以发展中国家为研究视角在信息—制度理论框架研究跨国金融风险分摊问题，考察次贷危机的全球金融风险分摊模式及中国在跨国金融风险分摊中的地位，并提出降低我国被迫分摊的跨国金融风险量值，从而充分保障自身的金融安全和经济安全的政策建议；第七章从政治学的视角研究国际政治经济秩序演变、金融安全与金融主权之间的逻辑关系，考察国际政治经济新秩序下的金融主权问题。第三部分为金融风险防范及安全维护的政策建议，包括第八至十章。第八章从政府行为与金融机构竞争力双重视角入手构建了风险防范与安全维护的基本框架，从对外开放策略、金融结构优化、金融安全网构建、市场约束及公司治理四个维度提出金融维护策略；第九章对我国金融安全状态进行了监测与预警，并分别从短期及长期视角研究我国金融安全出现问题的可能性；第十章在最后贷款人理论基础上拓展，从多重委托代理关系视角研究中央银行与商业银行的博弈关系，得出不同场景下的最优金融危机救助原则，并在研究危机管理理论与历次危机经验总结基础上提出了金融危机管理的一般框架。

本书立足于全球金融体系发展的最新格局，紧密依托于中国的新安全观，形成了以下四个方面的研究特色：

1. 研究视角与研究思路较为新颖，为金融安全的研究提供了较好的整合框架与新的研究线索。

第一，在研究视角上，从国家安全与开放战略的高度切入金融安全问题，在全球政治经济背景下研究金融安全问题的内涵、层次与观念，构建了金融安全基于金融经济和金融政治双视角的综合研究框架。本书剖析安全问题的理论渊源，将国际格局、金融权力等要素纳入分析范围，拓宽了研究视野。本书在"互信、互利、平等、协作"的"新安全观"基础上，加入"以国家为中心"的分析视角，提出了认识"新金融安全观"的逻辑起点：将金融开放看作是非核心金融主权的分享过程，将金融安全维护看作是国家对核心主权的坚守和保障。

第二，以金融机构作为研究核心，以个体风险、系统性风险与金融安全之间的逻辑关系作为分析的起点。本书在国际化背景下以金融机构为着眼点探讨风险机理的微观基础，研究金融机构风险的生成、转移与扩散机理，进而探究系统性风险转移与金融安全的关系。

第三，以国家安全层面为起始，在双重转型的特殊约束条件下，从国家安全、经济安全、金融安全三个层次论述金融安全在不同层面上的相互转换与分担机制。国家层面的金融安全主要探讨国际政治经济新秩序下的中国金融开放战略与控制权的争夺问题；经济层面的金融安全主要探讨金融系统性风险与经济系统风险的分担与转换机制，研究金融系统性风险向金融危机、经济危机转化的临界条件与路径；金融层次的金融安全主要探讨经济风险如何集中于金融体系，研究金融机构个体风险如何向系统性风险转换及金融机构、金融市场之间的风险传染机制。三个层次从宏观到微观，相互递进、相互关联，微观层次的研究可作为宏观层次研究的微观基础与理论依据，宏观层次的研究可作为微观层次的前提条件。

2. 在研究方法上，本课题基于金融国际化中的双重约束背景，构建金融安全理论的微观基础，研究风险与金融安全问题机理，推动理论研究的系统性和模型化。

第一，我们将金融国际化作为广义的研究背景，又重点研究金融国际化进程本身的行为及政策选择，明确了金融安全研究的边界与重点。并运用经济指标法和法律法规描述指标法两种度量方法，对中国自改革开放以来的金融国际化程度变化趋势、存在问题及演绎路径进行了总体判断。

第二，从个体银行风险触发、银行系统性风险生成、金融安全网下的银行系统性风险变迁三个层次对银行系统性风险进行研究。并通过实证研究证实了不同金融开放程度与不同金融发展程度的国家银行系统性风险生成机制的差异。本书很好地挖掘出政府治理指数、金融开放度量指数、金融自由化指数等指标，并选取全球 60 个国家 24 年的大样本数据进行分组控制研究，论证了不同开放程度与不同金融发展程度下的银行系统性风险生成机制差异。

第三，在分析金融风险在系统内跨市场传染路径基础上，利用VaR 模型、GARCH – BEKK 模型，研究了货币市场、股票市场、存贷款市场、国债市场之间的传染关系。

第四，从国家角度划分宏观经济部门，从风险分担的微观基础出发，以最优风险分担为基准，编制了部门经济资产负债表，并且通过相关权益法分别深入研究金融系统性风险在各部门的分担与转移机制。研究贯穿了风险的最初分担、转移和最终分担整个动态过程，有助于清楚地把握某个阶段的风险分担状态，推动了相关研究的系统性和模型化。

第五，把资产负债表方法与期权定价理论相结合分析宏观问题，这在国内外关于宏观风险分担问题的研究上尚属前沿，可以更清楚地分析部门间风险分担与暴露状况以及管理宏观经济风险。本书为了研究各部门之间的风险分担与转移状况，把各部门当作一个整体，通过部门资产负债表分析部门的风险暴露状况。另外，由于各部门间是相互联系，除了直接影响资产负债表的事项外，还有隐含在各部门间的关系，例如隐性担保。为了显示这种联系，我们采用期权理论中的或有要求权（CCA）理论。

第六，在一个信息—制度理论框架下论述了金融风险及其跨国分摊的深层次内涵，并以一个基于微观基础的数理模型将这一分摊机制进行了模式化表达，从中得到若干有启发价值的结论。鉴于这方面的研究目前基本上没有，本书在开辟方面应具有一定的价值。首先，将信息理论和制度理论进行了一个理论统合，从而构建起信息与制度互为表里、相互统一的理论框架。该框架既为制度分析构建起一个坚实的微观基础，又为信息理论对宏观经济现象和社会现象的解释与运用拓宽了道路，并且为分析金融风险的成因和跨国分摊机制的特征奠定了微观—宏观统一的逻辑基石和理论基石。其次，以信息—制度理论和金融风险分摊模型为手段，考察了当前世界性金融危机中金融风险的分摊机制和特点，从而得出若干基本论断和预测，体现了理论运用于实践、理论阐释现实的社会科学研究归宿。最后，将微观模型进行了宏观化拓展，为分析现实世界中金融风险的跨国分摊现状提供了一个可供立足的理论基石。

第七，本书深入剖析各国政府与银行的行为动机、策略及其政治经济约束，从个体和产业的角度出发，将有关银行业控制权的零散理论纳入了统一的研究框架，阐述了银行业开放、银行业控制权与金融安全的逻辑联系，增强了理论研究的系统性和解释力。

3. 由于我国并未发生显著意义的金融危机，本书将我国制度环境嵌入金融安全模型，对我国金融安全的形成机理与生成路径进行了深入考察，并创造性地提出具有中国特色的金融安全状况监测及危机预警理论。

第一，本书对我国金融国际化未来演绎方向及可能存在的金融安全问题进行了前瞻性的预判，并针对我国当前的一些重大金融安全问题进行了专题研究，比如人民币货币主权问题、金融机构控制权问题、热钱涌入问题、地方政府债务问题、银行系统性风险问题等。

第二，从我国制度环境入手，对银行体系资产负债结构、共同冲击、传染方式及预算软约束下的制度背景进行了深入考察，并利用风险分担与转移模型对我国系统性风险在各部门的分布状况进行了考察，得出我国金融系统性风险的根源在于经济的可持续增长与政府担保的可信度。

第三，本书从金融安全的微观机理出发，创造性地从“银行系统性风险评估、宏观经济风险暴露、中国金融控制权评估、全球金融风险分摊中的中国地位评估”四个层次对我国金融安全状态进行了评估，改变了我国金融安全状态评估的单一性，为我国金融安全指数的编制打下了坚实基础：一是对我国银行系统性风险生成的潜在路径进行了预判，并运用综合指数法对我国银行系统性风险的状况进行了准确评估。二是运用布莱克—斯克尔斯（Black-Scholes）模型和结合默顿（Merton，2006）框架，编制出了我国各部门经济资产负债表，在此基础上估算了我国宏观经济风险的整体暴露状况，并对部门经济资产负债进行了敏感性分析，通过实证结果对宏观风险在部门间的转移进行了返回式验证。另外，本书把债务可持续性传统分析法和 CCA 方法相结合，对我国公共部门债务可持续性进行了全面分析。此方法把各部门联系起来，浑然一体，更加有利于揭露部门间风险分担与转移机制和国家宏观经济风险暴露状况，相比于传统研究国家宏观经济风险的方法更加简便和准确。三是建立起评判银行业外资控制程度的指标体系，在国内首次对我国现阶段银行业控制权与态势进行了评判，对金融安全形势的未来变化趋势进行了预估。四是我国在对外开放中的跨国金融风险分摊值的大小取决于其制度性信息与国际规则之间的信息差距。

第四，在预警方法的研究思路上，特色主要有两点：一是秉承整体主义思想，以全球长时间跨国家或地区的时空交错视角为分析依据。从 1825 年的英格兰银行危机到 2007 年的美国次贷危机，再到 2010 年的欧洲债务危机，不同类型的金融危机百次之多，以此表现剖析金融危机的复杂性、破坏性、不可避免性以及与长期经济周期的耦合关系。并鉴于全球化背景下的机制相似性和信息基础考虑，将短期预警研究的依据建立在最近几十年发生的大型金融危机事件上面，为金融危机的短期预警探索新思路和新方法。二是强调定量与实证分析，以有关理论为先导，以归纳性证据寻求为主要指导思想，具体内容包括从危机事件的数量化表现到危机预警方法的比较与选择，从短期预警的国别经验规律寻求到美国次贷和中国现实的样本外检验，从长期预警的经济周期规律探寻到对未来中国经济增长水平的综合定量判断。

第五，在预警的研究方法上，本研究在短期预警方法上相对于已有成果是有所突破或者创新的。具体体现在两个方面：一是基于"症状监测"思路，首次提出了金融风险状态测度和预警的"相似度分析方法"，并通过信号分析法的提出者卡明斯基（Kaminsky）教授所提供的数据进行了验证，预警结论与之相比可以提前数月，将此模型应用于美国，对次贷危机发生的预警时间也明显提前；二是从预警指标的选择入手，首次提出了基于敏感性与有效性相统一的核心指标体系选择思路和方法，进而提出了一种基于预警指标选择过程的实用预警方法，并初步通过检验，其对美国次贷危机预警可提前3年的事后模拟结论与"相似度分析方法"的结论相互印证。

4. 从政府行为和机构竞争力的双重视角出发对风险防范和金融安全维护进行拓展性的基础研究，构建我国政府行为与金融安全关系理论、金融危机管理理论及风险防范与金融安全维护的政策选择理论。进而在合理构建宏观风险分担机制框架下，基于效率与安全的权衡研究双重约束下构建新型金融发展理论。

第一，强调金融安全管理的微观理论基础，进而构建了金融安全管理的基本内容：一是优化我国对外开放策略，改善中国在全球金融风险分摊中的地位；二是控制金融系统性风险向金融危机乃至经济危机的转化，进而基于效率与安全角度优化我国金融结构，促进经济又好又快发展；三是控制金融机构个体风险向系统性的转化，构建符合我国特色的金融安全网体系；四是基于金融机构视角研究如何利用市场约束与公司治理结构改善来提高金融机构竞争力与风险防范能力。

第二，将危机管理理论移植于金融危机管理中，并结合全球金融危机管理经验，构建了时间、范围、对策三个维度的金融危机管理综合框架。据此，对金融危机过程事前、事中、事后关注的重点、难点及应用工具进行了详细研究，并提出了危机管理的组织架构、信息系统与预警系统构建模式。

第三，在合理构建宏观风险分担机制框架下，基于效率与安全的权衡研究双重约束下构建新型金融发展理论。一是我国属于低开放、高度金融发展的群体，从防范银行系统性风险的角度讲，我国的首要任务在于促进国民经济的快速健康稳定发展，并改善政府治理结构、发展多元融资体系，提升银行机构的竞争力，大力促进金融开放与金融发展的良性循环。二是根据宏观经济风险分担机制构建相应的风险管理策略及分担模式，关键在于金融工具的创新与流动性问题的关注。三是基于信息—制度框架提出了降低我国被迫分摊的跨国金融风险量值，从而充分保障自身的金融安全和经济安全的政策建议。

第四，从政府行为和机构竞争力的双重视角出发对风险防范和金融安全维护。政府与金融机构是金融安全维护的两个关键点，也是打通金融安全微观防范到宏观审慎监管的关键。为此，本书将政府行为与机构竞争力纳入到金融安全问题生成的微观模型中，观察各类政策实施对金融安全问题生成带来的变异，为金融安全维护提供了坚实的理论支撑与微观基础。

第五，我们在明确不同情况下中央银行与金融机构之间博弈关系的基础上，建立中央银行与金融机构（商业银行）的完全信息静态博弈模型，对不同承诺选择得出最优救助原则。

Abstract

The 20th Century has witnessed an ever growing globalization. The financial development not only promotes the growth of global economy, but also brings enormous risks to the world especially the developing countries. The history of world financial development indicates that, neither developed countries nor developing countries can completely avoid the explosion of financial crisis in the process of economic opening up. The economic development is usually accompanied with the forming and gathering of risks; when financial risks accumulate to a certain degree, they will seriously affect the financial security of a country. Currently, China is in a new round of economic openness and peaceful revitalization. Facing a complicated situation of economic globalization, the Chinese government has proposed the idea of building a "harmonious world" guided by the "new security concept". What financial opening-up strategy should the rising China adopt? How could financial system help to sustain the high speed growth of Chinese economy? Will financial crisis happen in China? Under what condition the financial crisis will explode? Research on these topics will not only enrich financial security theories under new circumstances, but will also provide important policy implications for risk prevention, financial stability, and finally a healthy and sustainable economic development.

This book starts from a solid and fundamental conception, and analyses the logical relation of individual risks, systemic risks and finance security. The whole book is elaborated around one core (financial institutions, particularly banks), two perspectives (financial economics and financial political economics), and three levels (national security, economic security, financial security). In this book, we provide a concrete study on the roles of government and market, which impose dual constraints, in risk prevention and security maintenance. With the establishment of a theoretical framework of risk prevention and financial security, this book suggests a new role of government in

Market Economy. Combined with various methods of comprehensive research on risk measurement and crisis warning under China's dual constraints, this book provides theoretical support for a fresh financial crisis management system for China.

The book is organized as followed: the first part is background research, which divides the finance internationalization into six dimensions, namely, the currency, capital flows, financial institution, financial transaction, financial market and financial supervision. Through the analysis of theoretical relation between finance internationalization and financial security from both the theoretical and empirical perspectives, the book investigates into the global background of financial internalization, characteristics of current phrase, the forces that drive the evolution, and and future prospects; the second part is the theoretical interpretation of financial security, which cover chapter 3 – 7. Chapter 3 and chapter 4 study the generation and contagion of bank systemic risk from the perspectives of bank and financial market, respectively, and investigate the transfer of bank systemic risk and finance markets risk, so as to find the path and probability of individual risks' transferring to systemic risk. Chapter 5 investigates the transfer and sharing mechanism of financial systemic risk among macroeconomic departments, and evaluates the mechanism of containing risks . Chapter 6 and chapter 7 investigate global financial risk sharing and transferring mechanism from economic and political perspectives respectively. Chapter 6 chooses developing countries as the research subject to study the international financial risk sharing under the information theory framework. It studies the global financial risk sharing model of subprime crisis, and the role China has played in international financial risk sharing, and based on which, it proposes to reduce the forced cross-boarder financial risk burden on China, so as to guarantee self financial and economic security; from a political point of view, chapter 7 studies changes of international political economic order and the logic relation among financial security and financial sovereignty, and investigates financial security under the new international political and economic order. The third part, which covers chapter 8 – 10, proposes policy implications on financial risk prevention and security maintenance. From both the angle of government behavior and that of financial institution competitiveness, Chapter 8 sets up a basic framework of risk prevention and security maintenance, and proposes the following as financial maintenance strategy: opening up policy, financial structure optimization, financial security network construction, and market restraint and company governance. Chapter 9 carries out supervision and early warning test to China's financial security status, and investigates into the possibility of the financial security issues from short-term and long-term point of view respectively. Chapter 10 extends the basic theory of lender of the last resort, and studies the relation between central bank and commercial banks from the perspective of multi-agencies, so as to yield the optimized bailout principle under different circumstances, and finally proposes a general framework for financial crisis supervision on the basis of past crisis supervision theories study and experiences.

The contribution of this book is as follows:

1. This book provides a better integrated framework and some new clues for the research on financial security.

Firstly, from the research perspectives, this book investigates financial security at the height of national security and opening-up strategy. Under the background of global polices and economy, this book studies the contents, levels and ideas of financial security, and sets up a comprehensive research framework for financial security study based on dual angles of the financial economics and financial politics. This book analyses the theoretical origin of security problem, and brings international pattern, financial power and other essential factors into analysis, which has widened the research vision. On the basis of "New Security Concept" of "mutual trust, mutual benefit, equality and cooperation", this book adopts a "state-centered" analytical angle and proposes a logic starting point to understand the "New Financial Security Concept": that the financial opening-up can be treated as the sharing process of non-core financial sovereignty, while the financial security maintenance as safeguarding national core sovereignty.

Secondly, this book treats the financial institutions as the core of research, and the logical relationship of individual risk, systemic risk and financial security as the starting point of analysis. In the backdrop of globalization and based on financial institutions, this book discusses the micro-foundation of risk mechanism, it studies the generation, transfer and spread mechanism of financial institutional risks, and thus investigates the relationship between systemic risk transfer and financial security.

Thirdly, under the special constraint of dual transition, this book discusses different levels of risk sharing and transferring mechanism and financial securities from three aspects: national security, economic security and financial security. Financial security on the national level mainly inquires into China's financial opening-up strategy and the fight for the right of control in a new international political and economic order; Financial security on the economic level mainly discusses the sharing and transferring mechanism of financial systemic risk and economic systematic risk, and the critical condition

3

and path that financial systemic risk accumulates into financial crisis and economic crisis; Financial security on the financial level mainly discusses how the economic risks are concentrated in financial system, how the individual risks of financial institutions accumulate to systemic risk, and the risk contagion between financial institution and financial markets. The microeconomic research can serve as the foundation and theoretical basis for the macroeconomic activities, while the macroeconomic activities and situations provide the precondition of micro level research.

2. As to the research methods, the book sets up a micro foundation of financial security theory under the dual constraints of financial internationalization, and discusses the mechanism of risk and financial security problem, and promotes a systemic and rigorous approach to theoretical inquiries.

Firstly, financial internationalization is endowed with new significance, and the margin and priority of financial security research is clarified. We take financial internationalization as the research background in a broad sense, at the same time, we put high priority in research on the behavior and activity of financial internationalization and the selection of foreign financial policy. Two types of measurements, namely the economic indicator and the law and regulations indicator are adopted to make a general judgment of the trends of financial internationalization, existing problems, and evolution path since China's reform and opening.

Secondly, we investigate into bank systemic risk on three levels: the risk triggering of the individual bank, bank systemic risk generation, and bank systemic risk transition under financial security network. Then empirical research has confirmed the difference in state bank systematic risk generation mechanisms of different countries with different degree of financial openness and different levels of financial development. This article investigates the government governing index, measurement index of financial openness, financial liberalization index etc., and selects large sample data from 60 countries in 24 years for group control research. It has proven that there is difference in bank systemic risk generation mechanisms under different degree of financial openness and financial development.

Thirdly, based on the research on cross-market contagion routes of financial risk, the contagious relations among money market, stock market, savings and loan market and national debt market have been explored by using the VAR model and the GARCH – BEKK model.

Fourthly, based on the micro foundation of risk sharing, this book provides balance sheets for different macroeconomic department according to the minimum risk standard. It has also gone deep into studying the finance systemic risk sharing and transferring mechanism in various departments abided by related equity law. The research goes through the entire dynamic process of initial sharing, transfer and final sharing of risk, which helps a better understanding of the risk sharing status of certain stage, and promotes a systemic and rigorous approach to theoretical inquiries.

Fifthly, this book combines balance sheet method and option pricing theory to analyze macroeconomic problems. The analysis pioneers in research on macroeconomic risk sharing both at home and abroad. And it helps a better understanding of the risk sharing and exposure status among various departments and thus a better management the macroeconomic risk. To study the risk sharing and transferring conditions among various departments, this book treats each department as a whole, and analyzes the department's risk exposure condition through department balance sheet. Besides direct influence on balance sheet item, we also consider concealment relations in different department, such as recessive guarantee, because each department is interconnected. To demonstrate this kind of relation, we adopt CCA theory in the option theory.

Sixthly, under the information-institutional theory framework, this book elaborates the deep connotation of financial risk and its transnational shares, and models this microeconomic sharing mechanism, so as to obtain certain inspirational conclusion. Therefore this book pioneers in the scarce research in this field. Firstly, it integrates information theory and institutional theory, and thus builds a theory framework integrating both the information and the institution. This framework not only constructs a solid microeconomic foundation for the system analysis, but also expands the information theory's explanation and utilization on macroeconomic phenomenon and social phenomenon, and at the same time, lays out a logical and theoretical cornerstone by unifying microeconomic and macroeconomic aspects for the analysis of financial risk origin and the characteristics of cross-border sharing mechanism. Secondly, on the information-institutional theory and sharing model of financial risk, the book inspects the sharing mechanism and the characteristics of financial risk in the current worldwide financial crisis, so as to obtain certain basic judgments and predictions. It has showed the social and scientific research goal of utilizing theory for practice purposes and interpretation of reality. Finally, the microeconomic model is carried on to the macroeconomic development, providing a reliable theoretical foundation for the analysis of transnational sharing of financial risk in real world.

Seventhly, this book goes deep into analysis of the behavioral motive, strategy and the political and economic constraints of governments and banks in all countries. It has brought relevant theories of rights of control in banking system under a unified research framework from the angle of individual and industry, so as to elaborate the logic link of banking openness, banking right of control and financial security, which again promotes a systemic and rigorous approach to theoretical inquiries.

3. This book bring the Chinese institutional environment into the financial security model, and thoroughly investigates the formation mechanism and generation path of financial security in China, so as to carefully examine the early warning system of financial crisis from the angle of scientific development concept. An early warning theory of financial security with Chinese characteristics will be established to monitor the financial security condition and the degree of financial crisis in China before financial crisis hits, so as to carry out the comprehensive and coordinated supervision and control of financial risk.

Firstly, this book predicts the direction of financial internationalization of China in the future and potential financial security problems. It makes special research on major financial security problems in China today, such as RMB monetary sovereignty, right of control of financial institutions, hot money inflow, local government debt and systemic risk in bank.

Secondly, starting from institutional environment in China, this book investigates thoroughly into the structure of assets and liabilities of banking system, common impact, contagion mode and systemic background under soft restraint of budget. It also investigates distribution of systematic risk in different departments by risk sharing and transferring model, and concludes that the root of Chinese financial systemic risk comes from the sustainable economic growth and the credibility of government guarantee.

Thirdly, starting from the microeconomic mechanism of financial security, this book creatively carries out accurate appraisal of Chinese financial security status from four levels: "the bank systematic risk assessment, the macroeconomic risk exposure, financial right of control appraisal in China, and the assessment of China's status in global financial risk sharing". The assessments have enriched methods of financial security appraisal in China, and have laid a solid foundation for the formation of financial security index: first, prejudgments of potential channels for bank systematic risks are made, and the condition of bank systematic risks in China is accurately assessed by comprehensive index method; second, with Merton (2006) model and Black-Scholes framework, the economics balance sheet of each department is made. On such basis, the overall exposure condition of macroeconomic risk in China is estimated. Besides, the sensitive analysis of sectoral economic assets and liabilities is conducted, and the recoverable verification on risk shift among different departments is carried out. Moreover, this book joins the tradition analytic method of debt sustainability with the CCA method, and carries out overall analysis on debt sustainability of public sectors. This method, which combines all departments as a whole, is more advantageous in exposing risk sharing and shift mechanism between departments and the exposition of national macroeconomic risk. Compared with traditional research method for macroeconomic risk, this method is simpler and more accurate. Third, for the first time, the indicator system for the judgment of foreign capital control in banking industry has been established to judge the right of control and the state of banking industry at present stage in China, and to predict the future tendency of financial security. Fourth, in the process of seeking economical opening-up to the outside world, differences between system background and inadequate institutional information will make Chinese economic entity the passive bearer of endogenous risk. From macroeconomic perspectives, the risk size is decided by information gap between the institutional information and international rules.

Fourthly, this book makes contributions to theoretical approaches to early warning: the first one is to carry on the thought of overall principle and take the space and time staggered angle of long time trans-boundary or trans-region as the basis of analysis. From England Bank crisis in 1825 to American loan crisis in 2007, and then to Europe debt crisis in 2010, different types of financial crisis happened more than hundred times, and according to which the complexity, destructiveness, inevitability as well as long-term economic cycle coupling relations of financial crisis are analyzed. Considering the mechanism similarity and the information foundation under the globalized background, the short-term early warning research will be based on large-scale financial crisis events which happened in the past decades to explore new ideas and methods for short-term early warning of financial crisis. The second characteristic is to stress on quantitative and empirical analysis, and seek theoretically inductive evidence as the main guiding ideology. Therefore, the book discusses issues from quantification performance of crisis to the comparison and choice of crisis early warning method, from other countries' experience in short-term early warning to the out-sample verification of America's subprime mortgage and China's reality, and from seeking the economic cycle law of long-term warning to the comprehensive quantitative judgment of China's economic growth in the future.

Fifthly, on research method of early warning, despite existing achievements in short-term early warning method, this research has made some breakthroughs or innovation, which are shown specifically in two aspects: first, based on the idea of "Syndrome Surveillance", the book proposes for the first time the "similarity analysis method" of financial risk status measure and early warning, and makes verification test by data provided by Professor Kaminsky, the proposer of signal analytic method. Compared with other methods, the early warning comes several months ahead of time. We apply this model to the US, and obviously, the early warning time of subprime crisis is also earlier; second, starting from selection of early warning targets, this book takes the initiative to provide ideas and methods for selecting core indicator system based on a combination of sensitivity and effectiveness, and then proposes a practical early warning method based on the selection process of the early warning index. By initial examination, the expost simulation conclusion that this method can bring early warning of America's subprime crisis three years ahead of time is confirmed by the conclusion of "similarity analysis method".

4. From dual perspectives of government behavior and competitiveness of organizations, this book carries out extensive basic study of risk prevention and financial security maintenance to set up the theory of Chinese government behavior's relationship with finance security, financial crisis management theory, and the policy choice theory of risk prevention and financial security maintenance, and therefore build a rational macro risks sharing mechanism and establishes a new financial development theory based on dual constraints of efficiency and security.

Firstly, it emphasizes the microeconomic theory foundation of financial security management to formulate the basic content. First, optimize China's opening up strategy and improve China's status in global financial risk sharing; second, control the transformation of finance systematic risk to financial crisis or economic crisis. Further optimize China's financing structure based on efficiency and the security, and promote a sound and rapid development of economy; third, control the transformation of financial individual risk to systematic risk, and build a financial security network system with Chinese characteristic; fourth, on the basis of financial institution, investigates into how to enhance the competitiveness and risk prevention ability of financial institutions by taking advantage of market restraint and structure improvement of company management.

Secondly, transplant crisis management theory to financial crisis management and combine global managerial experience in financial crisis management to formulate a comprehensive management framework of financial crisis from three dimensions: the time, the scope and the countermeasure. Therefore, a detailed research on the priorities, difficulties and application tools adopted before, during and after financial crisis, and the organization structure, formation system and the construction of early warning system of the crisis management are promoted.

Thirdly, under the reasonable risk sharing mechanism framework, the new financial development theory is proposed based on the dual constraints of efficiency and security. First, China is featured with low openness and the highly financial development. From the perspective of preventing bank systematic risk, the most important task for China is to promote the fast, healthy and steady progress of national economy, and improve the government management structure, the development of multi-dimensional financing system, and to vigorously promote the competitive power of banks and positive cycle of financial opening up and financial development. Second, build corresponding risk management strategy and risk sharing mode according to macroeconomic risk sharing mechanism, and the key lies in innovation and liquidity of financial instruments.

Fourthly, based on the information-institutional framework, this book proposes to reduce the forced cross-border financial risk burden on China, so as to safeguard the self financial security and the economic security. On one hand, in order to fundamentally transform the information-institutional structure, eliminate the passive burden of the endogenous financial risk, and promote the risk prevention ability, we must take a comprehensive consideration of three aspects: institutional reform, opening up to the outside world and the economic growth; on the other hand, to technically straighten out the real reflection mechanism of transnational risk and eliminate the cumulative root of non-systematic risk, we should promote the financial development and financial structure transformation through development of three aspects: the commercial banks, the capital market and the informal finance. We should also filter non-systematic risk and honestly reflect the transnational finance risk to provide the technical safeguard for finance security maintenance.

Fifthly, prevent risks and maintain financial security from dual perspectives of government behavior and the competitiveness organizations. The government and the financial organization are two essential poles of the financial security maintenance, and they are also the keys to bring microeconomic prevention of financial security under macroeconomic prudential supervision. Therefore, this book integrates the acts of government and the competitiveness of institutions to the microeconomic model of the production of financial security problems, and monitors the changes brought by the implementation of each policy to financial security problems, so as to provide theoretical support and microeconomic foundation for financial security maintenance.

Sixthly, establish a static state game model with complete information for the Central Bank and the financial institutions (Commercial Bank), and work out the optimized rescue principle with different commitments.

目■录

Contents

Contents

1

第一章

导　论

第一节　研究背景与选题意义

人类社会进入 20 世纪后，全球化浪潮风起云涌，金融的发展在促进全球经济增长的同时，也给世界各国特别是发展中国家带来了巨大的风险。世界金融发展史表明，无论是发达国家还是发展中国家，在经济开放的过程中很少能够避免金融危机的爆发，经济发展通常伴随着风险的形成与积聚，金融风险积累到一定程度后，将严重影响到一国金融安全。特别是 20 世纪 90 年代以来，墨西哥金融危机、亚洲金融危机、俄罗斯金融危机和巴西金融危机连续爆发，给危机爆发国造成了严重危害，也极大地冲击了全球经济金融体系。2008 年下半年全球金融市场的表现注定要进入未来金融经济史的教科书，短短几个星期国际金融市场经历了大规模机构破产重组、全球金融市场暴跌、各国政府积极救市等应接不暇的动荡情景。起源于华尔街的次贷危机也迅速演变为一场浩大的全球性金融海啸。究其原因，其根源在于全球失衡下的经济调整、国际金融秩序、流动性收缩与扩张。历史总是在重演，但金融危机每一次新爆发的方式、重点均呈现出新的特点，因此人们几乎无法准确地预测到金融危机爆发的时机和可能引爆危机的事件。金融危机给世界经济带来严重威胁，金融风险的防范和金融安全的维护也成为世界性经济难题，受到各国政府、经济管理部门、金融企业和经济理论界的高

1

度关注。

　　纵览全球金融危机演绎历史，金融危机爆发的原因是多方面的，但其基本原因是经济体系的内在矛盾导致信用体系出了问题。从 1824 年的第一次世界性经济危机起到 1930 年的世界性经济大危机，共发生世界性经济危机 10 多次，而每一次经济危机的先兆都表现为信用链条的断裂，表现为货币信用危机，或金融危机。20 世纪 30 ~ 80 年代，全世界相对平静，经济高速增长，几乎没有发生大的经济危机或金融危机。其重要原因是 30 年代以后，由于建立起相对完善的信用体系、市场体系、企业制度以及监管体系，以银行为主体的金融体系得以完善。而进入 20 世纪 90 年代后，全球金融创新与金融自由化、资本市场迅速发展、非银行金融机构的崛起、金融衍生品迅速成长以及金融的国际化打破了原有的以银行为主体的金融体系格局，但以资本市场为主体的金融体系格局正在形成过程中，加之国与国之间的信用体系发展的落差，金融危机必然频发。这也是墨西哥危机、东南亚危机、俄罗斯危机、巴西危机、阿根廷危机、次贷危机爆发的内在根源。

　　中国会爆发金融危机吗？答案是肯定的。在中国迅速崛起的道路上，金融危机成为不可避免的大概率事件。首先，全球金融业正在经历由以银行为主体的金融体系向以市场为主体的金融体系的转型，金融全球化与金融自由化必然导致非银行金融机构的迅速崛起与风险源头的复杂化，传统银行经营模式在竞争压力下必然开始变革，即有风险控制与分担模式如不能适应这种变化必将导致金融危机的爆发。其次，中国正处在由发展中国家向发达国家过渡、由计划经济体制向市场经济体制转型的特殊历史阶段，经济的高速发展与制度变迁必然导致金融风险的种类、性质、分布及传导机制的频繁变动，风险问题日益突出和复杂。特别是在加入 WTO 后，国内金融业全面开放趋势不可逆转，一方面其他国家或地区的金融风险会通过多种途径传递到国内，加大外在不确定性的冲击；另一方面经济全球化也会带来很多新的内在不确定性，改变国内金融风险的状况。针对我国金融体系的脆弱性，不少学者甚至预言，未来 10 年中国发生金融危机的概率为 1。再其次，中国经济金融的崛起，必将打破了原有的世界经济金融格局，世界利益版图将重新分割，全球货币体系也必将重置，中国崛起过程中的各种利益摩擦也必将导致安全问题难以避免。最后，21 世纪是亚洲的世纪、中国的世纪，随着世界经济金融重心向亚洲的转移加速，亚洲及中国的经济金融问题日益成为世界关注的焦点。

　　早在 2003 年 10 月，党中央在十六届三中全会通过的《中共中央关于完善社会主义市场经济体制若干问题的决定》中明确提出要"有效防范和化解金融风险，……健全金融风险监控、预警和处置机制，……维护金融运行和金融市场的整体稳定，防范系统性风险"。这次美国金融危机爆发以来，金融安全问题再次引发了全国人民与各级政府的高度重视。2008年10月，国家主席胡锦涛应约同美国总统布什通话时强调，"中国政府为应对这场金融危机采取了一系列重大举措，以保持金融市场和资本市场稳定，保持经济平稳较快增长势头。中国政府将继续以对中国人民和各国人民负责的态度，同国际社会密切合作，共同维护世界经济金融稳定"。随着次贷危机的演进，我国政府迅速推出了扩大内需十项措施、十大产业振兴计划、区域振兴计划与宽松的财政货币政策等，这些措施使我国迅速从金融危机的泥潭中恢复，但也导致我国未来金融安全问题变得更为复杂：比如人民币升值与国际化中的金融摩擦问题、全球流动性泛滥、通货膨胀与资产价格泡沫问题；全球金融体系变革、金融监管改进与金融安全防范问题、全球产能过剩与新兴产业缺失问题。

以史为鉴，开放是历史发展的必然。据史料考证，近代中国的金融风潮与开放密切相关，其根源在于半封建半殖民地国家主权的沦丧和民族金融业的羸弱。数次风潮冲击之烈，影响之深，足以警喻当世！继往开来，中国正处在新一轮开放与和平崛起的时期，面对经济全球化的复杂局面，中国政府提出了在"新安全观"指导下构建"和谐世界"的宏大构想。崛起中的中国应该采取怎样的金融开放战略？金融体系如何支撑中国经济持续高速增长？中国会不会出现金融危机？什么情况下会爆发金融危机？因此，本课题的研究将丰富新时期金融安全理论，为防范风险、维护金融安全，保持国民经济的持续健康发展提供重要决策支持：第一，有助于全面识别和判断我国金融国际化中面临的各种风险。我国作为发展和转型中的新兴国家，在金融国际化的过程中，风险将发生剧烈变化，国内的风险因素可能激化，同时也会产生新的风险。如何全面识别这些风险，才能防患于未然。这是我们首先要面对的问题。第二，通过认清各种风险及金融安全问题产生的机理，有助于政府在国家整体战略安排上采取风险防范和金融安全维护的应对措施。研究风险产生的原因，弄清风险向金融安全问题转化的机理，判断系统性风险和金融危机爆发的临界点，捕捉各种可能引爆金融危机的突出事件，才能对风险和金融安全状态进行监测与预警。有助于政府采取正确的措施，适时恰当地介入风险形成过程，进行有效的风险防范或危机管理。第三，有助于政府在国家经济安全的整体框架下制定金融开放的全面战略。各国经验表明，过早和过快的金融开放会导致风险急剧增加，而延迟开放又会带来经济效率上的损失，不利于提高金融体系的竞争力。各国政府从国家利益出发始终面临风险和效率之间的权衡，如何从动态和发展的角度来看待金融安全，将决定我国金融国际化的战略安排。第四，国际化中金融安全的有效维护将为中国经济的崛起提供最重要的保障。中国作为正在崛起中的发展中大国，生产、贸易、要素流动在广度和深度上面临着前所未有的发展，金融国际化无疑将在其中起着核心的作用。在走向世界的过程中，只有确保金融安全才能有效发挥金融对经济的支持作用，在国际经济金融新秩序中保障我国的国家根本利益。第五，进一步丰富金融安全的理论研究。自 20 世纪 90 年代中期以来，尽管我国学术界在金融安全领域做了不少研究，形成了一些较好的成果。但是囿于许多条件的制约，仍然不能令人满意。概观之，主要表现为：就金融论金融的现象明显，缺乏跨学科多视角审视；在国际关系背景发生重大改变的现实约束中，对"新安全观"下的金融稳定与安全问题的系统研究明显不足；借鉴性研究多，理论创新缺乏，特别是对市场化和国际化双重压力下，转型经济体中金融风险的产生条件、形成机制、传递机制和表现特征的研究尚未达到理论系统化和表达模型化的地步；定量研究不够，特别是对金融安全预警机制和金融危机爆发的可能性研究还处于初级阶段；等等。因此，本课题从中国双重约束的特殊背景出发研究政府与市场在风险防范和安全维护中的作用，通过构建政府主导型金融体系中的风险防范和金融安全的理论体系，对政府在市场经济中的角色和行为赋予新的内涵。并运用多种方法综合研究中国双重约束下的风险测度和危机预警，为中国金融危机管理体系的建立提供理论支撑。

第二节　若干概念释义

一、金融国际化的内涵与特征

迄今为止，学术界对金融国际化这一概念的内涵仍然没有形成一个统一的认识。国内学者大多将金融国际化看作是"跨越国界的金融活动"这样一种现象（刘珺，1994；王自力，1997 等）。对此不同的认识之间相区别的只是一些细节上的不同，王自力（1997）更侧重把金融国际化看成是一个金融活动从内向外延伸的过程，其他学者则认为这是一个双向的过程（陈野华，1999）；李忠平（1997）则把金融国际化理解为是一种状态和过程。国外大多数学者把"国际化"理解为"金融开放"、"全球化"、"一体化"和"自由化"等，并且在这些词汇之间不做过多区分（Claessens，Glaessner，1998；Kose，2006）。

我们将金融国际化这一概念界定如下：它是指一个国家（或经济体）的货币或者金融活动的主体（家庭、企业、政府、金融机构等）跨越国界（或行政区划）参与到另一国（或经济体）的金融活动中去的状态和过程，或者别国（或经济体）的货币或金融活动主体参与本国（或经济体）的金融活动的状态和过程这样两种情况。金融国际化的核心内涵是世界范围内金融融合的过程与状态，我们可以把金融开放视为金融自由化的主要表现之一，而各国金融开放的最终结果就是金融国际化，金融国际化则构成了全球化的基础。换而言之，金融国际化意味着金融活动至少受到了两种制度环境的影响。在这样一个界定中，我们需从四个方面进行理解：

其一，学者们普遍地强调民族国家或主权国家的概念，然而，考虑到当今世界的现实，我们认为把这里的国家理解为经济体更为合适。因此，金融国际化一词的含义更多地是体现在考察跨越行政区划的金融活动对该经济体的影响方面。

其二，金融国际化应该是一个双向的过程和状态。过程是一种动态视角，指金融国际化本身的行为与活动，比如金融市场国际化、货币国际化等。状态是一种静态视角，可将金融国际化理解为一种背景。本课题中的金融国际化包括了这两层次含义，即将金融国际化作为广义研究背景，又重点研究金融国际化本身行为与对外金融政策选择。

其三，当前阶段研究金融国际化必须结合我国双重转型的历史背景。中国正处在由发展中国家向发达国家过渡、由计划经济体制向市场经济体制转型的特殊历史阶段，在加入 WTO 后又面临与国际规则接轨问题。因此，在研究国际化进程中的风险与安全问题，必须综合考虑我国所处双重转型压力下的历史背景。

其四，金融国际化主要表现为一国货币的国际化、资本流动的国际化和金融机构、业务、市场的国际化及金融监管的国际化。

国内外学者从不同角度入手，对金融国际化的主要表现及其相应特征进行了归纳。戴相龙（1999）[①] 认为金融全球化主要表现为资本流动、货币体系、金融市场全球化、金融机构、金融协调与监管的全球化。程定华（1999）[②] 认为金融国际化主要体现在金融运行规则、金融市场、金融工具、金融机构、金融协调与金融信息的国际化六个方面。何泽荣（2000）[③] 认为金融国际化至少应包括货币、资本、货币政策与金融监管的国际化。杜厚文、王元龙等（1999）[④] 认为金融国际化主要具备以下两个方面的基本特征：其一，金融国际化与一国金融自由化的发展密切相关。从 20 世纪 80 年代起，西方各国开始陆续对本国金融业实行

① 戴相龙：《关于金融全球化问题》，载于《金融研究》1999 年第 1 期，第 1～6 页。
② 程定华：《双刃剑——金融国际化的利益与风险》，上海社会科学院出版社 1999 年版。
③ 何泽荣：《论经济、金融全球化》，载于《经济学家》2000 年第 5 期，第 72～78 页。
④ 杜厚文、王元龙等：《金融全球化与中国》，载于《宏观经济研究》1999 年第 3 期，第 11～20 页。

自由化，其主要标志有利率自由化、汇率自由化、金融业务自由化、金融市场自由化、资本流动自由化等。这意味着金融国际化必然涉及在这些方面的自由化。其二，金融国际化的最主要标志是欧洲货币市场（位于欧洲的离岸银行）的兴起和国际资本的跨境流动。这种离岸市场的出现，打破了传统意义上的国际金融市场的概念。

综合现有文献对金融国际化表现及特征的研究，我们认为金融国际化主要表现为六个维度，即资本运动国际化、金融机构国际化、金融业务国际化、金融市场国际化、金融监管国际化和货币国际化。金融国际化是金融自由化的主要表现之一，国内金融自由化是金融国际化的前提条件。在金融业实现一定自由化程度的基础上，两国之间才有可能在金融活动上相互参与和渗透，从而实现金融的国际化。

二、金融安全

通常人们在遇到危险或感到有威胁时才会想到安全问题，所以安全概念最基本的特征就是与威胁和危险相关联。在汉语里安全的习惯用法是指一种状态，它有三个含义：没有危险、不受威胁、不出事故。按照韦伯词典关于英语 security 相关词条的解释，一方面亦指安全的状态，即免于危险，没有恐惧；另一方面还有维护安全的含义。二者的基本意思均为不存在威胁和危险。现实主义代表性人物阿诺·德沃尔弗斯（Arnold Wolfers）在《冲突与合作》中指出：安全在客观的意义上表明对所获得价值不存在威胁，在主观的意义上表明不存在这样的价值会受到攻击的恐惧[1]。

在国外的研究中，较少使用金融安全的概念，而更多地使用了经济安全、金融稳定、金融危机、金融主权、金融稳健等一系列相关的概念。国外对经济安全的界定存在颇多分歧，为此曼戈尔（Mangold，1990）认为没有必要为经济安全下一个明确的定义，因为经济安全与国家利益紧密相关，界定过于宽泛，没有实际意义，界定过于狭窄，又易于忽略一些重要的议题。美国国际关系学家克劳斯和奈（Krause and Nye，1975）对经济安全定义具有代表性：经济福利不受被严重剥夺的威胁。在少数几篇研究金融领域战略性安全的文献中，西方学者将金融的安全视为经济安全的核心组成部分。例如，亨廷顿列举了西方文明控制世界的14个战略要点，控制国际银行体系、控制硬通货、掌握国际资本市场分别列第

---

① Arnold Wolfers. National Security as an Ambiguous Symbol，Political Science Quarterly，67/1952；倪世雄：《当代西方国际关系理论》，复旦大学出版社 2001 年版。

一、第二和第五项，金融安全问题居于最重要的战略地位①。施蒂格利茨和格林沃尔德（Stiglitz and Greenwald，2003）将宏观金融运行的安全性问题定义为：第一，金融机构破产的重要性是第一位的，因此，宏观金融决策必须考虑对破产概率的影响；第二，面对危机，特别是在重组金融体系时，国家必须考虑重组对信用流的影响，即重组对整体社会资金运行必将产生某种影响；第三，多市场的一般均衡效应与单一市场的局部均衡效应存在差别，有必要对银行重组的经济和金融效应做全面的前瞻性分析，最大可能地提高金融体系的稳定性。施蒂格利茨和格林沃尔德的观点给我们的启示是：金融安全的第一要素是金融机构的破产概率与危机救助。

在1997年亚洲金融危机之后，很多国内学者开始关注和研究金融安全问题，并从不同角度给金融安全概念进行界定。王元龙（1998）从金融实质角度，认为所谓金融安全，就是货币资金融通的安全，凡与货币流通及信用直接相关的经济活动都属于金融安全的范畴，一国国际收支和资本流动的各个方面，无论是对外贸易，还是利用外商直接投资、借用外债等都属于金融安全的范畴，其状况直接影响着金融安全。梁勇（1999）从国际关系学角度认为，金融安全是对"核心金融价值"的维护，包括维护价值的实际能力与对此能力的信心。"核心金融价值"是金融本身的"核心价值"，主要表现为金融财富安全、金融制度的维持和金融体系的稳定、正常运行与发展。各种经济问题首先在金融领域中积累，到金融体系无法容纳这些问题时，它们便剧烈地释放出来。金融安全程度的高低取决于国家防范和控制金融风险的能力与市场对这种能力的感觉和态度。因此，国家金融安全是指一国能够抵御内外冲击保持金融制度和金融体系正常运行和发展，即使受到冲击也能保持本国金融及经济不受重大损害，如金融财富不大量流失，金融制度与金融体系基本保持正常运行和发展的状态，维护这种状态的能力和对这种状态与维护能力的信心与主观感受，以及这种状态和能力所获得的政治，军事与经济的安全。

张幼文（1999）认为，金融安全不等于经济安全，但金融安全是经济安全的必要条件。一方面由于金融在现代市场经济中的命脉地位，使由金融系统产生的问题可能迅速成为整体经济的问题；另一方面也由于金融全球化的发展使世界局部金融问题迅速转化为全球性金融问题，从而金融安全成为经济安全的核心。刘沛（2001）认为，金融安全是指一国经济在独立发展道路上，金融运行的动态稳定状况，在此基础上从七个方面对金融稳定状态进行了说明。在前人研究基础上，王元龙（2004）对金融安全进行了重新界定，金融安全简而言之就是货

---

① 亨廷顿：《文明的冲突与世界秩序的重建》，新华出版社1998年版。

币资金融通的安全，是指在金融全球化条件下，一国在其金融发展过程中具备抵御国内外各种威胁、侵袭的能力，确保金融体系、金融主权不受侵害，使金融体系保持正常运行与发展的一种态势。刘锡良（2004）认为，从金融功能的正常履行来认识金融安全，可以分成微观、中观和宏观三个层次，金融安全的主体是一国的金融系统；金融安全包括金融资产的安全、金融机构的安全和金融发展的安全。陆磊（2006）认为，对于我国这样的金融转型国家，国家金融安全还存在着更为复杂的内容，往往需要从一般均衡的角度加以认识。

国内外研究表明，金融安全是经济安全的核心组成部分，经济安全的含义更多地和经济危机、国家主权相联系，因此，在金融安全的研究中，学者们更多地借鉴经济安全的研究成果。尽管国内学者在金融安全界定上做出了努力，但这些概念过于抽象，对其内涵和外延界定也颇多争议，导致后续研究变得较为困难。

我们认为金融安全是一个现实命题，它既包含经济方面也包含政治方面。在分析金融安全问题的时候，我们应该坚持"以国家为中心"的现实分析视角，特别是在涉及国家主权的部分，不能舍弃现实主义的分析手段；然而在规范要素上，中国学者则应该以中共中央提出的"互信、互利、平等、协作"为核心内容的"新安全观"为基本价值取向。中共中央提出的"新安全观"是与"和谐世界"的主张一脉相承的，讨论的是人类社会终极走向，因此它带有理想主义的色彩。新安全观要彰显的是一种大国"有容乃大"的气质和肚量，但它并不与"国家中心"的分析视角矛盾，因为金融安全的提出本来就是以一国为基本研究单位。为此，本书在研究过程中秉承了上述"新金融安全观"的思维模式①。

基于这样的认识，本书尝试性地给出金融安全的定义。金融安全是一个高度综合的概念，一般与金融国际化交织在一起，与金融危机、金融主权密切相关。它体现为一国金融体系的稳定运行状态，关键在于核心金融价值的维护，根本取决于一国政府维护或控制金融体系的能力和一国金融机构的竞争能力。我们可以从以下几个方面进行理解：

第一，国家安全、经济安全与金融安全是相互关联的三个层次。国家安全是国际关系学的概念，主要是指对国家"核心价值"的维护。金融安全的维护在

---

① "新金融安全观"包含了价值规范与分析要素两方面内容。理想主义与现实问题的融合具有非凡的意义，其类似于中国传统文化中对"道"和"术"的理解。"行正道"是人类的价值规范，然而"法术"的本身则包含有"兵者，诡道"的意味。人的观念根植于人性，我们也可以从人性来解释这种矛盾，费尔巴哈在《基督教的本质》一书中将人的本质归结为理性、情感和意志。基于现实约束的理性分析是为人称道的，但它并不是人的全部。因为现实的理性让我们看到冲突、残忍和荒唐，完美的世界只能在情感世界中出现。因此，理性似乎更多表现为一种分析要素；而很多人的行为不是完全基于理性的，他们是更忠于自己理想的人。

中国金融国际化中的风险防范与金融安全研究

国家安全战略中处于核心地位①。

第二，单个的金融风险不足以影响到一国金融体系的正常运行，只有当单个风险迅速扩大、转移和扩散演变成系统性风险，才能对金融体系造成重大影响，进而威胁到金融安全。金融危机是危害金融安全的极端表现，而金融主权则是国家维护金融安全的重要基础。金融主权分为核心主权与非核心主权，金融开放的过程也是金融非核心主权不断被分享的一个过程。

第三，金融安全包括经济学与政治学两个视角。经济学视角研究重点在于金融风险和危机给安全带来的问题。其中，一方面表现为金融财富安全和金融体系的稳定。这意味着金融安全是金融本身的稳定和金融发展的安全，这也是对金融安全最普遍的理解和最常见的金融安全问题。另一方面基于金融与经济的关系，金融风险的累积和金融危机的爆发也会影响到实质经济层面，可以说金融危机与经济危机没有严格的分界限，金融安全也是经济安全的核心，因此，凡是由金融风险引发的经济问题也应该纳入金融安全的研究范畴。政治学视角研究重点在于受金融因素影响的国家"非经济核心价值"，金融开放更多是一种市场行为，但是否存在国际政治图谋与垄断势力还很难说。因此，金融安全一方面可以表现为国家政治和军事等领域的安全受金融因素影响程度。这意味着金融安全涵盖了金融领域对国家政治和军事等领域的影响。把金融主权看成是对国家安全的支撑。另一方面在全球化的今天，金融领域的政策手段已经成为大国博弈的重要工具。金融开放是经济利益与安全的权衡，在争夺世界领导权和影响力的舞台上，金融控制与反控制的博弈是一个重要的砝码。全球政治经济新秩序正在重建的过程中，各国对广义金融安全的解读尤为重要。

第四，金融国际化可能带来的金融安全问题并不意味着我们反对实行开放战略与政策，因为国家政府的目标函数中不仅仅是安全因素，还有更重要的发展与增长因素，况且安全的目标函数中本身就包括了发展因素。正如美国国际关系学家麦克纳马拉所言："安全就是发展，没有发展就没有安全可言，发展可以促进安全程度的提高。②"我们认为，在国家层面，金融体系的风险收益准则和一国金融资源控制权配置本身就是不可分割来看待的。如果只是牢牢掌握着金融资源的控制权，而体系内部存在诸多弊端和风险隐患，金融不能为国家经济发展提供足够支持，那么这并不是真正的金融安全；反之，仅仅片面考虑金融业的市场环境与经济效益，而导致金融资源的控制权旁落，这肯定也会威胁到国家

① 值得注意的是，2006 年 12 月发表的中国国防白皮书在涉及中国国家安全的部分重点强调"我国金融方面的安全问题在上升"。

② Mcnamara. *The Essence of Security.* New York，Harper and Row，1968.

金融安全。在金融国际化的大背景下，金融的开放就必然伴随着开放国对于金融运行效率改善的期望与金融控制权丧失的风险之间的艰难平衡。

三、金融安全管理

金融安全管理的核心在于提高一国政府维护或控制金融体系的能力和一国金融机构的竞争能力。管理的难点在于金融安全与金融效率的权衡，其属于动态的系统工程，包括事前的金融安全状态监测预警与维护、事中的金融危机控制与应对、事后的金融危机救助退出与恢复。从研究内容来看，它不仅包括广义的金融危机管理，还应包括金融主权的控制。从金融的本质来讲，金融安全管理的核心在于保持社会信用的总量和结构适合实体经济发展的需要，并对虚拟经济和实体经济的发散和收敛过程进行管理。

第三节　文献简评

1997 年东南亚金融危机爆发以后，金融安全问题引起了我国学术界和实务界的广泛关注，2008 年次贷危机的爆发更是掀起了全球对金融安全问题研究的新高潮。近年来，这一课题取得了较大进展。国外学者较多从金融危机的触发条件出发，研究金融危机的形成与传染机制；国内学者（刘沛，2001；王元龙，2003；刘锡良，2004 等）也对此展开了全面研究，但研究侧重于现象和经验分析，缺乏系统的理论研究和定量分析。总体来说，国内相关研究仍处于起步阶段，研究的领域较多局限于传统金融危机与预警理论，有关金融安全的相关理论、研究框架以及实际应用等基本问题还有待进一步深化和拓展。现有研究的主要不足在于普遍缺乏微观基础，理论解释缺乏深度和广度，没有有效的将转型经济和金融国际化的约束条件纳入研究体系，对个体金融风险到金融安全的传导路径和形成机理也缺乏清晰的认识。

一、金融安全的影响因素分析

国内外学者们花费大量精力思考究竟是什么在影响金融安全。近 10 年来的研究表明：影响金融安全的主要因素有国内因素和国际因素。国内因素包括经济结构、金融结构、货币政策、汇率制度、资本项目的可自由兑换、外债、外汇储备、银行业、资本市场、金融体系、实物经济等体制问题、金融创新、金融监管、金融法律法规、社会信用体系以及政府干预等因素。国际因素则包括金融全球化、国际游资、机构投机商的冲击、国际金融体系、国际货币、汇率体系、发达国家资本市场、国际监管体系、投资者信心以及国际并购等因素。

（一）国外研究综述

国外的研究集中于对影响金融危机的触发条件进行分析。危机可视作特别剧烈的波动事件，过去多年来发生的金融危机为我们提供了广泛的研究样本，同时也对我们的研究带来巨大的挑战：危机的性质在长期内是否发生了变化？哪些因素增大了遭受危机的可能？在金融国际化进程此类危机是否不可避免？

危机演变过程中的一项重要差别是，20 世纪 70 年代和 80 年代的危机同时影响了工业国家和发展中国家，但自从 90 年代中期以来几乎只有发展中经济体受到影响。这意味着要么发达经济体通过政策改善为自己提供了更好的保护，要么危机的根本原因随着时间的推移发生了变化，这使发展中经济体遭受危机的可能性相对增大。就影响金融危机的因素而言，流入资本的"急刹车"或"逆转"引起的风险极其重要，原因是许多发展中国家现在严重依赖外国银行贷款或外国证券投资。此类资本流动不仅对东道国发展中国家的国内条件敏感，也受工业国家的宏观经济条件（Reinhart，2001；Edison and Warnock，2001）和流入资本来源的影响（Dellas and Hess，2002）。例如，莫迪和泰勒（Mody and Taylor，2002）使用一个明确的非均衡经济计量框架检测到了"国际资本紧缩"的例证——流入发展中国家的资本由于工业国家条件变化而减少。实体经济受到的冲击也通过金融渠道而传递得更快，效果放得更大。有许多文献说明生产率、贸易条件、财政以及其他实体经济震荡是如何通过贸易渠道传导的（Kouparitsas，1996；Blankenau，Kose and Yi，2001；Kose，2002）。由于金融渠道的传导速度明显超过实体经济渠道的传导速度，金融联系会加快传导速度，导致波及效应，研究文献中一般列举了两大类波及效应，基于经济基本条件的波及效应和"纯"波及效应。前者指震荡通过实体经济和金融联系造成跨国传导。据范·瑞杰克吉姆和维德（Van Rijckeghem and Weder，2000）记载，银行传导渠道的影响可能特别大，因为银行向新兴市场提供的贷款中很大一部分是短期贷款。虽然基于经济基本条件的波及效应一度主要发生在区域层面，但俄罗斯危机和东南亚金融危机（Kaminsky，Reinhart，2001；Kim，Kose and Plummer，2001）表明该效应也可能在国际上传播至更大范围。但是，纯波及效应反映了另外一种风险，因为这种波及效应不太容易通过国内政策加以影响，至少在短期内如此。大量证据表明，某些国际资本流动的剧烈波动显然与基本条件的变化无关，新兴市场中经常存在的信息不对称似乎应对该现象负责。一项相关研究指出，纯波及效应可能反映了投资者承担风险意愿的变化，但毫无疑问，很难分解此类承担风险的意愿的变化和风险本身的变化（Kumarand Persaud，2001）。因此，除纯波及效应以外，金融国际化也使得发展中经济体面临与基本经济条件无关的、有损稳定的投资者行为变化的风险。次贷危机后，人们又开始关注金融全球化、宏观审慎监管不足等金融危机带来的影响。

（二）国内研究综述

金融安全的影响因素。刘锡良（2004）认为，金融机构和金融市场所构成的微观金融，是金融体系安全的重要基础。金融机构和金融市场的成熟程度、企业状况和信用制度是决定微观金融安全的主要因素。在转型期的特殊制度背景下，制度变迁、政府干预、宏观经济运行状况、金融监管体制等对金融安全状况都有直接影响，但金融机构和证券市场普遍存在的道德风险是威胁我国金融安全的最重要因素。在研究中，政府与金融安全的关系受到了特别的关注。转型背景下很多金融风险都与政府有直接和间接的关系，特别是地方政府行为是导致金融风险扩散的重要原因，同时政府又以多种方式和手段维护金融的安全。王元龙（2003）认为，从整体来看，一国维护其金融安全的能力至少受制于内在因素和外在因素的共同影响。影响当前中国金融安全的主要因素包括：金融体制改革的非均衡性、资本流入的负效应、外债运行的潜在风险、日益严重的资本外逃、金融业竞争力存在较大的差距、金融监管水平有待提高、金融宏观调控难度增加、存在金融波动潜在压力等。

在关注外部因素对我国金融安全影响的同时，更多的学者从国内因素特别是制度因素出发来研究我国金融风险的形成。江其务（1999）分析了中国转型时期金融风险的形成，认为转轨时期中国金融风险是以制度性风险为主导的股市风险、增量风险、国际风险和国有经济风险为重点的特殊风险群体。陈志武（2005）从近代金融危机历史角度分析了中国金融危机的制度根源。其关键在于我国晚清时期并不存在金融契约交易的法治、信息环境等制度架构。董小君（2006）分析了中国系统性金融风险生成的特殊机理。他认为，中国系统性金融风险源于"渐进式"转轨模式的选择。国家通过其主导的高度集中的间接融资体系（主要是国有商业银行）和直接融资体系（主要是国内的股票市场）吸收了绝大部分的社会金融剩余然后通过倾斜性的信贷政策与资本市场准入政策，将稀缺的金融资源分配给低效率的公有经济部门，这种转轨的思路和具体的制度实践导致了中国系统性金融风险因素不断累积。章和杰（2004）分析了中国金融制度的风险机理。他认为，影响中国金融系统风险的主要因素是中国基本金融制度存在的严重缺陷，公司治理结构尚未健全以及固定汇率制，这会促进金融恐慌，增大金融风险，对金融危机的爆发起推波助澜作用，资本市场的较大风险助长了发生金融危机的概率，滞后的金融监管蕴含着较大的金融风险。王维安（2000）分析了经济发展与金融安全的关系，提出了"经济发展与金融安全的反向变动假说"。

综上所述，在影响我国金融安全的 22 个主要因素中，关注程度最多的内部因素是经济及金融结构、银行业、金融创新、资本市场等，关注程度最多的外部因素是金融全球化、政府行为、非法资本流出入等。但遗憾的是，国内研究多是从定性的角度出发，未能将制度条件、金融国际化等作为约束条件加入理论模型之中进行实证分析。

二、传统金融危机理论研究

国际上金融危机的理论研究，始于 18 世纪早期。1929～1933 年资本主义世界的大危机，引发了经济学界金融危机理论探讨的第一次热潮。在解释当代金融危机的理论模型中，金融脆弱或不稳定模型占有重要地位。金融脆弱理论源于 20 世纪 30 年代费雪的开创性研究；70 年代中期由海曼·明斯基（Hyman Minsky，1975）等在费雪研究的基础上发展而成，用以阐述金融系统由稳定到不稳定和产生危机的原理与机制；80 年代以后，佩多安等将其扩展到国际金融领域，用以解释国际金融危机特别是国际债务危机的形成过程。20 世纪 80 年代以后，随着金融全球化的深入和世界范围内的货币危机的频繁出现，使得有关金融危机及金融安全的话题再次成为理论研究的热点，并成为监管当局的首要关注问题，其中包括逐步演进的三代货币危机模型以及大量实证性的经济计量分析。从克鲁格曼（Krugman，1979）、弗勒德和加伯（Flood and Garber，1984）为代表的第一代投机攻击模型到 20 世纪 90 年代中期以解释欧洲货币体系（EMS）自我实现危机的第二代"逃跑规则"都是针对货币危机。当然前者分析的是源于经济体基本因素恶化，影子汇率逐渐上升，当名义汇率和影子汇率之间的差异达到一定程度时，投机者的理性预期使其进行投机攻击以维护自己利益，引起本币供求短期大幅度变化，核心在于国内目标与货币平价之间的矛盾引起货币平价不可避免的崩溃。后者分析的是政府面临对内对外均衡矛盾时，通过衡量维持固定汇率或盯住汇率的成本收益，可能主动改变货币价格，导致本币对外价值短期的大幅度变化，实质是固定汇率制长期营运中的非持续性。克鲁格曼（1998）不成熟的第三代模型，把货币危机看作经济危机的一部分，但货币危机与金融危机混淆。分析的逻辑是资本流动增加了银行系统的借贷能力，而货币当局对金融机构做出的补偿性承诺的确定性导致银行"不良借贷"的发生。后来，不断扩张的金融脆弱性跟进，带来投机攻击，只有通过货币供给的增加来为银行提供流动性，结果是经济体失去外汇储备。格雷戈尔·欧文和大卫·瓦因斯（Gregor Irwin and David Vines，1999）合理吸收克鲁格曼（1998）、杜利（Dooley，1993）和萨克斯（Sachs，1998）的研究成果，归纳总结出较具有代表性的第三代危机模型。该模型主要是研究资本市场危机和货币市场危机造成价格大幅度波动，短期外债安排不合理，存在需要大量归还而又不能归还的短期外债，金融机构资产负债状况恶化而带来流动性困难，在没有融资渠道的情况下形成金融机构危机。1998年俄罗斯金融危机爆发后，国与国之间的合作、国内金融机构之间的合作变得越来越重要，马歇尔、大卫（Marshall，David. A.，2001）引入"柠檬市场"思想，分析了逆向选择和道德风险导致金融市场的危机，提出政府通过降低实际利率对避免金融危机具有重要作用。

尽管三代危机理论对那些至今已发生的金融危机成因做出了相对科学的理论解释，但是这些理论依旧存在着一些共同的问题。例如，三代理论均只从单个国家层面来考虑投机攻击以及危机成因；对货币危机和银行共生的现象则未做出系统的分析，只是单纯地从货币市场均衡入手；三代危机理论过多地强调了单个危机中的个别因素，不能对危机的全过程做出合理的解释，等等。三代危机理论局限性的根源在于，其研究的出发点是传统的经济理论。而传统经济学是在静态、均衡理论基础上，以统计和线性化方法为主要手段，建立起的理论体系。复杂性科学兴起于20世纪80年代，是从传统分析程序的局限中突破性发展出来的、以探索复杂性为主、关于复杂系统一般理论的一种新的世界观与方法论。基于复杂性经济学的非线性系统论认为，金融体系（或金融市场）是一个开放的、非线性的经济金融系统。金融危机的产生是由金融系统内的随机事件与非线性机制共同作用的结果。金融危机的最初表现形式是金融风险，在一定因素的激发下，金融风险急剧增加，并在达到一定临界值后，以爆发金融危机的形式释放。

应当说，西方学者的研究和理论丰富了人们对金融危机现象和机制的认识，开拓了视野，但也必须看到，无论是实证研究还是理论研究都还存在很大局限性，特别是缺乏全面性和系统性研究。奥博斯特弗尔德（Obstfeld，1998）认为，在金融危机研究方面可能还存在着很大的"灰色区"。西方学者当前的研究状况是：针对危机起源国进行个案研究，针对区域的研究和国别与区域的比较研究；根据一般观察和理论构建模型或危机指数，运用计量分析加以拟合，确认引起危机的主要因素；结论大多归结为危机中心国（地区）的经济、金融脆弱或政策失误，对国际投机问题给予了重视，对国际货币基金组织和国际货币体系存在的问题提出了批评。

我国学术界对金融危机的研究基本上是在亚洲金融危机后才起步的。近几年国内出版的金融危机研究专著已有数十部，国内的研究论文则汗牛充栋。陈学彬等（2001）研究了当代金融危机的形成、扩散与防范机制，应用博弈分析方法研究金融危机问题。他认为，影响危机的因素包括体制因素、经济因素、危机效应。危机的形成和扩散必然导致博弈各方实力对比、利益格局和所获信息的变化，而这些变化又必然导致博弈均衡的变化，从而导致危机的迅速扩散。章和杰（2004）分析了中国可能发生金融危机的机理、国际游资的可能攻击点和危机爆发的路径。我国学术界对金融危机研究的基本情况是：受西方研究的影响，侧重于现象和经验分析，但理论分析、定量研究还有距离；立足于我国和发展中国家的现实，更多地注意经济体制、对外开放政策和国际金融投机等问题；注意到全球化对国际金融危机的影响，但系统的分析仍然不够。

综上所述，有关金融危机的相关理论研究还存在很大的缺陷：首先，国内外同类课题的研究尚未考虑在经济全球化、金融国际化的背景进行深入研究，尚未开展跨时段的、历史的、系统的比较分析，尚未着手关于当代国际金融危机一般特点和发展规律的研究。其次，现有理论解释的宽度和力度均有欠缺，对风险的形成机制、一般风险向系统性风险、系统性风险向金融安全的转化机理还没有清晰的认识。最后，现有的研究普遍缺乏微观基础，还不能有效地将制度、经济发展等因素加入模型中。

三、金融危机理论研究的拓展

对金融安全机理的研究，关键是对我国特殊约束条件下的风险形成、累积、转移和扩散机制进行分析，研究个体风险如何演变为系统性风险，系统性风险如何向安全问题转化。

（一）微观金融测度模型在金融安全研究中的应用。一是包含概率、价格、偏好的全面风险管理（Total Risk Management，TRM）系统的建立。其基本特点是：以成熟的制度和发达的市场为背景，主要从银行、投资者等个体的微观角度测度风险，并围绕资产价格建立了多种模型，其中发展最好的是市场风险测量模型。近30多年来发展中国家的金融危机此起彼伏，推动了金融风险与经济发展、经济制度、经济全球化关系的研究，并产生了一批有代表性的模型如国际收支模型、预期模型、银行挤兑模型等。这类模型开始从中观或宏观的角度对金融风险形成、传导机制进行数学描述。但遗憾的是西方研究没有将经济发展、制度等因素作为重要的变量，其经济学前提大多都不适合转型经济的特征，而且不少假设条件也与我国实际不相符，难以直接运用这些成果来检验我国的金融风险。国内的研究分为两大类：一类是研究我国体制、金融结构与金融风险的关系，探讨金融风险的本质，一般采用定性的分析方法；另一类是借鉴西方的模型定量研究银行、证券市场、外债等领域的风险，然而这些模型往往缺乏充分的理论基础，对相关数据是否符合模型的假设条件也未作严格的检验。二是崩盘度量术的发展。崩盘度量术用于估计投资组合在极端市场变动或市场崩盘时的风险敞口，并据此采用崩盘度量指数（CMI）来衡量市场变动规模以及判断我们是否处于崩溃情形。

（二）个体风险向银行系统性风险的转变。银行系统性风险的系统研究较迟，既往的文献更多是与银行业流动性危机、银行危机及银行恐慌有关。现阶段银行系统性风险的研究可以粗略划分为理论模型、实证研究和对策研究三个方面。就理论模型而言，现阶段并没有形成一套统一的分析范式，而是较为零散地形成了五种理论模型：一是金融恐慌下的多重均衡模型，重点探讨均衡形成的原因与挤兑问题（Diamand，Dibvig，1983）[①]，尤勒梅泽尔（Yorulmazer，[②] 2003）则探讨了存款人的羊群效应问题，并得出信息、存款保险及内部人与银行挤兑严重性的关系。二是基于商业周期下的实质金融危机模型，重点研究实体经济冲击是如何作用于银行体系乃至发生银行危机的。三是泡沫、资产价格与银行系统性风险之间的关系。四是银行风险的放大模型，即银行体系的脆弱性与风险的传染机制，重点研究传染的渠道及概率问题（Allen，Gale，2000）。五是政府担保模型。就实证研究而言，银行系统性风险的测度可以划分为五种方法：（1）指标预警法（IMF，2008）；（2）前瞻性市场分析方法，包括未定权益分析法、期权—隐含波动率方法、基于期权的分析方法等；（3）状态转换法（IMF，2009）；（4）银行网络与传染概率分析法，包括网络模型、CO-RISK 模型、危机依存度矩阵模型与违约强度模型（IMF，2009）；（5）宏观审慎分析与 CCA 模型（Gray，2006；宫小琳，2010）。总体而言，有关银行系统性风险的相关理论研究还存在很大的缺陷：首先，现有理论对当前经济金融的一些最新发展，比如金融整合、金融衍生品与系统性风险的关系缺乏深入分析；其次，现有理论解释宽度和力度均有欠缺，对于每种理论模型的适用范围缺乏深入判断，对风险的形成机制、一般风险向系统性风险、系统性风险向金融安全的转化机理还没有清晰的认识；最后，现有研究普遍缺乏微观基础，还不能有效地将制度、经济发展等因素加入模型中。

（三）银行系统性风险转换为金融危机的可能性及路径研究。IMF（2006）

---

① Diamond, D. and P. Dybvig. *Bank runs，deposit insurance and liquidity. Journal of Political Economy*，1983，P. 401.

② Schotter, A. and T. Yorulmazer. *On the Severity of Bank Runs：An Experimental Study*，*Working Paper*，*Department of Economics*，New York University. 2003.

指出金融稳定分析的基础在于，分析金融部门间和金融部门与其他宏观经济部门间的相互联系，以及通过压力测试估计金融部门对各种冲击的敏感性。目前关于金融稳定的研究集中于金融系统的压力测试，重点在于估量金融体系在面对"异常但合理"的宏观经济冲击时的脆弱性（Marco Sorge，2004）。高同裕、陈元富（2006）在详细阐述压力测试的步骤和方法之后，对中国开展宏观压力测试需要着手解决的问题进行了分析，同时提出了应对策略。

迄今为止，关于金融部门间以及金融部门与非金融部门间联系的研究比较零星，主要包括两方面的核心内容：第一，系统性风险在经济金融部分之间的风险分担与转移过程。格雷等（Gray et al.，2006，2008）提出基于CCA（Contingent Claims Analysis）理论和实践的宏观经济风险测度、分析和管理的新框架，他们将国民经济部门分为公共部门、公司部门、金融部门，着重分析了如何运用CCA来模型化和测度部门和国家风险暴露，以及政策如何抵消它们潜在的副作用。这个新框架为相互联系的部门提供了资产负债表和为整个经济提供了一个风险计量的框架。CCA为资产和负债的错配提供了一个基本的分析框架，能减少错配的政策或行动都可以减少风险和波动性。CCA同样也为国家资本结构提供了一个新的分析框架，这对衡量波动性、政策分析、风险管理、投资分析以及风险控制策略有极大的帮助。公共部门和私人部门参与者都能从有效率的宏观风险计量、价格和波动性的发现以及国家风险协调的活动中受益。宫小琳等（2010）通过网络模型量化分析了冲击在经济中的传导及系统危机的衍生过程。他们利用资金流量表编制了中国国民经济部门间的金融关联网络模型，并通过模拟测试揭示了负面经济冲击在部门层面循环的传导轨迹。近年来很多经济学家开始从部门资产负债表和国家资产负债表的角度，利用资产负债表方法（简称BSA）或者或有要求权方法（CCA）来重新审视资本账户变化是如何引发货币危机和银行危机的。为此，国际资本结构理论开始进入研究视野，其主要研究部门（国家）资本结构的基本功能是什么？存在最优的部门（国家）资本结构吗？佩蒂斯和沈超（2003）、利马等（Lima et al.，2006）以及侯杰（2006）等都注意到了部门（国家）资产负债表中的资产负债不匹配所可能导致的重大问题。"金融危机爆发的充分条件是一个具有不稳定资产负债结构的国家遭受了足够大的冲击，并且导致国家债务结构不断恶化。"这种情况被形象地称为"国家资本结构陷阱"，也称为资产负债表错配。具体来说，资产负债表错配主要包括部门（国家）资产负债表中货币错配、期限错配和资本结构错配等三个方面。从已有文献来看，利用部门（国家）BSA研究货币危机和金融稳定性的文献大致可分为如下三类：一是部门（国家）资本结构与金融稳定及货币危机之间关系的研究（Allen et al.，2002；侯杰，2006）；二是利用部门BSA考察部门间风险分担和转移（Gray et al.，2006，2007；侯杰，2006）；三是利用部门（国家）BSA 考察一国或地区的债务、资本结构与金融稳定性关系的案例研究（Lima et al.，2006；Haim and Levy，2007；Rosenberg et al.，2005）。

第二，金融风险的最终承担与债务可持续问题。银行作为市场经济主体，可以在资本市场上通过资产组合来分散和转移风险，但是银行部门作为一个整体，其系统性风险是无法进行分散的，需要公共部门来分担以维护金融稳定[①]。金融的稳定需要公共部门强有力的后盾做支撑，公共部门自身的实力和风险状况将影响着整个宏观经济风险分担和金融的稳定。公共部门是否能承担风险与公共部门自身实力和风险状况有关，而当需要将风险进一步转移时，风险能否继续转移涉及公共债务的可持续性。其分析方法包括传统的 DSA 分析法与 CCA（Gray，Merton，Bodie，2003；Gapen et al.，2004，2005）分析方法。DSA 传统分析法重点考虑债务比率，不区分不同种类的债务，也不考虑债务的风险溢价，而基于 CCA 方法的公共债务可持续性分析把不确定性纳入公共部门经济资产负债表（也称主权风险调整资产负债表）框架，把债务可持续性分析（DSA）和早期脆弱性预警指标相结合，为传统债务可持续性分析提供了强有力的补充。同时，CCA 方法充分考虑了波动性带来的影响，可以估计不同政策变化带来的效应，以便采取相应的对冲工具来降低风险，CCA 方法为政策制定者提供了更加细致的分析工具。

（四）金融风险的全球分摊与分担机制研究。卡斯特伦等（Castren et al.，2003）通过建立国际风险分担的两国模型来分析国与国之间通过债券融资和股票融资对两国消费的不同影响，认为通过跨国股票投资可以由多国投资者来分担一国经济体系中的系统性风险，而通过债券融资则不行；马克斯韦尔等（Maxwell et al.，1989）重点研究不同类型中央银行在国家间风险转移中的作用。萨尔基相（Sarkissian，2003）分析了跨国不完全消费风险分担对外汇市场时间变量风险溢价和跨部门类别的影响。康斯坦丁尼德斯和达菲（Constantinides and Duffie，1996）运用多国世界模型分析了类似的问题，与 CCAPM 不同，新模型能够在低风险厌恶价值下产生货币风险溢价，为跨国货币收益的不同提供某种解释。许文彬（2009）将信息理论和制度理论进行了一个理论统合，从而构建起信息与制度互为表里、相互统一的金融风险跨国分摊理论框架。通过模型，其认为一国金融风险分摊量值的大小取决于三方面基本因素：由制度性信息地位所决定的风险分摊地位、由本国参与的跨国交易规模所决定的风险分摊份额，以及由

[①] 公共部门有时会对单个银行进行救助，原因在于防止单个银行风险传染到整个银行系统，出发点在于维护整个系统的稳定。

本国经济—金融实力所决定的风险承担能力上限。

总体来看,国内外金融风险测量和建模的研究成果颇具借鉴价值,但还不能充分切合我国经济转型的特殊国情,具体缺陷为:第一,模型多以成熟的市场为依托,没有包含制度和经济发展变量,忽视了我国独有的风险来源和特征;第二,缺乏模型的适用性验证,模型对现实解释力不足,无法推导我国各种金融风险形成、扩散和连锁反应的过程;第三,西方的研究侧重于微观风险,对中观层面风险的相互关系、转移、传导的研究较少,宏观层面风险集成测量模型几乎空白,更没有考虑金融国际化和转型路径的影响,而且我国还缺乏能实际应用的微观风险模型。

四、金融主权研究

现有金融主权的研究主要是借鉴经济主权的研究范式,多采用问题、争议和定性的分析方法。20 世纪 70 年代,英国学者科恩运用博弈论的研究方法,通过建立"四个概念模型",从剥削损失、剥削收益、逃逸成本和维持成本四个概念出发,对发达国家、发展中国家与跨国公司之间的关系加以研究,从政治经济学的角度分析了利用外资的风险问题。其中,剥削损失可以理解为东道国引进外资后产生的风险,包括外资对东道国产业、市场和股权的控制带来的风险等,而逃逸成本则是东道国对风险的防范和抵御措施。根据该模型的分析,无论对于跨国公司还是对于东道国来说,维持合作都是最佳结果。该模型被认为是最早运用博弈理论对国家经济安全问题进行分析的一个理论模型。与经济主权相对应,我们把金融主权定义为一国享有独立自主地处理一切对内对外金融事务的权利,即表现为国家对金融体系的控制权与主导权。同样地,经济、金融主权也有核心主权和非核心主权之分。核心金融主权是指关系国家发展战略、经济命脉和基本制度的金融权利。按金融的性质来分解,金融主权可以概括为货币主权、金融机构控制权、金融市场定价权和金融调控独立决策权等四个维度。这四个维度之间具有广泛联系与相互作用机制,其根本权利都属于核心范围,对这些权利的分享只能是在有限的尺度以内。

五、金融安全维护与政策选择

危及金融安全的路径和机制非常复杂,传染也可能是其中一种或多种路径的综合,政府政策的错误实施可能会对一国的经济体系带来严重的破坏,这一点已在东南亚金融危机中得到了验证。为此我们在防范金融风险、维护金融安全的过程中，必须审慎选择相关政策。

从国外研究来看，大多研究集中于吸收能力和最后贷款人的研究上。梯若尔（2003）首先分析了关于金融危机以及国际金融体制改革的普遍观点。他认为，大多数的改革建议只注重表象而没有触及问题的本质，并且无法协调建立有效的融资限制条件与确保借款国自行改革之间的目标冲突。他强调指出，正确识别市场失灵对于重建 IMF 的目标责任是十分必要的。然后，他将公司金融、流动性供给以及公司风险管理的基本原理运用于个体国家的借款问题。建立在"双重代理"和"共同代理"的基本分析框架之上，他重新审视了通常建议的政策，并且考虑了多边组织如何帮助债务国在开放本国资本账户的同时获得更多的收益。现有研究文献中有一些证据表明存在各种"阈值效应"（Borenzstein, De Gregorio and Lee, 1998），在更大范围内，一个国家的吸收能力可以视为其人力资本、国内金融市场深度、公共治理和宏观经济政策的组合。一些初步证据表明，在吸收能力较差的国家，外国资本流入并不能提高国内企业的生产率，但在吸收能力较强的国家，则可能检测到有利的影响（Aitken and Harrison, 1999；世界银行，2001；Bailliu, 2000；Arteta, Eichengreen and Wyplose, 2001；Alfaro, 2002）。因此，为了提高防范风险的能力，必须提高一国吸收能力，其中公共治理是吸收能力中的一项重要要素。公共治理概念包括非常广泛的体制和规范，其核心为透明度、防治腐败、法制和金融部门监督。最终贷款人的作用和第三方担保对金融传染风险有较好的抑制作用。库克和斯佩尔曼（Cook and Spellman, 1996）讨论了第三方担保贷款也具有政府担保的类似作用，在国家和国际组织作为最终贷款人时，需要有比较及时的贷款安排。

在国内研究中，金融监管、审慎开放、金融机构体系、宏观调控体系这四个方面在金融安全研究初期被较多学者提出，随后有下降趋势，近年又有上升趋势，而金融体制改革、金融法规这两个方面在金融安全研究发展过程中越来越受到重视，不断被更多的学者提出。刘锡良（2004）从维护金融功能的角度，分别对微观、中观、宏观金融安全的维护进行了精彩的论述，而现阶段中国金融安全维护的三大途径是：改革中国的金融体系，推进中国的财政改革，维持人民币汇率的稳定。刘沛（2002）运用金融稳定框架分析中国金融稳定的实践。同时对目前威胁中国金融稳定的三大问题：银行不良资产、证券市场的波动性和人民币汇率的合理性进行了分析。并运用符合中国实际的三个指标对中国金融稳定的现状进行了评价，在此基础上提出了一系列维护金融稳定的对策建议，包括在已有金融安全区的基础上全面建立金融安全网；建立适合国情的存款保险制度；改革财政制度、税收制度和中央银行的激励和约束制度，切实充实银行资本金，提升国内商业银行的整体竞争力；强化金融市场功能，加强政策的连续性和一致性，确保资产价格的稳定等。具体来讲，金融风险的防范和金融安全的维护根本在于两个方面：微观上强调深化金融体系改革，增强微观金融机构的竞争力。宏观上增强一国的吸收能力，确保实施稳健的货币、财政政策和选择合适的开放次序。

次贷危机以来，宏观审慎监管受到更多的重视，其研究主要体现在两个领域：第一，金融体系内在的顺周期性效应。顺周期性是指一种相互加强的正向反馈机制。顺周期效应主要有两个方面的来源：一是新资本协议、贷款损失准备计提和公允价值会计准则等适用于金融业的外部规则所具有的顺周期性（IMF，2008；FSA，2009；Larasiere，2009）；二是金融机构的内部要素，包括风险计量方法和模型采用过短的时间跨度、鼓励追求短期利益的激励机制和金融机构在发展战略、风险管理模型与风险暴露方法的趋同性等（FSA，2009；Panetta，2009；李文泓，2009）。第二，金融逆周期监管的工具与政策。宏观审慎政策旨在使金融机构行为的溢出成本内部化，抑制系统性风险承担动机（BIS，2009；Brunnermeier，2009）。政策工具主要体现在三个方面：一是缓解外部规则的顺周期性，对新巴塞尔协议进行修正，采用跨周期评级模型、资本定义进行修正、模型需覆盖正常条件与压力条件等，改进公允价值准则，减低其顺周期性；二是增加逆周期政策工具，包括逆周期资本要求、逆周期拨备要求、逆周期信贷政策；三是其他宏观审慎监管工具的应用，比如杠杆率指标、压力测试与相机抉择的工具。

综上所述，我国很少专门研究金融安全的政策维护，政策研究与金融安全的微观机理存在较大脱节，研究的模式一般采用"头痛医头"的办法，显得比较零散而缺乏系统性和实用性。

六、金融安全状态的监测与预警

1999 年，世界银行和国际货币基金组织（IMF）联合发起了"金融部门评估项目"（Financial Sector Assessment Program，FSAP），目的是在基金组织的双边监测和世界银行的部门发展工作中帮助成员国强化金融体系[①]。FSAP 用于金融稳定评估所使用的数量方法主要指金融稳定指标（Financial Soundness Indica-tors，FSIs）、压力测试（Stress Test）和早期预警系统（Early Warning Systems，EWSs）。国外文献中关于预警模型的研究大致分为以下几种：KLR 信号模型、Probity-Logit 模型、马尔可夫状态转移模型、自回归条件风险模型、双元递归树

---

① 世界银行、国际货币基金组织编，中国人民银行金融稳定局译：《金融部门评估手册》，中国金融出版社 2007 年版。

模型、VaR 和压力测试模型、遗传算法、人工神经网络模型、受限向量自回归模型、Fisher 判别分析法、潜在变量门槛模型、滤波法、主观概率法等。可以说不同的算法、模型从不同的角度对风险进行度量和模拟，出发点都是为了找到最有效的风险预警方法。戈尔茨坦、卡明斯基和莱因哈特（Goldstein, Kaminsky and Reinhart, 2000）对 KLR 法（又称信号萃取法）进行了系统的阐述，其间不乏对模型构建思路与步骤的详细论述①。（亚洲开发银行，2006）据此总结出 EWS 建模的 5 个一般规则和 4 个关键方法问题②，基本上得到了 EWS 领域其他专家的认同——阿比阿德（Abiad, 2003）在综述不同种类货币危机早期预警模型时就以数据集、危机定义、指标、方法和结果五个指标进行分类③；而伯格、伯恩斯坦和帕蒂略（Berg, Borensztein and Pattillo, 2004）比较几个常用的官方与非官方 EWS 模型时按照危机定义、窗口、方法、变量来区分④。这些均与一般规则和关键方法保持一致。具体而言，一般规则是指：（1）在金融危机起源中寻找系统性模式意味着不能局限于最近的一次大危机（或者一系列危机），而是要研究一个更大的样本；（2）要像关注货币危机一样去关注银行危机；（3）选择符合研究目的的数据频率；（4）尽量使用比较广泛的早期预警指标集合；（5）采用样本外检验来判断先行指标的有用性。而关键性方法指：（1）如何定义货币危机和银行危机；（2）如何定义早期预警系统中的"早期"；（3）如何选择"先行指标"来分析；（4）如何确定最好的先行指标，如何估计危机概率——包括跨国范围和延长的时间。对于一般规则和关键性方法问题之间的相互联系，我们可以这样理解：一般规则类似于数学证明中的公理或是计量经济学的古典假定，成为所有 EWS 模型共同遵循的原则。尽管不甚严密，但仍能在一定情况下起到约束作用；关键方法则涉及建模过程中所经历的各个环节，允许差异的存在。也正是由此演化出不同种类的模型，比如依据"如何确定最好的先行指标，如何估计危机概率"这点，可将不同模型划分为参数模型和非参数模型⑤。

① ［美］莫里斯·戈尔茨坦、格拉谢拉·L·凯宾斯基、卡门·M·瑞哈特，刘光溪、刘斌、谢月兰等译：《金融脆弱性实证分析——新兴市场早期预警体系的构建》，中国金融出版社 2005 年版。
② 亚洲开发银行，张建华、王素珍、徐忠等译：《金融危机早期预警系统及其在东亚地区的运用》，中国金融出版社 2006 年版，第 24～29 页。
③ A. Abiad. *Early Warning Systems：A Survey and a Regime-Switching Approach. IMF Working Paper*, 2003.
④ A. Berg, E. Borensztein, C. Pattillo. *Assessing Early Warning Systems：How Have They Worked in Practice? IMF Working Paper*, 2004.
⑤ 亚洲开发银行，张建华、王素珍、徐忠等译：《金融危机早期预警系统及其在东亚地区的运用》，中国金融出版社 2006 年版，第 28 页。

七、金融危机管理

人们对金融危机管理有两种理解。狭义的金融危机管理指金融危机的反应管理，即对正在发生的金融危机所做出的应对。广义的金融危机管理指金融危机的预防、控制和恢复管理，即为了减少金融危机的损失和潜在的影响，克服金融危机事前、事中及事后不利的不确定性所做出的各种努力。现有对金融危机管理的研究侧重于各国发生金融危机后的恢复行为，但没有对其进行系统的研究。经济学家较少从管理的角度介入金融危机研究；危机管理学者在分析各种危机案例并建立研究框架的过程中，尚较少涉及金融危机领域。因此，我们在研究的过程中，必须充分借鉴金融危机和危机管理的相关理论，鉴于金融危机的相关理论已在前面进行论述，此部分的综述侧重于对危机管理的研究。

危机管理的系统研究始于 20 世纪 40～60 年代，人们开始尝试定义危机，认识危机规律，并开辟了危机准备和危机救助研究，还提出了对危机研究方法的思考，研究的重心侧重于：危机心理研究、自然灾害研究和国际关系研究。到了70～80 年代，国际关系危机，特别是核危机、石油危机是人们最为关心的危机话题，"社会科学界的主流是研究动荡、安全与海湾问题、定量化以及连续性……后来随着环境污染的加剧，人们开始对环境危机给予重视"（Uriel Rosenthal，引自Turner，1997）。综合性的危机管理研究仍然是学术界的一个很小的支脉。但是国际关系危机、环境危机、自然灾害、心理救助等方面的研究促进了学者们对一般危机规律的探寻，尤其是社会学方法在危机研究中的运用，使这一时期为危机管理在 80 年代中后期的迅速发展奠定了重要的基础。80 年代中后期以来，国际关系格局发生了重大变化，核战争的阴云逐渐散去。然而，许多新的危机接二连三地袭来，危机管理研究空前高涨。1988 年，蒂埃里·波尚（Thierry Pauchant）用计算机对 60 年代以来危机管理方面（包括事故、破产、灾祸、危机、死亡、灾难、风险）的文章进行检索发现，80% 的相关文章发表于 1985 年后（Thierry Pauchant，1992）。这一时期，危机管理研究呈现出两个突出的特点：一是"分"；二是"合"。"分"，即对危机的各个方面进行深入细致的研究，研究的重心为组织、策略、心理、方法、实践；"合"，即力求建立一个危机管理研究的框架体系。在这一时期，西方的案例研究传统得到了充分的运用。1998 年，皮尔逊和克莱尔（Pearson and Clair）的《重构危机管理》一文对过去的危机管理研究作了回顾，并把它们归纳为三派观点，即心理派（注重心理因素）、技术—结构派（注重技术理性）和社会—政治派（注重文化、领悟等无形因素）。在对这三种观点评述的基础上，文提出了自己的危机定义，阐发了综合以上观点、由 8 个命题构成的危机管理的理论框架。可以预见，"分"与"合"的趋势在今后的危机管理研究中仍将继续下去。一方面，危机管理仍将是一个高度分化的研究领域，对专门危机、专门问题的专门研究将继续深化，社会学、管理学、政治学、计算机、数学等领域的研究方法将进一步引进到危机管理研究中；另一方面，对危机管理的事前、事中和事后的划分作为主流的研究框架，将进一步得到认同和应用，心理、技术与社会的研究脉络将更加明显，系统方法也将得到更多的运用。

八、对现有文献研究的总体评述

目前研究的不足之处主要表现为：一是研究的视野相对狭窄。对中国的风险与安全问题的研究局限于金融领域，没有从国家经济安全的高度进行考察，研究方法较为单一，跨学科多视角研究不足；对影响中国金融安全因素的分析在深度和广度上有待进一步提高。二是现有的针对金融安全的理论解释缺乏普适性。具体而言，主要体现在：金融风险形成机制的微观基础研究较为薄弱；没有将中国经济双重转型特点和金融国际化作为约束条件纳入风险与安全机制的分析框架；金融风险的形成、转移、扩散机制与金融安全的研究缺乏统一的理论分析框架，更没有对此建立整体系统化模型进行分析。三是我国关于金融安全问题的政策操作缺乏系统的理论支撑，措施比较零散和随意。对金融安全政策的研究，没有充分考虑政府在经济运行中的"双重角色"和金融机构自身竞争能力培养。四是金融安全预警机制和金融危机管理研究基本还处于初级阶段，不能对我国金融安全状态的监测和预警起到重要指导作用。

第四节　研究思路

本书从最基本的概念入手，以个体风险、系统性风险与金融安全之间的逻辑关系作为分析的起点。个体风险是指能用数值概率表示的随机性，侧重于不确定性和由不确定性引起的不利后果；系统性风险则是指一个事件在一连串的机构和市场构成的系统中引起一系列连续损失的可能性（Kaufman，1995）；金融安全是一国金融体系的稳定运行状态，通常与金融国际化交织在一起，与金融危机、金融主权密切相关，其关键在于核心金融价值的维护，根本取决于一国政府维护或控制金融体系的能力和一国金融机构的竞争能力。三者分别对应着损失的形成、扩散和危害，形成依次递进的逻辑关系。单个的金融风险不足以影响到一个国家金融体系的正常运行，只有当单个风险迅速扩大、转移和扩散演变成系统性风险，才能对金融体系的功能发挥造成重大影响，进而威胁到金融安全。金融危机是金融安全受到威胁的极端表现，而金融主权则是国家维护金融安全最重要的基础。

我们认为经济体制的双重转轨是中国长期不可回避的现实，国际化的过程就是非核心金融主权在互利互惠条件下平等分享的过程。在国际化背景下，风险的来源更为复杂，风险的识别尤为困难，风险的传染甚为容易。基于上述认识，本书研究思路围绕一个中心（以金融机构尤其是银行作为研究核心）、两个视角（金融经济学与金融政治经济学视角）、三个层次（国家安全、经济安全、金融安全）来展开进行。

金融机构是经营风险的机构，是风险产生、积聚和转移的主要载体，相关金融安全问题也必然体现在金融机构上。如果将风险的传染视为一个网络系统，金融机构就是网络中的节点，无论是金融机构之间的直接传染还是通过金融市场的间接传染，风险都会通过节点沿着网络路径传递。在金融国际化进程中，金融机构的数量和类型、金融市场的规模和结构以及相关制度等都发生了明显变化，最终改变了金融风险的形成、种类和分布状况，在影响风险扩散、转移和传导途径的同时，也影响了风险总量。因此，本书在国际化背景下以金融机构为着眼点探讨风险机理的微观基础，研究金融机构风险的生成、转移与扩散机理，进而探究系统性风险转移与金融安全的关系。

金融安全问题是一个综合国际政治、经济、文化诸方面的重大课题，它的提出一方面与系统性风险、金融危机等命题相关；另一方面牵涉到资源配置的权力、金融主权等方面的内容。为此，我们坚持从经济学视角与政治学视角来对金融安全问题进行解析。经济学视角研究重点在于分析金融风险和危机给安全带来的威胁，研究个体风险、系统性风险、金融危机的连接机制与生成机理。金融主权是国家安全的重要支撑，政治学视角的研究重点在于分析受金融因素影响的国家"非经济核心价值"。我们从政府角度研究政府行为规范，将金融领域政策手段作为大国博弈的重要工具，研究在开放的过程中如何维护自己的主权，把握开放的进程，进而在全球政治经济新秩序重构中分享最大化收益。

国家安全、经济安全与金融安全是相互关联的三个层次。经济安全与金融安全是政治概念与经济概念的混合，我们试图以国家安全层面为起始，在双重转型的特殊约束条件下，从国家安全、经济安全、金融安全三个层次论述金融安全在不同层面上的相互转换与分担机制。国家层面的金融安全主要探讨国际政治经济新秩序下的中国金融开放战略与控制权的争夺问题；经济层面的金融安全主要探讨金融系统性风险与经济系统风险的分担与转换机制，研究金融系统性风险向金融危机、经济危机转化的临界条件与路径；金融层次的金融安全主要探讨经济风险如何集中于金融体系，研究金融机构个体风险如何向系统性风险转换及金融机构、金融市场之间的风险传染机制。三个层次从宏观到微观，相互递进、相互关联，微观层次的研究可作为宏观层次研究的微观基础与理论依据，宏观层次的研究可作为微观层次的前提条件。

第五节 逻辑结构

在研究中本课题试图对一些前瞻性的问题给予解答，遵循"背景剖析—问题提出—理论解释—对策研究"的基本逻辑展开，主要研究框架如图 1-1 所示。

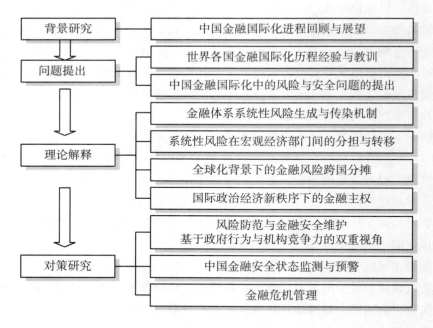

图 1-1 本书逻辑结构

第二章为基于全球视角的金融国际化进程研究。首先，从理论上分析金融国际化与金融安全的理论关系，并从货币、资本流动化、金融机构、金融业务、金融市场及金融监管的国际化六个维度系统梳理中国金融国际化中所面临的风险问题，对我国金融安全所面临的威胁进行初步分析。其次，借鉴代表性国家金融国际化中的经验与教训，研究金融国际化次序及其存在的风险问题。再其次，总结近代我国被动式开放中面临的各类金融风潮，为我国金融国际化提供经验教训。最后，研究我国金融国际化的全球化背景、阶段特征、演进动因以及未来展望，为后续研究提供较好的制度基础研究。

第三至七章为金融安全的理论解释。

第三至四章分别从银行及金融市场角度研究金融系统性风险的生成与传染机制。第三章首先从个体银行风险触发、银行系统性风险生成、金融安全网下的银行系统性风险变迁三个层次对系统性风险进行考察，并构建了一个从微观到宏观的系统性风险分析模型，以研究在不同环境下微观风险触发与个体银行失败、个体银行失败与系统性风险的生成机理；其次，从理论与实证两个方面考察了不同开放程度、不同金融发展程度国家的系统性风险生成机制差异；最后，考察我国金融制度的特殊性，从理论与实证两个层次上对我国银行系统性风险的生成、评估及其防范进行了有益的探索。

第四章研究银行系统性风险与金融市场风险的转移问题，重点研究金融市场系统性风险的生成及其与金融机构风险的转移机制。首先，对我国资本市场开放中可能出现重大金融安全问题进行评估，并对热钱与资产价格波动、外资并购与金融风险的国际传染进行了重点考察与实证研究，然后对银行系统性风险与金融市场风险的相互传染机制进行了实证分析。至此，我们可以得到微观个体风险到金融系统性风险积聚的完整过程。

第五章为系统性风险在宏观经济部门间的转移与分担机制。本章以银行部门为核心，抓住各个经济部门的资产负债联系，研究金融系统性风险与其他经济系统的风险（如财政、实体经济等）之间、系统性风险在国际间、代际间的转移机制，考察金融系统性风险向安全问题转化的机理。据此，分析我国风险传播途径和风险暴露状况，采用 Black-Scholes 模型编制中国经济资产负债表，并对公共部门风险债务的可持续进行分析。最后，本章从宏观金融风险管理策略考察了金融结构优化问题。

第六章以发展中国家为视角研究跨国金融风险分摊问题。本章在信息—制度理论框架下论述了金融风险及其跨国分摊的深层次内涵，并以一个基于微观基础的数理模型将这一分摊机制进行了静态与动态的模式化表达，从中得到若干有启发价值的结论。进而本章将微观模型进行了宏观化拓展，考察次贷危机的全球金融风险分摊模式及中国在跨国金融风险分摊中的地位，并据此提出降低我国被迫分摊的跨国金融风险量值，从而充分保障自身的金融安全和经济安全的政策建议。

27

　　第七章从政治学的视角研究国际政治经济秩序演变、金融安全与金融主权之间的逻辑关系，考察国际政治经济新秩序下的金融主权问题。首先，本章将金融主权概括为货币主权、金融机构控制权、金融市场定价权和金融调控独立决策权等四个维度，并以此为线索研究金融安全政治层面含义；其次，本章通过对货币主权层次的划分，探讨我国国际化中的货币主权问题；再其次，以银行业为例，研究我国银行控制权与金融安全之间的关系，并对我国金融控制权及金融安全状态进行评判。

　　第八至十章为金融风险防范及安全维护的政策建议。

　　第八章从政府行为与金融机构竞争力双重视角入手构建了风险防范与安全维护的基本框架。即优化我国对外开放策略，改善中国在全球金融风险分摊中的地位；基于效率与安全角度优化我国金融结构，促进经济又好又快发展；构建我国金融安全网，防范金融机构系统性风险的产生；利用市场约束与公司治理结构改善来提高金融机构竞争力与风险防范能力。

　　第九章为中国金融安全状态的监测与预警。首先，从全球样本得出走向现代化国家金融危机不可避免的结论，比较分析金融危机预警模型在现实中的预测能力问题；其次，分别从短期及长期视角研究我国金融安全出现问题的可能性；最后，构建中国金融安全监测与预警的组织架构体系，研究中国未来若干年内爆发金融危机的概率及爆发的可能路径，并据此提出可能的应对措施。

　　第十章为国际化进程中的金融危机救助研究。首先，将危机管理理论移植于金融危机管理中，以时间、范围、对策三个维度构建三维立体的金融危机管理框架；其次，在总结危机救助的经验基础上研究危机救助的工具与模式，构建金融危机的控制与应对机制；最后，研究金融危机的退出与恢复机制。

第六节　主要研究结论

　　本书立足于全球金融体系发展的最新格局，紧密依托于中国的新安全观，形成了以下主要研究结论：

一、金融国际化的内涵及我国所处阶段的判断

　　（一）金融国际化有两层次含义，既把金融国际化作为广义的研究背景，又将重点研究金融国际化的行为、活动以及对外金融政策的选择。金融国际化分为

货币、资本流动、金融机构、金融业务、金融市场及金融监管的国际化六个维度。当前研究中国金融国际化进程中的风险与金融安全问题，就必须结合中国由发展中国家向发达国家过渡、由计划经济体制向市场经济体制转型的历史背景，充分考虑我国面临"双重转型"和"入世"后与国际规则接轨的双重压力。

（二）运用经济指标法和法律法规描述指标法两种度量方法，对中国自改革开放以来的金融国际化程度变化趋势进行了大致判断，并以此为据将中国金融国际化进程划分成了四个主要阶段，即金融抑制阶段（1979~1991年）、金融运行机制开始逐步走向市场化的阶段（1992~2000年）、走向金融全面开放的过渡阶段（2001~2005年）和金融业全面对外开放阶段（2006年至今）。我们指出，虽然自"入世"以来，中国金融国际化程度具有总体上升的态势，但六个维度下的国际化程度却呈现出非对称的格局：第一，以外资金融机构"引进来"和中资金融以海外设行与跨境并购方式"走出去"这两大方面来衡量的金融机构国际化程度差异较大；第二，自2006年履行全面开放金融业的承诺以来，中国金融市场与世界主要金融市场在"制度"、"量"和"价"方面的相互融合度得以显著提升；第三，由于受制于分业经营的制度，金融工具的创新力度及金融业务的交互程度与国际水平还有很大距离，相较于金融机构和市场的国际化程度而言，目前中国金融业务的国际化程度还较低；第四，就资本运动国际化和货币国际化而言，中国从一开始就持有十分谨慎的态度，这两个维度下的国际化进程推进得相对缓慢；第五，"入世"以来，面对着其他五个维度下国际化进程的提速，中国金融监管体系也加快了与国际接轨的步伐。然而，目前中国金融监管国际化的程度仍然较低，主要表现在金融监管的技术、方法与制度建设方面和国际水平存在的落差，以及金融监管的双向国际协调程度与能力还较低，这与较高的金融机构、市场国际化程度不相匹配，与正在提速的人民币国际化进程之间也存在动态落差。

（三）中国金融国际化未来的发展方向予以了展望：第一，推进社会信用体系的国际化演进，构建具有国际影响力的信用评估机构；第二，借后危机时代世界金融格局变革之机，积极参与国际金融秩序重构，积极参与宏观经济政策的国际协调，强化金融监管的国际合作；第三，加强国内市场化及金融基础设施建设，促进金融国际化与金融自由化的有效融合；第四，根据我国实际选择适合的金融国际化步骤，现阶段需重点关注资本输出与人民币国际化两大问题。

二、金融安全生成的微观机理

（一）与封闭环境相比，开放条件下的系统性风险生成机制的差异在于触发风险的因素、影响传染的渠道及政府的救助活动等方面。从微观风险的触发机制来讲，金融自由化带来金融资产的急剧膨胀，利率、汇率价格开始剧烈波动，全球流动性失衡带来的资本流动突然转向导致银行经营环境面临更强的不确定性，金融市场的发展促使间接融资体系竞争压力加大，迫使银行改变其融资结构并加大了投资的风险偏好，银行的融资结构与投资渠道更加依赖于金融市场，流动性问题显得更为突出。从银行体系的风险传染机制来讲，银行与金融市场相互关联程度进一步加强，风险更易在全球范围及整个金融体系之家进行传染与分担，这在转移分散风险的同时也扩大了银行风险传染的源泉、规模与速度，本书尤其强调同质性与流动性紧缺程度在其中的作用。从银行体系风险的分担来看，开放条件下央行干预能力减弱而 IMF 等国际组织又不能承担最后贷款人责任，加速了风险在国际间的传染。

（二）从开放条件下银行系统性风险生成机制的实证结果来看：政府治理指数改善是防范银行危机生成的关键前提条件，金融不发达国家银行危机生成主要受总体经济特征与金融结构因素的影响，金融发达国家危机生成更易受到国外因素的影响，但金融市场的发展、银行融资依赖程度的降低与政府治理的改进都能有效抵御银行危机的发生。低开放国家银行危机的生成更多受金融结构指标的影响，高开放国家中银行危机生成制约因素更多。我国属于低开放与金融发展程度较高国家，银行危机生成更多受政府治理环境、实质 GDP 成长率、通胀率、金融自由化程度与金融机构授信成长率的影响。

（三）我国银行系统性风险的特殊性在于渐进式改革导致的银行风险过度集中与政府的隐性担保。我国银行系统性风险不是体现为大规模银行的倒闭，而是表现为银行经营效率低下导致的金融经济困境。在我国，由于超强政府担保的存在，银行体系的崩溃最终原因表现为政府信用的崩溃、经济的大幅衰退及储蓄存款的大幅下降。

（四）外资并购、热钱流入及中美股市风险传染对我国金融市场带来的影响：第一，2005 年后中国证券市场已经在一定程度上融入到世界证券市场中，但是其作用仍然是世界证券市场的波动单方面影响中国证券市场的波动，而反之则不然。第二，热钱增长率并不具有 ARCH 效应，热钱增长率的前期波动对当期波动无影响，这也证实了国际热钱具有高度的流动性和投机性，有利就来无利就走，并不受以前状况的约束；股价增长率的前期波动对其当期波动有显著的影响。第三，国际热钱具有波动的 GARCH 效应，即热钱增长率前期值对其当期值的影响具有持久性特征，也就是说前期热钱的增长率变化会持续影响到当期；股价具有波动的 GARCH 效应，即股价增长率的前期值对其当期值具有持久的影响作用。第四，热钱和股价并没有波动溢出效应，也就是说热钱增长率与股价收益率之间影响较小。

（五）货币市场、股票市场、存贷款市场、国债市场之间的传染关系体现为：第一，股票市场和债券市场之间关系紧密，主要是股票市场影响债券市场，债券市场对股票市场影响微弱，因此风险将主要由股市传至债市，反向传播的可能较小；第二，股票市场和货币市场关系较为紧密，股票市场的波动能够影响货币市场的利率，这说明一方面股票市场参与主体将从货币市场融得的资金投资股票，因此风险会从股票市场传至货币市场；另一方面货币市场利率对股指影响较小，说明资本市场对货币市场资金有刚性需求，股市主体从正规渠道获取的资金有限时，将借助非正规渠道融取资金；第三，股票市场与存贷款市场联系比较紧密。股指上涨时会引起存款减少和贷款增加，因为机构投资者可以从公开的市场上融得资金，所以如果我们扣除掉参与其中的机构投资者，股市的风险将会传递至社会公众，减弱公众对经济的信心。

（六）我国金融体系风险分担以银行部门为核心，公司部门通过贷款将风险转移给银行部门，私人部门通过存款承担着部分银行部门的风险。当银行部门出现问题时，风险通过金融担保从银行部门转移到公共部门，而公共部门本身并不是风险的最后承担者，可以通过公共债务将风险转移到公司部门、私人部门或外币债务持有者。资本市场为各主体提供了风险交易的场所，各主体可以在资本市场上通过交易进一步转移风险。

（七）宏观经济系统金融稳定性核心在于公共部门对银行的金融担保。当公共部门都不能承受危机的时候，本国的所有经济主体都将为最终的危机埋单。需要说明的是，公共部门隐性担保对不同的项目的敏感性是不同的，例如，公司部门的冲击和存款挤兑所引起隐性担保的变化是不同的，存款挤兑所引起金融担保的增加远大于公司贷款损失所引起金融担保的增加，因为存款挤兑具有传染性，其影响更具有紧迫性和伤害力。当风险转移到公共部门后，究竟由财政还是中央银行承担将由它们各自的实力和相互间的博弈关系决定。当风险在公共部门内部不能得到化解进一步转移时，公共部门债务持有者将分担部分风险。公共部门债务持有者分为外币债务持有者和本币债务持有者，由于外币债务比本币债务更具刚性，本币债务持有者处于弱势地位，风险将主要由本币债务持有者承担。

（八）在金融风险的跨国分摊机制中，一国金融风险分摊量值的大小取决于三方面基本因素：由制度性信息地位所决定的风险分摊地位、由本国参与的跨国交易规模所决定的风险分摊份额，以及由本国经济—金融实力所决定的风险承担能力上限。其中：制度性信息地位是在经济全球化背景下一国经济—金融制度与国际通用的经济—金融规则之间的对称程度，这对发展中国家如我国而言，大致等价于以经济体制改革为手段的市场经济体系建设的实现程度；本国参与的跨国交易规模则自然是由本国经济和金融的对外开放尺度所决定的；而本国的经济—

金融实力强弱显然最终由经济的长期增长和金融业的不断发展决定。

（九）金融安全牵涉到资源配置的权力、金融主权等方面的内容，我国银行业控制权存在以下问题：第一，从国际银行业格局变化的史实来看，西方发达国家通过地缘经济政策和操纵国际组织等手段促使其他国家开放银行业市场，试图获取其银行业控制权。全球化过程中，一国银行业始终面临在市场开放与控制权维护之间的艰难平衡；一些中东欧与拉美国家由于经济转型或经济危机开放银行业，导致大部分市场份额被外资控制；反倒是各个经济大国对外资进入银行业进行严格监管，并将银行业牢牢地控制在本国企业或政府手中。第二，银行业控制权不是控制银行资本总量和家数的简单加总。其核心是控制银行市场的经济利益，以及控制银行业资源对国家经济与安全局势的辐射能力。外国经济体可能通过扩张经营性机构和参股并购这两条途径来侵占东道国银行市场，控制金融资源。产权、人才、信息、网络系统、核心技术都可能成为争夺的要点。另外，东道国银行业结构决定了外资控制的途径和策略；提高银行体系国际竞争力、促进金融稳定是东道国保障控制权的根本措施；而政府的规制和监管是反制外资渗透控制的主要形式和手段。第三，金融开放并非一个单纯的经济学问题，在抉择过程中往往必须考虑国内利益集团之间以及国家之间争夺权力与利益的博弈。从国际政治的角度分析，国际金融领域呈现出明显的中心—边缘结构。地缘政治、意识形态和文化观念会给不同国家的金融安全带来显著的差异。我国银行业开放的战略抉择无疑会受到大国间外交的影响，这其中主要就在于中美之间国家战略层面的角力。非对称性的相互依赖与必然的战略冲突使得中美之间建立了经济战略对话机制，在银行业开放博弈中，我国政府始终坚持"以我为主，循序渐进"的原则。

（十）从货币主权的层次出发研究了货币主权的表现及危害金融安全的机理：第一，货币主权危害金融稳定。货币主权→金融机构流动性风险→金融稳定→金融安全。第二，造成货币政策干扰。货币主权决定着本国货币政策效率的高低，进而影响金融体系的运行态势和稳定程度，决定金融安全状况，一旦货币主权受损，通过金融市场运行等路径，影响金融安全。第三，导致国际金融结构失衡。货币主权影响了本国国际收支结构和平衡状况，而这背后往往是整个国民经济的福利损失和金融安全局势。货币主权通过国际收支影响金融安全的渠道为：货币主权→经常项目→通胀风险→金融危机→金融安全；货币主权→金融与资本项目→金融泡沫→金融危机负担转嫁→金融安全。第四，通过汇率施压造成一国经济动荡。货币定价权作为对外经济中本国货币主权的重要方面，决定了本国维护经济利益和金融安全的主动性及有效性，在经济一体化和区域化之前，大国之间发生汇率战（货币定价权的争夺）成为常态。货币主权汇率渠道影响金融安全的机制为：货币主权→汇率受困→冲击本国经济→金融风险积累→金融安全。

三、我国金融安全状态研判

（一）通过分析我国商业银行风险生成与传染的特殊机制，本书发现：虽然近几年来我国银行的风险状况得到一定程度好转，然而某些风险还是处于潜伏的状态，经济大幅衰退、净出口大幅降低、资金流动突然逆转、投资过度集中与房地产泡沫崩溃等情况都有可能导致银行风险的急剧放大，而银行的同质性、资本关联与金融脆弱性可能会导致风险在体系内的进一步传染，最终生成严重的银行系统性风险，甚至于触发整个银行业的危机。另外，经济的急剧转型与金融的持续开放可能会加速这一进程。从制度根源来看，双重预算软约束及其引发的政府隐性担保成为制约我国银行系统性风险状况的关键因素，因此本书着重强调了企业资产负债率过高与预算软约束的关系及政府隐性担保的可持续性问题。

（二）从目前的历史数据来看，综合指数法能够很好地评估我国银行系统性风险的状况，我国银行系统性风险测度的波动较大，在 1985～1996 年间，除 1987～1988 年内出现了微小的系统性风险外，其余都保持在了较低的水平。但在 1997～2003 年我国银行体系却遭遇了严重系统性风险，不良贷款占比不断上升、资本充足率不断下降，这一情况随着央行在 1999 年剥离不良贷款及 2005 年、2006 年大型国有企业的上市才导致我国银行系统性风险不断下降，基本上恢复到正常水平。

（三）运用布莱克—斯科尔斯（Black-Scholes）期权定价模型和结合默顿（Merton，2006）框架，评估出了我国部门间风险分担与转移机制和国家宏观经济风险暴露状况：（1）对我国各部门经济资产负债表的分析显示：我国经济发展过多依赖银行体系间接融资，各部门具有较高的债务风险暴露；银行部门债务风险非常集聚，具有较强的脆弱性；公共部门始终保持对银行部门的隐性担保，且我国金融担保价值占公共资产的比重较大，因而公共部门实际上承担了很高负荷的宏观风险。（2）金融稳定的核心在于政府的金融担保，而金融担保是否可持续是以公共部门的实力作为保证的。我国财政风险和中央银行风险都不容乐观，从债务可持续的角度看，我国外币债务和本币债务风险溢价水平较高，公共部门需要保持较高的资产收益率才能使债务可持续。同时，我国公共部门隐性债务水平较高，这将增加我国公共部门的风险水平。

（四）我国在寻求经济对外开放的过程中，在微观主体的跨国交易实践中，必然与来自发达国家的经济个体处于风险不对等的地位，制度背景的差异和制度性信息的不充分，将使我国的经济主体成为内生性风险的被转嫁者；而就宏观层面上看，微观风险的积累和加总也将使我国承担的宏观风险量值远大于发达国家；并且该风险量值的大小取决于我国制度性信息与国际规则 α 之间的信息差距。我国宏观层面所面临的主要金融风险将是由发达国家转嫁来的内生性金融风险。在推动我国经济融入全球化浪潮的同时，如果对这一点缺乏清醒认识和警惕，盲目追求金融领域上的"与国际接轨"，将会使我国成为国际金融风险的集散地，从而给我国的经济建设和金融建设进程带来难以估量的祸患。

（五）我国银行控制权与金融主权状态的判断。第一，中国是正在和平崛起中的大国，我国政治局势、国防安全、国际地位都能够得到基本保障，我国社会主义大国的性质和民族情感决定了我国只能走独立自主的发展道路；第二，我国经济中虽然存在很多结构性矛盾，但是总体经济面还比较健康，改革开放给我国带来的活力依然存在；第三，我国正在积极的改革金融体制，化解各类金融风险，本国银行业的效率和稳定形势预计能够得到积极改善。在这样的背景下，我国政府在未来不可能大幅度放弃本国银行业控制权，做出超乎寻常的开放抉择。在可以预见的时期内，我国银行业的外资资产比重很难超过发达国家中开放程度最大的英国（40%左右），更不可能达到部分中东欧和拉美国家的程度（70%以上）。综上所述，在维护银行业控制权的维度上，我国金融安全是能够得到保障的。

四、我国金融安全预警：虽无近虑，但有远忧

（一）金融危机不可避免——"立体"的国别经验考察。从 1825～2010 年这 180 多年来金融危机史的漫漫长卷中可以看出，发达国家及发展中国家均未摆脱金融危机的诅咒，而走向市场经济的各新兴经济体大部分也都难逃此运。面对如此情形，中国是继续泰然自若无为而治还是应提高警惕以未雨绸缪？我们持后一种观点。

（二）未来几年爆发金融危机的可能性不大——多视角下的统计证据。通过本书所建立的"相似度"分析法和优良性状指标体系两个短期预警模型来看，我国当前金融系统与金融危机爆发前一般状态不相一致，由此可判未来几年爆发金融危机的可能性不大。尽管如此，我们仍应提高警惕。尤其是从成本视角出发进行的危机爆发前环境的数量分析显示，我国经济的高速增长及脆弱的银行体系为大危机的爆发埋下了伏笔。因此，如何在当前金融较安全区间内消除各种隐患以便将未来爆发危机的成本控制到最小将是值得关注的重点问题之一。

（三）从现在至 21 世纪中叶，我国经济将面临前所未有的复杂性与不确定性局面，金融危机成为不可避免的大概率事件。一是全球金融业正在经历由以银

行为主体的金融体系向以市场为主体的金融体系转型，金融监管模式面临新问题；二是中国经济完全转型还将持续较长时间，转型必将导致风险种类与传导机制频繁变动；三是中国经济金融崛起不可避免，中国崛起过程中的国家利益冲突必将导致金融安全问题难以避免。同时，在未来一段时间内，金融开放不可逆转，我国金融安全维护将遭遇严峻的现实挑战。一是高速经济增长的不可持续性是我国金融安全面临的根本挑战；二是金融国际化尤其是人民币的国际化与资本流动将对我国经济带来巨大不确定性与安全隐患；三是中国金融崛起必将打破原有世界金融格局，世界利益版图将重新分割，全球货币体系也必将重置。

五、国际化进程中的风险防范与金融安全维护

（一）构建了综合统一的金融安全维护框架。

金融安全管理的核心在于提高一国政府维护或控制金融体系的能力和一国金融机构的竞争能力。管理的难点在于金融安全与金融效率的权衡，其属于动态的系统工程，包括事前的金融安全状态监测预警与维护、事中的金融危机控制与应对、事后的金融危机救助退出与恢复。从研究内容来看，它不仅包括广义的金融危机管理，还应包括金融主权的控制。

1. 从金融安全管理的动态过程来看，可以分为事前、事中、事后三个阶段。事前阶段关注金融风险的防范与金融安全的维护，重点是防止社会信用超过实体经济的需要，方式是完善实体经济的结构和激励机制，建立某种约束机制防止社会信用的过量发行以及社会信用结构的不合理，并避免契约承担过多的信用风险。事中阶段关注金融危机的救助，实质就是通过恢复或者说稳定社会信用的契约关系，来重新使社会信用水平恢复到正常状态。事后阶段关注金融救助措施的退出与恢复。

2. 金融安全管理的核心与难点在于安全与效率的权衡。金融国际化可能带来的金融安全问题并不表示我们反对实行开放战略与政策，因为国家政府的目标函数中不仅仅是安全因素，还有更重要的发展与增长因素，况且安全的目标函数中本身就包括了发展因素。在金融国际化的大背景下，金融的开放就必然伴随着开放国对于金融运行效率改善的期望与金融安全状态丧失之间的艰难平衡。

3. 从金融安全的微观机理来看，金融安全管理包括四大紧密联系的内容与层次。第一，优化我国对外开放策略，改善中国在全球金融风险分摊中的地位；第二，控制金融系统性风险向金融危机乃至经济危机的转化，进而基于效率与安全角度优化我国金融结构，促进经济又好又快发展；第三，控制金融机构个体风险向系统性的转化，构建符合我国特色的金融安全网体系；第四，基于金融机构

视角研究如何利用市场约束与公司治理结构改善来提高金融机构竞争力与风险防范能力。

4. 金融安全管理动态框架应包括时间、范围、对策三个维度。从应对危机的时间纬度将金融安全管理方案分为事前、事中和事后，也可以根据危机的规模或者说影响的程度分为单个金融机构危机、系统性金融危机、全球范围金融危机，也可按照安全管理的组织级别和架构或者相关政策工具的作用范围进行划分。

（二）中国属于低开放、高度金融发展的群体，银行系统性风险的生成主要受 GDP 实际增长速度、金融自由化情况、政府治理指数、国内授信成长率、实质利率、通货膨胀率的影响。为防范银行危机的出现，必须加强以下几方面的建设：第一，促进国民经济的快速健康稳定发展是防范我国危机的根本。对我国银行体系而言，流动性问题不是造成银行体系崩溃最重要的原因，银行体系的崩溃最终原因表现为政府信用的崩溃、经济的大幅衰退及储蓄存款的大幅下降。第二，改善政府治理结构、发展多元融资体系，提升银行机构的竞争力。制度环境的完善能在很大程度上抑制金融自由化、银行竞争加剧对抑制危机的影响。第三，大力促进金融开放与金融发展的良性循环。实证表明：金融发达国家危机生成更易受到国外因素的影响。在金融开放程度较高的国家，金融市场的发展、银行融资依赖程度的降低与政府治理的改进都能有效抵御银行危机的发生。

（三）根据宏观经济风险分担机制提出了相应的管理策略：第一，公司部门和私人部门与银行部门的联系可在银行部门的资产负债上体现，银行部门最直接的控制风险措施就是改变资产负债结构降低资产组合的风险。第二，银行所面临的风险多种多样，对风险的管理关系到银行的持续经营。当银行自身承担风险能力不强时，必须进行风险转移，而不是把风险自留在银行内。第三，银行面临的风险分为系统风险和非系统风险，非系统风险是可以通过风险转移进行分散的，而系统风险则不能。考虑到银行部门的公共性，公共部门对银行部门进行了金融担保，金融担保对金融稳定至关重要，我们要加强金融担保本身的管理，让监管者随时可以关注到系统风险的变化。第四，作为金融担保的担保人，公共部门自身的风险管理也需要我们密切关注。第五，从系统的角度看，银行部门最关键的是流动性风险。银行部门的一切问题最终都将表现为流动性问题，一旦银行系统流动性不足，金融危机将爆发，因此，如何防范流动性风险对维护宏观金融稳定至关重要。第六，从宏观风险管理的角度看，可以建立宏观市场，通过宏观金融创新工具来转移和管理宏观风险。

（四）降低我国被迫分摊的跨国金融风险量值，从而充分保障自身的金融安全和经济安全，我们必须改变以往就金融论金融、就金融风险论金融风险的狭隘思路，从更为宏观的层面措手，寻求一个合理的、动态的宏观政策规划：首先，要从根本上改造我国的信息—制度结构，消除内生性金融风险的转嫁、提升我国金融风险的承担能力，就须从体制改革、对外开放和经济增长三方面入手进行通盘考量；其次，要在技术层面上理顺跨国风险的真实反应机制、消除非系统性风险的累积根源，则须通过商业银行、资本市场和民间金融三方面的发展促进我国的金融发展和金融结构改造，过滤掉非系统性风险、真实反映跨国金融风险，从而为维护金融安全提供技术性保障。

（五）保持对我国银行业的控制权：首先，我国应该继续坚持独立自主、和平发展的道路，在与美国等大国的博弈中坚守立场，有理有节。在国际关系和安全战略方面，我国最大的威胁来自于美国霸权和"美日同盟"，中国台湾问题的处理涉及中华民族的整体战略利益，同样地，"台湾有事"将会给我国金融安全形势造成动荡。其次，我国金融安全的威胁更多会来自于金融稳定和金融危机的方面，而多数发展中国家丧失银行业控制权都是在发生经济危机后的被迫举措。因此，化解宏观金融风险，建立金融安全网，增强金融体系稳定性，避免经济危机是消除金融控制权威胁的重要方面。再其次，银行业发展战略要协调开放发展与监督管制的关系。其中，反制外资扩张控制的重点在于政府的立法和监管。应该建立以《外资银行法》、《银行并购法》和《银行反垄断法》为核心的法律体系；在国民待遇的基础上，规范对外资银行机构在地域、业务和并购方面的监管。另外，国内金融机构发展壮大是保障控制权和金融安全的根本，我国在适当的时候应该考虑银行业对内开放，放松对资本来源和业务创新的管制，扩大国内金融市场的容量，以增强中资金融机构的实力。最后，金融安全与银行业控制权问题的研究是非常重要的战略性工作。由于金融安全的复杂性，研究中最困难的莫过于数据、资料和案例的收集和解析，这一点笔者深有感触。囿于笔者学识水平与研究条件的局限，本书的研究还非常粗浅。如果要想在此问题的研究中得出更严谨的理论框架、更准确的实证支持、更具操作性的政策建议，笔者建议国家应该集合各方力量，建立起由高校、各研究中心、经济金融监管部门、国家安全系统、外交部门等广泛组成的研究团队和信息支持系统，对重点问题进行课题攻关，对日常信息动态进行监控与预警，把国家金融安全的维护落到实处。

（六）中国金融安全预警系统的构建及改进：第一，在我国政府统计体系由GDDS向SDDS过渡的背景之下，加强金融系统统计数据的质量管理；第二，进一步加强金融预警指标体系与方法研究，通过金融当局与研究机构的合作促进相关理论与实际应用的更紧密结合；第三，进一步完善我国金融安全预警的制度保障建设。

（七）我们在明确不同情况下中央银行与金融机构之间博弈关系的基础上，建立中央银行与金融机构（商业银行）的完全信息静态博弈模型，对不同承诺选择得出最优救助原则：第一，不承诺条件下的必然结果是"大而不倒"；第二，正常时期"建设性模糊"是对道德风险的有效治理，这是由于"建设性模糊政策"有助于中央银行对不同金融机构风险偏好的甄别进而在博弈中掌握更多主动权；第三，当宏观经济条件恶化，已经超出金融机构经营者可控能力范围内时，中央银行应对因流动性危机濒临破产的金融机构做出明确的救助承诺，不仅可以通过增加金融机构的特许权价值（Chartered Value），降低金融风险，还能够克服救助政策不确定性的弱点，防止市场恐慌和挤兑的进一步恶化，从而减少金融机构破产的频率和降低金融体系的风险。

第七节　研究的局限之处

金融安全的研究是一动态变化的开放进程，其探究的边界与重点也将随着全球金融格局特征变化而相应更新。亚洲金融危机让我们反思"东亚模式"、政府失败与裙带资本主义的缺陷，而"华尔街金融海啸"又让我们审视全球金融过度膨胀与金融创新带来的危害。"路漫漫其修远兮，吾将上下而求索"，本书也仅仅是一个尝试，仅反映了我们对此问题的思考与探索，研究中仍存在许多进一步思索的问题：

第一，课题涵盖的范围和内容太广，金融国际化、金融风险、金融安全本身就蕴含了金融的大多数问题，很难处理好开放与安全、理论与实践、重点与一般之间的关系。为此，我们选择重点问题与关键方法论进行攻关，但"横看成岭侧成峰，远近高低各不同"，难免有许多值得研究的问题被遗漏与疏忽。

第二，金融危机属于病理经济学研究范畴，很难有统一的分析范式。我们的分析也仅实现了逻辑与分析范式、生成机理与政策制定的统一，但并未能实现模型的一般化与统一化，金融安全的微观形成机理还需进一步研究。金融国际化给我国带来了广泛的影响，我们很难清晰地描述金融国际化的内容，也很难将金融国际化进行准确的数理刻画并代入模型之中。同时，数据问题致使金融安全的实证研究遭遇较大障碍，尤其是严重的信息约束，从而影响监测和预警目标的实现。一是由于银行的保密原则与研究样本缺乏连续性，导致一些关键数据难以取得，比如银行真实的关联头寸等；二是金融市场有效性不足导致在国外应用较广的基于市场信息的系统性风险评估方法推广受到较大限制；三是关于中外国政府或利益集团的背景和国际银行业市场行为的第一手资料收集存在较大的障碍。为此，对中国爆发金融危机的可能性的准确预测成为本研究面临的最大难题。

第三，本书侧重以金融机构为节点研究金融风险的形成与扩散，而对金融市场系统性风险形成的机理研究较少，如资产价格、汇率、利率的异常波动，金融市场对外开放次序、金融市场定价权、衍生品风险等。未来，应以金融机构的微观风险为主线，探讨金融风险的形成与扩散，抑或是把机构风险与市场风险融为一体，综合研究。

第二章

金融国际化与金融安全：
基于全球视角的研究

金融全球化与金融自由化席卷全球，成为当今世界发展的潮流。但金融国际化在提升一国金融体系运行与全球资源配置效率的同时，也给各国带来了巨大的风险。本章首先对金融国际化危害金融安全的路径进行文献梳理，接着对全球及中国近代开放过程中出现的金融安全问题经验教训进行总结，进而判断我国金融国际化未来发展方向，并据此提出我国金融国际化中即将面临的重大金融安全问题。本章结构安排如下：第一部分在明确金融国际化度量方法与六个维度基础上，分别探讨资本运动、金融机构、金融业务、金融市场、金融监管、货币国际化这六个维度与一国金融安全之间的关系；第二部分以美国、韩国作为代表分析了金融国际化中遭遇的金融安全问题；第三部分对中国近代被动开放进程中的金融风险进行剖析和总结；第四部分对中国金融国际化程度进行初步判定、阶段总结和未来展望。

第一节　引言：金融国际化中的风险与安全问题

金融国际化是指一个国家（或经济体）的货币或者金融活动的主体（家庭、企业、政府、金融机构等）跨越国界（或行政区划）参与到另一国（或经济体）的金融活动中去的状态和过程或者别国（或经济体）的货币或金融活动主体参与本国（或经济体）的金融活动的状态和过程这样两种情况。金融国际化主要表现为六个维度，即资本运动国际化、金融机构国际化、金融业务国际化、金融市场国际化、金融监管国际化和货币国际化。世界金融发展史表明，无论是发达国家还是发展中国家，在经济开放的过程中很少能够避免金融危机的爆发。为此，我们拟从上述六个维度探讨金融国际化中的金融安全问题。

一、文献回顾

一国推进金融国际化进程对其金融安全问题产生的到底是正面影响效应，还是负面影响效应呢？从现有研究金融国际化与金融安全关系的文献来看，对这一问题存在正反方观点：

正方观点认为，没有确切的证据可以证明，与金融国际化相伴的国内金融自由化是金融危机的成因。例如，弗赖伊（1988）、桑达拉拉詹和巴利诺（1990）都针对亚洲、拉丁美洲金融危机与金融自由化关系做出研究，得出类似的结论：金融自由化改革与金融危机没有必然的联系[1]。甚至许多自由主义经济学家还认为，金融抑制或金融自由化不足造成的金融制度落后是造成金融危机的重要原因。与之类似的，但更为积极的观点认为，发展中国家通过金融开放，可以学习发达国家金融体系建设，缩小与其信用体系之间的制度落差，从而降低被风险转移、危机转嫁的可能性（刘锡良，2010）。此外，金融国际化还可通过为参与国带来诸如促进一国金融深化、经济增长等金融开放的收益（程定华，1999；王金龙，2000；杨励、安毓秀，2002 等），从虚拟经济和实体经济两个层面为一国金融安全奠定坚实的基础（钟伟，2000 等）。

反方观点认为，金融国际化为一国带来开放收益的同时，也带来了不少金融风险，从而威胁到一国的金融安全。其危害一国金融安全的途径主要有：第一，金融国际化改变了既有的风险状况，增加了风险源。卡普里奥、霍诺根和斯蒂格利茨（Caprio，Honohan and Stiglitz，1999）分别考察了取消利率管制、金融机构私有化和放宽金融机构市场准入条件的作用，指出这些金融自由化措施因初始条件和效果的不同，也会带来新的金融风险[2]。程定华（1999）认为一国金融体系在迈向国际化的过程中将产生以下六种风险：恶性通货膨胀与货币对内的急剧贬值、主权国家或地区的债务违约与信用危机、本国货币对外国货币特别是国际主

---

[1] 卫红：《金融自由化进程中的金融稳定：结构视角》，中国社会科学院博士学位论文 2002 年，第 28 页。

[2] 张雪丽：《开放经济条件下的中国金融稳定研究》，东北财经大学博士学位论文 2007 年，第 34 页。

要货币急剧贬值、金融资产和不动产价格大幅下跌、大量金融机构破产或处于不稳定状态、货币替代与国内资本外逃。第二，金融国际化加速了金融风险扩散、传染的速度。王金龙（2003）指出金融国际化加快了金融风险在全球范围内的传递，这增大了全球金融监管的难度。王元龙（2004）研究表明金融全球化蕴藏着引发金融危机的风险，在金融全球化的发展过程中，与其相伴的蔓延效应使金融危机迅速扩散，产生巨大的波及效应和放大效应，国际金融动荡已成为一种常态。刘辉煌（2006）指出，金融全球化带来的各国金融市场的有机融合、跨国资本迅速流动以及信息传播速度的提高等因素，会不断加大金融局部失衡的传递效应，使得任何一个局部市场的金融失衡，都极易接触、传染并迅速扩散，进而演化为全球性金融动荡。总体而言，在金融国际化的背景下，来自某一经济体金融体系的微小扰动，也可能产生"蝴蝶效应"[1]，使金融安全问题迅速传染给与其有经济联系的国家或周边国家和地区，导致金融危机的损失成倍放大（顾宇婷，2005；李炳炎、王小刚，2006 等）。可以说，在金融全球化的当今世界，无论一国经济实力多么强大，都无法避免来自哪怕一个遥远的小国的金融动荡（卢文刚、刘沛，2001）。第三，金融国际化改变了金融风险与危机的分担模式。在金融对外开放程度较低的情况下，一国金融体系诞生的金融风险无法通过资本输出等方式向外转移风险，从而不能在危机来临时向他国转嫁危机。然而，一旦一国参与到金融国际化的浪潮中，就向他国提供了转移风险、转嫁危机的可行途径。以此次次贷危机为例，美国信贷市场上累积的风险，本应由其自身来承担危机的损失。然而，其通过奉行新自由主义，推行金融自由化，成功打开了其他国家（尤其是新兴市场国家）金融市场的大门，使得美国自身的危机有了众多被转嫁的对象（刘锡良、齐稚平，2009）。第四，与金融国际化相伴的金融自由化政策会增强国内金融体系的脆弱性。德米尔古克肯特和德特拉贾凯（Demirgüç-Kunt and Detragiache，1998）最早对金融自由化与金融脆弱相关性进行了系统的实证研究。他们选取 53 个 1980 年前就启动金融自由化进程的国家以及部分在样本时期内实施金融市场自由化改革的国家作为研究对象，率先运用多元 Logit 对数模型对样本国 1980～1995 年间的数据进行回归，来估计金融自由化变量对金融危机影响的概率。其研究结论表明：即使可能引起金融危机的其他变量（包括宏观经济变量、银行部门的特征变量以及制度变量等）得到控制，以放松利率管制为代表的金融自由化虚拟变量仍与金融危机发生概率呈显著的正相关关系，即金融自由化会单独对金融系统的稳定造成负面影响。韦勒（Weller，

---

[1] "蝴蝶效应"是来自混沌学的一个概念，用来说明初始条件敏感性的一种依赖现象，即指输入端微小的差别可以迅速的放大到输出端压倒一切的差别（张亦春，1999）。

1999）对 27 个新兴市场国家和地区的金融自由化与金融危机二者的关系进行了实证研究，其结果表明：在金融自由化以后，新兴市场经济体对货币危机和银行危机的反应更为敏感，更易受到金融危机的冲击，金融体系趋于不稳定的可能性增大，也更容易爆发金融危机。卞志村（2002）指出，全球金融一体化一方面提高了资本的配置效率和金融市场效率，一定程度上促进了世界经济的发展；另一方面也增大了金融业的风险，使得国际金融的不稳定性更加突出，金融体系的脆弱性进一步加深。第五，除了虚拟经济途径，金融国际化也能通过实体经济途径，冲击一国经济的稳定状态，从而削弱一国金融安全的实体经济基础。金融国际化程度上升也可能导致生产专业化程度的上升，从而使经济体更容易遭受相关行业震荡的影响（Razin and Rose，1994）。对此，高斯、普拉萨德和特伦斯（Kose，Prasad and Terrones，2003）提供了更多严格的经济计量证据，他们从资本账户限制和总的金融流动两个方面，考察了金融国际化中的各种不同因素以及不同国家不同时期金融开放的程度差异。研究表明，金融流动较大的国家，其消费波动幅度也相对较大，即使在控制宏观经济变量以及国家特征之后依旧如此。

二、金融国际化六个维度视角下的金融安全问题

在美国次贷危机爆发之前，多数关于国家金融安全的研究认为，金融安全主要是发展中国家与小国面临的突出问题，对发达的资本主义大国，这并不是一个重要的问题。直至美国金融危机的爆发，让人们意识到金融国际化进程中，任何一个国家都面临金融风险，主要的区别在于，在金融国际化的六个维度下，发达国家与发展中国家面临的风险程度不同。

（一）资本运动国际化与金融安全

第一，资本流动的制度支撑路径。资本运动的国际化为资本的自由流出入提供了良好的制度环境，这不仅使金融资产的跨国转移和货币替代更为便捷，也使得一国金融体系遭受国际游资袭击的可能性剧增。第二，资本过度流入路径。国外资本的过度流入将不仅打破一国金融市场原本平衡的资金供求关系，为资产价格泡沫膨胀推波助澜，严重地还会扭曲该国的金融经济结构。第三，资本外逃路径。在一国经济形势出现逆转或市场预期变差的情况下，流入该国的短期性投机资本将迅速回流。这一资金流动转向的敏感信号在国内市场上极易引起金融恐慌，从而引发"羊群效应"，诱发更大规模的资本外逃，这将导致该国金融市场迅速陷入流动性困境，甚至爆发金融危机。大量理论与实证研究表明，大规模的资本外逃是诱发金融危机，严重威胁一国金融、经济安全的重要因素。

（二） 金融机构国际化与金融安全

金融机构国际化主要包含外资金融机构"走进来"和内资金融机构"走出去"进行国际化经营两个层面。第一个层面的金融机构国际化隐含的威胁一国金融安全的焦点问题主要有四个：一是外资金融机构会否成为国际金融市场上外源风险与危机的传导者？二是外资金融机构的进入是否会导致东道国内资金融机构运营效率的降低？三是国有银行引入战略投资者是否会丧失部分金融主权？四是外资金融机构的入驻是否会影响一国货币政策的有效性？这四个问题危及一国金融安全的路径分别如下：第一，外资金融机构的风险导入路径。外资金融机构的入驻，加大了一国金融市场与全球金融市场的关联度，为国际金融领域风险向国内的传播起到了桥梁的连接作用，而外部风险的引入可能增强一国金融体系的内在脆弱性。第二，外资金融机构入驻加剧国内金融业竞争的路径。一般而言，外资金融机构的大规模入驻，将加剧一国金融领域的竞争，造成内资金融机构特许权价值①的降低。德米尔古克肯特和德特拉贾凯（Demirgüç-Kunt and Detragiache，1998）的研究结果表明：银行竞争加剧、收益减少时，特许权价值便会随之降低，从而扭曲银行机构的风险激励机制。若在改革的同时不强化对银行体系的审慎监管，那么特许权价值的降低就有可能加大金融机构的内在不稳定性和脆弱性②。但就外资银行入驻是否导致东道国银行效率变化的问题而言，现有研究表明，对此，尚不能一概而论。伦辛克和赫尔墨斯（Lensink and Hermes，2004）注意到外资银行在不同发达程度的国家所产生的不同影响，在回归模型中引入了"经济发展水平"这一变量，以检验经济发达程度不同是否会影响外资银行进入的效应。其实证研究结果表明，在经济发展水平较低的国家，外资银行的存在是与内资银行较高的运营成本相联系的，即降低了银行效率；而在经济发展水平较高的国家，外国银行的存在则是与国内银行较低的运营成本相联系的，即银行效率提高。第三，外资金融机构入驻削弱货币政策有效性的路径。随着外资金融机构对市场份额的瓜分和内资金融机构份额的丧失，中央银行货币政策操作直接作用的范围便会缩小，另外，服从利润最大化目标的外资金融机构可能会逆中央银行货币政策方向操作，这双重因素的共同作用将削弱货币政策的有效性。第四，引进战略投资者对一国金融、经济控制权的影响路径。在引入战略投资者的热潮中，内资金融机构若不能审时度势，全盘考虑引资方式、后果，而仓皇做出引资

---

① Hellman，Murdock and Stiglitz（1994）提出了"特许权价值"这一概念。其认为一国对利率上限和金融机构准入的限制创造了一种租金，它使银行机构的执照对持有者而言有着很高的价值，即特许权价值。

② 孙博：《金融自由化进程中的金融脆弱性问题研究》，吉林大学硕士学位论文2008年，第11页。

决定，造成引资不当，不但不能达到完善公司治理结构的预期目的，反而容易因为股权分散而导致财富外流、经营自主权丧失，甚至是控制权发生实质性变化，进而危及一国金融安全（余云辉，2005；陆磊，2006）。第二个层面的金融机构国际化，同样会对一国金融安全产生负面影响，这主要是因为内资金融机构一旦走出国门，就使得自己处于了一个不确定性极高的经营环境之中，使得在国外设立分支机构的内资金融机构必须面对并承担来自外部环境动荡带来的经营风险以及可能的巨额损失。

（三）金融业务国际化与金融安全

第一，金融创新加剧金融体系脆弱性的路径。首先，层出不穷的金融工具创新加大了信息不对称性，降低了金融市场的透明度，掩盖了日益增长的金融体系的脆弱性，为金融风险的长期隐匿埋下了伏笔；其次，金融工具的创新为金融机构规避金融监管、躲避政策管制约束提供了有利的途径；最后，金融衍生工具自身的高杠杆性特征，使得运用它的金融机构面临着损失数倍放大的风险。总体而言，金融工具创新在整体上有增加金融体系脆弱性的倾向。第二，新型风险诱发金融安全隐患的路径。在金融业务的全球化进程中，加大了原有的利率风险、市场风险、信用风险、流动性风险和经营风险[①]。同时，金融机构还不得不面对金融业务国际化带来的诸如国际金融犯罪、国际电子病毒攻击银行系统等新型的金融风险。这无疑为一国金融安全带来了新的隐患。第三，混业经营提供制度环境的路径。在混业经营下，由于金融机构之间的业务交叉、融合程度剧增，此时要实现对金融风险积聚和传递的控制十分困难。

（四）金融市场国际化与金融安全

一国金融市场的国际化，主要体现在国内金融市场与国际金融市场的一体化发展，其存在的金融安全隐忧主要有：第一，资产价格泡沫生成与破灭路径。卡明斯基和赖因哈特（Kaminsky and Reinhart，1996，1999）选取了20个国家，对危机发生的前兆和后果进行了广泛的研究。研究结果表明，危机发生国的一个共同先兆就是金融自由化和信用的显著扩张，随之而来的就是泡沫的形成、高涨和破灭，股票市场和房地产市场也开始崩溃。在多数情况下，由于银行和其他金融中介过多地向资本市场和房地产市场发放贷款，平均一年之后就会爆发银行危机。由于一国政府通常会在银行危机爆发之后，选择低利率的政策来缓解银行体系困境或提高利率来保护本币，因此银行危机往往还伴随着汇率危机，最终导致

---

① 李健：《金融全球化进程中的风险防范》，载于《国际金融研究》2000年第2期，第45~50页。

产出水平显著下降，经济衰退平均持续达一年半。第二，国企海外上市影响一国金融安全的路径。金融市场的国际化使得一国优质企业可以通过在海外上市的方式筹措资金，然而这可能通过两个渠道来危及一国金融安全。其一，国内优质企业大批海外上市，可能造成国企股权过度多元化、国际化，对国家利益和金融安全都有不利影响（纪宝成，2006）；其二，内资企业海外上市筹集的外汇资金，会增加国内的货币供应，对一国（尤其是对于中国这类实行结售汇制度的国家）中央银行调控货币供应量施加了无形的压力。与此同时，国内货币供应量的被动增加，会导致市场利率下降，打乱国内货币市场乃至整个金融体系的均衡状态，从而影响该国金融业的稳定发展。第三，过度借债引发外债危机的路径。长期通过大量借入外债将为本国经济累积巨大的外债风险，诱发债务危机。此外，当政府通过海外借债来平衡经常项目的赤字，会将本国国际收支失衡问题暂时掩盖起来。这会大大地降低国际金融机构对这些问题国家的监控和干预，延缓对其国内经济问题与结构的调整，引致矛盾的长期累积，最终引发国际收支危机，破坏经济增长的长期基础。第四，外部利空消息震荡国内金融市场的路径。国内、外金融市场一体化进程的推进，强化了各国金融市场的联动效应，海外金融市场的利空消息会迅速波及本国金融市场，直接反映在金融投资品的价格涨跌上。对于新兴市场经济国家而言，其金融市场往往存在严重的信息缺乏和信息扭曲问题①，加之国内外市场之间存在的信息不对称，会放大这种利空消息的负面影响，从而可能引起国内金融市场的恐慌性抛盘，甚至一度诱发本国金融市场的混乱和动荡。

（五）金融监管国际化与金融安全

第一，金融国际化加剧监管复杂性的路径：一是金融国际化带来了金融工具的多元化、金融业务的交叉化，乃至混业经营趋势的出现，这对于传统的机构型监管体制而言，容易造成"监管真空"地带。二是金融国际化带来的金融市场国际化，为国际投机资本以"多角联合攻击"方式，从外汇市场、证券市场、货币市场全方位出击袭击一国金融市场提供了有利条件，这极大地增加了监管当局事前监管和事后干预的难度。三是发端于 20 世纪 60 年代的衍生金融工具创新浪潮，促使产品创新与基础金融资产越发脱离，衍生工具的透明度越发降低，衍生工具的杠杆率越发高。同时，银行体系表外业务中衍生金融工具交易占比越来越大。这对于金融监管当局对衍生工具本身的监管能力以及对金融机构资产组合

---

① 刘辉煌：《金融全球化与发展中国家的金融安全》，载于《金融理论与实践》2001 年第 7 期，第 13 ~ 15 页。

总体风险的控制与评价能力，都提出了很高的要求。第二，金融监管更新滞后于金融国际化进程的作用路径。若金融监管体系的调整、更新不能与一国金融国际化进程保持同步，欠缺适应性监管制度，则难以抵御对外开放过程中迅速滋生与扩大的金融风险，为区域性乃至全球性金融危机的爆发创造了监管制度的漏洞。卞志村（2006）[①] 指出，跨国银行除了面对传统的风险（如信用风险、利率风险和流动性风险等）之外，还涉及国家风险和汇率风险，这从客观上要求东道国对其有更全面、更完善的金融监管措施来防范跨国银行所面临多重风险。然而，传统的金融监管视野仅局限于国内金融业，未跟上金融国际化的步伐，对跨国银行的监管存在疏漏，这使得跨国银行极易成为东道国金融风险累积和引爆的发源地。国际经验表明，金融自由化的步伐必须与本国金融监管水平相适应，不顾本国国情盲目的金融自由化必然要付出沉重的代价[②]。第三，各国金融监管制度差异与监管国际协作之间存在冲突的路径。与金融全球化相悖的一个客观现实是，参与到金融国际化浪潮中的各国在金融监管方面的立法存在巨大的差异。监管制度的差异，必然导致各国金融竞争力的差异，这可能诱发各国为提升竞争力而过度放松管制的恶性竞争，为金融风险的集聚奠定制度基础；此外，由于国际游资总是流向金融监管制度比较薄弱的国家和地区，制度落差的客观存在，便为国际游资提供了充足的活动空间。从另一个角度来讲，金融国际化实现了金融资源在更大空间范围内的流动，使得对金融国际化所涉及的金融交易主体、客体的监管，需要国际间一致性的协调行动，这对参与金融国际化国家的金融监管水平与国际接轨提出了严格的要求。国际经验表明，单个国家或地区的行动难以有效监管跨国金融活动，必须强化金融监管的国际协作。在此情况下，若一国监管制度建设滞后，不能跟上金融监管制度的国际发展趋势，那么对国际金融交易的监管就可能在该国出现问题。这不仅会威胁到本国金融安全，更有可能由此将国内风险传染至其他国家或地区，引发出"多米诺骨牌"式的连锁反应。

（六）货币国际化与金融安全

首先，汇率市场化会带来汇率短期内的大幅波动，对一国乃至全球金融安全造成负面影响。自全球开始采用浮动汇率制以来，区域性和全球性金融危机频频爆发并且在世界范围内扩散速度极快就是浮动汇率制对金融安全产生负面效应的

---

① 卞志村：《金融自由化条件下的金融监管》，载于《南京师大学报》（社会科学版）2002 年第 5 期，第 30～35、81 页。

② 韩冰、魏凯：《在金融全球化下我国金融安全若干问题综述》，载于《价值工程》2006 年第 6 期，第 104～106 页。

一个最好例证。其次，本币国际化会带来特里芬难题与汇率波动问题。第一，
"特里芬难题"（Triffin Dilemma）路径。国际货币国若要满足世界经济发展和国
际贸易活动对国际货币的需求，就必须不断地向外输出本币，而本币供给量的不
断上升将使得其与黄金之间的固定比价关系难以维系；由于向外输出本币，得通
过国际货币国国际收支逆差来实现，这又会导致本币难以维持与非国际货币之间
稳定的汇率关系。这两个结果的叠加便会动摇一国货币成为国际货币的基础。此
外，长期的国际收支赤字将难以持续性地维持非居民对该国货币币值稳定的信
心，容易诱发货币的"反向替代"问题，进而引发国际货币发行国货币贬值风
险。第二，结构调整责任引发贸易冲突和汇率争端的路径。当其国际收支因为充
当国际货币而呈现大量赤字，出现严重不平衡的情况下，国际货币国就必须对国
内经济结构进行调整，同时对其与贸易伙伴国之间的汇率进行调整。这易引发贸
易摩擦，甚至是贸易冲突和汇率争端。

第二节　世界各国金融国际化历程：经验、教训与启示

一、发达国家金融国际化的历程：以美国为例

按金融自由化、国际化进程推进的状况，我们将美国金融发展史大致划分为
以下五个阶段：

（一）20世纪30年代之前：金融体系基于自律原则进行混业经营

早期美国在相当长的一段时间内，金融体系实行自律原则，金融业的稳健
性、流动性及服务规范都缺乏严格统一的规定①。这段时期美国的金融业实行
"混业经营"——商业银行除了可以进行传统的存贷业务之外，还可涉足于证券
投资、信托理财、保险、租赁等其他金融业务。这种混业经营的状态一直持续到
1929年的经济大萧条。

---

① 张渝敏：《美、日金融自由化进程比较及其启示》，载于《当代经济》2006年第5期，第76～
79页。

（二）20 世纪 30～60 年代：经济大萧条导致的以"分业经营"为基础的严厉金融管制

美国于 1931 年成立了专门的调查委员会针对性地研究经济大萧条的诱因，其研究结果表明：银证保三者的混业经营，尤其是银行业和证券业相互间在资金运用和机构设置上的混合，是诱发 20 世纪 30 年代美国经济危机的重要原因，商业银行不应参与证券投资的交易业务。为此，美国后续制定了一系列以分业经营为原则、以维护金融体系稳健经营为首要任务的金融法规，如《格拉斯·斯蒂格尔法》、《联邦储备制度 Q 条例》、《联邦住房贷款银行法》、《国民住房贷款法》、《投资公司法》等。

（三）20 世纪 60 年代末～80 年代：金融创新与金融监管的博弈不断推进金融自由化的进程

美国严格金融管制措施从 20 世纪 60 年代中后期开始产生了对美国金融业乃至经济发展的束缚力。为规避布雷顿森林体系崩溃后利率、汇率剧烈波动带来的经营风险，美国商业银行开始带头进行以利率、汇率为对象的金融创新活动，针对利率风险创造了可变利率存款单、可变利率贷款、远期利率协议等金融工具，同时针对汇率风险创造了货币互换协议、外汇期货合约、外汇期权合约等金融衍生工具。与此同时，为了规避金融管制条例对美国金融机构跨州进行业务扩展的限制，花旗银行率先绕过国内金融法规的管制，开始走出国门，拓展国际市场，积极地在海外设立分支机构，这样运作不仅不会受到国内法规的限制，更为花旗银行在国际金融市场上抢占一席之地奠定了良好的基础。花旗银行拓展海外市场的成功使得美国其他众多的商业银行纷纷效仿，进军国际金融市场。到 20 世纪 70、80 年代之时，美国的银行已在国际银行业中占据了领先的地位。为此，美国相继颁布了《存款机构放松管制和货币控制法案》（即《1980 年银行法》）与《加思·圣杰曼存款机构法案》，标志着美国开始逐渐解除金融管制。

（四）20 世纪 80 年代末～90 年代末：金融管制的进一步放松与金融自由化程度的不断提升并举

自 20 世纪 80 年代末以来，美国金融监管当局对金融业的各项管制条例进一步放松，尤其是在对银行经营业务限制、跨州经营限制和分业经营限制的规定方面有了全面的放松。管制进一步放松的结果，带来了美国金融自由化程度的快速提升。这主要表现在三个方面：一是商业银行在投行、保险、证券中介业务方面有了全方位的拓展；二是跨州经营限制的取消引发了银行并购浪潮，全美范围内的各子金融市场的融合开始全面展开；三是银行控股公司成立，进一步打破了银证保分业经营的格局。

（五）20世纪90年代末至今：金融分业经营的终结与走向金融自由化的新纪元

1999年11月，美国国会通过了《金融服务现代化法案》。该法案的生效意味着，美国结束了自1933年开始实行了近67年的金融分业经营制度；它同时标志着美国乃至国际金融业进入了金融混业经营的新纪元。伴随着金融管制的放松，接踵而至的是，全能银行（Universal Banks）的诞生和发展以及金融自由化的进程在全球范围内的全面推开。

进入21世纪以来，美国涌现了大量类似于CDS、CDO之类的具有高杠杆率的金融衍生产品，大规模的金融创新导致美国经济虚拟化程度显著上升。在相应监管制度缺失的状况下，过度的金融自由化滋生了大量金融风险，加剧了美国金融体系的脆弱性并最终导致次贷危机的爆发。在随后的金融改革中，美国开始反思金融过度自由化与金融产品过度创新问题，开始步入去杠杆化进程。

二、发展中市场经济国家金融国际化的历程：以韩国为例

（一）20世纪80年代初~80年代末：启动金融自由化进程，为金融国际化奠定基础

1981年初，韩国政府颁布了"十年金融改革计划"，紧随其后又出台了多项金融自由化的改革措施，以逐步放松对金融业的管制程度。在此基础上，韩国政府又实施了金融国际化战略，推行金融对外开放政策。20世纪80年代初，韩国启动的金融自由化和金融国际化进程，大致可以划分为三个主要的阶段：第一阶段是缩小政府对金融领域的行政干预，这主要包括取消利率管制并促进国有银行的民营化；第二阶段是以对外开放本国金融业务的方式在韩国的金融业引入竞争机制，以提高韩国本土金融机构在国内乃至国际上的综合竞争力；第三阶段是稳健、谨慎地开放金融市场，推行金融国际化。前两个阶段主要是以一系列金融自由化改革措施的实施来启动金融自由化进程，后一个阶段是在实现一定程度上的金融自由化的基础之上，开启了韩国金融国际化的进程。

（二）20 世纪 90 年代初至今：在进一步放松金融管制、提升金融自由化程度的基础上，全面加速金融国际化进程

20 世纪 80 年代期间，全球的金融市场通过开放化和国际化，其在量和质上都得到了高速、深度的发展。为了紧跟这种金融全球化的步伐，韩国政府自 20 世纪 90 年代初起通过实施进一步的金融改革计划，使得韩国的金融国际化进程得以提速。1993 年 3 月韩国新一届政府执政，一上台便制订了"新经济 5 年计划"，对韩国未来 5 年的经济发展进行了详细的规划。在这个计划中关于金融业改革的 5 年（1993～1997 年）计划是《金融自律化与开放计划》，其主题是进一步放松金融的行政管制，推行金融自律，其改革的措施主要有进一步推进利率自由化改革、完善金融工具、加速资本市场的开放、改革外汇体制并逐步实现韩元汇率的市场化等。

1997 年东南亚金融危机后，韩国进行了更加大刀阔斧的金融自由化和金融开放，改革重点转移到金融结构的调整和金融体制的改革上，并对金融监管体制进行了适应性调整[1]。金融危机爆发之后韩国外汇储备资源消耗殆尽，韩国政府采取了更为广泛的资本市场开放和金融账户自由化的系列政策[2]：一是放宽了对股票投资的限制；二是取消外国购买国内债务性有价证券债券的所有管制，实现国内债券市场的自由化；三是促进外国金融机构的国内投资；四是短期金融产品的自由化；五是取消对私人海外借款的限制。除此之外，韩国政府还建立了更加透明的外汇管理框架体系，推出的这一系列改革措施标志着韩国自危机后开启了新一轮的金融自由化、国际化进程。

三、来自代表性国家金融国际化进程的启示

美国的金融国际化具有"紧—松—紧—松"螺旋式放松金融管制的自然演进特征，与韩国在政府主导下赶超式的金融国际化发展模式有着很大的不同：首先，美韩两国金融国际化的目的与立场不同。美国是为积极获取开放的巨大收益，而采取的主动性开放。韩国则是由于自身金融体系和信用制度与发达国家之间存在巨大的落差，而越不开放，越落后，越可能成为风险、危机的被转嫁者和承受者，故不得不通过开放来缩小这种差异，因而韩国启动金融国际化进程是一种被动性的开放。其次，美韩两国金融国际化进程的起始点不同，从而开放的受

---

① 曲凤杰：《韩国金融开放的经验和教训》，载于《新金融》2006 年第 8 期，第 24～27 页。

② 宫占奎、冯兴艳：《韩国金融账户自由化的经济效应研究》，载于《东北亚论坛》2006 年第 3 期，第 78～81 页。

益情况不同。美国是站在金融业产业高端的开放，因此从开放起就受益，其开放进程就是一个获取金融国际化、全球化利益的过程。而韩国则是处于金融业产业低端的开放，开放初期并不能获得直接参与金融国际化浪潮的收益，甚至有可能因为自身制度落后，遭受外部制度落差的冲击，诱发源自外部冲击的金融危机（例如，1997年泰国爆发危机之后，韩国也被传染，导致危机）。随着开放进程的推进，通过参与到金融国际化活动中，提升自身的竞争力，不断缩小与发达国家的制度落差，才能最终从金融国际化中获取到开放的收益。再其次，大国、小国开放策略明显不同。美国作为一个大国在国际化过程中，必将改变世界格局并加剧全球利益冲突，并对全球国际货币体系、版图分割带来巨大冲击。因此，其在做开放策略的选择与决策时，必定是十分谨慎的，这也就决定了其开放策略是审慎型开放。韩国是一个小国，这一国家形态便决定了它的开放策略对他国影响力度有限。并且在策略选择时，小国往往都是采取跟随型的开放策略。例如，小国的汇率制度可以选择钉住某一大国货币，然而大国却不可以。

作为发达国家和发展中—市场经济国家的代表，美韩两国对正在或将要实施金融国际化战略的国家的启示有其共性和各自的特性：

（一）共性启示

首先，良好、稳定的宏观经济基础是推进金融自由化和国际化战略的首要前提和坚实基础。宏观经济的初始状态是金融自由化、国际化重要的"参照物"。利率自由化、资本账户自由化必须在经济稳定的状态下进行。在宏观经济遭到外部冲击处于非均衡状态时，应暂缓自由化进程。

其次，奉行自由主义，并不代表政府完全丧失调控、干预的作用和功能，相反地，政府应在金融国际化渐进推进模式下适时、灵活地调整推进进度。这一点，不管对于主动开放的大国还是被动开放的小国都一样。这客观上要求我们，在推进金融国际化的进程中，应把握好节奏，在政府可调控的框架下，以试错式或渐进式的模式稳步推行金融国际化战略。一旦在金融国际化进程中，遭遇内、外部冲击，出现与预期相悖的负面效应，则政府应果断地及时采取调控手段，暂缓相关的金融自由化政策，待宏观经济状况、金融体系稳定之后，再尝试恢复相应的自由化措施。

最后，放松金融管制的同时反而要强化金融监管以抵御风险和危机。从理论上说，金融自由化只是放松限制竞争的规则，由于限制竞争规则的放宽，破坏了金融体系的稳定性，相反必须加强其他方面的金融规制①。换而言之，随着金融自由化进程的推进，一国金融管制得以逐步放松，潜伏于金融体系的风险转换为危机的可能性将随之增大，此时必须加强金融监管改革，更新监管方法，以提高金融监管体系的有效性，使之能与金融自由化的改革进度相匹配，以期通过强化监管抑制导致滋生泡沫的源头。这里值得强调的一点是，在金融自由化的进程中，金融监管的及时性非常重要。这是由于金融自由化必然会导致大批新的金融工具的产生，对这些新的金融产品，应当及时将其纳入监管之中，防止出现监管的疏漏。这种及时性主要体现在三个方面：一是及时地对新型金融工具进行跟踪监管；二是及时确定对新型金融工具的监管主体；三是及时更新与新工具相匹配的监管技术。譬如，此次次贷危机就告诫我们，政府在实施金融自由化政策时，应特别关注对高杠杆率金融交易活动的监管，就这些特定的交易和金融市场及时地设计针对性的监管机制，并对新型金融衍生工具予以及时、跟踪性监控，才可能防患于未然。又如，20世纪80年代以来，随着外资金融机构的进入，韩国衍生产品市场发展很快，金融创新也比较活跃，尽管韩国建立了金融监管委员会，并引入了新的监管方法和标准，但是金融监管的能力和水平远未能跟上金融创新的速度②。这种监管及时性的不足为20世纪90年代韩国危机的爆发，提前埋下了伏笔。

（二）不同的启示

如前所述，美国、韩国分别作为发达国家、发展中市场经济国家的代表，其具有不同的金融国际化目的、策略和结果，其在推进金融国际化进程中产生的金融危机的成因、传导路径、救治措施等方面也均存在巨大的差异，因此美韩两国给予我们的启示除了共同启示外，还有基于自身情况的独特启示：

1. 来自美国的启示

美国经验告诉我们，金融国际化进程是一种螺旋式循环，金融国际化往往伴随金融危机的产生，这要求我们关注金融制度建设、金融监管、金融创新的合理边界，并能有效地对虚拟经济予以管理，保持社会信用总量与经济总量的适当比例。1987年爆发的储蓄贷款机构危机，启示我们要充分意识到即使一国拥有健全、完善的存款保险制度，也可能发生银行危机。因此，不能盲目相信并夸大存款保险制度的功能，要认识到存款保险制度本身具有容易诱发银行、储蓄贷款机构等参与存款保险制度的金融机构道德风险的缺陷；更不能因为一国金融体系引

---

① 裴桂芬：《美、日金融自由化与金融监管》，载于《外国经济与管理》1998年第1期，第17～20页。
② 曲凤杰：《韩国金融开放的经验和教训》，载于《新金融》2006年第8期，第24～27页。

进了存款保险制度而忽视对银行的监督；在存款保险制度下应强化存款保险机构监督、检查的能力并培养其及时、迅速解决银行问题的能力。而 2007 年爆发的次贷危机则启示我们：第一，虽然金融发展离不开金融创新，但金融创新必须把握一定的度。若创新超过了监管的边界，必将带来风险的集聚。第二，金融自由化并不意味着金融监管的放松，完全奉行不干预主义，过度依赖市场的自我调节能力，必然造成市场失灵情况下的监管缺失①。在金融国际化的进程中，金融自由化和金融创新的发展，从客观上要求美国金融监管模式应及时从监管的范围、方式和技术上进行调整，以适应新的金融体系。否则，随着监管漏洞的扩大，危机便一触即发。第三，是否能对虚拟经济实施有效的管理，是影响政府宏观调控乃至危机救助措施效果发挥的重要因素。由美国主导的金融自由化模式，严重扭曲了虚拟资本与实体经济的关系，直接导致了"经济虚拟化"的后果。而经济虚拟化带来的深刻变化，使传统宏观经济政策手段越来越不容易达到政策目标，政策效果变得越来越难以操控②。在此次全球性金融危机的救助中，虽然各国政府采取央行、财政部联手出击，实施救助性干预政策的方式，但由于虚拟经济造成宏观经济运行的不确定性被放大化，从而给宏观经济政策有效发挥作用、实现调控目标造成了极大的障碍。如何在金融自由化改革推进的过程中，对金融自由化政策下导致的虚拟经济进行有效的管理，是亟待我们进行深入研究的重大课题。目前，至少可以从以下三个方面入手，对虚拟经济予以更系统、更有效的管理，以保证虚拟经济在金融自由化进程中适度、有序、稳定地发展：其一，要充分考量经济虚拟化对宏观经济政策传导机制的影响，并在有此考虑的前提下，实施货币政策和财政政策。其二，注重多种宏观经济政策的搭配与协调。例如，将有助于政府管理虚拟经济的金融监管政策也纳入到管理经济虚拟化问题的宏观政策框架中，并将其与传统的货币、财政政策有机地结合起来，搭配使用，以发挥政策的协同效应。其三，调整并改变忽视虚拟经济因素的传统宏观调控政策，设计一些新型的宏观经济管理制度和措施，转变传统的宏观调控方式，以期充分发挥虚拟经济在一国经济发展中的"蓄水池"作用。

2. 来自韩国的启示

作为赶超型国家，韩国经验告诉我们两点：一是发展中国家必须注重金融国际化进程的合理次序安排。韩国金融自由化改革先是放松市场管制，发展非银行金融机构及国有银行私有化，促进竞争；再按照先贷款后存款、先长期后

① 刘锡良、齐稚平：《金融危机后美国的金融自由化策略选择》，载于《当代经济研究》2009 年第 11 期，第 55～59 页。
② 李宝伟：《美国的金融自由化与经济虚拟化》，载于《开放导报》2010 年第 1 期，第 44～48 页。

短期的顺序逐步放松利率控制；最后当国内银行市场充分自由化后，再对外开放金融市场①。潘悦（1997）②认为，韩国政府做出"先放开贷款利率，再次是存款利率，最后才逐步开放资本账户"这种顺序安排，是基于当时韩国金融经济状况的客观现实而慎重确定的。先放开贷款利率是基于当时韩国的实际贷款利率已经很高，取消贷款利率管制后，贷款利率上浮的空间较小，这可以使整个经济的资金成本保持在一个可控的范围之内，从而不会对宏观经济造成太大的冲击，因此可以先开放贷款利率；存款利率而后陆续开放的主要原因是，过早开放存款利率将导致银行机构为争夺市场份额而诱发大幅调高存款利率的过度竞争，可能对银行体系稳健经营造成巨大冲击。加之当时银行仍背负着政策性贷款的"包袱"，由于银行对政策性贷款的盈亏缺乏自我调节的能力，因而在这种情况下，若贸然放开存款利率，将使得政策性贷款的资金成本剧增，导致这类贷款发生巨额亏损。因此，直到1997年韩国政府解除商业银行政策性贷款压力之时，除纯粹的活期存款（如支票、存款簿等）之外的所有存款利率才得以在1997年7月7日③完全放开；在取消利率管制之后才逐步放开资本账户的原因是，资本账户自由化的前提条件之一就是利率的自由化。若一国的基准利率不是通过市场化的方式形成的，那么该国的资金成本将难以被精准地反映，从而难以起到引导资金流向的"信号灯"的作用，即管制下的利率很难准确引导资金的流入、流出。在利率管制的情况下，依旧开放资本账户便极可能违背资本账户自由化的初衷——让资本在逐利的天性下，在国内外之间自由地流动。而在这种情况下，资本账户余额呈现出的顺差或逆差也很可能难以反映真实的情况。因此，韩国政府将资本账户的自由化放到了利率自由化之后并审慎地推进资本账户开放进程是合理、稳健的。

二是发展中国家的金融自由化改革，应以政府主导为主，具备计划性、渐进性的特点。一旦危机爆发，采用政府干预、激进型、彻底性的金融改革方案，能更快地走出危机困境。20世纪90年代以来，韩国在官制金融的弊端没有解决好、资本市场不发达、金融体系没有建设好的条件下加快了金融自由化步伐，放松对短期资本流动限制的同时，没有建立相应的监管措施，使得短期债务迅猛增加，最终引发了金融危机④。1997年韩国金融危机的爆发，暴露了其金融自由化初期的一系列问题，其中，最大的问题在于，没能把握好金融开放的节奏，

---

①④　赵瑛：《亚洲金融危机前后的韩国金融改革》，载于《生产力研究》2010年第3期，第34~37页。

②　潘悦：《试论韩国金融自由化》，载于《世界经济》1997年11期，第27~29页。

③　Sungmin Kim and Won-Tai Kim. *Monetary Policy Operating Procedures in Emerging Market Economics*: *BIS Policy Papers No. 5. Recent Development in Monetary Policy Operating Procedures*: *the Korea Case*, 1999.

在国内金融体系建设尚未健全的情况下，过快向外开放金融市场。危机爆发后，韩国政府积极干预，采用激进式的改革方案。虽然激进式的改革在短期内代价较高，但最有效率，使得韩国在东南亚各国中率先走出了危机困境。尽管IMF给韩国金融危机开的药方是减少政府干预，但事实证明，政府干预才是让韩国尽快摆脱危机困境的不可替代的先决条件①。可以说，韩国政府在金融危机之后采取的干预措施，对重建金融体系、稳定金融市场方面起到了不可替代的作用。由韩国的经验与教训可见，成功的金融自由化和金融开放不是一个自由放任的过程，而是一个政府积极参与和引导的过程②，无论是在金融危机爆发之前还是之后。

第三节　中国近代金融被动开放进程中的金融风潮剖析

每一个谋求生存发展的民族主权国家，为了拓展其经济资源配置边界，必然选择开放以跨越国界融入世界。但在不同的制度背景下，跨越国界的民族主权国家有战争跨越与和平跨越两种方式。通过战争方式实现国界跨越，对于被跨越国而言开放是被动开放，战败首先损害其民族的政治主权，并由此损害其经济主权，其经济资源将因此被战胜国以非经济手段强制配置与掠夺。通过和平方式实现跨越，对于被跨越国而言开放是主动开放，并由此激励其开掘经济主权，其经济资源将以经济手段自主配置交易。

以史为鉴，被动式开放国家往往经历了各种金融风潮。金融风潮即给定条件下由金融突发事件所导致的金融动荡，在每一个经济开放的主权国家的经济资源配置中均会发生。但是，对于主动开放与被动开放的主权国家而言，其金融风潮生成的原因、传导的路径、形成的影响、救治的举措、善后的预期等均存在巨大差异。据史料考察，近代中国的金融风潮与其被动开放密切相关，其根源在于半封建半殖民地国家主权的沦丧和民族金融业的羸弱。近代中国金融风潮主要有贴票风潮、橡皮股票风潮、中交两行停兑风潮、民十信交风潮、白银风潮与黄金风潮等。

①② 　曲凤杰：《韩国金融开放的经验和教训》，载于《新金融》2006年第8期，第24～27页。

一、中国近代金融被动开放进程中的金融风潮史实与剖析

（一）贴票风潮①

1897 年的贴票风潮起因于当时钱庄所开办的一种贴票业务②。贩运鸦片厚利的商人，由于自己缺乏周转资金，常常不惜以很高的利率向钱庄筹借款项，而钱庄既有资金难以满足商人们的借款需求，于是推出倒贴现的贴票来增加资金来源，再将所得款项贷给鸦片贩运商。其初仅是少数钱庄经营该项业务，钱庄发出的贴票到期一般也能如数兑现。这一融资状况启发许多投机商纷纷争设贴票钱庄，专门经营用高利吸纳公众资金的贴票业务。据记载，当时，仅在公馆马路（今金陵东路）一条街，这类贴票庄就有 50 多家。又据当时估计，这类钱庄开出的空票在 200 万元以上，贴票利率从开始的二、三分涨到后来的五、六分。贴票存户，上至富家眷属，下及妓院女佣，有变卖衣物存贴者，有多方借贷存贴者，纷至沓来。由于投机奸商所设贴票庄在办理该项业务时，原本就是要利用公众贪图厚利的心理，用高利率骗取到大量存款，因而导致发行的大量贴票到期时不能如约兑现本息。到 1897 年 11 月即清光绪二十三年十一月，许多这样的贴票庄由于公众挤兑，最终全部倒闭了结，其间，为其提供相关业务服务的汇划庄也大受影响。据记载，当时宣告倒闭的钱庄有协大、恒德、升康等数十家③。如此大规模的钱庄倒闭事件，自然成为中国近代经济金融历史上的一次严重的金融风潮。

分析这一金融事件，有这样几点必须关注：第一，钱庄开出的高息贴兑期票，必须是具有真实商业经营及正常实现经营循环支撑保证的期票。但一方面，向钱庄融资的商人其经营活动属于违法项目，风险巨大，钱庄对其融出的资金时常可能因为商人违法经营活动被政府查处而血本无归，且钱庄对这样的商人融出资金本身也属于违法经营，其债权不能得到政府保护。而经营违法项目的商人即便侥幸未被政府查处，也可能因为经营亏损或者有意赖债，导致钱庄出现不良债

---

① 贴票风潮部分撰写参考引用：《经济大辞典．中国经济史卷》，上海辞书出版社 1993 年版，第 332 页；《经济大辞典．金融卷》，上海辞书出版社 1989 年版，第 576 页；《中国近代金融史》编写组：《中国近代金融史》中国金融出版社 1988 年版，第 110 页。

② 该业务办理中，钱庄所开出的贴票，其实既是一种贴现发行的融资工具，又是一种兑现债权的业务。

③ 施伯珩：《钱庄学》（民国丛书第四编，34，经济类），上海书店，据上海商业珠算学社 1931 年版影印，第 14 页。

权。另一方面，一些钱庄如果超过具有真实商业经营及正常实现经营循环支撑保证的融资需求多发期票，这些期票贴兑的本息自然难以保证如约贴兑，尤其是那些表面效法钱庄经营贴票融资以图敛财的假冒机构或者个人所开出的空头贴票，根本就谈不上什么所谓如约贴兑。第二，晚清政府对于不法商人的鸦片贸易，以及对于钱庄向从事鸦片贸易的不法商人给予融资，钱庄为了充实可融资金而向公众高息揽储，假冒机构纯属欺诈的高息揽储行为，是否知情？如果知情，是否采取过相关措施予以查处？尤其是，晚清政府对于从事金融业务的行为主体其市场进入、业务经营是否有相关制度约束？如果有，这些制度设计及其运行是否合理有效？第三，当人们研究贴票风潮时，如果仅仅将风潮的产生原因归结为使人利令智昏的投机行为，这恐怕显得太过肤浅。投机时时有。在一个融资市场制度设计较为完善的国家，投资投机的标的一般不会出现滥市情形。作为担负监督管理及危机救助职责的政府专设相关机构，它会对违法者予以清退，对民间债务人予以扶持。返观晚清，当债务人因贴票不能贴兑而行赖债，债权人权益将因此受到极大打击时，其时的政府是否及时救助？如有，该风潮恐难变成真实。

（二）橡皮股票风潮[①]

1910 年上海一地曾发生一次导致钱庄大量倒闭的金融风潮，人们习称为橡皮股票风潮。1908 年全球橡胶价格猛涨，英商麦边在上海成立名为蓝格志（橡胶产地）拓殖公司的橡皮公司，宣称在澳大利亚种有大量橡胶树，鼓吹经营橡皮可获巨利，向公众发售橡胶股票五种。该公司一面大事招股，一面暗中掀抬股票价格。影响所及，投机跟风者甚多，自有资金不足者更是纷纷选择了从钱庄融资的方式来大量购买橡皮公司所发行的橡皮股票，钱庄自身除了贷款给这类投机者之外，自己也在橡皮股票上投下大量资金。与此同时，其他商行也纷纷复制钱庄的操作方法。此时，上海的麦加利银行、汇丰银行、花旗银行等外国银行确与橡皮公司合作，破例承做该项股票押款，十足兑现。橡皮股票公司的哄抬，中国本土商民及各种机构的抢购，促使橡皮股票行市一路高走，到 1910 年 3 月，蓝格志股票的市价已经超出其面值 20 余倍。该年 7 月，麦边趁高价尽抛股票，携款逃匿。而外国银行与此同时当即宣布停止受押橡皮股票，并立即追索先前所做橡皮股票押款。橡皮股票行市受此打压，其价格陡然下跌，持股者惶恐，纷纷欲抛所持股票，而市况却是有卖无买，几成废纸。结果是，投机橡皮股票的商人纷

---

① 橡皮股票风潮撰写参考引用：《经济大辞典·中国经济史卷》，上海辞书出版社 1993 年版，第 332 页；《经济大辞典·金融卷》，上海辞书出版社 1989 年版，第 576 页；《中国近代金融史》编写组：《中国近代金融史》，中国金融出版社 1988 年版，第 110~111 页。

纷破产，钱庄受影响而倒闭者有 20 余家，最终酿成金融风潮①。作为善后，由于当时外国银行还持有倒闭钱庄先前所签发的部分庄票，它们因此纷纷持票向上海地方官员要求赔偿，并提出：不赔偿，就不再对钱庄融资。在外国银行的施压下，清政府为维持市面，安定人心，乃责成上海地方当局向汇丰、麦加利、德华、道胜、正金、东方汇理、花旗、荷兰、华比等 9 家外国银行借款 350 万两，只负责付清外国银行和洋行所执未付的庄票。

在既有文献中，橡皮股票风潮有欺诈成因说、官员负气操作使然说与多因素联动使然说②。但有几点值得思考：第一，那些对钱庄开展股票押款业务的外国银行，当它们向钱庄追索押款时，如果钱庄在此时倒闭，这些外国银行也会遭遇不良债权，遭遇存款人的挤兑，这些外国银行也会因此在流动性缺乏时面临破产可能，而这反过来又会加剧商人等存款人的破产。但是，我们并未看到有外国银行因此破产。如果仅仅从这一现象推测，那就是，钱庄把自己的流动性全给了外商银行，而对自己的公众客户，却是随意怠慢；外商银行为了流动性而不顾钱庄业务安危，在导致钱庄倒闭的同时，却又保障了自己商人客户的债权安全。第二，外商银行是否真的是与橡皮股票发行者勾结，刻意欺骗中国的投机甚至投资者？因为，每一家成熟经营的商业银行，在开展资产负债业务时，其基本的业务准则无疑是守法经营，管理风险。外商银行这样参与欺诈，既属违法，又因为违法与向无真实生产基础的客户放款而担负巨大风险，逻辑上，颇觉悖理。另外，此时的商业银行，从其资产负债管理历史看，尚处于资产管理的真实资产管理阶段，该阶段一个十分重要的特征即在于，放款者非常强调贷款资产的自动清偿性质，外商银行此时在华经营业务也无例外可言。当然，也许外商银行在此时的中国开展业务，无视中国主权，所以敢于违背其成熟做法，肆意而为。第三，国人投机固然是风潮的起因，而缺乏为金融运行预设的最后贷款保障机制，才是使风潮必然由潜抑变为显发的关键。因为，当相关金融机构由于缺乏流动性而被公众债权人挤兑的时候，它们会变得更加缺乏流动性，由此，公众更要加剧挤兑。挤兑与反挤兑，是债权人与债务人围绕信心丢失和信心维系的博弈。第四，人治是一种随机的约束条件，是一种无序不确定的不可凭以判断未来的状态。清政府缺乏金融市场准入及经营的严格审查监督制度，欺诈当然公行。

---

① 徐寄庼编辑：《最近上海金融史》（民国丛书第四编，33 册，经济类），上海书店，据 1932 年版影印，第 1、2 页。

② 张秀莉：《橡皮股票再研究》，载于《社会科学》2009 年第 4 期。

（三） 中交两行停兑风潮[①]

中交两行停兑风潮，即发生于北洋政府时期京津地区因中国银行交通银行停止纸币兑现的一次金融风潮，又称京钞风潮。京钞指京津地区流通的纸币，主要由中国银行、交通银行两行发行，故也指两行流通于京津地区的纸币。该风潮的政治经济背景，乃是袁世凯为解决北洋政府财政拮据问题，拟通过政府控制下的中国银行、交通银行两行借垫款项。中国银行、交通银行两行因库存现银被政府借垫挪用，实力不断削弱，信用基础已形成不稳。在这种情况下，有人主张发行不兑现的纸币，希望以此堵住库存现金继续外流。就在政府密商此事期间，相关消息却泄露出去，那些大官僚、政客因此抢先提取现银，最终导致京津等地相继发生挤兑风潮。据记载，当时中交两行所发行而流通在外的京钞已经达到 7 000 万元，而两行的库存准备却只有 2 000 万元，如照常规办理兑现，中交两行肯定无力化解公众的挤兑。在这一背景下，北洋政府不顾有损财政金融公众形象的危险，索性以国务院名义于 1916 年 5 月 12 日，直接下令各省停止兑现，希望以此使政府能够名正言顺地发行不兑现纸凭证货币，为政府用款救急。

京钞停兑，带给市场巨大冲击，中行钞票迅速跌至九折以下，公众的反应是迅速抢购商品。尽管其他地区并未认真执行北洋政府的停兑令，但在北京、天津、济南等地，物价猛涨，投机盛行，交易停顿，市场混乱。不过，被列强所控制的海关、盐务、铁路、洋行等单位，却并不理睬北洋政府的法令，它们拒绝接受中国、交通两行已停兑的纸币；五国银行团公开声明不受法令约束；北京外交使团对停兑令直接提出了质问，声称要采取保护"在中国财政利益之办法"，对北洋政府施加威胁。结果，在列强施加的巨大压力下，北洋政府只得部分修改停兑办法，允许海关、盐务、铁路等所收中交钞票，照常兑换现银。为了稳定地方治安，北洋政府同时规定军警饷款的支付，交通路局的收入，也准搭付搭收。正当交行因为停兑而使其业务推进颇感困难之时，1916 年 12 月下旬，日本内阁派出私人代表西原龟三来华，以整理业务恢复开兑为由，让日本兴业等三家银行出面，于 1917 年 1 月与交行迅速达成 500 万日元贷款，用于恢复兑现；9 月又达成 2 000 万日元的贷款，贷款半数以上用于弥补政府开支，充当内战经费。西原借款，从交行借款开始，一共贷给北洋政府八笔，总额为 1.45 亿日元。总体而论，中交两行的停兑问题，并未因美日借款的支持而全部解决。其时，国内军阀混

---

① 中交两行停兑风潮撰写，参考引用：《中国近代金融史》编写组：《中国近代金融史》，中国金融出版社 1988 年版第 136～139 页；《经济大辞典·中国经济史卷》，上海辞书出版社 1993 年版，第 333 页；《经济大辞典·金融卷》，上海辞书出版社 1989 年版，第 577 页。

战，政府急剧增加的军费支出，仍然不得不主要依靠中交两行增发钞票来支撑。据载，中交两行所发钞票在京津地区的流通量已有 9 000 万元，京钞折损甚至曾跌至六折左右。尽管北洋政府通过连续发行公债曾回笼了 7 080 万元钞票，但尚有近 2 000 万元未曾收回。延至 1921 年 1 月，北洋政府开始规定京钞持有者可以换取定期存单，第一次停兑因此才得以变通解决。

但在 1921 年 11 月，却又发生了第二次停兑风潮。为解决财政困窘，北洋政府除了继续要求中交两行为政府财政垫款和发行钞票外，还要求中交两行为政府开出担保性空头存单，方便北洋政府凭以向其他商业银行借款。由于这样的存单不断开出，且借款金额巨大，而北洋政府对陆续到期的存单，根本没有财力兑清，于是，中交两行又不得不承担下为政府向各持单银行垫款付现的差事，最终导致两行自身头寸日紧。据载，此时交通银行钞票全部发行额为 4 069 万元，而现金准备仅有 515 万元，其准备率仅约为 13%。中国银行的状况也甚艰难。两行有限的库存现银即便在公众常规的兑现压力下已经感到捉襟见肘，更不用说在时局动荡条件下的恐慌性兑现了。现银越兑越少，两行最终只有选择停兑，第二次停兑风潮因此发生。同时英美列强曾指使列强所控制的海关、邮电部门拒收中交两行所发行的钞票，外国洋行也配合向中交两行挤提存款，而上海的外文报纸更是捏造"北京中交两行停闭"的谣言以蛊惑人心。列强的这一切作为，极大地增大了中交两行的兑现压力，以至于使中交两行最终不得不再次选择停兑。

北洋政府时期，中国所行货币尚属银本位。第一次停兑中外国洋行拒收停兑纸凭证货币，足见其时外国在华势力的无视北洋政府代表的中国施政主权。第二次停兑所以成为事实，外国洋行有意挤兑、赔款拒收中交两行所发纸币，甚至发布中交两行停闭谣言以蛊惑公众为患甚巨。值得注意的是，其时的中国尽管是人治国家，但公众却可以用经济手段来表达自己对政府擅改货币本位的掠夺行为的反抗。即北洋政府为了政府自身财政支出需要，单方面选择纸凭证货币本位，违背公众用币习惯，其结果自然只能是公众停兑京钞抢购物质，或者是民间交易拒绝使用停兑京钞。

（四）民十信交风潮①

1921 年发生于上海的信交风潮，又称民十风潮。第一次世界大战结束后，列强重启对中国的经济侵略，大量游资持有者渴望寻找投机机会，国外所有的信

---

① 民十信交风潮撰写，参考引用：《经济大辞典·中国经济史卷》，上海辞书出版社 1993 年版，第 333 页；《经济大辞典·金融卷》，上海辞书出版社 1989 年版，第 577 页；《中国近代金融史》编写组：《中国近代金融史》，中国金融出版社 1988 年版，第 148～149 页。

托公司和交易所机构开始被引入中国金融市场①。交易所与信托公司发行了大量股票，且在交易所哄炒自己机构所发行的股票，拉高股价，高抛变现，牟取暴利，快速赚钱。在这一背景下，国内金融市场投机发狂，信托公司与交易所畸形发达。许多投机者，其投机资金来源于向银行、钱庄的借贷。当银行、钱庄抽紧银根，停止贷放时，那些专靠借贷来从事信托公司与交易所股票及公债买卖的投机者顿时失去资金周转支持，投机难以为继。到1921年底，市场买卖的公债、股票其价格普遍下跌，先前爆发式设立的众多交易所与信托公司因此大量倒闭，终于酿成史家所说的民十信交风潮。此次风潮，牵连停闭的国内银行也有数家之多②。

民十信交风潮关键是交易所、信托公司的大量设立与相互炒作自己的股票。于此思考：第一，政府对于信托交易所金融机构的设立或者说进入市场，到底有无严格的准入制度？第二，对于已经设立的这类金融机构的业务经营到底有无严格的制度约束？这些金融机构擅违从业规定，为什么未被相关监管机构及时发现并及时矫治呢？第三，这些机构业务经营遭遇风潮后，其市场退出是否有严格的程序约束？但民十信交风潮的演进似乎只能说明，其时相关制度尽管有所订定，但不可能切实实施，一因大背景为人治社会，二因其时国内政局尚多军阀争逐。延展思考，近代以来的中国金融风潮，其行为主体面临的制度背景，率皆类此。直言之，人治时代的金融经济运行，尽管不乏相关制度安排，但行为主体的随机性大于秩序性，预设的相关制度常常只能是停留在文本层面，不可能被真正认真付诸实施。

---

① 尽管1918年开设的北京证券交易所是最早的交易所，但交易所的大量设立却是与信托公司同步的。其时，交易所所以爆发式设立，主要因为投机者认为它就是可以快速赚钱的机器。例如，据记载，1920年7月开业的上海证券物品交易所，其半年的盈余即达150余万元。1921年春，华商证券交易所、面粉交易所、杂粮油饼交易所等交易所，先后成立。1921年夏秋之间，仅在上海一地宣告成立和筹备的交易所就有140家之多，这一时期被认为是交易所的极盛时期。至于在上海设立的信托公司，也是始于1921年。该年5～7月，先后开设的信托公司就有12家，资本总额达到8100万元。其中，尤以绍兴帮钱庄发起组织的中央信托公司（后改称中一信托公司）影响最大。该公司资本初定为1000万元，先收1/4，1923年改为实收股本300万元。内部组织分为信托、银行、保险、储蓄四部，营业发达。但是，信托业好景不长，不久便相继倒闭，仅残留中央、通易两家。

② 上海自清季以来，国内银行先后设立不下100余家，不可谓不多也。然其停闭者亦不少。中外、民新、沪海、惠工、丰大、华孚，以交易所风潮而停闭（徐寄庼编辑：《增改最近上海金融史》（民国丛书第四编，33册，经济类，上海书店，据1932年版影印，第1页）。

中国金融国际化中的风险防范与金融安全研究

（五）白银风潮①

20 世纪 20 年代末至 30 年代初的经济危机席卷全球。为应对大萧条，美国总统罗斯福颁行了涉及工业、农业、贸易、财政信贷等方面的 70 个 "新政法令"。其中关于财政信贷的基本措施为清理银行、存款保险、注资金融机构、货币贬值、黄金国有、收购白银等。同时罗斯福实施货币贬值政策，以高于市场的价格大量购买白银②，截至 1937 年 12 月 31 日，4 年中财政部因此购入了 16 亿盎司白银。白银购买计划造成白银市场价格持续上涨③，对当时实行银本位制的国家造成了巨大影响。中国国内市场的白银因此大量外流，最终导致国民政府于 1935 年 11 月不得不调整货币制度，实行法币改革，放弃银本位制。总之，美国的白银购买计划，给当时的中国带来经济上的通货紧缩压力与经济混乱，进而带来政治上的不稳定冲击。

白银风潮，美国实施白银政策（以邻为壑的货币政策，一种霸权货币政策），被动开放条件下的中国作为当时最大的银本位制国家，无论该政策的目标指向是否明确为中国，其实际效果便是使中国金融经济运行遭遇巨大冲击压力，使国民政府因此唯有改革货币本位制度，推行法币，且在改制安排中不得不先与英镑挂钩，再与美元挂钩。货币制度的改革，为国民政府其后实施膨胀通货的货币政策埋下伏笔。货币博弈，美国政府在应对 1929～1933 年经济危机时所行组合金融政策中的白银政策，内中启示，耐人寻味。货币已然不同，时代已然变迁，但问题却依然存在，从美国政府在应对 1929～1933 年经济危机时所行组合金融政策中的白银政策，到今日人民币升值之争，此中启示，实值得深加玩味。

---

① 白银风潮撰写，参考引用：米尔顿·弗里德曼：《美国货币史（1867～1960）》，北京大学出版社 2009 年版，第 209、297、344、345、346、347、348 页；樊亢、宋则行：《外国经济史（近代现代）》第三册，人民出版社 1980 年版，第 47～49、50～52 页；［美］福克讷：《美国经济史》（下卷），商务印书馆 1964 年版，第 377、380～382 页；《中国近代金融史》编写组：《中国近代金融史》，中国金融出版社 1988 年版，第 179～180 页。

② 据统计，财政部购买的约 22 亿盎司的其余白银，主要以市场价从国外市场购入，而在 1933 年 12 月 31 日至 1961 年中，美国政府用于购买白银的总支出约为 20 亿美元。尽管美国政府所购白银达 20 亿美元，且政府拥有 6 倍于其实物数量的白银，但美国政府的白银计划从未接近于实现白银购买法案所规定的目标：白银市价等于其 1.2929 美元的货币价值，货币性白银与货币性黄金的存量比例达到 1∶3（弗里德曼，第 344、345 页）。事实上，美国政府购自国外的白银数量是其国内产量的 2.5 倍（弗里德曼，第 346 页）。白银购买计划与黄金购买计划一样，由于白银购买和货币发行之间自动建立的联系，白银购买扩大了政府发行货币的权力，政府因此发行的货币其数量远多于用于购买白银的货币数量。1933 年末至 1937 年，美国政府用于购买国内外白银的年均支出金额为 2.2 亿美元（弗里德曼，第 346 页）。

③ 1933 年年初至年末，白银的市场价格上升了近 75%；1935 年中，白银的市场价格已是白银购买计划实施之初银价的 3 倍。

（六）黄金风潮①

抗战胜利后，为抑制通货膨胀，引进外资，国民政府于 1946 年开放外汇市场，同时抛售黄金，实行贸易自由，准备靠"美援"积累起来的 9 亿美元和 600 万两黄金，但通胀仍在继续，高估了法币对外价值，进口迅速增加，外汇储备被大量消耗，黄金市场价格猛涨，最后政府发布紧急措施令，禁止买卖黄金，酿成了法币将崩溃的"黄金风潮"。

黄金风潮其时的背景，是法币面临恶性膨胀甚至可能因此崩溃的巨大压力，这一压力的实质乃是国民政府正在加速丢失其执政的公信力，加速损失其得自公众的公信资产。国民政府为了保住其执政的公信力，为了公信资产的止损，针对国民在经济金融活动中的心理与习惯，采取去掉管制，放开市场的阳光政策，不仅希望借此以满足公众的现实选择，更希望借此以塑造政府的自信形象，给予公众以信心预期。然而，黄金风潮前发生的黄金储蓄舞弊案，足可看出其时政府管理的混乱与人治贪腐的猖獗。在这种背景下，政府为维系政权不断增发法币必然导致黄金风潮的发生。

二、近代被动开放中金融风潮的启示

近代中国被动开放条件下的经济金融运行，其遭遇的金融风潮，直接表现为金融运行崩溃性的大动荡，除了国内经济金融运行内生的不稳定性因素所使然，更重要的是与其被动开放密切相关，其根源在于半封建半殖民地国家主权的沦丧和民族金融业的羸弱。当代中国已全面主动融入全球化的浪潮，其蕴涵的风险与安全问题也与过去被动式开放存在本质差异，但观今宜鉴古，近代历次金融风潮也给我们带来重要启示：

第一，金融开放过程必须坚持核心主权的控制权，从而主动渐进地融入全球化浪潮。白银风潮使我们看到在一国主权弱势的大背景下，他国居然能够迫使一个主权国家，没有什么转换空间可以选择，唯有改弦易辙，被动地放弃既有的货币本位制度，依凭列强，重塑币制。中交行停兑风潮在第一次停兑中，外国洋行拒收停兑纸凭证货币，足见其时外国在华势力的无视北洋政府代表的中国施政主

---

① 黄金风潮撰写，参考引用沈日新：《1947 年黄金风潮的内幕》，载于《法币、金圆券与黄金风潮》，文史资料出版社 1985 年版，第 156、157 页；洪葭管：《中国金融通史》（卷四），国民政府时期（1927～1949），中国金融出版社 2008 年版，第 503 页；《中国近代金融史》编写组：《中国近代金融史》，中国金融出版社 1988 年版，第 293～296 页。

权。第二次停兑所以成为事实，外国洋行有意挤兑、赔款拒收中交两行所发纸币，甚至发布中交两行停闭谣言以蛊惑公众为患甚巨。

第二，金融开放的前提在于完善的政府治理体系、经济的健康发展与高效运营的金融体系。中国银行与交通银行的两次停兑风潮、黄金风潮，无论范围宽窄，由于均涉及事关公众手持债权的安全保障进而对政府兑现债务承诺公信力的高低判断，因此其事实与心理上的深远影响，令人警惧。而贴票风潮与橡皮股票风潮又看到了我国金融运营体系的落后。同时，人治时代的金融经济运行，即便不乏相关制度安排，但行为主体的随机性大于秩序性，预设的相关制度常常只能是停留在文本层面，不可能被真正认真付诸实施。

第三，金融开放必须加强金融安全网与金融监管的构建。历次风潮与挤兑的发生，我们都可以管窥几个事实：一是金融机构准入与业务范围限制监管的缺失；二是有效信息公开制度的缺乏；三是最后贷款人制度与金融机构退出制度的缺失。

第四节　中国金融国际化进程的回顾与展望

一、中国金融国际化进程的历史轨迹分析

（一）中国金融国际化进程的阶段划分：一个简要的文献回顾

目前我国学术界对中国金融国际化的阶段划分尚未形成统一的认识和理论基础。《2006 年中国金融发展报告——金融开放与金融安全》[①] 一书依据我国加入 WTO 的进程对我国金融业的开放阶段进行了大致划分：以利用外资为主的初期开放阶段（1979～1985 年）；围绕乌拉圭回合谈判的"按现状承诺"阶段（1986～1993 年）；金融运行机制的市场化和加入 WTO 的准备阶段（1994～2000 年）；"履行承诺"逐步开放阶段（2001 年至今）。其他一些文献又从中国推进金融自由化进程的角度，对其进行了阶段划分。但关于我国金

[①]　上海财经大学现代金融研究中心、上海财经大学金融学院：《2006 年中国金融发展报告——金融开放与金融安全》，上海财经大学出版社 2006 年版。

融自由化历程不同阶段的划分，不同的学者或机构的看法并不一致，如 IMF
（1996）及黄金老（2001）的四分法，向文华（2005）的二分法及张礼卿
（2005）的二分法等，但这些划分无本质上的区别，基本上都认为我国具有明
确改革目标的金融自由化进程是从 1992 年开始的①。在这些金融自由化阶段
划分的研究中，有一类研究是依照法律法规描述指标法②的思想，在度量中国
金融自由化程度的基础上，进行阶段划分的。譬如，贾俊雪（2006）③ 选择了
资本项目自由化、国内金融体系自由化、股票市场自由化三个项目，运用法规
描述指标法，通过考察历年的《中国人民银行年报》、《中国外汇管理年报》
以及已有的相关文献得到 1992 年第一季度至 2005 年第一季度总体金融自由化
指数的变化。根据该指数数值的变化，贾俊雪将中国金融自由化进程划分为三
个主要的阶段：1992 年之前我国处于明显的金融抑制状态；1992 ~ 2001 年之
间金融自由化进程相对缓慢；2002 年以来，金融自由化进程明显加快。其研
究结论表明：1992 年以来，我国政府一直谨慎但有步骤地推行金融自由化，
且采取了较为合理的金融自由化次序，即先实施国内金融体系自由化，后推进
资本项目自由化，最后才是资本市场自由化。整体而言，目前我国的金融自由
化程度比较符合我国经济发展水平。

（二）金融国际化程度的度量方法

目前，国内外尚没有专门研究金融国际化程度的文献，多采用金融自由化
（又被一些研究称之为金融市场化）和金融开放度来进行度量。现有文献对这二
者的度量方法，主要可以划分为三大类：一是法律法规描述指标法；二是经济指
标法；三是计量经济学检验法。在文献研究中，运用广泛的是前两种方法，第三
种方法运用较少。

法规描述指标法主要是依据一国金融自由化进程中相关子项目的自由化程度
（往往体现在相关法规的颁布和实施情况）来构建度量指数④。1950 年，国际货
币基金组织（IMF）首次发布《兑换制度和兑换限制年报》，该年报记录了 IMF
成员国对于如下四个问题的官方回答：是否存在多重汇率；是否存在对经常账户
下的交易管制；是否存在对资本账户下的交易管制；是否要求出口创汇的上缴。

---

① 陈日清、杨海平：《我国金融自由化进程的历史、前提条件及存在问题研究》，载于《华北金融》
2008 年第 12 期，第 6 ~ 10 页。
② 详见下文中对"金融国际化程度度量方法"的文献综述。
③ 贾俊雪：《中国经济周期波动特征及原因研究》，中国人民大学博士学位论文 2006 年，第 142 ~
145 页。
④ 同③，第 141 ~ 142 页。

他们分别对上述四个问题的回答给予赋值并进行第一标准化主成分分析来衡量金融的开放程度。奎因（Quinn，1997）[①] 率先提出了"金融自由化指数"（Financial Liberalization Index，FLI）的概念[②]。他基于 64 个国家 1950～1989 年间颁布的国内与国际法律法规，提出了对国际金融交易管制程度进行度量的方法，主要考察了经常账户的开放程度、资本账户的开放程度和国际法律法规的一致性这三个方面的因素[③]。班迪埃拉等（Bandiera et al.，2000）[④] 构建了较为全面的金融自由化指数体系。易文斐和丁丹（2007）[⑤] 借鉴了班迪埃拉等（2000）在研究中选取的度量指标（分别是利率自由化、鼓励竞争的措施、指导性信贷、准备金要求、银行所有权、审慎监管、证券市场、国际金融自由化），并将其作为衡量中国金融自由化的 8 个维度[⑥]。但在对这个 8 个指标进行赋值时，他们没有沿用传统的"0～1"赋值法，而是采用了杰吴等（Jaewoon et al.，2005）提出的逐步累加的指标赋值方法[⑦]。沈悦和赵建军（2008）[⑧] 设计了判断金融自由化进程的因素模型，并采用层次分析法对每一因素赋权重值，之后利用修正后的法规描述指标法对中国金融自由化各构成要素进行了分析，对中国 1994～2006 年的金融自由化进程进行了动态判断。

经济指标法主要是借助各种经济指标来刻画金融自由化的进程。目前使用较多的经济指标有国际资本流动比率和实际利差。其中，国际资本流动比率 ＝

① Quinn，Dennis P. *The Correlates of Change in International Financial Regulation. American Political Science Review*，1997（91），No. 3（September）.

② 虽然 Quinn（1997）文中并没有直接提出"Financial Liberalization Index"的说法，但其开创了对国际金融开放程度的度量方法，为纪念其对量化金融自由化程度研究工作做出的贡献，后续学者在对此问题进行相关研究时大多认为 Quinn 是金融自由化指数的开创者。

③ Quinn（1997）采用的度量方法小结如下：第一，分别对经常账户项下的对内（inward）和对外（outward）交易进行度量，每个度量对象的赋值区间为 [0，2]。由于经常账户项下的交易又分为有形的商品贸易和无形的服务贸易，而每种贸易形式又同样被划分为对内和对外两种，因此经常账户的赋值区间为 [0，8]；第二，分别对资本的流进（inward）和流出（outward）进行度量，每个度量对象的赋值区间为 [0，2]，因此资本账户的赋值区间为 [0，4]。第三，对第三个因素的赋值区间也为 [0，2]。基于此，金融开放程度指数的总得分区间为 [0，14]。

④ Bandiera，O.，G. Caprio，P. Honohan，and F. *Schiantarelli. Does Financial Reform Raise or Reduce Savings？. Review of Economics and Statistics.* 2000，82（2），pp. 239 - 263.

⑤ 易文斐、丁丹：《中国金融自由化指数的设计和分析》，载于《经济科学》2007 年第 3 期，第 66～75 页。

⑥ 这种分类方法在目前国际相关文献中已得到了广泛的认可。

⑦ 该种指标赋值法是指，在与某一金融自由化度量指标相关的事件发生当年，根据该事件的相对重要性对该指标赋予相应的数值，并在当年及之后的年份均都赋予该值，直到该度量指标相关的金融自由化事件再次发生时，则该指标在该年及后续年份的取值将等于赋予之前年份的取值与该年赋值之和，即将之前的取值累加在该年的赋值之上。

⑧ 沈悦、赵建军：《中国金融自由化改革进程判断：1994～2006》，载于《西安交通大学学报》（社会科学版）2008 年第 2 期，第 1～6、13 页。

（直接投资流动总额 + 证券投资流动总额 + 其他资本流动总额）/本国 GDP，该指标能十分直观地反映一国国际资本流通的程度；实际利差是指在资本自由流动的情况下，两国实际利率之间的差异（贾俊雪，2006）[①]。由于现实中，资本不可能完全自由流动，因此多数文献往往运用实际利差与一国汇率的预期变化率二者之间的相关系数替代实际利差作为国际资本流通程度的衡量。莱恩和迈氏—法拉帝（Lane and Milesi-Ferretti，2006）[②] 提出了三个对一国金融开放程度进行度量的经典指标。在该研究中，他们首先基于 145 个国家国际收支平衡表的流量数据，测算了这些国家在 1970 ~ 2004 年期间跨境资本的存量数据。黄玲（2006）[③] 在莱恩和迈氏—法拉帝（2006）研究的基础，就二者提出的 IFI1 和 IFI2 这两个度量指标的分母（即被度量金融开放程度国的 GDP），提出了修正意见。

计量经济学检验法是基于几个经济变量建立计量模型，通过回归，得到相应的回归系数，或对几个变量的时序数据进行相关性、因果关系等计量检验，从而以回归结果或计量经济学检验结果表明某些变量之间的关系，以此说明一国的金融开放程度。费尔德斯坦和霍里欧卡（Feldstein and Horioka，1980）[④] 在 1980 年提出了一个用于度量一国资本账户开放程度的 FH 系数。二者在研究中指出，如果一国实现了资本账户的自由化，则一国的储蓄会自发地流向比本国具有更高投资收益率的国家或地区，因此投资率和储蓄率之间的相关度会很低，相关系数应趋近于零；相反，若一国跨境的资本流动受到管制，则一国新增的储蓄额将会滞留于本国，并通过储蓄与投资之间的转换机制，转换为在本国的投资，这样一来，投资率与储蓄率之间的相关程度将会很高，投资率对国内储蓄率[⑤]进行回归所得的斜率系数（即 FH 系数）便会接近于 1。基于此，其研究认为通过将投资率对国内储蓄率回归得到的回归系数与 1 之间进行比较，便可判断出该国资本账

[①] 贾俊雪：《中国经济周期波动特征及原因研究》，中国人民大学博士学位论文 2006 年，第 141 ~ 142 页。

[②] Lane，P. and G. M. Milesi-Ferretti. *The External Wealth of Nations Mark II: Revised and Extended Estimates of Foreign Assets and Liabilities. IMF Working Paper 06/69*，2006.

[③] 黄玲：《金融开放的多角度透视》，载于《经济学（季刊）》2007 年第 2 期，第 421 ~ 442 页。

[④] Feldstein，M. and C. Horioka. *Domestic Saving and International Capital Flows. Economic Journal*，1980，90（358），pp. 314 – 329.

[⑤] Feldstein 和 Horioka（1980）和后续大量的研究在进行回归方程估计时，采用的都是"国内储蓄率"，但黄玲（2006）的研究表明：可供一个国家的居民进行投资的资金流是国民储蓄而非国内储蓄。国民储蓄减去投资所得到的经常项目差额是衡量一国的国际借贷净额大小与方向的指标；国内储蓄减去投资所得到的贸易差额并非国际借贷的衡量指标，它与经常项目差额之间的差距是净收益和净经常转移。由于这种差距在绝大多数国家是不容忽视的，因此在估计 FH 系数的回归方程中，应该用"国民储蓄率"替代"国内储蓄率"作为回归方程的自变量。

户开放性的大小：FH 系数值越小，越偏离于 1，则表明该国资本跨境流动的自由性越强。

贾俊雪（2006）[1] 总结了各类方法的适用范围。经济指标法的显著优点在于指标的构造相对简便，因而对相关数据的要求较低，其简便易用性使得其得到了广泛的运用。但由于经济指标法下采用的指标往往反映的只是国际资本流通的程度，比较片面，难以全面地反映出一国金融自由化的程度。而法规描述指标法虽然通常会将金融自由化涉及的多个方面作为衡量指标纳入金融自由化程度度量指数的构建中，但由于该方法对指数的构成指标往往采用二元赋值法，仅对完全管制和完全自由两种状态进行 0 或 1 的赋值，忽略了在这两种状态之间存在的大量信息，从而难以反映出一国金融自由化的渐进过程，加之"0－1"赋值法无法体现出各国金融自由化举措在程度上的差异。

（三）中国金融国际化进程的阶段划分：基于中国金融国际化程度的度量

如前面所述几种方法各有优缺点，为了更加全面地考察中国金融国际化程度并根据程度来划分中国金融国际化的进程，以下我们尝试着将经济指标法和法规描述指标法两种方法结合，分两个视角来度量中国金融国际化的程度，并在此基础上，根据各年度金融国际化的程度来对中国的金融国际化进程予以阶段划分。

1. 中国金融国际化的程度：基于经济指标法的度量视角

在莱恩和迈氏—法拉帝（Lane and Milesi-Ferretti，2006）[2] 和黄玲（2007）[3] 设计了度量一国金融开放程度的狭义、广义指标的基础之上，我们结合自己要考察中国金融国际化程度的研究目的，选用了前人设计的分子包含外汇储备等官方资本的广义金融开放度量指标[4]。由莱恩和迈氏—法拉帝（2006）和黄玲（2007）各自提出的广义金融开放度量指标分别为 IFI1、IFI3 和 IFI4、IFI5、IFI8，由于中国国家外汇管理局公布的中国国际收支平衡表上没有金融衍生产品

---

① 贾俊雪：《中国经济周期波动特征及原因研究》，中国人民大学博士学位论文 2006 年，第 141～142 页。

② Lane，P. and G. M. Milesi-Ferretti. *The External Wealth of Nations Mark II：Revised and Extended Estimates of Foreign Assets and Liabilities. IMF Working Paper* 06/69，2006.

③ 黄玲：《金融开放的多角度透视》，载于《经济学（季刊）》2007 年第 2 期，第 421～442 页。

④ 黄玲（2007）指出，在实证研究中应根据不同的研究目的，来分别选择广义、狭义的金融开放指标；若需要综合考察一个经济体与国际资本市场的联系与融合程度或本国与国际资本市场之间的双向影响力时，应选择涵盖外汇储备等官方资本的广义金融开放指标；在研究一国实施诸如放松资本管制、开放本国金融市场等金融自由化政策的效果时，则应采用不包括官方资本狭义的金融开放指标。

的项目等原因，因此我们将在这 5 个度量指标的基础上进行适当修正（如表 2 - 1 所示），以更好地为我们的研究目的服务。

表 2 - 1　　　　　5 个广义金融开放度量指标及其修正

原指标的计算公式	修正指标的计算公式	修正原因
IFI1 = （GFA + GFL)/GDP × 100% = （FDIA + FDIL + STOCKA + STOCKL + DETBA + DETBL + DIRIVA + DIRIVL + RES)/GDP × 100%	IFI1* = （FDIA + FDIL + STOCKA + STOCKL + DETBA + DETBL + RES)/GDP × 100%	中国国际收支平衡表上没有金融衍生产品的项目，因此将原公式中的金融衍生工具资产方（DIRIVA）和金融衍生工具负债方（DIRIVL）剔除掉
IFI3 = （GFA + GFL)/(X + M) × 100% = （FDIA + FDIL + STOCKA + STOCKL + DETBA + DETBL + DIRIVA + DIRIVL + RES)/(X + M) × 100%	IFI3* = （FDIA + FDIL + STOCKA + STOCKL + DETBA + DETBL + RES)/(X + M) × 100%	理由同上
IFI4 = （GFA + GFL)/PPPGDP × 100% = （FDIA + FDIL + STOCKA + STOCKL + DETBA + DETBL + DIRIVA + DIRIVL + RES)/PPPGDP × 100%	IFI4* = （FDIA + FDIL + STOCKA + STOCKL + DETBA + DETBL + RES)/PPPGDP × 100%（经分子、分母的同时修正后，IFI4* 的计算公式恰好与 IFI1* 相同）	对分子剔除 DIRIVA 和 DIRIVL 的修正理由同上；对分母将 PPPGDP 改为 PPP 的理由如下：由于我们的研究目的只是考察中国的金融国际化程度，并不研究其与他国在国际化程度上的差异，不存在黄玲（2006）在其研究中指出的在金融国际化程度国际比较时采用 GDP 作为分母存在偏差的问题，因此又将分母从 PPPGDP 修正回 GDP
IFI5 = （GFA + GFL – DEBTL – DIRIVA – DIRIVL)/PPPGDP × 100% = （STOCKA + STOCKL + FDIA + FDIL + DEBTA + RES)/PPPGDP × 100%	IFI5* = （STOCKA + STOCKL + FDIA + FDIL + DEBTA + RES)/GDP × 100%	对分母的修正理由同上

原指标的计算公式	修正指标的计算公式	修正原因
IFI8 = (GFA + GFL – DEBTL – DIRIVA – DIRIVL)/(X + M) × 100% = (STOCKA + STOCKL + FDIA + FDIL + DEBTA + RES)/ (X + M) ×100%	不修正	符合我们的研究目的，因此维持原指标计算公式

注：表 2 – 1 中 GFA、GFL 分别代表一国拥有的总国外资产、总国外负债；FDIA、FDIL 分别代表外国直接投资的资产、负债方；STOCKA、STOCKL 分别代表股本证券投资的资产、负债方；DEBTA、DEBTL 分别代表债务类投资（含债务证券投资和其他投资）的资产、负债方；DIRIVA、DIRIVL 分别代表金融衍生工具资产、负债方；RES 代表外汇储备资产；GDP、PPPGDP 分别代表一国国内生产总值和用购买力评价折算的国内生产总值；X + M 代表一国的进出口总额。

在对 5 个广义金融开放度量指标进行修正的基础上，我们选择最终的三个修正指标 IFI1*、IFI3*、IFI5* 和一个原广义金融开放指标 IFI8 来对中国金融国际化程度予以度量。由于这些指标都是存量指标，因此在计算时，指标中包含的变量应采用各自的存量数据进行计算。由于国家外汇管理局从 2004 年起才开始公布"中国国际投资头寸表"，因此公式分子中涉及到的变量存量数据的时间跨度仅为 2004 ~ 2009 年。由于分子中包含的变量都是以美元计价，而计算公式中分母所涉及的国内生产总值和进出口总额均以人民币计价，因此我们拟运用人民币兑美元的年平均汇率将分子转换为人民币计价，以统一量纲。在整理好所需数据的基础上，我们运用 IFI1*、IFI3*、IFI5* 和 IFI8 四个度量指标，对 2004 ~ 2009 年 6 年间各年指标数值进行计算，结果如下（详见表 2 – 2）。

根据中国广义金融开放指标的计算结果，并结合图 2 – 1 中 IFI1*、IFI3*、IFI5* 和 IFI8 这 4 个度量指标在时间维度上的变动趋势，可以得出如下几个结论：第一，4 个指标总体呈现出逐步上升的趋势，说明中国的金融开放程度正在不断提高；第二，以进出口总额作为分母的度量指标 IFI3* 和 IFI8 的变动趋势相同，其衡量的是中国的金融开放相对于贸易开放的程度；以国内生产总值作为分母的度量指标 IFI1* 和 IFI5* 也相同，其衡量的是中国的金融开放相对于国家总体经济规模的程度；第三，若将 IFI3*、IFI8 作为第一组度量指标，而将 IFI1*、IFI5* 作为第二组度量指标，则第一、二组指标在多数年份的变动趋势具有一致性，而在 2008 年却出现了反向变动——2008 年第一组指标数值在 2007 年的基

表2-2　　2004~2009年中国金融国际化程度的测算：基于修正的广义金融开放指标

变量与指标 年份	①＝GFA－DIRIVA（亿美元）	②＝GFL－DIRIVL（亿美元）	③＝②－DEBTL（亿美元）	④＝ER	IFI1*＝（①＋②）×④/GDP ×100%（%）	IFI3*＝（①＋②）×④/（X＋M）×100%（%）	IFI5*＝（①＋③）×④/GDP ×100%（%）	IFI8＝（①＋③）×④/（X＋M）×100%（%）
2004	9 204.32	6 527	4 123	8.2765	81.44	136.28	66.75	111.70
2005	12 164.7	8 156	5 351	8.1917	90.01	142.37	74.77	118.26
2006	16 760.4	10 503	7 209	7.9735	100.49	154.21	84.43	129.55
2007	23 971.5	12 281	8 327	7.5215	102.58	163.53	87.74	139.88
2008	29 365.3	14 628	10 660	6.9451	97.29	169.82	85.19	148.69
2009	34 080.5	16 382	11 722	6.8310	101.23	228.84	88.38	199.78

注：IFI1*、IFI3*、IFI5*和IFI8计算公式中涉及的有关分子变量的数据来源于国家外汇管理局网站（http://www.safe.gov.cn/），分母变量的数据来源于中国经济信息网（http://www.cei.gov.cn/）。

表中①、②、③分别代表中国拥有的总外国资产（DIRIVA）之后中国拥有的总外国资产，扣除金融衍生工具负债（DIRIVL）之后中国拥有的总外国资产，扣除金融衍生工具债（DIRIVL）和债务类投资负债（DEBTL）之后中国拥有的总外国负债，三者均是①、②、③以美元计价；④代表中国人民币兑美元年平均汇率；GDP、X＋M分别代表中国国内生产总值和进出口总额，二者均是以人民币计价。

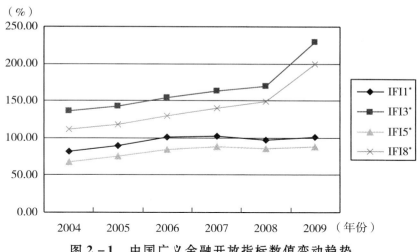

图 2 - 1　中国广义金融开放指标数值变动趋势

础上仍有上升，但第二组指标数值却较上年有所下降。原因可能在于 2007
年次贷危机爆发引发了全球性的金融危机，为减弱危机的传染力度，中国减
少了双向的对外金融、投资活动，使得分子数据有所降低，导致了由第二组
指标度量的中国金融开放程度有所回落；而第一组指标度量的中国金融开放
程度并未下降，而是继续保持惯有增长态势的可能原因在于，这组指标的分
母为我国的进出口总额，次贷危机背景下我国进出口总额也有所减少。分
子、分母数据同时减少，可能是第一组指标数值在 2008 年继续维持上升趋
势的原因之一。

2. 中国金融国际化的程度：基于法规描述指标法的度量视角

前文中，我们定义了金融国际化的 6 个表现维度，它们分别是：资本运动国
际化、金融机构国际化、金融业务国际化、金融市场国际化、金融监管国际化和
货币国际化（详见表 2 - 3）。依据法规描述指标法的思想，需要对每个维度上发
生的重要事件按其重要程度进行分别赋值；如果在金融国际化的进程中出现不利
于金融国际化的反向事件的发生，就依据其重要程度，赋予其前述赋值原则对应
分值的相反数。然而，考虑到对事件重要性进行评估时不可避免地都会产生一定
的主观性，并可能会引起争议。因此，本部分我们将不对事件重要性进行赋权，
而仅以列表的方式梳理出中国在金融国际化的进程中在 6 个维度上出现的具有一
定代表性的事件，并以事件发生和相关法律法规出台的密集度来分析中国金融国
际化的推进进程。

表 2 - 3 金融国际化的 6 个维度

金融国际化的表现维度		关于维度的说明
维度 1	资本运动国际化	对经常账户及资本账户项下交易管制的放松＋资本的跨境流动自由
维度 2	金融机构国际化	金融机构准入限制的放松（包括对内资和外资金融机构准入的放松）＋内资金融机构"走出去"（包括跨国经营和跨境收购）
维度 3	金融业务国际化	金融业务范围的扩大与放开＋跟上国际的金融业务创新程度
维度 4	金融市场国际化	金融市场受政府干预程度的降低＋对外开放程度的提高
维度 5	金融监管国际化	金融监管方法、技术和水平与国际接轨（如遵循巴塞尔协议Ⅱ，提高资本充足率，加强宏观审慎监管等）＋金融监管的国际协作
维度 6	货币国际化	由于一国货币的对内、对外价格分别由利率和汇率来表示，基于此，这里我们定义的货币国际化包含了利率市场化和汇率市场化。除了这两个方面之外，还包括扩展本币贸易与非贸易结算范围、扩大流通的区域范围等一国实现货币国际化的基础条件[1]

注：[1] 虽然货币国际化的基础条件之一为资本账户实现可自由兑换，但由于这里我们将资本运动的国际化定义为了一国金融国际化的第一维度，因此，在提及第 6 个维度时，我们不再重复考量资本账户自由化。

（1）资本运动国际化

自 1979 年以来，随着中国改革开放的不断深入，资本运动的国际化进程随着经常项目的有条件兑换到完全可自由兑换，一直处于渐进、有序的推进中。目前，中国境内的资本账户实行的是一种"名紧而实松"的管制，即尽管在名义上对资本账户中的许多子项目仍然保持较为严格的管制，但在实践中，资本账户下的大部分子项目已有相当程度的开放[①]。以下对资本运动国际化推进进程中发生具有一定代表性的事件梳理于表 2 - 4 中。

[①] 王晖蓉著：《我国金融自由化进程中的银行监管》，北京工商大学 2006 年硕士论文，第 32 页。

表 2 - 4   **资本运动国际化进程中的代表性事件**

时间	代表性事件/国际化改革标志性法规颁布
1994 年	在经常项目实现了人民币的有条件兑换
1996 年 12 月 1 日	实现了经常项目下人民币的完全可自由兑换
2002 年 11 月	中国证监会颁布并施行《合格境外机构投资者境内证券投资管理暂行办法》，这标志着我国 QFII 制度正式启动：机构投资者经批准可以直接投资 A 股和国内债券市场，并且开始允许债务人提前购汇还贷
2003 年	放宽了对境外投资的限制：允许购汇境外投资；允许外资并购；已开放的产业外商投资已基本不受限制
2004 年	允许符合条件的中资跨国公司可以对境外子公司放款，并解除了个人资产不得转移境外的管制，允许移民资产经批准汇出境外
2005 年 9 月	财政部批准亚洲开发银行、国际金融公司拔得"熊猫债券"发行的头筹，境外机构可以在境内发行人民币债券
2006 年 4 月	QDII 制度试行：允许部分金融投资机构在符合一定条件的情况下，在限额内以人民币购汇方式投资于境外资本市场

注：表 2 - 4 中有关代表性事件的资料部分来源于：沈悦、赵建军：中国金融自由化改革进程判断：1994 - 2006 [J]. 西安交通大学学报（社会科学版），2008，（2）：1 - 6，13。

（2）金融机构国际化

金融机构国际化涉及金融机构的准入限制问题和内资金融机构开拓海外市场两个主要的方面：

在金融机构的准入限制方面，中国对外资和国内民间资本实行的是非对称的区别对待政策。经过"入世"以来几年的发展，中国在外资金融机构的市场准入和业务经营方面已大为放宽，并逐步实现了与国际惯例水平的接轨。目前，外资金融机构在满足审慎性准入条件前提下，可以在中国境内任一个城市申请设立营业性机构；外资金融机构在华提供外汇服务，没有服务对象限制；放宽设立中外合资银行或合资财务公司中方合作伙伴的限制，即不要求中方出资者为金融机构，外国服务提供者将能够与自己选择的任何中国实体进行合营；增加外资金融机构经营人民币业务的地域范围和服务对象范围[1]。截至 2009 年底，共有 13 个国家和地区的银行在华设立了 33 家外商独资银行、2 家合资银行、2 家外商独资财务公司，有 24 个国家和地区的银行在华设立了 71 家分行，有 46 个国家和地区的 194 家银行在华设立了 229 家代表处；获准经营人民币业务的外国银行分行

---

[1] 王晖蓉：《我国金融自由化进程中的银行监管》，北京工商大学 2006 年硕士论文，第 31 ~ 32 页。

49 家、外资法人银行 32 家，获准从事金融衍生产品交易业务的外资银行机构数量达 54 家；已有 20 余家中资中小商业银行引进了合格战略投资者，29 家非银行金融机构引进了 27 家境外投资者；先后获准设立合资证券公司 9 家①、合资基金管理公司 34 家；境外证券交易所驻华代表处达 8 家，境外证券类经营机构驻华代表处更多达 160 家；共有 15 个国家和地区的 53 家外资保险公司②在华设立 990 余家营业性机构，另有 8 家境外保险中介机构业已在华开展业务③。总体而言，金融对外资的开放程度随"入世"之后得以迅速的大幅度提升。然而，在金融对内开放方面，中国一直对民间资本入股或成立金融机构持有十分谨慎的态度。经过近几年的发展，监管当局在金融机构准入这个问题上对民间资本的审批原则也由原来的严格禁止，改为了审慎开放、渐进开放的原则。例如，2006 年，多家非国有企业在当年国内商业银行改制重组潮中，成为了改制重组后的商业银行的股东。

中国在推进中资金融机构"走出去"战略方面，中国银行可谓是中国国际化程度最高的金融机构。早在 1929 年，中国银行就在伦敦创设了中国金融业的第一家海外分支机构。此后，其又先后在世界各大金融中心设立分支机构。截至 2009 年底，中、农、工、建、交五大行共在境外设立 84 家一级境外营业机构；这些境外机构分布在亚、欧、美、非、大洋洲，业务范围涵盖商业银行、投资银行、保险等多种金融服务领域④。除商业银行外，非银行金融机构也陆续迈出境外经营的步伐，截至 2009 年末，共有 12 家内地证券公司在香港设立子公司⑤，7 家内地基金管理公司获批在香港设立的全资或合资子公司⑥，6 家期货公司获批在港设立子公司⑦；并有 16 个中资保险机构在境外设立了 44 家营业性机构⑧。然而，就中国内资金融机构整体而言，其"走出去"的进程相对于引进外资金融机构"走进来"更缓慢，且"走出去"的形式较为单一，多以开设海外分支机构为主。但自 2006 年 8 月建设银行成功收购美银亚洲后，中资金融机构便掀

---

① 截至 2009 年底，先后有中金公司等 10 家合资证券公司获准设立，其中长江巴黎（长江证券和法国巴黎银行合资）已终止合资变更为内资证券公司，目前合资证券公司共 9 家。

② 包括外资财产险公司 20 家，外资寿险公司 27 家，外资再保险公司 6 家。

③ 本段中涉及的有关数据与资料来源于中国人民银行发布的《2009 年国际金融市场报告》第 73 ~ 75 页。

④ 引自中国人民银行发布的《2009 年国际金融市场报告》第 80 页。

⑤ 已开展运营的内地证券机构香港子公司共 12 家，另有国信证券和东方证券的香港子公司正在筹建中。

⑥ 其中 5 家已获得香港证监会颁发的资产管理牌照。

⑦ 自 2006 年以来，在 CEPA 补充协议 II 框架下，中国证监会先后批准浙江永安等 6 家期货公司在香港设立子公司。

⑧ 本段中涉及的有关数据与资料来源于中国人民银行发布的《2009 年国际金融市场报告》第 81 页。

起了一场海外并购的热潮。紧随其后，工行、国开、民生、中行、招行和中投、中信证券、平安保险等多家金融机构，陆续以参股型财务收购和控股型战略收购等多元化的收购方式，拉开了海外扩张的序幕，势头十分迅猛（详见表2-5）。就目前来看，中资金融机构"走出去"的战略呈现出跨国经营和跨境并购并举，全方位推进的态势。总体来看，2006年以来，中资金融机构以跨境并购的形式"走出去"，显著地推动了中资金融机构的国际化进程。

表2-5　　　　　　　　中国金融机构国际化进程中的重要事件

时间	代表性事件/国际化改革标志性法规颁布
1979 年	恢复分设中国农业银行、中国银行、中国建设银行
1979 年 12 月	日本进出口银行率先在北京设立代表处，开启了外资银行进驻中国金融业的先河
1982 年	中国政府允许外资金融机构在我国的深圳、厦门、珠海、汕头四个经济特区设立营业性金融机构，这标志着我国金融机构国际化进程迈出了实质性的一步
1982 年	南洋商业银行率先在深圳设立了新中国成立以后新设立的第一家外资银行分行
1983 年	在保险业领域分设中国人民保险公司；在银行业领域分设中国工商银行
1984 年	开始启动专业银行的商业化改革，允许中、农、工、建四家银行交叉经营
1984 年 9 月	中国银行收购了澳门大丰银行50%的股权
1985 年	正式允许外资金融机构在经济特区设立营业性分支机构
1987 年 4 月	中国首家由企业集团发起的银行——中信实业银行成立
1987 年 4 月 8 日	中国第一家完全由企业法人持股的股份制商业银行——招商银行成立
1987 年 5 月	中国首家由地方金融机构和企业共同出资的区域性商业银行——深圳发展银行成立
1988 年	对信托投资公司进行整顿、兼并，信托投资公司数量大幅减少
1988 年	中国首家股份制保险公司——深圳平安保险成立
1992 年	友邦保险在上海设分公司，启动了保险业对外开放的试点。同年，《上海外资保险机构暂行管理办法》颁布
1992 年	邓小平同志南巡谈话发表后，中国允许大连、天津、青岛、南京、宁波、福州和广州引入营业性外资金融机构

续表

时间	代表性事件/国际化改革标志性法规颁布
1994 年 7 月	批准石家庄、武汉、西安、成都、重庆、杭州、合肥、沈阳、苏州和昆明为可引入外资营业性金融机构的首批内陆城市
1994 年	成立三家政策性银行——中国农业发展银行、国家开发银行和中国进出口银行,从而将商业银行的政策性贷款业务剥离出来,划转给政策性银行,这进一步地促进了中、农、工、建的商业化改革
1995 年	中国首家中外合资投资银行——中国国际金融有限公司(简称"中金")于 1995 年成立。它是由国内外著名金融机构和公司基于战略合作关系共同投资组建的中国第一家中外合资投资银行
1996 年	中国第一家主要由非公有制企业入股的全国性股份制商业银行——中国民生银行成立
1996 年	第一家在中国经营财产险业务的外国公司瑞士丰泰在上海开业;同年,中国首家中外合资人寿保险公司——中宏人寿成立
1997 年	中国人民银行根据《上海浦东外资金融机构经营人民币业务试点暂行管理办法》的有关规定,首次批准了 9 家外资银行在浦东试办人民币业务
1997 年	中国光大银行完成股份制改造,成为中国首家由国有控股且有国际金融组织参股的全国性股份制商业银行
1998 年	中国人民银行继续扩大了外资银行试点经营人民币业务的范围,批准了 10 家外资银行在上海浦东、6 家外资银行在深圳试点经营人民币业务
1998 年	中国人民银行对包括外资银行在内的金融机构开放了银行间同业拆借市场,标志着我国资金供求方面的国际化
1999 年 4 月 20 日	我国第一家经营商业银行不良资产的中国信达资产管理公司成立,注册资本为 100 亿元
1999 年	中国人民银行批准农村信用社、证券投资基金和证券公司进入银行同业拆借市场
2000 年	中国人民银行又新批准了 5 家证券公司进入全国银行间同业市场
2000 年	新华人寿成为中国第一家向外资招股的中资保险机构
2001 年 12 月 12 日	2001 年 12 月 12 日,国务院重新修改了 1994 年颁布的《中华人民共和国外资金融机构管理条例》,修改后的《条例》自 2002 年 2 月 1 日起施行,其体现了我国加入世贸组织的承诺,对外资银行的市场准入体现审慎监管的原则,并对外资银行实行国民待遇原则。新《条例》对外资银行的市场准入和业务范围已经十分宽松,逐渐与国际接轨

时间	代表性事件/国际化改革标志性法规颁布
2001 年 12 月	中国证监会允许设立合资券商,可从事承销 A 股、B 股、H 股、政府债券和公司债券以及发起设立基金等业务;允许设立合营公司
2002 年 6 月	中国证监会出台了有关境外证券经营机构和基金管理机构参股于境内中资同类经营机构的管理办法,这标志着这方面的开放开始启动
2003 年	中国银监会调整银行市场准入管理的方式和程序
2003 年	中国第一家民营性质的保险公司——民生人寿保险公司开业
2004 年	中国首家民营性质的商业银行——浙江商业银行开业
2004 年	银监会公布《境外金融机构投资入股中资金融机构管理办法》,规定所有中国境内批准设立和监管的各类中资金融机构都可成为外资入股对象
2005 年	《国务院关于鼓励支持和引导个体私营等非公有制经济发展的若干意见》颁布,允许非公有资本进入金融业,允许非公有资本参股区域性股份制银行和合作性金融机构。这标志着中国金融业对内开放的程度进一步加强
2005 年 6 月	银行间债券市场引入了首家 QFII——泛亚债券指数基金
2006 年 1 月	银监会批准了集友银行、新加坡大华银行等几家外资银行在我国境内经营非外企人民币业务,并批准了多家外资银行在华办事处升格为分行[1]
2006 年 6 月	中国人民银行首次发布《2005 年国际金融市场报告》。该报告指出,当前中国已由资金短缺者变成资金盈余者,金融对外开放应拓宽思路,由以前主要以引进国外机构、资金、技术、管理和服务为主,转向引进和输出并举,增强中国金融市场对外提供服务的能力和吸引力,争取将部分大型中资金融机构培育成国内国际金融市场的主要联结者[2]
2006 年 8 月	建设银行以 97.1 亿港元收购美国银行旗下美国银行(亚洲)股份有限公司 100% 股权
2006 年 12 月	中国银行 9.65 亿美元现金收购新加坡飞机租赁公司 100% 股权
2007 年 9 月	从事外汇资金投资的国有独资公司"中国投资有限责任公司"正式设立

续表

时间	代表性事件/国际化改革标志性法规颁布
2007 年	工商银行收购印度尼西亚哈林姆银行 90% 股权；斥资 5.83 亿美元收购澳门诚兴银行 80% 股权；斥资 56 亿美元收购南非标准银行 20% 的股权，成为其第一大股东；斥资 0.18 亿美元收购香港 IEC Investments Limited 40% 的股权
2007 年 7 月	国开行斥资 22 亿欧元认购了英国巴克莱银行 3.1% 的股份，并参与了对荷兰银行的竞购
2007 年 10 月	民生银行斥资 3.2 亿美元收购美国联合银行控股公司 9.9% 的股权
2007 年 10 月	中信证券斥资 27 亿美元收购欧洲最大的金融综合服务商之一 "富通集团" 4.18% 的股权；并斥资 10 亿美元收购美国贝尔斯登公司 6.6% 的股权
2007 年	中投公司出资 30 亿美元投资黑石集团，并出资 50 亿美元投资于摩根斯坦利的可转债
2007 年	中国平安保险公司斥资 18.1 亿欧元收购比利时富通集团 4.12% 的股权，随后，平安两次增持富通，成为其单一最大股东。此外，平安还收购了富通基金管理公司（Fortis Investment）50% 股权
2007 年 11 月	工商银行在莫斯科设立子银行
2007 年	中国银行在英国设立子行
2007 年	交通银行设立法兰克福分行和澳门分行
2007 年	建设银行在悉尼设立代表处
2007 年	招商银行设立纽约分行
2008 年	招商银行斥资 193 亿港元，收购永隆银行 53.12% 的股权
2008 年	工商银行在悉尼设立分行
2009 年	工商银行先后在马来西亚设立境外子行，在越南河内、阿布扎比设立分行
2009 年	交通银行在英国伦敦设立子行
2009 年 6 ~ 9 月	工商银行对加拿大东亚银行实施股权收购；对泰国 ACL 银行进行股权收购
2009 年 11 月	海通证券香港子公司收购香港大福证券 52.86% 股权
2009 年	建设银行在纽约设立分行，在越南设立胡志明市分行

时间	代表性事件/国际化改革标志性法规颁布
2009 年 8 月	建设银行股权收购美国国际集团下属的美国国际信贷（香港）有限公司（AIGF）
2009 年	农业银行先后在法兰克福、首尔设立代表处
2009 年 7 月	交通银行设立悉尼代表
2009 年 7 月	招商银行设立伦敦代表处
2009 年 10 月	中信银行股权收购中信国际金融控股有限公司

注：[1] 王晖蓉：《我国金融自由化进程中的银行监管》，北京工商大学 2006 年硕士论文，第 32 页。

[2] 引进和输出并举央行鼓励中资金融机构"走出去"，国际金融报，2006 - 6 - 26，http：//finance. people. com. cn/GB/1040/4531876. html。

表 2 - 5 中有关代表性事件的资料部分来源于：易文斐，中国金融自由化改革的增长效应 ［D］. 上海：复旦大学，2008。王金龙，金融国际化效应研究 ［D］. 北京：中共中央党校，2000。中国人民银行发布的《2009 年国际金融市场报告》和中资金融机构谋布局全球，海外并购风生水起 . www. stnn. cc. 2007 - 12 - 27。

（3）金融业务国际化[①]

1993 年 12 月 25 日国务院公布了《国务院关于金融体制改革的决定》。该《决定》规定，现阶段银行业、证券业、保险业和信托业实行分业经营。至此以来，中国实行的一直都是严格的分业经营制度，这与国际主流的综合化经营模式相悖。直至 1998 年一种新型金融服务业务"银证通"的诞生，银行业与证券业之间的业务开始出现相互渗透的趋势。之后，于 2004 年"银保通"业务的出现，又从实质上实现了银行业与保险业业务经营的融合。此外，以建立金融控股公司形式，间接实现一个集团内的混业经营，也成为分业经营制度框架下银、证、保、信托与租赁等各类金融服务业务互相渗透、融合，实现金融业务自由化的另一种方式。与此同时，自 1992 年起陆续创新的金融工具（如企业内部职工股、法人股企业和地方政府的非正式集资、共同基金、受益债券、认股权证、可转换债券等[②]）也为中国金融业务走向国际化、与国际水平接轨，从最基本的可操作对象层面奠定了基础。总体而言，中国在金融业务经营与创新方面，正处于逐渐实现自由化为国际化奠定前提条件的阶段，业务经营的范围与限制在逐步的放开过程中。相比于其他维度的国际化，目前我国金融业务的国际化程度还相对较低（详见表 2 - 6）。

---

① 中国金融业务国际化进程中发生具有一定代表性的事件详见表 2 - 6。

② 王晖蓉：《我国金融自由化进程中的银行监管》，北京工商大学 2006 年硕士论文，第 34 页。

表 2 – 6　　　　　**中国金融业务国际化进程中的代表性事件**

时间	代表性事件/国际化改革标志性法规颁布
1981 年	上海市开始试行商业票据承兑、贴现业务
1981 年	中国开始发行国债
1984 年	"拨改贷"将国家无偿调拨的资金变成企业必须支付利息的有偿贷款
1986 年	对固定资金贷款之外的贷款，不再用指令性计划控制，而改行指导性计划
1988 年	银行票据承兑与贴现业务基本停止
1992 年 3 月 2 日	股票认购证进行首次摇号仪式
1992 年 12 月	上海证券交易所推出了我国第一个金融衍生产品——国债期货
1993 年	1993 年发行了第二批认购证，这次投资者几乎全赔，从此股票认购证被叫停
1993 年 3 月 10 日	海南证券交易报价中心推出深圳综合指数的期货交易
1993 年 9 月	由于深圳综合指数期货交易的市场规模太小，易受到大户操纵，于 1993 年 9 月被叫停
1993 年 10 月 25 日	上海证券交易所向社会公众开放国债期货交易
1993 年 12 月 25 日	《国务院关于金融体制改革的决定》明确规定，在我国现阶段"保险业、证券业、信托业和银行业实行分业经营"
1995 年 5 月 17 日	1995 年 2 月 23 日，上海国债市场发生"327 风波"。"327 国债"事件之后，国债期货市场仍动荡不安。1995 年 5 月 17 日，中国证监会发出《关于暂停国债期货交易试点的紧急通知》，协议平仓
1995 年 7 月 1 日	《中华人民共和国商业银行法》正式实施，明确规定商业银行在中国境内不得从事信托投资和证券经营业务，这为我国金融分业体制奠定了法律基础
1995 年 7 月 1 日	《中华人民共和国商业银行法》将商业银行业务拓宽为 12 大类
1997 年 1 月 4 日	四大商业银行与信投公司脱钩基本完成，所属 186 家信托投资公司已撤销 148 家，转让股份的有 33 家，上千亿元资产完整移交
1997 年 4 月 10 日	发行可转换公司债券试点拉开序幕
1997 年	1997 年 1 月中国人民银行发布了《远期结售汇业务暂行管理办法》，并于同年 4 月 1 日授权有着外贸背景的中国银行独家办理贸易项目的人民币远期结售汇业务

时间	代表性事件/国际化改革标志性法规颁布
1998 年 3 月	金泰、开元、兴华、裕阳、安信等五大证券投资基金和南化转债、丝绸转债两个可转换债券相继登场,成为证券市场金融衍生工具扩大的一种标志
1998 年	中国人民银行取消信贷规模控制,商业银行的业务由规模控制向资产负债比例管理过渡,这使得商业银行的业务自主性大为增强,这一改革是商业银行业务自由化的一个重要方面
1998 年	一种新型金融服务业务"银证通"业务开始启动,它实现了银行与券商的联网。至此,投资者可以直接利用在银行各网点开立的活期储蓄存款账户卡或存折作为证券保证金账户,通过诸如电话银行、手机银行、网上银行、银行柜台系统等银行的委托系统,或通过电话委托、自助键盘委托、网上委托等券商的委托系统进行证券买卖
1999 年	中国人民银行出台了允许农村信用社、基金公司、证券公司入市的政策,进一步推动了非银行金融机构业务的自由化。
2002 年 8 月	自 1997 年 4 月 1 日授权中国银行办理贸易项目的人民币远期结售汇业务以来,其他银行都不得办理此项业务。直到 2002 年 8 月,中国人民银行开始陆续对除中行之外的其他三家国有商业银行(即工、农、建)放开此项业务。商业银行利用这种政策松动,开始涉足金融衍生工具市场,相继推出了结构性存款等大量非银行金融产品及其衍生产品,并运用金融衍生产品组合,为企业进行委托资产管理
2002 年	中国银行正式推出开放式基金代销业务
2004 年 1 月 31 日	国务院发布九条意见,明确要求稳步发展期货市场,特别鼓励研究开发与股票和债券相关的新品种及其衍生产品
2004 年 2 月 4 日	中国银监会正式颁布《金融机构衍生产品交易管理暂行办法》,为金融机构从事衍生产品交易制定了专门的办法
2004 年	工商银行率先和太平人寿联合推出"银保通"业务
2005 年 6 月 15 日	经过长期充分的论证,中国人民银行于 2005 年 6 月 15 日在银行间债券市场推出债券远期交易,并积极推动利率互换等金融衍生产品的研究开发
2005 年 8 月 15 日	中国外汇交易中心推出远期外汇交易以配合人民币汇率制度的改革
2005 年 8 月	宝钢权证产品在上海证券交易所挂牌交易

时间	代表性事件/国际化改革标志性法规颁布
2006 年 4 月	2006 年 4 月初，证监会下发通知，叫停了已经实施了 8 年之久的银证通业务，并开始全面推进"第三方存管"业务
2010 年 4 月 16 日	筹备多年的股指期货合约正式上市交易

注：表 2–6 中有关代表性事件的资料部分来源于：冯福来，高燕，对我国发展金融衍生工具市场的研究 ［J］，海南金融，2006，（4）。新华网（www.eastmoney.com）2010 年 5 月 28 日发布的《证券市场 20 年大事记》。

（4）金融市场国际化

"入世"以来，中国渐进式地提高了国内金融市场融入国际金融市场的程度。特别是，自 2006 年履行全面开放金融业的承诺以来，中国金融市场与世界主要金融市场的相互融合度得以显著提升。这主要表现在"制度"、"量"和"价"三个方面：一是在金融市场管理制度方面，一系列限制性的管制条例得以逐步解除。例如，证券交易印花税降低；开放 B 股、H 股市场；QFII、QDII 的相继执行等。二是各子金融市场交易规模在全球同类市场的占比逐步提高。比如，目前，中国铜、铝、锌期货的成交量已位居世界第二位、黄金期货成交量位居第四位；国内债券市场余额占全球国内债券市场余额的 3.72%，居世界第六位；股市规模的全球占比近年来也有所提高[①]。三是各金融交易资产的价格走势与国际金融市场价格走势的关联度不断上升。比如，近几年来我国国债收益曲线形状变化与国际债券市场比较相似；银行间外币/外币即期市场上的主要外币对（如欧元/美元、美元/日元等）与国际外汇市场交易价格走势基本保持一致；多数期货品种（如铜、铝、锌期货等）与伦敦金属交易所的价格走势基本一致；中国主要股指与全球股市的走势相似度程度也在不断提高[②]。

交易规模全球占比与价格关联度的提高，说明了国内金融市场与国际金融市场融合程度的上升，体现了金融开放政策的良好效果，然而这并不能掩盖中国金融市场国际化进程中仍然存在诸多欠发展的地方：其一，虽然中国的国内债券市场交易规模在全球中的占比位居世界第六位，但却存在很大的结构问题，即我国的国内债券交易品种多以国债、政策性金融债券和央行票据为主，企业债券和商业银行债券的占比较低，这与拥有发达企业债券市场的发达国家之间存在较大差异；其二，中国债券市场以国内债券的交易为主，在全球债券市场上，中国在国际债券余额的全球占比方面却没有一席之地；其三，尽管中国期货市场的铜、

---

① 本段中涉及的有关数据来源于中国人民银行发布的《2009 年国际金融市场报告》第 87～90 页。
② 引自中国人民银行发布的《2009 年国际金融市场报告》第 90～93 页。

铝、锌、黄金品种交易量排名居前，但由于目前参与者仍以国内为主，其国际影响与其世界排名并不相称；其四，中国外汇市场交易规模在全球总额中占比极小。这些方面的问题，从一个侧面可以说明，中国金融市场要达到国际水平，实现真正的国际化尚待时日。以下将中国在推进金融市场国际化的进程中发生的代表性事件归纳于表2-7中。

表2-7　　　　　　中国金融市场国际化进程中的重要事件

时间	代表性事件/国际化改革标志性法规颁布
1991 年	深圳证券交易所成立，中国股市正式形成
1991 年 10 月 31 日	中国南方玻璃股份有限公司与深圳市物业发展股份有限公司向社会公众招股，这是中国股份制企业首次发行 B 股
1992 年 2 月 21 日	第一家 B 股上市公司首次向境外投资者发行股票
1992 年 2 月	中国证监会：开放 B 股市场，允许外国投资者通过 B 股市场投资中国上市公司
1993 年 6 月 29 日	第一家 H 股上市公司青岛啤酒在香港正式招股上市
1994 年	在经过审批的前提下，允许国内企业到境外上市
1996 年 5 月 29 日	道 - 琼斯推出中国股票指数，分别为道 - 琼斯中国指数、上海指数和深圳指数
1996 年 12 月 13 日	沪深两交易所发出通知，决定自 16 日起对在两交易所上市和交易的股票和基金类证券的交易价格实行 10% 的涨跌幅限制
1997 年	受东南亚金融危机影响，国债品种大幅减少，国债发行方式也从招标、拍卖等市场化方式退回到政府分配的轨道
1997 年	1997 年，国务院证券委又批准了 33 家发行境内上市外资企业名单，进一步推动了我国 B 股市场的国际化进程[1]
1999 年 6 月 1 日	国务院宣布降低 B 股印花税
2001 年 2 月	经国务院批准，中国证监会决定境内居民可投资 B 股市场
2002 年	金融机构进入全国银行间债券市场由准入审批制改为准入备案制
2004 年 1 月 31 日	"国九条"《国务院关于推进资本市场改革开放和稳定发展的若干意见》出台
2005 年 4 月 29 日	上市公司股权分置改革启动，2005 年 6 月 6 日证监会推出《上市公司回购社会公众股份管理办法（试行）》

续表

时间	代表性事件/国际化改革标志性法规颁布
2007 年 1 月 10 日	国务院同意内地金融机构经批准可在香港发行人民币债券。自 2007 年 6 月起，国家开发银行、中国进出口银行和中国银行先后在香港发行了总额为 100 亿元的人民币债券。这是内地金融机构在境外市场发行人民币债券的有益尝试①
2007 年 5 月 30 日	财政部上调印花税税率，由千分之一调整为千分之三
2008 年 4 月 24 日	财政部下调印花税税率，由千分之三下调至千分之一
2008 年 9 月 19 日	印花税改为单边征收
2008 年 10 月 5 日	中国证监会宣布，将正式启动证券公司融资融券业务试点工作，按照"试点先行、逐步推开"原则进行
2009 年 9 月	中央政府在港发行 60 亿元人民币国债
2009 年 10 月 30 日	创业板正式揭开了帷幕，28 只创业板股票齐发
2010 年 3 月 31 日	融资融券正式启动，这让我国 A 股市场终结了单边做多机制，是中国证券市场发展的重要里程碑

注:¹ 截至 1996 年底，沪深证券交易所上市 B 股已达 86 只，筹集外资约 30 亿美元（王金龙，2000）。

表 2－7 中有关代表性事件的资料部分来源于：沈悦，赵建军，中国金融自由化改革进程判断：1994－2006 [J]. 西安交通大学学报（社会科学版），2008，（2）：1－6，13。易文斐，中国金融自由化改革的增长效应 [D]. 上海：复旦大学，2008 和新华网（www. eastmoney. com）2010 年 5 月 28 日发布的《证券市场 20 年大事记》。

（5）金融监管国际化

随着金融全球化进程的推进，区域性和全球性金融危机开始频繁爆发，这使得国际金融监管呈现出金融监管国际化的新特点：其一，监管重点的转变。国际金融监管关注的焦点由之前的市场准入和业务经营合规性监管，转变成了对金融风险的有效、持续性监管和危机的预警。其二，监管原则的国际化。随着各国金融监管重点的趋同化，监管原则也呈现出国际化趋势。世界各国普遍接受了由巴塞尔银行监管委员会制定的"有效银行监管核心原则"，将其作为国际金融监管的一般性原则。其三，监管理念转"本国视角"为"全球视野"。各国逐渐意识到在经济、金融全球化的今天，一国金融市场无法孤立起来，若监管仍仅局限于国内，将无法对本国涉及的国际金融活动进行有效监管。在此背景下，各国金融

① 巴曙松、吴博：《人民币国际化进程中的金融监管》，载于《中国金融》2008 年第 10 期，第 40～41 页。

中国金融国际化中的风险防范与金融安全研究

监管当局开始转变传统的监管理念，逐步树立了"立足本国，放眼全球"的开放式金融监管理念。其四，金融监管国际协作趋势明显。跨国金融机构的发展壮大、一国金融机构的跨国经营与并购、区域性和全球性金融危机的爆发、国际金融危机救助等众多因素，客观上要求各国金融监管当局加强国别之间的监管协作，以联手监管跨境金融交易。目前，金融监管的国际合作主要体现在双边合作、局部区域合作和全球性合作多个层次上①。其五，监管技术的国际化。目前发达资本主义国家（主要是美国）较为先进的技术和手段成为其他各国纷纷跟从的目标，提高金融监管机构的独立性、重视风险防范和内部控制、有效监管和持续监管、现场监管和非现场监管相结合等逐步成为国际金融监管的潮流②。

改革开放以来，中国从监管机构设立、监管制度建设等方面为实现金融监管国际化目标做出了有益尝试：一是金融监管分工细化，提高监管效率。自 1983 年中国人民银行正式执行中央银行职能开始，证监会、保监会和银监会先后于 1992 年、1998 年、2003 年，形成了较为完善的机构型监管框架体系。二是参照金融监管国际惯例和国家规则制定监管制度。例如，中国逐步接纳了巴塞尔委员会对银行业审慎监管、有效监管、持续监管等原则，强化了对包含资产质量、资本充足性、资产流动性和盈利能力等因素考量在内的银行机构风险管理制度。此外，为顺应"入世"后外资金融机构的大量入驻，中国还相继出台了一系列关于外资银行、外资保险公司等各类外资金融机构的行政法规和部门规章。三是修订与金融监管国际惯例、规则相悖的法律法规。比如，在修订《商业银行法》时，将与 WTO 协议"禁止在银行业准入中采用经济测试标准"相悖的原第 12 条"审查商业银行设立申请时，应当考虑经济发展的需要"删除，并在原第 43 条后增加了"但国家另有规定的除外"，为综合经营留下了发展空间③。四是逐步加强了金融监管的国际协作。目前，银监会已经与 20 多个国家和地区的金融监管当局，签订了监管合作备忘录，建立了双边监管合作机制④。

总体来说，自"入世"以来，面对着金融自由化、国际化进程的提速，中国金融监管也加快了向国际化监管趋势靠拢的步伐，建立与国际接轨的金融监管法律法规体系的改革随之加速（详见表 2 - 8）。然而，金融监管国际化的程度仍

---

① 卫娟：《中国金融监管国际化的构想》，载于《济南金融》2003 年第 7 期，第 14 ~ 15 页。

② 当代金融监管国际化的新特点及对我国的启示 http：//blog. sina. com. cn/s/blog_5b1adcee0100akv7. html，2008 年 9 月 22 日。

③ 王宝杰：《国际化视野下的中国金融监管法律体系及其完善》，载于《理论前沿》2009 年第 4 期，第 20 ~ 22 页。

④ 孟艳：《扩大金融开放与金融监管的国际化》，载于《理论前沿》2008 年第 4 期，第 18 ~ 20 页。

然较低，与金融机构、市场的国际化程度不相匹配。王宝杰（2009）① 指出，对照金融监管国际化的标准来看，我国的金融监管仍存在不足，主要问题有：第一，金融法律法规中对信息披露只有一些欠缺操作性的零星规定，对其重视程度远远不够；第二，长期以来，我国金融监管实践中存在着努力确保金融机构不破产的错误倾向，从而忽视了对金融机构退出机制的建设，严重缺乏机构退出规范；第三，现有分业监管体制与国际主流的统一监管模式相悖，难以应对金融业务综合化经营的国际潮流；第四，在监管信息的国际交流、联手打击跨境金融犯罪等诸多方面的监管合作力度尚显不足。孟艳（2008）② 指出，在我国在推进外资金融机构"引进来"、中资金融机构"走出去"的扩大金融开放的战略中，金融监管在很多细节上存在很大的漏洞，很多问题亟待解决。譬如，在分业监管体系下，如何对外资银行的综合经营实行并表监管；在欠缺存款保险制度的情况下，外资金融机构破产后的市场退出问题如何解决；如何监管中资金融机构海外分支机构高管层的道德风险；在我国与海外分支机构所在国家的监管标准发生冲突时如何解决等问题。

表 2 - 8　　　　中国金融监管国际化进程中的代表性事件

时间	代表性事件/国际化改革标志性法规颁布
1983 年	中国人民银行开始专门行使中央银行职能
1983 年	中国人民银行发布《关于侨资外资金融机构在中国设立常驻代表机构的管理办法》
1990 年 4 月 13 日	中国人民银行发布《境外金融机构管理办法》
1991 年 6 月	中国人民银行发布了《关于外资金融机构在中国设立常驻代表机构的管理办法》，取代 1983 年的《管理办法》
1992 年 10 月	中国证监会成立，其依照法律、法规对全国证券、期货业进行集中统一监管，维护证券市场秩序，保障其合法运行。这标志着中国证券市场初步纳入法制化轨道
1993 年	按照国务院《关于金融体制改革的决定》，中国人民银行进一步强化金融调控、金融监管和金融服务职责
1994 年 2 月 25 日	国务院发布施行《外资金融机构管理条例》
1995 年 5 月	中国人民银行发布《中外合资投资银行类机构管理暂行办法》
1995 年 3 月 18 日	经全国人民代表大会第三次会议通过，《中国人民银行法》颁布实施。至此央行职能得以实质性的确立

---

① 王宝杰：《国际化视野下的中国金融监管法律体系及其完善》，载于《理论前沿》2009 年第 4 期，第 20 ~ 22 页。
② 孟艳：《扩大金融开放与金融监管的国际化》，载于《理论前沿》2008 年第 4 期，第 18 ~ 20 页。

时间	代表性事件/国际化改革标志性法规颁布
1995 年 7 月 11 日	中国证监会正式加入证监会国际组织
1996 年	中国人民银行公布《外资金融机构管理条例实施细则》
1996 年	中国人民银行颁布《贷款通则》并开始实施。《通则》规定，银行机构应根据借款人的人员素质、经济实力、资金情况、履约记录、经营效益和发展前景等多项因素来评定借款人的信用等级
1998 年	国家外汇管理局发布《离岸银行业务管理办法》和《离岸银行业务管理办法实施细则》。《办法》和《细则》分别于 1998 年 1 月 1 日、1998 年 5 月 13 日施行
1998 年 12 月 29 日	《证券法》颁布，标志着中国证券市场的发展正式走上法制化、规范化的道路（该法于 1999 年 7 月 1 日起正式实施，它是我国证券市场健康发展的强有力的保障）
1998 年 11 月 18 日	中国保监会成立，对保险业的监管职能从人民银行职能中剥离
2001 年	证监会出台的核准制正式实施
2001 年 12 月	国务院重新修订并公布《外资金融机构管理条例》，中国人民银行对《外资金融机构管理条例实施细则》进行修订
2002 年 1 月 1 日	中国保险中介机构监管日渐完善。《保险代理公司管理规定》、《保险经纪公司管理规定》、《保险公估公司管理规定》正式实行，这标志着中国保监会对保险中介机构的监管日趋完善
2002 年 2 月 1 日	《外资保险公司管理条例》正式实施，取代了 1992 年颁布的《上海外资保险机构暂行管理办法》
2002 年	《证券公司管理办法》和《上市公司治理准则》正式实施
2003 年 4 月 28 日	中国银监会成立，对银行业的监管职能从人民银行职能中剥离
2003 年 12 月 9 日	银监会颁布《境外金融机构投资入股中资金融机构管理办法》，该办法自 2003 年 12 月 31 日起施行。至此，境外机构参股中资进入实质性操作阶段
2003 年 12 月 27 日	2003 年 12 月 27 日，第十届全国人民代表大会常务委员会第六次会议通过《中华人民共和国银行业监督管理法》、《关于修改〈中华人民共和国中国人民银行法〉的决定》和《关于修改〈中华人民共和国商业银行法〉的决定》。新颁布的《银行业监督管理法》和修改后的《中国人民银行法》、《商业银行法》于 2004 年 2 月 1 日正式施行
2004 年 8 月	银监会将再次修订的《外资金融机构管理条例实施细则》予以公布

续表

时间	代表性事件/国际化改革标志性法规颁布
2004 年 8 月 28 日	中国人民银行发布实施《商业银行境外机构监管指引》。《指引》对商业银行、商业银行境外机构的监管以及与国外监管当局的信息交流与合作等方面提出明确要求和规定。其进一步加强对商业银行境外机构的监管，为促进商业银行境外机构审慎经营、健康发展奠定了制度基础
2004 年	银监会发布了《商业银行资本充足率管理办法》，向巴塞尔资本协议的要求靠拢
2004 年 6 月 1 日	《证券投资基金法》实施，这标志着中国的证券投资基金业走上了法制化发展道路
2004 年 6 月 15 日	保监会正式发布了新修订的《保险公司管理规定》。新《规定》将于 2004 年 6 月 15 日起施行，保监会 2000 年 1 月 3 日发布的《保险公司管理规定》同时废止
2006 年 1 月 1 日	银监会开始试行《商业银行风险监管核心指标》，赋予资本充足率和核心资本充足率极高的重视度
2006 年 11 月	银监会正式发布《外资银行管理条例》和《外资银行管理条例实施细则》[1]，于 2006 年 12 月 11 日起施行
2007 年 6 月 20 日	中国证监会发布《合格境内机构投资者境外证券投资管理试行办法》和相关通知
2009 年	中国银监会发布《关于对实施新资本协议相关指引征求意见的公告》，并根据巴塞尔委员会的最新要求，结合中国国情，对《商业银行资本充足率监督检查指引》等 7 个监管文件进行了相应修订，这标志着监管当局对推进新资本协议在我国实施的不懈努力

注：[1] 为《外资银行管理条例实施细则》全面体现了履行"入世"承诺，取消非审慎性规定，对外资银行实行国民待遇的原则；明确了外资银行设立机构、开展业务包括从事人民币业务的条件、申请程序和审批时限；明确了外资银行初次经营人民币业务仍须满足"开业三年、连续两年盈利"的条件。

表 2 - 8 中有关代表性事件的资料部分来源于：易文斐，中国金融自由化改革的增长效应[D]. 上海：复旦大学，2008. 王宝杰，国际化视野下的中国金融监管法律体系及其完善[J]. 理论前沿，2009，（4）：20 - 22。

（6）货币国际化

任一主权货币要成为国际普遍接受的计价、支付与结算及储备货币，发挥国际货币的职能，必须符合一定的条件。最基本的条件就是货币可自由兑换和流通、利率自由化、汇率制度弹性化。若以这三个基本条件来看人民币国际化的进程，我们可将 1993 年国务院明确利率市场化改革思路作为人民币国际化的起点。至此以来，人民币国际化不断被推进：从 1994 年人民币汇率制度改革并实现经常项目下人民币的有条件兑换，到 1996 年实现经常项目下人民币完全可自由兑换，再到资本项目下的有条件兑换，直到现如今人民币成为东南亚地区的贸易结算中充当区域性货币，人民币的国际化程度正日益提升。目前衡量人民币国际化程度的通用标准主要有三个[①]：一是人民币现金在境外享有一定的流通度；二是国际贸易中以人民币结算的交易要达到一定的比重；三是以人民币计价的金融产品成为国际各主要金融机构、包括中央银行的投资工具，以人民币计价的金融市场规模不断扩大。从这三个衡量标准来看，目前，人民币已较好地实现了第一、二个标准，但第三个标准的实现程度还很低：

第一，随着"入世"以来中国与其他国家和地区的经济贸易往来日益频繁，人民币的境外可接受程度逐渐提升。这体现在两个方面：一是人民币境外流通数量增长较快。一方面，大陆与港澳地区之间人民币现金的双向流动量迅速增长；另一方面，人民币通过有形贸易和包括劳务输出、旅游等在内的无形贸易渠道，越来越多地流向印度、泰国、马来西亚、越南、新加坡等东南亚国家，从而使得其在周边国家和地区形成了一定规模流量和存量。2003 年人民币在我国周边国家（地区）流通总量（余额）至少有 1 510 亿元[②]。二是人民币现已成为周边国家和地区的区域货币，且区域化范围日益扩大。目前，在东南亚地区，人民币已经成了仅次于美元、欧元、日元的硬通货；在西南边境地区，人民币已有"小美元"之誉[③]。随着中国与世界其他国家经济往来的纵深发展，对中国贸易依存度较高的国家和地区数量日益增多，这些国家和地区对人民币作为储备货币的需求随之增加，人民币区域化的范围也得以进一步拓宽。

第二，人民币国际化的贸易进程进展顺利。这主要体现在三个方面：其一，在国际贸易中人民币作为支付与结算货币的比重日益提高。人民币经过近年来国际化进程的逐步推进，也已成为印度尼西亚、马来西亚、越南、巴基斯坦等周边地区和国家贸易结算中的主要货币。2004 年，在中越、中蒙、中朝、中俄边境贸易中，以人民币进行结算的贸易比重分别约 81%、90%、45% 和 15%[④]。目

---

① 《人民币国际化进程加快》，载于《澳门日报》2010 年 3 月 12 日。

② 徐洪水：《人民币国际化的理论分析及战略思考》，载于《国际经贸探索》2004 年第 5 期，第 35~38 页。

③ 葛兆强：《以"三步走"战略推动人民币国际化进程》，载于《上海证券报》2009 年 7 月 17 日。

④ 何慧刚：《人民币国际化：模式选择与路径安排》，载于《财经科学》2007 年第 2 期，第 37~42 页。

前，东盟贸易中以人民币结算的比例已占到了半壁江山。其二，边境贸易人民币结算量近年来剧增。2008 年，我国与周边国家和地区的结算量已达到了 230 亿元，基本上实现了准周边化[①]。截至目前，中国人民银行已与越南、蒙古国、老挝、尼泊尔、俄罗斯、吉尔吉斯、朝鲜和哈萨克斯坦这 8 个国家的中央银行签署了双边贸易本币结算的合作协议。此协议明确了双方商业银行可以相互开立代理账户实行本币结算，这便初步形成了一个有数千亿元人民币规模的贸易结算量[②]。其三，中国境内的跨境贸易人民币结算试点工作推进顺利。2008 年 12 月，国务院决定自 2009 年 7 月 6 日起，对广东和长三角地区与港澳地区、广西和云南与东盟的货物贸易进行人民币结算试点，并选择上海、广州、深圳、珠海、东莞作为首批试点。启动跨境贸易人民币结算试点工作，标志着人民币结算由之前局限于边境贸易，开始向一般性国际贸易领域拓展，这成为人民币国际化进程中至关重要的一步。截至 2009 年末，在试点以来短短半年的时间之内，试点城市银行累计为企业办理跨境贸易人民币结算业务 409 笔，金额为 35.8 亿元[③]。而到 2010 年 2 月底，人民币跨境贸易结算金额累计已达到 126 亿元[④]，增长十分迅猛。随着国内外市场参与者对人民币作为贸易结算货币的需求日益增加，国务院逐步拓宽了试点范围——于 2009 年 3 月确认香港为试点城市，又于 2010 年 6 月将跨境贸易人民币结算试点范围由之前的 5 个城市扩大到 20 个省、自治区和直辖市。

第三，人民币国际化的金融进程进展相对缓慢。这主要体现在两个方面：一是人民币计价的国际债券等金融资产发行量很小。长期以来，以人民币计价的国际债券发行量很小，中国在全球债券市场国际债券余额中的占比为零。直至 2007 年，离岸人民币债券市场在香港设立，至此人民币国际债券发行量才得以较大规模地突破——自 2007 年 6 月起，国开行、进出口银行、中行、建行、交行在香港发行以人民币计价的金融债券，总额超过了 200 亿元[⑤]人民币；2009 年 9 月，中国又在港发行 60 亿人民币国债[⑥]。二是人民币以及以人民币计价的金融资产占国际金融市场投资对象的比重很低。例如，在国际贷款市场和国际债券市场上使用人民币计价的交易数量微乎其微，人民币在这两个核心部分的国际化指数近乎为零[⑦]。

---

①②⑤　葛兆强：《以"三步走"战略推动人民币国际化进程》，载于《上海证券报》2009 年 7 月 17 日。

③　引自中国人民银行发布的《2009 年国际金融市场报告》第 100 页。

④　田丽：人民币跨境结算将稳步开放，http：//finance. people. com. cn/GB/11461980. html，2010 年 04 月 27 日。

⑥　张小彩：人民币国际化悬念重重，http：//www. zgjrw. com/News/2010823/home/287236566101. shtml，2010 年 8 月 23 日。

⑦　史晨昱：《资本项目渐进开放加速人民币国际化进程》，载于《上海证券报》2010 年 8 月 13 日。

　　总体来看，中国政府从一开始就以十分谨慎的态度对待人民币国际化，因此在这个维度上的金融国际化进程推进得一直比较缓慢。然而，美国次贷危机引爆全球性金融危机之后，人民币国际化进程显著提速。除了前面提及的试点跨境贸易人民币结算和在港发行人民币债券之外，自 2008 年 12 月以来，中国人民银行已先后与韩国、中国香港金管局、马来西亚、白俄罗斯、印度尼西亚、阿根廷、冰岛与新加坡签署了 8 份总额达 8 035 亿元人民币、期限达 3 年的双边货币互换协议。这一系列互换协议的签署源于金融危机中美元大幅贬值，导致外汇储备结构中美元占比大的国家和地区遭受储备资产缩水的严重损失。这使得这些国家和地区产生了减持美元，而以一种币值较为稳定的货币进行国际支付与结算的需求。相对坚挺的人民币成为中国周边国家和地区的首选。在全球金融危机的情势下，货币互换协议的签署在推动中国与这些国家和地区双边贸易及 FDI 的发展，促进经济增长的同时，也开启了人民币国际化的破冰之旅。但就现阶段而言，人民币国际化进程尚处于初级阶段，要想成为国际货币，还有相当长的路需要走。目前存在的问题主要有三个：一是尽管近年来人民币的境外流通量明显加大，但就其占境内货币供应量的比重仍然较低；二是人民币国际化进程"重贸易、轻金融"。人民币国际化的金融进程远滞后于贸易进程，这使得以人民币进行贸易结算的数额远远高于以人民币计价的金融交易额；三是虽然人民币国际化的贸易进程进展相对迅速，但仅限于周边的国家和地区，非周边的其他经济体使用人民币进行贸易结算的比例很低。

　　以下将人民币实现国际化所需具备的前提条件——利率市场化、汇率市场化以及人民币扩大流通、结算范围等几个方面入手，梳理中国在推进货币国际化进程中发生的具有较强代表性的事件（详见表 2 - 9、表 2 - 10、表 2 - 11）。

表 2 - 9　　　　　　　中国利率市场化进程中的代表性事件

时间	代表性事件/市场化改革标志性法规颁布
1986 年	国务院规定专业银行资金可以相互拆借，资金拆借期限和利率由借贷双方协商议定
1987 年	中国人民银行规定商业银行可以以国家规定的流动资金贷款利率为基准上浮贷款利率，浮动幅度最高不超过 20%
1990 年	出台《同业拆借管理试行办法》，首次系统地制定了同业拆借市场运行规则，并确定了拆借利率实行上限管理的原则
1991 年	银行间同业拆借利率正式放开
1993 年	《关于建立社会主义市场经济体制改革若干问题的决定》和《国务院关于金融体制改革的决定》最先明确利率市场化改革的基本思路

93

续表

时间	代表性事件/市场化改革标志性法规颁布
1996 年 6 月 1 日	放开银行间同业拆借市场利率,实现由拆借双方根据市场资金供求自主确定拆借利率
1996 年	财政部通过证券交易所市场平台实现了国债的市场化发行
1996 年	贷款利率的上浮幅度由 20% 缩小为 10%,浮动范围仅限于流动资金贷款
1997 年 6 月	银行间债券市场正式启动,同时放开了债券市场债券回购和债券交易利率
1998 年 3 月	改革再贴现利率及贴现利率的生成机制,放开了贴现和转贴现利率
1998 年 9 月	放开了政策性银行金融债券市场化发行利率
1998 年	将金融机构对小企业贷款的利率浮动幅度由 10% 增加到 20%,农村信用社的贷款利率最高上浮幅度由 40% 扩大到 50%,并将所有中型企业和小企业贷款利率同等对待
1998 年	允许县以下金融机构贷款利率最高上浮 30%,将对小企业贷款利率的最高可上浮 30% 的规定扩大到所有中型企业
1999 年 9 月	成功实现国债在银行间债券市场以利率招标发行
1999 年 10 月	对保险公司大额定期存款实行协议利率,对保险公司 3 000 万美元以上,5 年以上大额定期存款,实现保险公司与商业银行双方协商利率的办法
1999 年	县以下金融机构、中小企业、大型企业贷款利率浮动幅度再次扩大
1999 年	放开了外资银行人民币贷款利率
2000 年 9 月 21 日	实行外汇利率管理体制改革,放开了外币贷款利率;3 000 万美元以下的大额外币存款利率由金融机构与客户协商确定
2002 年	扩大农村信用社利率改革试点范围,进一步扩大农信社利率浮动幅度;统一中外资外币利率管理政策;同时,简化贷款利率种类,取消了大部分优惠贷款利率;完善了个人住房贷款利率体系
2002 年 3 月	将境内外资金融机构对中国居民的小额外币存款,纳入中国人民银行现行小额外币存款利率管理范围,实现中外资金融机构在外币利率政策上的公平待遇
2002 年 9 月	放开了外币贷款利率,对于 100 万美元以上的大额外币存款利率由金融机构与客户进行协商确定

续表

时间	代表性事件/市场化改革标志性法规颁布
2003 年	放开金融机构外币小额存款利率下限
2003 年	扩大金融机构贷款利率浮动区间
2004 年 10 月 29 日	利率改革迈出了最关键的一步：进一步放宽了人民币贷款利率浮动区间——金融机构（不含城乡信用社）的贷款利率原则上不再设定上限，贷款利率下限仍为贷款基准利率的 0.9 倍；允许人民币存款利率下浮。至此利率管理已经放松到"存款利率只管住上限，贷款利率只管住下限"的阶段
2004 年	中国人民银行在调整境内小额外币存款利率的同时，决定放开 1 年期以上小额外币存款利率，商业银行拥有了更大的外币利率决定权

注：表 2 - 9 中有关代表性事件的资料部分来源于：易文斐. 中国金融自由化改革的增长效应［D］. 上海：复旦大学，2008。

表 2 - 10 　　　　　　中国汇率市场化进程中的代表性事件

时间	代表性事件/市场化改革标志性法规颁布
1979 年	形成外汇管理体制及汇率形成机制
1986 年	外汇体制由钉住"一揽子"货币变为有管理的浮动制
1988 年	外汇调剂中心公开市场业务形成外汇调剂市场汇率，与官方汇率并存
1994 年 1 月 1 日	外汇管理体制进行重大改革：并轨官方汇率和外汇调剂市场汇率，实现了人民币汇率的统一；实行以市场供求为基础的、单一的、有管理的浮动汇率；取消外汇留成制度，实行外汇收入结售汇制度；建立银行间外汇市场，改进汇率形成机制
1996 年	大幅度放宽了中国居民因私购买外汇的限制，并将外商投资企业全部纳入银行结售汇体系
2005 年 7 月 21 日	人民币汇率制度再次进行重大改革：人民币不再钉住单一美元，而开始实行以市场供求为基础、参考"一揽子"货币进行调节、有管理的浮动汇率制度。这标志着人民币汇率形成机制朝着更加市场化的方向又迈进了一大步

続表

时间	代表性事件/市场化改革标志性法规颁布
2008 年 7 月	为应对由次贷危机引发的全球金融危机，我国重新开始钉住美元——2008 年 7 月～2010 年 4 月，人民币对美元名义汇率基本不变，维持在 6.8～6.83 的水平上；此外，也适当收窄了人民币波动幅度——2008 年 7 月～2010 年 4 月人民币名义有效汇率升值 5%，相较于 2005 年 7 月～2008 年 6 月期间升值 9%，人民币升值幅度略有回落
2010 年 6 月 19 日	中国人民银行新闻发言人发表谈话，表明"将进一步推进人民币汇率形成机制改革，增强人民币汇率弹性"

注：表 2 - 10 中有关代表性事件的资料部分来源于：易文斐，中国金融自由化改革的增长效应 [D]，上海：复旦大学，2008。

表 2 - 11   中国人民币国际化进程中的代表性事件

时间	代表性事件/国际化改革标志性法规颁布
2006 年 12 月 1 日	菲律宾货币委员会开始接纳人民币为菲中央银行储备货币。这是外国中央银行首次将人民币列为官方储备货币，意味着人民币作为官方储备币零的突破，人民币向国际化跨出了重要一步[1]
2006 年	中国人民银行与俄罗斯、越南、蒙古国等 8 个周边国家（地区）的中央银行签订了边贸本币结算协定，明确双方商业银行可以相互开立代理账户实行本币结算[2]
2007 年	离岸的人民币债券市场也已在香港设立。自 2007 年 6 月开始，开行、进出口银行、中行、建行、交行等多家内地银行在香港发行人民币债券，总额超过了 200 亿元人民币
2008 年 12 月	国务院常务会议明确表示，将对广东和长江三角洲地区与港澳地区、广西和云南与东盟的货物贸易进行人民币结算试点
2008 年 12 月	中国与韩国签署了 1 800 亿元人民币的双边货币互换协议
2009 年 1～7 月	中国先后与中国香港、马来西亚、白俄罗斯、印度尼西亚、阿根廷、冰岛与新加坡签署了总额达 6 235 亿元人民币的双边货币互换协议
2009 年 3 月	2009 年 3 月，中国人民银行与香港金融管理局签订有关建立内地与香港多种货币支付系统互通安排的谅解备忘录，决定自 2009 年 3 月 16 日起正式运行两地支付互通安排

96

中国金融国际化中的风险防范与金融安全研究

续表

时间	代表性事件/国际化改革标志性法规颁布
2009 年 7 月	在包括上海、广州、深圳、珠海和东莞在内的第一批试点城市，实行跨境贸易人民币试点结算
2009 年 7 月	由中国人民银行、财政部、商务部、海关总署、税务总局、银监会共同制定的《跨境贸易人民币结算试点管理办法》正式颁布实施。该《办法》详细披露了试点地区跨境贸易人民币结算管理规则，对试点地区企业、商业银行开展跨境贸易人民币结算行为进行了规定。为贯彻落实该《办法》，中国人民银行同时发布了《跨境贸易人民币结算试点管理办法实施细则》
2010 年 6 月	人民币跨境贸易结算试点范围扩大：由之前上海和广东的 4 个城市扩大到 20 个省、自治区和直辖市，并不再限制境外地域
2010 年 7 月 19 日	与中银香港签署修订后的《香港银行人民币业务的清算协议》，并与香港金管局就扩大人民币贸易结算安排签订了补充合作备忘录。此举放宽了个人、企业人民币开户、转账方面的限制，随后香港多家银行迅速推出了人民币金融产品[3]
2010 年 8 月 17 日	中国人民银行发布《中国人民银行关于境外人民币清算行等三类机构运用人民币投资银行间债券市场试点有关事宜的通知》（中国人民银行2010 年第 217 号文），宣布有限度开放内地银行间债券市场，即允许三类机构（包括境外央行、港澳人民币清算行和跨境贸易人民币结算境外参加银行）参与中国银行间市场债券交易。这是拓宽人民币回流机制的重要一步。至此，人民币流出、境外离岸流通、回流的循环路径建成[4]。与此同时，这一举措使得持有离岸人民币的投资选择增加，这将有助于鼓励离岸各方利用现有渠道在境外累积人民币，为人民币国际化进程的推动进一步奠定基础
2010 年 8 月 19 日	麦当劳宣布在香港发行人民币债券，成为首家在港发行人民币债券的外企，进一步增加人民币产品的境外知名度。这标志着人民币离岸市场建设在港取得重要进展
2010 年 8 月 19 日	为促进中国与马来西亚之间的双边贸易，便利跨境贸易人民币结算业务的开展。由中国人民银行授权，自 2010 年 8 月 19 日起在银行间外汇市场开办人民币对马来西亚林吉特交易。这是第六个在中国外汇交易中心交易的币种。此举措的开展可以促进人民币在跨境贸易中的使用率，因而是推进人民币国际化进程的一个新举措

续表

时间	代表性事件/国际化改革标志性法规颁布
2010 年 8 月 31 日	中国人民银行副行长胡晓炼表示，中国将继续放宽对人民币跨境使用的限制，在允许"小 QFII"计划后，下一步考虑允许公司使用人民币进行境外投资

注：[1] 为王川：《基于国际金融危机背景下的人民币国际化研究》，浙江大学硕士学位论文 2010 年，第 38 页。

[2] 资料来源：中国人民银行发布的 2006 年《中国支付体系发展报告》。

[3,4] 张小彩：人民币国际化悬念重重，http：//www. zgjrw. com/News/2010823/home/2872365 66101. shtml，2010 - 8 - 23。

表 2 - 11 中有关代表性事件的资料部分来源于：葛兆强，以"三步走"战略推动人民币国际化进程 [N]. 上海证券报，2009 - 7 - 17。史晨昱，资本项目渐进开放加速人民币国际化进程 [J]. 上海证券报，2010 - 08 - 13。王川，基于国际金融危机背景下的人民币国际化研究 [D]. 杭州：浙江大学，2010。

综上所述，自"入世"以来，中国金融国际化的程度总体呈现上升的态势（如图 2 - 2 所示），但 6 个维度下的国际化程度却呈现出非对称的格局（详见表 2 - 12）。其中，以代表性事件发生频度来衡量的金融机构国际化程度，在多数年份均高于其他 5 个维度的国际化程度；在 2006 年中国依约履行全面开放金融业承诺之后，国内金融市场与国际金融市场的融合速度加快，一体化程度得以稳步提升；与此同时，自"入世"以来，金融监管的国际化程度也在逐步提高，但却仍滞后于金融机构、市场国际化的发展进程；在金融业务方面，由于中国的分业经营体制，使得各类金融业务经营仍存在不同程度的限制，同时，金融业务的创新程度也远滞后于国际水平，因此，总体而言中国的金融业务国际化程度相对于金融机构、金融市场的国际化程度更低；就资本运动国际化和货币国际化而言，中国从一开始就持有十分谨慎的态度，因此对于这两个维度下的国际化进程推进得相对缓慢：自实现经常项目项下的人民币可自由兑换滞后，资本运动国际化进程一直处于相对停滞的状态，直至"入世"之后，2002 ~ 2006 年的 5 年间内，推进得稳步且有序；而人民币国际化进程则自美国次贷危机引爆全球性金融危机以来，开始显著提速。目前，人民币在多数周边国家和地区初步实现了充当计价、支付与结算货币，在菲律宾、柬埔寨、韩国等部分国家和地区实现充当储备货币的国际化目标，基本实现了人民币的"周边化"，正迈向"区域化"，开启了人民币走向国际的重要一步。

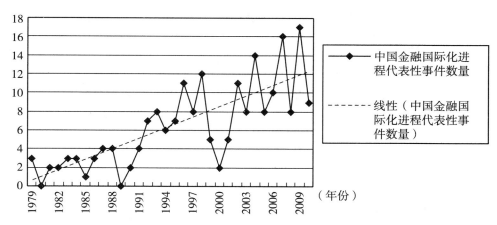

图 2 – 2　中国金融国际化进程中代表性事件年发生数变动趋势

表 2 – 12　　中国金融国际化各维度下代表性事件数量统计列表

维度＼年份	资本运动国际化	金融机构国际化	金融业务国际化	金融市场国际化	金融监管国际化	货币国际化			代表性事件总计
						利率市场化	汇率市场化	人民币国际化	
1979		2					1		3
1980									0
1981			2						2
1982		2							2
1983		1			2				3
1984		2	1						3
1985		1							1
1986			1			1	1		3
1987		3					1		4
1988		2	1						3
1989									0
1990				1					2
1991			2	1		1			4
1992		2	2	2		1			7
1993			5	1		1	1		8
1994	1	2		1		1		1	6
1995		1	3		3				7

续表

维度 \ 年份	资本运动国际化	金融机构国际化	金融业务国际化	金融市场国际化	金融监管国际化	货币国际化			代表性事件总计
						利率市场化	汇率市场化	人民币国际化	
1996	1	2		2	2	3	1		11
1997		2	3	2		1			8
1998		2	3		3	4			12
1999		2	1	1		1			5
2000		2							2
2001		2			2				5
2002	1	1	2	1	3	3			11
2003	1	2			3	2			8
2004	1	2	3	1	5	2			14
2005	1	2	3	1			1		8
2006	1	4	1		2			2	10
2007		12		2	1			1	16
2008		2		3			1	2	8
2009		10		2	1			4	17
2010			1	1			1	6	9

3. 中国金融国际化进程的阶段划分：基于对中国金融国际化程度的初步度量

基于前面运用经济指标法和法规描述指标法对中国金融国际化程度的初步度量，我们将自改革开放以来中国金融国际化的进程大致划分为以下四个阶段：

（1）第一阶段，金融抑制阶段：1979～1991 年

1992 年以前，我国金融体系总体上处在明显的金融压抑状态（吴敬琏，2003）①。主要表现在人民币在经常账户和资本账户项下都不可兑换；利率和信贷规模都处于中国人民银行的严格管制之下；人民币还存在官方和外汇调剂市场双重汇率等方面。

（2）第二阶段，金融运行机制开始逐步走向市场化的阶段：1992～2000 年

在这一阶段，中国处于从各方面入手为加入 WTO 做好全方位准备的状态。

---

① 贾俊雪：《中国经济周期波动特征及原因研究》，中国人民大学博士学位论文 2006 年，第 143 页。

金融领域也不例外，金融体系为此也积极着手调整，使自身的运作机制与模式逐步走向市场化。例如，于 1993 年启动了利率市场化进程；于 1994 年并轨了人民币的双重汇率，建立了以市场供求为基础的、单一的、有管理的浮动汇率制度；中国人民银行于 1998 年对包括外资银行在内的金融机构开放了银行间同业拆借市场。

（3）第三阶段，走向金融全面开放的过渡阶段：2001～2005 年

由于中国"入世"时承诺，到 2006 年年底金融业将实现全面的对外开放，因此在这一前期阶段，金融体系从金融国际化的 6 个维度着手，为 2006 年能真正实现对外开放而做好全面、充分的准备：在资本运动国际化维度上，放宽了对境外投资的限制，允许购汇进行境外投资并且放宽了外商直接投资的限制，在已开放的产业外商投资已基本不受限制；在金融机构国际化维度上，2001 年加入WTO 以后，中国对外资银行等外资金融机构的市场准入和投资于中资金融机构的标准已大为放松，逐步接近了国际惯例的要求。同时，也放宽了国内民营资本入股金融机构的限制，这使得多家民营性质的银行、保险公司相继成立；在金融业务国际化维度上，这一阶段金融业务创新不断——陆续推出了"银保通"、债券远期交易、远期外汇交易、结构性存款、认股权证等金融产品和业务。与此同时，还拓宽了金融机构的业务种类，譬如，2002 年 8 月人行取消了对农、工、建三家银行从事贸易项目下人民币远期结售汇业务的限制；在金融市场国际化维度上，加大了国内资本市场对外开放的力度。例如：自 2001 年起，中国境内居民可投资于 B 股市场；2002 年，QFII 制度正式启动等等开放性政策相继出台；在金融监管国际化维度上，《证券公司管理办法》、《外资保险公司管理条例》、《中华人民共和国银行业监督管理法》、《证券投资基金法》等金融业的法律、行政法规及规范性文件密集性地出台，同时，根据中国金融业的发展现状对之前颁布的诸如《中国人民银行法》、《商业银行法》、《保险公司管理规定》等重要法律法规予以了重新修订；在货币国际化维度上，人民币汇率制度再次朝着更加市场化的方向进行了重大改革，开始不再钉住单一美元并实行了以市场供求为基础、参考"一揽子"货币进行调节、有管理的浮动汇率制。

（4）第四阶段，金融业全面对外开放阶段：2006 年至今

自 2006 年 12 月 11 日中国依照"入世"承诺对外全面开放金融业以来，金融国际化程度显著提升，金融国际化从各个维度上得以进一步推进：其一，在汇率改革与资本账户自由化方面，在人民币汇率形成机制市场化改革进程加速推进且人民币汇率弹性得以明显增强的背景下，人民币在资本账户项下可兑换性得以稳步提高。如 2006 年启动 QDII 制度，允许符合条件的部分金融投资机构，在限额内以人民币购汇的方式投资于境外资本市场。其二，在金融机构国际化方面，除沿海城市之外，外资银行入驻中国内陆城市的步伐也明显加快，外资银行获批

在中国境内经营人民币零售业务；与外资金融机构大举进入中国金融市场的步伐相对应的是，中资金融机构也加快了走出去的速度，开始积极地着手全球布局。包括商业银行、证券公司、保险公司等在内的各类中资金融机构全线出击，通过直接设立境外分支机构和进行海外并购的方式，在亚洲、欧洲、美洲、非洲遍地开花，投资涉及商业银行、投资银行、租赁、私募股权基金等诸多领域。其三，在金融监管方面，银监会紧跟银行业监管的国际标准，依照新巴塞尔协议的最新要求，结合中国国情，对《商业银行资本充足率监督检查指引》等 7 个监管文件进行了相应修订，对推进新巴塞尔协议在中国实施做出了积极的努力。其四，在资本市场发展方面，2008 年下调印花税率并改为单边征收，政府对股市的干预减少；创业板于 2009 年正式启动，中国证券市场结构得以进一步完善和优化；融资融券业务开始试点，股指期货交易也于 2010 年正式推出，股市开始正式引入国际证券市场具有的做空机制。

二、对未来中国金融国际化发展方向的一个展望：基于金融安全的视角

自 20 世纪 80 年代中期南美与东欧国家经济转型与金融危机的出现，金融开放的步骤与秩序成为研究的一个热点问题。大家研究的焦点集中在两大领域：一是金融开放的前提条件。李（Li，2004）认为中国开放需要的前提条件为：较高程度的经济发展及稳定的宏观经济状况、有效的金融改革与监管；建立有效的市场体系、有效的汇率机制、维持国际收支平衡的外汇储备；利率市场化；有效、灵活、正式的货币市场。后续研究更多在一国制度框架内综合考虑资本账户开放问题：强调资本账户开放应在"一揽子"综合改革计划的框架内进行（Johnston，1997，Nsouli，1998）；金融体系的稳定与改革是资本账户开放的中心问题与前提条件（Ishii，Habermeier，2002）。二是金融开放的具体秩序，具体体现经济制度改革与金融开放的关系、资本账户开放与经常账户开放问题。爱德华兹（Edwards，2002）曾进行了很好总结，并指出金融开放的最有秩序："首先处理财政上的重大失衡，达到最低程度的宏观经济稳定，在经常账户开放以后，再进行资本账户开放，同时建立一个有效的现代银行监管框架来进行金融改革，最后在改革过程中需尽早放松劳动市场的管制。"

从既有研究来看，我国学者基本上都认同了上述研究的基本成果，我国实际上也采用了一种谨慎的逐步开放步骤。根据菲沙研究（Fraser Institute）机构的 2009 年《世界经济自由报告》显示，我国的经济自由化得分是 6.41，居第 83 位，其中贸易国际化得分 7.56，居第 39 位。这说明我国采用了先贸易自由化后

金融自由化，先经常项目后资本项目的步骤。从我国现阶段的发展来看，我们急需解决两个方面的对外开放问题：一是我国资本项目的输出问题，次贷危机后，我国资本项目输出类型与规模日益加剧，资本项目输出的手段、风险与安全问题成为未来我们需重点研究的课题；二是人民币国际化的步骤与蕴涵的风险问题，当前我们正在试点人民币成为结算货币的工作，未来人民币国际化过程中引发的冲突与安全问题亟待研究。

第五节 主要结论

　　金融国际化可通过其 6 个维度，以不同的作用途径影响一国金融安全：资本运动国际化可以通过资本流动的制度支撑路径、资本过度流入和资本外逃路径来威胁一国金融安全；金融机构国际化可以通过外资金融机构的进驻导入外源性风险、加剧国内金融业竞争、削弱货币政策有效性以及引进战略投资者影响一国金融经济控制权等路径负向作用于一国金融安全；金融业务国际化可以通过金融创新加剧金融体系脆弱性、新型风险诱发金融安全隐患、混业经营为风险和危机的孕育提供制度环境等路径危及一国金融安全；金融市场国际化可以通过资产价格泡沫的生成与破灭、国企海外上市、过度借债引发外债危机、外部利空消息震荡国内金融市场等多重路径，危害一国金融安全；金融监管国际化可通过监管滞后、与金融国际化进程不匹配，以及各国金融监管制度差异与监管国际协作存在冲突等路径对一国的金融安全产生负面影响；货币国际化则可通过利率和汇率市场化、特里芬难题和国际货币发行国因承担结构调整责任，而易引发贸易冲突和汇率争端等路径，诱发一国金融安全隐患。

　　金融国际化也已成为世界经济发展的趋势，闭关锁国难以获得持续性发展。中国要发展，就必须顺应历史潮流，积极参与金融国际化浪潮，以最小的金融安全成本获得金融国际化的最大收益。从我国现阶段的发展来看，我们急需解决两个方面的对外开放问题：一是我国资本项目的输出问题；二是人民币国际化的步骤与蕴涵的风险问题。

第三章

开放条件下银行系统性
风险生成机制研究

银行系统性风险作为连接微观风险与宏观风险的核心与纽带。本章我们分别从个体银行风险触发、银行系统性风险生成、金融安全网下的银行系统性风险变迁三个层次对封闭与开放条件下系统性风险生成机制进行了考察，并运用Panel Logit 模型对不同开放程度、不同金融发展程度国家的系统性风险生成机制进行实证分析。最后，本章结合我国金融制度的特殊性，从理论与实证两个层次上对我国银行系统性风险的生成、评估及其防范进行了有益的探索。

第一节 引 言

银行体系在金融危机中起着关键作用（托宾，1981），对于那些银行主导型国家而言，银行危机就是狭义的金融危机（Sundamrajan，Balino，1991）。自1980 年以来，130 多个国家经历过严重的银行业困境，这个数量几乎占到了 IMF参与国的 3/4。历次金融危机的进程表明，在经济社会转型与开放并存的时期，单个银行的各类风险相互交织、传染、膨胀，最终可能累积成为银行体系的系统性风险；而系统性风险突变为危机集中爆发，演绎出几百年金融史上一幕幕悲壮场景，给经济社会发展带来了一次次巨大冲击。近年来，经济的高速发展和制度的全面变迁导致金融风险的种类、性质、分布及传导机制频繁变动，而现有风险监管指标更加侧重于银行业的微观风险，致使监管部门很难对系统性风险进行有效的监管。

亚洲金融危机的爆发、LTCM 公司的倒闭、次贷危机的蔓延为我们的研究提供崭新素材的同时，也对我们的研究带来了新的挑战，比如亚洲金融危机爆发之前东南亚各国经济普遍较好，这次危机为何几乎没有被有效预料到？金融自由化、金融开放与银行危机之间的关系是什么？20 世纪 30 年代以前的危机往往被视为"市场失败"的典型，而近代危机又为何被视为"政府失败"的典型？这一系列问题的根本原因在于传统理论很难动态地对金融危机的状态及机制进行分析。为此系统性风险这个新概念被专家们运用于对自由化、全球化带来的金融动荡和危机的新认识（弗朗索瓦·沙奈，2001）[①]。从世界银行的银行危机数据库（2003）我们可以看出，我国银行体系在整个 90 年代一直存在严重的系统性风险，在 1998 年末的高峰时期，占据银行体系资产 68% 的四大国有银行处于实质资不抵债阶段。尽管如此，我国却未爆发出典型意义上的银行危机，这种矛盾被西方人称为"中国的金融系统性风险之谜"。在经济转型与全球一体化的时代背景下，在全球危机的冲击下，各种新政策和新市场规则不仅使原有风险因素对金融系统的威胁显性化和现实化，而且还会出现新的风险，加之国内金融基础脆弱、监管体系不完善，原本已经累计了大量的金融系统性风险，如今银行系统性风险问题显得尤为紧迫。从上述分析我们可以发现，传统金融危机理论对我国银行业的系统性风险问题解释力度不够，为此我们引入"系统性风险"的概念及其分析框架对我国银行业的整体风险状况进行分析。

银行系统性风险的系统研究较迟，既往的文献更多是与银行业流动性危机、银行危机及银行恐慌有关。现阶段银行系统性风险的研究可以粗略划分为理论模型、实证研究和对策研究三个方面。就理论模型而言，现阶段并没有形成一套统一的分析范式，而是较为零散地形成了五种理论模型：一是金融恐慌下的多重均衡模型，重点探讨均衡形成的原因与挤兑问题（Diamand，Dibvig，1983）[②]，尤努梅泽（Yorulmazer，2003）[③] 则探讨了存款人的"羊群效应"问题，并得出信息、存款保险及内部人与银行挤兑严重性的关系。二是基于商业周期下的实

---

① 弗朗索瓦·沙奈：《金融全球化》，中央编译出版社 2001 年版。

② Diamond，D. and P. Dybvig. *Bank runs，deposit insurance and liquidity. Journal of Political Economy*，1983，P. 401.

③ Schotter，A. and T. Yorulmazer. *On the Severity of Bank Runs：An Experimental Study.* Working Paper，Department of Economics，New York University，2003.

质金融危机模型，重点研究实体经济冲击是如何作用于银行体系乃至发生银行危机的。三是泡沫、资产价格与银行系统性风险之间的关系。四是银行风险的放大模型，即银行体系的脆弱性与风险的传染机制，重点研究传染的渠道及概率问题（Allen，Gale，2000）。五是政府担保模型。就实证研究而言，银行系统性风险的测度可以划分为三种方法：一是自下而上的总体研究思路，即研究个体银行失败的可能性，然后再简单地加总；二是系统性风险测度的综合分析方法，包括基于风险管理方法的系统性风险测度（Alfred Lehar，2003）与系统性风险测度的 GARCH 方法（Schroder，Schuler，2003）[①]；三是对银行间风险传染的测算方法，穆勒（Muller，2003）首次将网络分析方法应用于测算银行业系统性风险的传染模型，佩尔绍德（Persaud，2001）[②]提出了市场流动性黑洞的检验方法。总体而言，有关银行系统性风险的相关理论研究还存在很大的缺陷：首先，现有理论对当前经济金融的一些最新发展，比如金融整合、金融衍生品与系统性风险的关系缺乏深入分析；其次，现有理论解释宽度和力度均有欠缺，对于每种理论模型的适用范围缺乏深入判断，对风险的形成机制、一般风险向系统性风险、系统性风险向金融安全的转化机理还没有清晰的认识；最后，现有研究普遍缺乏微观基础，还不能有效地将制度、经济发展等因素加入模型中。

本章其余部分结构安排如下：第二部分从个体银行风险触发、银行系统性风险生成、金融安全网下的银行系统性风险变迁三个层次对系统性风险进行考察，并构建了一个从微观到宏观的系统性风险分析模型，以研究在不同环境下微观风险触发与个体银行失败、个体银行失败与系统性风险的生成机理。第三部分研究开放条件下金融机构运营环境、金融制度结构及银行业运营模式的变化及其对银行系统性风险生成机制的影响。第四部分运用 Panel Logit 模型对不同开放程度、不同金融发展程度国家的系统性风险生成机制进行了实证分析。第五部分通过考察我国金融制度的特殊性，从理论与实证两个层次上对我国银行系统性风险的生成、评估及其防范进行了有益的探索。第六部分为结论与相关政策建议。

---

① Schroder, M. and Schuler, M. *Systemic risk in European banking – Evidence from bivariate GARCH models*. ZEW Discussion Paper, 2003.

② Persaud. *Liquidity Black Holes*（State Street Bank），2001.

第二节 封闭环境下银行系统性风险生成机制研究：从微观到宏观的分析框架

一、金融安全视野下银行系统性风险的分析框架

（一）银行系统性风险内涵——基于金融安全的视角

系统性风险源于健康与传染医学领域，指的是由于传染病的大面积传染而夺去大量人口的现象。后来这个概念被借鉴用于金融业尤其是银行业传染效应的分析。奥利弗·德·班德特、菲利普·哈特曼（Oliver De Bandt, Philipp Hartmann, 2000）[1] 和考夫曼、斯科特（Kaufman, Scott, 2003）[2] 分别对系统性风险的相关内容进行了深入研究。其难点在于如何准确对系统性风险进行评估及运用系统性风险分析范式来解构金融危机问题。考夫曼和斯科特（2003）认为，系统性风险是指整个系统崩溃的风险或可能性，表现为系统中的大部分或所有组成部分的相关性。系统性风险的研究涵盖银行体系、金融市场与支付结算体系领域，包括传染性的风险与共同冲击风险（Bandt, Hartmann, 1998, 2000）。总体而言，我们依据前人的研究文献，系统性风险大致有三种内涵：第一，一个大的冲击或宏观冲击对国内的经济系统产生了巨大的负面影响，进而造成了整个金融体系的崩溃。米什金（Mishkin, 1995）[3] 定义系统性风险为"一个通常不能预期的突然发生的事件，使得金融市场的信息处于混乱状态，使得金融市场不能形成有效的资金渠道以便资金流向获得最大产出的投资机会"。但是许多问题需要进一步研究，比如宏观冲击是如何传导至微观个体单位的？哪些个体单位受到影响，哪些个体单位没有受到影响？第二，部分金融机构倒闭后，冲击通过金融机构间的资产相互持有与实质交易进行传染。这个定义强调需要在市场之间或机构之间有更

---

① Olivier De Bandt and Philipp Hartmann. *Systemic risk：a survey*. Working Paper Series 35, European Central Bank, 2000.

② Kaufman, G. G. and K. E. Scott. *What is Systemic Risk, and Do Bank Regulators Retard or Contribute to It？. Independent Review*, 2003, pp. 371 – 391.

③ Mishkin, F. S. *Symposium on the Monetary Transmission Mechanism. Journal of Economic Perspectives*, 1995, pp. 3 – 10.

加紧密和直接的相互联系或连接，在初始冲击产生后，其他银行沿着传递的链条自动地暴露于震动中。考夫曼（Kaufman，1996）[1] 认为系统性风险是一系列机构或市场组成的系统产生的冲击导致一系列连续损失事件，进而导致较大积累损失的可能性。国际清算银行（1994）定义系统性风险为参与者未能履行契约型债务义务则可能依次导致其他参与者违约的一连串反应，从而引起更大范围的金融困境。第三，虽然金融机构间并无直接的关联和交互反应，但部分金融机构的倒闭仍然可以通过第三方风险暴露上的彼此相似性及信息作用产生溢出效应，进而导致整个银行体系的崩溃。这种传染往往是通过"共振"或"重估冲击"效应来进行的，我们可以进一步将这种传染区分为在理性信息基础上的传染与无信息基础上随机或"纯粹"的传染，（Aharony，Swary，1996[2]；Kaufman，1994[3]；Kaminsky，Reinhart，1999[4]）。

金融安全是一个高度综合的概念，一般与金融国际化交织在一起，与金融危机、金融主权密切相关。它体现为一国金融体系的稳定运行状态，关键在于核心金融价值的维护，根本取决于一国政府维护或控制金融体系的能力和一国金融机构的竞争能力。银行在一国金融体系中处于核心地位，金融安全维护的关键在于对银行体系安全的维护，因此，我们在研究系统性风险时，应更多从考虑如何维护银行体系安全的角度出发。总体来说，我们可以将银行系统性风险作为连接微观风险与宏观风险的纽带，宏观风险由微观风险转化而来，转化的条件为：一是损失类风险在行业内普遍积累并已达到临界条件；二是破产类风险引起连锁反应。即单个的金融风险不足以影响到一国金融体系的正常运行，只有当单个风险迅速扩大、转移和扩散演变成系统性风险，才能对金融体系造成重大影响，进而威胁到金融安全。综上所述，如果我们立足于金融安全的视野，银行系统性风险必须包括以下几个要素：一是系统性风险具有严重的外部性，与公共政策的实施紧密相关。系统性风险的目的在于维护国家金融安全，增强银行体系的竞争能力和提升维护或控制金融体系的能力；二是系统性风险是一种研究思路，连接个体风险与金融安全的枢纽，关注银行体系的动态逻辑过程与微观基础，研究个体风险与银行失败、银行失败与银行危机之间的关系；三是银行系统性风险强调各类途径导致银行功能失败的可能性。狭义系统性风险侧重于传染效应的研究，并从

[1] Kaufman, G. G. *Bank Failures, Systemic Risk, and Bank Regulation. Cato Journal*, 1996.

[2] Aharony J, Swary I. *Additional evidence on the information – based contagion effects of bank failures. Journal of Banking and Finance*, 1996, pp. 57 – 70.

[3] Kaufman, G. *Bank contagion: a review of the theory and evidence. Journal of Financial Services Research*, 1994, pp. 123 – 150.

[4] Kaminsky, G. and C. Reinhart. *The Twin Crises: The Causes of Banking and Balance-of-Payments Problems, American Economic Review*, 1999, pp. 473 – 500.

中国金融国际化中的风险防范与金融安全研究

微观角度出发，研究部分银行倒闭引起的连锁反应，这种渠道一般通过银行间的直接联系途径与信息等间接渠道来实现。广义的系统性风险还包括系统性冲击带来的大部分银行倒闭的风险；四是系统性事件是我们研究银行系统性风险的基础，包括初始冲击与传播机制两个基本要素，可运用冲击的大小、发生概率及破坏力度对冲击的作用范围进行测度。

（二）开放条件下银行系统性风险研究的最新进展

1. 开放条件与"金融国际化"、"金融自由化"和"金融全球化"、"金融一体化"一组概念相互交织在一起，也未形成一致定论。各种概念相互交织，也无明确区分的必要性。世界经济一体化的首要表现是金融一体化，金融一体化是金融全球化发展到一个高级阶段出现的必然趋势，典型的表现是各国金融领域游戏规则趋同。金融自由化是国际化的前提，金融自由化与金融国际化又成为金融全球化的基础。可见，上述概念分别侧重于对国内实质经济体系、国内金融体系改革与对外开放的界定，但任何一种概念均有将三者割裂开来的嫌疑。我们认为无论采用何种定义，其内核均不能精准地概括当前银行体系的真实生存状态，因此，本书采用"开放条件"这一概念来准确描述当前全球银行体系的生存环境，即其面临的对内经济转型与对外金融开放两方面内容。在开放条件下，渐进式的经济转型可能产生低效制度均衡和内外制度不相容，导致金融结构的剧烈变化和外部环境的动荡，风险的生成、传染与承担机制都会发生显著改变，银行系统性风险也更易从潜伏状态转化为显性状态。

2. 银行系统性风险研究源于传统理论对金融危机解释力度的欠缺。既往研究关注的焦点在于三个方面：一是从流动性风险的角度研究银行的挤兑问题；二是从实际经济周期角度研究银行整体风险的形成；三是研究银行体系的脆弱性问题。为构建金融安全的起源与生成机理的统一框架，国内外学者做出了大量贡献，虽然最终并未形成一套具有普遍解释力的理论框架，但仍为后续研究指明了道路，并对系统性风险的考察具有较好的借鉴意义：第一，更加注重银行系统性风险生成的微观基础，研究宏观冲击是如何作用于银行体系的？风险如何在银行体系间传染累计形成系统性风险，进而在对系统性风险的生成与扩散机制的研究基础上，建立微观风险、系统性风险与金融危机的统一框架；第二，拓展银行脆弱性的研究，从国家资产负债表与资本结构陷阱的角度探讨银行危机的起源与冲击发生后银行危机生成的可能性；第三，更加强调信息不对称的作用，探讨风险偏好、道德风险在金融危机生成中的作用。

3. 系统性风险的研究源于对现实风险事件的把握，东南亚危机、俄罗斯危机、LTCM倒闭及信贷危机对我们传统理论带来挑战的同时，也为我们的研究指明了新的发展方向。为此，根据金融危机最新进展，我们发现系统性风险的研究存在以下四个趋势：一是金融体系变得日益复杂，金融体系复杂的关联性，特别是金融市场与银行体系的关联，资产价格的剧烈波动在银行系统性风险生成的作用日益明显；二是由于混业经营的出现，更加注重金融系统的整合与银行系统性风险的关系；三是在信息化的全球时代，银行系统性风险传染的渠道可能发生了改变，导致银行系统性风险更难以被预测和管理；四是由于存款保险制度与中央银行制度的出现，银行系统性风险的研究由零售层次更多转向于批发层次出现的问题。

（三）开放条件下银行系统性风险分析框架

在金融安全的研究视野下，系统性风险是对银行体系功能失败可能性的一种动态描述，是构成连接个体风险与金融安全的枢纽。本章从个体银行风险触发、银行系统性风险生成、金融安全网下的银行系统性风险变迁三个层次对系统性风险进行考察，研究外部冲击是如何作用于微观银行主体导致银行失败？银行失败是如何通过传染引致整个系统的功能性失败？具体分析思路如图3-1所示。

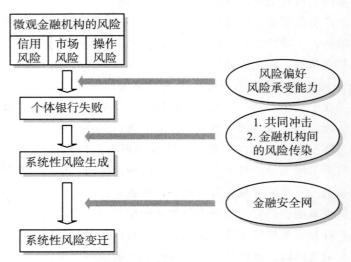

图3-1　银行系统性风险生成的分析框架

首先分析微观金融风险的形成与个体银行的失败。根据《巴塞尔协议》将金融机构的风险分为三类即信用风险、市场风险和操作风险，开放条件下各种因素的变化必然会对政府、公众、金融机构等经济主体的行为产生影响，进而影响风险的形成。在同质化的假设前提下，即所有的银行对一个特定的冲击具有同样的风险暴露，市场风险、信用风险与操作风险总量是诱发银行挤兑进而破产的根本原因。但实际上，相同冲击导致银行发生失败的可能性却存在较大差异，为此我们引入风险偏好来刻画银行的资产负债结构风险暴露程度差异，引入风险承受能力刻画银行面临同等风险失败的可能性差异，由此得出不同种类冲击下个体银行失败的一般规律。

其次研究系统性风险的形成。在上述分析的基础上，研究微观风险向系统性风险的转化机制。根据金融机构受冲击的情形来区分系统性风险形成的两种典型方式：一类是金融机构同时遭受外部的冲击，致使大部分机构都处于高风险状况（第一类系统性风险）；另一类是少数金融机构遭受冲击或因为内部原因出现高风险状况，风险在机构间通过银行间市场、证券交易和资本联系等渠道进行传染和扩散（第二类系统性风险）。沿着这两条线索研究风险在银行机构间的累积和传染过程。

最后研究金融安全网状态下银行系统性风险生成的变迁。金融安全网的实施，在防范银行系统性风险的同时，也会改变银行风险偏好，加大银行的道德风险，严重时会导致银行系统性风险的爆发。

二、个体银行风险特征刻画与个体银行失败

（一）银行风险特征刻画

在同质化的假设前提下，即所有的银行对一个特定的冲击具有同样的风险暴露，市场风险、信用风险与操作风险总量是诱发银行挤兑进而破产的根本原因。但实际上，相同冲击导致银行发生失败的可能性却存在较大差异，为此我们引入风险偏好来刻画银行的资产负债结构风险暴露程度差异，引入风险承受能力刻画银行面临同等风险失败的可能性差异，由此得出不同种类冲击下个体银行失败的一般规律。

（二）流动性风险是银行系统性生成的核心

第一，流动性转换是银行最基本的功能；第二，流动性风险是一种间接的综合性风险，是银行所有风险的最终表现形式，信用风险、市场风险、操作风险最终都可以归因到银行的偿付问题或流动性问题；第三，当银行出现问题后，具体表现为偿付风险还是流动性风险，可能在很大程度上取决于当地银行的法律环境

111

及存款者的预期，由于银行倒闭引致的巨大外部性，各国政府很难让一个具有偿付问题的银行进行破产，因此各国银行破产最为直接的理由往往体现为流动性问题；第四，银行系统性风险的关键点在于对银行流动性的考察。银行集中了整个社会的流动性冲击，使得流动风险成为内生于银行体系的问题。正是由于风险在银行体系间的传染特征，往往最终导致具有偿付能力的银行丧失流动性，造成银行的系统性风险。

（三） 风险特征刻画与个体银行失败，即外部冲击下个体银行失败概率的测度

外部冲击源我们可以划分为宏观经济冲击和微观经济冲击，也可分为内生冲击和外生冲击。冲击源我们可以刻画为频率、广度及损害程度三个维度。$S = S(FR, SC, DA \mid \Omega)$。其中，$S$ 表示外部冲击，FR 表示冲击的频率，SC 表示冲击的广度，DA 表示损害程度。$\Omega = \Omega\left(\sum i, R\right)$，$\Omega$ 是总的经济环境可得数据乘数（包括关于金融中介状况的信息），i 是每家金融中介随机变量矢量形式，R 是影响整个金融系统的随机变量的矢量形式。那么 i 银行在外部冲击下发生倒闭的概率模型就可以表达为：$P_i = f(tr, L, rt \mid S)$。其中，$tr$ 代表风险总量，即运用的标准化方法刻画出的市场风险、操作风险及信用风险的总和，其主要受银行资产负债风险暴露程度及损失可能性的影响。rt 代表风险承受能力，受银行偿付保护能力与资本充足率、持续盈利能力与风险管理能力的影响，L 表示银行的流动性风险，主要受银行挤兑风险的影响，表示为 $L(G, \delta_L, \delta_D)$，其中 G 表示政府担保（如大而不倒原则、金融安全网等）；δ_L 表示贷款需求的波动性；δ_D 表示存款/负债流的波动性。在没有危机的正常情况下，贷款需求的波动性和存款/负债流的波动性决定了银行对于流动性的需求，而在危机出现的时候，政府担保 G 就成为流动性函数的关键。

三、 封闭环境下系统性风险生成机理

（一） 共同冲击模型机理

共同冲击即一个大的或宏观冲击对国内的经济系统产生了巨大的负面影响，进而造成了整个金融体系的崩溃（Bartholomew，Whalen，1995）。对于研究而言，我们关注的重心在于共同冲击是怎么产生的？传统的共同冲击有哪些类型？共同冲击是如何作用于银行体系的？为什么共同冲击产生以后，有些银行会发生

倒闭而另外一些银行则不会呢？

1. 共同冲击的三类模型：第一，宏观经济波动、经济周期与信贷膨胀相互交织、相互促进造成银行系统性风险的出现；第二，资产价格的剧烈波动。过去的危机表明，对金融稳定危害最大的不是持续的波动，而是波动性的突然加剧。随着金融市场的发展，银行等金融机构的资产组合与金融市场的关系越来越紧密，世界经济运行显著动荡以及利率、汇率、资产价格（如房地产价格）和通货膨胀率的剧烈波动使得各银行难以精确评估它们的信贷和市场风险。而且，很多发展中国家和转轨经济体面临着许多制约因素，它们无法像工业国家的银行那样尽可能地分散风险，这导致大规模的资产价格波动本身就构成了金融机构系统冲击的源头。第三，存款保险与政府担保导致过度购买、消费膨胀与信贷扩张。在有关规定的缺陷和监管不力情况下，以及实际存在的或明或暗的公共保护网，都意味着极有可能产生欺诈性贷款，储户、借款人和银行都为此承担一定程度的高风险。过度风险还为产生呆账的风险融资打开了方便之门，进而导致大量不良贷款。

2. 共同冲击作用于银行体系的传导机制。首先，内生金融周期模型的作用。金融与经济周期的同向波动，经济周期的衰退将导致大量不良贷款的出现，进而出现所谓的"信贷紧缩——不良资产"陷阱。政府对金融部门的不当经济政策会夸大经济周期，导致银行业危机和持久的经济衰退。其次，资产价格冲击模型。资产价格通过财富效应与资产负债效应影响国民经济体系，其剧烈波动将导致经济总体变量波动加大，影响银行的经营环境。同时，资产价格变化将会导致抵押品价值的波动，恶化企业的融资环境，进而导致银行体系的风险。最后，心理预期、"羊群行为"模型。银行经营依赖于公众信心，因此信心既是整个金融体系存在的基础，又是导致金融体系在特定时间和条件下失败的直接原因。信心具有很强的传递性，一部分人的信心，通过示范作用和周边个体的从众心理，向外蔓延，形成公众信心。反之，一部分人信心的丧失，也会通过同样机制，形成公众信心危机。

（二）银行系统性风险生成的传染机制

对于单个银行而言，流动性风险除了来自自身经营以外，还可能来自其他银行的风险传染（contagion），这是一种典型外生性风险。也就是说，即使银行自身的资产组合与风险管理做得很好，但如果受到其他问题银行的外部传染，也可能被动地陷入流动性危机。这是由金融行业的特点所决定的，也是金融脆弱性（fragility）的表现之一。关于银行同业间风险传染的机制，理论界已有大量的研究，比较新的文献如弗法恩（Furfine，2003）[①]、艾伦和盖尔（Allen and Gale，2000）与西弗恩蒂斯、费鲁奇和席恩（Cifuentes，Ferrucci and Shin，2004）[②]、黛蒙德和拉詹（Diamond and Rajan，2001[③]，2005）、约里等（Iori et al.，2006）[④]的研究，人们关注的焦点在于风险传染的渠道、触发机制与影响因素。

1. 银行系统性风险传染路径。第一，基于银行同业市场的资产负债关系渠道。在现代金融体系中，金融产品创新不断涌现，同业市场迅猛发展，而银行同业支付清算体系把所有的银行联系在一起，从而造成了相互交织的债权债务网络。银行之间的债权债务链条是一家银行的风险、失败在银行之间传染，引起其他银行的风险和失败的现实基础。各银行在市场之间或机构之间有更加紧密和直接的相互联系或连接。冲击通过金融机构间的资产相互持有和交易进行传染。参与者不能履行契约型债务义务可能依次导致其他参与者违约的一连串反应从而导致更大范围的金融困境。第二，资产价格效应与流动性渠道。在信息不对称条件下，银行对于判断存款人提取现金的信息处于劣势地位。当某种冲击对经济运行产生了不利影响，有一家或几家银行已经因此倒闭时，恐慌气氛就会蔓延开来。其他银行想渡过难关，通常做法为增加自身的超额储备及减少风险资产的比例，能够运用的手段主要是出售债务与贷款回收。依据现代资产组合理论，当外部发生冲击事件时，即使市场是完善的，银行在资产组合管理规则的约束下也必然会对其原有投资组合做出调整。当一银行倒闭以后，其他银行为了保证自身安全，必然一家银行的流动性问题可以通过银行资产市场传染给其他银行，当银行挤兑发生时，银行必须以低于"公平"价值的价格来售卖其长期资产或者以更高的利率进行拆借，这就使流动性问题转化为清偿问题，银行资产价格的下降又会反过来影响其他银行资产的价值。值得强调的是，当市场环境极度恶化时，"流动性黑洞"可能出现，即价格降低会导致更多的卖出，从而导致进一步的价格降低并导致更进一步的卖出，最终造成一种极端的且不连续的价格波动。第三，信息传染渠道。虽然金融机构间并无直接的关联和交互反应，但部分金融机构的倒闭仍然可以通过第三方风

① Furfine, C. Interbank Exposures: Quantifying the Risk of Contagious. Journal of Money, Credit, and Banking, 2003.

② Cifuentes, R., G. Ferrucci and H. S. Shin. Liquidity Risk and Contagion. Forthcoming in the EEA conference volume of Journal of the European Economic Association, available on http://www.nuff.ox.ac.uk/users/Shin/working.htm, 2004.

③ Diamond, D. and R. Rajan. Liquidity Risk, Liquidity Creation and Financial Fragility: A Theory of Banking. Journal of Political Economy, 2001.

④ Giulia Iori and Ovidiu V. Precup. Weighted Network Analysis of High Frequency Cross-Correlation Measures. City University Economics Discussion Papers, Department of Economics, City University, London, 2006.

险暴露上的彼此相似性及信息的作用产生溢出效应，进而导致整个银行体系的崩溃。

2. 银行系统性风险传染速度、规模及概率的影响因素分析。第一，银行间市场的网络结构。运用银行间市场来测度系统性风险传染概率取决于银行间关联的方式，传统意义上银行间结构分为三种：完全市场结构、非完全市场结构和货币中央银行制市场结构。艾伦和盖尔（2000）运用三阶段流动性偏好模型分析了三种市场结构下系统性风险发生概率的差异。完全市场结构比非完全市场结构传染的概率大，而货币中心银行结构基本不发生系统性风险（见图 3 - 2）。第二，银行体系的关联程度，其可由银行贷款集中度、银行资产负债关联程度、共同贷款规模等来简单刻画。约里等（2006）认为从实证研究与统计意义上来讲，虽然银行体系的关联性增加了银行系统性风险的趋势，但是其对银行系统性风险的贡献率较低。相比金融恐慌与直接的冲击效应，系统性风险事件的危险程度在风险传染中发挥着更为重要的作用。第三，银行体系的同质性。在银行面对流动性冲击时，当银行之间的同质性比较强时，银行之间更易通过流动性分担及保险功能降低银行倒闭的规模，传染风险的可能性就比较小；而当银行之间的流动性风险和规模差异比较大时，传染风险的效应将会增强（Iori，Jafarey，Padilla，2006）。但是，佩尔绍德（2001）认为，在最大的市场中存在着流动性"黑洞"表明流动性问题与市场参与者行为的多样性或异质性相关。如果在一个参与者众多的市场中，大家都以同样的方式使用同样的信息来交易相同的金融工具，人们的买卖行为会一致趋同，市场面临急剧的波动性及流动性不足的问题。同时，在信息传染的过程中，银行的同质性程度越高，越容易由于资产负债的类比遭遇传染，进而发生倒闭。第四，信息的完备程度。研究发现银行系统和货币市场之间存在的信息不完全程度与金融危机传染有正的相关性（Calvo，1995；Changand Velasco，1998）。从理性预期模型的角度来看，由于金融传染所导致的价格改变和金融危机传染的程度依赖于市场规模对宏观风险因子的敏感性，信息不对称的程度增加了传染风险的概率。第五，银行体系的风险承受能力。银行体系风险承受能力指银行体系遭遇风险而不倒闭的能力，它受银行体系的公信力函数、资本状况、政府担保能力及银行体系总体流动性状况的影响。但实际上这几个因素又是相互交织在一起的，共同构成了银行的风险承受能力。银行体系公信力函数与银行风险传染的可能性呈反向关系。公信力简单地说有两个内容：一是社会或其中的不同主体对公共机关、政府部门行使权力的信任度和认可度的一种表示；二是社会大众对社会某种特定权力和角色形象和言行的心理认同。黛蒙德和拉詹（2001）认为，当整个市场体系缺乏流动性时，银行风险会变得更易传染，只有有限资金的政府调整缺乏流动性银行资产结构的必然后果就是整个银行体系的崩溃。

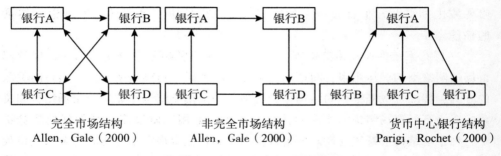

图 3 - 2　银行间市场网络结构

第三节　开放条件下银行系统性风险生成的理论分析

金融自由化和全球化过程充满了冲突与动荡，经济的高速发展和制度的全面变迁必然导致金融风险的种类、性质、分布及传导机制的频繁变动，风险问题日益突出和复杂。传统研究多侧重于转型国家在金融全球化浪潮中的风险与收益的权衡，但次贷危机中折现出金融机构结构性融资与流动性困境等问题又为我们的研究赋予了新的使命。为此，本部分研究更侧重于开放条件下金融微观结构、运营环境、监管机构的发展及其对银行系统性风险生成机制的影响。与封闭环境相比，开放条件下的系统性风险生成机制的特殊性在于触发风险的因素、影响传染的渠道及政府的救助活动等方面有所差异。本部分延续封闭环境的分析逻辑，从开放条件下银行运营环境的变迁入手，在全球金融体系结构、银行资产负债结构、银行系统性风险的国际传染三个层次上揭示出开放条件下银行系统性风险生成的一般规律。

一、全球金融体系的结构变迁与银行系统性风险生成

（一）金融运营环境发展与银行系统性风险变迁

1. 经济金融的自由化、转型与全球化不断交织在一起，促使全球金融开放程度增加，推动了全球金融更加紧密地联系在一起，在促进全球经济发展的同时也带来了巨大的风险，金融自由化与系统性风险的机理如图 3 - 3 所示。从理论上来讲，由于存款保险及政府担保的存在，开放前发展中国家金融体系

中均潜伏着大量风险，处于隐性状态，但随着金融开放进程的加深，既有隐性风险很容易积聚爆发显性化，再加上金融开放本身带来的巨大新风险，很容易导致一国银行系统性风险的触发。从实证研究来看，金融开放与自由化程度与银行危机的生成具有显著的正相关关系。首先，从时间上来看，在 1973～1998 年间，世界主要国家实行金融自由化的措施进程中及之后，均发生了显著的银行系统性危机，尤其是在利率自由化的进程中（图 3 - 4）。其次，从实证研究来看，麦金农（1993）提出，即使在宏观经济十分稳定的情况下，金融自由化仍会增加金融体系的不稳定性，德米尔古克肯特和德特拉贾凯（Demirgüc-Kunt and Detragiache，1998）运用 Logit 模型回归的结论显示：第一，如果对其他造成风险的因素进行控制的话，银行危机（自由化初或之后若干年）确实更易发生在对其金融部门实行自由化的国家；第二，在所有的其他因素得到控制的条件下，金融自由化虚拟变量与银行危机概率之间仍存在显著正相关。

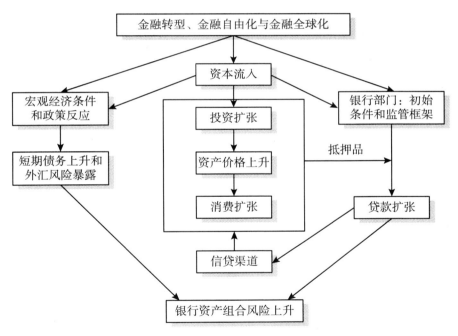

图 3 - 3 金融自由化对银行系统性风险的影响

资料来源：Edison、Klein、Ricci and Slok，Capital Account Liberalization and Economic Performance：Survey and Synthesis，IMF Working Paper，WP/02/12.

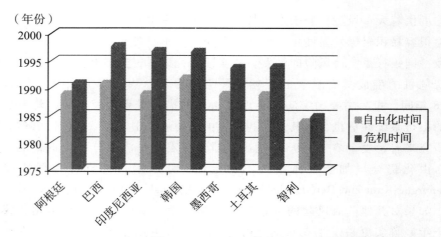

图 3-4 典型国家金融自由化时间与危机发生时间

资料来源：Romain Ranciere，Aaron Tornell and Frank Westermann，Decomposing the effects of financial liberalization：Crises vs. growth，Journal of Banking & Finance 30（2006）3331-3348.

2. 资本的自由流动带来资本流动规模的不断增加，且波动更加剧烈，资本流动的过度流入与突然逆转必然对银行体系造成巨大的冲击。首先，爱德华兹（Edwards，2004）收集了 157 个国家 30 多年对外贸易的数据，发现这些国家 31 年内发生经常账户逆转的平均概率为 11.8%，而发生资本流入突然减少的平均概率是 5.6%。其中 6 个地区中吸收外资规模较大的国家遭遇到了突然的资本流入中断，大约 40% 发生了资本流入突然减少的国家也发生了经常账户的逆转，5.7% 突然发生经常账户逆转的国家也发生了银行危机，14% 发生银行危机的国家同时也发生突然性的经常账户逆转。洛迪克和拉斯科（Rodrik and Velasco，1999）利用国际金融研究所提供的数据，对 1988~1998 年期间 32 个新兴市场的短期外债进行了研究。研究结果表明，这些新兴市场的短期外债与国际储备之比，有力地说明了金融风险的大小。具体说来，短期外债超过国际储备的国家，爆发金融危机的可能性就会比其他国家高出 3 倍。其次，资本过度流入容易导致国内银行信贷扩张，进而引致不良贷款的增加。据国际清算银行 1995~1996 年度报告测算，由于外国资本的大量流入，1980~1995 年，亚洲新兴国家银行对私人部门的信贷占国内生产总值的比重几乎增加了 1 倍以上，印度尼西亚更是高达 6 倍。由于银行自身风险控制能力及金融监管相对于金融自由化的滞后，在资本过度流入过程中，面对可贷资金的急剧膨胀，银行不良贷款的占比也必然不断攀升。最后，资本流入的突然逆转将导致外汇资产与本币资产价格的剧烈波动，资产泡沫的破裂也会传染到银行体系，进而导致银行系统性风险的出现。银行资金的大量流入，使信贷资金不断流向不动产市场、证券市场并推高资产价格，当资本流入突然逆转后，本币将不断贬值，严重的话甚至产生货币危机，最终导致银行危机的出现。

3. 全球金融体系联系更为紧密致使全球金融危机传染变得更为频繁。首先，目前全球金融体系比以往任何时候都更紧密地相互联系和整合在一起，使得全球资产价格波动、经济周期更为趋同，使得全球金融体系更加容易受到危机的扩散影响；其次，各市场参与者之间的联系越来越紧密和复杂，某个核心个体参与者的倒闭可能会给远在其他地区的参与者造成潜在的系统性风险。

（二）全球金融体系结构与银行系统性风险生成

1. 金融主导的全球经济一体化致使金融资产积聚膨胀，流动性迅速在全球范围内进行分享，流动性过剩容易造成全球范围内的通货膨胀与资产泡沫，随之而来的流动性紧缺又会导致资产泡沫的崩溃和银行系统性风险的生成。如果信贷周期的"超调"以突发方式进行，那么将会导致大范围损失，并增大市场波动性，进而可能引发对美元资产偏好的无序变化，进而导致全球流动性过剩的逆转。一旦发达国家中央银行大幅加息、大幅降低基础货币发行数量，或者商业银行大幅缩减贷款，就可能造成流动性过剩的逆转。由于当前绝大多数机构投资者都体现出杠杆经营的特征，贷款成本的提高或者贷款的提前偿还都意味着机构投资者被迫调整资产组合，即增加资产组合中流动性资产的比重，降低非流动性资产的比重，这必然导致资产价格迅速下降，引发资产价格泡沫的破灭，并通过各种渠道引致银行系统性风险的出现。

2. 随着金融市场的发展，间接融资比例有所下降，银行业竞争程度加剧，迫使银行风险偏好发生了变化，更倾向于从事一些风险性的行业，导致银行系统性风险上升。

3. 在融入全球化时代后，央行的干预能力得到削弱，而 IMF 和世界银行等国际金融组织也无能力承担最后贷款人的角色，导致全球流动性危机很难得到根本抑制。在加入全球化时代以前，央行可以通过授权委托具有金融手段的权力机构向金融体系诸如流动性，或通过"损失社会化"的机制来分担风险，但是加入全球化以后，以前行之有效的方法往往会受到巨大的国际压力而丧失其效力。

二、全球银行业的发展与银行系统性风险生成

开放条件下银行体系最典型的特征表现为以金融整合为导向的集中化、国际化和混业化的趋势。为此，我们准备从银行融资结构变化及金融整合两个角度管窥开放条件下银行系统性风险生成的未来发展趋势。

（一）银行融资结构与银行系统性风险生成

近年来，大型银行融资更多依赖于批发融资业务，导致其对宽松资金环境的依赖和防范流动性事件的能力下降，与此同时，随着金融市场的发展，银行业创造流动性能力增强，在经济繁荣时期可能会忽视流动性管理的问题。过去几年里全球发生的一个最大变化就是衍生产品的发展，任何一个金融产品，例如银行给任何一家企业的一笔贷款，即便是流动性较差的 10 年期贷款，都可以随时转变为任何期限、任何货币、任何利率的资产支持证券或者其他金融衍生产品，出现在全球范围的金融市场上交易和流通，最后都演变成为流动性。为此，在流动性短缺时期商业银行流动性风险问题会被过度传染，商业银行的私人风险迅速被放大为公共风险。首先，融资结构将影响银行体系流动性。国外大型银行很多依赖于结构性产品融资与资产支持产品融资，但市场流动性出现问题时，这些产品将难以变现，引发资产价格下跌与融资困境的螺旋循环，即所谓的"流动性黑洞"问题。其次，市场信心引发流动性问题的进一步加剧。在危险时期，由于交易产品的过于复杂，风险信息的提供并不全面，交易对手没有正确地评价潜在的未来信贷风险，投资者风险偏好进一步弱化。最后，杠杆在放大传染效应方面发挥了主要作用。

（二）金融整合与银行系统性风险生成

作为依赖市场和公众信心而生存的银行业，规模大小对其竞争优势具有决定性影响，追求规模经济就成为了银行热衷并购的最合理诠释。自 20 世纪 90 年代以来，伴随着第五次全球企业并购浪潮，国际银行业的快速发展以及第三次全球银行并购浪潮亦至今持续，推动银行业朝着业务全能化和服务全球化方向发展。这些并购产生了像花旗银行、大通银行和东京三菱银行这样的超级银行。银行业的并购与整合带来了银行业的集中化、规模化与业务综合化趋势，其在增加银行竞争实力的同时也为银行业带来了新的风险。首先，金融体系膨胀和复杂化本身就是新的金融体系脆弱性的根源，且体系的脆弱性表现在运作者的行为方式上。不少实证分析研究表明，当银行与证券业、不动产业结合时风险会加重，而当银行与保险业结合时其风险不会增加甚至可能减轻（Allen，Jagtiani，2000）。尼科洛和克瓦（Nicolo and Kwas，2002）认为 LCBOs 样本中的整合似乎在样本期间内增强了 LCBOs 的相互依赖性，经济冲击变成金融部门系统风险一部分的潜在可能性似乎已经在过去十年里大大增加了。其次，银行业混业经营模型使银行机构更容易遭受衍生品市场带来的风险。金融衍生品与银行系统性风险金融衍生品可分散个体风险，也能在某种程度上平滑、分担银行体系的系统性风险，但金融衍生品的出现，会加剧银行体系风险传染的速度与规模，如超过一定的临界值，会加速及放大银行体系的系统性风险。最后，金融组织规模的扩大，可能导致银行因"大而不倒"原则出现严重的道德风险，进而加大系统性风险的生成。

（三）银行业的开放效应与系统性风险生成

自 1990～2004 年期间，外资银行占全部银行资产中的比重不断上升，表明全球银行业的开放程度不断提高。银行业的不断开放对系统性风险生成产生了重要影响。

1. 外资银行进入增强了银行业的竞争，促使银行业能够以更为低廉的价格向社会提供更多金融产品，改善社会福利。但同时也应看到，竞争可能会导致诸如银行破产、银行恐慌等不利于社会的后果。首先是促使银行风险偏好不断提高。当竞争加剧导致银行利润水平下降时，银行股东和经营者将风险转嫁给存款人的动机就可能增强，从而承担过量风险，给银行业的稳定带来潜在威胁。其次，银行竞争与银行特许权价值问题。萨兹和石（Saez and Shi，2004）认为，当市场上银行数量受到限制，当一家银行爆发支付危机时，其他银行才有采取战略性行动的激励，他们会对问题银行提供流动性，防止危机传染的蔓延。萨拉斯和萨乌里纳（Salas and Saurina，2003）应用同样的方法检验了西班牙的银行体系，发现较高的许可证价值与较低的信贷风险相关。德·尼科洛（De Nicolo，2000）认为支持许可证价值会对银行审慎经营产生激励，进而降低系统偿付风险的观点。贝克、德米尔古克肯特和莱文（Beck，Demirgüc-kunt and Levine，2003）将银行脆弱性定义为银行危机的爆发，考察了 79 个国家 1980～1997 年间的面板数据，他们以银行危机发生的概率作为被解释变量，以银行集中度及一系列宏观经济和结构变量作为解释变量估计了 Logit 概率模型，发现集中度与银行危机概率显著负相关。同时他们还发现，对新银行的准入限制会显著提高银行危机的概率，这让他们提出能否将集中度作为市场势力的单一测度指标的质疑。

2. 银行业开放与银行绩效及不良贷款率的关系。大多数中外研究者对外资银行进入对发展中国家银行业效率改进的积极作用持肯定的态度，外资银行的进入必然会促进国内银行业的竞争，迫使国内银行改善经营管理，减低经营成本，提高金融服务水平，提高经营效率。但不同国家、不同开放程度以及不同的制度环境所取得的效果必然不同，必须根据具体情况加以分析。从表 3－1 我们可以看出，新兴市场经济体银行业在开放后，其不良贷款率都有不同程度的下降。

表 3 – 1　　　　　新兴市场经济体银行业开放前后的不良资产率[①]　　　　单位：%

国家	国有银行		本国私人银行		外资银行		商业银行合计	
	1999 年	2004 年	1999 年	2004 年	1999 年	2004 年	1999 年	2004 年
阿根廷	23.4	13.7	13.6	12.5	12.0	7.1	16.5	11.1
智利	1.4	0.8	1.7	1.1	1.8	1.5	1.7	1.2
哥伦比亚	22.8	3.5	7.1	3.8	7.3	2.1	10.0	3.4
墨西哥	…	…	10.8	1.2	2.2	2.2	9.2	2.1
委内瑞拉	24.0	29.5	6.2	1.6	5.1	0.7	6.1	1.7
中国[②]	22.4	15.6	12.0	4.9	…	…	…	…
印度	16.0	8.1	10.3	5.9	7.2	4.9	14.6	7.4
韩国	15.0	1.9	8.7	2.0	20.6	1.6	11.4	1.9
泰国	55.3	9.6	21.6	12.8	7.5	2.6	31.2	10.9
匈牙利	4.3	17.6	4.4	2.0	3.7	2.9	3.9	3.5
土耳其	11.3	11.4	3.8	5.1	2.4	3.3	6.1	6.4
以色列	4.9	6.5	0.6	3.5	…	…	1.7	4.2
平均	18.3	10.7	8.4	4.7	7.0	2.9	10.2	4.9

　　注：①占总贷款额的比例；②以五级分类为基础，本国私人银行的数据指股份制商业银行。

　　资料来源：有关各国中央银行（BIS 问卷调查）；IMF，转引自 Mihaljek（2005）。

三、开放条件下银行系统性风险传染的国际路径分析

　　银行系统性风险的国际传染泛指一国系统性风险的跨国传播与扩散。系统性风险的国际传染路径多借鉴有关金融危机的一些理论和思想，将其分为真实联系渠道与纯粹传染渠道，通过研究货币竞争性贬值、收入结构、投资行为等方面的变化来归纳出开放条件下银行系统性风险传染的一般规律，明确各投资主体、流动性在其中的作用。真实联系渠道一般包括国际贸易渠道、国际投资渠道、国际资本流动渠道与经济全球化的季风效应。纯粹传染渠道包括经济体的自我实现均衡与"羊群行为"两类模型。

　　银行系统性风险的国际传染途径如图 3 – 5 所示。首先，就国际传染的主体而言，政府、企业、国际活跃银行及机构投资者在其中发挥了关键的作用，当 A 国发生银行系统性风险时，必然会导致各主体改变对风险、收益在国际间的分布预期，进而调整其投资组合，最终结果导致资金从与 B 国有相似性的国家撤出，完成资金的重新配置；同时，A 国银行出现问题后，将导致银行体系乃至整个社

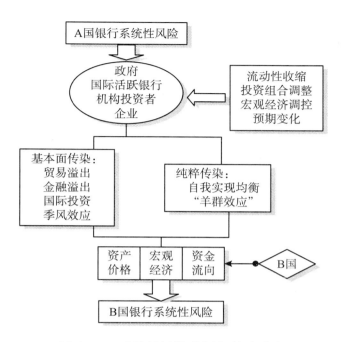

图 3 - 5 系统性风险的国际传染路径

会体系流动性的匮乏，进而导致 A 国购买力的下降，机构投资者及国际活跃银行的流动性下降，进而导致其对 B 国资产的变卖；当银行系统性风险进一步扩大时，政府的一系列行为将对他国经济带来显著影响。其次，国际传染的主要渠道为有实质经济往来的基本面传染（包括直接或间接经济往来）与纯粹传染途径，已在上面重点分析，在此不再赘述。最后，A 国银行系统性风险通过国际主体行为，将导致 B 国资产价格的剧烈波动、宏观经济状况开始恶化、资金流动出现显著逆转，如果 B 国银行体系及经济结构比较脆弱，那么 B 国就会遭遇银行系统性风险。

四、小结

从微观风险的触发机制来讲，金融自由化带来金融资产的急剧膨胀，利率、汇率价格开始剧烈波动，全球流动性失衡带来的资本流动突然转向导致银行经营环境面临更强的不确定性，金融市场的发展促使间接融资体系竞争压力加大，迫使银行改变其融资结构并加大了投资的风险偏好，银行的融资结构与投资渠道更加依赖于金融市场，流动性问题显得更为突出。从银行体系的风险传染机制来讲，银行与金融市场相互关联程度进一步加强，风险更易在全球范围及整个金融体系之家进行传染与分担，这在转移分散风险的同时也扩大了银行风险传染的源泉、规模与速度，本书尤其强调同质性与流动性紧缺程度在其中的作用。从银行体系风险的分担来看，开放条件下央行干预能力减弱而 IMF 等国际组织又不能承担最后贷款人责任，加速了风险在国际间的传染。

第四节　开放条件下银行系统性风险生成的实证研究

历史总是在重演，但金融危机每一次新爆发的方式、重点均呈现出新的特点，因此人们几乎无法准确地预测到金融危机爆发的时机。为此，金德尔伯格（Kindelberger，1978）研究金融危机时写道：从历史学家的角度来看，每一个事件都是独一无二，然而，从经济学家的角度来看，社会和自然的力量是以重复的方式在运行。历史是独特的，然而经济学却是普遍的。因此，就实证研究而言，我们可能永远无法对其进行精确的测度，但我们却可以通过模型的构建来无限了解系统性风险的生成机制。系统性风险很难有一个精准的测度方法与模型，现有对系统性风险测度的研究被分为预警机制、影响因素、总量测度、传染测试、仿真模拟与压力测试等多方面的内容。本书通过各类模型的数据结构、制度背景等方面对上述方法进行了比较分析，认为对于系统性风险的生成机制来说，关键在于控制不同情境下论证银行系统风险的不同生成机制。

一、问题提出及文献综述

从金融发展历程来看，金融全球化与金融自由化成为影响一国金融危机生成的关键金融制度变量。在各类实证研究中，金融开放与金融发展程度也就成为重要的解释变量。但实际上不同国家由于金融开放度与金融发展程度的差异而导致遭遇危机受到的损害明显不同，金融危机发生的机制也出现明显差异，比如美国发达的金融制度分散了次贷危机带来的风险，大大减轻了金融危机带来的损害，而冰岛、越南等新兴市场国家由于金融开放却受到金融危机的致命打击。为此，本部分将重点思考放在不同金融开放程度与发展程度下银行系统性风险生成机制是否存在差异？他们的差异究竟体现在何处？

传统银行危机的实证与预警研究模型包括 FR 概率模型（Frankel and Rose，1996）、STV 横截面回归模型（Sachs，Tornel and Velasco，1996）和 KLR 信号分析法（Kaminsky，Lizondo and ReinHart，1997）。上述三类模型及其后续研究的指标体系可以概括为宏观审慎指标、金融结构指标及微观审慎指标：一是宏观审慎指标，包括总体经济因素的波动、信贷膨胀与资产价格泡沫化。莱因哈特和罗格夫（Reinhart and Rogoff，2008）在研究了全球 800 年金融危机历程后，发现通货膨胀率、利率、汇率与金融开放程度为金融危机发生的重要原因。二是金融结构指标，包括金融自由化、金融开放、金融深化程度、金融结构指数、金融脆弱性程度、法律制度、存款保护制度及监管体系。德米尔克古肯特和德特拉贾凯（Demirgüç-kunt，Detragiache，2000）以及巴斯等（Barth et al.，2000）认为在其他影响危机的因素不变下，存款保险机制将更加大银行危机的可能性。进一步来讲，还包括信息披露制度、契约执行力度、被扭曲的激励制度等（Goldstein，2001）。三是微观金融审慎指标，包括依据 CAMEL 分析框架提出来的个体银行经营状况指标，主要关注资本充足率、获利比率、存款波动性、不良贷款比率、币种的匹配状况等方面的内容，而管理方面的内容也必须给予量化（De Young，Hughes and Moon，2001）。近年来，人们多运用 Panel Logit 模型来研究不同情境下银行危机的生成机制差异，其中较具代表性的有：一是马君潞和吕剑（2007）以 26 个转型经济国家为样本，分别建立概率单位（Probit）和逻辑回归（Logit）模型，对这些国家的汇率制度与金融危机发生概率之间的关系进行了实证分析。二是范小云（2007）将存款保险制度、资本充足率与最后贷款人等因素纳入实证模型，研究金融安全网构建对银行危机生成机制的影响。三是沈中华（1999）根据过度投资、过度消费及经常账赤字三个指标来衡量一国金融体系的脆弱程度，并认为金融体系脆弱性不同的国家在危机的生成机制方面有一定的差异。

实际上，各类系统性风险的测度方法涵盖的内容极其丰富，至少包括对以下几个问题的回答：一是银行系统性风险的指标拟合，即开发一个连续单一的金融稳健性指标或运用一些综合指标来度量银行系统性风险的大小；二是利用离散的虚拟变量来测度银行危机，观测系统性风险生成的关键因素，在具体研究的过程中，学者们又把它具体分为单个银行失败可能性概率的预测与银行体系崩溃概率的预测；三是运用信号法来研究银行系统性风险的预警机制；四是压力测试与仿真模拟，包括情景假定与敏感性测试，用来测量设定的意外事件发生所导致的风险因素变化给银行机构带来的潜在影响，同时研究个体银行倒闭以后对银行体系带来的冲击（马君潞等[1]，2007）；五是银行系统性风险的传染机制，包括基于风险管理方法的系统性风险测度（Alfred Lehar，2003）、系统性风险测度的 GARCH 方法（Schroder and Schuler，2003）、银行间风险传染的测算方法（Furfine，1998）与利用市场信息对银行体系风险进行测度（Elsinger，Lehar，Sum-

---

[1] 马君潞、范小云、曹元涛：《中国银行间市场双边传染的风险估测及其系统性特征分析》，载于《经济研究》2007 年第 1 期，第 68~78 页。

mer，2006）。对于一个完整的银行系统性风险测度来看，包括触发机制、影响因素、传染概率、压力测试、预警机制及总体评估等多方面的内容。那么，对于一个优秀的银行系统性风险测度方案应该符合以下几个条件：一是系统性风险的测度方法与该国金融体制及经济发展状况相吻合，所需的数据结构也能很好地实现；二是系统性风险的测度应该把微观风险的触发机制及风险的传染机制有机地融合起来，把银行微观信息及总体信息结合起来，综合刻画银行系统性风险的状况；三是银行系统性风险的测度应该是一个连续的有机过程，能动态地预测评估银行体系风险的潜在与爆发状态。

限于数据结构的缺陷我们无法准确对系统性风险进行评估，我们将银行危机视为系统性风险的极端状况，而将研究侧重为开放条件下系统性风险的生成机制。从既往研究来看，金融开放程度与金融发展程度对银行系统性风险的生成具有重要作用，但遗憾的是在以往研究中，仅将这两个因素作为外生变量或者虚拟变量来研究其与银行系统性风险的关系。但是，在不同的金融开放程度与金融发展程度下，银行系统性风险的生成机制可能发生变迁。为此，本书与他人研究的差异在于：很好地挖掘出了政府治理指数、金融开放度量指数与金融自由化指数，选取全球 60 个国家 1981～2004 年的大样本数据运用 Panel Logit 模型分析了银行系统性风险的生成机制，并采用分组控制的研究方法论证了在不同金融开放程度与金融发展程度下银行系统性风险生成机制的差异。

二、模型设定

本书拟将制度因素、金融脆弱程度、开放程度、金融深化程度纳入分析框架中，运用 Panel Logit 模型来实现对以下问题的回答：一是验证影响银行系统性风险生成的共同因素；二是研究制度因素尤其是存款保险制度与政府治理指数在危机生成中的作用；三是通过分组研究在不同的金融开放程度及金融深化程度下银行系统性风险生成机制是否存在显著的差异。

（一）Panel Logit 模型的设定

为研究全球不同国家银行系统性风险生成机制的差异，必须采用 Panel Logit 模型。Logit 模型是利用极大似然估计法来进行回归系数的预估。假设银行系统性风险发生的概率为 $P(i, t)$，$0 \leqslant P(i, t) \leqslant 1$，$P(i, t)$ 未知，$P(i, t)$ 代表虚拟变数值，当 i 国在 t 时间发生显著银行系统性风险，则设定其值为 1，否则为 0。在 Panel 模型中，必须讨论模型的随机效应与固定效应。但芒德拉克（Mundlak，1978）指出，一般情况下，我们都应当把个体效应视为随机的。如果从单纯的实际操作角度来考虑，固定效应模型往往会耗费很大的自由度，尤其是对于截面数目很大的面板数据，随机效应模型似乎更合适。但另一方面，固定效应模型有一个独特的优势，我们无须做个体效应与其他解释变数不相关的假设，而在随机效应模型中，这个假设是必需的，在模型的设定中如果遗漏了重要的变量，就会导致参数估计的非一致性。为此，在对随机效应与固定效应的检验上，本书最初曾采用了豪斯曼（Hausman）检验来验证模型的固定效应与随机效应，但检验结果表明两种效应都存在。由于本书采用了 60 个国家来进行研究，为避免固定效应对自由度的损害，我们直接采用随机效应模型，并对随机效应模型的适用性进行检验。

（二）样本国的选择

我们一共选取 60 个国家 1981 ~ 2004 年的数据进行分析，其中发达国家共 22 个：美国、英国、奥地利、比利时、丹麦、法国、德国、意大利、荷兰、挪威、瑞典、瑞士、捷克共和国、卢森堡、爱尔兰、加拿大、日本、芬兰、希腊、葡萄牙、西班牙、澳大利亚。中高收入国家共 11 个：阿根廷、智利、捷克、爱沙尼亚、匈牙利、以色列、韩国、拉脱维亚、立陶宛、波兰、特立尼达和多巴哥。中低收入国家共 19 个：巴西、中国、哥伦比亚、厄瓜多尔、埃及、萨尔瓦多、印度尼西亚、牙买加、约旦、马来西亚、墨西哥、巴拉圭、秘鲁、菲律宾、俄罗斯、泰国、土耳其、乌拉圭、委内瑞拉。低收入国家共 8 个：玻利维亚、加纳、印度、肯尼亚、巴基斯坦、坦桑尼亚、多哥、越南。

（三）变量的设计、数据来源及说明

所有的变量分为四组：一是银行系统性风险 Y_{it} 变量的刻画，我们认为银行危机是系统性风险的极端表现。为此，本书选择 World Bank（2003）银行危机数据库和 Martin Čihák and Klaus Schaeck（2007）数据库，一共 266 个样本点发生了显著银行系统性风险。二是总体经济特征变量，包括实质 GDP 成长率、通货膨胀率、实际汇率贬值率、人均 GDP、经常账户变动率、实质利率。三是金融结构特征变量，包括金融自由化虚拟变量、金融市场结构指数、政府治理指数、存款保险程度指数。其中金融自由化虚拟变量用自由化以后 =1、自由化以前 =0 表示，数据来源于朗西埃等（Ranciere et al., 2006）；存款保险程度指数源于 World Bank 数据库，一国实行显性存款保险制度（含全额隐性保险）=1，或 =0；政府治理指数源于考夫曼、克雷和马斯特鲁齐（Kaufmann, Kraay and Mastruzzi, 2004）提供的数据库，包括六个维度：言论与责任 VA、政府的稳定性与暴力的

缺乏 PV、政府效率 GE、管制质量 RQ、法律法规 RL 与腐败的控制 CC。但是，各类指数之间的相关系数较高，因此我们对其进行因子分析，得到如下结论：从巴特利特（Bartlett）检验结果来看，应拒绝各变量独立的假设，KMO 的统计量为 $0.921 > 0.7$，说明各变量间信息的重叠程度非常高，做出的因子分析模型效果较好。从变量共同度群值（Communalities）来看，各因子被提取的公因子所表示的程度除 PV 以外，几乎都在 90% 以上，因此提取的公因子对各变量的解释能力较强。从方差解释表格最右侧旋转后各因子的载荷情况来看，只有前 1 个特征根大于 1，因此我们只需要提取前一个公因子，在旋转后一个公因子的方差累计贡献达到 89.7%，以足够描述制度变量的特征。根据因子得分函数系数矩阵，据此可以直接公因子的表达式为：$F1 = 0.171VA + 0.165PV + 0.181GE + 0.176RQ + 0.182RL + 0.180CC$。四是银行特征指标，包括 M2/外汇储备、银行储备资产/银行资产、国内授信成长率、银行持有国外净资产/外汇储备。

（四）模型表达式

首先，我们将解释变量分为总体经济特征指标（$Macro$）、金融市场结构指标（FS）与银行体系特征指标（$Bank$），分别构建四个方程组：

$$Y_{it} = F(\beta_0 + \alpha_1 Macro_{it} + \varepsilon_{it}) \qquad \text{方程 1}$$

$$Y_{it} = F(\beta_0 + \alpha_1 FS_{it} + \varepsilon_{it}) \qquad \text{方程 2}$$

$$Y_{it} = F(\beta_0 + \alpha_1 Bank_{it} + \varepsilon_{it}) \qquad \text{方程 3}$$

$$Y_{it} = F(\beta_0 + \beta_1 Macro_{it} + \beta_2 FS_{it} + \beta_3 Bank_{it} + \varepsilon_{it}) \qquad \text{方程 4}$$

其中 Y_{it} 表示 i 国在 t 时刻是否出现显著性银行系统性风险、$Macro_{it}$ 表示总体经济指标集、FS_{it} 表示金融结构指标集、$Bank_{it}$ 表示银行特征指标集。本书拟采用 stata/SE10.0 软件来进行 Panel Logit 模型的分析

三、实证过程与结果

（一）分组说明及差异性检验

1. 根据金融开放程度来进行分类。钦和伊藤（Chinn and Ito，2006）发布了 Chinn-Ito[①] 指数，该指标赋值介于 −1.71 和 2.65 之间，赋值越大表明金融开放

---

① 他们依据 IMF 年度报告《兑换制度和兑换限制年报》针对四个问题回答的信息：是否存在多重汇率；是否存在对经常账户下的交易管制；是否存在对资本账户下的交易管制；是否要求出口创汇的上缴。他们分别对上述四个问题的回答给予赋值并进行第一标准化主成分分析来衡量金融的开放程度。

中国金融国际化中的风险防范与金融安全研究

程度越高。本书以黄玲（2007）研究的数据为基准，加权 1970～2004 年 Chinn-Ito 指数，如果 >1 表示高开放国家，≤1 表示低开放国家。高开放国家样本为 29 个，包括：澳大利亚、比利时、加拿大、丹麦、萨尔瓦多、芬兰、法国、希腊、德国、印度尼西亚、爱尔兰、意大利、牙买加、日本、约旦、卢森堡、墨西哥、荷兰、秘鲁、葡萄牙、西班牙、瑞典、瑞士、特立尼达和多巴哥、英国、美国、乌拉圭、奥地利、挪威。低开放国家样本共为 31 个，包括：阿根廷、玻利维亚、巴西、智利、中国、哥伦比亚、捷克共和国、厄瓜多尔、埃及、爱沙尼亚、加纳、匈牙利、印度、肯尼亚、韩国、拉脱维亚、立陶宛、马来西亚、马尔他、巴基斯坦、巴拉圭、菲律宾、波兰、俄罗斯联邦、坦桑尼亚、多哥、土耳其、委内瑞拉、越南、泰国、以色列。

2. 依据金融发展程度分类。这里使用戈德·史密斯（Gold Smith）的金融相关率指标（FIR），计算公式为所有金融工具总值/GDP，如 FIR >1，表示金融发展程度较高；FIR ≤1 表示金融发展程度较低。金融发展程度高国家有 26 个，包括澳大利亚、奥地利、比利时、加拿大、中国、丹麦、埃及、芬兰、法国、希腊、德国、印度、爱尔兰、意大利、日本、卢森堡、马来西亚、马尔他、荷兰、葡萄牙、西班牙、瑞典、瑞士、泰国、英国、美国。金融发展程度低国家有 34 个，包括阿根廷、玻利维亚、巴西、智利、哥伦比亚、捷克共和国、厄瓜多尔、爱沙尼亚、加纳、匈牙利、印度尼西亚、以色列、牙买加、约旦、肯尼亚、韩国、拉脱维亚、立陶宛、墨西哥、挪威、巴基斯坦、巴拉圭、秘鲁、菲律宾、波兰、俄罗斯联邦、萨尔瓦多、坦桑尼亚、多哥、特立尼达和多巴哥、土耳其、乌拉圭、委内瑞拉、越南。

3. 分组差异性检验。本书运用曼—惠特尼（Mann-Whitney）U 检验来研究不同金融发展程度与开放程度下银行系统性风险发生的概率是否具有显著性差异。检验结果如表 3 - 2 所示，实证结果表明：在不同金融开放程度下与金融发展程度下银行系统性风险发生概率存在显著差异。

表 3 - 2   曼—惠特尼检验结果

H_0：不同金融开放程度下银行系统性风险发生概率一样	H_0：不同金融发展程度下银行系统性风险发生概率一样
Z = 2.250	Z = 6.749
Prob > │Z│ = 0.0244	Prob > │Z│ = 0.0000

（二）开放条件下银行系统性风险生成的一般规律（如表3-3所示）

表3-3　　　　　　银行系统性风险生成机制实证结果

方程名称		方程1	方程2	方程3	方程4
金融开放度					3.188*
总体经济指标	人均GDP	0.2079**			-0.6465*
	经常账户变动率	-0.0523			
	通货膨胀率	0.0545***			0.2316***
	实际汇率贬值率	-0.00194			
	实质利率	0.0551***			0.2248**
	实质GDP成长率	-0.1489***			-0.1385*
金融结构	金融自由化虚拟变量		1.9045*		1.455
	金融市场结构		-1.093**		-2.885***
	存款保险程度指数		0.2560		
	政府治理指数		-2.513***		-4.127***
银行特征指标	银行储备/银行资产			0.0194*	0.2475*
	M2/外汇储备			2E-07	
	国内授信成长率			-1.039**	-4.537*
	银行持有国外净资产/外汇储备			0.0388	
常数项		-5.1796***	-4.38***	-2.36***	-2.83
Log likelihood		-285.20***	-104.8***	-389.9*	-86.7***

注：*表示在10%显著性水平下相关；**表示在5%显著性水平下相关；***表示在1%显著性水平下相关。

1. 金融开放程度的提高、实质利率的提高、通货膨胀率的提高导致一国银行系统性风险发生可能性的上升，而人均GDP、实质GDP成长率、金融市场结构的改善、政府治理环境的改善、国内授信成长率都会导致银行系统性风险的减少。而银行储备资产占比的提高更易诱发危机，储备资产的增加一般是银行主动收缩流动性的结果，其原因要么经济可能处于衰退周期，要么政府出台严厉的调控政策，这两者都有可能导致银行系统性风险的增加。

2. 在所有变量中，政府治理指标的稳健性最强，在任何一组方程（包括后面在不同金融开放程度与金融发展程度的分组）中都显著地减少了银行系统性风险的发生。而是否实施显性存款保险制度对危机的生成均无显著影响。

3. 在宏观经济指标体系中，实质 GDP 增长速度对较少银行系统性风险的发生最为显著，通货膨胀率的上升、实质利率的上升会导致银行系统性风险的显著上升，而经常账户的变动率、实际汇率贬值率与银行系统性风险的关系并不显著。

4. 金融结构指标体系中，除存款保险以外，其他变量都显著地合理相关。金融自由化的实施会导致银行系统性风险的显著增加；对银行融资依赖性的降低，金融市场地位的增强对改善银行系统性风险具有较为显著的作用。

5. 银行特征指标体系中，国内授信成长率增加显著降低了银行系统性风险的发生，这可能是由于经济环境的好坏是决定授信成长率高低的关键要素，同时，授信成长率也会导致存款增长率的同步上升。但值得注意的是，授信成长率突然发生逆转时，一般会导致严重的危机事件的出现。

（三）不同金融开放程度的国家银行系统性风险生成机制具有显著差异（如表 3-4 所示）

1. 高开放程度国家中导致银行系统性风险的因素较多，主要包括人均 GDP、经常账户变动率、实质利率、实质 GDP 成长率、金融虚拟化、政府治理指数、银行储备/银行资产、M2/外汇储备的影响；低开放程度的国家中，银行系统性风险生成主要受通货膨胀率、实际利率、政府治理指数与国内授信成长率的影响。

2. 在封闭国家实施自由化不会对一国银行系统性风险带来显著影响，但随着金融开放程度的提高，金融自由化往往会带来较高的银行系统性风险出现可能性。

3. 在金融开放程度较高的国家，金融市场的发展、银行融资依赖程度的降低与政府治理的改进都能有效抵御银行系统性风险的发生，但在金融开放程度较低的国家，金融市场的治理作用并不能得到有效发挥。

表3－4 　不同金融开放程度国家银行系统性风险生成机制差异实证结果

方程名称		第一组方程		第二组方程		第三组方程	
指标		低开放国	高开放国	低开放国	高开放国	低开放国	高开放国
总体经济指标	人均GDP	0.1007	0.7385 **				
	经常账户变动率	− 0.0224	− 0.0897 ***				
	通货膨胀率	0.0349 **	0.1621				
	实际汇率贬值率	− 0.0120	0.0032				
	实质利率	0.0440 *	0.1007 *				
	实质GDP成长率	− 0.0573	− 0.4595 ***				
金融结构指标	金融自由化虚拟变量			0.201	1.905 *		
	金融市场结构			− 0.064	− 6.712 **		
	存款保险程度指数			0.2357	− 3.74		
	政府治理指数			− 1.851 **	− 18.36 **		
银行特征指标	银行储备资产/银行资产					− 0.0014	0.1779 *
	M2/外汇储备					− 2E-07	4E-05 ***
	国内授信成长率					− 0.9468 *	− 1.0423
	银行持有国外净资产/外汇储备					0.0389	0.0565
	常数项	− 3.039 *	− 14.38 ***	− 3.98 **	− 4.38 ***	− 1.44 ***	− 6.394 ***
	chibar2 （01）	46.9	126.05	20.69 ***	30.15 **	30.56 ***	145.5 ***
	Log likelihood	− 154.6 *	− 115 ***	− 46 ***	− 69.6 ***	− 227.25	− 142.2 ***

注：* 表示在10%显著性水平下相关；** 表示在5%显著性水平下相关；*** 表示在1%显著性水平下相关。Log likelihood 表示整个方式的检验，而 chibar2 （01） 表示对随机效应的检验。

（四）金融不发达与发达国家银行系统性风险生成机制具有显著差异（如表3－5所示）

1. 金融不发达国家危机的生成受到较多的因素制约，金融发达国家危机的生成主要受实质GDP增长速度的影响，并能通过自身经济金融的发展来有效克服通货膨胀率与实质利率提高带来的不利冲击。

2. 在金融发展程度不同的国家，金融自由化实施对银行系统性风险的生成均无显著关系。

3. 金融发达国家危机生成更易受到国外因素的影响，银行持有国外净资产/外汇储备发挥的作用越来越高。

表3-5 　　　　　不同金融发展程度国家银行系统性风险生成机制差异结果

方程名称		第一组方程		第二组方程		第三组方程	
指标		金融不发达	金融发达	金融不发达	金融发达	金融不发达	金融发达
总体经济指标	人均GDP	0.1321	0.0483				
	经常账户变动率	-0.0272	-0.0633				
	通货膨胀率	0.0474***	0.0446				
	实际汇率贬值率	0.0028	-0.0204				
	实质利率	0.0531***	-0.0206				
	实质GDP成长率	-0.0855**	-0.4489***				
金融结构指标	金融自由化虚拟变量			2.042**	2.042**		
	金融市场结构			-0.7186	-0.7186		
	存款保险程度指数			0.4698	0.4698		
	政府治理指数			-1.9476**	-1.9476**		
银行特征指标	银行储备资产/银行资产					0.0033	0.0418
	M2/外汇储备					3E-07	-0.0017
	国内授信成长率					-0.7343	-8.1395***
	银行持有国外净资产/外汇储备					-0.0823	0.1986*
	常数项	-3.75***	-5.18***	-4.12***	-4.12***	-1.399***	-5.3***
	chibar 2 (01)	50.9***	110.8***	18.9***	34.39***	30.73***	122.0***
	Log likelihood	-165.5***	-115.1***	-75.2**	-26.53***	-268.45	-101.3***

注：* 表示在10%显著性水平下相关；** 表示在5%显著性水平下相关；*** 表示在1%显著性水平下相关。Log likelihood表示整个方式的检验，而chibar2（01）表示对随机效应的检验。

四、结论

本部分在全球数据的基础上运用Panel Logit模型研究了金融开放程度与发展

程度差异对银行系统性风险生成机制的影响。本书的贡献在于：一是将金融结构指标中的金融自由化、存款保险制度、政府治理指数、金融结构指数纳入实证中，增加了模型的普适性；二是依据金融开放程度与金融发展程度研究了银行系统性风险生成机制的不同差异，为银行系统性风险的生成机制提供了补充说明。但实证研究中还存在以下缺陷：一是对金融开放程度的分组中，依据国家的平均开放程度与发展程度进行分组，在某种程度上忽略了一国金融开放程度与发展程度的变迁；二是由于样本数据的缺失，对金融制度指标，比如金融监管要求、最后贷款人制度等没有纳入模型中。

第五节　我国银行系统性风险生成的理论与实证研究

2008年10月以来全球经济金融的发展跌宕起伏，短短的半年时间之内，国际金融市场经历了大规模机构破产重组、全球金融市场暴跌、各国政府积极救市等应接不暇的动荡情景。起源于华尔街的次贷危机也迅速演变为一场浩大的全球性金融海啸，全球经济也步入自第二次世界大战以来未曾有过的同步性贸易收缩和经济衰退之中。银行业作为全球经济的命脉与先导，其关闭、重组、不良资产的处置及其信贷紧缩的程度成为制约全球危机下一步发展方向的关键。在此背景下，我国银行业是否会发生银行危机，是否出现系统性风险成为全国上下关注的焦点。一直以来我国是否存在系统性风险是一个比较具有争议的问题，章家敦（2001）和乔·史塔威尔（Joe Stud-well，2002）认为中国银行体系十分脆弱，已经处于崩溃边缘，中国将成为下一个发生金融危机的国家；多恩布什和吉奥瓦兹（Dornbusch and Givazzi，1999）认为中国金融体系并不脆弱，不论是短期还是长期中国都不会发生金融危机，对中国的金融稳定前景十分乐观。在所有的争论中，人们一直忽视了几个最为基本的问题：银行业危机与系统性风险如何进行定义，是银行的倒闭还是银行的困境？在过去一段时间里，我国银行业面临巨大的清偿力问题，但仍然能够保持稳定运行，其内在的机制是什么？这种机制在融入全球化的浪潮中是否还能被保持？

一、我国"金融系统性风险之谜"

从世界银行的银行危机数据库[1]（2003）我们可以看出，我国银行体系在整个90年代一直存在严重的系统性风险，在1998年末的高峰时期，占据银行体系资产68%的四大国有银行处于实质资不抵债阶段。尽管如此，我国却未爆发出典型意义上的银行危机，这种矛盾被西方人称为中国的"金融系统性风险之谜"。但随后央行加快了对商业银行不良资产剥离及汇金公司注资的进程，伴随着国有银行改制成功及上市，银行不良资产比例不断下降，经营业绩也不断攀升，似乎我国银行系统性风险又显得不是那么紧迫了。但在经济转型与全球一体化的时代背景下，在全球危机的冲击下，各种新政策和新市场规则不仅使原有风险因素对金融系统的威胁显性化和现实化，而且还会出现新的风险，加之国内金融基础脆弱、监管体系不完善，原本已经累计了大量的金融系统性风险，如今银行系统性风险问题显得尤为紧迫。

中国"金融系统性风险之谜"的原因在于中国政治社会稳定，经济实力增强，存款人对政府充满信心，致使隐性的政府担保机制充分发挥作用，较为严重的金融风险没有转化为系统性金融危机（王叙果、蔡则祥[2]，2005）。从上述分析我们可以发现，传统金融危机理论对我国银行业的系统性风险问题解释力度不够，很难刻画银行危机的动态变化。为此我们引入"系统性风险"的概念及其分析框架对我国银行业的整体风险状况进行分析。

综上所述，本书认为我国银行系统性风险的最大隐患并不在于清偿力与流动性问题导致的大量倒闭问题，而是来自大量潜伏于隐患体系中的风险，银行业长期低效率运行，并极大抑制了整个经济体系的发展。从既有研究我们大致可以得出以下两个基本的判断：一是政府主导的中国制度变迁之内生逻辑和轨迹，自然地导致我国金融体系内部积聚了大量的制度性系统性金融风险因素，国家隐性担保能力和社会金融剩余控制能力成为系统性金融风险因素是否会造成实际损失，或者说释放出来的关键变量，一旦这两项能力在转轨进程中被削弱，既有的体制框架就很可能无法再包容其内在体制性风险，溢出制度边界的

---

[1]　Hoggarth, G., R. Reis, and V. Saporta. *Costs of banking system instability: Some empirical evidence. Journal of Banking and Finance.* 2002, 26 (5), pp. 825 – 855. 据 IMF 数据库所载，在 1998 年末的高峰时期，占据银行体系资产 68% 的四大国有银行处于实质资不抵债阶段，银行不良贷款比例高达 50%，净损失估计高达 4 280 亿美元，为 1999 年全年 GDP 总量的 47%，潜在的损失可能高达 48 000 亿元人民币，为 2002 年 GDP 的 47%。2001 年降为 31%，2002 年为 26%，2003 年为 22.6%。

[2]　王叙果、蔡则祥：《中国系统性金融风险担保机制的分析》，载于《金融研究》2005 年第 9 期。

风险就极可能会导致系统性风险的爆发；二是在开放条件下经济运行轨道的转换及改革本身的目标和政策使得既有风险承担模式变得不经济，同时随着银行业自身经营的发展，其风险的生成与扩散机制都发生了变化。为此，本书拟将银行风险的微观触发、传染机制与制度根源结合起来，从理论上探讨我国可能出现的系统性根源与爆发条件，并对我国银行系统性风险进行准确评估。

二、我国银行系统性风险生成的微观基础

（一）我国银行资产负债结构与风险的微观触发机制

从银行的资产负债结构来讲，一国商业银行体系是否倒闭，最终决定于银行的清偿能力与流动性保护能力。由此，我们将从风险总量（信用风险、市场风险、操作风险、流动性风险）及风险承受能力的角度，综合判断近年来我国银行的系统性风险变化过程。

1. 信用风险是我国银行业的首要风险。近年来，我国银行业不良贷款比率不断下降，但我国商业银行不良贷款的下降不仅是银行业自身实力的提高，更重要的是最近几年来政府的支持及国民经济的高速发展。对于信用风险而言，我们现阶段应关注的焦点在于：第一，人民币升值及美国经济衰退周期对出口行业乃至全国经济增速的影响。全球宏观经济下行风险加大、出口退税政策的调整和汇率加速升值挤压部分外向型企业利润，增加此类企业的信用风险。第二，在经济刺激背景下，宽松的信贷环境导致银行信贷标准不断放松，银行信贷规模不断扩展。增加的货币信贷投入，远远超过经济发展的实际需要，最终是推动资产价格的上涨。这些货币信贷投入在一定程度上还支撑了一些应该淘汰的企业或产业的生存，产生了无效供应。这种无效供应，将来会显现出来，这就会导致银行的不良资产增加。但在通胀预期下，宽松货币政策退出后如果经济不能在较短时间回暖，将会对银行带来致命的打击。第三，资本市场与房地产市场价格的剧烈波动，资产价格的剧烈波动一方面加大企业的财务风险并导致其信用风险增大，同时降低了抵押品的机制进而损害银行资产的价值。第四，不健全的法律体系削弱了抵押物价值，由于缺乏有效的破产法律制度和相应市场机制，银行无法通过处理抵押物有效回收贷款。第五，银行贷款集中度过高，容易诱发银行呆坏账的出现。中长期贷款集中配置在制造业、交通运输行业、房地产业、电力燃气、水的生产和供应行业以及水利、环境公共设施管理行业，共占中长期贷款的94.8%。中长期贷款过度的集中在公共投资和房地产行业，极大地提升了中长期贷款的

风险。

2. 市场风险的评估。第一，国债品种的利率风险。我国银行体系持有的非信贷资产绝大部分为国债，但随着我国银行流动性管理方式的变化，国债持有比例不断加大，这可能进一步加大国债的市场风险。第二，刚性的利率体系造成银行业的结构性利率风险。第三，随着我国银行业开放程度的逐步增加，银行业的货币错配风险逐渐加大。

3. 商业银行风险承受能力的分析。一是我国商业银行资产收益率最近出现好转，但总体来说盈利结构较为单一，收益波动率更为明显。二是我国商业银行资本充足率稳步上升，截至 2007 年底，银行业金融机构整体加权平均资本充足率 8%，首次达到国际监管水平。商业银行加权平均资本充足率 8.4%，达标银行 161 家，比上年增加 61 家；达标银行资产占商业银行总资产的 79.0%。截至 2008 年，国内几大主要银行的资本充足率平均达到 12.88%①，拨备充足率也都超过了 140%，处于较好的水平。

（二）我国银行体系可能遭遇的共同冲击类型分析

1. 经济突然出现衰退，导致企业财务状况的恶化与大量企业的破产。我国经济在低廉的信贷成本和不断提高的生产效率推动下高速增长，而投资则是经济增长的支柱。近年来我国固定资产投资总额占 GDP 的比例不断推高，从 1991 年的 25.7% 上升到 2008 年的 57.3%。它也从一个侧面反映出国有企业自有资金的不足，同时由于经济增长迅猛，企业利润在过去几年中迅速提高，但绝大部分利润被再次用于投资以提高产能，而不是用于降低负债率。所以银行很容易受到经济衰退的冲击。

2. 国际资本流动的突然逆转，导致银行体系流动性的枯竭。回顾过去，20 世纪 90 年代以来，每一次美联储从减息到加息的周期性变化，都不可避免地伴随着国际资本在减息周期撤离美国，而在加息周期回流美国的现象。中国巨额外汇储备增加主要依赖于人民币升值预期引起的资本项目顺差与经常项目顺差，因此当中国出口竞争力下降，美元进入加息周期有可能导致中国在随后的 2~3 年内，始终受到资本内流减少甚至资本外流增加的威胁。

3. 人口结构的改变、未预期到的经济冲击导致储蓄率的下降。我国银行业的稳健经营很大程度取决于我国储蓄总额的不断攀升，当遭遇某些特殊事件时（比如战争），可能会导致整个银行业体系的瘫痪。

---

① 对工商银行、中国银行、建设银行的年报相关数据进行简单算数平均处理。

（三）我国银行系统性风险传染机制分析

1. 商业银行的同质性导致我国商业银行风险传染的可能性更大。首先，我国国有银行投资组合、交易主体及风险管理目标都过于趋同，很容易引致集体行为，当宏观经济政策发生变化时，市场利率大幅上升，很有可能导致银行间债券价格的单边变化，进而加大了整个银行体系的流动性风险。我国国有银行的同质性主要体现在产品与交易结构单一、趋同，多集中于债券、拆借、封闭式回购等品种，同时商业银行的贷款结构与期限均无较大差异，在同样的风险管理目标下很容易采取一致性的行动来规避风险，进而造成所谓的流动性"黑洞"问题。其次，我国商业银行贷款集中度过高。现阶段我国商业银行信贷被集中投放于地方政府的基础设施建设项目和有政府垄断背景的行业，导致贷款规模不断扩大，对象不断集中，期限不断变长，这样以企业为中介，更容易造成银行体系的相互传染。

2. 我国银行业的关联程度不断增强，导致金融市场风险、国外风险传染可能性不断增大。首先，我国商业银行非信贷资产比例不断上升，截至 2007 年末，我国商业银行持有的投资资产比例已高达 23%，持有的品种几乎都为债券等品种，在使银行通过债券回购等交易的规模不断加大，增加了银行间头寸相互持有的规模。其次，金融控股公司的出现与银行经营范围的缓慢放开，金融市场与银行之间的关联越来越紧密，银行业已经开始涉及金融市场方面的业务，比如基金管理公司、租赁公司和信托公司等行业，更易造成系统性风险在金融市场与银行之间的传染。

总体而言，我们从引发现金挤兑的内外因、宏观经济的脆弱性及金融体系的脆弱性出发，对比日本、印度与东南亚国家，我们可以发现，我国现阶段并不存在显著的系统性风险，但仍潜伏在整个银行体系中，经济的大幅衰退、对外依存度过高、投资过度与房地产泡沫的崩溃，随时可能会诱致银行风险的出现，外资的进入与金融的开放可能会加速这一进程，而我国银行业的同质性、资本关联又会最终放大银行体系的风险并进行传染，严重时会导致银行危机的出现。

三、我国银行业系统性风险生成的制度根源——基于预算软约束的视角分析

黄海州等[①]（1999）研究了预算软约束与银行业危机的关系，预算软约束不

[①] 黄海州、许成钢：《金融制度、风险扩散和金融危机》，载于《经济与社会体制比较》1999 年第 4 期。

仅影响了金融市场的效率，而且扭曲了市场信息并形成一种传导机制，导致银行间市场面临"逆向选择"问题，进而可能造成银行的挤兑风潮和银行间贷款市场的崩溃。从既有学者的研究来看，重点探讨了两方面的问题：一是银行业预算软约束的生成机制及存在的类型；二是银行业预算软约束对银行系统性风险生成的影响。本书认为，我国渐进式的金融改革造成了金融资源过度向银行业集中，滋生了预算软约束在我国生长的土壤，也为我国商业银行的巨额不良贷款埋下了深厚的制度根源，为化解商业银行在改革中承受的巨额成本，银行业也必然会享受到政府提供的各种的隐性担保。因此，本书拟从我国银行业的过度集中及我国企业负债结构过高两个角度来思考预算软约束在我国存在类型，进而论证预算软约束与我国银行业系统性风险的生成与分担机制。

（一）我国银行体系双重软约束存在的证据及其外在表现

首先，在我国经济转轨过程中，政策性贷款成为银行软约束的重要表现。改革初期国家财政无力，国有企业的统配资金改由银行贷款，甚至一些本应由财政负担的补贴和支出都由商业银行垫付。银行功能的异化是给商业银行带来大量不良资产的历史原因。据统计，1979 年国有银行的政策性贷款仅为 11.85 亿元，占国有银行总贷款的比重为 0.6%；而 1985 年这一比重上升为 31.45%；到 1996年，我国政策性贷款规模是 16 400.10 亿元，占比高达 34.66%；其次，短缺经济与软预算约束下的地方投资冲动，在带动地方经济发展的同时也为银行的不良贷款埋下了制度根源。我国不少地区的经济增长速度是靠"三高"（高投资、高能耗、高污染）来支撑的，结果表现为"两低"，在本轮的经济增长中，由房地产业的快速增长所带动的钢铁、水泥和电解铝等行业的盲目投资和低水平重复建设，使得原本就成为我国经济发展"瓶颈"的煤电油运和重要原材料供求紧张的状况进一步加剧；最后，我国商业银行在出现清偿力问题后，国家均通过债务剥离、资本金注入和流动性担保[①]的方式来保证银行的正常运行，造成了商业银

① 央行与财政对银行的注资与救援活动包括以下内容：（1）财政直接出资，1998 年财政发行 2 700 亿元特别国债充实国有商业银行的资本金，2004 年以来，先后动用 600 亿美元的外汇储备向四大国有商业银行注资，向交通银行注入相当于 30 亿美元、光大银行相当于 200 亿元人民币的美元外汇资金。（2）出资 400 亿元成立 4 家资产管理公司，收购四大国有商业银行的 1.4 万亿元不良资产；（3）呆账冲销，1997年、1998 年利用银行自身盈利冲销呆账 700 亿元，2004 年以来，中国银行和中国建设银行以财政部名义持有的 3 000 亿元资本金用于核销呆坏账和补提未提的呆账准备金；（4）中央银行"再贷款"，中央银行为金融机构提供再贷款 7 662 亿元，利率为 2.25%；（5）中央银行票据在国有商业银行不良资产的二次剥离中发挥了重要的作用。如以 644.5 亿元的央票购买建设银行 1 289 亿元的不良资产，2005 年 6 月中央银行以账面价值收购工行的可疑类贷款 4 590 亿元，而以 26.38% 的平均中标价出售给资产管理公司（以上数据来自国有银行改革过程中公布的各类公开资料）。

行的实质软约束。通过股份制改造，国有银行风险得以转移，自身资产质量提高。二级市场的股权溢价使国有银行价值大幅上涨，而充作国有银行资本金的外汇储备也由此获得了很好的保值增值效果。然而在皆大欢喜的背后，我们应该关注的是，国有银行的不良资产并没有得到根本性的解决，其实质只是从银行部门转移到了公共部门。

（二）预算软约束与银行系统性风险的生成

由于既往的文献多侧重于研究我国银行业在改革过程中发生的沉没成本及其引发的政策性负担，因此我们将这部分内容给予省略，而侧重谈当前地方政府投资冲动与银行业的道德风险问题。

1. 预算软约束与我国银行风险的触发机制。首先，软约束引致的道德风险和逆向选择促使银行行为发生扭曲，不良资产问题难以从制度上解决。政府的最终援助强调了市场机制的惩罚不具有可信性，软预算约束增加了商业银行机会主义行为，强化了商业银行的道德风险，鼓励了商业银行的机会主义行为。这在经营活动中不计成本地过度竞争或为了争取更多的预期利润而冒过高的风险，违背了商业银行谨慎性原则。其次，双重软预算约束导致国有商业银行在发放新贷款时，必然与政府偏好一致，存在"放大放垄断"的特点，并非基于对这些企业风险或收益的判断，而是对政府对这类企业必将实施软预算约束预期的投机，这导致了我国贷款投向过度集中的问题。同时，20世纪80年代以来的行政性分权和财政包干制度强化了地方政府的财政和经济激励，强化了地方政府官员的政绩工程与投资冲动。地方政府干预下的低要素成本促使一部分劣质企业也能达到社会平均利润报酬，企业也开始大量借款进行投资而不顾其筹资成本，进而促进了地方经济的膨胀。在遭遇经济衰退周期时，政府主导的大量重复建设行业开始出现生产能力严重过剩，导致银行大量不良资产的出现。最后，国有企业承担的社会责任导致其在破产时更多考虑了社会破产成本，会有更多的激励不让企业被清算掉，因此银行就更愿意以较低的利率贷款给国有企业。

2. 预算软约束与我国银行系统性风险的传染机制。首先，单一融资体制容易促使预算软约束的发生，进而促使同业拆借市场出现集合均衡（难以区分项目的好坏），而多家银行融资体制的经济体容易出现分离均衡（容易区分项目的好坏），形成预算硬约束。其次，在单一银行融资体制下（软预算约束），经济处于创新或赶超阶段时，很容易造成系统性风险的传染。这是由于软预算约束使坏项目很难中止，无法区别银行好坏，同业拆借市场就成为"柠檬市场"，好银行就会离开拆借市场，通过清盘一些好项目来筹集所需资金，市场为差银行所充斥。因此，一个银行的问题，会通过该市场波及其他银行，爆发金融危机。

（三） 预平算软约束下的我国银行业的风险承担机制

在预算软约束的体制下，中国的银行仍然十分依赖政府信贷与补贴，除非政府同样陷入流动资金困境，银行短期内不会面临破产风险。银行业的风险最终承担方式为政府信誉的支撑与政府的注资与债务化解，这保证我国银行体系一直的平稳运行。但是这种风险承担的机制能否一直持续下去，却存在很大的疑问：第一，"稳定高于一切"的监管理念容易造成监管者的预算软约束和金融机构的道德风险，反过来会加剧金融体系的不稳定性和脆弱性，同时更易造成金融体系的低效运行。谢平（2004）[①] 认为央行的再贷款救助行为，好比央行利用"最后贷款人"职能来投放基础货币，把部分金融机构的不良贷款"货币化"，这样容易滋生金融机构的道德风险；第二，政府的风险承担能力取决于中国政治社会稳定状况、经济实力增长情况及存款人对政府的信心状况。从中国的现存状况来看，持续的经济增长使中国政府更有能力承担改革带来的成本，经济增长与外汇储备的不断增加，提高了政府的财政负担能力，并创造出大量的流动性，居民信心的增强促使银行存款持续攀升，为银行提供了所需的流动资金。因此，从短时间内看，我国银行业并不会出现流动性危机问题，也不会出现严重的银行危机。但是，我们应该看到，中国政府的担保能力取决于财政的持续能力、经济的增长速度和外汇储备的不断增长，但这种能力却是非稳定的，同时，在外资银行大量进入中国后，这种风险承担模式都可持续也逐渐受到大家的质疑。

四、我国银行系统性风险测度的实证分析

我国银行系统性风险实证研究的难点在于我国并没有爆发严重的银行危机，很难采用 Logit 模型来进行模拟和研究。为此，本部分拟在考察系统性风险微观基础上，构建一个综合的连续指标以刻画我国银行系统性风险的动态变迁过程。

（一） 模型设定

艾库特·卡布里特西格鲁（Aykut Kibritcioglu，2002）认为银行的风险来自信用风险（信贷）、流动性风险（存款）与汇率风险（对外净负债），提出了一个包括私人部门信贷（$lcps$）、银行存款（$ldep$）与对外负债（lfl）。它的优点在于将所有的变量都对增长速度进行标准化处理，方便系统性风险状态的观察。邹

---

① 谢平：《货币监管与金融改革》，三联书店 2004 年版。

薇（2005）、伍志文（2007）均运用此方法对全球危机国进行了评估，验证了这种方法的可靠性。孙达拉贾、马斯顿和巴苏（Sundararajan，Marston and Basu，2001）[1] 使用不良贷款（NPLs）作为评估金融稳定性的指标。尤德比尔·S·戴斯、麦克·昆廷、基纳·夏娜德（Udaibir S. Das，Marc Quintyn，Kina Chenard，2004）[2] 建立了一个由资本充足率（CAR）和不良贷款比率两个量化的变量组成的金融稳健性指数 FSSI 来研究管制和金融稳定的关系。

由于政府担保的作用，系统性风险很难被显性化。我国银行系统性潜在的风险源泉来自经济大幅衰退、出口急剧下降与居民储蓄结构的变化，这些因素的变化归根到底又会影响到银行的资产质量和运行状况。因此，本书立足于系统性风险的微观基础，选择存款（流动性风险）、贷款（信用风险）、不良贷款率（信用风险）和资本充足率（流动性保护能力）四个指标来综合刻度我国银行系统性风险的状况。首先，对所有的数据进行同向处理，上一章已经证明，信贷扩张与系统性风险成反比关系。因此，我们仅需对不良贷款进行同向处理就行了。其次，计算四个变量的增长率，并进行标准化处理，方便我们统一量纲，合成综合指数 Z，评估我国系统性风险的状态，计算结果见表 3-7。

$$Z_t = \left\{ \frac{(cps_t - u_c)}{\sigma_c} + \frac{(Nons_t - u_n)}{\sigma_n} + \frac{(dep_t - u_d)}{\sigma_d} + \frac{(Euity_t - u_e)}{\sigma_e} \right\} \Big/ 4$$

其中：$cps_t = \frac{(lcps_t - lcps_{t-1})}{lcps_{t-1}}$

$Nonsl_t = \frac{(lNons_t - lNons_{t-1})}{lfl_{t-1}}$ （不良贷款已同向处理）

$dep_t = \frac{(ldep_t - ldep_{t-1})}{ldep_{t-1}}$

$Equity_t = \frac{(Equity_t - Equity_{t-1})}{Equity_{t-1}}$

（二）评估结果

根据 Z 的临界标准判断我国银行系统性风险的真实状态，其临界值可以表示为表 3-6。

[1] Sundararajan, Marston, Basu. *Financial System Standards and Financial Stability: The Case of the Basel Core Principles.* IMF Working Paper. 2001.

[2] Udaibir S. Das, Marc Quintyn, Kina Chenard. *Does Regulatory Governance Matter for Financial System Stability?* An Empirical Analysis. 2004, www. imf. org, WP/04/89.

表3-6 系统性风险状态临界

Z	<-0.5	[-0.5, 0]	[0, 0.5]	[0.5, 1]	>1
系统性风险状态	极度不稳定	中度不稳定	轻度稳定	稳定	稳定

因此，根据系统性风险综合指标 Z（如表3-7和图3-6所示），我国银行系统性风险测度的波动较大，在1985~1996年间，除1987~1988年内出现了微小的系统性风险外，其余都保持在了较低的水平。但在1997~2003年我国银行体系却遭遇了严重系统性风险，不良贷款占比不断上升、资本充足率不断下降，这一情况随着央行在1999年剥离不良贷款及2005年、2006年大型国有企业的上市才导致我国银行系统性风险不断下降，基本上恢复到正常水平。

表3-7 我国银行系统性风险总体评估

年份 / 指标	存款（亿元）	贷款（亿元）	资本充足率（%）	不良贷款率（%）	系统性风险值
1985	4 264.9	5 905.6	7.78	5.92	0.00478
1986	5 354.7	7 590.8	9.29	7.27	0.47871
1987	6 517	9 032.5	8.89	8.94	-0.0588
1988	7 425.8	10 551.3	11.83	11.09	-0.1357
1989	10 786.2	14 360.1	11.99	12.91	1.45403
1990	14 012.6	17 680.7	9.48	13.84	0.2596
1991	18 079	21 337.8	11.47	14.6	0.32379
1992	23 468	26 322.9	10.6	15.7	0.32563
1993	29 627	32 943.1	13.75	17.3	0.55078
1994	40 502.5	39 976	16.32	19.23	0.93504
1995	53 882.1	50 544.1	14.3	14.8	0.92335
1996	68 595.6	61 156.6	13.9	22.45	0.31131
1997	82 390.3	74 914.1	13.38	30	-0.1096
1998	95 697.9	86 524.1	12.98	35	-0.6512
1999	108 778.9	93 734.3	13.19	39	-1.0665
2000	123 804.4	99 371.1	11.47	29.18	-1.048
2001	143 617.2	112 314.7	10.16	25.37	-0.7614
2002	170 917.4	131 293.9	9.62	21.4	-0.48

续表

指标 年份	存款 （亿元）	贷款 （亿元）	资本充足率 （%）	不良贷款率 （%）	系统性风险值
2003	208 055.6	158 996.2	11.57	17.9	0.03896
2004	241 424.3	178 197.8	7.95	13.21	− 0.6829
2005	287 163	194 690.4	5.9	8.61	− 0.7735
2006	335 434.1	225 285.3	13.25	7.09	0.16162

注：存贷款数据来自 CCER，1985～2005 年资本充足率与不良贷款率来自袁德磊、赵定涛，国有商业银行脆弱性实证研究（1985～2005），金融论坛，2007（3），其余年份来自银监会网站，并根据银监会网站对数据进行了一定的修正。

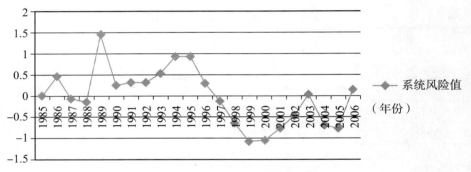

图 3-6　我国银行系统性风险值

（三）系统性综合测度指标应用的前景与局限性

从目前的历史数据来看，综合指数法能够很好地评估我国银行系统性风险的状况。但是依据上面的结论，中国属于低开放、高金融发展群体，银行危机的生成主要受 GDP 实际增长速度、金融自由化情况、政府治理指数、国内授信成长率、实质利率、通货膨胀率的影响。目前，我们依据微观金融机构风险总量及风险承受能力来刻画系统性风险生成的综合指标。我们的研究也较少涉及宏观经济状况与传染状况。因此，本书认为需构建包括 GDP 实际增长速度、金融自由化情况、政府治理指数、国内授信成长率、实质利率、通货膨胀率在内的多种预警指标对我国系统性风险进行预测。再通过研究风险在商业银行之间传染的可能性与速度。未来的系统性风险综合指数应该是一个以微观系统性风险核心、宏观经济总量指标为预警、传染模型三位一体的系统性风险测度框架。

第六节　主要结论

通过上述分析，我们可以对我国银行系统性风险得到一基本的研判：我国银行系统性风险的特殊性在于渐进式改革导致的银行风险过度集中与政府的隐性担保。我国银行系统性风险不是体现为大规模银行的倒闭，而是表现为银行经营效率低下导致的金融经济困境。在我国，由于超强政府担保的存在，银行体系的崩溃最终原因表现为政府信用的崩溃、经济的大幅衰退及储蓄存款的大幅下降。我国系统性风险处于潜伏的状态，经济大幅衰退、净出口大幅降低、资金流动突然逆转、投资过度集中与房地产泡沫崩溃等情况都有可能导致银行风险的急剧放大，而银行的同质性、资本关联与金融脆弱性可能会导致风险在体系内的进一步传染，最终生成严重的银行系统性风险，甚至于触发整个银行业的危机。另外，经济的急剧转型与金融的持续开放可能会加速这一进程。从制度根源来看，双重预算软约束及其引发的政府隐性担保成为制约我国银行系统性风险状况的关键因素，因此本书着重强调了企业资产负债率过高与预算软约束的关系及政府隐性担保的可持续性问题。

本章的贡献在于：第一，全文从个体银行风险触发、银行系统性风险生成、金融安全网下的银行系统性风险变迁三个层次对银行系统性风险进行研究，构建从个体银行风险触发到银行系统性风险生成的一般分析框架。第二，实证研究证实了不同金融开放程度与金融发展程度国家银行系统性风险生成机制的差异，并得到了一些具体有意义的研究结果。第三，从我国商业银行的微观基础与制度根源出发，得出银行系统性风险的根源在于经济的可持续增长与政府担保的可信度。基于系统性风险的微观机制合成了银行系统性风险的评估指数，并参考银行系统性风险的传染机制与影响因素，为我国系统性风险评估体系建立提供了一框架性的初步设想。但限于各种局限，本书还存在以下缺陷：第一，系统性风险综合指数应该是一个以微观系统性风险为核心、宏观经济总量指标为预警、传染概率为辅助的三位一体系统性风险测度框架。后续研究争取能将三者有机地统一结合起来。第二，金融国际化会给我国带来广泛的影响，我们很难清晰地描述金融国际化的内容，我们应随金融业的未来发展趋势来同步更新我们的研究内容与核心。第三，数据问题致使系统性风险的实证研究遭遇较大障碍，如何根据已有数据结构，结合中国的现实不断改进评估方法成为以后研究的一个重点。第四，对不同管制模式、担保模式下银行系统性风险生成差异未能进一步研究。

第四章

国际化中的金融系统性风险生成——基于资本市场与银行系统的综合研究

金融市场与金融机构是金融体系的两大基础，本章将重点研究金融市场系统性风险的生成及其与金融机构风险的转移机制。本章首先对我国资本市场开放中可能出现重大金融安全问题进行评估，并对"热钱"与资产价格波动、外资并购与金融风险的国际传染进行了重点考察与实证研究，然后对银行系统性风险与金融市场风险的相互传染机制进行了实证分析。至此，我们可以得到微观个体风险到金融系统性风险积聚的完整过程。

第一节　引言：资本市场开放中的风险与安全问题

资本市场开放能有效提升金融资源的配置效率，但资本流动规模与速度的加剧必然带来大量的风险与安全问题。

一、资本市场开放进程

资本市场开放为投融资活动突破了国内的限制，国内外投资者与各类经济主体能跨国界地进行投融资活动与金融资源的配置。资本市场开放的核心为国际资本流动基础上的业务准入限制放宽。因此国际资本市场开放度的测算主要是通过测算资本流动度来进行反映的，从计量的角度来说资本市场开放度可分为一国资本市场在总量规模上的开放度（开放的广度）和在价格上的开放度（开放的深度）。前者衡量指标如资本流动规模占国内生产总值的比重、货币供应量中来自国外的部分与来自国内的部分之比、来自国外的投资占全社会投资总额比重等。后者指的是一国经济活动与国外经济活动一体化的程度，可用国内市场价格与国际市场价格的联动水平来衡量，简单地说就是（商品市场中的）购买力平价和（金融市场中的）利率平价是否能够有效地成立。真正能够反映一国资本市场对外开放总体水平的指标应该是对外开放广度和对外开放深度的结合，代表性方法包括总量规模法、储蓄—投资相关性检验法（F-H 法）、利率平价检验法、货币自主性检验法及资本管制指数等。

　　从全球案例来看，发展中国家资本市场开放大致经历了资本市场全面管制、逐步开放到加速开放的进程三个阶段。其资本市场开放呈现以下几个显著特征：一是许多国家在资本账户自由化改革开始前，不同程度地存在着财政赤字、通货膨胀和币值高估等内外经济失衡现象，大多数发展中国家开放资本市场都是将其作为宏观经济稳定和结构调整方案的必要进程。二是对于资本账户开放的时机选择和速度，多数国家采取了一种相对渐进谨慎的方案，开放顺序贸易改革和经常账户自由化、长期资本流动（其中又以直接投资的自由化为先）、与贸易相关的短期融资、以短期金融收益为追求的资本自由流动。在资本流向方面，则一般是先放宽资本流入，然后再允许资本自由流出。同时，在遇到激烈的不利外部冲击时，也倾向于在短期内部分恢复原本已经放弃的资本管制措施。三是资本市场开放以利率和汇率的市场化改革为前提。四是大多数资本市场开放后都遭遇金融危机，由于经济条件的变化，一些国家的政府没有能够有效地应付由于大规模资本流入所造成的宏观经济压力，结果通货膨胀和实际汇率升值很快导致对外部门的严重失衡，并最终引发资本外逃和国际收支危机。

　　2001 年加入世界贸易组织之后，中国资本市场开放进程日益加快：中国企业海外上市融资、并购重组速度日益加快、QFII 与 QDII 制度推出并不断扩充投资额度、允许外资金融机构持有中资证券公司和基金公司最高至49％的股份、国际板的即将推出等。统计数据显示，截至 2009 年底，中国证监会已批准设立 7 家中外合资证券公司和 34 家中外合资基金管理公司，中国保监会已批准设立 35 家中外合资和独资寿险公司和 17 家中外合资财险公司。蓝发钦（2005）利用开放式测度法对中国当时的资本项目开放度进行了测度，认为目前中国资本项目的开放处于中等水平，何德旭等（2006）利用总量规模法、储蓄—投资相关系数法及 Edwards 模型对中国及其他亚洲新兴国家 1983 ~ 2004 年的资本流动性进行了测度，结果表明在所有亚洲新兴国家中中国的资本流动性是最低的。

二、资本市场开放中的风险与安全问题

资本市场开放能有效降低资金成本和市场风险，提升金融市场效率，促进金融体系结构调整和完善。同时，资本市场开放能全球范围内有效提高资本配置效率，促进实体经济的发展。但由于资本流动的投机性，资本市场开放也会对金融体系和实体经济带来非常严重的冲击，具体体现为以下几个方面：

（一）资本市场的开放将使国内金融机构由于竞争能力弱而面临亏损、倒闭的风险

对于以银行机构为主导性金融中介的发展中国家来说，如果资本账户开放带来大规模的资本流入，无论这些流入资本采取银行贷款还是证券投资、直接投资，其中大部分都会直接或间接地进入银行体系，引起银行可贷资金的增加。在发展中国家银行整体经营管理水平不高，对风险控制能力不足的情况下，有可能引起不良贷款的膨胀性增加。一旦经济波动或银行自身某一环节出了问题，银行将会资不抵债，濒临破产。

（二）各国金融市场的紧密联系将加大全球金融风险的传染

第一，大规模短期国际资本流动加剧金融市场的动荡，会造成经济泡沫化、汇率无规则波动、货币政策失灵以及危机的传播扩散等不利效应，如1992 年英镑危机和 1995 年美元汇价暴跌就是游资冲击的结果。第二，资本市场的紧密联系将加剧股市波动性与溢出效应，这对股价合理确定制造了阻碍，从而增大了资源错误配置的可能性。在存在一定的恐慌心理的特殊时期，股市波动明显加剧（如表 4 - 1、表 4 - 2 所示）。第三，资本市场开发将加大汇率波动。根据韩国和中国台湾的历史，对外资加大证券市场开放力度的初期，外资会处于净流入状态，短期内需考虑外汇净流入引起的本币升值压力问题。但从长期来看一国货币的汇率与经济基本面有直接关系，外资净流入或净流出仅对汇率有短期影响，造成助涨助跌效果。

表 4 - 1　　　　　　　　　　不同国家或地区股市相关系数

时间＼国家（地区）	美国与中国香港	美国与韩国	韩国与日本
1989 年 1 月 ~ 2000 年 4 月	0.81741	- 0.20406	0.3652
特定时期	0.927912	0.950995	0.8909

注：特定日期：美国与中国香港为 1989 年 1 月 ~ 1997 年 9 月，美国与韩国为 1998 年 10 月 ~ 2000 年 4 月，韩国与日本为 1997 年 7 月 ~ 1998 年 8 月。

资料来源：鄂志寰，资本流动与金融稳定相关关系研究．金融研究，2000（7）．

表 4 - 2　　　　　　　　　　部分亚洲国家股市相关系数

时间＼国家	韩国与印度尼西亚	印度与泰国	韩国与泰国
1989 年 1 月 ~ 2000 年 4 月	0.4364	0.1482	0.5534
1997 年 1 月 ~ 2000 年 4 月	0.7289	0.7829	0.6271

注：韩国与印度尼西亚该项统计时间为 1997 年 1 月 ~ 2000 年 1 月。

资料来源：鄂志寰，资本流动与金融稳定相关关系研究．金融研究，2000（7）．

（三）资本市场开放对金融监管与宏观调控提出了挑战

首先，在逐渐自由化的过程中，国外金融机构大量进入、金融工具的创新、短期资本异常流动以及国内金融市场扩展等，都加大了监管部门的监管难度。其次，在资本账户自由化的过程中，金融监管相关法规必须与国际接轨，而这不是一朝一夕的事情。在接轨过程中可能会出现监管真空，或者新旧制度矛盾的地方，进而可能会诱发新的金融风险。最后，国际收支顺差会引起外汇储备增加，通过这种途径国外的通胀会传递到国内。根据西方货币主义者的观点，通胀在国际市场传递的过程中，利率调整的作用大于价格调整，外汇市场和资本市场的调整快于商品市场的调整，国际资本流动在传递通货膨胀方面更重要。因此，资本账户放开后资本的流入将是迅速而大规模的，引发通货膨胀的渠道将会增多，通货膨胀也变得难以控制。

（四）国际收支不平衡风险加大

首先，在资本账户开放后，间接投资、短期资本和私人资本的流动将大量增加，国家难以把握外资流入的形式、期限，而外汇储备不可能保持与资本流入相同比例增长，因此当经济出现不稳定因素时，大规模的资本流动将会导致清偿力不足的危险。其次，资本流动规模扩大将加剧国际收支不平衡风险。尤其是对于经济成长迅速，市场潜力巨大，预期收益乐观的发展中国家，资本可能会流向一些国际资本热衷的项目，如房地产、股市、债券市场等。如果这种流入是暂时的，就会造成一时的繁荣，引起国际收支顺差，但是长期来看会引发一些问题。因为政府的外汇储备不可能无限制增加，导致国内居民手中有大量的国外资金，于是居民选择进口，当进口超前消费品时，经常项目很可能转为逆差。最后，国际收支调节措施难以达到预期效果。一方面国家不能采用管制时期的直接措施，只能采用间接手段，这无形中延长了调节措施的时滞效应；另一方面资本流动的逆风向运作加剧了国际收支的不平衡与宏观调控的难度。

（五）资本自由流动对现行汇率制度带来较大冲击

第一，根据蒙代尔三角不可能定律，在资本市场开放的大背景下，资本流动更加频繁，如果还是坚持固定汇率制度，或者浮动幅度太小，无疑会导致货币政策有效性的下降，增加经济运行成本和系统风险。第二，伴随着资本账户的自由化，汇率的决定不可能只取决于经常项目的外汇收支，更不可能是行政规定，影响汇率的因素增多。第三，资本自由流动会对外汇产品产生更多的需求，出于防范汇率风险的目的，金融机构、企业和居民在持有外汇时，必然要求外汇交易品种和交易方式多样化，而这种需求会对发展中国家外汇市场交易品种单一、交易方式单调的现状提出挑战。

三、中国资本市场开放中的风险与安全问题

王晓春（2001）、刘兴华（2003）利用利率平价检验法（Edwads 模型）分别对中国、马来西亚、泰国和印度尼西亚等发展中国家 1982～1999 年与 1982～2001 年期间的资本流动程度进行了估计，结果表明，在 1997 年东南亚金融危机中深受其害的马来西亚等三国的资本流动程度远高于中国。中国在东南亚金融危机中之所以"独善其身"，其对资本账户严格的控制和较低的资本流动程度是功不可没的。而中国金融体系在 2008 年次贷危机中损失较小似乎也可归结于我国资本市场开放程度较小缘故。但当我们回顾中国从 1978 年改革开放以来三十年的发展历程，正是经济的开放促进中国经济实现了巨大的发展。为此，我们必须坚定不移地推进资本市场的开放，但需关注资本市场开放中的风险与安全问题。

为此，本章在资本市场开放背景下，关注开放中的显著金融风险与安全问题，得出资本市场开放步骤与金融安全维护策略。本章其余部分结构安排如下：第二部分为金融市场风险国际间传染的理论与实证分析；第三部分为短期资本流

动与资产价格泡沫研究；第四部分为外资并购与金融安全；第五部分研究我国跨市场金融风险的传染问题；第六部分为简短的结论。

第二节　金融风险的国际传染——基于中美股市波动的实证分析

一、资本市场开放与股票市场关联性的理论分析

随着经济全球化进程的推进，中国资本市场已成为全球资本市场的重要组成部分。股票市场全球化特征也日益明显，股票市场相互之间的影响在逐渐增强。

（一）微观角度分析：投资者套利行为

在金融自由化的条件下，如果各个单独的股票市场之间相关程度很低，将会出现在不同市场间套利的机会。但这些套利机会并不是长期存在的，因为投资者必然会根据风险与收益匹配的原则来调整其投资于各股票市场中的资本权重，最大限度地发现那些价值被低估的证券，并从中获取超常回报。这样，投资者频繁套利操作及资本流动的结果，最终将导致不同的股票市场紧密相连，股票市场出现不同程度的联动现象。另外，金融衍生品的大量产生也促进了股票市场的联动。

（二）宏观角度分析：资本市场开放

20世纪70年代布雷顿森林体系崩溃后，西方发达国家纷纷推行经济自由化政策。关贸总协定乌拉圭回合谈判所达成的《服务贸易总协定》及其金融附录是金融国际化走向制度化安排的重要标志；《WTO金融服务协定》使得这一趋势得到进一步发展；国际货币基金组织在过去几年中也积极倡导成员国实现资本账户可兑换。政策的放宽有助于降低市场参与者的交易成本，使得企业可以进行跨国上市和股票的多国发行，私人投资者可以通过外国经纪商买卖外国股票市场上的股票，机构投资者和国际共同基金则可以在更广泛的范围内进行投资选择和决策。企业和投资者的上述行为使得股票市场趋向更加紧密的联系。

（三）经济的溢出效应

经济的溢出效应即一个经济主体的行为对另一个经济主体的福利所产生的效应，而这种效应并没有通过货币或市场交易反映出来。简单地讲就是一国总需求与国民收入增加对其他国家的影响。反过来，别国由于"溢出效应"所引起的国民收入增加，又会通过进口的增加使最初产生"溢出效应"国家的国民收入再增加，这种影响被称为"回波效应"。经济一体化使得证券市场波动性的"溢出效应"即市场价格上的波动性在不同的证券市场之间传导，而且这种趋势的程度随着证券市场开放程度的加大而增大。

二、中美两国股票市场联动的实证分析

（一）数据选取和实证方法

为研究中国股市与国际成熟股票市场的相关程度，我们选取了上证指数和标准普尔500指数进行分析。样本期间为1996年7月5日~2008年7月1日（数据来源于雅虎财经数据库），选取每周最后一日的收盘价格指数，去掉其中不一致的交易日，整理之后得到588个交易日的数据。同时，以加入世界贸易组织和股权分置改革作为分界点，将样本时间分为三段：1996年7月5日~2001年12月11日；2001年12月11日~2005年5月18日；2005年5月18日~2008年7月1日，分别用D_1、D_2、D_3、S_1、S_2、S_3来表示中美指数在这三段时间的序列。

（二）实证过程

1. 单位根检验

首先用ADF方法对各个变量以及它们的一阶差分序列做平稳性检验（根据AIC准则选择最优滞后期，发现在1%、5%、10%三种情况下），检验值都大于临界值，即原序列均无法形成稳态，需要进行一阶差分。进一步对原序列一阶差分进行ADF检验，发现在三种情况下一阶差分后的序列均平稳。

2. 协整检验

我们采用两变量的恩格尔—格兰杰法（Engle-Granger）进行协整检验。恩格尔和格兰杰于1987年提出两步检验法，也称为EG检验。第一步，用OLS方法估计方程$Y_t = \alpha_0 + \alpha_1 X_t + \mu_t$并计算非均衡误差；第二步，检验残差的平稳性。结果表明三个阶段中美股市之间均存在长期协整关系。

3. 格兰杰（Granger）因果检验

通过上面的分析我们得出中美股票指数之间存在联动性，但是这些分析并没有揭示出两个市场涨跌的先后顺序，也就是波动的因果关系。我们对以上三段分别做格兰杰（Granger）因果检验，结果见表 4 - 3。

表 4 - 3   格兰杰因果检验结果

零假设（Null Hypothesis）	样本量（Obs）	F 统计量（F-Statistic）	概率（Probability）
S_1 不是 D_1 的格兰杰原因	262	0.07363	0.78634
D_1 不是 S_1 的格兰杰原因	262	3.04674	0.08209
S_2 不是 D_2 的格兰杰原因	168	2.64917	0.10551
D_2 不是 S_2 的格兰杰原因	168	0.38636	0.53507
S_3 不是 D_3 的格兰杰原因	155	0.03317	0.85573
D_3 不是 S_3 的格兰杰原因	155	32.4700	6.1E - 08

注：数据分为三个阶段：1996 年 7 月 5 日 ～ 2001 年 12 月 11 日，2001 年 12 月 11 日 ～ 2005 年 5 月 18 日，2005 年 5 月 18 日 ～ 2008 年 7 月 1 日，D_1，D_2，D_3，S_1，S_2，S_3 表示中美指数在这三段时间的指数序列。

第一段检验结果表明，上证指数不是标准普尔 500 指数的格兰杰原因，标准普尔 500 指数也不是上证指数的格兰杰原因。

第二段检验结果表明，上证指数不是标准普尔 500 指数的格兰杰原因，标准普尔 500 指数也不是上证指数的格兰杰原因，两者之间没有因果关系。

第三段检验结果表明，上证指数不是标准普尔 500 指数的格兰杰原因，但标准普尔 500 指数是上证指数的格兰杰原因。

总之，从概率的变化情况中可以看出，与前两个分段期间相比，第三段时间（2005 年 5 月 18 日 ～ 2008 年 7 月 1 日）中国股指的变化受美国股指的影响程度在逐渐加大，而中国指数不能够左右美国股指的涨跌。

三、实证结果的进一步讨论

1. 在第一段时间内的实证分析结果表明，加入世界贸易组织之前，由于资本市场开放程度不足，国内股票指数的走势受自身影响很大，受境外股票市场的影响非常微小，两国股市虽然存在一定的稳定趋势，但是没有显著的因果关系。

2. 按照加入世界贸易组织的承诺，中国金融市场在经历五年的"入世"过渡期后，从 2006 年底已经进入金融业全面对外开放的新阶段。从实证检验的结果也可以看出，在这一过渡期中，中国股市和美国股市虽然显现出长期稳定的趋势，但两者之间并没有显著的因果关系。

3. 随着中国资本市场的不断开放，QFII 制度的实施引入了一批国外的机构投资者，QDII 制度也为国内投资者提供投资国际股票市场的机会，中美股市的联动性在不断提高。通过第三段的检验我们发现，2005 年后中国证券市场已经在一定程度上融入到世界证券市场中，但是其作用仍然是世界证券市场的波动单方面影响中国证券市场的波动，而反之则不然。

第三节　"热钱"监测与资产价格波动研究

一、"热钱"监测

"热钱"通常又称为游资，是指"在固定汇率制度下，持有者或者出于对货币预期贬值（或升值）的投机心理，或者受国际利差收益明显高于外汇风险的刺激，在国际间掀起大规模短期资本流动的一类移动的短期资本。"① 由此可知，"热钱"主要以追求短期投机利润为目的，在国际资本市场频繁流动来套取空间或时间价差，具有高度的流动性、投机性和隐蔽性等特点，会对某个市场甚至一国经济产生重大影响。

（一）"热钱"测度的理论综述

1. 根据国际收支平衡表采用直接法计算"热钱"的规模。尹宇明等（2005）用直接法对"热钱"流入规模进行了测算，其公式为：热钱 = 国际收支净误差与遗漏 + 私人非银行部门短期资本流入 + 以其他名义通过正常渠道流入的短期投机资本。该方法对"热钱"的流入渠道考虑得较为全面，但忽略了贸易顺差中隐藏的"热钱"，而这或许正是"热钱"流入比较重要的一个渠道。国家统计局国际统计信息中心（2006）也提出了类似方法，热钱 = 外汇储备增加额 – FDI – 贸易顺差。该方法的主要问题在于：一是外汇储备的增加量并不都是"热钱"，其中一部分变动是由汇率变化及外汇投资收益变动所导致的；二是该方法假定 FDI 和贸易顺差中没有"热钱"，而这与学术界普遍的

---

① 这里"热钱"的定义是《新帕尔格雷夫货币金融大辞典》（2000）所用的定义。

观点以及事实不相符。

2. 采用外汇占款增加额计算"热钱"规模。热钱=外汇占款增加额－FDI－贸易顺差。其中，外汇占款增加额是外汇储备增加额对上一期外汇储备的投资收益和汇率变动导致的资产收益进行调整之后的数值。由此可以看出第二种方法比第一种更准确地对"热钱"的规模进行了估算，但也忽略了外汇贸易顺差中可能隐藏的"热钱"。而刘莉亚（2008）、张谊浩（2008）、唐旭（2007）以及张明等（2008）都从各自研究的角度对"热钱"的计算公式进行了修正和改进。值得一提的是张明对"热钱"流入规模的测度，其公式为：热钱=调整后的外汇储备增加额－贸易顺差－FDI＋贸易顺差中隐藏的热钱＋FDI中隐藏的热钱。该公式简单而又全面概括了"热钱"的测算方法，计算出的"热钱"相对误差要小得多，但是由于其在测度贸易顺差以及FDI中隐藏的"热钱"时不得不做了一系列的假定，而且考虑数据的可得性，其最后只能得出年度"热钱"流入的规模从而给进一步考察"热钱"与其他金融变量的计量关系带来一定的困难。

（二）"热钱"测度与监测

我们在综合以上对"热钱"测度方法的基础上，考虑到我国FDI一直呈稳定增长态势，从2008年才开始反常增长，而且对于2007年以前的虚假投资[①]，我们没有可靠的线索估计其规模。考虑在FDI中隐藏的"热钱"变动相对不大以及数据的可得性问题，我们可以忽略FDI中隐藏的"热钱"；对于贸易顺差中隐藏的"热钱"，考虑到我国贸易顺差在近年来大幅增加，大量"热钱"会通过贸易形式进入我国。我们假定"热钱"的涌入导致了贸易顺差的非正常大幅增加，如果剔除贸易顺差中隐藏的"热钱"，贸易顺差就不会出现这种非正常的剧烈波动，而是会按照当期之前（含当前值）几个月度数据的平均值相对平滑的增长，即为"平均贸易顺差"，从而依次类推计算出样本区间各月度的平均贸易顺差值。为了排除近期数值对当期值的较大影响，更真实地反映我国的"平均贸易顺差"，我们对数据进行比较长的移动平均处理，取五年移动平均值（即60个月度移动平均值），也就是说当月的平均贸易顺差额等于当月前60个月（含当月）贸易顺差额的移动平均值。由此，本书改进后的"热钱"测算公式为：热钱=外汇占款增加额－FDI－平均贸易顺差。运用该方法测算出2002年1月～2009年11月的国际"热钱"流入，如图4－1所示。

---

① 虚假投资是指合营外方违反我国相关法律法规规定，通过种种不正当的手段以他人的资金、财产等作为己有向合营企业认缴出资，或外方采取种种手段，表面上按规定出资，实际外方根本不出资或实际上未达到合同规定的出资额的现象。参见贺香妹：《合资企业外方虚假投资的变现及治理》，载于《当代财经》1993年第11期。

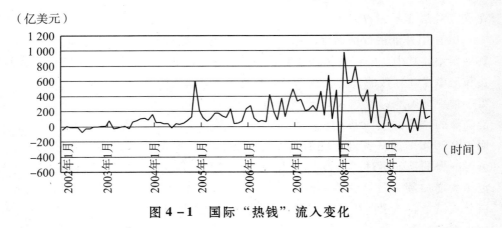

图 4 - 1　国际"热钱"流入变化

由图 4 - 1 可以看出 2002 ~ 2004 年我国"热钱"规模很小,有些月份甚至为负值即"热钱"呈流出状态;从 2005 年起国际"热钱"开始呈大规模增长趋势,而且波动较为剧烈,2008 年以后"热钱"又急速下降,2009 年以后又有增长趋势。从实践上看,2005 年 7 月我国开始实行以市场供求为基础、参考一揽子货币的有管理的浮动汇率制度,并于 7 月 21 日把美元对人民币汇率调整为 1 : 8.11,升值 2.1%,由此开始了人民币升值的步伐。在人民币升值的预期下,大量国际"热钱"涌入国内,并一直持续到次贷危机的爆发。从 2008 年开始我国受到次贷危机影响,经济预期下滑,从而使得"热钱"大规模抽逃,随着我国 4 万亿经济刺激方案的实施以及我国经济形势的逐渐好转,我国又重新成为最受资本追逐的地区之一,2009 年"热钱"又有大规模回流的迹象。

二、"热钱"流动与资产价格波动的理论分析

国外关于"热钱"的研究主要包含在对国际资本流动的文献中。科利(Kohli,2001)通过对印度的实证研究发现,境外资本流入与印度国内价格指数以及股票价格存在高度的相关性。爱迪生和莱因哈特(Edison and Reinhart,2001)通过对泰国、马来西亚以及巴西的实证研究,对比分析了各种阻止"热钱"流动的资本管制方式的有效性,从而构建模型得出资本流动变化对市场的影响往往更多地通过价格调整而非总量调整的结论,也就是说资本流动的变化会引起价格的剧烈波动。詹森(Jansen,2003)基于泰国金融危机前,境外资金流入对国内房价和股价影响的研究,认为境外资本流动的变化对股市的影响相对较小,而对房价的影响较为显著。

宋勃、高波(2007)利用我国 1998 ~ 2006 年的实际利用外资和房地产价格

的季度数据建立误差纠正模型（ECM），使用格兰杰因果检验方法对我国的房地产价格和国际资本流动的关系进行实证检验，得出短期内房地产价格上涨吸引了外资的流入，长期来看外资流入对我国住房价格上涨产生了推动作用。张谊浩、沈晓华（2008）通过 2005 年 7 月～2007 年 9 月的月度数据对人民币汇率、股价和"热钱"进行格兰杰因果检验。结果表明人民币升值、股价上涨促使了"热钱"的流入，同时人民币升值和股价相互影响、互为因果。刘莉亚（2008）在综合考虑国内关于"热钱"计算方法的基础上，运用绝对量和增长趋势的方法对 2001 年 1 月以后的"热钱"进行了测度；然后通过格兰杰因果检验和方差分解方法，认为股市对突发性或非预期事件的反应不显著，而房市则相对显著。梅鹏军、裴平（2009）利用 1994～2007 年的年度数据分析得出：货币供应量变动率和外资潜入规模变动率都与股票价格变动率正相关，但货币供应量变动率影响更大，不过外资潜入也已经对中国股市形成了明显的冲击。综合以上文献可以看出，无论是国外还是国内更多都是从国际资本流动的角度探讨对一国经济、股票市场或房地产市场的影响，探讨"热钱"影响的相关文献还较少，国内相关研究大都局限于定性分析或者简单的水平分析，没有深入考察两者之间的波动溢出效应等内容。

改革开放 30 多年来，尤其是近些年我国经济一直高速发展，这使得国内外的投资者对我国经济有着良好的预期，而高储蓄和国际收支双顺差使得我国经济内外失衡的同时，也产生了流动性过剩，再加上人民币升值预期和外资的大量流入，这些都促进了我国资产价格泡沫的形成。第一，国际收支持续双顺差带来外汇储备的增加。在强制结售汇制度之下，外汇储备增加导致基础货币增加，尽管中国人民银行采取了各种冲销措施，但是对于不断增加的外汇储备来说则是杯水车薪，在货币乘数的作用之下，货币供给成倍增加，流动性过剩的程度就进一步加剧，这就为泡沫的泛起提供了大量的资金基础。第二，国际资本净流入和人民币升值预期的相互强化。贸易盈余的不断扩大，导致美元等外币资产的供给增加，尤其是中国经济的持续高增长增加了对人民币的需求，使得人民币面临着升值的压力和预期。而人民币升值预期加剧后，促使了国外游资在一定程度上不断涌入中国，这样我国流动性过剩的局面将更加严峻。

三、"热钱"流动与我国股票市场价格波动关系的实证研究

本部分在综合国内外文献的基础上，对流入我国的"热钱"采用了新的测度方法，并进一步采用二元 GARCH 模型研究了国际"热钱"与我国股市价格的 ARCH 效应、GARCH 和波动溢出效应，以期对防范国际"热钱"流入以及加强

对我国股票市场管理方面提供一定借鉴意义。

（一）实证模型——二元 GARCH-BEKK 模型

关于金融市场的波动性研究中，恩格尔（Engel）首先提出的自回归条件异方差模型（ARCH）以及博勒斯莱文（Bollerslev）扩展的广义自回归条件异方差模型（GARCH）可以较好刻画金融时间序列波动的集聚性和时变性特征以及随时间变化的自相关波动过程，因而被广泛运用。但是这类模型只能描述单个金融市场或金融变量的波动率过程，不能涵盖一个市场（或变量）的波动对另一个市场（或变量）波动的影响，从而无法有效考察不同市场（或变量）之间的波动溢出效应。这样在单变量 GARCH 模型的基础上，多元 GARCH 模型逐步发展起来，多元 GARCH 模型可以利用残差向量的条件方差—协方差矩阵中相互影响的参数估计值，反映多个市场（或变量）之间的波动溢出效应。而在现有几种多元 GARCH 模型中，BEKK 模型既克服了 VECH 模型参数过多、估计困难的难题，又不像斜方差矩阵（或对角 VECH 模型）那样对波动的刻画不够全面、不能度量多个市场（或变量）的波动溢出效应，而且还保证了最优化过程中条件方差—协方差矩阵的正定性，因而具有显著的优越性，是刻画多个市场（或变量）之间波动性关系的理想工具。为了考察国际"热钱"与股票市场之间的波动溢出效应，寻找二者之间影响关系的证据，我们建立了二元 GARCH-BEKK 模型。

首先设定其条件均值方程为：

$$Y_t = \mu + \varepsilon_t \qquad (4-1)$$

其中：Y_t 是 2×1 维的变量序列，t 是时刻，μ 是 2×1 维的长期漂移系数，$\varepsilon_t \mid I_{t-1} \sim N(0, H_t)$ 是市场在 t 时刻受到新生变量的冲击，并具有相应的 2×2 维的条件方差—协方差矩阵 H_t，I_{t-1} 为 $(t-1)$ 时刻的信息集。

相应，其条件方差—协方差的 BEKK 模型表达形式为：

$$\varepsilon_t = H_t^{\frac{1}{2}} v_t$$

$$H_t = CC' + A\varepsilon_{t-1}\varepsilon'_{t-1}A' + BH_{t-1}B' \qquad (4-2)$$

其中：C 是下三角矩阵，代表常数项矩阵；A 和 B 都是 $n \times n$ 参数矩阵，且是对角矩阵，分别代表了 ARCH 项的系数矩阵和 GARCH 项的系数矩阵；H_t 是对称矩阵，代表了某一市场和另一市场在 t 期的条件方差—协方差矩阵；ε_t 代表均值方差的残差向量。各矩阵的具体表达形式为：

$$H_t = \begin{pmatrix} H_{1t} & H_{12t} \\ H_{21t} & H_{2t} \end{pmatrix}, \quad C = \begin{pmatrix} c_{11} & 0 \\ c_{21} & c_{22} \end{pmatrix}, \quad A = \begin{pmatrix} a_{11} & a_{12} \\ a_{21} & a_{22} \end{pmatrix}, \quad B = \begin{pmatrix} b_{11} & b_{12} \\ b_{21} & b_{22} \end{pmatrix}$$

由此，对于二元 GARCH-BEKK 模型，其矩阵形式可以表示为：

$$\begin{pmatrix} H_{1t} & H_{12t} \\ H_{21t} & H_{2t} \end{pmatrix} = \begin{pmatrix} c_{11} & 0 \\ c_{21} & c_{22} \end{pmatrix} \begin{pmatrix} c_{11} & 0 \\ c_{21} & c_{22} \end{pmatrix}' + \begin{pmatrix} a_{11} & a_{12} \\ a_{21} & a_{22} \end{pmatrix} \begin{pmatrix} \varepsilon_{1t-1}^2 & \varepsilon_{1t-1}\varepsilon_{2t-1} \\ \varepsilon_{2t-1}\varepsilon_{1t-1} & \varepsilon_{2t-1}^2 \end{pmatrix}$$

$$\begin{pmatrix} \varepsilon_{1t-1}^2 & \varepsilon_{1t-1}\varepsilon_{2t-1} \\ \varepsilon_{2t-1}\varepsilon_{1t-1} & \varepsilon_{2t-1}^2 \end{pmatrix} \begin{pmatrix} a_{11} & a_{12} \\ a_{21} & a_{22} \end{pmatrix}'$$

$$+ \begin{pmatrix} b_{11} & b_{12} \\ b_{21} & b_{22} \end{pmatrix} \begin{pmatrix} H_{1t-1} & H_{2t-1} \\ H_{2t-1} & H_{1t-1} \end{pmatrix} \begin{pmatrix} b_{11} & b_{12} \\ b_{21} & b_{22} \end{pmatrix}' \qquad (4-3)$$

条件方差方程和条件协方差方程的分开表达形式为：

$$H_{1t} = c_{11}^2 + a_{11}^2 \varepsilon_{1t-1}^2 + 2a_{11}a_{21}\varepsilon_{1t-1}\varepsilon_{2t-1} + a_{21}^2 \varepsilon_{2t-1}^2$$
$$+ b_{11}^2 H_{1t-1} + 2b_{11}b_{21}H_{12t-1} + b_{21}^2 H_{2t-1} \qquad (4-4)$$

$$H_{2t} = c_{21}^2 + c_{22}^2 + a_{12}^2 \varepsilon_{1t-1}^2 + 2a_{12}a_{22}\varepsilon_{1t-1}\varepsilon_{2t-1} + a_{22}^2 \varepsilon_{2t-1}^2$$
$$+ b_{12}^2 H_{1t-1} + 2b_{12}b_{22}H_{12t-1} + b_{22}^2 H_{2t-1} \qquad (4-5)$$

$$H_{12t} = c_{11}c_{21} + a_{11}a_{12}\varepsilon_{1t-1}^2 + (a_{11}a_{22} + a_{12}a_{21})\varepsilon_{1t-1}\varepsilon_{2t-1} + a_{21}a_{22}\varepsilon_{2t-1}^2$$
$$+ b_{11}b_{12}H_{1t-1} + (b_{11}b_{22} + b_{12}b_{21})H_{12t-1} + b_{21}b_{22}H_{2t-1} \qquad (4-6)$$

其中：H_{ii} 表示某个变量的条件方差；$H_{ijt} = H_{jit}$ 表示两个变量之间的条件协方差。在该模型中，主要观察 a 和 b 中各元素的显著性，来研究两个变量增长率之间的相互影响关系，对角元素 $a_{ii}(i=1, 2)$ 反映波动的 ARCH 效应，$b_{ii}(i=1, 2)$ 反映波动的 GARCH 效应，即两个变量各自的时变特征和波动率传导的持久性特征；非对角元素反映两个市场变量的波动溢出效应，$a_{ij}(i=1, 2, j=1, 2, i \neq j)$ 反映波动溢出的 ARCH 效应，即变量 i 的波动率对变量 j 的冲击程度，b_{ij} $(i=1, 2, j=1, 2, i \neq j)$ 反映波动溢出的 GARCH 效应，即变量 i 与变量 j 之间波动率传导的持久性。

其中，下标 1 代表国际"热钱"增长率 LRHM，2 代表股价增长率 LRSZ，由此可知，H_{1t} 为 t 时刻"热钱"变动率序列的条件方差，H_{2t} 为 t 时刻股票市场收益率序列的条件方差，$H_{12t} = H_{21t}$ 为 t 时刻两个序列的条件协方差，ε_{1t-1} 和 ε_{2t-1} 分别为两个序列的滞后一期的残差项。检验"热钱"和股市两个变量之间的波动溢出效应，只需检验系数 a_{ij} 和 $b_{ij}(i=1, 2, j=1, 2, i \neq j)$ 是否显著异于零。如果"热钱"对股票市场有波动溢出效应，即"热钱"的变动对股价的波动有显著的影响关系，则参数 a_{12}、b_{12} 显著异于零；如果股票市场对"热钱"有波动溢出效应，即股价的波动对"热钱"的变动有显著的影响关系，则参数 a_{21}、b_{21} 显著异于零。

在随机误差项服从二元正态分布的假定条件下，式（4-1）的条件密度函数为：

$$f(Y_t|I_{t-1}.,\theta) = (2\pi)^{-1}|H_t|^{-\frac{1}{2}}\exp\left(-\frac{\varepsilon_t'H_t^{-1}\varepsilon_t}{2}\right) \qquad (4-7)$$

相应地，对数似然函数为：

$$L = \sum_{t=1}^{T}\log f(Y_t|I_{t-1}.,\theta) = -T\cdot\log(2\pi)$$

$$-\frac{1}{2}\sum_{t=1}^{T}(\log|H_t| + \varepsilon_t'H_t^{-1}\varepsilon_t) \qquad (4-8)$$

其中：T 表示观测值的数量；θ 表示所有待估计的未知参数向量，其他符号意义如前所述。由于对 θ 的极大似然估计是渐进正态分布，所以可以运用传统统计方法对上式 BEKK 模型的对数似然函数来估计待估参数。

（二）实证过程与结论

1. 样本选取及统计描述

2001 年 11 月中国正式加入世界贸易组织，与此同时国际"热钱"也可能以另外一种貌似合理的途径进入我国境内，同时考虑最近几年国际"热钱"流入规模、股市波动的实际情况以及数据的可得性和易操作性，因此样本时间选取为2002 年 1 月～2009 年 11 月，数据为月度数据。数据来源为中经网统计数据库。同时选取我国证券市场最具有代表性的上证综合指数来反映我国股市价格走势，上证综指的月度数据取自当月收盘价格指数。

2. 数据处理

首先，对数据进行处理，取"热钱"变动率 RHM =（HM_t – HM_{t-1}）/HM_{t-1}，上证综指变动率（股价收益率）RSZ =（SZ_t – SZ_{t-1}）/SZ_{t-1}，其中 HM_t 和 SZ_t 分别表示第 t 月的"热钱"流入以及第 t 月的上证综合指数收盘价，然后对上述数据加上 100 使其变成指数，最后为消除异方差再对数据取对数变为 LRHM、LRSZ。

其次，对"热钱"增长率（LRHM）以及股价收益率（LRSZ）进行 ADF 检验来判断数据的平稳性，以避免时间序列的伪回归问题。结果显示 LRHM、LRSZ 都是平稳的。

最后，接下来我们做基本统计分析，如表 4 - 4 所示。由表中可以看出：由于通过取增长率以及对数处理，两个样本指标 LRHM、LRSZ 的最大值与最小值的极差较较小，标准差数值也较小，反映了这两个序列的波动不大；不过LRHM、LRSZ 的偏度值都显著异于零，分别呈现出右偏和左偏的特征，而峰度值都明显大于 3，呈现出尖峰特点；另外，雅克—贝拉（Jarque-Bera）正态检验（J-B 统计量）也表明 LRHM、LRSZ 均不符合正态分布。由此可知，LRHM 序列和 LRSZ 序列的经验分布与正态分布相比都呈现出明显的"尖峰厚尾"的特征。

表 4 – 4 样本数据的基本统计量

统计值	热钱增长率（LRHM）	股价收益率（LRSZ）
平均值	4.620108	4.605282
中位数	4.60274	4.605323
最大值	5.940451	4.607911
最小值	4.514328	4.602704
标准差	0.14174	0.000913
偏度	8.671509	−0.31454
峰度	80.81221	3.810041
J-B 统计量	25 157.27	4.163808

3. "热钱"（HM）与我国股市价格（取上证综指 SZ）之间的因果关系（如表 4 – 5 所示）

表 4 – 5 格兰杰（Granger）因果检验结果

原假设	F 统计量	P 值	滞后阶数
SZ 不是 HM 的格兰杰原因	3.14471	0.04796 **	2
HM 不是 SZ 的格兰杰原因	3.87072	0.02448 **	2
SZ 不是 HM 的格兰杰原因	2.37433	0.07582 ***	3
HM 不是 SZ 的格兰杰原因	2.92605	0.03839 **	3
SZ 不是 HM 的格兰杰原因	2.87133	0.02797 **	4
HM 不是 SZ 的格兰杰原因	3.0193	0.0224 **	4
SZ 不是 HM 的格兰杰原因	2.19027	0.06351 ***	5
HM 不是 SZ 的格兰杰原因	2.20756	0.06167 ***	5
SZ 不是 HM 的格兰杰原因	2.07722	0.06568 ***	6
HM 不是 SZ 的格兰杰原因	2.62887	0.02272 **	6
SZ 不是 HM 的格兰杰原因	3.1088	0.00631 *	7
HM 不是 SZ 的格兰杰原因	2.17074	0.04667 **	7
SZ 不是 HM 的格兰杰原因	3.77404	0.001 *	8
HM 不是 SZ 的格兰杰原因	1.71198	0.1108	8
SZ 不是 HM 的格兰杰原因	3.27626	0.00232 *	9
HM 不是 SZ 的格兰杰原因	1.71591	0.1025	9

注：* 表示在 10% 显著性水平下相关，** 表示在 5% 显著性水平下相关，*** 表示在 1% 显著性水平下相关。

通过对 HM 与 SZ 做格兰杰（Granger）因果检验，得出：第一，当滞后阶数较小[①]时，HM 和 SZ 互为格兰杰原因；第二，随着滞后阶数的延长，SZ 是 HM 的格兰杰原因，HM 不是 SZ 的格兰杰原因。

由此我们得出如下结论：短期（半年左右）国际"热钱"与我国股市价格相互影响，国际"热钱"的流入会推动我国股市价格的上涨，而我国股市价格的上涨又会吸引国际"热钱"的进一步流入，因此对国际"热钱"流入的测度和把握有助于理解和预测短期我国股市价格的涨跌；长期（半年以上）我国股市价格会影响国际"热钱"的流入，而"热钱"的流入并不影响我国股市的价格，其原因可能是由于国际"热钱"高度的流动性和投机性，"热钱"在长期内有可能对其他有投机价值的领域比如房地产等进行投机和炒作，从而分流了对股市的投机。

4. "热钱"（HM）与我国股市价格（取上证综指 SZ）之间的（广义自回归条件异方差）效应与波动溢出效应的实证结果

我们以式（4-1）为条件均值方程、以式（4-2）为条件方差方程进行建模，估计结果如表 4-6 所示。

表 4-6　　　　二元广义自回归条件异方差（GARCH）模型估计结果

变量	系数估计值	T 统计量	P 值
C（1，1）	0.11801534	23.24366	0.00000000
C（2，1）	0.00011323	1.19860	0.23068365
C（2，2）	-0.00000001	0.00001	0.99999262
A（1，1）	-0.01487761	-0.14666	0.88340253
A（1，2）	-0.00025868	-0.70208	0.48262785
A（2，1）	-1.01632465	-0.06384	0.94910159
A（2，2）	0.41839764	3.67973	0.00023348
B（1，1）	0.55108358	11.62533	0.00000000
B（1，2）	-0.00086820	-1.34208	0.17957003
B（2，1）	-0.12180973	-0.01043	0.99167912
B（2，2）	0.91048335	16.96122	0.00000000

第一，二者自回归条件异方差（ARCH）效应分析。a_{11} 系数不显著，即"热钱"增长率并不具有 ARCH 效应，"热钱"增长率的前期波动对当期波动无影响，这也证实了国际"热钱"具有高度的流动性和投机性，有利就来无利就

[①]　滞后阶数较小是指滞后阶数在 7（包括 7）以内。

走，并不受以前状况的约束；a_{22}系数在 5% 的显著性水平下显著，这说明股价收益率 LRSZ 具有明显的自回归条件异方差（ARCH）效应，即股价增长率的前期波动对其当期波动有显著的影响。

第二，二者 GARCH 效应分析。b_{11} 的系数在 1% 下显著，说明国际"热钱"具有波动的 GARCH 效应，即"热钱"增长率前期值对其当期值的影响具有持久性特征，也就是说前期"热钱"的增长率变化会持续影响到当期；而 b_{22} 系数在 1% 的显著性水平下显著，这意味着股价具有波动的 GARCH 效应，即股价增长率的前期值对其当期值具有持久的影响作用。

第三，二者溢出效应考察。a_{12}、b_{12}、a_{21} 和 b_{21} 的系数均不显著，这说明"热钱"和股价并没有波动溢出效应，也就是说"热钱"增长率与股价收益率之间影响较小。究其原因可能是因为"热钱"影响我国股市的渠道并不畅通，有很多的非市场因素比如行政力量等对股市有着相当重要的影响，而且其他很多因素都会从各个方面对股价造成影响，从而导致了尽管国际"热钱"与我国股市价格有一定的相关性和因果关系，但二者并不存在波动溢出效应，二者之间的相互影响较小。

5. "热钱"（HM）与我国股市价格（取上证综指 SZ）之间的 GARCH 效应与波动溢出效应的经验印证

首先，从国际"热钱"的角度来看，自 2002 年我国加入世界贸易组织以来到 2008 年初，国际"热钱"流入规模总体呈逐年增加的趋势，但各月国际"热钱"流入的差别比较大，月度波动值达到数十亿美元，有的月份甚至会出现与上个月度截然相反的热钱流入方向。尤其是 2006 年以来波动更为剧烈，月度波动值达数百亿甚至在 2008 年 1 月达到大约 14 000 亿美元的峰值；而 2008 年以来国际"热钱"呈急速流出趋势，但其间月度"热钱"规模依然波动剧烈，波动数值达到数百亿美元。由此可以看出国际"热钱"的前期波动值对当期波动值的影响很小，"热钱"的流入或者流出并不受以前月度数值的影响，这充分体现出"热钱"高度的流动性、短期性和投机性。不过这并不代表"热钱"增长率的变化值不具有持续的影响性，相反前期"热钱"增长率的变化会对当期"热钱"增长率的变化具有持久的影响，也就是说当期国际"热钱"的流入流出方向及数量会参考前期经济形势的变化以及前期"热钱"的流入流出情况，前者指的是"热钱"的流动性和投机性，而后者更强调"热钱"流入流出的"经验性"和"适度性"。

其次，从股市价格的角度来看，2002～2005 年 7 月股权分置改革之前，我国股市价格一直在 1 000 点与 1 800 点之间徘徊，2005 年股权分置改革后股价开始从 1 000 点左右一路飙升到 2007 年 10 月 6 124 点的历史最高点，之后又急速掉头直下跌到 2008 年 11 月的 1 600 多点才开始触底，随后开始反弹并达到 2009 年 8 月的 3 400 多点，如今股价在 2 700 点与 3 300 点之间震荡。虽然我国股价近年来大幅波动，但当期股价都是前期价格的基础上进行调整的，而且还有涨跌停制度的限制，因此股价收益率的前期波动对当期波动有显著影响；不但如此，股价每当达到历史高点或历史低点都会有所调整，经过多次的试探、反复才会最终突破，也就是说每当达到历史高点或低点，前期价格的影响效果就会显现出来，这充分说明了当期股价收益率的波动值会受到历史股价收益率波动值的持续影响。

最后，从二者相互关系来看，2002～2005年国际"热钱"一直处于上升趋势，但这期间我国股价并没有上涨，而是在1 000点与1 800点之间长期震荡甚至有所走低；2005～2008年，国际"热钱"依然处于震荡上升趋势，我国股市却平地而起一路飙升，2007年底至2008年初"热钱"依然大幅流入，但我国股市已掉头直下；2008年底以来国际"热钱"又有流入迹象，而此时我国股市则从1 600多点反弹到3 400多点，涨幅达200%多。这些事实证明了国际"热钱"的流入与我国股市价格之间并没有明显波动溢出效应，进一步印证了"热钱"增长率与我国股价收益率之间的影响关系相对较弱。

第四节　外资并购与金融安全

并购（Mergers and Acquisition，M&A），包含合并（Mergers）和收购（Acquisition）两种经济行为。其中收购主体或收购对象为外国企业的并购理论上都被称为外资并购，本部分我们重点研究外国企业对本国企业所实施的并购。

一、跨国并购在全球的最新进展

（一）全球外资并购总体情况

根据联合国贸易发展会议全球FDI数据库现有数据显示，在1987～2007年的20多年间，全球FDI基本都以跨国并购为主要实现方式（见表4-7）。从表中可看出，除少数年份（1992～1994年）外，跨国并购在全球FDI总额中所占份额都大于50%，主要在50%～80%之间波动，并于2001年和2007年分别达到81.81%和89.29%。而与此同时，新建投资在FDI中的比重较低，且总量基本处于一个平衡增长的状态，其波动幅度较跨国并购要小得多。

表 4 - 7　1987～2007 年全球 FDI、M&A 以及新建投资总额 单位：亿美元、%

年份	FDI 总额	M&A 总额	新建投资总额*	M&A 占 FDI 比重
1987	1 365.48	745.09	620.39	54.57
1988	1 628.34	1 156.23	472.11	71.01
1989	1 966.2	1 403.89	562.31	71.40
1990	2 072.78	1 505.76	567.02	72.64
1991	1 557.51	807.13	750.38	51.82
1992	1 667.19	792.8	874.39	47.55
1993	2 225.04	830.64	1 394.4	37.33
1994	2 568.47	1 271.01	1 297.46	49.49
1995	3 410.41	1 865.93	1 544.48	54.71
1996	3 904.62	2 270.23	1 634.39	58.14
1997	4 858.22	3 048.48	1 809.74	62.75
1998	7 055.44	5 316.48	1 738.96	75.35
1999	10 885.08	7 660.44	3 224.64	70.38
2000	13 981.83	11 438.16	2 543.67	81.81
2001	8 244.45	5 939.6	2 304.85	72.04
2002	6 251.68	3 697.89	2 553.79	59.15
2003	5 610.56	2 969.88	2 640.68	52.93
2004	7 176.95	3 805.98	3 370.97	53.03
2005	9 586.97	7 163.02	2 423.95	74.72
2006	14 110.18	8 804.57	5 305.61	62.40
2007	18 333.24	10 311**	8 022.24	56.24

注：＊该值为 FDI 数据减去 M&A 数据之差，＊＊数据来源于联合国贸易发展会议最新报告。目前，全球的外商直接投资项目（Foreign Direct Investment，FDI）主要分为两类：一类为新建投资，又称为绿地投资，指外资通过新建企业进行的直接投资；另一类就是跨国并购，又称为褐地投资。

资料来源：UNCTAD FDI Database。

同时从表 4 - 7 中我们发现，全球跨国并购活动的活跃程度与当时的金融资产泡沫程度以及金融安全形势有着密切的关系。金融市场繁荣和金融资产泡沫积聚阶段跨国并购数量增加；金融泡沫一旦破灭，金融安全形势恶化，跨国并购数量减少。比如 1987～1990 年，日本因"广场协议"造成本币大幅升值，全球资产价格飙升，全球跨国并购数额猛增 1 倍，占 FDI 的比重也达到 72.64%。1991～1993

年，由于海湾战争和苏联解体等国际政治事件的发生，全球安全形势恶化，外加此前的金融资产泡沫破裂，跨国并购数额急剧萎缩，占 FDI 的比重也缩小至 37.33% 的近二十年低点。1994～2000 年，"网络经济"的兴起逐渐引发了网络股泡沫，全球资产价格在这一针兴奋剂的助力之下再次升至高位，跨国并购数额更是在六年间增长了近 10 倍，在 FDI 中的比重也因此占到了前所未有的 81.81%。2001～2004 年，随着"9·11"事件、阿富汗战争以及伊拉克战争的先后爆发，全球安全形势再次急转直下，网络股泡沫破裂后的全球经济又没能找到新的经济增长点，全球跨国并购活动再次陷入低潮，绝对额萎缩至 2001 年的 30% 左右，占 FDI 的比重也下降到 53% 左右。2005～2007 年，美国房地产业出现过热苗头。在其带动下，跨国并购数额由 2004 年的 3 805.98 亿美元快速增至 2007 年的 10 311 亿美元，跨国并购所占比重在 2005 年达到 74.72% 的高点，后来在危机的苗头下开始走低。2008 年以来，受金融危机影响，全球 FDI 总额和跨国并购数额双双大幅下降。

（二）我国外资并购情况

从我国外资并购的历史数据来看（如表 4 - 8 所示），外资并购在我国可以分为如下几个发展阶段：1995 年之前，外资并购在我国非常少有，只有偶尔发生的零星几件，每年并购金额只有几亿美元，占我国 FDI 总额比重也非常低，不到 3%；1996～2002 年，外资并购在我国有所发展，并购金额上升至每年 20 亿美元左右，占我国 FDI 比重也随之上升到 5% 左右；2003 年以来，外资在我国的并购金额迅速增长，年均达到约 60 亿美元，占 FDI 比重达到约 10%。

表 4 - 8　　　　　　　1990～2007 年我国外资并购情况　　　单位：亿美元、%

年份	外资并购额	FDI 总额	外资并购占 FDI 比重
1990	0.08	34.87	0.23
1991	1.25	43.66	2.86
1992	2.21	110.08	2.01
1993	5.61	275.15	2.04
1994	7.15	337.67	2.12
1995	4.03	375.21	1.07
1996	19.06	417.26	4.57
1997	18.56	452.57	4.10
1998	7.98	454.63	1.76

年份	外资并购额	FDI 总额	外资并购占 FDI 比重
1999	23.95	403.19	5.94
2000	22.47	407.15	5.52
2001	23.25	468.78	4.96
2002	20.72	527.43	3.93
2003	38.2	535.05	7.14
2004	67.68	606.3	11.16
2005	82.53	724.06	11.40
2006	67.24	727.15	9.25
2007	121.85*	835.21	—

注: * 从 World Investment Report 2008 起，数据来源中的跨国并购相关统计口径发生改变，实行所谓"最终国原则"（Ultimate Country Principle）。外国投资者收购中国企业在国外的资产将被计入中国的被收购金额项（之前是计入资产所在国的被收购金额项）。因此 2007年前后的数据没有可比性，2007 年之后的外资并购额数据也不再能够准确反映外资通过并购手段获得我国企业境内资产或控制权的规模情况。

资料来源：UNCTAD World Investment Report 2007，UNCTAD World Investment Report 2008。

结合外资并购在我国的案例，我们可以发现，外资并购在我国呈现出一些显著的特点：第一，从行业分布上看，外资并购早期由于当时的政治环境等原因，主要集中在食品饮料，日用品等与国家经济安全关系不大的日用快速消费品领域。其后，随着我国改革开放的深入，特别是加入世界贸易组织以来，外资并购逐渐开始向能源、冶金、装备制造、金融等国民经济基础和支柱产业扩散，相关案例显著增多。第二，从收购目标看，外资并购主要瞄准我国各行业的龙头企业和最知名品牌。第三，从收购手段看，通过协议收购目标公司非流通股或者该公司在证券一级市场定向发行的新股进行并购成为主流。

二、外资并购对金融安全影响的理论分析

就全球经济整体来看，外资并购在全球资产重组、优化资源配置，促进各国尤其发展中国家社会经济发展，以及增加就业总量等方面，都发挥着非常重要的积极作用。但是，对于我国这样的发展中国家而言，尽管适度的外资并购是维持经济健康快速发展的必要条件之一，我们仍然应该清醒地认识到，如果不加控制地向外国资本开放，也会给本国经济造成很多负面影响，尤其对金融安全带来严重威胁，具体体现在以下几个方面：

（一）金融领域并购容易导致一国大量经济资源直接或间接地为他国所控制，在根本上对该国发展形成制约

综观世界历史就可以发现，经济资源的配置绝不仅仅是一个经济效率的问题，真正崛起的强国总是在试图通过战争、经济等方式来控制更多的经济资源。特别是进入 20 世纪下半叶以来经历了两次世界大战这样惨痛的教训，各国都逐渐放弃了使用军事手段抢夺领土或殖民地以获得资源及市场的传统扩张道路，转而通过支持本国跨国企业的发展，使用经济手段达到相同的目的。因此，当今世界国力越强盛的国家就会越频繁地利用其强大的政治影响力和军事威慑力维护本国企业在全球各地的经济利益，帮助它们在全球商业竞争中占得优势，而这些跨国企业反过来又将其在世界各地获得的经济利益和战略资源以各种方式输送回母国，维持其母国强盛的国力，从而在国家和本国跨国企业之间形成一种相辅相成，互相依赖的关系。

（二）外资并购交易本身作为一种金融行为，在实施并购和之后进行运营的过程中，有可能造成我国金融财富的流失

虽然有部分外国投资者在我国的本地化做得非常彻底，将大量利润留在本地，为本地税收、就业和经济发展做出了巨大贡献，但更多情况下，外国投资者还是在这方面扮演了不大光彩的角色。一方面，部分外国投资者在收购过程中，利用某些政府官员及国企管理人员注重 GDP 和招商引资数据的心理，以不合理的低价从其手中购买国有资产，从中牟取利益并造成国有资产的流失；另一方面，大量完成并购的外国投资者在运营过程中想方设法压低员工工资，逃避应当缴纳的各种税费和理应承担的社会责任，竭力将尽可能多的经济利益输送回母国，对我国进行"掠夺式"开发。目前，我国是世界范围内遭遇这类金融财富流失最多的国家。在我国相对富裕的珠三角，长三角等沿海地区，遍布着被称为"血汗工厂"的外资企业，这些企业不管是通过收购而来，还是新建，都有着一个共同的特点——以价格低廉的土地、劳动力及资源为全世界生产出大量价廉物美的产品，最终得到的却仅是工人们微薄的工资和虚幻的 GDP 数字，所创造的大量财富为投资方所占有，其中的大部分通过各种渠道流出了我国国境。以我国依靠外资拉动经济增长最为成功的城市之一苏州为例，2008 年苏州的 GDP 总量位居全国城市第五位，人均 GDP 按常住人口计算更是达到 74 400 元左右，高于上海、北京，在全国 GDP 总量排名前十的城市中仅次于深圳、广州高居第三位。但其城镇居民人均收入（23 867 元）却低于上海（26 675 元）、北京（24 725元），财政收入方面更无法与以上两市同日而语。如果说苏州与京沪这样的城市

没有可比性，那么与同样位列 GDP 总量前十且地处西部的重庆相比，其 GDP 总量约为重庆的 1.31 倍，人均 GDP 约为重庆的 4 倍，地方一般预算财政收入却仅为重庆的 1.15 倍，城镇居民人均收入为重庆的 1.5 倍。这种被重庆市常务副市长黄奇帆称为"只长骨头不长肉"的经济发展现象，正是过度依赖外资造成我国金融财富流失的恶果。

（三）外资并购形成了国际金融危机和金融风险向我国传导的新渠道，将会增大我国所面临的金融风险

由于境内外国银行分行与其境外总行之间联系紧密，风险不易隔离，风险的传导机制对监管机构也不够透明，还面临一旦总行缺乏流动性或发生支付危机，分行所在国存款人无法得到优先清偿保障等情况。同时，当全球经济高涨、出现金融泡沫时，外国投资者在本国的并购行为将助推本国资产价格随着国际金融体系泡沫的不断增大而持续非理性上涨；与此同时当泡沫破裂，金融危机来临时，外国投资者又会抛售其在本国的资产，使得原本可能基本面仍然比较健康的本国市场也遭遇非理性暴跌。

（四）外资并购还将增大我国金融监管的难度

比如国外母公司混业经营与国内子公司分业经营的矛盾、全球监管套利问题、母公司与子公司业务隔离问题、货币结算与自由流动问题、"热钱"流动问题等等。

三、外资并购对金融安全影响的案例分析

（一）美国严格的外资并购安全审查制度

作为当今全球金融霸主，美国一直非常支持他国尤其是发展中国家对美国金融机构开放本国金融市场，然而当其他国家的金融机构和资金想进入美国金融业时，却往往会遭遇美国监管当局的"审慎"对待。目前，在美国市场排名靠前的银行、证券、保险三大类金融机构全部为美国本国企业，这一方面固然是因为美国金融机构自身实力的强大，另一方面也与其监管体系对外资控制本国金融机构严格限制有很大关系。

其审慎制度的代表法规为外资并购安全审查制度。该制度的正式确立，始于1988 年美国国会通过的《1950 年国防产品法》修正案——《埃克森—弗罗里奥

169

修正案》。核心内容是授权美国总统根据其指派者——通常是美国外国投资委员会的调查情况，有权采取任何适当的措施，中止或禁止任何被认为威胁美国国家安全的外国收购、并购或接管从事州际贸易的美国公司的行为。该法案对于"威胁美国国家安全"的行为界定比较模糊，不过比较肯定的是，针对美国银行的外资并购需要向该委员会提交申请。该法案通过后不久，具有国家背景的企业并购美国企业的数量开始增加，为了防止这类并购对于美国国家安全造成威胁，美国国会于1992年通过了该法案的修正案——《伯德修正案》，增加了"如果收购方是由外国政府控制或者代表外国政府"则应实施调查的条款，体现出美国对他国政府控制其企业感到尤其担心，而国有资本占主导地位的我国自然成为遭遇该项条款次数最多的国家。进入21世纪以来，美国政府以安全为由连续否决了多项外国投资者并购本国企业的重大交易，对其吸引外资产生了负面影响。为了平衡吸引外资与国家安全之间的关系，时任美国总统的小布什于2007年签署了《2007年外国投资与国家安全法》，该法案对美国国家安全进行了广义阐释，重新划定了包括银行在内的11个涉及美国国家安全的关键领域，明确了对这些关键领域外资并购进行安全审查的必要性和审查流程。以银行为代表的金融安全作为美国国家安全的重中之重，得到了美国法律的确认。

由此可见，美国所称的"金融开放"，仅是指诸如外国银行向美国资本开放一类对美国有利的"开放"，外国资本并购美国银行并未在此"金融开放"之列。以此次次贷危机美国银行业的并购重组为例，规模相对较小的金融机构通常在美国政府（一般由财政部出面）以及美联储的"牵线搭桥"之下被本国大型金融机构所收购；而一旦花旗这样关系美国金融安全的巨无霸遭遇问题，美国政府则会顶着来自纳税人的巨大压力，动用财政资金向其直接注资，甚至将其"国有化"，即使欧盟、日本等美国传统盟国的金融机构也只能收购那些陷入困境的美国同行们位于欧洲和亚洲等地的外围资产，丝毫无法插手其在美国本土的核心业务，更不用说拥有中国政府背景的我国各大国有银行了。

（二）阿根廷金融控制权丧失带来的危害

80年代末随着拉美各国新一轮经济改革的展开，作为其国内经济改革措施的一部分，阿根廷开始了第二阶段金融自由化的尝试。与第一阶段相比，第二阶段金融自由化最主要的特点是推动国有银行私有化，以及积极将外资引入本国银行业，允许外资控股本国银行。在银行业向外商开放的带动下，大量外资涌入阿根廷，据统计，1991~2000年阿根廷吸引的外资总额超过800亿美元，其中相当大一部分流入了银行业，并在与阿根廷本国银行业的较量中逐渐占得上风。从总体数据上看，外国资本在阿根廷银行业所占比重由此次改革前的不到1/5上升至 2001 年的约 2/3，国内最大的 10 家银行中有 8 家为外资所控制。阿根廷人也开始习惯了把存款放心地存入外资银行，认为这些世界级的大型跨国银行能为他们的存款安全提供保障。但 2001 年的金融危机表明过度金融自由化与外资控制下的金融业使得本国金融主权遭到削弱，货币当局无法有效调控金融市场。同时，阿根廷警方 2002 年初对外资银行的调查表明，外资银行在金融危机期间非但没有设法阻止局面进一步恶化，反而涉嫌非法将阿根廷民众约 300 亿美元的存款转移至海外，使危机加剧。

（三）凯雷并购徐工引发的争论

2005 年 10 月 25 日，凯雷以 3.75 亿美元收购徐工集团全资子公司——徐工集团工程机械有限公司 85% 股权。鉴于徐工集团在机械行业的特殊地位，这次并购引起了各界人士的广泛关注，进而引发了关于外资并购与国家经济安全问题的广泛争论。由于多方妥协，2007 年的第三次协议中凯雷决定以人民币 18 亿元（合 2.33 亿美元）收购徐工机械 45% 的股权。这是大型国有企业改制进程中第一个外资绝对控股收购案例，具有强烈的示范效应，被西方舆论视为中国对外资并购政策的"试金石"。凯雷收购徐工案的最终结局在一定程度上折射出我国今后对待外资并购的政策走向，对以后的外资并购具有重要指导意义。这起并购案中，争论主要集中在以下三个方面：

1. 外资并购国内龙头企业是否形成行业垄断，危及产业安全。行业控制权被外商掌握，容易形成外商对相关行业的市场支配和垄断，影响国家产业政策实施和国家经济安全。徐工处于工程机械制造业，而工程机械制造业归属于装备制造业，是国家明文规定的战略发展产业，是建立强大军事工业的基础，国家政策不允许外资控股战略发展产业。凯雷收购徐工，改变了中国装备制造业现有的格局。原本以卡特彼勒和沃尔沃为代表的外资巨头、以徐工为首的大型国企以及以三一重工为代表的新兴民企"三分天下"的行业格局，从此变成了外资的"一股独大"。外资控股有可能对行业进行垄断，制定垄断价格和瓜分市场策略，进而制约内资企业成长和技术进步，破坏市场竞争秩序，损害消费者利益。

2. 外资并购是否危及国家经济安全。装备制造业是基础性、战略性产业，体现了一个国家的综合国力、科技实力和国际竞争力。徐工机械作为我国工程机械制造业规模最大的企业，一旦被并购成功，外资将会采用相同的策略大规模收购我国其他正处于低谷期的工程机械制造企业，从而影响到我国宏观政策的实施。

3. 国有企业被外资并购时，是否存在贱卖情形，是否存在国有资产流失。从凯雷与徐工机械三个时期达成的三份不同协议中可以看到，凯雷控股比例在不断下降，价格却在不断上升。凯雷的一次次"妥协"，是否说明徐工机械的价值被低估，徐工机械被"贱卖"了？

四、应对外资并购的策略

我们应正确看待外资并购，在保证金融安全和人民生活水平不断提高的前提下，积极的利用外资、引导和发展外资并购，对外资并购可能带来的风险制定有效的防范措施并及时调整相关政策，进一步促进我国经济的健康发展。

（一）正确引导和合理规制外资并购

第一，逐步过渡外资优惠，取消歧视性准入政策，长期以来，我国在税收、土地政策等方面给予外商投资超国民待遇，使国内企业处于不平等的竞争地位，在一定程度上抑制了国内同行业其他企业的发展。因此，监管当局应当逐步取消目前对外资企业的超国民待遇，对非垄断性质的行业自由开放，减少对国有企业、民营企业的行政干预，营造一个公开、公平、公正的竞争环境，促进民族工业健康发展。第二，进一步明确外资并购产业导向。对外资企业特别是外国金融资本对我国国有企业的控股，应根据行业和产品的特点，结合产业政策，进行分类管理，进一步明确所要禁止、限制、允许和鼓励的行业或企业范围。对于关系国计民生的重要产业，以及支配国家经济命脉、带有行业垄断特点的基础产业的国有大中型企业，应当禁止外资并购或对控股比例予以严格限制，防止外资控制我国的重要产业和重要技术，维护本国的经济主权。

（二）制定和完善外资并购的法律法规

当务之急是尽快制定出统一的法律法规，如《外资并购法》等，对外资并购进行完善和规范。在立法中明确国家"重点行业"的范围、危及国家"经济安全"的影响因素以及"重大影响"等关键用语的含义。明确规定反垄断审查的具体要求，包括外资并购的反垄断报告制度和听证制度以及外资并购的反垄断审查制度和控制制度。同时还应完善我国《公司法》、《证券法》、《反不正当竞争法》等相关法律，禁止跨国并购我国企业过程中的不正当竞争行为，保护国内幼稚产业，从多个角度加强对跨国并购我国上市公司的法律监管。

（三）完善外资并购审批制度

第一，设立统一审批部门。目前我国外资审批部门较为分散，各部门之间不协调和利益冲突都易造成对外资并购监管不当。因此，我们需将复合制审批转变为单一制审批，将多个部门的权限集中，设立一个具有高度独立性和权威性的外资并购审核机构（如国家经济安全审查委员会），从国家经济安全的角度负责对外资并购进行统一审查，制定具体的实施条例和实施细则，完善对外资并购的审查程序和事后监控制度。第二，建立完善的审批制度。对于那些涉及国家经济命脉、关系国家战略利益的行业龙头企业的重大并购项目要实行严格的审查制度，加大对我国重点行业和关键产业以及骨干企业外资并购的监管力度，并要避免地方政府为了地方经济利益分解并购项目规避国家的控制和监管。同时，也要防止外资利用并购的方式向我国转移不良资产。从而和反垄断审查一起，规范外资对境内企业的并购，促进经济的发展和良性循环。第三，建立外资并购中的国家经济安全预警机制，建立外资并购信息网络、档案管理系统和分析系统，进行信息预警，以便对威胁国家经济安全的并购即时采取相应措施。

（四）提升企业竞争力与应对外资并购能力

第一，加快国内企业间资源的整合，提高自主创新能力。第二，提高并购与反并购能力，谨防恶意收购应对外资并购，企业应该充分体现其经营和管理的独立性，充分重视控股权，保持股权绝对或者相对集中在管理层手中，并密切关注本公司的股价走势，如果发现异常情况，要引起警惕，进行调查，以便及早做出反应。

第五节　我国跨市场金融风险传染实证分析

金融市场可划分为货币市场、资本市场、银行信贷市场等，跨市场的金融风险传播正是指风险通过各金融市场在市场主体之间转移的过程。为此，本部分基于我国货币市场、股票市场和债券市场数据，构建 VAR 模型，研究目前我国各金融市场之间的风险传递机制及其影响。

一、我国跨市场金融风险传染路径分析

从既有文献来看，金融风险的传染一般通过跨市场资产配置（Valdes，1996）、资金联通渠道与市场预期渠道。结合我国实际情况来看，跨市场风险传染可能会有以下几种路径：

173

（一）银行、证券、保险等金融机构共同参与同一市场，通过货币资金在不同市场的流通来传递风险

通过共同参与的市场来联系是我国资本市场与货币市场联系最紧密的方式，同时也是风险最集中的传染渠道。因此，我们下面将以银行回购利率代表货币市场，存贷款余额代表银行信贷市场，股票指数和债券指数代表资本市场，分析这些变量之间的动态影响，以期理清它们之间的风险传导机制。

（二）通过涉及银行、证券、保险等不同市场的交叉性金融产品所内生的金融风险

在此次的美国次贷危机中，风险正是通过资产证券化途径来连接并在各市场中传播的。但我国目前诸如资产证券化等跨市场的金融产品比较少且监管比较严格，主要集中在一些低风险的项目上，通过这种路径传播风险的情况却不应该成为我们考虑的对象。因此，我们需重点考虑其他的诸如股票质押贷款等市场交叉产品，即用存贷款余额和股指等指标来衡量。

（三）金融控股公司通过资本控股可同时从事用银行、证券、保险等业务而产生的金融风险

当前我国的金融控股公司主要有中信集团、中国平安等，但这并不是我国金融市场的主流，我国目前金融主体仍然是实行分开经营的，即所谓的"分业经营，分开监管"方针，因此对这种情况我们也不需重点考虑。

二、模型与数据说明

（一）数据说明

根据上述我国跨市场风险理论，数据包括以下几类：第一，用银行7天回购加权利率作为货币市场价格的变量。目前我国货币市场中银行回购市场的交易规模最大，最能反映货币市场资金的供求关系的基准利率。而银行回购中又以7天期限最为普遍，这与我国新股申购资金冻结时间的4~5天相匹配，表明券商在这个子市场与货币市场对接最深。第二，用上证A股综合指数代表股票市场的价格水平。第三，用上证国债指数代表我国债券市场的价格水平。第四，用金融机构存款的月底余额来衡量居民企业资金在资本市场和银行之间的选择，用金融

机构的贷款月底余额来衡量资本市场对银行资金的吸引程度。

考虑到上证国债指数从 2003 年 2 月以后开始统计，我们的数据从 2003 年 2 月开始，到 2009 年 11 月结束，共 82 个月度数据，数据来源于 CSMAR 数据库。考虑到月度数据容易受季节的影响而产生波动，需要进行季节因素调整，因此我们在回归前事先对数据用 census X12 季节调整法进行了调整，对调整了以后的数据做取对数处理（回购利率除外），以消除异方差，对数化以后的数据反映的是他们之间的弹性关系。我们采用的软件是 Eviews6.0。各变量名称见表 4 - 9。

表 4 - 9   分析中使用变量的名称说明

LSH	对数化后的上证 A 股综合指数
LBOND	对数化后的上证国债指数
LDEPO	对数化后的金融机构月底存款额
LLOND	对数化后的金融机构月底贷款额
RATE	7 天银行回购加权利率

（二）实证模型说明

我们使用的模型称为向量自回归模型，以衡量各变量之间的交互影响。在此基础上，我们将运用脉冲响应函数能够比较全面地反映各个变量之间的动态影响。

三、实证过程及结论

（一）实证过程

1. 平稳性检验，运用 ADF 检验我们可以看到上述各变量都是一阶单整的序列，因此我们用对上述各变量取差分得到的新序列建立 VAR 模型，差分后的模型建立在平稳的序列上，并且它们之间的弹性关系不变，我们在各原变量基础上加 D 来表示差分后的新变量。

2. VAR 滞后阶数的确定和模型的建立，根据 LR 值、FPE 值、AIC 值、SC 值、HQ 值确定最佳的滞后项为 L = 3。

3. 模型平稳性检验。我们可以看出所有的单位根都落在单位元之内，因此

175

基于 VAR 模型得出的脉冲响应函数分析是可靠的。

（二）基于广义脉冲响应函数的实证结果分析

1. 股票市场和债券市场的传染效应分析

首先，股市价格对债券指数迅速产生负向冲击（如图 4 - 2 所示）。对股指施加一单位的正向冲击使得债券指数产生负向效应，并在滞后 3 期内达到最大值，其影响在多期内仍不消失。这说明股市的上涨将迅速吸引资金从债券市场回流，表明这两个市场之间有较强的联通关系，能够实现风险的传递。

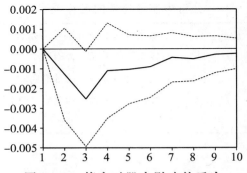

图 4 - 2　债市对股市影响的反应

其次，债市指数对股市价格影响较小（如图 4 - 3 所示）。对债指施加一个单位的正向冲击，股指先是有一个正向冲击然后又迅速转为负向冲击。这种冲击都比较微弱且方向不确定，这说明债券市场的变化对股市影响不大，这与现实情况相符，我国的交易所债券市场规模很小，其收益率也相对较小，资本市场对其投资多是出于对闲散资金的保值需要，因此债券市场的正向波动并不足以影响股票市场的价格，反倒是股票市场上出现的风吹草动很容易对债券市场产生冲击。

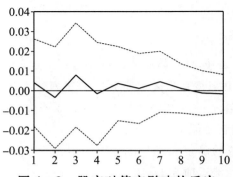

图 4 - 3　股市对债市影响的反应

2. 股票市场和货币市场之间的传染效应分析

首先，股市价格上涨将对货币市场价格产生明显正向冲击（如图 4 - 4 所示）。股市的正向冲击导致货币市场利率在短期内迅速上扬，于第三期到达最大值，到第四期才减弱为零，这说明我国的资本市场与货币市场之间资金已经在较大程度上实现了自由流通。不管这种联通是通过正规的还是非正规的途径都蕴涵着传染风险的可能，即由高风险的资本市场传向货币市场。

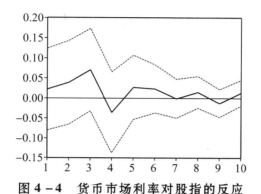

图 4 - 4　货币市场利率对股指的反应

其次，货币市场价格变化几乎对股市价格不产生影响（如图 4 - 5 所示）。对货币市场利率施加一个单位的正向冲击在短期内（2 期）不会使股指做出反应，在 2 期内会有一个负向的冲击，但这种影响是比较微弱和滞后的，也就是说资本市场对货币市场的价格反应是比较迟钝的，这可能与我国资本市场对资金一直存在的刚性需求有关。多年来从各个市场的交易情况来看，货币资金都主要是由货币市场流向资本市场的（汪小亚，2003），但处于对资本市场高收益率的追逐，资本市场的参与主体对资金的渴求却从来没有停止过，在这种强烈的资金需求动机下潜藏着巨大的风险传导机制，完全堵住是不利于市场发展

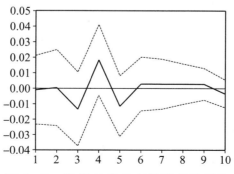

图 4 - 5　股指对货币市场利率的反应

的，但为了降低风险感染的可能性，减少货币过多地由非正规渠道流入资本市场，我们建议大力发展正规资金流动的货币市场，充分发挥同业拆借、债券回购、票据贴现等市场在资金流动中的作用，满足了券商资金需求的同时，也减弱了券商通过非正规途径融通资金的动机，减少了银行体系感染资本市场风险的可能。

3. 股票市场与存款市场的传染效应分析

从图 4-6 中可以看出，股指的正向波动在短期内对存款额有负向影响，但是不明显，只是在第 5 期以后有被放大的趋势，由于存款额反映的主要是居民和企业储蓄额度，此图正好反映了我国居民和机构投资者投资股市时投机气氛和跟风习惯，股市上涨在经过一段时间的观察期后会吸引居民大量进入，引起存款余额的减少。通过这样的途径，股市风险被传递到社会公众中。

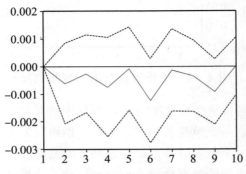

图 4-6 股指对存款市场的影响

4. 股票市场与贷款市场的传染效应分析

首先，股市价格上涨将导致贷款量上升（如图 4-7 所示）。股票市场的正向波动使贷款在 2 期内迅速升至最高点，到第 4 期方减弱至零。这说明我国市场上确实有比较明显的通过贷款来炒股的现象。根据蒋旭怀、吴富佳和金桩（2006）的研究，银行资金进入股市的途径主要有：企业以流动资金贷款名义向银行申请贷款；以票据贴现形式向银行融资；个别企业集团通过下属企业获得贷款，将资金集中到集团的投资公司账户，由其进入股市；银行对个人发放无指定用途的贷款。这也提醒了监管部门要加强监管，银行放贷部门在发放贷款的时候一定要密切注视资金的去向问题，以防止资金过多地进入高风险市场进而使银行呆坏账增多，诱发整个社会的信用危机乃至金融危机。

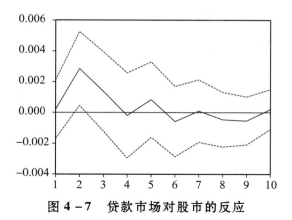

图 4 - 7　贷款市场对股市的反应

其次，贷款总量增加对股市影响较弱（如图 4 - 8 所示）。贷款量的增加在短期内会对股市有微弱正向冲击，这与股票市场的庞大规模有关，尽管有大量贷款通过各种渠道进入了股市，但股市对贷款市场的冲击反应依然不够灵敏。

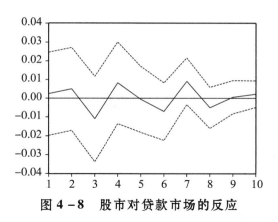

图 4 - 8　股市对贷款市场的反应

四、结论与启示

我们对金融市场中各变量建立了 VAR 模型，并在此基础上分析了各变量之间的广义脉冲响应函数，我们得出以下结论：

1. 股票市场和债券市场之间关系紧密，主要是股票市场影响债券市场，债券市场对股票市场影响微弱，因此风险将主要由股市传至债市，反向传播的可能较小。

2. 股票市场和货币市场关系较为紧密，股票市场的波动能够影响货币市场的利率，这说明股票市场参与主体将从货币市场融得的资金投资股票，因此风险会从股票市场传染至货币市场；另一方面货币市场利率对股指影响较小，说明资本市场对货币市场资金有刚性需求,股市主体从正规渠道获取的资金有限时,将借助非正规渠道融取资金,因此我们建议政府严厉监管各种灰色资金流动的同时,大力发展货币市场作为连接资本市场和货币市场的主渠道。

3. 股票市场与存贷款市场联系比较紧密。股指上涨时会引起存款减少和贷款增加,因为机构投资者可以从公开的市场上融得资金,所以如果我们扣除掉参与其中的机构投资者,股市的风险将会传递至社会公众,减弱公众对经济的信心。因此我们建议一方面政府要打击股票市场上的投机气氛,降低股市过度波动对居民企业造成的损失;另一方面也要加强对投资者的教育,增强投资的理性,不盲目跟风。

第六节　主要结论

本章对资本市场开放与金融安全的关系进行了理论与实证研讨,得到以下基本结论:第一,在金融自由化浪潮和各国金融发展的要求下,资本市场开放是必然趋势。第二,我国货币市场、股票市场、债券市场目前已经建立起了比较密切的资金通道,从而能够实现风险的交互传递,而方向则多由股票市场向其他市场传递检验了金融风险之间的相互传递机制。第三,在目前我国资本市场未完全开放的背景下,"热钱"流入持续增加,通过实证研究发现,"热钱"流入对我国股票市场价格影响并不显著,但对我国房地产价格尤其是住宅房屋价格影响显著,因此在控制房价泡沫过程中要防止"热钱"带来的冲击。第四,在中国加入世界贸易组织和股权分置改革的成功实施后,我国股市和国外主要股市的关联性显著增强。第五,随着资本市场的开放,外资对我国企业并购的数量和金额都显著增加,而且在并购目标上越来越多地盯住了我国重要产业。

第五章

金融系统性风险在宏观经济部门间的分担与转移机制研究

金融系统性风险形成后能否转化为金融危机关键在于系统性风险能否在各宏观经济部门间进行有效的风险分担与转移。一般而言，经济中总是有一定量宏观风险在各部门间存在并分担，宏观经济风险的增减、转移与累积等分担状态的变化直接影响着风险向金融危机的转化并进而影响一国的金融安全。为此，宏观风险的分担与转移恰恰是研究金融危机与金融安全的要害。本章在格雷（Gray，2006，2008）模型基础上建立一个包含实体经济各部门、国家资本结构以及政府作用等多因素的宏观风险综合分析框架。在此框架下，系统性风险是否转化为金融危机取决于两个关键要素：第一，系统性风险能否有效在各宏观经济部门间进行转移与分担，本章分别从理论与实证角度考察了系统性风险转移的渠道与机制，然后运用 CCA 模型对我国宏观经济风险暴露程度进行总体评估，进而结合当前实际经济运行进行敏感性与压力测试。第二，公共部门的风险承担能力。金融的稳定需要公共部门强有力的后盾做支撑，公共部门自身的实力和风险状况将影响着整个宏观经济风险分担和金融的稳定。

第一节 引 言

　　风险的识别、测度、控制在现代金融研究中居于核心地位。在宏观层面，宏观金融风险一直是困扰全球经济发展的焦点问题。宏观金融风险是公共风险，影响范围较广，包括金融部门的金融风险、公司部门的经济风险与公共部门的财政风险。一般而言，经济中总是有一定量宏观风险在各部门间存在并分担，宏观经济风险的增减、转移与累积等分担状态的变化直接影响着风险向金融危机的转化并进而影响一国的金融安全。为此，宏观风险的分担与转移恰恰是研究金融危机与金融安全的要害，建立一个包含实体经济各部门、国家资本结构以及政府作用等多因素的宏观风险综合分析框架势在必行。

　　现代银行的监管制度设计更多是基于个体银行的层次，对金融风险的研究也主要集中在微观领域。然而国际经济和金融危机的高成本提醒人们，传统风险管理方法已经无法适应宏观风险的审慎性监管需要，因此，学术界一直致力于建立分析宏观经济风险与金融稳定机制的整体性研究框架。国际货币基金组织（IMF，2006）指出，关于金融部门和其他经济部门相关权益的分析以及通过压力测试对冲击敏感性的估计，这两者是金融稳定分析的基础。而目前研究压力测试的文献较多，主要用于评估宏观经济冲击给金融体系带来的脆弱性；而关于宏观经济风险的形成、转移和分担机制的研究在世界范围内是一个普遍的理论难题，其理论和定量研究都不够，远未达到理论系统化和表达模型化的地步。艾伦、莫顿、盖尔（Allen，Merton，Gale，2006）创造性地提出了用CCA方法分析一国宏观经济风险暴露的框架：一国经济部门被看作互相关联的资产、负债与担保的组合，由此可分析部门间的风险转移以及风险在公共部门的累积。

　　中国正处在由发展中国家向发达国家过渡、由计划经济体制向市场经济体制转型的特殊历史阶段，国有商业银行坏账、股市投机气氛过浓、金融资产管理公司不良贷款回收率低、运营成本高以及保险、养老社保等潜在风险都可能使金融风险累积，以致引发金融危机（张少春，2001）。另外，中国银行体系以国家信用为基础，政府对银行部门始终存在隐性金融担保，而政府是否有实力承担此隐性债务关系着宏观经济的稳定。同时，经济的高速发展和制度的全面变迁必然导致金融风险的种类、性质、分布及传导机制的频繁变动，风险问题日益突出和复杂。特别是在市场化和国际化双重压力下，宏观风险如同一把悬剑威胁着我国经济的健康平稳运行。

为研究系统性风险向金融危机的转移机制与宏观经济风险管理策略，本章以银行部门为核心，抓住各个经济部门的资产负债联系，从宏观风险的分担与转移角度研究风险传播途径和风险暴露状况。本书在理论和实践上提出了衡量、分析和管理宏观风险的新方法（CCA），强调了怎样运用 CCA 来模型化与衡量部门和国家风险暴露，以及提出抵消潜在负影响的政策。本章其余部分结构如下：第二部分研究各部门间风险分担与转移机制；第三部分为宏观经济风险度量的方法论，即资产负债表方法与 CCA 理论；第四部分为中国宏观经济风险部门间分担与转移机制的实证研究，并讨论了中国公共部门债务的隐性债务问题及其可持续性；第五部分为主要结论。

第二节　宏观经济风险的分担与转移机制

宏观经济部门包括公司部门、私人部门、银行部门和公共部门，风险在四部门之间进行分担和转移。金融部门在我国主要指银行部门，公共部门则包括国家财政和中央银行。风险分担（risk sharing）可以看作一种稳定状态，当这种稳定状态被打破时，伴随着资金流转，风险将在各部门间动态转移（risk transferring）。当宏观经济运转良好时，风险可以在部门间得以最优分担；如果风险不能在部门间分担和继续转移时，风险将在部门内累积，当风险累积到一定的水平，宏观经济将会出现严重问题，爆发金融危机或财政危机，或者两者同时发生。因此，研究宏观经济风险在部门间的分担和转移，找出潜在风险点所在，对于防范危机的发生有至关重要的作用。

以银行部门为核心，公司部门通过贷款将风险转移给银行部门，私人部门通过存款承担着部分银行部门的风险。当银行部门出现问题时，风险通过金融担保从银行部门转移到公共部门，而公共部门本身并不是风险的最后承担者，可以通过公共债务将风险转移到公共部门、私人部门或外币债务持有者。资本市场为各主体提供了风险交易的场所，各主体可以在资本市场上通过交易进一步转移风险①。宏观经济风险分担与转移机制逻辑如图 5 - 1 所示。

---

①　关于资本市场风险的分担与转移，本书不做深入研究。

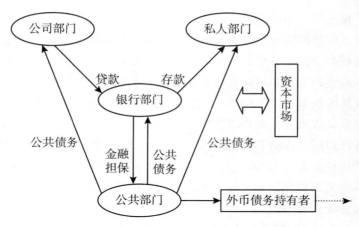

图 5 - 1　风险部门间分担与转移机制

一、私人、公司与银行部门的风险分担与转移机制

　　银行部门资金来源严格受制于存款，存贷款决策并非分离，两者相互依赖相互影响。此外，存款和贷款决策两者相互影响通常不是针对个体，而是总体上的，即某单笔存款一般不会影响到某单笔贷款，存款总体对贷款决策会产生影响。因此，为了贴近实际情况，我们应把私人部门、公司部门和银行部门三者相结合来研究风险分担与转移机制。

（一）私人与银行部门的风险分担与转移机制

　　存款是银行主要的资金来源，存款来源的稳定关系着银行是否能正常经营，存款挤兑是发生金融危机的先兆。因此，为了防止金融危机的发生，形成有效的宏观经济风险分担体系，研究银行部门与私人部门之间的风险分担，尤其是从风险分担视角来研究银行挤兑是否最优是必不可少的。银行是专门经营风险的企业，相对于一般消费者而言，银行具有投资风险资产的优势，代表消费者进行投资。而消费者可以"用脚投票"，随时存取款项，这对银行是一种约束，同时，随着银行业的开放，银行业可以自由进入，竞争将迫使银行提供使消费者预期效用最大化的储蓄合同。银行业是服务行业，其宗旨是服务大众，使私人部门作为储蓄者效用最大化。因此，我们的研究将立足于储蓄者效用最大化。

　　存款者和银行之间的存款合同可以使风险在银行和存款者之间最优分配，在正常情况和挤兑情况下都如此。银行和存款者之间的最优存款合同是银行部门和私人部门之间进行风险分担的微观基础，是风险得以最优分配的前提，尤其是活期存款合同，可以较好地对风险进行配置。当活期存款合同可以交易时，活期存款合约与股权合约性质一样。按照最优风险配置公式，不可分散风险应由包括存款人的所有代理人共同承担，根据风险承受能力按比例分配；在次优状态下，如果银行想防止耐心的存款人提前取款并再投资，则必须至少向存款人提供其在金融市场能够获得的利率。

从部门均衡的角度看，私人部门和银行部门的风险调整收益率相等，否则将通过资金转移使风险重新分配。私人部门承担的风险与银行部门资产价值密切相关，银行部门资产价值的变动将引发风险在私人部门和银行部门之间进行转移，转移后均衡的重新形成需要公共部门的介入。当存款挤兑发生时，只有公共部门为银行部门提供金融担保分担部分风险，存款才能稳定，金融恐慌才有可能得以避免。银行部门稳定是金融稳定的基础，而存款稳定是银行部门稳定的前提，因此，私人部门和银行部门之间风险的最优分担对金融的稳定至关重要。

（二）公司与银行部门的风险分担与转移机制

公司部门代表的是实体经济部门，同时其贷款是银行部门风险的重要来源，因此，公司部门和银行部门间的最优风险分担不仅仅关系着一国经济的发展，而且关系着我国银行业的稳定，我们必须重视优化银行部门与公司部门间的风险分担。公司和银行的贷款合同是公司部门和银行部门间风险分担和转移的微观基础，关于贷款合同性质的分析是我们研究的着眼点。

公司部门和银行部门间从最初的风险分担到风险转移再到最终的风险分担，是一个动态变化的过程。在一般均衡状态下，公司部门和银行部门的风险调整收益率相等，否则将引起资金的重新配置。当公司部门受到共同冲击[①]时，其资产价值下降，风险贷款价值也将下降。由于公司部门贷款总量较大，一旦出现损失，银行部门经济资产负债表资产负债状况将严重恶化，风险从公司部门转移到银行部门[②]。当公司部门归还贷款后，银行部门不再承担风险，风险重新归于公司部门，公司部门股东或新的债权人将继续承担相应的风险。

[①] 共同冲击指对大部分公司都有影响的冲击，不包括只对单个公司带来微小影响的冲击，因为这里研究的是对部门有影响的冲击，而不是单个公司。

[②] 关于此部分损失究竟由谁承担的问题，将在银行部门和公共部门间风险分担与转移中做进一步研究。

（三）私人、公司与银行部门间的风险分担与转移机制

1. 风险分担情况

银行的管理成本和流动性限制决定了银行存贷款决策不独立，两者相互影响，风险在公司部门、私人部门以及银行部门三部门间进行分担和转移。在不存在公共部门的情况下，这三部门之间将形成一定的均衡，只要风险在其承受范围之内[1]，经济将处于健康运行状态。金融市场为投资者提供了风险交易的场所，这对三部门将产生影响并且具有制衡作用，尤其是银行部门。私人部门通常会把存款收益与金融市场投资收益进行比较，一旦认为存款收益太低，将提取存款投资于金融市场，银行部门存款流失，风险从私人部门转移到银行部门，这是金融市场对银行部门的制衡。从存贷款决策不可分来看，私人部门[2]的行动会影响银行存款，进一步影响银行贷款决策，风险在私人部门、银行部门、公司部门三部门间分担和转移。

为了使经济保持健康地运转，除了让三部门风险调整收益尽量一致保持均衡外，还应使相关部门的风险保持在承受能力范围之内，即风险调整收益要维持在一定临界值之上，此临界值根据各个国家宏观经济状况来确定，例如经济增长率、通胀率等因素。

$$RAROC_N \leqslant RAROC_B = RAROC_D = RAROC_E = RAROC_C$$

其中分别表示临界值、银行、私人、证券、公司的风险调整收益率。

2. 风险转移状况[3]

假设金融市场投资受经济增长影响收益较高，受此影响私人部门的要求收益率将上升。一般而言，存款者不会直接要求银行提高利率，而是通过取款的方式来影响银行决策，为了稳住存款，银行只有提高利率，风险从私人部门转移到银行部门。存款利率上升提高了银行的资金成本，在此影响下银行可能会提高贷款利率，风险又将从银行部门转移到公司部门[4]。

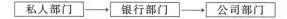

同样地，如果公司部门经济收益低，不能按时偿还贷款本利额，有降低

---

① 关于风险容忍度的研究是风险研究的前沿之一，当时本书不对此做详细分析。
② 公司部门与私人部门一样，会通过影响贷款进一步影响存款决策。
③ 本书不对导致价值波动的初始冲击做研究，而着重点在于研究转移机制。
④ 风险在实体和金融资产的跨界转移很难逆转，这通常也与政策限制相违背，这里是从理论上探讨可能性。

贷款利率的内在需求，如经济进入衰退或低迷期。为了促进经济增长，中央银行一般会采取降息的措施。通过利息的降低，公司部门把风险转移给银行部门，随着贷款利率的降低存款利率一般也会同时降低，风险将从银行部门转移到私人部门。一般而言，风险在他们间的转移并不是完全转移，可能只是部分转移，银行部门自身也可能承担部分风险，公共部门也有可能承担一部分风险。

$$\boxed{\text{公司部门}} \longrightarrow \boxed{\text{银行部门}} \longrightarrow \boxed{\text{私人部门}}$$

二、银行与公共部门的风险分担与转移机制

当公司部门或私人部门将风险转移给银行部门后，银行部门是靠自身资本来承担相应风险还是将风险进一步转移呢？一般而言，当私人部门、公司部门甚至公共部门把风险转移到银行部门后，银行部门可能自身承担相应风险或将风险进一步转移。当银行部门经营正常时，风险保留在银行部门内部，但是一旦出现严重问题，公共部门将介入，风险将从银行部门转移到公共部门。

宏观金融风险属于公共风险，应由国家承担。同时，考虑到银行部门对于金融稳定的特殊性，无论银行部门是否将风险转移，公共部门对银行部门的金融担保都一直存在，其价值随银行部门资产价值变动而变动。影响银行部门资产负债状况公共行为分为直接影响的行为和间接影响的行为[1]。直接影响指与银行部门有直接债权债务关系，例如：银行部门持有的政府债权；间接影响指与银行部门没有直接的债权债务关系，但是仍然会影响到银行部门经济资产负债状况。间接影响在传统资产负债表中是无法体现的，例如金融担保等项目。

引发银行风险转移的情形主要有存款挤兑和不良资产产生，当存款挤兑发生或产生不良资产时，银行部门经济资产价值下降，风险增加，政府对银行部门的金融担保价值增加，公共部门风险[2]也将增加。

---

[1] 宏观金融风险与政府财政责任的分析可根据经济运行过程中二者的相互关系分为两个方面：一方面是财政自身的收支活动或运行状况可能产生的宏观金融风险，重点说明宏观金融风险集聚和产生过程中的财政责任；另一方面探讨财政作为公共部门在解决宏观金融风险过程中具有哪些职责（刘尚希，2006）。这与本书的直接影响和间接影响划分法一致。

[2] 公共部门承担的风险与一国制度结构密切相关，在一定的经济发展阶段，公共部门承担风险的规模和范围相对固定，如果制度结构合理，风险责任明确，公共部门承担的风险相对较少；如果制度结构不合理，风险责任不明晰，风险不能流通和分散，那么转移到公共部门的风险就会相应增加。

三、风险最终分担与公共部门债务可持续性

当风险转移到公共部门后，如果公共部门自身承担风险，那么风险究竟是由国家财政承担还是由中央银行来承担呢？这与各个国家具体政策密切相关，而政策的制定又与一国经济环境、财政与中央银行的相对强弱以及他们之间的博弈是紧密相连的。当公共部门自身不能承担风险时，是否能将风险进一步转移给公共部门的债务持有者呢？这个问题将涉及风险的最终分担与公共债务的可持续性。下面我们将研究风险在中央银行和财政间的分担与转移，并提出公共债务可持续性问题。

（一）当风险转移到公共部门后，究竟由财政还是中央银行承担将由他们各自的实力和相互间的博弈关系决定

首先，在市场经济发达和成熟国家，财政和金融的职能边界有相对严格的界定，财政风险与金融风险的关系更多地表现为，当银行等金融机构风险较大时，为了维护金融和经济的稳定，国家财政发挥其公共主体职能，通过间接方式起最后承接者的作用，银行只履行金融功能，不承担财政成本。因此，在金融正常运转的情况下，宏观风险应由中央银行承担。只有在金融机构出现严重问题或者发生危机的时候，政府才会分担部分金融风险。其次，在经济转轨国家，财政和金融的职能边界划分不明显，财政风险与金融风险联动现象比较普遍。当财政和中央银行各自的实力都较强足以承担相应风险时，风险应由财政和中央银行各自承担比较合理。但是，如果财政和中央银行实力并不均衡，财政或者中央银行不能靠自身实力来承担风险时，风险由谁承担将由自身承担风险的能力和相互间的博弈决定。政府和中央银行都属于公共部门，中央银行对银行部门的干预属于金融体系范围之内，仍然是金融风险，而政府在承担银行部门相应风险时，性质有所改变，因为政府的风险一般称为财政风险。政府和中央银行究竟由谁承担风险将涉及财政风险与金融风险的相互转化。

（二）当风险在公共部门内部不能得到化解时，公共部门能否将风险进一步转移涉及公共债务的可持续性

如果公共部门能将风险进一步转移，公共部门债务持有者将分担部分风险。公共部门债务持有者分为外币债务持有者和本币债务持有者，由于外币债务比本币债务更具刚性，本币债务持有者处于弱势地位，风险将主要由本币债务持有者承担。在危机时期，财政波动性和汇率波动性可以共同产生一个高的主权资产的

波动性。这意味着本币债务的风险溢价可能非常高，主权外币债务溢价也将会增加。新兴市场国家典型的困境情况是，主权资产下降，本币债务持有者将很难要求高的风险溢价，就像赤字货币化将会导致高的通胀和汇率的贬值。主权资产外币价值越低和波动性越高，主权货币债务溢价将会增加。但是，一个国家可以发行更多的货币，但是不能印制更多的外币。因此，当公共部门资产价值下降，通过发行债务来转移风险时，由于外币债务比本币债务更具有刚性，风险将更多地由本币债务持有者承担。

四、我国宏观经济风险部门间分担与转移的案例考察

通过财政出资、不良贷款核销、央行再贷款、特种票据等方式，国有商业银行历史包袱所形成的风险得以转移，国有商业银行自身资产质量提高。但是，值得注意的是，到目前为止历史包袱并没有得到根本性的解决，实质上只是暂时将风险转移。这部分不良资产大部分不能收回，将来会产生损失，那么最终的损失应该由谁来承担呢？中央银行在再贷款和中央银行票据中也形成了大量的不良资产，这部分损失将来应由谁承担或者采取什么样的方式化解呢？国有银行财务重组中的不良资产处置过程客观上形成了对这一成本的发现机制，但现行的财务重组方案并没有对所有成本进行最终支付，大量采取了"后摊"与"隐性负债"的处置方式，这是中国渐进式改革的特征体现，其结果是改革成本向国家财政与中央银行的再次转移（陈野华、卓贤，2006）。换而言之，风险将进一步转移，最后风险的分担将由届时财政和中央银行各自的实力决定或者进一步转移到公共部门债务持有者。

迄今为止，国有商业银行风险大量转移到公共部门，公共部门对银行部门的隐性担保将影响金融的稳定。需要说明的是，公共部门隐性担保对不同的项目的敏感性是不同的，例如，公司部门的冲击和存款挤兑所引起隐性担保的变化是不同的。存款挤兑所引起金融担保的增加远大于公司贷款损失所引起金融担保的增加，因为存款挤兑具有传染性，其影响更具有紧迫性和伤害力。

当风险能够承担或转移时，整个经济体系将仍然能够运转，不会出现大问题；但是，一旦风险不能承担或转移在公共部门累积时，我们就不能不注意这种风险累积引起危机发生的可能性了。公共部门是宏观经济风险转移的最后一道防线，为了维护宏观金融的稳定，除了降低公司部门向银行部门转移的风险和银行部门自身的风险外，我们也必须确保最后一道防线的安全，关注公共部门债务的可持续性，以防患于未然。从我国目前的实际情况来看，政府对银行部门的金融担保在其总资产中占有较大比重，这将对公共部门提出巨大的挑战，而这还仅仅是保守估计。

第三节　风险分担与转移研究方法：部门资产负债关联与相关权益分析（CCA）

现代银行管制是在个体银行水平上的，前提是只要单个银行违约风险比较低，银行系统的风险就比较小。但这种方法并未考虑银行之间违约的关联程度，监管者只能通过把银行监管推向更系统或宏观上更加谨慎的框架上防范系统性风险。遗憾的是，传统风险管理方法没有办法进行银行审慎性监管。CCA 的运用可以分析经济中部门的风险暴露，这为控制和转移风险提供了比较分析的框架。其优势集中体现在：第一，它可以衡量跨部门的相关资产价值和风险暴露，这可以帮助识别特定的脆弱情形和潜在的违约反应链，这也有助于形成控制和转移的各种方法；第二，这个框架是与风险管理策略相结合的框架，可以运用显性衍生工具和互换来控制、对冲和转移风险（Blejer，Schumacher，2000）。

一、资产负债表与相关权益分析（CCA）方法

（一）资产负债表方法

混合的宏观政策应考虑部门资产负债表不匹配所带来的风险，对国家单个经济部门资产负债①和合并的资产负债表的分析有助于分析部门间联系，这将为金融结构是否妥当和金融体系是否稳定提供有用的信息，并为部门资产负债表风险的缓冲和套期保值提供政策建议。因此，对金融部门与公司部门、私人部门以及公共部门之间联系的分析是宏观审慎分析的重要组成部分。

传统资本流动方法以财政、金融发展等数据为基础，资产负债表数据按照期限、货币、负债的合同性质以及资产质量划分，有助于分析一个部门资产负债表的不平衡如何引起另一个部门或者更多部门金融资产的变化，是对传统资本流动方法的补充。一个部门对另一个部门的负债以及要求权体现了进入金融服务的程度，突出了一个部门对另一个部门的潜在影响，即部门间的联系程度。资产负债表方法着重于两点：资产和负债的决定因素及其演变过程、可能引起资产和负债大量调整的冲击。

资产负债表方法必须采用经济资产负债表。经济资产负债表与传统资产负债表的不同在于：第一，经济资产负债表体现了包含或有要求权在内的所有资产负

---

① 经济部门一般包括私人部门、公司部门、金融部门、公共部门以及他们的子部门。

债的市场价值，而传统资产负债表只是按稳健性原则记录传统资产的价值，不包含或有要求权价值。第二，资产负债表有助于分析部门间联系的渠道，但是这是基于能反映市场价值的经济资产负债表，而传统资产负债表只反映了资产负债账面价值，没有反映公允价值，不能作为分析的基础。

（二）相关权益分析法（CCA）

艾伦、莫顿、盖尔（Allen，Merton，Gale，2006）创造性地提出了用 CCA 方法分析一国宏观经济风险暴露的框架：一国经济部门被看作互相关联的资产、负债与担保的组合，由此可分析部门间的风险转移以及风险在公共部门的累积。上述方法的创新为研究我国宏观经济风险分担与转移提供了强有力的理论工具。

相关权益的含义是某种金融资产将来的收益依赖于其他资产的价值。CCA 定义了资产价值和负债价值的基本关系，把资产、负债和所有者权益看成是相互关联的组合。一个通过债务和权益融资的实体，其资产价值 $A(t)$ 等于权益的市场价值 $J(t)$ 和风险债务的市场价值 $D(t)$ 之和。风险债务的市场价值等于无违约债务价值减去债务担保价值。CCA 分析适用于单个公司，同时也适用于经济部门。其资产、权益以及债务价值等式关系如下：

$$资产 = 权益 + 风险债务 = 权益价值 + 债务账面价值 - 债务担保$$

根据莫顿的公司价值结构化模型，权益可以看成是执行价格为债务账面价值，标的为资产的看涨期权，债务担保可以模型化为看跌期权。权益价值、风险债务中的债务担保以及金融担保都可以用期权模型定价（Merton，1974）。

CCA 分析要依赖经济资产负债表，经济资产负债表与传统资产负债表的不同在于，前者体现了包含或有要求权在内的所有资产负债的市场价值，而后者只是按稳健性原则记录资产负债的会计价值，不包含或有要求权，例如：政府的金融担保并未包括在传统资产负债表中。

虽然经济资产负债表和 CCA 通常用来分析单个公司或机构之间的信息，但是如果把一个经济部门当作公司也能够比较容易地掌握其风险特征，通过编制经济资产负债表可以分析各部门有条件要求权的资产和负债的经济价值，确定各经济部门分担的风险存量；通过相关权益分析法可以分析各经济部门的权益价值、风险债务价值或资产价值间关联与相互转移的情况。依据资产负债价值基本关系，我们可以编制经济资产负债表，并根据期权原理来估算宏观风险的暴露状况，因此，艾伦等（2006）的方法本质上是 CCA 分析方法与经济资产负债表的结合，各部门经济资产负债表是 CCA 分析的基本载体。

具体而言，我们将公司部门看作单个市场主体，它的负债等于无违约时价值减去看跌期权，权益相当于公司资产的看涨期权。银行部门是联系整个宏观经济体系的纽带，银行与公司部门的关联是企业贷款，与私人部门的联系主要是存款。银行与公共部门之间有直接和间接两条渠道，直接联系渠道是显性负债，间接联系主要指公共部门对银行部门的担保。显性负债可在传统的资产负债表中体现，一目了然。然而最容易忽视的隐性担保却经常是引发宏观风险的重要原因。由于银行具有很强的外部性，一旦银行体系出现严重问题，公共部门不会袖手旁观。因此，公共部门对银行部门的担保是普遍的现象，公共部门对银行部门的担保可以被看作是公共部门卖出一个银行资产的看跌期权。银行部门拥有期权的多头，公共部门拥有相应期权的空头。各部门间通过显性负债或隐性担保的方式转移风险，风险转移的渠道和程度依赖于资产负债结构以及相互间的联系。

二、经济部门资产负债表编制方法

我们把整个国家看作是由公司部门、金融部门、公共部门、私人部门①四部门组成。由于我们无法获得私人部门总的资产负债状况，关于私人部门我们仅重点关注其存款，其余忽略。

（一）公司部门资产负债表编制

公司部门广义上指所有非金融部门。公司部门资产负债表包含资产、负债以及权益三个大项目。我们把公司部门资产和权益看作一个整体，不分析具体项目。公司部门负债有多种形式，包括贷款、企业债等其他形式，从我国目前的具体情况来看，企业债发行规模很小，负债以贷款为主。另外，贷款是公司部门与金融部门的重要联系纽带，企业债更多的是企业自身风险价值的体现。因此，为了便于分析风险在部门间的转移，公司部门负债在此指公司贷款。按照CCA理论，公司负债等于无违约时价值减去看跌期权，公司权益相当于公司资产的看涨期权（见表5-1）。

表5-1　　　　　　　　公司部门经济资产负债表

资产	负债及权益
公司资产	负债（无违约时债务价值 - 隐性看跌期权）
	权益（隐性看涨期权）

（二）金融部门资产负债表编制

金融部门包括银行、信托、租赁等机构。我国把金融机构分为存款货币银

---

① 广义的公司部门包括私人部门，为了突出私人部门的存款，我们把公司部门与私人部门分开。

行、特定存款机构以及其他金融机构。存款货币银行是我国金融机构的主体，占绝大比重，履行金融功能的同时承担着巨大的风险。因此，在分析部门间风险分担机制时主要考虑存款货币银行[①]，在进行实证分析时也采用存款货币银行资产负债表的数据。

银行部门资产负债表的资产方包括国外资产、储备资产、中央银行债券、对政府债权、对其他部门债权、对非货币金融部门债权等项目。国外资产指银行持有的外汇储备，其风险与外汇市场密切相关；储备资产是银行综合多项因素考虑的结果，与银行自身的经营行为和风险有关；银行债券和对非货币金融部门债权项目，金额比较小，不予考虑；剩下的是对其他部门债权和对政府债权。对其他部门债权指银行的贷款，其中对公司部门的贷款占比较大，此项目是银行部门和公司部门联系的纽带，根据 CCA 理论，其价值等于无违约债务价值减去债务担保价值；对政府的债权是政府部门的负债，是银行部门和政府部门联系的纽带，假设政府无违约，其价值等于其账面价值。

负债项目中的存款是银行部门和私人部门联系的纽带，我们将单独考虑。关于所有者权益，根据 CCA 理论，所有者权益是对银行资产隐性的看涨期权，当银行资产价值升高时，所有者权益价值增加，当银行资产价值下降到某点时，权益价值保持不变，对于所有者而言相当于支付了一定金额的期权费。为降低系统性风险，政府一般都对存款提供隐性担保。

综上所述，银行部门与其他部门的联系表现在：贷款、对政府的债权、存款、政府对银行部门的隐性担保等项目上。为了较好地衡量部门风险，相关变量都应该用市场价值，根据 CCA 理论，金融担保和权益都可用期权对其进行定价（见表 5 - 2）。

表 5 - 2　　　　　　　　银行部门经济资产负债表

资产	负债及权益
贷款（公司部门的负债）	存款
其他资产	其他债务
金融担保（隐性看跌期权）	权益（隐性看涨期权）

（三）公共部门资产负债表

货币当局和政府对于银行部门和公司部门而言，履行的是公共职能，从承担

---

① 金融部门一律用银行部门代替，银行部门在我国主要指存款货币银行。

宏观经济风险的角度来看，他们之间的界限并不分明。因此，为了简便分析宏观经济风险在部门间的风险分担和转移状况，我们将把货币当局和政府资产负债表合并为公共部门资产负债表。

货币当局资产负债表中与宏观经济风险密切相关的项目主要是以下项目：外汇储备、对政府债权、对存款货币银行债权[①]、储备货币、政府存款等。政府资产负债表中相关项目是：国家财政资产、国内债务以及政府外债等。其中货币当局中对政府债权和政府存款项目与政府资产负债表中国家财政资产中的相应项目抵消。除了这些表内项目体现宏观经济风险外，金融担保对宏观经济有重要的影响。因此，合并后的资产负债表如 5 - 3 所示。

表 5 - 3　　　　　　　　　　公共部门经济资产负债表

资产	负债及权益
外汇储备	金融担保（银行部门的资产）
国家财政净资产	外债（无违约时债务价值 – 隐性卖出期权）
其他公共资产	基础货币和地方货币债务（隐性买入期权）

注：（1）公共部门资产包括：外汇储备以及有条件外汇储备、国家财政净资产（税收和收入的现值减去政府支出的现值）以及其他公共资产（公共企业的权益，公共部门垄断货币发行的价值以及其他金融和非金融资产等）。公共部门负债包括国内债务、国家外债、金融担保以及储备货币。这四个项目体现了财政活动、货币和外汇储备活动、风险债务以及金融担保。（2）财政资产和负债：财政资产和负债指税收、收入和支出。一个公司的资产价值可以看作是收入减去支出净现金流的随机现值，对于公共部门而言，财政净资产是国家财政收入减去国家财政支出的现值，等于主要财政盈余的现值。（3）货币和外汇储备资产和负债：储备货币是货币当局的负债（IMF，2000；Buiter，1993；Blejer，Schumacher，2000）。储备货币包括流通中的货币、银行储备（法定储备、超额储备和库存现金）。储备货币中基础货币不支付利息，而法定储备是要支付利息的。与储备货币相对应的部分是货币当局的净外汇资产和净国内资产（包括对政府的贷款减去政府存款，以及对银行和其他项目的要求权），储备货币的变化将与净外汇资产和净国内资产的变化相对应。（4）本币债务和外币债务：政府的本币债务是由货币当局和政府以外的主体所持有的对公共部门资产的要求权，要支付事先约定的利息。持有主权本币债务的风险在于政府可能会稀释债务的部分价值，或者强迫重组部分债务。"稀释或通胀风险溢价"是本币债务持有者要求的额外风险补偿。外币债务指包含外币债务在内的以外币计价的风险债务，不仅体现了违约风险，还体现了汇率风险。（5）金融担保：公共部门的担保指对那些太重要而不能倒闭的金融机构的显性或隐性担保。根据 CCA 理论，在公共部门资产负债表上模型化为看跌期权，根据期权理论可知，政府对银行部门的金融担保随银行部门资产价值变化而变化，当银行部门资产价值上升时，对银行部门的隐性金融担保增加，反之亦然。

[①]　货币当局活动一般指外汇储备和对政府净借贷，不包括对银行的直接借贷活动，这些活动都是对银行部门提供流动性支持，可在两块中体现：资产本身和公共部门对银行部门的金融担保，因此我们在后面将不再单独列示，合并在其他公共资产和金融担保中。

三、经济部门间的风险联系渠道

从部门经济资产负债表可知，部门间宏观风险的联系纽带主要表现为以下几种形式：

（一）公司部门→银行部门→公共部门

当公司部门陷入经营困境，公司风险贷款的价值下跌将导致银行资产价值下降，风险从公司部门转移到银行部门。由于公共部门存在对银行部门的隐性担保，银行资产价值的下降将增加公共部门的风险。另外，银行部门自身困境如遭遇挤提也会引发风险向公共部门的转移。

（二）银行部门←→公共部门

当公共部门觉得自身风险负荷过重时，可能将风险转移回银行系统。由于银行持有大量政府债券，公共部门的金融困境将使银行部门持有的政府债权价值减小，公共部门对金融部门的隐性担保将会增加。这种情况将产生复合效应，如果公共部门的金融头寸进一步恶化，可能导致公共部门无法履行其担保义务，促使银行系统瘫痪。

（三）公共部门→债务持有者（外币或本币债务）

公共部门不一定是风险的最后承担者。公共部门可能采用两种方式来承担风险：一是用自身的收益来化解风险；二是将风险进一步转移给公共部门的债务持有者。公共部门持有外币债务和本币债务。由于政府不能发行外币，因此以外币债务分担风险的操作空间较小。由于发行本国货币或者政府债券能够给公共部门带来额外收益，因此，当资产价值下降时，公共部门通常会增加债务来转移风险，而风险最终又由国内私人部门来承担。

（四）私人部门→银行部门→公共部门

当公众受到某种外部冲击时（或者预期银行出现问题），可能都会到银行提取存款，引发存款挤兑，银行部门流动性将吃紧，公共部门对银行部门的担保增加，一旦出现流动性不足，公共部门将伸出援手兑现其担保，否则将引发金融危机，风险从私人部门转移到银行部门，再转移到公共部门。

第四节　中国宏观经济风险部门间分担与转移的实证研究

　　国外宏观风险监测指标体系比较著名的有美国银行家梅耶提出的国际风险监测指标、国家风险预测指数[①]、《欧洲货币》每年定期公布的各个国家风险等级表等，从国内来看有刘遵义教授提出的金融危机预测指标体系、陈秀英提出的金融危机预警指标体系、中国人民银行湖北分行提出的金融风险监测预警指标体系等。总体说来目前研究各自侧重于一类指标，难成体系，没有统一的逻辑，更缺乏对宏观风险总暴露的测算。从风险分担与转移的文献来看，目前相关研究侧重于对风险分担的方式、风险转移渠道和程度的研究，然而关于风险在部门间转移的实证结论较少，更没有一篇文献运用经济资产负债表对各经济部门的风险状况进行过实证分析。本书运用 CCA 方法从宏观经济风险分担与转移的角度研究我国宏观风险暴露具有一定的创新性。

　　本节总体分析思路如下：首先，编制中国 2005 年部门经济资产负债表，初步估算宏观风险暴露，并对部门经济资产负债表进行敏感性分析，静态分析中国宏观经济风险分担状况；其次，对部门间风险分担与转移的渠道和程度进行压力测试，动态分析中国宏观经济风险部门间转移状况；最后，分析中国公共部门风险债务的可持续性。

一、中国部门经济资产负债表与宏观风险暴露

（一）模型设定

1. 计算方法

CCA 方法的核心是把各部门的权益或担保看作期权，并运用期权定价模型进行定价，具体方法如下：

第一，根据市场数据模拟公司部门和银行部门权益价值 J 及其波动性 σ_J。

第二，资产价值 A 和资产波动性 σ_A 可根据以下公式推算（Merton，1974；KMV，1999）：

　　[①]　该指数也称富兰德指数，是由定量评级体系、定性评级体系和环境评级体系构成的综合指数。

$$J = A_0 N(d_1) - Be^{-rt}N(d_2)$$

$$A\sigma_A = J\sigma_J \frac{\delta_j}{\delta_a} = J\sigma_J N(d_1)$$

其中：

$$d_1 = \frac{\ln(A_0/B) + (r_c + \sigma_A^2/2)T}{\sigma_A\sqrt{T}}$$

$$d_2 = d_1 - \sigma\sqrt{T}$$

$N(d_1)$、$N(d_2)$ 为累积正态概率。

其中：J 表示权益价值；A_0 表示资产初始价值；A 表示资产价值；B 表示债务账面价值；r 表示连续复利的无风险利率；σ_A 表示资产年波动率。

需要说明的是，上述模型中的 A 和 σ_A 是未知数，普通的部门资产负债表中没有包含担保的价值，因此 A 并不是普通资产负债表中的资产总额。公司部门、银行部门以及公共部门的资产价值、资产波动性以及政府对金融部门的隐性担保都通过期权计算得到。资产的初始价值 A_0 已知，在 Black-Scholes 模型中 A_0 指标的资产的初始价值，本书指 2005 年末资产的年初时点的价值，但由于现实中没有衡量经济部门初始资产价值（含担保）的数据，本书为便于计算，假定 $A_0 = A$。

第三，求得权益价值和资产价值后，根据资产等式得风险债务 D 价值为：

$$D = A - E$$

债务担保价值（看跌期权）= 债务账面价值 - 风险债务价值 = $B - D$

第四，公共部门对银行部门的金融担保价值为：

金融担保 = 资产价值 - 贷款价值 - 其他资产价值

2. 样本指标说明

第一，公司部门应包含所有公司和企业的，但由于统计的局限性，本书采用国有企业以及规模以上非国有企业的数据。国有企业以及规模以上非国有企业包含的资产达到企业总资产的 80% 以上，因此数据具有代表性。公司部门债务的账面价值：采用上述资产负债表上的"负债合计"数。公司部门债务的有效期限：即指不执行违约选择的期限，通常假定为 1 年。无风险利率：采用 1 年期商业银行储蓄存款利率。公司部门权益价值：公司和银行价值的理想指标是采用可观测到的市场数据，发达国家股票市场比较健全，股票价格能比较真实地反映公司价值和公众预期，因此，玛丽安·基茨基（Marianne Gizycki, 1993）等直接采用股票价格来代替权益价值来计算权益波动性。虽然我国股票市场还不健全，上市公司比例不大，因此本书计算公司部门权益价值时区别对待，上市公司权益价值按股票市值计算，没有上市的公司按权益账面价值计算。公司部门权益的波动性：采用股票市场的每日上证指数来计算。上市公司权益的波动性具有较好的代表性，每日上证指数的波动可以模拟出公司部门权益的波动性。

第二，银行部门权益价值：上市银行权益价值采用股票市值，未上市银行权益采用账面价值。银行部门权益波动性：采用金融指数的波动计算。

第三，公共部门净财政资产：我国财政收入与支出的年度净值。公共部门外汇储备、外债、基础货币以及本币债务：采用 2005 年货币当局资产负债表上的账面数据。基础货币和本币债务账面价值本身也是市场价值的体现，对其年波动性我们采用 1997～2005 年数据估算。

以上关于账面数据都来自 2005 年金融年鉴和统计年鉴，股票市值和指数都来自 CSMAR 数据库。

（二）我国宏观经济总体风险暴露

根据上述三部门的经济资产负债表，可以编制中国 2005 年三部门经济资产负债表。

表 5-4　　　　　　中国 2005 年度三部门经济资产负债表　　　　单位：亿元

项目＼部门	公共部门	银行部门	公司部门	总和
无担保的资产	104 518	307 378	251 695.9	$\sum V$ = 663 591.9
隐性担保	-9 855.45	9 855.45	0	0
资产（包括担保）	94 662.55	317 233.45	251 695.9	$\sum A$ = 663 591.9
权益	72 908.05	16 310.17	114 933.7	$\sum E$ = 204 151.92
账面债务价值	22 680.89	308 602.7	140 252.4	$\sum B$ = 471 535.99
预期损失	926.35	7 679.4	3 490.2	$\sum EL$ = 12 095.95
风险债务价值（账面债务价值－预期损失）	21 754.54	300 923.3	136 762.2	$\sum$ 风险债务 = 459 440.04
资产－债务－权益	0	0	0	0

通过国家经济资产负债表数据我们可知，我国宏观经济风险暴露状况如下：

1. 我国三部门资产总价值为 663 591.9 亿元，权益价值总额为 204 151.9 亿元，权益占 30.7%，债务价值在资产价值中占比达 69% 以上，风险债务的预期损失为 12 095.95 亿元，预期损失率约 2.57%，以上数据表明我国经济发展更多地依赖银行体系，这种以间接融资为主的经济体具有较高的债务风险暴露。银行部门是联系实体经济与公共部门的纽带，同样也是风险转移的中介，一般而言，过分地依赖银行系统不利于风险的分散配置。

2. 我国银行部门的风险债务价值占资产总额的比例达到 94.86%，这说明银行部门资本金不足①，债务风险非常集聚，银行系统具有较强的脆弱性。我国公共部门对银行部门的金融担保②接近 1 万亿元，在银行部门总资产中占比约 3%，这说明我国银行部门对公共部门的依赖还并不是很强。我国近年来的银行改革中，央行与财政承担了银行体系的部分不良资产③，这些举措正是公共部门对银行部门隐性担保的兑现。然而，由于近年来我国居民存款依然旺盛，银行体系的流动性持续偏多，因此公共部门隐性担保的占比并不大。

3. 我国公共部门总资产价值不过 13 万亿元，仅公共部门对银行部门的金融担保就接近 1 万亿元，金融担保的比例高达 8% 左右，这表明我国公共部门实际上承担了很高负荷的宏观金融风险。又由于公共部门还承担着其他的隐性担保和社会责任，因此，我国公共部门的风险状况是值得担忧的，巨额的公共债务和担保可能导致公共部门的资产质量恶化，当公共部门不能负荷风险的时候，只能通过发债或者发行货币来转移风险，由此爆发由中央银行与财政系统引发的危机。

（三）敏感性分析

在分析宏观经济部门风险暴露状况时，我们着重进行敏感性分析。因为计算具体的风险暴露、违约距离与违约概率都是相对比较容易的事情，但是这种绝对数的计算并不能看清哪些因素重要与否，而敏感性分析能剥离出其中的重点与非重点因素，计算结果如表 5 – 5 所示。

表 5 – 5   敏感性分析

模型公式	含义	公司部门	银行部门	公共部门
Delta $= N(d_1)$	股票价格和看涨期权价格之间的关系	0.99	0.99	0.99
Gamma $= \dfrac{e^{-d_1^2/2}}{S_0\sigma\sqrt{2\pi T}}$	股票价格非常小的变动所引发 Delta 值的变动	$9e^{-9}$	$1.5e^{-15}$	0
rho $= TXe^{-r_e T}N(d_2)$	看涨期权价格相对于无风险利率的敏感性	136 730	300 923	20 866

---

① 本书研究采用的是 2005 年的数据，2005 年以来经过新一轮的银行改革，我国银行的资本充足率得到了实质性的改善。

② 需要说明的是，本书中只估算了公共部门对银行部门的担保，公共部门的隐性负担还包括对养老金等债务的担保，因此公共部门所有的隐性担保将远大于这个数额。

③ 陈野华、卓闲（2006）认为，中央银行和财政运用当期国家资源对改革成本给予"支付"了 8 366.89亿元。

续表

模型公式	含义	公司部门	银行部门	公共部门
$Theta = -\dfrac{S_0\sqrt{T}e^{-d_1^2/2}}{2\sqrt{2\pi T}} - r_e X e^{-r_e T} N\ (d_2)$	期权价值随时间价值的衰减率	−3 388	−7 583	−870.1
$Vega = \dfrac{S_0\sqrt{T}e^{-d_1^2/2}}{\sqrt{2\pi}}$	看涨期权价格相对价格波动率"极小"变动的敏感性	116	$1.15e^{-6}$	0

1. 公司部门资产价值与权益价值相关性很强,并且这种相关性的波动很小。权益价值与无风险利率具有强烈的正向关系,对时间价值的衰减率和价格波动率的敏感性比较大。

2. 银行部门权益价值与资产价值相关性很强,与无风险利率的相关性和随价值的衰减率都很大,与公司部门不同的是,银行部门权益价值对价格波动率的敏感性很小,这可能与我国金融指数波动性小有关。

用蒙特卡洛模拟对银行部门资产价值变动进行分析:

$$\Delta A = A r_e \Delta t + A\sigma\varepsilon\ \sqrt{\Delta t}$$

将 2005 年银行部门的相关变量作为初始值代入式中,对其进行蒙特卡洛模拟。我们对其进行模拟 2 000 次,得到资产价值波动的均值,然后将其贴现到现在,即可计算出其变动值。

模拟后可得 $\Delta A = 8\ 000$ 亿元,意味着银行部门每年除了新增部分资产,旧资产的波动值在 8 000 亿元以上,考虑到新增资产,银行部门每年资产变动值上万亿元,当经济受到突然冲击时银行部门资产又会受多大影响,而公共部门必须为此做多少准备呢? 这些将为政府宏观经济决策提供依据。

3. 公共部门与银行部门类似,本币债务总价值除了与资产价值密切相关,与无风险利率有很强的正相关性,随时间价值的衰减率也比较大。在此,公共部门的无风险利率指的是外债的利率[1],资产价值中外汇储备的价值与汇率密切相关。

二、中国宏观经济风险部门间转移的实证分析

本部分将结合前面编制的三部门经济资产负债表,通过压力测试来模拟部门资产负债表间可能存在的风险转移渠道和转移程度。

---

[1] 原因在于本币债务可以看作是对资产的要求权,可当作权益。而外币债务具有刚性,只能当作债务。

（一）来自公司部门的风险冲击

假设公司部门遭受到负冲击，公司部门资产价值下降 100 000 亿元，公司部门受到的影响如表 5 - 6 ～表 5 - 8 所示。

表 5 - 6　　　　公司部门 2005 年经济资产负债表　　　单位：亿元

资产		负债及权益	
资产价值	251 695.9 （ - 100 000）	负债（无风险价值 140 252.4 - 隐性担保价值后为 3 490.2）	136 762.2 （ - 2 400）
		权益	114 933.7 （ - 97 600）
总和	251 695.9 （ - 100 000）		251 695.9 （ - 100 000）

表 5 - 7　　　　银行部门 2005 年经济资产负债表　　　单位：亿元

资产		负债及权益	
贷款 （公司部门的负债）	136 762.2 （ - 2 400）	存款 （私人部门的资产）	281 791.5
金融担保 （隐性看跌期权）	9 855.45 （ + 1 400）	其他负债	19 131.78
其他资产	170 615.8	权益 （隐性看涨期权）	16 310.17 （ - 1 000）
总和	317 233.45 （ - 1 000）		317 233.45 （ - 1 000）

表 5 - 8　　　　公共部门 2005 年经济资产负债表　　　单位：亿元

资产		负债及权益	
外汇储备	66 084.61		
国内其他资产	38 433.43	外债（无风险债务价值为 22 680.89 - 看跌期权 926.346）	21 754.54 （ - 20）
减去：金融担保 （隐性看跌期权）	9 855.45 （ + 1 400）	总的本币债务（包含储备货币和本币债务）	72 908.05 （ - 1 380）
总和	94 662.59 （ - 1 400）		94 662.59 （ - 1 400）

当公司部门受到冲击陷入金融困境（可能由股票市场的下跌、商品价格下降等因素导致公司资产价值下降）时，风险将通过贷款转移到银行部门，银行部门资产价值下降，政府对银行部门的隐性担保增加。从目前风险转移程度来看，每单位公司部门风险其中15%左右转移到公共部门。

（二）来自银行部门的风险冲击

假设存款挤兑发生，部分定期存款和储蓄存款将转化为短期存款，约10 000亿元（见表5-9、表5-10）。

表5-9　　　　**银行部门2005年经济资产负债表**　　　　单位：亿元

资产		负债及权益	
贷款（公司部门的负债）	136 762.2	存款（私人部门的资产）	281 791.5（+10 000）
金融担保（隐性看跌期权）	9 855.45（+9 200）	其他负债	19 131.78
其他资产	170 615.8	权益（隐性看涨期权）	16 310.17（-800）
总和	317 233.45（+9 200）		317 233.45（+9 200）

表5-10　　　　**公共部门2005年经济资产负债表**　　　　单位：亿元

资产		负债及权益	
外汇储备	66 084.61	外债（无风险债务价值为22 680.89-看跌期权926.346）	21 754.54（-1 500）
国内其他资产	38 433.43		
减去：金融担保（隐性看跌期权）	9 855.45（+9 200）	总的本币债务（包含储备货币和本币债务）	72 908.05（-7 700）
总和	94 662.59（-9 200）		94 662.59（-9 200）

存款挤兑导致银行部门存款违约点上升，银行部门资产价值下降，政府对银行部门的金融担保价值增加，公共部门资产价值也将下降，从而外债和本币债务的价值都将降低。从风险转移的程度来看，当银行部门发生存款挤兑时，银行部门新增风险的90%都将转移到公共部门。

（三）来自公共部门的风险冲击

假设公共部门陷入金融困境资产损失 13 000 亿元，不能按时偿还银行部门债务约 10 000 亿元（见表 5-11~表 5-13）。

表 5-11　　　　　公共部门 2005 年经济资产负债表　　　　单位：亿元

资产		负债及权益	
外汇储备	66 084.61		
国内其他资产	38 433.43 （-13 000）	外债（无风险债务价值为 22 680.89-看跌期权 926.346）	21 754.54 （-3 000）
减去：金融担保 （隐性看跌期权）	9 855.45	总的本币债务（包含 储备货币和本币债务）	72 908.05 （-10 000）
总和	94 662.59 （-13 000）		94 662.59 （-13 000）

表 5-12　　　　　银行部门 2005 年经济资产负债表　　　　单位：亿元

资产		负债及权益	
贷款（公司部门的负债）	136 762.2	存款（私人部门的资产）	281 791.5
金融担保（隐性看跌期权）	9 855.45 （+5 800）	其他负债	19 131.78
其他资产	170 615.8 （-10 000）	权益（隐性看涨期权）	16 310.17 （-4 200）
总和	317 233.45 （-4 200）		317 233.45 （-4 200）

表 5-13　　　　　公共部门 2005 年经济资产负债表　　　　单位：亿元

资产		负债及权益	
外汇储备	66 084.61		
国内其他资产	38 433.43 （-13 000）	外债（无风险债务价值 为 22 680.89-看跌期权 926.346）	21 754.54 （-3 000） （-800）
减去：金融担保 （隐性看跌期权）	9 855.45 （+5 800）	总的本币债务（包含储备 货币和本币债务）	72 908.05 （-10 000） （-5 000）
总和	94 662.59 （-13 000） （-5 800）		94 662.59 （-13 000） （-5 800）

当公共部门陷入金融困境时，由于银行部门拥有对政府的债权，银行部门资产价值减少，政府对银行部门的隐性担保增加。政府隐性担保的增加将会减少公共部门资产，产生复合效应。在某些情况下，这种恶性循环可能会脱离控制，最终导致政府不能为银行提供足够的担保，引发系统性金融危机。从风险转移程度来看，公共部门陷入金融困境导致银行部门风险的增加中 50% 以上都将通过金融担保形式进一步转移到公共部门。

三、中国公共部门风险债务的可持续性分析

金融的稳定需要公共部门强有力的后盾做支撑，公共部门自身的实力和风险状况将影响着整个宏观经济风险分担和金融的稳定。当公共部门靠本身的收益来承担损失时，风险从银行部门转移到公共部门后将终止不再继续转移；当公共部门不靠本身收益来承担损失，而是通过发行债务或者货币来承担风险时，风险将转移到公共债务持有者。公共部门是否能承担风险与公共部门自身实力和风险状况有关，而当需要将风险进一步转移时，风险能否继续转移涉及公共债务的可持续性。

根据债务可持续性定义，债务可持续性意味着债务的预期损失和风险溢价应低于一定的水平，即所谓的"阈"值。DSA 传统分析法重点考虑债务比率，不区分不同种类的债务，也不考虑债务的风险溢价，而基于 CCA 方法的公共债务可持续性分析把不确定性纳入公共部门经济资产负债表（也称主权风险调整资产负债表）框架，把债务可持续性分析（DSA）和早期脆弱性预警指标相结合，为传统债务可持续性分析提供了强有力的补充。本部分将基于 CCA 方法研究公共债务的可持续性（DSA[1]）问题[2]。

（一）CCA 债务可持续性分析法

CCA 分析法把违约[3]概念引入传统 DSA 分析中，把资产负债的不确定性纳入框架，提供了风险调整的资产负债表。公共部门作为债务人，需要支付债权人一定的溢价以补偿其承担的违约风险或通胀风险，当债务的预期损失和风险溢价应低于一定的水平时，债务可持续。由于考虑了不确定性，那么不同风险债务的

---

① DSA 是 debt sustainability ananlysis 的英文缩写，即债务可持续性分析。

② 本章将重点参考 Dale F. Gray，Cheng Hoon Lim，Elena Loukoianova，Samuel Malone. *A Risk-Based Debt Sustainability Framework: Incorporating Balance Sheets and Uncertainty*，IMF WP/08/40，2008。

③ 违约定义为，当资产价值低于承诺偿还的债务价值时，没有足够的资源按时偿还未清偿债务。

风险溢价是不同的。因此，把 CCA 方法用于分析债务可持续性的关键在于对不同债务的风险溢价进行定价。

与传统 DSA 分析法相比，把 CCA 方法运用于债务可持续性分析的优势表现为以下几个方面：一是此方法包含了公共部门资产负债结构信息，即政府和货币当局的主要资产，以及对其他部门的相关负债，对资产负债结构的了解有助于分析公共部门偿还债务的能力。二是此方法可用于情景和模拟分析，可分析宏观经济冲击对债务可持续性的影响，以此确定可能的风险控制政策。三是此方法可对部门间的反馈效应进行估计和确定，有助于分析部门间的联系渠道和联系程度。四是此方法采用超前的风险指标来估计债务的可持续性，反映了信贷风险的非线性变化，并且能够捕捉不同债务的性质，尤其是外币债务和本币债务的不同风险性质。

综上所述，传统 DSA 方法没有考虑不确定性或波动性，只是基于稳定状态假设。但是，政策或外部冲击都可能带来波动性，而且新兴市场波动性比成熟市场更加大，部分原因在于他们不能提高税收[①]，收入来源受限。在传统 DSA 分析框架，风险指标是将来的债务/GDP，而在 CCA 框架，风险指标是外币债务的信用利差、违约概率和本币债务的风险溢价。CCA 方法定义债务可持续性为相应的风险指标保持在一定的"阈"值下。而外部波动性[②]或宏观波动性对国家违约是有影响的。宏观经济冲击极大地增加了一国对突然冲击的脆弱性，在估计债务可持续性时也不能忽略。当一个国家对外部冲击的风险暴露改变时，其"可持续"的债务水平也将改变。CCA 方法充分考虑了波动性带来的影响，可以估计不同政策变化带来的效应，以便采取相应的对冲工具来降低风险，CCA 方法为政策制定者提供了更加细致的分析工具。格雷、莫顿、博迪（Gray，Merton，Bodie，2003）和加彭等（Gapen et al.，2004，2005）都对此方法进行了深入研究。

（二）我国公共部门债务可持续性分析（CCA 方法）

根据公共部门经济资产负债表，公共部门资产中外汇储备资产价值占比 65% 左右，占绝大比重，公共部门资产风险以外汇风险为主。一个国家可以发行更多的货币，但是不能印制更多的外币。在极端情况，公共部门只能对外币债务违约，但是却可通过发行货币来偿还本币债务。因此，我们必须严格区分本外币债务风险，本部分将从外币债务风险、本币债务风险和隐性负债三方面对公共债务的可持续进行重点分析（见表 5 – 14）。

---

① 税收已经很高，再提高的空间较小，例如中国。

② 贸易项目带来的外部波动性对国家违约的可能性也有重大影响，但是外部波动性与宏观经济波动性不同，这也是在过去几个世纪里不同国家外部债务违约史不同的原因（Catao，Kapur，2006）。

表 5 - 14　　　　　　　　　**公共部门 2005 年经济资产负债表**　　　　单位：亿美元

资产		负债及权益	
外汇储备	66 084.61	外币债务（无风险债务价值 = 22 680.89 - 926.346）	21 754.54
国内其他资产	38 433.43		
减去：金融担保（隐性看跌期权）	9 855.45	本币债务（基础货币和本币债务）	72 908.05
总和	94 662.59		94 662.59

1. 外币债务风险溢价分析

外币债务和本币债务具有不同的优先权，在许多极端情形，政府在违约外币债务时可通过发行货币通胀或稀释本币债务来偿还或重组本币债务。因此，外币债务属于高级债务，而本币债务就成为初级债务。另外，同种债务优先权可随期限不同而不同。外币债务可持续性的估计方法主要从主权平均累积概率和外币债务风险溢价或信用利差两个方面考虑。

首先，我们对主权平均累积违约概率进行计算。外币债务可持续，意味着一定时间段里违约或重组概率不超过特定的"阈"值，例如，一年之内违约概率不超过 0.5%[①]（Van Deventer，Imai，2003）。而相应的违约概率对应着主权评级机构的评级[②]，因此，我们也可采用平均累积违约概率来估计外币债务的可持续性。平均累积违约概率可通过主权评级机构的评级和对应的期限来计算。

国际三大信用评级机构之一的标准普尔 2005 年 7 月 20 日把中国"BBB +"的长期政府本外币评级和"A - 2"短期政府评级分别调升至"A -"和"A - 1"，评级展望为正面[③]。如果根据上面粗略的表计算，把短期和长期评级都当作 A 级，我国主权平均违约概率为 1% 左右，不超过 2%。标准普尔表示，如果中国能够通过更具弹性的利率、物价控制的放宽以及非贸易部门的产能提升，加快经济的进一步开放，评级将有可能继续获得调升。由此可知，我国的主权平均累积违约概率较低，国家风险不高。

其次，风险溢价或信用利差的计算。运用政府和中央银行合并的经济资产负债表，我们可以观察到外币债务市场价值和外币债务的违约点。2005 年底我国公共部门外币债务的市场价值为 21 754.54 亿元，外币债务违约点为 22 680.89

---

① 这是巴塞尔委员会对金融机构风险管理所建议的违约概率基准。

② 刘莉亚（2006）通过回归分析的结果表明，主权信用等级的变化在一定程度上可代表主权违约的可能性。

③ 《金融时报》，2005 年 7 月 21 日。

亿元，预期损失率为 4% 左右。

根据 CCA 理论[1]：

$$D = Be^{-rt} - P = Be^{-rt} - (Be^{-rt}N(-d_2) - A_0 N(-d_1))$$

风险溢价或信用利差为：

$$s = y_t - r = -1/t\ln\left(1 - \frac{P}{Be^{-rt}}\right)$$

y_t 表示风险债务的到期收益率[2]，r 表示无风险收益率。

外币债务的风险溢价分别为：

$$s_{sr} = -1/t\ln\left(1 - \frac{P_{sr}}{B_{sr}e^{-rt}}\right)$$

将 2005 年底数据代入，仍假设时间 t 为 1，可得外币债务风险溢价或信用利差为 4.35%。外币债务风险溢价弥补的是违约风险溢价，如果存在主权外币债务违约风险的定价市场，例如信用违约互换（CDS），则可以当作确定外币债务风险溢价的基准。不过，由于我们无法得到主权信用违约互换的数据，因此我们也不能对此进行比较，对目前的水平做出评价，但是此处提供了主权信用风险分析的方法，并为后面本币债务与外币债务风险溢价的比较做铺垫。

综上所述：从我国债务风险来看，主权平均累积违约概率并不高，外币债务

---

[1] 公共部门资产相对于负债的波动可用于衡量信用风险。事实上，如果资产市场价值上升，公共部门更倾向于偏好风险，因此，对这样的公共部门应收取更高的风险溢价。波动性可从资产变化的随机过程中推出。

$A(t)$ 代表公共部门在时间 t 的资产价值，资产价值依赖于国内储备、流通中的货币、财政盈余现值，以及其他项目。

$$\frac{\mathrm{d}A}{A} = \mu_A \mathrm{d}t + \sigma_A \mathrm{d}Z$$

μ_A 代表资产价值的平均预期增长率，σ_A 代表资产价值的标准差，dZ 代表标准维纳过程，因此，时间 t 的资产价值可表示为：

$$A_t = A_0 \exp\left[\left(\mu_A - \frac{\sigma_A^2}{2}\right)t + \sigma_A \varepsilon \sqrt{t}\right]$$

公共部门债务的违约距离为：

假设 B_t 是到期偿还债务的现值，违约概率可表示为：

$$P(A_t \leqslant B_t) = P\left\{A_0 \exp\left[\left(\mu_A - \frac{\sigma_A^2}{2}\right)t + \sigma_A \varepsilon \sqrt{t}\right]_t \leqslant B_t\right\}$$

可写成：

$$P(\varepsilon \leqslant -DD_\mu)$$

其中：$DD_\mu = \dfrac{\ln\left(\dfrac{A_0}{B_t}\right) + \left(\mu_A - \dfrac{\sigma_A^2}{2}\right)t}{\sigma_A \sqrt{t}}$ 表示资产的违约距离，违约点为 B_t。ε 服从正态分布，违约概率也将服从标准累积正态分布，因此，DD_μ 服从标准正态分布。

[2] 可从 $D = Be^{-y_t t}$ 中推出。

风险溢价为 4.35%，本币债务风险溢价为 6.74%，本外币债务由于所承担的风险不同风险溢价也不同。本币债务的风险价值除受到违约风险影响外，还受到政府稀释债务或者强迫重组债务的影响，"稀释或通胀风险溢价"是由本币债务持有者要求的除违约风险溢价外的额外溢价。从债务可持续性的角度来看，公共部门债务的风险溢价应低于一定的"阈"值，虽然现在我们无法确定这个"阈"值，但是，比较明确的是，只有当公共部门资产收益率高于债务的风险溢价时，债务持有者才可预期公共部门能够按时偿还债务，否则债务将不可持续。

2. 本币债务风险溢价分析

相对于外币债务来说，本币债务的优先权较低。因为本币债务可以通过继续发行货币来偿还，因此更类似于股票等权益资产。由于违约成本很高，一国政府在重组公共债务之前可能首先会考虑通过通胀来稀释本币债务，因此，本币债务风险溢价除了考虑违约风险外，还需考虑通胀风险。正是由于本币债务风险溢价与通胀风险和违约风险都相关，因此并不存在对新兴市场本币债务违约互换的公开市场。

本币债务可持续，意味着在给定的时间段里预期损失和相应的风险溢价保持在一定的"阈"值以下。CCA可运用初级债务的市场价值来推断资产价值和风险指标以估计债务的可持续性。我们把基础货币和本币债务合并起来得到本币债务 LCL，本币债务的价值为：

$$LCL = Me^{r_d} + B_d$$

（B_d 表示到期的本币债务价值，M 表示现在的基础货币，为了时点保持一致和计算未来价值，M 需要乘以 e^{r_d}）

2005 年基础货币为 64 343.13 亿元，本币债务为 6 922.87 亿元，用上述公式得到本币债务总值 72 908.05 亿元。需要说明的是，CCA 在对经济资产负债表进行定价时是把本币债务 LCL 当作权益看待的，因此，此价值仅体现了本币债务价值波动的风险，没有考虑债务违约风险。对于本外币债务持有者而言，主权违约风险是一样的，本币债务还将承担除违约风险以外的其他风险。

根据 CCA 理论，本币债务风险溢价为：

$$s_{sub} = -1/t\ln\left(1 - \frac{P_{sub}}{B_{sub}e^{-rt}}\right)$$

把数据代入计算得 2.39%，再加上 4.35% 的违约风险溢价①，可得本币债务

---

① 本币债务是初级债务，外币债务是高级债务，外币债务优先权高于本币债务，从这个角度看，本币债务的违约风险应高于外币债务。但是，为了区分本币债务面临的违约风险与其他风险，假设本币债务与外币债务面临的违约风险是一样的，两者风险性质的不同体现在本币债务持有者除了承担违约风险外，还承担通胀等其他风险。

风险溢价为 6.74%。与外币债务不同，本币债务可持续的"阈"值很难确定，因为不存在相应的违约互换市场，没有评级机构提供的相应违约概率，并不在二级市场活跃地交易，并且没有相应的历史数据。因此，本币债务的"阈"值应通过风险分析确定，因环境和时间不同而不同①。

假设外币债务和本币债务具有同样的优先权，把两个违约点合二为一，信用利差对于两种债务而言是一样的。然而，如果把外币债务当作优先债务，外币债务的信用利差将低于本币债务的信用利差，外币债务和本币债务的违约分布不同（如图 5 - 2 和图 5 - 3 所示）。公共部门资产价值和本外币债务风险溢价具有较强的关联。当主权资产价值下降时，本币债务风险溢价增加，波动性增加。这将使远期汇率更高，外币债务风险利差增加。而更具波动性的远期汇率将导致外币债务和本币债务风险溢价进一步上升，造成恶性循环（Gray，Malone，2008）。

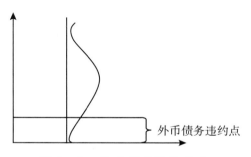

图 5 - 2　外币债务违约分布

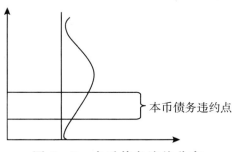

图 5 - 3　本币债务违约分布

总体而言，公共部门资产波动性受到汇率和财政波动性的影响较大。在危机时期，财政波动性和汇率波动性可以共同产生一个高的主权资产的波动性，这意味着本币债务的风险溢价可能非常高，外币债务的风险溢价也将会增加。新兴市场国家典型的困境情况是，主权资产价值下降，本币债务持有者将很难要求高的

---

①　确定本币债务的"阈"值并不在本书研究范围内，需要进一步研究。

风险溢价，因为公共部门通过发行货币来偿还债务相当于是赤字货币化，而赤字货币化将会导致高的通胀和汇率的贬值。因此，当公共部门资产价值下降，通过发行债务来转移风险时，由于外币债务比本币债务更具有刚性，风险将更多地由本币债务持有者承担。

（三）债务可持续性的政策效应分析

公共部门是宏观经济风险分担与转移的最后的一道防线，对公共部门债务进行可持续性分析可帮助我们控制宏观经济风险，防止危机的全面爆发。公共部门作为监管部门，负有制定政策的重任，政策的制定可从多个角度出发，根据不同的目的制定不同的政策。本部分将从债务可持续性 CCA 分析法的角度分析不同政策带来的效应，以及情景分析在某种冲击下应采用什么政策或政策组合。

1. 模型设定

根据 CCA 理论，公共部门资产价值与储备、财政盈余现值、相关权益以及其他项目的价值有关，具体表示为：

$$A_P = R + PVRS_P - CL_P + Others_P$$

其中：R 表示储备；$PVRS_P$ 表示财政盈余现值；CL_P 表示相关权益，指对银行部门的担保。

当某个关键的宏观经济变量变化时，CCA 模型的相关变量也将发生改变，外币债务和本币债务的违约距离和风险溢价将发生改变。

主权外币债务溢价中的一大部分是为了弥补高于违约点的风险，主权外币债务违约的信用溢价是下面变量［主权资产相对于违约点的比例，(A/DB_F)；主权资产的波动性 σ_A；无风险利率 r］的一个函数：

$$溢价 = -1/T\ln\left[N(d_2) + (A/(DB_F e^{-rt}))N(-d_1)\right]$$

当 (A/DB_F) 下降或者 σ_A 增加时，风险溢价将会非线性形式增加，最终变得很高。公共部门资产包括外汇储备、财政净资产、铸币税价值等，外汇储备的下降或者低的财政收益以及外债违约点的上升会增加风险溢价（IMF，2006）。

关键宏观经济变量引起外币债务信用利差变化，可表示为：

$$\Delta s_F = -1/t\left(1 - \frac{P_F + \Delta P_F}{B_F + \Delta B_F}\right)$$

P 表示隐性看跌期权，变化与下列变量有关：

$$\Delta P_F = f\left(A + \Delta PVRS_P + \Delta R_P - LC_P, \ B_F + \Delta B_F, \ B_{LC} + \Delta B_{LC}\right)$$

其中：LC 表示本币债务，其余与上同。

同样地，本币债务风险溢价变化可表示为：

$$\Delta s_{LC} = -1/t\left[1 - \frac{P_{LC} + \Delta P_{LC}}{(B_{LC} + \Delta B_{LC}) - (B_F + \Delta B_F)}\right]$$

$$\Delta P_{LC} = f\,(A + \Delta PVRS_P + \Delta R_P - LC_P,\ B_F + \Delta B_F,\ B_{LC} + \Delta B_{LC},\ \sigma_{LC} + \Delta\sigma_{LC})$$

一旦假设了一个基本的情景，CCA 模型允许我们估计某种政策变化的影响，具体情况如表 5－15 所示。

表 5－15　　CCA 框架下关键变量变动对债务可持续性的影响

因素	对 CCA 模型变量的影响	违约距离和风险溢价
财政盈余 ↑	A_P ↑	$D2D$ ↑，FP ↓，LP ↓
储备 ↑	A_P ↑	$D2D$ ↑，FP ↓，LP ↓
汇率波动性 ↑	σ_A ↑	$D2D$ ↓，FP ↑，LP ↑
股票市场 ↓	A_C ↓ ⇒ A_B ↓ ⇒ G ↑ ⇒ A_P ↓	$D2D$ ↓，FP ↑，LP ↑
其他波动性 ↑	σ_A ↑	$D2D$ ↓，FP ↑，LP ↑

注：$D2D$ 代表违约距离；FP 表示外币债务风险溢价；LP 表示本币债务风险溢价。

此表的经济含义在于，高的财政收入、外汇储备都将通过增加资产价值来增加违约距离，降低外币和本币债务风险溢价；股市低迷、汇率波动性以及其他波动性的增加都将降低违约距离，增加外币债务和本币债务的风险溢价。

2. 情景分析（以我国为例，如表 5－16 所示）

CCA 框架除了可用于计算主权资产价值和债务风险溢价外，也可用于设计债务管理、财政可持续性以及外汇储备管理的综合框架，允许根据效应对不同政策排序。对债务可持续性的分析为债务管理者提供了估计政策效应的工具，以确定哪种政策组合可以更大程度地提高债务的可持续性。

以目前情形和未来一段时间的趋势来看，我国现在外汇储备水平较高，并且以美元币种为主，美元目前有贬值趋势；人民币升值趋势明显；经济过热利率仍有上升的空间。假设遇到某种外部冲击，坏情形为：30% 的外汇贬值，汇率波动性增加；外汇储备减少 1 000 亿元；利率提高 2%。根据 CCA 模型，冲击将使本外币债务风险溢价增加。

外币债务风险溢价用五年期违约互换的信用利差表示，本币债务风险溢价直接表示。假设目前外币债务风险溢价为 300 个基点，本币债务风险溢价为 6%，外部冲击将使外币债务风险溢价增加 160 个基点，本币债务风险溢价增加 2.2%。针对此冲击，公共监管部门可采取相应的政策或政策组合来降低这种负效应。首先，可通过降低财政支出来增加财政盈余，增加 GDP 的 0.5%（增加资产价值，降低风险溢价）；其次，由于我国外汇储备水平较高，虽然外汇储备减少 1 000 亿元，但仍可购买 300 亿元外债（降低违约点，减少风险溢价）；再其次，可对外币债务和本币债务进行展期，外币债务刚性强，假设可展期 1 年（降低违约点，减少风险溢价），本币债务弹性相对较大，假设可展期 3 年（降低本币债务风险溢价）。那么，这些政策变化将对外币债务和本币债务的风险溢价产生联合效应，所有政策变化将降低外币债务风险溢价 140 个基点，本币债务风险溢价 2% 。

表 5 - 16　　　　　　　　　　　**情景分析（风险指标）**

情景假设 ＼ 风险指标	风险指标：（基点）5 年期违约互换的信用利差	风险指标：本币债务风险溢价（%）
基线	300	6.0
外部冲击	460	8.2
政策		
财政盈余增加 0.5% GDP	- 40	- 1.2
购买 1 000 亿元外债	- 75	- 0.1
外币债务展期 1 年	- 10	- 0
本币债务展期 3 年	- 15	- 0.7
政策变化的联合效应	- 140	- 2.0

注：CCA 方法从外币债务风险、本币债务风险和隐性债务三方面为传统 DSA 分析法提供了补充，以使我们更加全面地分析公共部门风险状况。

四、中国公共部门的隐性债务规模及对债务持续性的影响

一国公共部门的债务除了本币债务和外币债务等显性债务外，还包含隐性债务。就中国而言，公共部门，尤其是财政部门的隐性债务主要包含国有银行不良资产潜在损失、金融担保和隐性养老金债务三个方面。按照樊纲（1999）"国家综合负债"概念，1997 年国家综合负债包括政府债务（国债）、银行坏账和全部外债为 GDP 的 47.07% 。刘尚希（2005）经过测算，2004 年政府的负债规模为 12 万亿元以上，约占当年 GDP 的 91.18% 。财政部官员（楼继伟，2002）乐观的估计国家全部债务占 GDP 的比重在 40% ~ 50% ，而悲观的估计为 70% ~ 100%（潘园、袁铁成，2002）。而根据世界银行的估计，我国所有公共债务（包括显性和隐性债务）累计已达到 GDP 的 100% 。隐性债务的存在将极大地增加公共部门的债务比率，影响债务的可持续性。因此，在对我国公共部门债务做可持续性分析时，我们不能忽略隐性债务的价值，否则将大大地低估债务比率，高估债务的可持续性。

并且，中国公共部门债务问题的严重性还不止于此。上述分析和研究不仅忽略了中国公共部门的隐性债务问题，而且还忽视了中国经济转型过程中独特的财政分权模式所带来的地方政府债务问题，而这些地方政府债务问题在中国的情景下极有可能转化为中国独特的财政风险和金融风险，导致我们高估债务的可持续性。因此，本部分将以中国财政部门为例，进一步考察中国公共部门显性和隐性债务的规模及其可持续性。

（一）财政政策与赤字的可持续性

1. 中央政府预算赤字与融资策略考察

在成熟的市场经济体中，政府（含地方政府）弥补预算赤字的方法不外两种：一则通过发行政府债券；二则采取赤字货币化政策。即有：

$$DEF = G - T = \Delta MB + \Delta B$$

其中：$DEF = G - T$ 表示政府的预算赤字；ΔMB 表示基础货币的变化；ΔB 表示政府债券的发行。

因此，要考察政府财政政策对金融安全的影响，首先应考察政府弥补赤字的行为和策略选择。改革开放以来（1991～2008 年），中国一直保持了比较良好的赤字记录。1991～2008 年期间，中国年均财政赤字规模占 GDP 比重仅为 1.20%，标准差仅为 0.75%（见表 5-17）。并且由表 5-17 也可知，21 世纪以来，中国的财政预算赤字主要是通过发行国债这个手段来弥补的，并没有出现赤字货币化的迹象。

虽然 1994 年以来中国明确了财政不能向中央银行透支，中央银行购买国债只能在公开市场上进行操作等界限，虽然表 5-17 说明中国并没有出现预算赤字货币化迹象，但是，中国财政与银行的资金关系并不是泾渭分明的，转嫁风险的整个机制并没有触动。并且，就中国目前的财政赤字而言，除了上文论及的明晰的赤字之外，还存在隐性财政赤字的可能。这种隐性财政赤字极可能在未来影响到中国货币政策的实施，即出现财政赤字货币化，从而诱发通货膨胀风险和汇率贬值风险，并最终威胁中国的金融稳定和安全。

表 5-17   **中国财政收支情况（1991～2008 年）**   单位：亿美元、%

年份	财政收入	财政支出	收支差额	赤字占 GDP 比重	国债规模/GDP
1991	3 149.48	3 386.62	237.14	1.09	—
1992	3 483.37	3 742.20	258.83	0.96	—
1993	4 348.95	4 642.30	293.35	0.83	—
1994	5 218.10	5 792.62	574.52	1.19	—

续表

年份	财政收入	财政支出	收支差额	赤字占 GDP 比重	国债规模/GDP
1995	6 242.20	6 823.72	581.52	0.96	—
1996	7 407.99	7 937.55	529.56	0.74	—
1997	8 651.14	9 233.56	582.42	0.74	—
1998	9 875.95	10 798.18	922.23	1.09	—
1999	11 444.08	13 187.67	1 743.59	1.94	—
2000	13 395.23	15 886.50	2 491.27	2.51	—
2001	16 386.04	18 902.58	2 516.54	2.29	4.45
2002	18 903.64	22 053.15	3 149.51	2.62	4.59
2003	21 715.25	24 649.95	2 934.7	2.16	4.63
2004	26 396.47	28 486.89	2 090.42	1.31	4.33
2005	31 649.29	33 930.28	2 280.99	1.24	3.84
2006	38 760.20	40 422.73	1 662.53	0.78	4.19
2007	51 321.78	49 781.35	− 1540.43	− 0.60	9.13
2008	61 330.35	62 592.66	1 262.31	0.42	2.85

资料来源:《中国统计年鉴》(2009)。

2. 中国隐性财政赤字考察

当前,中国的隐性财政赤字主要表现在如下几个方面(崔光庆,2007)。第一,社会保障制度和社会保障资金不足而导致的未来或有支出;第二,由地方政府债务而形成的隐性财政赤字(下面将有详述);第三,因金融风险财政化而导致的未来或有支出;第四,重大工程项目和欠发达地区战略性开发的投资可能成为隐性赤字的又一个重要来源。

首先,在社会保障方面,据崔光庆(2007)的估计,中国养老金账户的个人空账规模在 2004 年已达到 6 000 亿元,隐性债务高达 11 万亿元(1995 年前退休的及此前参加工作尚未退休的职工,在 1995 年养老金改革之前都没有个人账户积累,而此类人群的养老金则从现在统账结合的养老金中支付,因此而形成了隐性债务)。考虑到这些因素,中国的养老金缺口规模十分庞大,据估计,养老金负债占 GDP 比重最低为 25%,最高已达 120%。这已经成为中国财政问题的最大隐患,极易导致财政赤字的剧增,因而带来宏观风险。

其次,在金融风险财政化方面,由于中国金融体系的风险因素是在经济转型过程中形成的,很大程度上属于体制转型的成本和风险。为了化解这些金融风险,政府通过财政手段提供了相应的支持(表 5 – 18)。尽管中国金融业目前运行比较平稳,但是,来自金融领域的政府潜在债务负担不但规模庞大,而且极有可能长期持续下去,构成中国隐性财政赤字的重要来源。

表 5 - 18　　　　　　　　　　　中国金融风险财政化简况

途径	手段	例　证
直接途径	增资	1998 年 3 月，财政部发行特种国债 2 700 亿元；2004 年 1 月动用外汇储备注资
	成立资产管理公司	1999 年财政部出资 400 亿元成立四家资产管理公司，共收购 1.4 万亿元不良资产
	冲销呆账坏账	1997 ~ 1998 年共冲销国有商业银行呆账坏账 700 亿元
间接途径	税收调整	2001 年开始，每年下调金融企业营业税税率 1%
	中央银行再贷款	地方政府向央行申请 1 411 亿元再贷款
	债转股	1996 年 10 月，光大信托不能支付到期债务，中央财政承担 50 亿元的债权转为股权

资料来源：郭平、李恒（2005）；崔光庆（2007）。

　　最后，在重大工程项目和欠发达地区的战略性开发方面，中国在"九五"和"十五"时期先后进行了三峡工程、南水北调、西气东输等重大工程项目和西部大开发及东北老工业基地振兴等国家战略性开发投资。这些关系到国计民生的重大项目战略都具有投资规模庞大、持续时期长、风险大、操作复杂等特点。而这些项目的资金来源则主要是通过银行贷款、国家担保等方式进行，最终的偿债者则是政府，因此，这些项目和战略性开发的收益和未来现金流的规模与稳定性直接决定了中国政府面对金融机构的财政风险。一旦这些投资项目不能获得预期的回报，政府将因此而承担巨额债务。

　　3. 中国外债考察

　　中国统计的外债大致分为主权外债、金融机构外债、国内企业外债及外商投资企业外债。通常而言，政府外债是指由财政直接借入并承担偿还义务的外债，即统借统还外债，实际上只构成主权外债的一部分，并且它是一种显性债务。实际上政府主权外债还包括各级政府和部门借入的外债，比政府外债的概念更为宽泛。但由于中国国有企业的外债一般隐含着政府的担保，而金融机构外债在一定程度上也能转化为政府的债务负债。因此，我们将国家主权外债中显性债务以外的部分、即金融机构外债及国有企业外债都归到政府的隐性负债。

　　在政府外债方面，尽管中国外债占 GDP 的比重逐年下降，但是外债余额的规模却逐年增长，从 1993 年的 956.8 亿美元持续增长至 2008 年的 3 744.79 亿美元，年均增速达 10.61%。

　　在隐性债务，即金融机构和国有企业部门的外债负担方面。根据国家外汇管理局的统计数据，2000 ~ 2007 年，中国金融机构和企业部门的外债负担从 490.77 亿美元增至 850 亿美元。如前所述，由于特有的金融体制背景和经济转型背景以及政治集权因素，这些债务负担在企业和金融机构出现问题时，将最终转化为国家财政负担（见图5－4）。

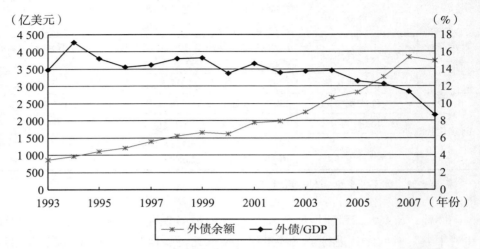

图5－4　中国的外债余额（1993～2008年）

注：外债余额数据系根据《中国金融年鉴》（2009）所公布的外债/GDP比例和《中国统计年鉴》（2009）公布的GDP数据及当年汇率数据折算得到。

资料来源：《中国金融年鉴》（2009）；《中国统计年鉴》（2009）。

总体而言，中国目前的外债仍然在可控范围内。由图5－5可见，中国的偿

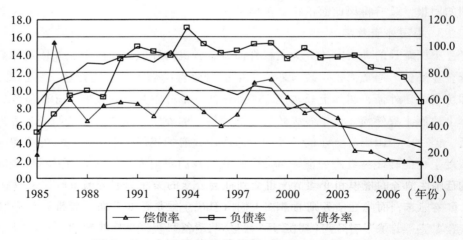

图5－5　中国外债风险指标（1985～2008年）

注：（1）偿债率指偿还外债本息与当年贸易和非贸易外汇收入（国际收支口径）之比；负债率指外债余额与当年国内生产总值之比；债务率指外债余额与当年贸易和非贸易外汇收入（国际收支口径）之比。（2）债务率指标为右坐标轴；其余两个指标为左坐标轴。

资料来源：《中国统计年鉴》（2009）。

债率、负债率和债务率指标在 2000 年以后都出现了显著的下降趋势。即使考虑到上述隐性债务规模，由于这些隐性债务规模并不大，因此，可以认为即使包括这些指标，那么对上述三个比率指标的影响也不会太大。

4. 中国隐性财政赤字与金融安全

从政府部门隐性债务的特点看，我国政府隐性负债的状况与宏观经济运行的状况有着密切的关系。外债、社会保险及银行资产的质量都直接受到宏观经济运行的影响。如果宏观经济形势好，国外贷款者对国内经济信心比较强，国内借款者的还款能力也强，对外担保就不会转化为政府的负担。同时经济形势好时，社会保险的压力减轻，银行信贷也能够正常运转。而当宏观经济形势不好时，原来对外的担保就可能转化为直接的政府债务，社会保障压力也相应增大，银行由于企业效益下降，不良资产的比重也会相应增加。因此，宏观经济形式的变化很大程度上决定了我国政府隐性负债向显性债务转化的时间和规模。特别需要注意的是，由于一些特殊情况的发生，尤其是出现金融风险、外债风险、财政支付能力不足，甚至一些偶发的事件导致社会公众信心的下降，有可能导致政府隐性债务的规模在短期内迅速增加并构成现实的财政压力。

除了宏观经济形势的发展，政府隐性债务的状况还与我国的经济体制本身有着密切的关系。我国处于经济体制的转轨时期，政府隐性债务的产生很大程度上与制度的不完善有关，因而其存在具有长期性和体制性。实际上，政府隐性债务很大部分是政府的特殊行为造成的，如担保或对银行的干预，但之所以能够造成相当规模的债务负担，又往往是基于一定的制度基础。从我国政府的隐性负债构成看，主要是社会保险欠款和金融机构不良资产。我国的银行不良资产问题实际上是国有银行、地方政府与国有企业之间特殊的关系所引起的，而社会保险欠款则产生于不合理的社会保障制度本身。这说明，政府行为的改变和对体制的改革在很大程度上能够决定我国政府隐性负债的变动趋势与实际规模，同时也决定着隐性债务是否向显性政府债务负担转化。

从广义上来说，政府的显性公共债务以及政府的隐性债务都构成了政府的债务负担。比较而言，世界各国政府对显性债务也都有着比较严格的管理，同时，政府显性债务的规模和变动情况也受到社会公众的关注，成为衡量政府财政状况的重要标志，而隐性债务则通常被人们所忽视。但是正如上面所分析的，一国政府隐性债务的状况对政府的财政运行和公共债务都有着直接的影响。

如果从静态考察，政府隐性债务会影响到一定时期公共债务存量是否进入过度负债状态的边界。隐性债务越大，显性公共债务存量进入过度负债状态的临界值就越小，即显性公共债务越容易进入过度负债状态。反之，隐性债务越小，显性公共债务存量进入过度负债状态的临界值就越大。如果从动态进行考察，政府隐性债务在特定的条件下，是有可能转化为政府直接负担的，当政府不能通过其他渠道解决这些隐性债务时，就只能求助于发行公共债务，从而实现隐性债务向显性的公共债务转化，这样，就可能导致短期内公共债务规模的迅速扩大和积累，进而有可能落入政府部门过度负债的陷阱。

上述隐性财政赤字所带来的潜在风险必将向金融领域转移，进而可能影响到我国的金融稳定（崔光庆，2007）。中国隐性财政赤字风险或者通过机构传导途径（通过地方政府对金融机构的贷款和地方政府的贷款担保，地方政府的财政困境将直接通过银行贷款转化为银行的不良资产），或者通过政策传导途径向金融领域转移。即在隐性财政赤字规模持续上升的情况下，政府将不得不通过赤字货币化方式融资，从而可能诱发通货膨胀和货币贬值风险（米什金，2003），对中国的金融稳定和安全构成严重的威胁。

（二）地方政府行为与政府债务的可持续性

中国政府行为的显著特征之一在于，在经济转型过程中财政分权和政治集权的制度安排导致了中国地方政府的独特的行为特征，即地方政府为了 GDP 增长而竞争。出于这个目的，地方政府在招商引资和促进地方投资以及对房地产市场等方面具有显著影响。同时，中国地方政府债务问题和 2009 年以后中国地方所具有的债券发行资格也促使中国政府隐性的债务负担日趋严重。这些重大的经济上非理性的行为影响极有可能为中国的金融安全埋下隐患。

1. 财政分权、地方政府投资冲动与金融风险

1980 年实行财政分权改革后，我国中央政府和地方政府的关系发生了质的变化。分权改革之前，中央政府与地方政府之间是单纯的行政隶属关系，公共产品主要由中央政府提供，各个地方政府只是中央计划的执行者，其目标只是完成中央政府的指令。地方政府作为非营利性的组织，其税收必须完全上缴中央政府，而支出的资金来源则是中央政府对它的财政拨款，因此，地方政府并没有独立的经济利益，也因此而并不关心经济运行的效率。但财政分权改革后，中央政府和地方政府之间在保持着分权改革以前行政隶属关系的同时，还同时具有了契约的性质。地方政府成为拥有独立经济利益的政治组织，它可以在一定程度上支配财政收入并负担相应的财政支出责任，因而具有了十分明确且相对独立的经济利益和行为目标，即追求地方经济利益的最大化。

于是，20 世纪 90 年代后，中国逐渐形成了以财政分权为主要特征的经济分权同垂直的政治管理体制紧密结合的中国式分权。在此背景下，地方政府间相互竞争的压力不仅来自地方政府的财政压力，还来自地方官员的政治晋升压力。这就使导致地方官员同时处于两种类型的竞争之中——既为地区经济产出和财政收

入而竞争，同时又为各自的政治晋升而竞争。虽然地方政府面临来自财政和政治晋升两个方面的不同竞争压力，但这两个方面转化为地方政府的行为目标却是一致的，都体现为 GDP 的竞争，即为了 GDP 增长而进行的竞争。这种竞争突出表现在以下两个方面：

第一，地方政府的投资冲动。地方政府在财政利益和政治晋升的双重激励下，往往热衷于通过税收减免和土地政策等一系列优惠措施吸引民间和外国资本，甚至存在利用违规优惠政策进行引资的强烈动机，从而引发企业投资冲动，导致投资过热，进而对宏观经济稳定产生巨大冲击。改革开放以来（1978 ~ 2008 年），中国的消费对 GDP 的贡献年均为 55.3%，标准差为 16.77%，投资的年均贡献为 36.7%，标准差为 19.56%。相比之下，投资对中国 GDP 的贡献并不稳定，存在投资冲动。而这种投资冲动主要来自地方政府，尤其是 1994 年分税制财政改革之后，地方政府已经成为中国投资行为的主导力量（见表 5 - 19）。

表 5 - 19 　　　　　　　　 **地方政府主导的投资比例** 　　　　　 单位：%

投资比例 年份	投资增速		投资比重	
	中央项目	地方项目	中央项目	地方项目
1995	—	—	27.32	72.68
1996	12.55	11.52	27.82	72.18
1997	11.48	7.83	28.77	71.23
1998	9.80	19.73	27.22	72.78
1999	- 3.85	8.97	24.84	75.16
2000	6.07	11.82	23.93	76.07
2001	4.72	17.39	21.95	78.05
2002	- 0.92	23.69	18.39	81.61
2003	- 6.76	37.07	13.34	86.66
2004	18.75	29.74	12.75	87.25
2005	17.41	28.12	12.13	87.87

注：表中数据为中央和地方城镇投资数据。
资料来源：《中国统计年鉴》（2009）。

这种投资冲动的另一个突出例证即是 20 世纪 90 年代之后，受对外开放政策的影响，地方政府为了发展地方经济，大力招商引资，致使中国 FDI 资金的增长一日千里（见图 5 - 6）。这导致了中国出口的飞速增长。外商投资企业净出口占全国净出口的比重由 1998 年的 9.67% 持续上升至 2008 年的 57.38%，成为近十年来的人民币升值压力的重要来源。

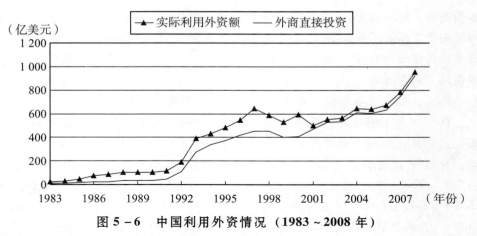

图 5 - 6 中国利用外资情况（1983 ~ 2008 年）

资料来源：《中国统计年鉴》（2009）。

问题的严重性在于，地方政府主导的投资冲动不仅造成了中国宏观经济的过冷过热，而且这种没有建立在成本收益权衡基础上的投资行为带来了大量的不良资产，导致银行体系的呆账坏账大量增长。同时，招商引资也导致了人民币升值压力，在中国银行体系存在大量债权型货币错配特征的背景下（2003 ~ 2005 年期间，中国金融机构部门的外币资产净额分别为 1 655 亿美元、1 602 亿美元和 1 544 亿美元），这种升值压力非常不利于金融体系的稳定运行。

第二，地方政府对房地产市场的影响。1998 年住房商品化改革后，房地产业逐渐成为中国经济增长的一个重要力量。而 20 世纪 90 年的财政分权改革之后，地方政府为了促进本地 GDP 的增长，也作为重要的影响力量参与到房地产市场。地方政府影响房地产市场的手段不外如下三种：第一，控制土地出让规模，高价出让土地，进而控制房地产市场价格的形成。一方面，大型楼盘容易产生规模效应，导致地方政府倾向于借助房地产开发带动城市基础设施建设，推动区域经济增长。另一方面，地方政府对土地一律实行价格优先的供地方式，对普通商品房与高档商品房的土地供给不加区分，从而导致住房供求结构性矛盾显著，整体房价居高不下，进而带动区域 GDP 的扩张。这两个方面无疑都有助于促进地方 GDP 增长，从而有助于地方政府官员的政治晋升。第二，开发商的寻租行为。如通过划拨土地产权交易和转变土地用途获取土地收益，或是通过不规范协议出让土地进行"黑箱"操作等。第三，计划经济体制所造成的"多头供地"，使地方政府并未实现土地供应的完全垄断，从而为开发商进行寻租、扩大土地储备创造了条件。

一言以蔽之，地方政府对土地出让规模的控制和房地产市场价格的控制以及由此而引发的寻租行为导致房地产开发商之间的竞争由产品竞争演化为获取土地使用权的竞争。而经过寻租获得土地的商品房供给者则将此种种支出转嫁给消费者，导致房价高企，极其不利于中国宏观经济的调控。原因在于，一旦房价大幅度下跌，不仅直接影响地方 GDP 增长，不利于地方官员的政治晋升，而且将直接导致银行体系呆账坏账的大量增长，为中国的金融动荡和金融风险埋下隐忧。这种倒逼机制构成了当前中国房地产市场调控难以见效的根本原因之一。

2. 地方政府债务、公共部门债务的可持续性与中国的金融安全

除了通过非理性投资冲动和对土地和房地产市场价格的控制渠道对中国金融安全产生影响之外，地方政府债务，作为隐性财政赤字的重大来源，也已经构成了当前中国金融安全的一个重大风险因素。

（1）地方政府债务现状描述

中国的地方政府债务主要包括省（及省政府）、地（或地级市）、县（或县级市）、乡（镇）四级政府债务。根据国际上普遍采用的世界银行学者汉纳·普拉科瓦（Hana Polackova，1998）所提出的财政风险矩阵法可将政府债务划分为显性债务（explicit liabilities）和隐性债务（implicit liabilities）。前者是指由特定的法律或合同所确立的政府负债或债务，在合同到期时政府必须履行合同；而后者，即隐性债务指的是政府道义上的负债或预期的责任，这些债务并不是由特定的法律或合同所确立的，而是由公众预期、政治压力和社会认为的国家的一般职能所确立的。通常，这两种债务类型又可分别划分为直接债务（direct liabilities）和或有债务（contingent liabilities）。直接债务对债务人而言是指在任何情况下都会发生的债务，因此这些债务的发生是确定无疑的；而或有债务是由某一可能发生也可能不发生的事件所触发的偿债义务。这些债务常常是取决于某一触发条件的，即这些债务具体表现为由某一件或某些事件触发而形成的偿债义务。

目前来看，对中国地方政府债务还没有明确的统计报告，各种估计方法所得到的结论也不一致[①]。但是，各种估计方法和不同学者都认为，中国地方政府债务规模已经十分庞大，并且呈现出迅速上升的趋势。如根据范柏乃、张建筑（2008）的估计，2001~2006 年期间，中国地方政府债务总规模已从 31 253 亿元增至 66 423.88 亿元，年均增长 13.42%（见表 5-20）。2008 年金融危机后，受 4 万亿元刺激计划的推动，中国地方政府债务规模剧增。据部分学者估计，截至 2009 年 5 月，中国地方政府债务规模已超过 11 万亿元人民币[②]。

---

① 部分学者的调查结果表明，中国地方政府直接债务规模占 GDP 的 10%~15%，世界银行估计中国或有债务占 GDP 比重在 50% 以上；中国学界的估计值为 45% 左右（范柏乃、张建筑：《地方政府债务与治理对策研究》，载于《浙江大学学报》2008 年第 2 期，第 50 页）。

② 根据财政部的估算，2009 年末地方政府债务规模将接近 11 万亿元，相当于 2009 年地方本级财政收入的 3 倍。

表 5 - 20　　　　　　　　　**中国地方政府债务规模**　　　　单位：亿元、%

年份	直接债务规模	或有债务规模	总债务规模	总债务增长率
2000	12 402	18 851	31 253	
2001	13 707	20 834	34 541	10. 52
2002	15 042	22 863	37 905	9. 74
2003	16 978	25 806	42 784	12. 87
2004	19 985	30 377	50 362	17. 71
2005	22 886	34 786	57 672	14. 51
2006	26 358.88	40 065	66 423.88	15. 18
2009			114 377. 36	

注：2009 年数据来自史宗瀚（2010），根据其估计的地方政府债务占中国外汇储备 74% 的比例估算。

资料来源：范柏乃、张建筑（2008）。

（2）地方政府债务隐藏的金融风险

由前述可知，尽管中国显性的政府赤字维持在比较合理的规模，但是，隐性的财政赤字，尤其是地方政府债务问题已经十分严重。数以万亿计的地方政府债务风险和隐性的财政赤字正通过机构途径和政策途径转化为金融风险或成为潜在的金融风险来源，这必将影响到中国的金融安全。

首先，在地方财政收入增长难以持续的情况下，部分地方政府为了追求本地区的经济高速增长和实现政府作为公共产品提供者的职能，通过各种形式大量举债、盲目投资，致使银行体系的信贷资金"财政化"，极易产生大量的不良资产。例如，为了追求地方 GDP 增长，地方政府通过地方政府融资平台大量举债进行基础设施建设和形象工程项目。据估计，截至 2009 年 5 月末，全国地方政府融资平台有 3 800 多家，负债总额竟由 2008 年初的 1.7 万亿元猛增至 5.26 万亿元。而中金公司的报告显示，截至 2009 年末，地方政府融资平台贷款余额已达 7.2 万亿元。令人担忧的是，逾 5 万亿元的负债中 85% 来自银行贷款。而问题的严重性还在于，地方政府债务的偿还能力低，逾期率高（范柏乃、张建筑，2008）。

其次，当地方政府债务逐年累积到一定规模时，利息支出相应增加，还债和利息的双重压力会倒逼中央政府采取"赤字货币化"措施，便有可能引发通货膨胀，产生金融风险。

（3）地方政府债务向中央政府债务负担转移的倒逼机制

如前所述，当地方政府总体的债务负担越来越重时，中国银行业体系的健康运行将首先受到重大冲击，金融体系的风险暴露将立刻显现出来，最终严重威胁到中国的经济体系运行。随着地方政府债务所积累的风险大量向银行体系转移时，政策制定者将观察到这一状况，并采取行动。这将导致地方政府的债务转移到中央政府，最终由财政承担（而在财政邦联制国家，如美国，地方政府一旦资不抵债，可能导致地方政府破产。但显然，考虑到中国的具体国情和政治体制安排，地方政府破产或政府破产是难以想象的）。并且，当地方政府债务所积累的风险已经转移到银行体系时，这些问题也最终由中央财政负担。原因在于，尽管中国银行业体系股份制改革已经完成，绝大部分商业银行已经完成了股份制改革，但是银行国家所有的实质并没有根本扭转。如果我们把包括由我国直接控股的股份制银行计算在内，那么我国银行业中大约有 80% 以上的股权归国家所有。这种所有制形式使国家实际上承担了无限责任。

因此，在中国政治集权和国家信用背景下，中国地方政府债务问题归根结底会形成倒逼机制，最终上升为中央政府的债务负担，这加重了中国公共部门的总体债务负担，也将对中国公共部门债务的可持续性产生极大的负面影响。因此，我们在分析中国政府债务问题时，仅仅关注中央政府的债务实际上将极大地低估中国政府的债务负担。这在分析中国政府债务问题和金融安全时是不得不多加关注的。

第五节　主要结论

本章将资产负债表方法与相关权益理论结合对宏观经济风险进行了分析并得出以下结论：第一，公司部门和银行部门间从最初的风险分担到风险转移再到最终的风险分担，是一个动态变化的过程。在一般均衡状态下，公司部门和银行部门的风险调整收益率相等，否则将引起资金的重新配置。当公司部门受到共同冲击时，其资产价值下降，风险贷款价值也将下降。由于公司部门贷款总量较大，一旦出现损失，银行部门经济资产负债表资产负债状况将严重恶化，风险从公司部门转移到银行部门。当公司部门归还贷款后，银行部门不再承担风险，风险重新归于公司部门，公司部门股东或新的债权人将继续承担相应的风险。第二，银行的管理成本和流动性限制决定了银行存贷款决策不独立，两者相互影响，风险在公司部门、私人部门以及银行部门三部门间进行分担和转移。在不存在公共部门的情况下，这三部门间将形成均衡，只要风险在其承受范围之内，经济将处于健康运行状态。金融市场为投资者提供了风险交易的场所，这对三部门将产生影响并且具有制衡作用，尤其是银行部门。私人部门通常会把存款收益与金融市场投资收益进行比较，一旦认为存款收益太低，将提取存款投资于金融市场，银行部门存款流失，风险从私人部门转移到银行部门，这是金融市场对银行部门的制衡。从存贷款决策不可分来看，私人部门的行动会影响银行存款，进一步影响银行贷款决策，风险在私人部门、银行部门、公司部门三部门间分担和转移。第三，风险无论是来源于公司部门贷款出现问题，还是发生存款挤兑，甚至公共部门自身发生金融困境，最终都会通过隐性担保的方式转移到公共部门，因此，宏观经济系统金融稳定性核心在于公共部门对银行的金融担保。当公共部门都不能承受危机的时候，本国的所有经济主体都将为最终的危机买单。需要说明的是，公共部门隐性担保对不同的项目的敏感性是不同的，例如，公司部门的冲击和存款挤兑所引起隐性担保的变化是不同的，存款挤兑所引起金融担保的增加远大于公司贷款损失所引起金融担保的增加，因为存款挤兑具有传染性，其影响更具有紧迫性和伤害力。第四，当风险转移到公共部门后，究竟由财政还是中央银行承担将由他们各自的实力和相互间的博弈关系决定。当风险在公共部门内部不能得到化解进一步转移时，公共部门债务持有者将分担部分风险。公共部门债务持有者分为外币债务持有者和本币债务持有者，由于外币债务比本币债务更具刚性，本币债务持有者处于弱势地位，风险将主要由本币债务持有者承担。第五，对我国 2005 年各部门经济资产负债表的分析显示：我国经济发展过多依赖银行体系间接融资，各部门具有较高的债务风险暴露；银行部门债务风险非常集聚，具有较强的脆弱性；公共部门始终保持对银行部门的隐性担保，且我国金融担保价值占公共资产的比例较大，因而公共部门实际上承担了很高负荷的宏观风险。第六，金融稳定的核心在于政府的金融担保，而金融担保是否可持续是以公共部门的实力作为保证的。我国财政风险和中央银行风险都不容乐观，从债务可持续的角度看，我国外币债务和本币债务风险溢价水平较高，公共部门需要保持较高的资产收益率才能使债务可持续。同时，我国公共部门隐性债务水平较高，这将增加我国公共部门的风险水平。

限于研究局限，本章还需在以下几方面进行拓展：一是随着我国资本市场的发展与直接融资比例的增加，宏观经济部门总体权益价值将增加，债务风险暴露减少。另外，金融结构的不同安排也决定了风险分担与转移的渠道和程度。如何通过金融结构的优化以降低宏观经济总体风险是值得我们进一步研究的问题。二是估计公共部门资产负债的波动性和价值。我们可以用 CCA 框架进一步估计公共部门资产负债的波动性和价值，尤其是金融担保，提醒监管者注意防范宏观金融风险，这也是公共部门建立风险准备金的依据。另外，这个框架也可以用来估计最后贷款人要注入银行系统的资金和存款保险机构的风险价值，即存款保险资金的最优规模等。

第六章

全球化背景下金融风险的跨国分摊
研究——一个发展中国家的视角

在金融全球化背景下，各国经济金融联系更为紧密，一国金融危机遭受的创伤也必然辐射全球进而在各国之间进行分摊。本章在信息—制度框架下构架了宏观经济风险跨国分摊的静态与动态模型，然后以次贷危机为例来考查风险跨国分摊的实际案例与影响因素。最后，本章对我国金融风险跨国分摊地位进行了专门考查，并提出了改善我国风险分摊地位的方法与对策建议。

第一节 引 言

在经济的信息化和全球化背景下，金融风险正日益成为全球经济乃至社会发展的一个关键词。金融风险在量值上的几何速度扩张标志着我们已跃进到由金融交易和金融风险决定市场走向和经济走向的金融经济时代。全球化的浪潮下，所有国家的金融利益乃至经济利益，都被全球化的金融市场和金融交易捆绑在一起。在这样的条件下，任何一个经济体的金融危机都将通过棘轮效应被放大、被传播。因此，当前的世界经济和金融处于空前脆弱的状况，区域性、乃至世界性的金融危机频繁爆发，经济发展状态和经济周期的不确定性因此大大增加。

倘若说金融风险以及由此带来的金融发展和经济发展的阻滞是不可避免的，那么如何在全球范围内实现其跨国分摊机制就是当前世界经济领域内一个不容忽

225

视的课题。就微观层面看，信息的不完全退居次要地位，金融风险的主要导源逐渐转向因不同的信息占有和信息判断而导致的信息不对称。市场经济作为当代经济组织形式的主流，能否自发建立起为经济体内所有微观主体所公认的信息甄别机制、从而在爆炸性的海量信息中为其提供判别真伪、去除噪音的标尺，进而有效消除微观主体间的金融风险，是任何经济体发展市场经济进程中所必须要解决的问题。进一步，在全球化的背景下，微观经济主体的交易对方将日益跨越经济体边界，跨国交易成为日常经济行为，是否能有效消除因经济体间明示或默示标尺的差异而形成的制度性信息不对称，从而去除交易边界扩张的内生性阻滞，显然是关系到经济全球化进程和市场经济本身发展的重大课题。

如果说制度性信息不对称给交易双方带来的风险本身是无差异的，来自不同发展水平和财富禀赋水平的经济主体对风险的承受能力则显然存在巨大的差异，同等量值的风险，对财富禀赋水平高的个体是其扩大获利空间的机遇，而对财富禀赋水平低的个体则因其可能带来的灾难性后果而裹足不前。将这一微观层面的考量放大到宏观层面看，即便各国面临的金融风险是完全对等的，受经济实力和经济发展水平制约，其风险承受能力也是大相径庭的，同等量值的风险，对发达国家如美国而言可能是微不足道的，但对一些经济较不发达、经济规模较小的发展中国家而言可能就是灾难性的。况且，在发达国家和发展中国家的金融风险博弈中，二者所占据的信息地位还远谈不上是相互对称的。发达国家的市场经济经过较长时间的发展，在经济全球化的进程中往往是它们的较为成熟合理的市场规则成为世界市场的默示规则；而发展中国家、尤其是转轨国家则因市场经济起步的滞后至今尚未能在自身的经济体内形成较为成熟完备的市场规则，更无从以自身的规则去渗透、影响世界规则，因此，在与发达国家的经济交往和金融交往中，仍须尽量去适应脱胎于发达国家的交易规则。由此看来，在发达国家与发展中国家的经济交往中，发达国家相对发展中国家还占据了制度性信息优势（dominance）。简言之，当代金融风险主要来源于不对称性信息；发展中国家的制度性信息劣势使其在与发达国家的经济交往中要承担大得多的风险量值，而其风险承担能力又明显弱于发达国家，因此，在宏观层面的金融风险博弈中，发展中国家一般说来处于绝对劣势。金融风险的固有特点决定其具有累积性和突发性，当其累积至一定程度时就会爆发，从而形成金融危机，进而导致经济危机。在危机爆发之前，发展中国家可能会因风险被暂时囤积而呈现出经济高速增长的势头，而一旦金融—经济危机爆发，则之前的经济发展成果将被摧毁，从而重新陷入发展泥潭之中。在一个经济全球化、资金跨国流动规模日益庞大的背景下，各国的经济发展水平之所以没有如索罗模型所预言的那样日益趋同（convergence），其根本原因笔者认为就在于此。

概而言之，当代经济课题中，大致不同国家长期经济增长和经济发展水平的差异，小至来自不同经济体的微观经济主体之间的单笔交易，无不与金融风险的跨国分摊相联系。就我国这样的发展中国家而言，倘对此缺乏清醒的认识，则不仅"融入经济全球化的浪潮"将沦为一句空话、成为遭受经济侵害的祸端，长达30年的因经济体制改革而带来的高速经济增长成果还可能因金融风险的积累和爆发而毁于一旦。就当前局势看，如何合宜应对此次以美国为中心的全球性金融危机，就是直接涉及我国金融和经济长期可持续发展的重要因素：应对得宜将可能从根本上改变我国在全球金融风险跨国分摊中的地位和作用，成为世界金融秩序中的重要一极；相反，若应对失宜，则可能使我国成为发达国家金融风险和金融灾难的被转嫁者和买单者，从而丧失30年的经济发展成果。由此看来，金融风险跨国分摊的研究就我国而言、就目前而言，具有特别重要的意义。

然而令人遗憾的是，尽管"金融风险"这一名词自20世纪90年代的几次金融危机后已成为学界的热门话题之一，言必称金融风险的研究者和研究成果早已汗牛充栋，但这些研究大抵集中在具体风险的考量和规避层面上，对具体金融市场风险的定量分析、对具体金融工具的风险测度，以及风险规避和风险控制方法的探讨占据了这一研究领域的绝大部分空间；而笔者上述涉及我国经济发展兴衰成败的跨国金融风险分摊问题，无论是微观层面还是宏观层面上的探讨，都几乎无人涉及。扩而言之，就世界范围看，全球化的研究固然已成为显学，一些研究者也涉及了全球化对发达国家和发展中国家不同的经济意义（如 Guillen，2004；O. Riain，2000），但将这一不同含义与金融风险的分摊差异相联系的几乎称得上绝无仅有①。这一课题的理论和实践双方面的重大意义和研究的薄弱恰成鲜明对比。这一研究现状固然给研究者提供了很大的发展空间，但同类研究的缺失也使研究者面临无从依傍、无所凭借的困难。为此，本章试图通过信息—制度—风险理论体系与金融风险跨国分摊模型的构建，并通过对我国经济结构与信息地位的考察，提出相关政策建议。

本章其余部分结构安排如下：第二部分为金融风险跨国分摊模型的信息—制度理论基础；第三部分为金融风险跨国分摊的静态模型；第四部分为金融风险跨国分摊的动态模型；第五部分为此次美国次贷危机及世界金融危机的机理分析和风险分摊状况考查；第六部分为我国经济结构与金融风险分摊地位的考查；第七部分为结论与政策建议。

---

① 将经济增长与金融发展相联系的研究在金融结构和深化理论（Goldsmith，1969；McKinnon，1973）之后在理论上的探索也趋于停顿，而转向寻找支持或反对证据的实证方向（Lanyi and Saracoglu，1981；Gelb，1989；Levine，1997）。

第二节　信息—制度理论

金融风险的根源是信息占有的不对称，而无论是微观层面还是宏观层面的跨国风险分摊，分摊量值和性质的差异都是由参与者之间的不同的信息地位所决定的，因此笔者将信息作为整个研究的起点和立足点。进一步，如上所述，在一个信息化的背景下，金融风险的来源主要并非具体信息（material information），而是编码性信息（codified information）；而在全球化背景下，跨国金融风险的产生则主要根源于参与者之间基于各自默示编码规则的差异，这个差异，在宏观层面上，一般体现为制度①性差异。而就根本上看，信息与制度不过是同一硬币的不同面，因此，金融风险及其跨国分摊是这一信息—制度硬币的一个衍生物，要对之进行分析，首先必须建构起其逻辑起点。

一、信息—制度理论分析范式

（一）信息空间理论

信息空间（information space）理论通过编码、抽象和扩散的三维空间转化，将信息因素内在化。布瓦索（Boisot，1995）摒弃了个体主义基本立场，转而寻求在整体层面上把握信息的不同特征及其对组织、制度和文化的影响，从而为信息范畴向宏观经济层面（包括组织演化和制度变迁）的引入提供了一个可行的思路："经常性发生的信息流导致交易模式的产生，这在某种条件下结晶为组织和制度，其特点反映了它们在信息空间中的特定位置。在发生这种情况的地方，由此而形成的结构反过来会对流动产生影响，并帮助规范流动"②，于是"它就

---

① 这里笔者取的是制度（institution）的最广泛的含义，它包含了正规、非正规规则和实用程序（formal and informal rules and compliance procedures），也包含了默示的文化框架、认知图式和重复行为的常规化过程（taken-for-granted culture framework，cognitive schema，and routinized processes of reproduction）。参见 Campbell，John，2004，*Institutional Change and Globalization*。

② ［英］布瓦索著，王寅通译：《信息空间：认识组织、制度和文化的一种框架》，上海译文出版社2001年版序。

提供了吉登斯（Giddens）所指的结构化过程的基础"①。布瓦索首先给出几个关键的定义：信息编码（Codification）、抽象（Abstraction）、扩散（Diffusion）。鉴于抽象和编码二维更多被用来描述认识的过程，在考察实际制度安排时主要在于其隐含的信息特点（编码程度）和扩散程度，因此 I 空间在实际运用中可简化为 I 平面，如图 6-1 所示：

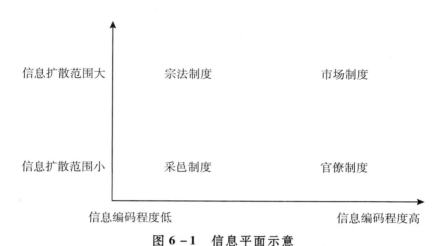

图 6-1　信息平面示意

以这三个概念为基础，布瓦索进而根据不同交易方式在 I 空间的不同位置（对信息的编码和扩散采取不同侧重的投资）区分了四种交易类型：市场（美国）、官僚制度（Bureaucratism）（法国）、宗法（Clans）（英国）与采邑（Fiefs）（中国）。当信息流在既有的框架下趋于稳定并经常发生时，交易结构就变为制度。

特别值得提出的是，布瓦索对中国近 20 年来的经济体制改革及其在整个社会经济结构演变中的地位深感兴趣，并且为中国的体制改革途径和目标提供了一个富有启示的阐释。他认为，中国作为一个采邑特色明显的社会结构整体，要从根本上扭转信息结构特点，实现从 I 空间西南方向东北方跃进，构建起美国那样的市场制度，不仅是不现实的，而且也是不可能的：既有的信息结构通过文化结构②先验地框定了社会结构发展的途径。因此，中国的"建设有中国特色的社会主义市场经济"在信息意义上呈现出如下特点："先将一些制度投资传播到信息空间的上部，然后让编码—扩散规律自然地发展，并逐步带来建立现代经济所必

---

①　［英］布瓦索著，王寅通译：《信息空间：认识组织、制度和文化的一种框架》，上海译文出版社 2001 年版前言。

②　布瓦索将信息的编码与扩散二维构成的平面称为"文化空间"（Culture Space，C 空间），用来描述"不同类型的信息和知识构成，及在一个特定群体中分享的方式"。参见布瓦索《信息空间：认识组织、制度和文化的一种框架》，上海译文出版社 2001 年版，第 200~210 页。

要的分散性"①。这样的转轨道路必然是渐进式的，而其结果则是"网络式"市场经济（Network Capitalism，又被适当地称为"中华资本主义"）的出现②。

信息空间理论以与新古典经济学分析框架迥异的方式提出了一个认识经济组织和经济结构的新的范式，其将信息与经济分析相结合的思路是富有启发性的；但这一理论仍远不能称为一个严密的体系，缺乏形式化（模型化）的表述方式使它只能局限于"一种框架"而不能跃升为"一个体系"，而布氏在将其理论用在具体国家的个别分析上也表现出一定的简单图解化倾向，更不用说信息空间三维度的论说还存在许多不能令人信服的地方。以下笔者将在信息空间的基石上建立新的信息—制度理论框架和模型。

（二）制度的信息含义

真实世界中，信息以如此纷繁复杂的形态存在，以至于微观个体不仅信息的占有量千差万别，即便对相同的信息其各自的理解也常常大相径庭，因此，不对称性（asymmetry，或如 Tribes 所说的"不均匀性"）乃是信息这一概念的核心特质。而从社会方面考虑，社会契约之所以得以订立并顺利执行，一个先决条件是某些信息必须成为公共知识（common knowledge），俾使任何契约的缔约双方均能在履约之前对对方以及对契约履行前景形成确定性预期。这就要求将真实世界的形形色色的信息数据归纳为某些形式、某些类别、或某种结构，从而使其能够为微观主体所掌握，这就是所谓的编码（codification）过程。简言之，编码就是"知识"（knowledge）的创造过程③。"当困难的认知条件在一个信息中产生杂音和模糊性并需要有效的和很有针对性的反应时，人们就会进行编码"④，于是变未知为已知。

所谓解码（decoding），则是个体试图运用其已掌握的知识去了解、还原真实世界。对任何微观个体而言，他们既不可能获得知识疆域之外的"信息噪音"，也不可能掌握知识疆域内的所有"已编码信息"（非噪音）；因此，任何个体的知识（其"编码字典"，code-dictionaries）就只是加总信息总量（what the

① 布瓦索：《信息空间：认识组织、制度和文化的一种框架》，上海译文出版社 2001 年版，第588 页。

② 关于网络式市场经济，我们在后文还将进行更详细的论述和归纳，在此先行略过。

③ 笔者对"编码"的定义比布瓦索（Boisot, 1997）宽泛得多。布瓦索将知识的创作分为两个部分：编码和抽象。在布瓦索的信息空间理论中，编码只是一种分类的方式，而抽象则描述了个体对该分类的学习过程，其中包括了概念的创造和运用。然而，在真实世界里，编码过程与抽象过程既难以区分、也不必清楚区分。个体通过编码和抽象试图去认知真实世界，其目的在于使纷繁复杂的信息得以被掌握；他们创造了一些分类和概念，从而所谓"知识"开始出现。这相比布瓦索割裂开编码和抽象，从而使人们的认知过程被人为阻隔的描述简单得多、也直观得多。因此，笔者使用的"编码"一词，事实上涵盖了布瓦索理论中的编码过程和抽象过程。

④ 同①，第 73 页。

real world is) 的一个很小的子集。个体试图运用其各自的编码字典去给真实世界"解码"（decode），就好比一个密码破译员试图使用一本残缺不全且存在许多错误的密码表去解码一封加密电报。于是，解码过程有两个基本的特点：认知（interpretation）和扭曲（distortion）。

有了编码和解码的概念，我们就能阐释制度的信息含义。笔者认为，所谓制度，就是一种编码体系，藉由这种编码体系，各种社会现象和因素得以被编码，从而形成一个统一尺度的、可比较的，并且可被学习的知识体系。相反，个体的解码过程，则是个体运用其各自知识对制度形成的不同的认识。在一个分工演进的框架下，私有信息（private information）不仅是不可避免的，并且将随专业化分工的发展而不断增加，这将给个体之间的交易带来越来越大的内生性风险（endogenous risk）。而制度，则为降低这一风险提供了一种机制。在制度的框架约束下，所有游戏规则将以公共知识（common knowledge）的面目呈现，这就使得委托人（principals）和代理人（agents）被重新放置在相同的信息平台上。因此，就信息意义上看，制度的根本职能在于为所有微观个体提供了一个可兹决策和交易的公共信息基础。一旦一项制度得以有效确立，交易的回报将不再取决于高度不对称的具体信息（material information），而主要取决于各自拥有的制度性信息（institutional information）。一般来说，制度性编码比技术性信息更容易掌握；更重要的是，制度性编码一旦被掌握，则下一次交易的边际信息成本将趋近于 0；因此，交易者间的信息不对称状况将因制度的出现而减弱，经济规模的扩大也才成为可能。

制度性编码集为个体提供了一系列可习得和可比较的代码（社会知识），使其彼此之间的相互了解和相互信任成为可能，进而通过社会契约建立起若干"意识形态"（cognitive ideas），从而为避免陷入"所有人反对所有人的战争"（the war of all against all）提供了一条出路。然而，制度此种功能的有效发挥，关键在于所有微观个体不仅接受制度性编码并将之用于修正自身对真实世界的观察，并且相信其他个体也将接受并使用同一编码。换言之，制度只在所有微观个体不仅接受其规范，并且相信其他个体也将接受其规范的条件下才成其为制度；简言之，只在制度性编码成为公共知识（common knowledge）后，私有信息的影响才能被降至最低，个体之间的稳定预期（stable expectation）也才能得以渐次建立。

如上文论及的，个体的解码过程事实上是他们认知制度的过程，而这一过程伴随着认知和扭曲两个特点，因此其在交易决策过程中的信息问题也就不可避免，所不同的是，在这种情况下，真正起作用的不对称性信息是制度性编码。真正掌握制度性编码的只是交易者中的一小部分，笔者将之定义为"制度精英"（institutional elites），与之相对的则是"制度平民"（institutional commons）。在制度的信息作用下，"所有人反对所有人"的霍布斯世界逐渐演化成制度世界，在这个世界里，某些公共知识发挥着作用，从而社会稳定预期能够形成，但编码信息的完全共享即便在宏观上也仍未实现，"信息战争"（information war）也就以一种全新的形式继续下去。

（三）制度变迁的信息含义

就一个足够长的时间尺度看，一切制度变迁都会体现出演进性特征。我们观察到的绝大多数的制度变迁，都发生在边际层面，即便是一般所谓的革命性变迁也会呈现出路径依赖效应；或如坎贝尔（Campbell，2004）所说的，（绝大多数）变迁涉及诸多翻译（translation）和糅合（bricolage）。这就是制度歧异（institutional divergence）广泛存在的根本原因。另一方面，一项制度要在诸多的竞争者中得以存活，就势必要不断扩张、将越来越多的经济社会个体纳入其框架下、接受其规范。于是，来自不同制度框架下的个体之间的相互作用将日益频繁；对各自的固有制度框架进行适当修订也就成为必须、以保证公共知识和稳定预期能够在跨制度交易的双方或多方间得以形成。在这一不断进行适应性修订的过程中，制度趋同（institutional convergence）将形成趋势。简言之，制度歧异和制度趋同是制度变迁的两个相反相成的重要特征。

如上所述，制度的建立并不意味着信息问题得到最终解决，相反，信息战争将在制度编码层面上继续。所谓制度缺陷，描述的就是这样的制度性信息冲突，即代码冲突。笔者将制度缺陷分为外部缺陷和内部缺陷两类。外部缺陷是来自不同制度的交易者之间的代码冲突；内部缺陷是同一制度下不同个体间的解码不对称。根据制度的外在和内在缺陷可将制度变迁分为两类。制度扩展与外在缺陷相联系，制度演进则由内在缺陷促动，而它们又分别与扩散机制和翻译机制相关。

制度学者们用"扩散"一词来表示制度规则或实践被推广、被更多数量的交易者所接受。如上所述，信息和制度可视为同一枚硬币的不同两面。倘将制度视为一种编码体系，则制度代码就是一个交易者想要成为制度内部人所需要学习的唯一知识。因此，一个有效的制度扩散，实际上就是制度代码向外部人的扩散。所谓扩散力，指的是制度未来扩散的预期，一项制度具有多高的扩散力主要取决于其编码水平，在制度的扩散力和编码水平之间存在正向相关关系。翻译机制可视为扩散的反机制，并且经常是实现扩散的必由之路。作为编码系统，制度在信息意义上是一个代码集，要充分发挥其信息职能，这个全集中的每个子集（制度的各个组成部分）应是相互补充、相互协调的。要将一个新的代码子集（制度安排）被放置在全集（制度结构）里，对其进行适当的调整、从而使其不会和其他代码子集发生矛盾冲突就是非常必要的。而翻译，就是使用本地制度代码，以可为本地制度结构所接受的方式对引进的制度安排进行"重新表达"（reexpression）。进一步，可翻译性（translatability）和编码水平之间也存在着正相关关系。一项高度编码的制度是一个高度标准化和简单化了的代码集，因此它总是容易翻译的，并且在翻译过程中发生的制度失真也会较少①。而一般易于被翻译的（可翻译性高的）制度，其扩散力也会较强，这与我们上文分析的编码水平和扩散力之间的正相关关系是一致的。

制度扩展是外部缺陷推动的，并与制度本身的扩散力密切相关。在社会分工和相应的合作具有自强化特点的现代经济条件下，跨国交易中的制度性编码冲突显然必须得到解决。于是，当跨国交易的双方都具有充分的交易意愿时，他们都将对对方的制度代码进行事前投资，以控制风险。这一微观层面上的信息现象，在宏观上就是所谓的"制度扩展"：制度通过此种途径扩展了，使其作用的范围比以前更广，使更多的交易者按照其规则来进行决策和行为。制度扩展并非、也不应是单向的过程，而应是一个多向冲突（conflict）—交流（communication）—协调和解（conciliation）的持续过程，来自不同制度的个体间相互了解的积累使最终的协调和解成为可能。然而，在真实世界里，大多国际制度却一边倒地被发达国家所控制，国际规则更主要体现了资本主义和市场经济的特征。这是因为，资本主义实现了"从身份到契约"②的转变，它固有的高编码水平的特点使它对其他经济组织方式形成了"扩散力"方面的压倒性优势。

发达国家和发展中国家在国际规则中的不平等地位也可以制度扩展的视角加以解释。一般说来，发展中国家的经济开放程度较低，制度的编码水平相对较低、扩散性较差；并且，形成编码水平—扩散力—开放程度的负反馈。随着全球化浪潮的来临，发展中国家开始加大开放力度，但与其国际交易对方相比，作为市场的新进入者，发展中国家的经济个体在对国际规则的掌握上处于绝对劣势，这一信息劣势使其在国际交易中经常扮演风险和损失承担者的角色。

制度演进指内生的制度变迁，它是在排除了外部影响后的制度自发变迁路径。当然，在现实世界中并不存在绝对孤立隔绝的环境，因此纯粹的制度演进只在理论上存在；笔者在本书中用这一名词来表示制度或制度结构的边际变化。如上所述，此类变化通常是由制度的内在缺陷促动的。在上述制度精英—制度平民的不对称的信息结构和风险地位的条件下，显然平民将竭尽所能去改变他们的信息劣势以避免因此带来的损失，他们将通过学院式的或实践式的方式努力学习制度知识。在平民的学习效应作用下，精英具有的初始信息优势逐渐缩小，因此带来的利润也随之日益下降。此时精英显然也将花费更多的精力和时间去创造新的制度知识以强化固有

---

① 标准化的代码集中的信息是得到精确和标准化的表达的，它给翻译者留下的再创作的空间很少，而这种再创作空间通常是扭曲和制度失真的来源。

② Henry Maine 爵士在其著作 *Ancient Law*（1861）中的名言。

的信息—制度优势；换言之，他们将推动制度变迁。在这个意义上，所谓制度精英，就是在社会分工中以制度为其专业化客体的经济个体；他们在平民的信息竞争压力下被迫去推动制度变迁，这构成了制度演进的微观基础。制度的日益复杂化特点可通过制度演进的（精英推动）跃迁—（平民主导）跟随机制获得解释。一项简单的（通常也是低水平编码的）制度留给精英们的信息空间是很少的，这将激发其投入成本去创造新的信息的冲动；而无论精英是通过自行创造还是从外部引进的方式来增加制度性代码集容量，随着这些新代码的创生，制度演进发生了，制度被推向一个更高的编码水平、更复杂的层面上。经过一段时间的学习后，平民的信息跟随效应得到体现，精英的信息优势和租金随之日益减少，这给了他们进一步推动制度演进的压力和动力，于是制度迎来新一轮的编码水平和复杂化的提高。

完全的自发制度演进在现实世界中是不存在的，事实上制度的扩展和演进也是极少有可能完全分割的。在此，翻译机制就发挥作用了。对以推动制度演进为己任的精英而言，外部制度代码、尤其是那些编码水平更高、扩散力更强的代码，通常会成为其信息创新的来源。他们将择取他们认为最为急需的那部分代码、对之进行翻译以适应本地制度结构和背景，并在翻译的过程中或有意或无意地进行适度扭曲以适应其自身需求、通过此种方式将之引入本地制度结构中来。通过翻译的方式来推动制度变迁，对精英而言将省却他们独立开发创新的成本，因此是其成本最小化的选择。当然，这种方式更多为发展中国家所采用；至于发达国家，由于难以从外部寻求编码水平更高的制度代码，因此很难采用。因此，在真实世界中，我们看到发达国家的制度变迁通常是缓慢渐进性的，而发展中国家的制度变迁则相对更为剧烈，并表现出与发达国家趋同的特点。由此看来，发达国家和发展中国家的关系类似于微观层面上的精英—平民关系：发达国家推动其制度向更高的编码水平演进，同时扩展到更大的范围，使其逐渐成为国际制度；发展中国家通过翻译来学习国际制度，并推动其本地制度结构向更高的编码水平演进。因此，所谓的全球化，其含义对发达国家和发展中国家是不同的：对发达国家而言，它意味着制度扩展，而对发展中国家，它则意味着通过翻译学习（learning by translation）。

二、风险分摊的信息—制度分析范式

（一）风险的分类——基于信息的视角

风险是由于不确定性而引发的出现损失（或获利）的可能性，这一可能性（Probability，概率）的分布状况显示风险的程度。而不确定性是信息缺陷所导致的，按信息缺陷的性质可将风险分为两类：外生性风险和内生性风险。

234

1. 由信息不完全引发的风险可称为外生性风险。信息的不完全表现在经济层面上就是一个经济体内所有成员对经济的现状和发展趋势的认识总和小于经济体本身所固有的信息总量，这决定了即便是社会整体加总也无法准确描述经济现状和预测未来。如上所述，人们在认识客观世界时总是尽力将外界信息进行编码，以便归入已存在的信息种类中。然而，信息本身是一种庞杂的自在（self-existence），在对它进行人为编码时，必然伴随着信息量的流失；并且，编码程度越高的体系造成的信息流失越多。因此，无论与编码体系相对应的人们的知识如何增长，总是会有一部分信息被视为噪音流失，从而使人们对客观经济现象的掌握永远不可能是完全的。对一个以市场为基础的经济体而言，对经济现状和未来的信息不完全主要表现为对价格的现状和未来变化的不确定性，这种不确定性隐含着的损失或获利的可能就是外生性风险。简言之，凡有信息噪音存在的地方，外生性风险总是存在的，因为噪音是人们所无法把握的一种不确定性。只要社会知识总量的增长赶不上经济机体信息总量的自然增长，外生性风险就不会被消解，而只能通过各种形式在社会范围里实现分摊。

2. 由信息不对称引发的风险被称为内生性风险。不同个体对信息的拥有量是不同的，并且随着分工的不断发展这一差异将愈加显著。由于分工具有自发演进的趋势，故而信息不对称也具有不断扩大的倾向。内生性风险"内生"于经济体。尽管信息不对称是客观存在的，但机会主义行为却是植根于人的自利天性的，因此它是一种"主观风险"，即使社会信息总量不变，也可通过一定方式对之加以控制。然而，正如上文所揭示的，伴随着分工发展的信息不对称具有自发扩大的倾向，因此内生性风险也是不断演变发展着的，旧的风险得到控制的同时往往意味着新的风险的产生。随着信息编码—制度体系不断发展，"信息战争"将继续下去，与之相伴随的内生性风险也将存续，尽管风险的承担和分摊比例可能在经济主体间不断变化。

（二）风险的分摊

就微观角度上看，外生性风险在社会个体间的分布是不均匀的，这种不均匀性使部分风险趋于集中，这对低风险领域的风险偏好者和高风险领域的风险厌恶者而言，同属非帕累托最优。就宏观角度上看，倘若风险在某些特定部门或特定群体中积累，即便与之相关的经济个体都是风险偏好的，但交易外部性的存在也将使得他们的交易对方心生疑虑，降低与他们交易的意愿。交易意愿的畏缩意味着社会共信（social faith）的减弱，这将进一步扩散到其他部门和行业，从而使得那些并非风险集中的行业和部门也受影响，信任危机乃至经济危机就可能发生。概而言之，无论就微观层面上看，还是就宏观层面上看，将风险（当然，标的是包含了风险偏好因素的确定性评价）通过适当的方式在不同个体、乃至

235

不同群体、不同部门、不同国家之间进行转移，从而实现他们之间的风险分摊，是增大个体交易意愿、扩大社会交易规模的关键。

有效的风险分摊包括风险分散与风险转移。前者指由更多的社会个体承担对单一个体或部门而言过于集中的风险；后者指风险由其厌恶者向其偏好者转移，以使二者的确定评价趋于一致。如果说风险转移涉及的是微观层面上不同个体间的风险偏好和风险承担能力问题，那么，风险分散则更多集中于宏观层面上经济机体的系统风险控制能力和调节能力。由此看来，所谓系统风险并非总量风险的一个组成部分，而只是风险分配的不合理，即风险无法有效分散而导致其在某些部门或群体内实现超越其承担能力的积累。

因解码能力的差异，不同个体将对编码性信息（即"知识"）有不同的掌握，这一差异进一步决定了其各自的内生性风险量值。制度精英比制度平民拥有更多的信息—制度优势，因此他将获得风险分摊的绝对优势：首先，在内生性风险方面，他将因其信息优势而获得决定是否进行机会主义行为的主动权，在一次博弈中，制度精英总是拥有决定内生性风险及其分摊状况的权力。其次，在外生性风险方面，他将拥有风险的优先选择权：他可以根据自身的信息优势以及风险偏好和承担能力，优先选择风险量值，然后将风险余值交由其交易对方去承担。至于其交易对手，信息劣势决定了他只能被动接受精英赋予他的风险量值，而不管该量值是否在自己的合意范围和承担范围之内。

倘若将个体间的信息解码能力差异和内生性风险分布差异扩大化到国家之间，则显然不同国家在风险分摊过程中所扮演的角色也各不一样。在国际规则面前，发达国家处于"制度精英"的地位，拥有更多的信息—制度优势。因此，在风险分摊中，发达国家和发展中国家呈现出类似于制度精英和制度平民的角色分工：发达国家拥有内生性风险量值的直接决定权以及外生性风险的优先选择权，这使它们处于跨国风险分摊的主动地位；而发展中国家则处于相应的被动地位，它们不但要承担外生性风险的余值，而且还经常不得不承担内生性风险带来的损失，不管这两部分风险的加总是否超过其愿意或能够承担的范围。

第三节　静 态 模 型

一、基本模型

236　　本部分将在威廉姆森和赖特（Williamson and Wright，1994）的物物交易模型基础上，对参数设定进行了若干修正，并且将之作为分析金融风险分摊的模型基础，此后进行的模型的拓展工作与 W&W 的模型原型并无关系。

（一）模型设定

假定有一群同质的、数量尽可能（但非无穷）大，并且可无限存活的经济个体，其数量以 1 标示。在这一经济体中有两类的潜在标的可供交易：好商品（以 g 表示）和坏商品（以 b 表示），所有个体都可以生产它们，但生产成本是不一样的，以效用的损失来表示生产成本，则设生产好商品的成本为 γ（$\gamma > 0$），生产坏商品的成本为简单起见设定为 0。两种商品都是不可分割的、可自由处置的，并且储藏成本为 0。消费由其他个体生产的好商品带来的效用增量为 $U > 0$，消费由自己生产的好商品带来的效用增量为 $0 < u < U$。令 p（$p \in [0, 1]$）为持有好商品的个体比例，将之名为 A 群，则（$1 - p$）为持有坏商品的个体比例，名为 B 群。在每个继起的时期中，个体以随机概率相互遭遇，并决定是否交易。由于商品具有不可分割性，边际上的交易于是被排除，交易通常是两交易者一对一的商品互换，当且仅当双方都同意交易才得以发生。又由于个体数量非常大，在一个时段相遇的两个个体在另一个时段再次相遇的概率可设置为 0，因此任何个体之间不存在任何形式的私人信用合议。

令 θ 为个体能够辨认另一个个体持有的商品性质的概率，由于信息不对称是不可避免的，有 $0 \leq \theta < 1$，这一参量与具体的个体遭遇无关。个体并不知道其他个体是否能够辨认自己商品的性质，对其他个体的交易历史也一无所知。当两个交易者相遇时，他们只是各自独立地对对方商品的性质进行一个判断，再同时宣布他们是否愿意交易。如同时宣布交易，则双方互换商品，就此分离，商品的性质则在双方分离后才得以揭晓。此时，个体可选择直接消费持有的商品，从而使该商品就此退出流通；也可选择将之储存起来，直至下一个时段用于与其他个体交易。如个体选择消费掉当期他持有的商品，则他将即时再根据相应的成本生产出一个或好或坏（取决于其此时的生产决策）的新商品。总之，个体进行生产、消费、处理和交易的策略选择，以最大化其效用预期，该效用预期为消费效用减生产成本后的净值预期的当期贴现。在进行这些决策的过程中，他们将其他个体的策略，以及遇见持有某种特定性质商品的个体的概率视为给定。现在在个体相遇概率为时间非连续、个体预期为理性的条件下考虑纳什均衡，相遇概率由 m 描述。如上面设定的，如相遇的两交易者都辨认出对方持有的商品是好商品的话，则双方将总是愿意交易；持有坏商品的交易者也总是愿意交易，因为他交易的最差结果也不过是换回另一个带来 0 效用的坏商品而已；于是，真正具有意义的决策考量只有如下两项：是否生产好商品（生产决策）、在个体持有好商品且

不能辨认对方持有的商品是好是坏的条件下是否交易（交易决策）。令 $\sum$ 表示一个个体相信其他交易者在不明交易对方商品性质的条件下仍愿意交易的概率；令 σ 表示个体的最佳反应。易知在任何可能的均衡中 $\sum > 0$ [1]。令 V_j（$j = g$，b，表示好商品和坏商品）表示持有商品 j 的个体在每期期末的回报函数；$r > 0$ 为贴现率。令 $W = \max(V_g - \gamma, V_b)$ 表示个体在没有存货的情况下进行生产决策、以确定生产的新商品是好商品还是坏商品的生产决策函数。根据定义，在任何有效的均衡中，至少应有若干好商品被生产，这隐含了 $p > 0$，并且 $W = V_g - \gamma \geqslant V_b$。

于是，最佳反应问题可由以下两个方程来描述：

$$rV_g = \theta p [\theta + (1 - \theta) \sum] (U - u + W - V_g) + (1 - \theta) \max_{\sigma} \{ p [\theta +$$
$$(1 - \theta) \sum] (U - u + W - V_g) + (1 - p)(W - V_g)\} \qquad (6-1)$$
$$rV_b = p(1 - \theta) \sum (U + W - V_b) \qquad (6-2)$$

（二）均衡讨论

W&W 模型进而讨论了三类可能的均衡，为集中探讨其各自的信息特点及引入制度因素后的信息状况的改变，笔者将均衡条件统一转换到 θ 的值域上来[2]：

1. A 类均衡：$\theta > (u + \gamma + r\gamma)/U$，使得 $p = 1$，$\sum = 1$，此时市场中不存在坏商品，并且，私人具体信息不再成为问题。

2. B 类均衡：$\theta \in \left(\dfrac{u}{U - \gamma}, \dfrac{U\gamma(1 + r) - u(u + \gamma)}{\gamma(2U - \gamma) + u(U - \gamma)} \right]$，使得 $0 \leqslant p < 1$，$\sum = 1$，此时存在坏商品，但 100% 交易仍存在。

3. C 类均衡：$\theta \in \left(\theta_0, \dfrac{U\gamma(1 + r) - u(u + \gamma)}{\gamma(2U - \gamma) + u(U - \gamma)} \right)$ [3]，使得 $0 < p < 1$ 且 $0 < \sum < 1$，此时一些坏商品被生产，并且个体对其不能判定性质的商品随机选择接受或拒绝。

对三类均衡还可做进一步的考查：

首先，就技术上看，总会存在接近于 1 的 θ 值能使 A 类均衡存在，这意味着

---

① 反证法：设 $\sum = 0$，则未被辨认的商品将永远不被接受，于是坏商品就不会被生产；但在所有商品都是好商品的情况下，显然交易者会接受任何未辨认的商品，这就与 $\sum = 0$ 相矛盾。

② 为使 W&W 模型适应于制度分析思路，笔者对参数做了若干调整，譬如将 θ 重新定义为具体信息参数，并以之为着眼点进行均衡分析；又如将自产好商品的消费效用增加由 0 改为更符合实际的 u（$0 < u < U$）。均衡的具体推导过程参见 Williamson and Wright（1994）；均衡条件归并的推导从略。

③ 这里的 $\theta_0 = 0.5r + \dfrac{0.5}{U - \gamma} \sqrt{r^2(U - \gamma)^2 + 4r\gamma(U - \gamma)}$。

极小量的私人信息也能保证最优结果（所有商品都是好商品）仍为均衡。但在一个动态的视角下，不难发现这样的均衡是不稳定的。对一个商品的制造者/销售者而言，在这样的条件下其最佳反应显然就是生产坏商品，因为 $\sum = 1$，坏商品与好商品一样会被市场和交易对方接受，于是市场上坏商品的数量就会日益增多。面对日益增多的坏商品，个体在一段时间后将会对未确定性质的商品怀疑程度日益增加，从而导致 $\sum < 1$，于是 A 类均衡将转化为 C 类均衡（如仍能实现均衡的话）。

其次，总存在接近于 0 的 θ 值使得任何积极均衡不存在，这意味着足够多的私人信息将导致所有经济行为终止。并且，当 u 接近于 U 时，即便 θ 能有一个较高（但不等于1）的值，积极均衡也将不存在，这意味着对任何均衡而言，一定程度的专业化是必需的，以保证交易的必要性、或交易的净回报足够高。

再其次，B 类均衡几乎不可能存在，除非市场交易意愿强烈到所有个体愿意买下任何商品、即便他们不能确定商品的性质。即便在这样的情况下，大多数 B 类均衡也不会是动态存在的，因为逆向选择效应将开始发挥作用，好商品生产者会被市场逆向淘汰，从而导致 p 值的日益下降，直至降为 0，所有商品都是坏商品。因此，我们获得唯一一个动态的 B 类均衡：$p = 0$，$\sum = 1$，在这种情况下，市场上所有商品都是"柠檬"，同时，这些坏商品将被无障碍的交易。从我们的基本设定看，这样极端的情形显然不可能长期存续；不过其在一段时间内存在倒也并非全无可能。例如，我国在 70 年代末 80 年代初，在经历了一段长时期的短缺经济之后陷入消费饥渴，那时即便是次品也会被巨大的消费潜力迅速消化掉。

最后，C 类均衡是在 θ 值很低的条件下唯一可能存在的均衡，并且其存在与否取决于一个较低的 r 和 $U-u$（以保证 $U-u-\gamma \geq 0$）。C 类均衡在私人信息问题比较严重时具有最大的存活几率，因为 $\sum < 1$ 为坏商品持有者提供了一个最严格的约束机制：他们不仅要正好面对的是未明他们产品性质的交易对方，而且对方还必须愿意承担风险在未明产品性质的条件下和他们交易，这个概率只有小于 1 的 $\sum$。显然，$\sum$ 值越低，生产坏商品的动机也会越低；而这一动机如非受此制约将因 θ 值很低而非常强烈。不仅如此，而且交易的好处还应足够大，以使个体消费自己生产的产品的效用相对于消费他人生产的商品带来的效用降至接近于 0，这同样意味着一定程度的专业化分工是必需的。

二、制度与制度化

本节将制度因素引入模型，将之视为一种有助于在个体之间建立起稳定预期

239

的信息机制。

（一）制度

令 $I(I \in [0，1]))$ 为个体中接受某种制度作为其交易规范的比例；令 ϑ 为制度信息， $\vartheta = \vartheta(I)$ ；当 $\vartheta(0) = \theta$ 时制度不存在，当 $I > 0$ ， $\vartheta(I) > \theta$ 时，意味着在制度的规范下信息状况得到了改善，因为制度提供了进一步的信息通道，使交易者得以加深彼此了解。进一步，我们有 $\frac{\partial \vartheta}{\partial I} > 0$ ，意味着越多个体接受制度为其规范，这一信息渠道越畅顺，信息问题越缓解。

经济个体可以制度为标尺分为两个群体：群体 A 接受制度为其行为规范，群体 B 不接受制度。在缺乏制度约束的条件下，群体 B 中个体的行为模式与上一节一样，因此我们只需分析群体 A 中的个体以及跨群体交易的状况。

任何制度都是作用于其规范者的一系列规范，因此其接受者一旦不能遵守规范就将受到相应惩罚。这样的违规惩罚在一个积极有效的制度框架下其严厉程度将能对个体形成足够的威胁，使其不敢故意违规。令 $Q > U$ 为违规被发现后的惩罚，在这一外在的有效威胁的保护下，个体在未明对方产品质量时进行交易将感到足够安全，因此此时 $\sum = 1$ 。令 λ 代表坏商品持有者以坏商品与好商品持有者交易一次并被发现且接受惩罚的概率。于是我们可以写出此时好商品持有者 g 和坏商品持有者 b 的最佳反应方程：

$$rV_g' = p(U - u) + (1 - \vartheta)(1 - p)V_g' \qquad (6-3)$$

$$rV_b' = p(1 - \vartheta)(U + W - V_b' - \lambda Q) \qquad (6-4)$$

据此可做出若干基本判断：

首先，当 $\vartheta(I)$ 接近 1、即制度的信息功能得到很好发挥、以至于基本上成为一种公共知识时，只要 $U - u - \gamma > 0$ 成立，均衡将总是存在。而上述条件将总是成立，否则好商品将从一开始就不会被制造出来。这一显而易见的结论意味着一项制度如能被所有个体所广泛了解和接受、并成为他们进行决策的基础，则信息问题将就此得到解决。

其次，当 $\vartheta(I)$ 接近 0、即制度的信息功能未能得到发挥、以至于个体在该制度环境下与在没有制度环境下境况几乎没有区别时，当且仅当 $\lambda Q > U + \frac{r\gamma}{p} - \frac{r(U - u)}{r + p - 1}$ ，均衡仍有可能存在。这意味着即便在制度的信息功能失效的情况下，一个足够严厉的惩罚措施也将能保证均衡的实现。在此种情况下，制度更类似于一种惩罚威胁、而非信息渠道；个体不是因充分了解制度的运行而提供好商品，而是因严厉的惩罚而不敢提供坏商品。然而，要有效惩罚那些敢于供给坏商品的个体，要求有一个很高的 λ 值，这就要求制度执行者的及时而适当的行为。如果说这在经济规模较小的农庄经济或采邑经济尚有可能的话，那么，一旦社会交易规模的扩张超越了一定的界限，显然就将成为"不可能的任务"。因此，在专制制度下经济规模总是受到很大的限制，无论这种限制是来自于专制者的有意识压制还是无意识引导。

最后，随着制度的信息功能逐渐增强，继续保持过分严厉的惩罚系统就显得没有必要；相应地，执法者也就没有义务去充分掌握所有个体的信息了。因此，由专制向民主政体的转轨不仅仅在政治层面，而且也是经济规模扩张的需要，因为在超越了固有的极限后，经济规模的进一步扩张必须以制度能够良好发挥其信息职能为前提条件。

（二）制度化

现在笔者集中考查群际交易。

为简单起见我们先假设群体 A 中所有个体均为好商品持有者。考查群体 A 中的一个个体 a 遭遇群体 B 中的一个个体 b；此时 a 不知道 b 持有的商品类型，而 b 则知道 a 来自于某项制度的约束下，因此是好商品持有者。于是我们有 $\theta_a = 0$，$\theta_b = 1$，$p_a = 1$，$p_b \in [0, 1]$。令 $p = p_b$ 为群体 B 中持有好商品者的比例，则 $(1-p)$ 为坏商品持有者比例。进一步，因为 a 知道 b 知道他是好商品持有者，有 $\sum_a = 1$；而对 b 而言这一"相信—接受"问题仍然存在，因此 $\sum_b = \sum \in [0, 1]$。重写方程（6-1）和方程（6-2），并且只考虑群际交易，我们有 a、bg（b 是好商品持有者时）和 bb（当 b 是坏持有者时）的最佳反应方程：

$$rV_a = p(U - u + W - V_a) + (1 - p)(W - V_a) \qquad (6-5)$$

$$rV_{bg} = \sum (U - u + W - V_{bg}) \qquad (6-6)$$

$$rV_{bb} = \sum (U + W - V_{bb}) \qquad (6-7)$$

比较方程（6-6）和方程（6-7），显然 bb 将总是优于 bg，这意味着对 B 中的个体而言，供给坏商品将总是占优策略。在这种态势下，逆向选择机制发挥作用，好商品持有者被逆选出局。而个体 a 在充分考虑到这点后显然将不会冒被违约的风险与任何 b 交易，因此 a 将只和同样来自制度约束下的个体交易。于是，群体 A 和群体 B 被完全隔绝为两个世界，群际交易不会存在。

放松群 A 中所有个体都是好商品持有者的假定，考虑当 θ 很小并且 $\vartheta(I) > \theta$、或者 λQ 足够高的情况，即群 B 中均衡不存在而群 A 均衡存在的情况。在这种情况下，由于 B 群中只存在坏商品、A 群中存在一定比例的好商品，并且这一

241

状况个体 a 和 b 都充分了解，显然对任何 b 而言要获得好商品只有一种选择：即接受制度约束、加入群体 A，并且让 A 中所有个体都知道这一点。通过此种途径，个体 b 被"制度化"了。越多 b 做出这样的选择，群体 A 就变得越大，制度的扩展速度也就越快。如我们上面证明的，在有制度（不管是通过其信息职能还是通过其惩罚职能）约束下均衡总是比没有制度下有更大的存活几率，因此这样的制度化机制将总是可行的，这意味着制度一旦出现，就将具有自发扩展的倾向，并且制度化的进程不可能发生逆转。

三、风险分摊的两国模型：静态模型

假设世界上只有两个国家，各自的制度分别为 α 和 β，α 的编码程度高于 β。一般说来，发达国家制度的编码水平会高于发展中国家，因此可以粗略地将 α 视为发达国家，将 β 视为发展中国家。我们现在开始考察跨国交易[①]。

令 N 为世界经济个体总数量，在时点 0 时，$N_{\alpha 0} = \dfrac{N_0}{N}$ 接受 α 为其制度，则 $N_{\beta 0} = 1 - \dfrac{N_0}{N}$ 接受 β（如前文证明的，制度化是必然的进程，不接受任何制度的个体最终不会有）。令 Δt 代表该时期跨度，令 $w_{\alpha\beta}(\Delta t)$ 代表制度 β 的获得项，即 α → β 的转化项，意味着在时间 Δt 内有 $N_\alpha(t-1)\,w_{\alpha\beta}(\Delta t)$ 个 α 制度接受者同时也接受了 β。同理定义 $w_{\beta\alpha}(\Delta t)$。由于双制度接受者在本模型中是允许的，因此两制度的损失项都为 0[②]。最后，令 $E_\alpha(\Delta t)$ 和 $E_\beta(\Delta t)$ 描画两制度在时间 Δt 内的扩展速度，则我们有

$$E_\alpha(\Delta t) = \frac{dN_\beta(t)}{dt} = N_\beta(t-\Delta t)w_{\beta\alpha}(\Delta t) \qquad (6-8)$$

$$E_\beta(\Delta t) = \frac{dN_\alpha(t)}{dt} = N_\alpha(t-\Delta t)w_{\alpha\beta}(\Delta t) \qquad (6-9)$$

由于制度与信息是同一枚硬币的两面，作为一个 α 接受者，在 Δt 后接受

---

① 以下模型主方程的基本思路受到群体演化理论中的 *Verhulst equation* 与 *Markovian processes* 的启发。

② 损失项之所以为 0，是因为在两制度之间不存在二择其一的两难选择。一个 α 接受者完全可能在继续接受本国的 α 规范的同时，在国际交易过程中同时接受 β 为其规范，从而成为双制度接受者。这一点也是本模型有异于马尔科夫过程（*Markovian processes*）的关键之处。按马尔科夫过程如此模拟两系统 1 和 k 的转换概率：$\dfrac{\partial P(k,t)}{\partial t} = \sum_t w_{lk}P(l,t) = \sum_{l \neq k}\left[w_{lk}P(l,t) - w_{kl}P(k,t)\right]$。参见 Nicolis and Prigogine. *Self-Organization in Nonequilibrium Systems*. From Dissipative Structures to Order through Fluctuations, 1977, P. 223 – 232, John Wiley and Sons。

制度 β，事实上就等同于习得 β 的编码信息。进一步，β 对 α 的获得项在统计意义上即为 α 中所有成员对信息集 β 中的信息的平均掌握比例，在微观层面上则为任何一个随机选择的 α 接受者所拥有的 β 的信息量。简言之，作为 β 的获得项，$w_{ij}(\Delta t)$ 不仅是 α 成员中完全接受 β 规则的成员比率，同时还是 α 所有成员对 β 的平均信息水平，也是随机选择的 α 成员对 β 的信息水平。于是我们有

$$w_{\alpha\beta}(\Delta t) = \vartheta_\beta(\Delta t), \ w_{\beta\alpha}(\Delta t) = \vartheta_\alpha(\Delta t) \qquad (6-10)$$

其中 $\vartheta_\beta(\Delta t)$ 是随机选择的 α 成员经过 Δt 后对 β 的信息量，$\vartheta_\alpha(\Delta t)$ 是随机选择的 β 成员经过 Δt 后对 α 的信息量。如 $w_{\alpha\beta}(\Delta t) = \vartheta_\beta(\Delta t) = 1$，任意随机选择的 α 成员对 β 有完美信息，则 β 对 α 的获得项为 1，这意味着所有 α 成员在 Δt 后都成为双制度接受者；如 $w_{\alpha\beta}(\Delta t) = \vartheta_\beta(\Delta t) = 0$，任意随机选择的 α 成员对 β 有 0 信息，则 β 对 α 的获得项为 0，这意味着所有 α 成员在 Δt 后都继续保持单制度接受者。

根据式（6-8）、式（6-9）和式（6-10）我们可以写出在时间 1 时的 N_α 和 N_β：

$$N_{\alpha 1} = \frac{N_0}{N} + E_\alpha \ (\Delta t) = \frac{N_0}{N} + \left(1 - \frac{N_0}{N}\right)\vartheta_\alpha(\Delta t) \qquad (6-11)$$

$$N_{\beta 1} = \left(1 - \frac{N_0}{N}\right) + E_\beta(\Delta t) = \left(1 - \frac{N_0}{N}\right) + \frac{N_0}{N}\vartheta_\beta(\Delta t) \qquad (6-12)$$

要检验长期的制度竞争性，我们只需比较时间 0 和时间 1。如 α 接受者的扩张速度高于 β 接受者，我们就可以说 α 扩张得比 β 快，或者在扩张性方面 α 对 β 占优：

$$\alpha > \beta \ if \ and \ only \ if \ w_{\beta\alpha}(\Delta t) = \vartheta_\alpha(\Delta t) > \vartheta_\beta(\Delta t) = w_{\alpha\beta}(\Delta t) \qquad (6-13)$$

这显然取决于 $\vartheta_\alpha(\Delta t)$ 和 $\vartheta_\beta(\Delta t)$。

令 C 为编码水平，根据假设我们有 $C_\alpha > C_\beta$。令 ϑ_β 为单个 α 成员对 β 的信息量，为获得这一信息量他需花费成本 T_α 进行学习。我们有 $\frac{\partial T_\alpha(C_\beta)}{\partial C_\beta} < 0$，意味着制度编码性越高，对外部者的学习成本就越小。再次放松制度内所有成员均为好商品持有者的假定。令 $p(\vartheta_\beta)$ 为一个 α 成员在与 β 成员交易时遇见好商品持有者的概率，$p(\vartheta_\beta)$ 取决于 ϑ_β，并且，他对对方制度的了解越多，就越能据以判断对方的行为，被对方欺骗的概率也就越低，因此有 $\frac{\partial p(\vartheta_i)}{\partial \vartheta_i} > 0$。为简单起见我们设 $p(0) = 0$，$p(1) = 1$，这意味着同一制度的内部者之间互相绝对不欺骗，但绝对欺骗制度的外部人。

于是产生了不同的系统风险量值：（1）当同一制度内的两个个体相互交易，

则他们之间关于制度实现信息对称，因此不存在内生性风险，此时只有因信息不完全而产生的外生性风险有待在二者之间实现分摊。至于具体风险分摊比例如何，则不再与制度本身有关，而与更为具体的因素相关。（2）当不同制度下的两个个体相互交易，则他们之间关于制度信息完全不对称，因此存在一个最大值的内生性风险；而外生性风险无法避免，因此此时风险分摊客体就将包含了两部分的风险量值。进一步，我们可以考查内生性风险分布状况与其分摊结果之间的关系。直观地看，显然对对方的制度约束了解得越多，对对方最可能采取的行为就会有更好的预测，其行为也将更接近于完美信息下的反应函数，其对自身内生性风险分摊量值的选择也将更具有主动性；相反，对对方的制度性信息了解得越少，在内生性风险的分摊方面就越处于被动地位。回到模型中来，设 $R(\cdot)$ 为风险函数，$R_{I\alpha}(p(\vartheta_\beta), \varepsilon_\alpha)$ 为 α 国成员所承受的内生性风险量值，它由该成员在与 β 国成员交易时遇见好商品持有者的概率 $p(\vartheta_\beta)$ 及他面临的其他因素 ε_α 决定，$R_{O\alpha}(\cdot)$ 为 α 国成员所承受的外生性风险量值；$R_{I\beta}(p(\vartheta_\alpha), \varepsilon_\beta)$ 与 $R_{O\beta}(\cdot)$ 有类似的定义。显然，$p(\vartheta_\beta)$ 越大，意味着他的交易对方是好商品持有者的概率越大，其内生性风险的量值就越小，因此有 $\dfrac{\partial R_{I\alpha}}{\partial p_\beta} < 0$，由上面推导出 $\dfrac{\partial p(\vartheta_i)}{\partial \vartheta_i} > 0$，所以有

$$\frac{\partial R_{I\alpha}(p_\beta(\vartheta_\beta))}{\partial p_\beta(\vartheta_\beta)} = \frac{\partial R_{I\alpha}(\vartheta_\beta)}{\vartheta_\beta} < 0 \qquad (6-14)$$

同理有

$$\frac{\partial R_{I\beta}(\vartheta_\alpha)}{\vartheta_\alpha} < 0 \qquad (6-15)$$

根据前面的分析，编码程度越高的制度就越容易被翻译，这意味着它可以被外部者以更低的成本习得。为简化起见，假设所有个体——无论是 α 接受者还是 β 接受者的学习能力都相同，于是他们有相同的成本函数 $T(\cdot)$，且 $\dfrac{\partial T(C_i)}{\partial C_i} < 0$。又根据初始假设 $C_\alpha > C_\beta$，有当 $\vartheta_\alpha = \vartheta_\beta$ 时，$T_\beta(C_\alpha) < T_\alpha(C_\beta)$，即当目标信息量相等时，花费在获得编码水平高的制度性信息 α 的成本会比花费在获得编码水平较低的制度性信息 β 的成本为低。相应地，当成本约束相等时则有

$$\vartheta_\alpha(\Delta t) > \vartheta_\beta(\Delta t), \; if \quad T_\beta(C_\alpha, \Delta t) = T_\alpha(C_\beta, \Delta t) = T(\Delta t) \qquad (6-16)$$

对比式（6-13）和式（6-16），有

$$\alpha > \beta, \quad if \quad T_\beta(C_\alpha, \Delta t) = T_\alpha(C_\beta, \Delta t) = T(\Delta t)$$

这意味着给定一定的学习成本（预算约束），编码水平更高的制度 α 的扩张性将比编码水平较低的制度 β 强。

四、结论与推论

总结本节模型，我们有如下两个基本结论：

结论 6.1：制度的编码水平高低决定了其扩张性强弱，编码水平越高，扩张性越强，即 $\alpha > \beta > \varphi$，if $C_\alpha > C_\beta > 0$。

结论 6.2：当跨国交易发生时，如其他一切条件相同，则内生性风险的分摊由交易双方掌握的对方制度性信息多少决定，掌握对方的信息越多，分摊的风险越小。

将这两个基本结论推演到时间 n 之后，我们有以下推论：

推论 6.1：根据结论 6.1，当 $N_{\alpha 0} > h\left(h < \frac{1}{2}\right)$ 时，总存在时间点 n，使得所有经济个体 N 全都成为 α 接受者，并且至少有一人为非 β 接受者（即 α 的单制度接受者）。即只要初始的 α 接受者在总个体的人数比例中高于一个临界值（这个临界值小于 $1/2$），则 α 将成为唯一的全球性制度。并且，在 n 之后，β 的进一步扩张失去意义，因为在 α 下已实现了制度性信息的全球性对称，α 成为全球公共知识，其作为信息—制度结构体的基本职能得到了完美的实现，于是任何其他未实现全球对称的制度信息的扩张在这一点后都失去了根本动力。

推论 6.2：根据结论 6.2，在时间点 n 之后，所有经济个体在制度 α 下交易——包括跨国交易——都将不产生内生性风险；而在制度 β 下进行的至少一部分跨国交易仍会存在内生性风险，并且在对此风险的分摊中，如其他所有条件相同，双制度接受者（β 国个体）比单制度接受者（一部分从未进行过 β 国制度学习的 α 国个体）分摊的内生性风险要小。对 α 国的单制度接受者而言，将跨国交易置于 α 下比置于 β 下明显占优，而对 β 国的任何经济个体而言，由于他们都是双制度接受者，因此将跨国交易置于哪种制度下对他们而言无差异，因此最终结果是，在 n 之后，跨国交易都将被置于 α 下，α 成为跨国交易唯一规范。

推论 6.3：综合上述两个结论及两个推论，一旦 $N_{\alpha 0} > h\left(h < \frac{1}{2}\right)$ 成立，则在 $[0, n)$ 的任何一个时点上，在内生性风险的压力下，任何 β 国理性经济个体都将学习 α，因为他们能预见到时点 n 后 α 将成为唯一的跨国交易规范。作为理性经济个体，与其等到最后一个时点 n 再学习 α，从而使自己在 $(n-1)$ 期里都承

245

担一定量值的内生性风险，显然最优选择是在第一期就投入学习。相反，对任何 α 国理性经济个体而言，则不花费任何成本学习 β 显然是占优策略。于是，最终的博弈过程将只有一期，两国个体回报如下：

		α 国个体	
		学习	不学习
β 国个体	学习	$(-T_\beta(C_\alpha, n\Delta t), -T_\alpha(C_\beta, n\Delta t))$	$(-T_\beta(C_\alpha, n\Delta t), 0)$
	不学习	$(-R_{I\beta}, -T_\alpha(C_\beta, n\Delta t))$	$(-R_{I\beta}, 0)$

据此，不学习是 α 国个体的占优策略；而对 β 国个体而言，则还要比较学习成本 $T_\beta(C_\alpha, n\Delta t)$ 和不学习的情况下在跨国交易中所承受内生性风险所带来的损失预期 $R_{I\beta}$；当 $T_\beta(C_\alpha, n\Delta t) < R_{I\beta}$，纳什均衡是（α 国成员不学习 β，β 国成员学习 α）。而在这一过程中，内生性风险的分摊状况与推论 2 相比发生了逆转。对 α 国成员而言，根据我们在模型初始设定的"与制度外个体交易必受骗"的假设，他们将只和 α 接受者交易；于是，对 β 国成员而言，要实现跨国交易，就只能在 α 下进行。于是，在这种情况下，α 国成员拥有完全的制度性信息；而 β 国成员要么必须花费一定的成本先期学习 α，要么只能单方面承受内生性风险。或者更确切地说，在绝大多数情况下，是两种情况同时发生：通过承受、消化单方面的内生性风险，在边干边学的机制下去学习 α。

推论 6.4：对 β 国个体而言，仅仅考虑学习成本 $T_\beta(C_\alpha, n\Delta t)$ 和不学习的损失预期 $R_{I\beta}$ 显然是不够的，它们不仅仅构成了跨国交易中的收益抵减项，而且还将影响到跨国交易中的收益项。在学习的条件下，因跨国交易的开展，一方面，自身的比较优势得以发挥，将能提高自身的获利水平；另一方面，交易潜在空间得到扩展，包括搜索成本和信息成本在内的交易费用也将下降，双方面共同形成了一个跨国交易收益 P。然而，在不学习的情况下，个体完全承担了内生性风险，而且将无法通过比较优势或交易空间拓展获得跨国交易收益，于是，对 β 国个体而言，实际上还存在着是否参与跨国交易的选择，于是我们可以写出一个 β 国个体在两重选择下四种混合策略的回报：

	参与跨国交易	不参与跨国交易
学习	$P - T_\beta(C_\alpha, n\Delta t)$	$-T_\beta(C_\alpha, n\Delta t)$
不学习	$-R_{I\beta}$	0

据此，对发展中国家 β 的经济个体而言，要么参与跨国交易，并在交易过程中积极学习国际规则；要么采取封锁政策，不参与跨国交易，也不学习国际规则。后一选择将被证明是不可能的（详细论证参见下文），因此对发展中国家经济个体而言，只存在唯一选择。

第四节　动态模型

上一节的模型是在静态和比较静态的基础上考查金融风险在发达国家和发展中国家的分摊问题，笔者将发展中国家成员对国际规则的学习简单地视为一个 $0 \sim 1$ 选择，忽略了整个学习过程，即发展中国家成员对制度性信息的掌握在区间 $(0，1)$ 时的所有情况；另外，还将国际规则视为一个静态的标的，忽略了主要来自发达国家的对推动国际规则演进的激励。本节将这两方面动态因素重新置于模型内，试图在过程考查中进一步完善风险分摊模型。

一、两市场模型

如前所述，在制度产生之后，所有人对所有人的战争就将演化为信息平民对信息精英的战争。根据他们各自对制度性信息的占有状况，我们可以构建一个两市场模型。

假设存在两个市场：商品市场和信息市场；存在两种类型的经济个体：信息平民 c 和信息精英 e。为简化起见假设只有平民 c 能进入商品市场，精英 e 则专职向平民有偿提供制度性信息，只能进入信息市场。令 P_i 为时期 i 内的信息价格，平民愿意以一定数量的商品来换取信息，因为这些信息可以帮助他们减少在商品市场中受骗的几率。在此我们沿用上一节的假设 $p = p(\vartheta)$，$\frac{\partial p}{\partial \vartheta} > 0$，上述的两类交易者就都可以一个向量来概括其产品特征：平民是 $(g_i，\vartheta_{ci})$，精英是 $(0，\vartheta_{ei})$，并且 $\vartheta_{ei} > \vartheta_{ci}$。精英更高的 ϑ_i 来自于前期更高的沉淀学习成本，即 $T_{i-1}(\vartheta_{ei}) > T_{i-1}(\vartheta_{ci})$。在此我们同样假设所有个体有相同的学习能力，以使学习成本 $T(\cdot)$ 只取决于制度性信息量 ϑ。

令 N 为经济个体总数，时期 i 时设 N_{ei} 为精英数量，N_{ci} 为平民数量。为减少参数写为 $N_{e0} = N_0$，$N_{c0} = N - N_0$。于是在时期 1 我们有平民在商品市场的最佳反应函数：

$$rV_{c1} = \max_{\sigma} \sigma \left[p(\vartheta_{e1})(U - u + W - V_c - P_1) + p(\vartheta_{c1})(U - u + W - V_c) \right] \quad (6-17)$$

另外还可写出平民和精英时期1在信息市场的各自利润预期：

$$EP_{c1} = \sum_{\Delta t} rV_{c1} - T_0(\vartheta_{c1}) \quad (6-18)$$

$$EP_{e1} = \sum_{\Delta t} rP_1 - T_0(\vartheta_{e1}) \quad (6-19)$$

均衡时应有 $EP_{e1} = EP_{c1}$，于是

$$P_1 = f(T_0(\vartheta_{e1}), T_0(\vartheta_{c1}), p(\vartheta_{e1}), p(\vartheta_{c1})) = f(\vartheta_{e1}, \vartheta_{c1}) \quad (6-20)$$

更一般化的方程如下：

$$P_t = f(\vartheta_{et}, \vartheta_{ct}) \quad (6-21)$$

这意味着制度性信息的价格取决于精英和平民的信息集。显然当 $\vartheta_{ct} \to \vartheta_{et}$，有 $P_t \to 0$，此时据方程（6-19），精英群体将因无利可图而趋于消失；当 $\vartheta_{ct} \to 0$，信息价格达到上限，记为 $P_t \to \overline{P_t}$，此时精英群体达到其规模上限。设均衡在时期 t 实现，$EP_{et}^* = EP_{ct}^*$，均衡价格为 P_t^*，下面方程定义了此时精英和平民的信息量关系：

$$\vartheta_{ct}^* = m\vartheta_{et}^*, \quad m \in (0, 1) \quad (6-22)$$

比较式（6-21）和式（6-22），有

$$P_t^* = f(\vartheta_{et}^*, m\vartheta_{et}^*) = f^*(\vartheta_{et}^*) \quad (6-23)$$

P_t 和 $(\vartheta_{ct}, \vartheta_{et})$ 的关系参见图 6-2。无论 P_t 方程取 $f^1(\cdot)$、$f^2(\cdot)$ 或 $f^3(\cdot)$，都能得到均衡点 $(m\vartheta_{et}^*, P_t^*)$。

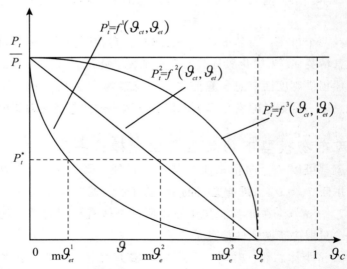

图 6-2　信息价格 P_t 和平民、精英的信息占有量 $(\vartheta_{ct}, \vartheta_{et})$ 的关系示意

这样的过程可以一个"出生—死亡"模型[1]来模拟。

假设长期来看在两个群体之间不存在转移障碍，则当 $EP_{ct} < EP_{et}$ 时，一些群体将改变其身份，在时期 t 提高投资于制度性信息的沉淀成本 $T_t(\vartheta_{e(t+1)})$，从而使自己在时期 $t+1$ 成为精英。于是在时期 t 根据 Markov 过程的主方程有：

$$N_{et} = N_{e0} + \frac{\mathrm{d}N_e(t)}{\mathrm{d}t} = N_0 + \sum_{i=0}^{t-1} w_{ce}^i N_{ci} \qquad (6-24)$$

$$N_{ct} = N - N_0 + \sum_{i=0}^{t-1} w_{ec}^i N_{ei} \qquad (6-25)$$

其中 w_{ce}^i 代表精英群体在时期 i 因发生了 $c \to e$ 的转化而实现的净获得项，也即在该时期将有 $N_{ci} w_{ce}^i$ 平民转化为精英。假设在 t 期转化之后两群体实现均衡，即此时 $w_{ec} = w_{ce} = 0$，于是我们有

$$w_{ec} = w_{ce} = 0 \quad \Leftrightarrow \quad P_t = P_t^*, \quad EP_{et}^* = EP_{ct}^* \qquad (6-26)$$

N_{et}^* 和 N_{ct}^* 取决于 P_t^*，根据式（6-21）、式（6-22）、式（6-23）我们有

$$\begin{cases} N_{et}^* = g(P_t^*) = g(f^*(\vartheta_{et}^*)) = g^*(\vartheta_{et}^*) \\ N_{ct}^* = 1 - N_{et}^* = 1 - g^*(\vartheta_{et}^*) \\ \vartheta_{ct}^* = m\vartheta_{et}^*, \quad m \in (0, 1) \end{cases} \qquad (6-27)$$

由此可有两个基本结论：

结论6.3：当且仅当 $\vartheta_{ct} = m\vartheta_{et}$ 时，制度内有唯一的长期均衡。

结论6.4：在这个唯一的长期均衡点，精英群体和平民群体的规模取决于 ϑ_{et}^*，不管其具体的相关函数关系如何。

N_{et}^*、P_t 和 $(\vartheta_{ct}, \vartheta_{et})$ 的相互关系参见图 6-3。注意在图中 $P_t^* = f^*(\vartheta_{et}^*)$ 和 $N_{et}^* = g(P_t^*)$ 曲线只是一个例证，并非确定。

二、两市场模型下的风险跨国分摊：单次博弈

一般说来，微观层面上的平民—精英的划分和其信息特点，与宏观层面上的发展中国家—发达国家大致相似；最大的一个区别在于发达国家并不仅仅限于在信息市场上出售制度性信息，而是同时参与了商品市场，并且，其制度性信息租

---

① 参见 Nicolis and Prigogine. *Self-Organization in Nonequilibrium system*. From Dissipative Structures to Order through Fluctuations，chapter 10，1977，pp. 239-272。

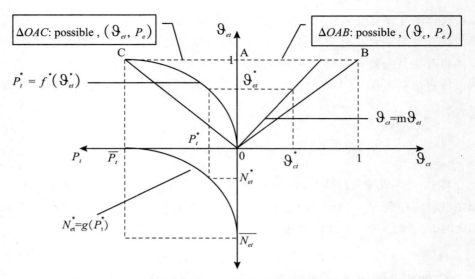

**图 6 - 3　长期均衡时点上精英规模 N_{et}^{*}、信息价格 P_{t}
和信息分布（ϑ_{ct}，ϑ_{et}）的相互关系**

金的获得，主要是通过商品市场上的商品溢价实现的；而商品溢价之所以能够实现，则又归因于两国在风险分摊过程中所处的地位不同。因此，我们可以使用两市场模型来分析发展中国家和发达国家在风险分摊过程中的各自不同特点。

同样设 $R(\cdot)$ 为风险函数，α 国为发达国家，β 国为发展中国家，α 的制度是跨国交易规则。暂时设定在随机选择的第 t 期，两国的制度性信息 ϑ_{α} 和 ϑ_{β} 为外生给定，前期的学习或开发成本成为沉淀成本，不影响当期决策；又设这是个一次性博弈，α 和 β 的决策都只以当期的成本—收益为依据做出，而不考虑纵向外溢效应。

先看信息市场。为简化起见我们排除了在信息市场上可能存在着的提供、出售虚假信息等背德行为，设定所有发达国家提供的、据以获得租金的跨国交易制度性信息都是真实的，则在该市场只存在外生性风险：对发达国家而言，R_{α}^{i} 取决于外部不可预期因素，因此不可避免；对发展中国家而言，$R_{\beta}^{i}(ES_{\beta})$ 则除外部不可控因素外，还取决于将购买来的信息商品使用于商品市场的实用性问题 ES_{β}，对此我们做如下设定：当制度性信息完全适用于当次商品市场交易，即它能帮助 β 国个体确保其跨国交易对方的商品为好商品时，$ES_{\beta}=0$；当制度性信息对当次商品市场交易完全无用，即它完全无助于 β 国个体辨析其跨国交易对方持有的商品质量时，$ES_{\beta}=1$；因此，$ES_{\beta}\in[0，1]$。显然 R_{α}^{i} 与 $R_{\beta}^{i}(ES_{\beta})$ 并不对称，其间也并没有什么关系，因此不涉及风险分摊的问题，对我们模型有意义的参量只有 ES_{β}。由于信息市场内生性风险在我们模型中有意义的决定因素只有 ES_β，为简化起见，下面我们将直接将其视为信息市场内生性风险参量。

再看商品市场。在此我们仍只将关注 α 与 β 间的第 t 期跨国交易。

对 β 而言，如选择不购买信息商品，则其回报为 $p(\vartheta_\beta)(U-u+W-V_\beta)$；如选择购买了信息商品，则其回报还取决于 ES_β：当 $ES_\beta=0$ 时回报为 $p(\vartheta_\alpha)(U-u+W-V_\beta-P_1)$，当 $ES_\beta=1$ 时回报为 $p(\vartheta_\beta)(U-u+W-V_\beta-P_1)$，当 $0<ES_\beta<1$ 时，回报介于二者之间，并且显然随 ES_β 递减。因此可建立函数 $p_t(ES_\beta)$：

$$p_t(ES_\beta)\in\{\vartheta_\beta\le p_t\le\vartheta_\alpha\,|\,0\le ES_\beta\le 1\} \qquad (6-28)$$

于是 β 在第 t 期的最佳反应函数是：

$$rV_{\beta t}=\max_\sigma \sigma\left[p_t(ES_\beta)(U-u+W-V_\beta-P_t)+p(\vartheta_\beta)(U-u+W-V_\beta)\right]$$

$$(6-29)$$

他在商品市场上的内生性风险量值 $R_{\beta t}$ 也可分两种情况讨论：

如他选择不在信息市场上购买信息，则此时风险量值由两国制度信息间的差距所带来的 p 值差距程度决定。我们以上标来表示不购买—购买之间的 $0\sim1$ 选择，则有：

$$R_{\beta t}^0(\,\cdot\,)=R_{\beta t}^0(p(\vartheta_\alpha),p(\vartheta_\beta)) \qquad (6-30)$$

如他选择在信息市场上购买信息，则此时风险量值由式（6-28）决定，即

$$R_{\beta t}^1(\,\cdot\,)=R_{\beta t}^1(p_t(ES_\beta)) \qquad (6-31)$$

再设 β 在信息市场上购买的概率为 $\mu(\,\cdot\,)$。$\mu(\,\cdot\,)$ 由当期制度性信息价格 P_t、β 对信息市场风险评估 ES_β，及当期两国间因信息差距而带来的 p 值的差距程度决定，因此有：

$$\mu(\,\cdot\,)=\mu(P_t,\ ES_\beta,\ \vartheta_\alpha,\ \vartheta_\beta) \qquad (6-32)$$

综合式（6-30）、式（6-31）、式（6-32）和信息市场风险，我们可以写出 β 在两市场的内生性风险量加总：

$$R_{\beta t}=R_{\beta t}^i(ES_\beta)+(1-\mu(P_t,ES_\beta,\vartheta_\alpha,\vartheta_\beta))R_{\beta t}^0(p(\vartheta_\alpha),p(\vartheta_\beta))$$
$$+\mu(P_t,ES_\beta,\vartheta_\alpha,\vartheta_\beta)R_{\beta t}^1(p_t(ES_\beta)) \qquad (6-33)$$

它与四个参量 ES_β、P_t、ϑ_α、ϑ_β 的关系分别为：

$$\frac{\partial R_{\beta t}}{\partial ES_\beta}>0 \qquad (6-34)$$

$$\frac{\partial R_{\beta t}}{\partial P_t}>0 \qquad (6-35)$$

$$\frac{\partial R_{\beta t}}{\partial(\vartheta_\alpha-\vartheta_\beta)}>0 \qquad (6-36)$$

ES_β 与 ϑ_α、ϑ_β 的关系已由式（6-28）给出，易知两国制度差异性越大，β

251

在信息市场上购买的信息在商品市场上的适用性就会越高，因此有：

$$\frac{\partial ES_\beta}{\partial(\vartheta_\alpha - \vartheta_\beta)} < 0 \qquad (6-37)$$

现在我们进一步考查 P_t 与 ϑ_α、ϑ_β 的关系。显然，制度性信息 P_t 要能保持一个正的价格，其前提条件是在 α 为跨国交易制度的背景下两国制度信息之间存在差异，即 $\vartheta_\alpha - \vartheta_\beta > 0$；并且，这个差异性越大，价格就可以越高。据此我们可以进一步设定在 P_t 和 $\vartheta_\alpha - \vartheta_\beta$ 之间同样存在递增倾向的一一映射关系：

$$(\vartheta_\alpha - \vartheta_\beta) \sim P_t : [0, \vartheta_\alpha] \rightarrow [0, \overline{P_t}] \qquad (6-38)$$

$$\frac{\partial P_t}{\partial(\vartheta_\alpha - \vartheta_\beta)} > 0 \qquad (6-39)$$

根据式（6-28）、式（6-38）重写式（6-33），有：

$$R_{\beta t} = R_{\beta t}(\vartheta_\alpha - \vartheta_\beta) \qquad (6-40)$$

$$\frac{\partial R_{\beta t}}{\partial(\vartheta_\alpha - \vartheta_\beta)} > 0 \qquad (6-41)$$

这意味着 β 在跨国交易中的综合内生性风险量值最终只与其 α 间的制度差异有关，差异性越大，风险量值越高。我们可以考查极点的情况：当 $\vartheta_\alpha - \vartheta_\beta = 0$ 时，这意味着两国制度等同，或 β 国交易者已完全掌握了国际交易准则 α，在这种情况下，在信息市场中 β 不再需要向 α 购买信息，$P_t = 0$；同时也就不存在信息在商品市场的适用性问题了，$ES_\beta = 0$；于是 $R_{\beta t} = 0$，意味着此时 β 在两市场分摊到的综合内生性风险量为 0。至于 $R_{\beta t}$ 的极大值是否存在、如存在在哪里，则不能确定，因为当 $(\vartheta_\alpha - \vartheta_\beta)$ 取到极大值时，P_t 固然也取到极大值 $\overline{P_t}$，但此时不能保证 ES_β 也取到极大值 1；同理，当 ES_β 也取到极大值 1，也不能保证 $P_t = \overline{P_t}$。当然，尽管在模型里极大值和极小值的数学意义是一样的，但在真实世界里，极大值则是没有意义的，因为我们对跨国风险分摊的分析和探讨，其目的在于（特别是对发展中国家而言）寻求其最小化的方法，而不在于寻求其最大化。

对 α 而言，推论 6.3 证明，他将不会花费任何成本学习或购买 β 的制度性信息，因此在信息市场他是净供给商，不存在购买—不购买的选择；而其是否能获得信息的销售收入，则只取决于 β 购买的概率（我们假设只要 β 购买，α 就能提供，因为制度性信息对销售方而言显然是可再生资源）$\mu(\cdot)$。在商品市场上，同样根据推论 6.3，α 只在 α 制度下进行交易，在 β 制度下交易量为 0。因此，无论在哪个市场，对 α 而言，都只存在唯一的占优策略，而无须根据 β 的决策来进行决策调整，因此不存在反应函数。我们可以写出 α 在第 t 期的回报函数：

$$rV_{\alpha t} = p(\vartheta_\alpha)(U - u + W - V_\alpha) + P_t \mu(P_t, ES_\beta, \vartheta_\alpha, \vartheta_\beta) \qquad (6-42)$$

在比较静态模型中，我们只考虑当期状况，此前 α 对制度性信息的投入被视为外部条件给定，成为沉淀成本，不影响其当期决策。在排除了这个因素后，α 在信息市场和商品市场都是制度性信息占优方，因此在两市场中都不存在内生性风险。

总结本节分析，我们有如下结论：

结论 6.5：在一次性博弈的条件下，在跨国交易中，发达国家不存在内生性风险；而发展中国家的内生性风险量值则主要由其与跨国交易规则之间的信息差距（$\vartheta_\alpha - \vartheta_\beta$）决定。一个显然的政策含义是，发展中国家要改善自身在跨国交易中的风险分摊地位，必须、也只能着眼于缩小其与跨国交易规则间的信息差距。简单地说，对发展中国家而言，在实行对外开放的经济政策、加快自身融入经济全球化潮流的过程中，加速向发达国家的经济交易规则和经济制度的学习、推动其实现国际化改造是非常重要的，它直接决定了发展中国家的跨国风险分摊地位。

三、跨期两市场模型：学习机制与创新机制

即便前文所述的双市场长期均衡点（ϑ_{ct}^*，ϑ_{et}^*，P_t^*，N_{ct}^*，N_{et}^*）存在，这也只是一个静态均衡，其一个隐含的前提条件是平民在信息市场上购买了 $\vartheta_{et} - \vartheta_{ct}$ 信息商品、并在商品市场上消耗了它之后，并未从中学到任何东西，或换言之，信息商品是一种一次性消费的商品。然而真实世界显然并不如此。在真实世界中，受干中学效应影响（不管是有意识还是自发性影响），即便是那些一开始对制度信息一无所知的平民，在经过了 t 个时期的购买——更重要的是使用之后，在 $t+1$ 时期也很可能增进其知识。故此，在我们的模型中，即便均衡在时期 t 实现，$\vartheta_{c(t+i)}$（$i=1$，2，…）也并不会就此固定在 ϑ_{ct}^* 上；相反地，一旦信息市场和商品市场的交易继续进行，平民在购买和使用信息后总能学到某些知识，从而使其信息量 ϑ_c 在后续的时期里继续增长。为简化起见，假设 ϑ_c 的跨期增长是线性的，令 k 代表 ϑ_c 的自然增长率，则有

$$\vartheta_{ct} = (1+k)^{t-1}\vartheta_{c0}, \quad k \in (0, 1) \tag{6-43}$$

设均衡在时期 t 实现，这意味着在该时期方程（6-26）、方程（6-27）成立。我们进而考查时期 $t+1$，此时有：

$$\vartheta_{c(t+1)} = \vartheta_{ct}^* + k\vartheta_{ct}^* > \vartheta_{ct}^* = m\vartheta_{et}^* \tag{6-44}$$

ϑ_c 的变动将影响 $t+1$ 期的信息价格 P_{t+1}，使其趋于下降；这进而将改变平民和精英的利润预期，从而使得（根据方程（6-18）和方程（6-19））$EP_{e(t+1)} < EP_{c(t+1)}$。因此，$t$ 期均衡点在 $t+1$ 期将被打破，精英开始重新思考如何决策后续

期对制度性信息的投资。在 $EP_{e(t+1)} < EP_{c(t+1)}$ 的情况下，精英群体有两个选择：第一，规模收缩，使得 $w_{ec} > 0$，$w_{ce} < 0$，直至 $EP_{e(t+1)}(P_{t+1}) = EP_{c(t+1)}(P_{t+1})$；第二，增加信息投资，从而增大 $\vartheta_{e(t+1)}$。最终精英们会做出哪一种选择取决于许多因素，如风险偏好、创新能力和环境等。

事实上，在我们的模型里，每一个经济个体——无论其曾经或现在是平民还是精英，在每一期（不管是不是均衡当期）都面临着同样的精英或平民的选择。如我们所知，对理性经济个体而言，沉淀成本不影响其决策，因此，无论其曾为或现在为精英还是平民，都将对经济个体对自己将来成为精英或平民的决策没有影响。因此，我们可以直接将一个任意选择的理性经济个体放置在时期 0，去考察其跨期决策过程。

假设时期 0 是一个静态均衡，$\vartheta_c^* = \vartheta_{c0}$，$\vartheta_e^* = \vartheta_{e0} = \dfrac{1}{m}\vartheta_{c0}$，$P^* = P_0$，$N_e^* = N_{e0}$，$N_c^* = N_{c0}$。任意选择的一个理性经济个体 a 此时面临决策。令 T_a 为搜索新信息的成本，它取决于其风险偏好 RA_a，创新能力 IC_a，所处环境 EN_a，以及其他因素 ε_a。如 a 选择成为精英，则他将有：

$$EP_{et} = \sum_{i=1}^{t} r_i P_i - T_a \geq EP_{ct} = \sum_{i=1}^{t} r_i V_i \qquad (6-45)$$

$$T_a = T(RA_a, IC_a, EN_a, \varepsilon_a) \qquad (6-46)$$

$$\vartheta_{at} = f(T_a), \quad \vartheta_{at} = \{\vartheta_{et}, \vartheta_{ct}\} \qquad (6-47)$$

$$\vartheta_{c0} = m\vartheta_{e0}, \quad m \in (0, 1) \qquad (6-48)$$

重复式（6-17）~式（6-27）的推导，在时期 t 对精英个体 a 将有 $\vartheta_{et} \geq \dfrac{1}{m}\vartheta_{ct}$。根据方程（5-43）和方程（5-48）有：

$$\frac{\vartheta_{et}}{\vartheta_{e0}} \geq (1+k)^{t-1} \qquad (6-49)$$

又如我们一开始设定的，任何个体的信息量 $\vartheta \in [0, 1]$，因此有：

$$\vartheta_{e0} = \frac{\vartheta_{et}}{(1+k)^{t-1}} \leq \frac{1}{(1+k)^{t-1}} \qquad (6-50)$$

由此可以得到若干基本结论：

结论 6.6：当 $\vartheta_{e0} \leq \dfrac{1}{(1+k)^{t-1}}$ 时，$I(\vartheta)$ 将保持不变，制度演变不发生。这种情况一般对应于那些新建立的制度，它们即便对精英而言也尚留有大量未开发的信息空间可供其在后续的 t 期里去进行信息发掘。精英无须花费创新成本 T_a，而只需花费前期学习成本 $T_{e(t-1)}$ 就可以获得足够的运行中的制度性信息，从而保证其在信息市场的利润。此时式（6-22）、式（6-23）成立，动态均衡实现。

结论6.7：当 $\vartheta_{e0} \geq \dfrac{1}{(1+k)^{t-1}}$ 时，$I(\vartheta)$ 将发生改变，以实现一个新的均衡；否则精英群体规模将大幅缩减到对信息的垄断性定价成为可能。一般说来一个开放的经济体发生的是前一种情况。当运行中的制度已高度发展，对平民而言可供学习的空间固然不多、对精英而言可供发掘的潜在信息空间更小，此时该制度就面临演化：要么被一种完全的制度创新所替代、要么被一种由外部翻译进来的制度所替代；哪一种形式的演化将发生则取决于方程（6-46）。那些制度的编码水平低的国家，或更确切地说，是这些国家的精英群体，将更倾向于采取翻译引进的方式来推动本国制度更新、提高本国制度的编码水平；而那些制度的编码水平本就较高的国家将没有这样的成本较低的备选项，它们将不得不采取自主创新的方式，花费更多的成本和更长的时间去推动本国制度更新。

结论6.8：回到微观层面，给定平民知识的自然增长率 k，对精英而言，积极发掘运行中的制度的信息空间、或通过翻译/创新的方式来推动制度变更，从而保证 $\vartheta_{et} \geq \vartheta_{ct}$，就是非常必要的了。因此，尽管对精英而言并不要求其每一期的信息增量 $\Delta\vartheta_e$ 都大于平民的信息增量 $\Delta\vartheta_c$，但他们必须保证其长期的各期平均信息增率高于 k，这就要求其有一个长期持续的创新（广义意义的，包括既有制度的潜在信息发掘、翻译引进和自主创新）冲动。这种冲动一般被称为企业家精神（entrepreneurship），使经济系统避免了低水平的简单重复、不断跃迁到更高的发展层面。或如熊彼特所说的："没有创新，就没有企业家；没有企业家成就，就没有资本回报和资本主义的发展。"

四、跨期两市场模型下的风险跨国分摊：序贯博弈

我们可以将微观层面的精英和平民概念替换成宏观层面的发达国家和发展中国家，从而借助动态过程模拟模型来考查在一个发达国家创新—发展中国家跟随的全球性机制作用下，金融风险的跨国分摊会呈现出什么样的新特点。

我们设定发达国家和发展中国家之间存在的是一次性博弈：初期制度性信息是外生给定的，不涉及风险考量；决策中的成本—收益考核也只限于当期，而不考虑到纵向外溢效应。于是，就发展中国家而言只在信息市场存在着购买—不购买的选择，并且信息商品的消费也是即时性的：β 国成员要么通过购买—使用制度 α 而成为 α 国成员，从而消除了此后的内生性风险根源；要么在后续交易中继续在信息市场购买制度信息 α，并承担与 $R_{\beta t}$ 等值的综合内生性风险。而在现实世界里，发展中国家经济个体在不断延续的跨国交易中，总是通过实践不断累

积，加深对跨国交易规则的了解和认识；因此，其信息集的扩充（粗略地说，就是 $\vartheta_{\beta} \to \vartheta_{\alpha}$ 的转变）就是一个跨期渐进的过程，伴随这一过程的则是在信息市场的购买成本 P 的逐步下降、在双市场的综合内生性风险 R_{β} 的逐步降低。随着发展中国家在信息市场的信息购买意愿下降和在商品市场的内生性风险降低，发达国家的信息占优和风险分摊占优地位逐渐受到威胁，这又给予它们发掘制度潜力或进行制度创新的压力和激励。而在这些活动中就不可避免地会产生风险：无论是制度潜力的发掘还是制度的翻译/创新，都要求有较大的前期成本投入；即使创新成功了，能否有效地在信息市场上出售这些新的信息产品也仍存在不确定性；再退一步，即使信息产品的出售不成问题，它能在信息市场上出售多少期，也仍取决于发展中国家的学习进度。因此，对发达国家而言，进行信息—制度的开发，同样是一项高风险投资行为。简言之，在序贯博弈的框架下，在信息市场中，β 每期都要选择的是购买还是不购买信息商品，是成为还是不成为"制度跟随者"；而 α 每期都要选择的则是开发还是不开发信息商品，是成为还是不成为"制度开发者"。在这种"开发—跟随"的制度发展机制作用下，发达国家和发展中国家的跨国风险分摊也将呈现出一种类对称性，从而使得动态均衡有可能实现。

同样设发展中国家的两市场综合内生性风险为 R_{β}，发达国家为 R_{α}。

先看 R_{β}。其单期的量值已由方程（6 – 33）给出，现在考查跨期的情况。由于其信息量 ϑ_{β} 以固定速率 k 增长，即

$$\vartheta_{\beta t} = (1 + k)^{t-1} \vartheta_{\beta 0} \tag{6 – 51}$$

如果 ϑ_{α} 继续保持不变，则二者之间的差额将日渐缩小。根据式（6 – 40）、式（6 – 41）可知，其分摊的综合内生性风险 R_{β} 也将日渐减少。当然，β 要获得一个固定的信息增长速率 k，就应每期都向 α 购买信息；随着二者信息差距的缩小，根据式（6 – 39），在信息市场上 α 能获得的信息价格 P 也会越来越低。设在第 0 期 β 开始向 α 购买信息，此时 ϑ_{α} 与 ϑ_{β} 的关系为：

$$\vartheta_{\beta 0} = m \vartheta_{\alpha 0} \tag{6 – 52}$$

则根据式（6 – 40）在第 t 期 $R_{\beta t}$ 有：

$$R_{\beta t} = R_{\beta} \left[\vartheta_{\alpha 0} - m (1 + k)^{t-1} \vartheta_{\alpha 0} \right] \tag{6 – 53}$$

此时 $R_{\beta t}$ 的绝对量值只与参数 m，k，t 和 $\vartheta_{\alpha 0}$ 有关。易得：

$$\frac{\partial R_{\beta t}}{\partial m} < 0 \tag{6 – 54}$$

$$\frac{\partial R_{\beta t}}{\partial k} < 0 \tag{6 – 55}$$

$$\frac{\partial R_{\beta t}}{\partial t} < 0 \tag{6 – 56}$$

　　这意味着发展中国家的内生性风险将与参数 m，k，t 呈反向变动关系：与发达国家的初始信息差异越小（m 越大），跨期信息增速越大（k 越大），期数越多（t 越大），风险量值 $R_{\beta t}$ 越小。由此我们可以得到如下结论：

　　结论 6.9：在跨国风险分摊中，发展中国家所承担的金融风险与其对国际规则的学习状况直接相关；只有积极寻求对外开放，加紧学习国际经济规则和惯例，才有可能改变其与发达国家在跨国风险分摊中的不对称地位。与通常认为的不同，采取封闭经济的措施并不能使发展中国家免于跨国金融风险的冲击；在经济封闭期间内，由于国内交易者无法与国外交易者进行频繁的自由交易，干中学机制无从发挥作用，因此就宏观上看发展中国家制度与发达国家和国际制度间的信息差异将会日益扩大，这就使得其在单笔的经济交易中所承担的跨国风险日益扩大；所以，即便发展中国家采取特殊的限制措施以保持其跨国交易规模不变，其分摊到的跨国风险也是逐渐增大的。不仅如此，由于制度性信息差异在封闭经济期间内进一步扩大了，一旦经济封闭措施停止，跨国交易回到微观经济主体自发决定的基础上，则此时跨国风险将因交易规模的迅速扩张而在一个极短的时间内急剧积累，从而可能突破一个经济体的风险承受上限，酿成金融—经济危机。因此，在由封闭经济向开放经济转型的过程中，保证开放的渐进性就是决定一个发展中国家的经济前景的重要因素了：那些遵循循序渐进原则、适当规划其开放尺度的国家，通常能有一个稳定的经济增长、平稳的经济运行状况和相对确定的经济前景；而那些在短时间内迅速加大开放尺度的国家，则一般会有一个短期的经济腾飞，与之相伴随的则是迅速积累的金融风险和经济隐患，在一段时间的经济快速增长后，后者将可能以金融—经济危机的形式爆发，从而使宏观经济增长呈现急剧回落、经济运行状况陷于动荡、经济前景开始模糊。对这一结论我们不难在现实世界中找到可供验证的实例，譬如 20 世纪 90 年代末的东南亚国家，就是后一种情况的典型，在此不再一一赘述。

　　再看 R_α。如上所述，在多期动态过程中，发达国家在每一期都面临着是否要开发新的信息商品的决策。一旦它选择了不开发，则它将在下一期成为跟随者 β，此后任一期其风险分摊状况由方程（6 - 53）决定。如它选择的是开发，则它在当期和此后若干期则将面临开发成本回收的不确定性；尽管在此后的每一期，当期的开发成本成为了沉淀成本，不再是影响其进一步决策的因素，但在当期决策做出之前，对开发成本的大小及回收预期，仍构成了 α 的风险量值。根据式（6 - 45）和式（6 - 46）我们有：

$$EP_{\alpha t} = \sum_{i=1}^{t} r_i P_i - T(\,RA_a\,,\ IC_a\,,\ EN_a\,,\ \varepsilon_a\,) \qquad (6-57)$$

于是 α 当期的风险量值 R_α 由影响其利润预期 $EP_{\alpha t}$ 的各因素决定。由式（6 - 39）可知，$\dfrac{\partial P_t}{\partial(\vartheta_\alpha - \vartheta_\beta)} > 0$；又，当期两国的信息差异 $(\vartheta_\alpha - \vartheta_\beta)$ 进一步取决于 α 在当期投入的开发成本 $T(\cdot)$，于是我们有：

$$R_\alpha = R_\alpha(t,\ T(\cdot)) \tag{6 - 58}$$

进一步，α 得以在信息市场上出售信息商品的期数 t 取决于两国的当期信息差异 $(\vartheta_\alpha - \vartheta_\beta)$ 和 β 的学习能力。在设定经济个体开发/学习能力无差异的情况下，不难推得，t 取决于 $T(\cdot)$ 与 β 的信息增速 k。

于是，发达国家 α 所承担的风险量值由其制度开发成本 $T(\cdot)$ 和发展中国家的信息增速 k 决定：

$$\frac{\partial R_\alpha}{\partial T(\cdot)} > 0 \tag{6 - 59}$$

$$\frac{\partial R_\alpha}{\partial k} > 0 \tag{6 - 60}$$

这意味着在设定经济个体开发/学习能力无差异的情况下，发达国家在每一期所承担的风险就是其进行制度信息开发所面临的未来成本回收的不确定性：投入的开发成本越大、发展中国家的学习速度越快，发达国家进行信息开发的风险就越大。

结论 6.10：在动态过程中，发达国家和发展中国家的跨国风险分摊在某种程度上存在着此消彼长的关系（对比式（6 - 55）和式（6 - 60）），尽管两种风险发生在不同的层面上：一旦发展中国家开放程度提高、制度性信息的学习速度加快、其与发达国家的信息差距缩小，则其当期因信息劣势而分摊到的内生性风险就将降低；而发达国家则将被迫投入更大的成本进行制度性信息的开发，从而使其当期因信息开发而主动承担的外生性风险就将提高。

结论 6.11：综合结论 6.9 和结论 6.10，我们可以这样描述发达国家和发展中国家在制度演变的动态过程中的风险分摊特征：在发达国家开发—发展中国家跟随的制度演进—扩展模型下，发达国家主要承担了制度演进阶段的成本和由此带来的外生性风险，在后续的各期里，发达国家通过信息市场出售制度性信息、以回收其当期投入的开发成本，从而在制度层面上推动了制度的扩展，而在风险层面上则构成了发展中国家单向度承担内生性风险的根源；发展中国家则主要承担了制度扩展阶段的来自发达国家的制度开发成本转嫁和由此带来的内生性风险，二者量值的大小，取决于发展中国家的学习速度。

就模型本身而言，可以进一步推定，当发达国家的信息开发成本净值（扣除已转嫁给发展中国家的部分）和发展中国家的成本被转嫁值相等；且发达国家的外生性风险量值与发展中国家的内生性风险量值相等时，制度演进—扩展模型和动态风险分摊模型将实现动态均衡，这一均衡将是笔者这两节模型的最终均衡。但事实上这样的均衡无论就理论层面还是就实际层面看都意义不大：理论上，无论是制度的创新还是制度的扩展，无论是外生性风险的决定还是内生性风险的计量，都存在着无穷无尽的模型外影响因素，而其中任何一个微小的变动就将导致模型最终均衡点的变更；换言之，本模型的最终均衡只是无穷可能状态中的一种，其理论意义主要只体现在整个推导过程，以及其间的若干阶段性结论上，而非其最终均衡点。实际上，无论是发达国家还是发展中国家，其进行制度开发或制度学习的选择，以及其实际承担的风险性质和量值，在绝大多数情况下并非理性决策的结果，而更多表现为特定历史阶段和空间范畴下的群体无意识选择，这就使得我们的完全理性模型只对真实世界有参照和启发价值，而不可能有精确勾勒乃至指导的意义。

第五节　2008 年金融危机：一个金融风险分摊的实例

2007 年爆发的美国次贷危机，在 2008 年蔓延全球成为世界性金融危机，其负面影响直到今天仍远未结束。为什么发生在美国的次贷危机最终会蔓延全球？在危机的直接冲击基本过去之后的相当长一段时间里，为什么各国仍将持续地承受金融风险和金融损失的压力？特别地，在后危机时代，发展中国家如我国，为什么金融和经济发展会面临一个机遇和挑战并存的局面？这些问题，都可以从金融风险的跨国分摊角度去获得一个较深入的认识。笔者将在本节和下节对上述问题进行初步探讨。

一、次贷危机的生成机理

要了解美国次贷危机的生成机理，首先应对次级贷款及其运作机理有一清晰认识。所谓次级贷款（subprime，又称 B 文件贷款，B-paper lending），被称为"面向穷人的贷款"，是一些贷款机构向信用程度较差和收入不高的借款人提供的主要用于房屋购买的抵押贷款。如我们所知，美国是个人信用体系比较完善的一个国家，根据个人客户信用等级，按揭贷款市场大致可以分为三个层次：优质贷款市场、"ALT－A"贷款市场和次级贷款市场。优质贷款（prime，或称 A 文件抵押贷款，A-paper lending）市场面向信用等级高（信用分数在 660 分以上）、收入稳定可靠、债务负担合理的优良客户。"ALT – A"贷款（Alternative A – paper lending）市场则是介于二者之间的庞大灰色地带。就历史上看，由于非 A 文件贷款人的信用等级低，且不能提供有效的收入证明文件，因此获得房屋抵押贷款的客观难度很大；而这两类贷款要求的比优质贷款高出 2 ~ 3 个百分点的利率也使其难以获得投资者青睐，因此，其在房屋抵押贷款市场上的占比一向很小。然而，2001 年以来，美联储为摆脱经济低迷状况，持续降息至近 50 年来最低水平，从而极大地刺激了美国房地产业市场。在房价将持续上涨的乐观预期下，为扩大盈利，美国房贷机构不断放宽放贷标准，并进行了一系列贷款品种创新，如无本金贷款（Interest Only Loan）、可调整利率贷款（ARM，Adjustable Rate Mortgage）、选择性可调整利率贷款（Option ARMs）等，以吸引不具有持续稳定的第一还款来源的美国人进入按揭市场购买房产。而在投资者一方，这些信贷创新产品也大受欢迎，因为持续上涨的房产价格使他们相信，房产价格的上涨速度必定快于利息负担的增加，只要在房价下跌前将房产出售，就能获利退出。在供需双方的共同推动下，ALT – T 贷款和次贷市场迅速发展，到 2006 年，美国房地产按揭贷款总额中已有 40% 以上属于"ALT – A"和次级贷款产品，2003 ~ 2006 年，这两类高风险房屋抵押贷款的总额已超过 2 万亿美元。当然，尽管数额巨大，但倘若市场利率继续保持低位，或房地产价格继续高企，则市场仍能正常运转。但自 2006 年第二季度开始，房产市场大幅降温，单户住宅中间价格连续四个季度下跌，购买者难以将房屋出售或者通过再抵押获得融资；而美联储则在两年的时间里 17 次提息，致使市场利率大幅攀升，与此同时，大量接受创新贷款品种的客户陆续由固定利率期转入浮动利率期，大幅提升的市场利率使他们不堪重负；双管齐下，结果就是大量贷款者无法按期偿还月供。截至 2008 年 10 月份，次贷拖欠率高达 40%。

倘若次贷问题只是局限在房屋信贷市场内部，则其不利影响将是有限的，因为无论是次贷还是 ALT – A，其损失的规模都是确定的、可控的，并且都由房屋实物作为抵押，因此也并非不可接受的。然而，随着次贷市场的扩大，大量运用资金杠杆进行操作的金融创新纷纷介入，使得次贷本身形成的损失被极大放大；而金融机构大量持有的这些金融创新又使其承受的损失不再具有可控性；一旦这些金融机构突然发生不可控制的大额损失，多米诺骨牌被推倒，整个金融市场和金融体系于是都深陷其中。

与次级贷款有关、并且起到放大次贷损失的金融创新的源头是次级抵押贷款支持债券（MBS，mortgage-backed security）。发放次贷的公司为获得流动性，推行资产证券化，将次级贷款打包成 MBS。由于次级贷款直接形成的 MBS 难以获得信用评级公司的较高评级，其投资者十分有限，因此，抵押贷款公司将 MBS 出售给商业银行或投资银行。通过此运作，抵押贷款公司可以获得源源不断的现金流，持续发放次级抵押贷款。投资银行继而对 MBS 进行资产组合分割：根据偿付的优先次序将 MBS 及其他债券组合带来的现金流进行分割，发行不同级别的债务抵押凭证（CDO，Collateralized debt obligations）。当次级抵押贷款出现一定比率违约时，正常还款带来的现金流将先偿付高级 CDO，剩余部分再偿付中级 CDO，最后则偿付普通 CDO。由于一段较长期以来的低拖欠率和其余两级 CDO 的保护作用，高级 CDO 得到评级公司 AAA 的最高评级，被商业银行、大型投资基金和外国投资机构，包括很多退休基金、保险基金、教育基金和政府托管的各种基金竞相购买。中级 CDO 和普通 CDO 则基本为对冲基金所购买，其中大部分又作为抵押品被对冲基金用于向商业银行融资，进行杠杆操作。进而，华尔街的金融家们再对 CDO 这一二级衍生证券进行了更加复杂、信用杠杆更高的各种金融创新，从而使得信用衍生产品市场急剧膨胀。

据国际清算银行统计，2004～2006 年 CDO 的发行规模分别是 1 570 亿、2 490 亿、4 890 亿美元；而同期信用衍生产品市场规模则膨胀了 15 倍，达到 50 万亿美元。在这个庞大的市场中，追求高风险—高收益的对冲基金（hedge funds）固然是主力，以投资安全为特点的一大批"保守型基金"如养老基金和保险基金也在其中占据了很大份额。

在这个杠杆放大链条上，任何微小的利润经由几个层次金融创新的放大，都能产生惊人的利润，这是美国金融家和投资者们（甚至是保守型的养老基金等投资者）青睐次贷衍生产品的重要原因。如上所述，次贷利率比优质贷款高 2～3 个百分点，而直到 2006 年其拖欠率又是相当低的，这就使得这 2～3 个百分点被广大市场主体视为纯粹的无风险套利良机。对一长期（如 30 年期）的每年高 2～3 个百分点的利息收益按照一定贴现率计算其现值，这些次级贷款的市场价值可以得到大幅提升，而 MBS 及其衍生产品恰恰可以在市场上立即实现这个价值。2002～2006 年，受美联储长期低利率政策影响，美国房产市场持续高涨，房地产价格 5 年间翻了一番，次级贷款人可以轻松得到资金来保持月供的支付，次级贷款拖欠的比率远低于原来的估计；于是次级贷款衍生证券持有人获得了惊人的收益，许多投资于此的对冲基金收益率高达 100% 以上。这一投资业绩引诱更多的潜在投资者涌入次贷衍生证券市场，从而在进一步扩大该市场规模的条件下，蕴涵了越来越大的金融风险。

如我们所知，金融创新的杠杆作用在利润产生时固然能放大利润，在亏损发生时也能以同样的倍数放大亏损。从 2004 年开始，美联储改变了货币政策方向，连续提息 17 次，将联邦基金利率由 1% 回调到 5% 以上的水平；基准利率的变动

261

使得抵押贷款利率（Mortgage Rate）由 5. 25% 回升至 6. 75%，上升了 150 个基点。这对房地产市场产生了很大的影响，自 2006 年第二季度开始，美国房产价格增速急剧放缓，成交量相应大幅缩小。贷款利率的上升使原先尚能保持收支平衡、按时偿还月付的次级贷款人开始产生支付困难；而房地产市场的低迷又使其出售房产以套现投资的办法难以实施，两方面共同作用。于是，从 2006 年第二季度开始，次级贷款拖欠率开始大幅上升，坏账风险在迅速抹平其因比优质贷款高出 2 ~ 3 个百分点而带来的利润空间后，开始转化为亏损根源。而这些亏损在经过 MBS—CDO—三级衍生证券等三个层次的杠杆放大后，就成为惊人的亏损额。不仅如此，由于次贷衍生证券的投资者涵盖了包括对冲基金和养老、保险基金在内的各种类型的市场主体，其信用等级的降低和亏损的发生在使这些投资者蒙受实际损失的同时，还催生了市场微观主体的恐慌心态，这进一步影响到那些在实质上与次贷衍生产品没有什么关系的有价证券价格，从而使得包括股票市场在内的金融市场迅速走向低迷。随着金融市场整体走向低迷，金融风险日益凸显，即便是那些原先并未投资于次贷衍生证券的机构投资者也开始因其他有价证券或金融创新产品的价格下滑而蒙受损失，市场陷入恶性循环怪圈，金融危机于是开始形成。而一些著名的、具有国际影响力的投资银行如贝尔斯登、雷曼兄弟的崩溃，在进一步扩大危机程度和波及范围、使之成为一场世界性金融危机的同时，又加剧了市场负面联想和恐慌心态，从而使危机转向深化和恶化。在世界市场恐慌心态基本成型的条件下，即便美国政府采取了空前有力的介入动作（如小布什政府通过的 7 000 亿美元特别国债，奥巴马政府上台后又通过了 8 250 亿美元的经济刺激方案等），在短时期内显然也难以挽狂澜之既倒。

二、金融危机中的风险分摊

深入分析此次金融危机中金融风险的创造、转移、分摊过程，我们不难发现，它正验证了笔者在前文论述的分摊模型。

先从微观层面看风险的创造。如第四节两市场模型描述的，在次级贷款及其衍生证券市场的创造过程，华尔街的经纪商和贷款公司扮演了制度精英的角色。早在 20 世纪 80 年代初美国利率和金融自由化的浪潮中出台的《存款机构解除管制与货币控制法案》就允许贷款公司收取更高的利率和费用，从而为次级贷款的创造奠定了法律基础；1982 年的《可选择按揭贷款交易平价法案》允许贷款公司使用浮动利率抵押贷款（ARMs）和大额尾付贷款（也称气球贷款，Balloon Payment），从而为后来的次级贷款创造提供了技术性手段；1986 年的《税务改革法案》规定消费者贷款利率不得下调，而住房抵押贷款的利率则可随市场进行上下调整，这大大增加了住房抵押贷款的市场需求。这些法案为次级贷款及其衍生证券在 20 世纪 90 年代的迅速发展铺平了道路。1993 年后，随着以电脑网络和高新技术为代表的新经济的发展，美国迅速走向一个经济高峰，市场利率随之水涨船高，优质贷款的规模和数量相应缩减，这对贷款公司造成越来越大的经营压力，于是他们开始利用 80 年代的这些相关法案，放低房屋抵押贷款门槛，大规模地开发 ALT－A 和 B 文件贷款，从而充当了第一级的制度开发者。然而，ALT－A 和次级贷款往往采取的低首付甚至 0 首付的贷款方式给贷款公司带来越来越大的流动性风险和压力；如果说，在一个房地产市场处于上升态势的市场背景下，ALT－A 和次级贷款的信用风险暂时还处于隐而不发的状态，那么，日益增大的流动性风险就成为当时制度精英所急需转嫁出去的主要风险形式了。于是华尔街的投资银行家成为第二级的制度开发者：他们采取资产证券化的手段，将各种来源的不同种类的抵押贷款——以及隐含其中的不同级次的金融风险——打包成金融产品，从而创造了第一级次的次贷衍生证券 MBS（抵押贷款支持证券），并通过资产分割的方法使 MBS 转化为由不同还款担保和不同信用等级组成的 CDO 系列，使大部分拥有两级还款缓冲的 senior CDO 获得一个相当理想的信用等级，从而为次贷衍生证券创造了一个二级市场。在这个制度创造过程中，显性的贷款机构的流动性风险经由资产证券化和 CDO 二级市场的创造而得到了分摊：从集中性地由贷款公司独立承担转化为分散式地由 CDO 市场投资者共同承担，这对降低风险的集中程度、增进风险的市场化处理显然是有好处的；然而与此同时，隐性的信用风险也随资产的市场化过程转嫁给了 CDO 的投资者，并且，由于 senior CDO 良好的信用等级，以及 MBS、CDO 两个层级的资产打包和转换，使投资者对此风险难以做出准确的评估，这就为将来的信用风险爆发埋下了伏线。进一步，作为最具信息优势和利益驱动的投资银行家，显然不会满足于在资产证券化和 CDO 二级市场中发挥中介和包销的作用，几乎在 CDO 二级市场创生的同时，他们就使用其在衍生证券方面的先期知识优势开始了新的金融工具的创造过程，利用财务杠杆创造出种类繁杂的 CDO 衍生证券，从而在 CDO 市场外再派生出一个规模庞大的虚拟证券市场。如果说 CDO 二级市场的创生是一个通过市场化转嫁的方式寻求固有的流动性风险和信用风险分散化的举措，那么，CDO 衍生证券市场的创生，则是一个纯粹的金融风险创造的过程；在这个市场中，巨大的金融风险完全是人为创造出来的，它虽然有 CDO 为其附着物，但由于 10 倍以上的财务杠杆作用，绝大比例量值的风险是没有实体附着的，是所谓的"纯粹的金融风险"。

再从宏观层面看风险的分摊。随着 2008 年 9 月雷曼兄弟的倒闭，"短板效应"开始显现，原先主要影响力还局限在美国的次贷危机迅速升级为世界性金融危机。在此过程中，金融风险的跨国分摊机制和结果如何，是每个国家都必须关注的问题。笔者认为，尽管目前危机还处在发展过程中，但仍可判断最终新兴市场国家将承担此次危机的相当比例的损失，从而验证第四节动态模型描述的发达国家—发展中国家的风险转移和分摊机制。当然，如结论 6.11 所揭示的，发达国家与发展中国家对风险的分摊无论就时间上看还是就量值上看都是不对称的，当前的危机是发达国家外生性风险的一次集中爆发，许多新兴市场国家在此过程中受到的冲击可能未必十分巨大；但危机过后的相当长一段时间内，当外生性风险被内生化后，发展中国家将成为风险的主要转嫁和分摊对象逐步承担相应的风险、承受甚至比当前发达国家遭受的更为巨大的风险损失。以下我们试从外生性风险的创造和外生性风险的内生化两个过程来剖析发达国家—发展中国家的风险分摊机制。

根据结论 6.10，自 20 世纪 80 年代以来，随着新兴市场国家经济全球化和金融市场（特别是亚太地区金融市场）的快速发展，发达国家原先所拥有的在金融市场和金融产品上的信息优势开始逐步消失，其在信息市场中的垄断性卖家的地位也开始受到动摇，这种压力迫使发达国家金融市场的主宰者们愈加积极地开发新产品、以求通过制度性开发而再度占据信息优势，包括次贷衍生证券在内的金融衍生产品正是在这样的机制下被大规模地创生出来的。早在 90 年代次贷衍生证券市场迅速发展起来后，一些较有远见的学者和官员就开始意识到其间蕴藏的巨大金融风险。譬如索罗斯（George Soros）就曾表示过他从不接触金融衍生产品，因为"我们并不知道这些产品是如何运作的"；巴菲特（Warren Buffett）早在 2003 年就称金融衍生产品为"大规模杀伤性金融武器"（financial weapons of mass destruction），隐藏着长期致命性风险；1997 年美国商品期货交易委员会（CFTC）开始着手规范金融衍生品，时任委员会主席的波恩（Brooksley Born）认为这些不受控制的不透明的金融衍生产品将危及金融市场乃至整个经济体系，因此在国会听证会上呼吁制定法规让交易商披露更多交易细节和风险准备金情况。然而，一旦以华尔街的投资银行家为代表的金融产品市场开发者踏上不断创生新的金融产品以继续掌握、扩大制度性信息优势的寻租道路，即便他们自身也充分意识到其中隐含的巨大风险，不断增大的信息压力和垄断性利润诱惑也使他们骑虎难下、欲罢不能。譬如针对波恩发起的监管提议，美联储前任主席格林斯潘（Alan Greenspan）就持强烈反对的态度，并在 1998 年 6 月对国会施压，要求其否决波恩的严格监管提议；甚至在 1998 年秋季长管基金（Long Term Capital Management）破产引发一场金融动荡、从而验证了波恩的担忧和提议并非没有根据之时，格林斯潘仍坚持其放任自流的主张，甚至为此说服国会冻结了主张监管的 CFTC 的监管权力达半年之久，导致波恩去职；长管危机后，格林斯潘继续坚持放任立场，并在 2003 年的一次听证会上称"多年市场实践证明，进一步监管这些金融工具是一种错误"。随着金融衍生产品市场规模呈几何级数式的发展，其间积累和蕴藏的金融风险与其创生者所掌握的信息优势同步增长。在华尔街的投资银行家利用其信息优势攫取惊人利润的同时，巨量的蕴藏风险被转移给金融产品市场机构投资者，如对冲基金、保险基金、退休基金，进而转嫁到这些基金的广大持有者头上。当然，由于对冲基金等的主要持有者仍以欧美市场投资者为主，风险至此还未实现跨国分摊，而仍是在其国内市场的内部分摊，就这个意义看，格林斯潘在 2004 年的一次演讲中提及的衍生证券实现了各行业企业对华尔街金融风险的"摊薄"也不无道理。综合上述，我们不难看到，正是在继续保持信息优势地位的压力下，华尔街的投资银行家们走上了不断创造金融衍生产品、从而不断创生新的外生性金融风险的不归路；在发达国家开发—发展中国家跟随的金融市场国际分工中，发达国家及其金融市场作为一个整体扮演的正是外生性风险创造者和初期承担者的角色。

　　尽管发达国家如美国和欧洲的金融市场现阶段正面临外生性金融风险爆发而引起的巨大的亏损压力，而包括我国在内的广大的发展中国家受到的直接冲击并不算很大，但这并不意味着这些国家就能置身事外静等"国际金融体系的重构"。根据结论 6.10 和结论 6.11，发达国家作为制度开发者在首期博弈中独自承担的外生性风险将在后续的各期博弈中通过各种方法转嫁给作为制度追随者的发展中国家，从而完成金融风险的跨国转移和分摊过程。在正常状况下，这一风险的跨国转移和分摊只需经由微观层面上的跨国投资者就能完成，其机制大致如下：某种金融产品在创设之初的一段较短时间里，其隐藏的金融风险还未为人们所广泛认识，而其盈利绩效则经投资银行的市场宣传而广为人知，在全球流动性泛滥的今天，必然吸引大量来自其他国家的逐利资本。然而金融产品本身运作技巧的复杂性（甚至连大投资家索罗斯都称对衍生产品一窍不通）形成的庞大的制度性信息集使来自发展中国家的许多机构投资者不可能在短时期内掌握该产品的投资技巧，因此在与其开发者的博弈中必然处于信息劣势，在金融风险的不对称分摊机制中往往成为市场亏损的主要承担者。此次金融危机中因持有次贷衍生证券或雷曼兄弟相关证券而蒙受大额亏损的投资者如中国银行、汇丰银行等，就是通过此种途径参与到金融风险的跨国分摊机制中去，成为风险的被转移者和承担者的。在危机爆发之后，经由市场逐步转移金融风险的渠道基本上被堵死（危机中发展中国家机构投资者承担的亏损只是其前期分担的金融风险的爆发，而非新增的金融风险），于是只能采取政府介入的半强制性手段来完成风险跨国转移。以此次危机的官方介入为例，在 2008 年 10 月 11 日召开的 G20 会议中，美国就积极敦促中国购买其发行的 7 000 亿美元特别国债中的一部分，美财长保尔森此前更发表声明称"美国会和拥有美国国债最多的国家及中国和日本紧密合作，化解金融危机"，在会中布什总统更特别强调了"无论富国还是穷国，发达国家还是发展中国家，我们都身陷其中"。种种举措表明，美国将包括中国在内的广大发展中国家拉入金融风险分摊阵营的意图是十分明确的。会后20国集团发表一项联合声明，承诺共同"克服金融动荡，深化合作，以改善全球金融市场的规范、监督和整体运行状况"，尽管具体的合作规则并未出台，但发达国家和发展中国家共同承担金融风险的格局基本由官方确定了下来。从风险跨国分摊的角度看，购买美国国债、协助美国度过金融危机，其实质就是将我国储备的美元资产重新注入美国市场，以我国的国际储备来转移、分摊、消化美国的金融风险，因此一些研究者认为从我国金融安全角度考虑不应对美国的施压让步。然而是否拒绝购买特别国债就能使我国自外于金融风险的分摊机制之外呢？显然并非如此。事实上，无论此次的7 000亿美元国债最终由谁购买，最终结局都只能是世界各国共同为美国危机"买单"，共同分摊、消化这7 000亿美元为抵补金融亏损而"无中生有"多出来的世界货币。这是因为，在美国经济衰退难以避免、财政预算无法灵活的情况下，7 000亿美元债务将几乎全部转化为美元增发的压力。而由于美元是迄今为止世界各国最为主要的储备货币，美元增发必将引起的美元贬值一方面将导致各国储备资产缩水、各国政府蒙受损失，另一方面将引发全球性通货膨胀、各国民众蒙受损失。以我国为例，如我们所知，我国拥有巨额美元国债，是美国的第二大债权国，无论从官方角度还是从民间角度，事实上我国已被美国绑上同一辆战车。无论我国是否购买美国特别国债，7 000亿美元债务产生的巨大的美元发行压力和美元贬值压力首先将使我国的巨额美元储备（包括官方储备，也包括数额巨大的民间美元资产）大幅缩水，形成直接冲击；其次，还将使人民币汇率走向成为两难，形成间接、也是更长期的经济冲击：如与美元一同贬值，则相当于向国内输入通货膨胀，在我国2007年以来的高通货膨胀率刚刚得到控制的目前显然是难以接受的；而如相对美元升值，则一方面将导致大量美资和其他外资涌入，增加货币供给，难以避免通货膨胀输入，另一方面还将对我国出口产生负面影响，使目前已面临空前困难的外向型经济部门形势更加严峻。简言之，无论包括发展中国家在内的世界各国在此次危机中采取什么样的应对策略，最终都必将以外汇储备缩水、国内通货膨胀的方式来分摊美国的金融风险和金融损失；而美国也凭借美元的中心储备货币地位实现其外生性风险内生化、国内风险国际化分摊。

综合上面论述，笔者认为，此次金融危机中各国的金融风险分摊状况很好地验证了前面几节描述的金融风险跨国分摊模型。而就此次危机看，尽管在各国政府和金融当局空前强力的合作和干预下，危机可能在一个较短的时间内被平复下来；但在今后相当长的一段时期里，包括我国在内的世界各国都将继续受到危机的后续影响：在一个以美国和美元为核心的国际金融体系中，各国都将以美元储备缩水、国内通货膨胀的方式分摊目前主要集中在美国的金融风险和金融损失。当然，随着此次危机及其后续影响的发生，当前这个以美元为核心的金融体系也必将面临来自多方的挑战，新的、更为公平合理的国际金融秩序有可能因此次危机而得以催生，从而打破美国在金融信息市场上的绝对垄断地位，改变美国开发－世界各国跟进的金融制度演进路径，改变美国创生－世界各国分摊的金融风险分配模式。就这个角度看，此次危机对我国、对广大的发展中国家而言，也未尝不可以是一个改变自身风险分摊地位的较好的契机。

第六节　我国金融风险跨国分摊地位考察

我国的采邑经济（小农经济）源远流长，其对经济组织演变的实际影响和在长期发展中形成的意识形态对社会演变的间接影响之大是难以估量的。鸦片战争以来，我国自给自足的采邑经济开始受到来自外部的冲击，经济组织形式因国家的安全受到严重且持久的外来威胁而面临不得不变革的处境；嗣后的社会变更，就经济意义上看都可视为经济体寻找更适合时代和自身发展的组织形式的尝试历程。而这一尝试历程又是在一种学习—试错机制下进行的，是在路径依赖与路径歧异效应间不断调校的过程。简言之，无论是新中国成立后"计划经济"[①]下的社会化大生产改造，还是改革开放以来建立全国统一市场的努力，在信息意义上看具有相同的本质：即推动经济组织形式和社会组织形式突破采邑制度下的固有正反馈，实现信息空间上的向上突破。中国近30年的经济体制改革并非以西方国家如美国的典型市场制度作为自己的目标模式，而是寻求建立起有自己特

[①]　一个常见的错误认识是我国在从1949年以来，到1978年正式推行改革开放之前，长达30年的时间里，实行的都是所谓的"计划经济"。这一观点之所以是错误的，是因为它忽视了这样的事实：在这30年中的至少20年，由于各种各样的原因，对经济进行计划性管理其实并不存在：1949～1953年继续之前的"土地改革"，将地主的土地交给佃农，这实行的事实上是之前几乎每个王朝在建国之初都会推行的"耕者有其田"的土地再分配措施；在此期间，城市工业和手工业继续自主经营；政府并不对农业、工业和手工业制订计划，因此计划经济在这一时期是不存在的；1958～1961年毛泽东发起"大跃进"运动，从而引发经济灾难，此时虽有计划，但绝大多数计划只存在于浮夸严重的书面报告中，对微观经济主体事实上不起任何作用；1966～1976年是史无前例的文化大革命时期，既有的一应党政机关几乎全部被推翻，其中也包括了经济计划部门，因此这一时期就经济层面上看同样是混乱而无计划的。据此看来，所谓的计划经济时代，事实上只包括了1953～1957年的第一个五年计划时期，以及1962～1966年的"调整、巩固、充实、提高"时期这大概10年的时间。

色的"社会主义市场经济体制";在实际操作中,最典型的做法就是渐进式的经济转轨和市场化。这样的转轨道路必然是渐进式的,而其结果则是"网络式"市场经济(Network Capitalism)的出现。

在一个网络式市场与全球化的市场经济并存的局面下,金融风险的分摊势必因双方各自的编码信息特征所决定。简言之,我国目前及将来相当一段时期内在全球金融风险分摊中的地位,从根本上说,就是由我国所处的信息地位所决定的。

一、金融风险跨国分摊的静态视角

根据结论6.1,在与更高编码程度的市场经济组织形式相比,无论是采邑经济还是网络式市场经济,其扩张性都较弱。在经济全球化的趋势下,跨国交易正以前所未有的速度扩张,而这得益于以非人格化契约为核心的市场经济组织方式在全球范围的扩张。时至今日,一系列市场运作规则和仲裁规范已成为被绝大多数跨国交易者所普遍接受的、并且具有唯一性的国际规则;简言之,结论6.1和结论6.2中的跨国交易唯一规范 α 已成为全球公共知识。在这种情况下,显然结论6.2所隐含的跨国交易双方制度和信息背景对等的设定就不复存在了;取而代之的是结论6.3:对任何发展中国家(或确切地说,本国制度规则与国际规则存在差异的国家)而言,要实现跨国交易,只能在国际规则 α 下进行,在此过程中承受内生性风险、并且通过干中学的机制进行制度学习 – 信息扩充。

根据这一基本结论,我国在寻求经济对外开放的过程中,在微观主体的跨国交易实践中,必然与来自发达国家的经济个体处于风险不对等的地位,制度背景的差异和制度性信息的不充分,将使我国的经济主体成为内生性风险的被转嫁者;而就宏观层面上看,微观风险的积累和加总也将使我国承担的宏观风险量值远大于发达国家;并且,根据结论6.5,该风险量值的大小取决于我国制度性信息与国际规则 α 之间的信息差距。当然,即便单笔跨国交易中我国承担的风险量值(加权平均值)是固定的,宏观层面上的风险量值的衡量还受到交易规模大小的影响,而交易规模的大小可藉由国家对外开放的尺度来加以控制。简单地说,宏观风险就是微观风险均值与交易规模的倍数:$TR_{\beta t} = \overline{R_{\beta t}} \cdot S_t$,当 $\overline{R_{\beta t}}$ 很大时,应控制开放尺度,以获得一个较小的交易规模 S_t,从而使宏观风险被控制在可承担的范围之内;而随着本国市场制度建设的开展,本国制度与国际规则间的信息差距 $(\vartheta_\alpha - \vartheta_\beta)$ 得以缩小了,此时将有一个比较小的 $\overline{R_{\beta t}}$,则 S_t 也就能够得到相应的扩大;不仅如此,随着本国市场制度建设的开展和经济增长的实现,本国的风险承担能力也将相应地得到提升,此时 TR_β 的上限将提高。据此看来,改革与开放,本身就是相互依存、相互促进的:对既有经济组织方式进行趋近于国

际规则 α 的改革，是经济对外开放的前提，只有通过改革不断缩小（$\vartheta_\alpha - \vartheta_\beta$），对外经贸往来中承担的风险均值才会日益降低，对外开放的尺度也才有可能逐步扩大；也只有通过打开国门、逐步放松跨国交易的制度性管制，才能给改革的持续进行提供持久的压力和动力，并且，许多"翻译"性质的改革措施，也只有在开放政策提供的干中学的环境下才有可能以一个较低的成本实现。另外，值得着重指出的是，改革与开放的均衡渐进性是至关重要的：只有与渐进改革相适应的渐进开放措施，才能保证 S_t 的扩大速度不至于太快，进而保证 TR_β 不会越过当期能够承担的风险上限。

我国自推行改革开放以来，与体制改革的渐进性相对应，在经济开放尺度上也始终贯彻了渐进性原则，无论是对外贸易还是资本流动，都经历了或正在经历着一个尺度逐渐放大的过程。这在金融领域的开放中体现得尤其显著。譬如外汇体制，如我们所知，早在 1993 年我国就宣布人民币可自由兑换是我国外汇体制改革的最终目标，但直到 1996 年底才实现经常项目下的可自由兑换；直到 2006 年底 WTO 过渡期结束后，金融机构和金融市场开始走向对外开放的背景下，资本与金融项目的开放仍在等待更合适的时机。再如金融机构和金融市场的开放，即便在 2001 年我国就已加入 WTO，但仍制定了一个 5 年的过渡期；在过渡期结束后，开放仍以审慎而稳健的速度推进。正是得益于这一稳健渐进的开放进度安排，才使我国避免了几次大的金融冲击，如 20 世纪 90 年代末的亚洲金融危机，就是得益于我国在资本流动方面的管制措施，才使我国避免了一次区域性的金融—经济灾难；又如 2007 年的美国次贷危机，引致的西方金融—经济的巨大动荡迄今仍方兴未艾，而得益于我国金融机构和金融市场开放的缓步渐进，我国在此次动荡中受到的直接冲击被控制在了可承受的范围之内。

二、金融风险跨国分摊的动态视角

根据结论 6.10 与结论 6.11，在动态过程中，发达国家与发展中国家的跨国风险分摊在某种程度上存在着此消彼长的关系：在发达国家开发—发展中国家学习的制度演进—扩展过程中，发达国家承担的是制度演进阶段的成本和由此带来的外生性风险；而发展中国家则承担制度扩展阶段来自发达国家制度开发成本的转嫁和由此带来的内生性风险；一旦发展中国家的学习进度加快，则二者间的信息不对称程度将加速降低，则就给发达国家越来越大的压力和动力去寻求推进制度演进，从而去承担演进成本和外生性风险，此时整体风险的跨国承担中发达国家将分摊得较大的份额；相反，倘若发展中国家学习进度放慢，则二者的信息不对称境况将不会有本质的变更，发达国家因推进制度演进而承担的外生性风险也就相应降低，而发展中国家则继续在跨国金融风险承担中分摊较大的份额。因此，就动态的视角看，发达国家和发展中国家各自对金融风险的分摊，归根到底取决于发展中国家是否能尽快推进经济组织形式的改革和发展，使其逐渐趋近于、并融入到国际经济环境中去。有趣的是，近十年来发生的两起具有全球性影响的金融危机，正是上述两种不同类型的金融风险的积累所导致的。90 年代末的亚洲金融危机，是东南亚国家在国内经济制度和金融制度尚未完成翻译—学习进程、还未构建起与西方发达国家相似或趋近的信息结构和市场条件的情况下，过快推进金融开放，从而使跨国金融交易规模扩张加剧，加总风险超过本国风险承受能力上限所导致的内生性金融风险的集中爆发。而 2007 年至今的美国次贷危机，则是发达国家（包括始作俑者美国，也包括最快的跟进者欧盟各国）在推动金融创新、推进金融—经济制度演进的过程中所承担的外生性金融风险的一次集中爆发。由此我们也就不难理解，为什么在亚洲金融危机中以美国为代表的西方发达国家受到的负面冲击微乎其微；而在此次次贷危机中以我国为代表的发展中国家受到的负面冲击也难与西方国家相提并论。当然，如上文论述的，随着时间的推移，美国将通过向广大的发展中国家兜售国债、推动本国货币贬值等方法将初期承担的外生性金融风险内生化，并将金融损失逐步转嫁给发展中国家。此次美国的 7 000 亿美元援救打包和 8 250 亿美元经济刺激方案，无论我国是否承诺购买其中的一部分，都将是我国分摊美国国内金融风险和金融损失之始。

如果说上文对静态视角我国金融风险分摊地位的判断论证了我国对外开放进程应保持与经济体制改革相对称的渐进性特征的话，那么，对动态视角跨国金融风险分摊机制的分析则说明了，要改善我国的金融风险分摊地位，应尽快推进经济体制改革，建设、完善真正意义上的市场制度和市场环境。在经历了 30 多年市场化导向的经济体制改革和对西方经济组织方式的翻译性学习之后，目前我国经济的市场化程度已经达到一个相当高的水平，这就为制度性信息编码程度的全面提高提供了一个几乎由全体经济个体所共享的原始激励基础。然而，受长期的采邑经济形式的影响（计划经济时代形成的经济官僚主义进一步加深了这一影响），要推动我国从网络式市场经济走向全国统一的市场经济，并最终融入到世界经济环境中去，显然还需要一个比较长的时期。因此，在加快推进市场建设的同时，还应清醒地认识到，我国在一段较长的历史时期里，在跨国金融风险分摊中，都将继续扮演发展中国家的角色，并且根据此消彼长的基本原理，将处在与以美国为代表的西方发达国家相对立的地位上。换言之，在此期间，我国宏观层面所面临的主要金融风险将是由发达国家转嫁来的内生性金融风险。在推动我国经济融入全球化浪潮的同时，如果对这一点缺乏清醒认识和警惕，盲目追求金融领域上的"与国际接轨",将会使我国成为国际金融风险的集散地,从而给我国的经济建设和金融建设进程带来难以估量的祸患。

第七节　主 要 结 论

本章在一个信息—制度理论框架下论述了金融风险及其跨国分摊的深层次内涵,并以一个基于微观基础的数理模型将这一分摊机制进行了模式化表达,从中得到若干有启发价值的结论。进而,本章还将微观模型进行了宏观化拓展,为分析现实世界中金融风险的跨国分摊现状提供了一个可供立足的理论基石。

总体而言,一国金融风险分摊量值的大小取决于三方面基本因素:由制度性信息地位所决定的风险分摊地位、由本国参与的跨国交易规模所决定的风险分摊份额,以及由本国经济—金融实力所决定的风险承担能力上限。其中:制度性信息地位是在经济全球化背景下一国经济—金融制度与国际通用的经济—金融规则之间的对称程度,这对发展中国家如我国而言,大致等价于以经济体制改革为手段的市场经济体系建设的实现程度;本国参与的跨国交易规模则自然是由本国经济和金融的对外开放尺度所决定的;而本国的经济—金融实力强弱显然最终由经济的长期增长和金融业的不断发展决定。

第七章

国际政治经济新秩序下的金融主权研究

金融主权与金融危机是金融安全两大主题。第三章至第六章我们对金融危机生成进行了深入考查，本章我们将重点对金融主权进行研究。社会科学的研究离不开历史背景和时代特征的考查。经济、金融安全问题的研究亦是如此，定义和评估金融安全的内涵和状态，必须深刻分析所处的国际格局、时代特征。冷战结束以来，"两极对峙"格局被打破，"一超多强"的局面已经形成，但是绝大部分的经济、金融和政治资源依旧被发达国家所掌控。近20年来，受益于经济和金融全球化的快速发展，新兴市场国家经济上的迅速崛起，开始寻求对等政治地位。尤其是美国金融危机以来，要求改革现行国际货币体系，增加发展中国家在 IMF 和世界银行中的份额；改变不公正的世界贸易规则，要求发达国家承担更多的责任以解决日益恶化的生态环境，解决饥饿、疾病等威胁人类生存顽疾；协商并防止贸易保护主义抬头，加强金融监管的协调以遏制金融风险滋生的呼声高涨。在这样背景下，维护一国的金融安全已经不能仅局限于本国事务，而应该站在全球的战略视角，只有深刻认识国际政治经济秩序变动的新趋势，才能在维护国家金融安全中运筹帷幄、决胜千里。

第一节 引言：国际政治经济新秩序下的新金融安全观

国际秩序指国际社会主要行为体（主权国家和国际机构）基于某种共同的利益和目标，依据一定的原则、规范、规则和保障机制而形成的相对稳定有序的国际关系状态。换言之，国际秩序是管理所有行为体的对外行为及其互动关系的制度化安排，以及由此形成的行为体之间一种相对稳定有序的交往模式。其组成要素主要有四种：一是国际法原则和准则，如《联合国宪章》、《国际法原则宣言》、和平共处五项原则等等；二是国际机制，即国际共同体或主要国家为维持国际秩序、促进共同发展或提高交往效率等目的而建立起来的一些列有约束性的制度安排，其目的在于降低国际社会的无政府性，反之国际竞争失控；三是国际组织，指两个以上国家、政府、民间团体根据一定的协定而成立的跨国机构，其目的在于通过成员之间的合作来实现其目的和利益。如联合国、世界银行（WB）、国际货币基金组织（IMF）等。

为了说清楚什么是金融安全还需要将这个词进一步分解，首先说明什么是安全。按照《现代高级英汉双解辞典》解释，在英文中，安全用"security"表示，意思是"freedom from danger or anxiety"，即没有危险不受威胁；在中文中，安全是指提供安全保障，免受危险、威胁的状态。可见两种文化中的意思几近相同。如果将这一定义进一步分解，它应该包含这样几种构成要素：一是安全既是一种客观存在的生存状态，又是一种主观的心理反应，后者以前者的存在为基础；二是安全是一种特定的社会关系，而非孤立存在的单个形态，是主体与自然、社会发生关系的结果，离开了具体的社会活动，就无所谓安全与非安全之分；三是安全是一种实践活动，是一种有目的的自觉行为。

根据对安全的词义解释，从国际秩序的视角来看，所谓金融安全指一国金融体系、金融制度、金融机构、金融主权等没有危险、不受威胁的状态，其区别于传统金融安全定义的地方在于，其实现安全状态的手段和模式的侧重不同：传统上金融安全实现主要依赖于"独立自助"模式，强调对立、对抗和防御，而国际秩序视角的金融安全实现有赖于"共同合作"模式，强调国际社会之间广泛的合作和协调。当然，这种区分并非否认一国"独立自助"重要作用，而是顺应时代发展要求，即安全模式转换必然结果。具体而言，金融安全同样具有安全的所有含义要素：

首先，金融安全既是一种客观存在的状态，又是一种主观的心理感受。一国金融安全与否可以通过本国金融体系、金融制度、金融机构等是否正常运转来予以判断。与此同时，社会公众以自身判断为基础，形成了对于本国金融安全与否的主观心理反应，这种判断除了通过本国金融体系的运行特征的分析，还包括如下认知：一是对本国在国际秩序中的地位的判断，基于这种判断，通过国际形势的风云变幻，来进一步判断本国所面临的国际机遇和挑战；二是在一判断的基础上，形成国与国之间，尤其是大国之间关系的判断，或朋友，或战略伙伴，或竞争对手，或敌对势力；三是在前两者的基础上，进一步分析判断国际经济和金融形势，以决定采取具体的安全措施。前两者是对从国家安全战略的全局，对国际秩序的基本判断，后者是在准确判断国际形势基础上，一国将要采取的维护金融安全的应对策略，三者之间层层推进，逻辑谨严。

其次，金融安全是一种特定的社会关系，而非独立存在的单个形态。无论是对内，还是对外，金融安全都表现为特定的社会关系。对内安全取决于一国的经济实力和进入体系的完善程度，一国的经济实力愈强，可以用以摆脱金融不安全的资源越多，越利于金融安全的维护，一国的金融体系愈是发达，防范和化解金融风险、危机冲击能力愈强。对外安全则取决于一国在国际金融体系中的地位，而这种地位恰恰取决于一国政治、军事、文化等综合实力，在当前尤其取决于在重要国际机构中的地位和话语权，如在联合国、国际货币基金组织、世界银行等重要机构中的话语权。

最后，金融安全是一种客观的实践活动和有目的的自觉行为。这种自觉行为必然是建立在对国际秩序准确把握基础上，而采取的行动。如组建地区性的货币联盟，签订双边或多边的货币互换协定，放弃本国的货币体系而依附于大国的货币制度，寻求增加在世界银行和国际货币基金组织中的话语权和份额，以保证在危机发生时获得更多援助等，在这一过程中"共同合作"的色彩要明显强于"独立自助"的色彩，合作和协调的氛围要浓于对抗和防御的氛围。

综上所述，我们从国际秩序的视角，可以将金融安全内涵做如下概括：所谓金融安全是指在金融全球化过程中，一国在对现行国际秩序准确把握的基础上，积极主动的谋求国际货币体系中的话语权、金融规则的制定权、国际机构中的表决权，在国际法、国际准则、规则和国际惯例的框架下，通过与其他主权国家或国际机构的共同合作和协调，确保本国金融体系、金融制度、金融机构的正常运转。它是客观存在状态与反映这种客观存在的主观感受之间有机统一的结构。

为此，本章结构安排如下：第一部分探讨国际政治经济新秩序的演进及金融安全观的转变；第二部分研究金融全球化、金融安全与金融主权之间的关系；第三部分研究中国银行业的开放战略；第四部分为银行控制权的理论与经验研究；第五部分为我国金融主权的研判与政策建议。

第二节　金融国际化中的金融主权分享与争夺

一、金融主权内涵及四个维度

（一）金融主权内涵界定

274

金融主权是金融安全研究的重要内容之一，金融安全最关键要素是经济与金融主权独立，如果一国的经济发展受制于人，不能自主决定其货币与财政政策，就难以保证金融的稳定发展，金融安全也就无从谈起①。从现有国内外文献来看，金融主权（financial sovereignty）的提法在中外两种不同的文化背景中，出现的频度显著不同：国内文献中金融主权出现频率高，而英文文献中并不多见。在为数不多的、明确出现该词汇的英文文献中，大多只是泛泛而谈，或者名为"金融主权"，实际上在言其他，更没有明确论述金融主权的概念和内涵。如麦托科·简（Matouk Jean，2009）② 在一篇名为《On Financial Soveringty》的文章中，由国家主权的概念入手，论述了近年来广为人们所热议的国家主权财富基金（Sovereignty Wealth Found）的发展、勃兴，以及在当前国际货币体系中的地位和作用问题。其他几篇文献也大致如此，如乔治亚·阿米莉亚（Georgieva Emiliya，2009）③、卡鲍勃·法德赫（Kaboub Fadhel，2008）④。哈里·M·马克尔和沃尔特·L·内丝（Harry M. Makler and Walter L. Ness，2004）⑤ 研究了金融市场正在发生的变化对一国主权的挑战，作者认为在金融全球化的背景下，挑战来自于国内和国际两个方面，其中国内的挑战在于国有银行脱媒化、萎缩化，国际的挑战在于资本的自由流入或流出、被外国所控制的金融服务机构，以及超国家的经济一体化，在这种背景下，主权不再是一种绝对的国家权力，而是一种相对的、可以协商分享的状态。

国内文献出现金融主权的频率较高，但是至今没有出现专门研究金融主权的专著或者高质量的文章。现有的文献仅仅是在研究经济安全、国家安全的时候，将金融主权作为一项重要的安全内容，口号意图多于实际研究意图，对金融主权的内涵也没有明确的概括。在众多文献中，仅有两篇文献在题名中出现了金融主权（饶艳：《试论金融全球化下发展中国家的金融主权》，载于《行政与法》2004 年第 1 期；钮文新：《股市泡沫将危及金融主权》，载于《中国经济周刊》2008 年第 25 期），在仅有的两篇明确以金融主权为题的文献中，只有第一篇通过经济主权分析，试图对金融主权进行定义：国家金融主权就是一国对内对外一切金融（货币资金融通）事务上享有独立自主的权力，即金融的独立决策权、操纵权和控制权，它包括货币主权和金融监管主权两个方面（饶艳，2004）。上述定义是目前国内所有文献中，唯一出现对金融主权内涵的概括。应该说，上述

---

① 江涌：《金融安全是国际经济安全的核心——国际金融危机的教训与启示》，载于《求是》2009 年第 5 期。

② Matouk，Jean Revue. *d'Economie Financiere*，Special Issue 2009，pp. 59 – 70.

③ Georgieva. *Emiliya Economic Alternatives*，No. 4，2009，pp. 84 – 90.

④ Kaboub. *Fadhel Review of Radical Political Economics*，Vol. 40，No. 3，Summer 2008，pp. 220 – 227.

⑤ Harry M. Makler，and Walter L. Ness，Jr. *The Quarterly Review of Economics and Finance Volume* 42，Issue 5，2002，pp. 827 – 851.

275

第七章　国际政治经济新秩序下的金融主权研究

概念可以概括一般文献中所提及的金融主权，但是如果作为专门研究这一问题的文献，还过于简单，不能全面、真实的涵盖金融主权的内涵，仍然需要进一步扩展。

（二）金融主权的四个维度

与经济主权相对应，金融主权可以定义为一国享有独立自主地处理一切对内对外金融事务的权力，即表现为国家对金融体系的控制权与主导权。同样地，经济、金融主权也有核心主权和非核心主权之分。核心金融主权是指关系国家发展战略、经济命脉和基本制度的金融权力。按金融的性质来分解，金融主权可以概括为货币主权、金融机构控制权、金融市场定价权和金融调控独立决策权等四个维度。这四个维度之间具有广泛联系与相互作用机制，其根本权力都属于核心范围，对这些权力的分享只能是在有限的尺度以内。

1. 货币主权

一切经济活动最终都表现为货币问题，货币象征着一个国家的金融主权，在政治经济生活中处于十分重要的地位。有关货币的问题从来就不是纯粹的经济问题。由于它代表着财富，其中往往掺杂着大量与利益分配有关的权力斗争。迄今为止的国际货币体系全都呈现出中心—边缘结构，货币非领土化的趋势越来越清楚地反映出货币之间的竞争和权力再分配，货币替代和货币联盟在世界范围内广泛存在，这些都是对一国货币主权的挑战。本杰明（Benjamin，1997）指出，中心国家通过输出通货掌控国际金融与贸易，获得实体经济的收益以及铸币税的好处；然而大多数国家的政策独立性在一定程度上被削弱，在政治经济上都承受了损失。国际货币体系演进的历史表明，国际货币中心—边缘的结构具有动态演进的特征，它取决于主要大国之间的相对实力变化。吉德哈特（Goodhart，1998）[①]提出了"货币即权力"的论断；金融历史学家弗格森（Ferguson，2002）[②]从1700～2000年的历史发展中梳理了货币与权力的关系，发现政治斗争决定了金融和经济安排，而不是常识所认为的经济发展导致了金融和政治制度变革。当货币跨越国界，涉及国与国之间货币比价的汇率问题时，便越来越紧密地与国际政治等非经济因素联系在一起，此时仍然拘泥于理性人假设背景下抽象的纯经济学理论分析，当然对汇率决定难以得出一个符合现实的完美的解释。汇率究其本质，从来就不只是"客观"的货币比价反映，而是各利益集团和国家之间为争

---

① Goodhart, Charles A. E. *The Two Concepts of Money*: *Implications for the Analysis of Optimal Currency Areas*, *European Journal of Political Economy*, 1998, Vol. 14.

② Niall Ferguson, Cash Nex us. *Money and Politics in Modern World* 1700 - 2000, Penguin Books Ltd., 2002.

夺对自己有利的选择而进行斗争和折中的结果。因此，从政治学的角度出发，汇率的决定实际上是国内和国际两个层次博弈的结果，从某种意义上甚至可以说国与国之间的政治博弈甚至对一国的汇率制度选择会产生决定性的影响。因此，经典的汇率决定理论和模型在解释和预测汇率波动方面表现出相当大缺陷和预测效果较差的主要原因之一就是对政治因素的忽略（Blomberg, Hess, 1997）。

随着人民币国际化程度的提高，人民币的权威与国际影响力日渐突出。人民币国际化已经成为国际学术界争论的焦点。从国际货币竞争的发展来看，国际货币体系在很长一段时间内都将由几种国际货币主导，而不会形成单一货币垄断的局面。人民币国际化的目标导向在于成为多极化货币体系中的一极，在权力的再分配中争夺应有的权威与国际地位。而在国际化进程中，人民币必将遭遇其他货币的竞争与挑战。货币的竞争就是国家综合实力的竞争，它直接关系着我国的金融安全与国家根本利益。人民币要在世界格局中占据一席之地，我国政府就必须从国际政治外交、国家经济金融、货币建设及其竞争策略等层面来制定动态战略规划。

2. 金融机构控制权

金融安全问题的关键是对一国"核心金融价值"的维护，何谓一国的核心金融价值呢？金融是现代经济的核心，金融体系的运转很大程度决定经济资源的配置。一国核心金融价值的维护主要表现为国家对资源配置能力的掌控，在某些极端状况下、政府甚至要具有完全控制和调动全国金融资源的能力。显然，这种能力是通过金融的功能来体现的。从金融功能观（Merton, Bodie, 1995）的角度出发，我们可以把基于金融核心价值的金融安全问题理解为对金融资源配置能力的控制权。而金融配置社会资源的功能是由金融机构通过市场来完成的。金融机构或者金融产业的控制权是关乎金融安全最紧要的权力。所有权和控制权是两种不同的概念，对银行的控制权并不一定由所有权决定。金融资源控制权既包括通过多数股权或者其他方式控制金融机构，也包括控制开设金融机构的权力以及对金融机构的经营行为施加影响的能力，即政府对金融业规制的能力。

关于金融机构控制权争夺的论争，在我国新一轮银行业改革与引进战略投资者过程中成为了举世瞩目的焦点。某些学者认为，境外资本入股中国金融企业，除了追逐利润这一资本的本质特性外，其更长远的目标是要控制中国的金融企业和金融产业，最终达到控制中国经济的目的，从而瓜分中国的经济资源及其所创造的财富①。当然，就现在的开放程度看来，上述说法有耸人听闻的嫌疑，然而鉴于新中国建立前的历史教训与当今一些国际经验，学者们对于我国丧失金融控

① 余云辉、骆德明：《谁将掌控中国的金融》，载于《上海证券报》2005年10月25日。

制权的担忧也不无道理。随着我国金融业的开放程度越来越高，我国金融机构控制权的博弈也会愈演愈烈，关于金融安全与金融主权的争论也会越来越被人们所重视。

3. 金融市场定价权

一国国内金融产品的定价权是金融主权的重要部分。价格是市场经济最重要的信号，也是决定消费和资源配置最重要的风向标。拥有定价权就几乎等于拥有整个市场。由于国际金融市场的深入发展，货币价格（利率和汇率）本身就能够牵动所有商品价格的变化，因此，谁掌握了金融市场价格的话语权，谁就成为了资产价格体系标准的制订者。一国金融市场的发展程度和主导权归属是影响金融商品与非金融商品定价权的重要因素。

从国际现状看，现在国际主要商品的价格，主要是在伦敦、纽约、芝加哥等全球几大国际金融中心定出来的。当前，周边多个市场正瞄准我国金融衍生品市场的巨大发展潜力，纷纷推出针对我国的金融期货品种。新加坡交易所于2006年9月5日推出全球首只以中国A股市场指数为标的的新华富时中国A50指数期货，2006年8月27日芝加哥商业交易所（CME）推出人民币兑美元、人民币对欧元和人民币对日元的期货期权，同时，芝加哥商业交易所（CME）于2007年5月20日推出新华富时中国25股指期货迷你合约。金融期货被境外交易所抢先推出，必然会对国际资金产生一定的吸引力，并在价格的形成机制中抢占先机。倘若不加以重视，不仅会失去已有的指数资源，还会在新的国际竞争中被国际上其他期货市场挤到边缘化的不利境地，甚至威胁到我国金融体系的稳定和国家经济的安全。巴曙松（2006）认为，中国经济的快速增长决定了在未来很长一段时间内对于能源和大宗原材料需求的持续走高，在这种背景下，如何拥有一个健全、活跃的衍生品市场，从而掌握在大宗商品定价上的主动权显得尤为重要。

4. 金融调控独立决策权

随着金融全球化的发展，各国在金融领域越来越依赖并求助于国际金融组织的协调，这些组织利用其所具有的职权不断地对发展中国家（尤其是因发生金融危机而需要援助的发展中国家）施加影响，这在一定程度上对这些国家的金融主权形成了冲击和影响，特别是对制度差异很大的新兴国家来说，将不可避免带来的金融风险。国际货币基金组织在处理金融危机的实践中，往往对被援助的成员国金融主权进行干涉，以不予拨款及合作等相威胁，强迫别国接受基于自由化立场的改革措施和进程，迫使这些成员国放弃部分金融主权。这种现象的出现是金融霸权的体现。中心国家掌握着全球金融的决策权、操纵权和控制权，它们一方面是国际金融市场游戏规则的制定者和司法者，另一方面它又是金融市场的最大参与者。国际金融体系呈现出来的中心—边缘结构性特征，弱化了部分发展中国家的金融主权。

1997 年亚洲金融危机后，IMF 与韩国签署援助贷款协议时，要求韩国大幅度开放其金融市场，允许外国银行或非银行金融机构大举进入韩国市场，在韩国的外国银行或企业可以全面参与韩国证券交易活动，政府不得干涉中央银行工作等。这些苛刻的条件严重地限制和削弱了韩国的金融主权，使韩国在很大程度上丧失了独立选择其金融体制以及对外开放进程的权力。许多国际金融法学家认为，这实际上是让韩国用相当一部分金融主权来换取贷款援助，以摆脱金融危机。事实上，当一国已不能独立地确定金融政策，独立地选择金融体制，独立地操纵和控制本国金融开放进程时，金融主权就已经受到严重威胁。

二、金融全球化下金融主权的争夺与分享

（一）金融全球化下的资源争夺与金融主权维护

全球发展的经济与政治动力是纵横交错的，国家与国家联盟间的竞争与合作既是为了增加各自的财富，经济实力的增强可以增加一国在国际政治中的影响力，反过来看，一个政治军事大国又可以通过政策实施来攫取更多的经济利益。全球范围内财富与资源的不均衡分布决定了世界格局的存在与动态变化。其中经济与政治资源成为了国家处理与他国关系时的基本出发点。政治与经济变革之间的关系及其对全球和国内政治、市场与生产活动产生的影响直接牵涉到了主权国家的权力与安全问题。

一国的安全与对外政策都依赖于其经济、政治和军事力量，一国可资利用的所有经济资源构成了该国在国际环境中经济、政治和军事力量的基础。权力被认为是国际政治交往的一种基本形式，政府与其他国际关系行为体通过它来实现其国内与对外政策目标[1]。而国际的行为体除了主权国家以外，还有国际权力格局中的跨国公司、政府间国际组织以及非政府间国际组织。经济力量是一国在与其他国家或者国家集团联系中所具备的绝对和相对的经济优势，随着全球化进程的深入，各国经济的关联度越来越高，这给世界经济合作带来了机会，给各国社会提供了摆脱经济困境的机会。然而，发展中国家也普遍认为，在经济全球化的背后，由美国及其创立的国际机制主导的国际经济关系使世界各国的经济有意或者

---

① Rothgeb. *Defending Power: Influence and Force in the Contemporary International System*, Vhps Distribution, 1993, pp. 13 – 29.

无意的听命于美国政府或财团的安排，而世界经济的命运主要取决于西方发达国家市场的兴衰。从这个意义上讲，经济力量与经济政策本身也是权力体现的重要手段，而发达国家在经济全球化过程中，被认为普遍滥用了这种权力。

金融是现代经济的核心，金融的两大核心功能，一是促进储蓄向投资的转化，在时间和空间维度配置资源。二是管理或者经营风险的功能。金融的信用特征与杠杆效应带来了经济的虚拟性：它一方面给世界经济带来了脆弱性；但是从另一个意义来说，金融实际上是赋予了实体经济力量的放大效应。古希腊哲学家阿基米德曾经说过一句话："给我一个支点，我将撬动起地球。"当今世界，金融就是这样的一个支点。货币机制、资本流动的变化牵动各个国家的神经，国际金融结构的发展趋势已经创造了一种由财富所有者主导的资本中心交织的网络。在新世纪到来的时候，少数几种资产价格的波动性成为了世界各国政要、国际企业、普通投资者关注的焦点，这是以往各个世纪很难出现的一种现象。

出现这种情况的原因来自于金融全球化的浪潮，有学者称：20 世纪 80～90 年代见证了"地理的终结"①。信息技术、产品创新与全球市场客户观念的突飞猛进使得金融服务跨越了国界；金融市场的一体化、大额国际资本流动削弱了国家经济主权，同样给政府管理与投资者经营带来了混乱甚至是挫折。既然金融对世界财富具有强大的支配力，控制金融体系就等于控制了经济的命脉；那么，金融政策本身也如同一种资源争夺的武器，体现国与国权力的斗争。

虽然金融全球化要求国际建立以互信为基础的多边金融机制，然而发达国家政府和跨国公司并没有过多地考虑资源的合理配置与公正分配。政治上缺乏互信的事实导致现实世界中众多国家采用民族主义的重商主义金融政策，这也加剧了国际金融体系的不稳定和混乱。苏珊·斯特兰奇指出，国际政治经济中的政治和经济权力主要包括主导国际货币体系的权力，以及政府与银行创建信用的权力。现今世界政治经济中的金融体系是几个世纪以来历史累积演进的结果②。中心国家——西方先期工业化经济体——美国、西欧与日本，历史上就曾通过经济力量超越国界对国际金融体系施加了不对称的政治影响。而暂时处在世界边缘结构中的新兴国家，诸如巴西、阿根廷、墨西哥、韩国、马来西亚等国家为了获取信用和投资，通过占主导地位的政府和银行体系，融入全球金融体系；但是这些发展中国家的发展依赖于发达国家的国际货币与跨国公司的投资，金融全球化以及对

---

① Richard O'Brien. *Global Financial Integrational：The End of Geography*，London：*The Royal Institute of International Affaris*，1992. 当代法国哲学家保罗·维威里奥（Paul Virilio）也提出"地理的终结"的观点。

② ［英］苏珊·斯特兰奇著，杨宇光译：《国家与市场：国际政治经济学导论》，经济科学出版社 1990 年版。

金融危机的国际反应始终没有办法独立于政治与权力结构而进行操作①。在金融领域，中心—边缘的结构关系异常明显。

金融全球化的进程在过去一直是美国霸权主导，墨西哥与亚洲经济危机中集中体现了霸权对于世界经济发挥的或正或负的关键性功能。美国主导的国际金融秩序导致了金融资源的地区间不平等分布，而跨国公司和跨国银行被很多人看作是强国金融渗透甚至侵略的排头兵。由美国领导的世界主要国家主导成立诸如世界银行、国际货币基金组织和国际清算银行等超国家金融实体，试图在全球建立起以美元为国际币值的、适用于西方货币金融规则的国际标准，来避免20世纪30年代以来的金融危机；然而，这些试图作为"世界中央银行"或者"国际最后贷款人"的金融机构，也很难不受地缘政治元素的左右，因此它们经常受到来自各方面的批评。

金融领域的权力竞争是各个国家或经济体之间综合实力的较量，当这种竞争发展到极端的时候甚至会爆发"金融战"。金融战是国际经济战争的主要形式之一。杨斌（2000）剖析了威胁中国的隐蔽经济金融战争。他从国际政治和经济金融的全新视角深刻分析了出现令人可疑现象的根源，乃是美国出于谋求霸权的战略利益动机，暗中采取了国际地缘政治权谋之术巧妙利用市场经济规律作为破坏力量，操纵国际经济组织推荐破坏性改革药方，设置改革陷阱，人为制造经济金融危机来打击国际对手谋求建立世界霸权秩序。周虎（2002）分析了国际资源争夺中的金融战。他认为，在经济全球化的大势下，一国金融实力的大小直接决定该国对国际资源利用水平的高低，金融战的实质是国际资源争夺。这对于西方资源消费国尤其是美国具有深远的战略意义，而对于面临"资源困局"与"金融窘境"的东亚则有着重要启示。金融寡头是国际资源争夺的突出主体；并购是国际资源争夺的重要手段；定价权是国际资源争夺的主要目标；金融全球化是国际资源争夺的时代背景。

随着我国金融国际化程度的提高，中国经济的国际影响力日渐突出。中国经济的开放与崛起已经成为国际学术界争论的焦点。国际金融的权力格局直接关系着我国的金融安全与国家根本利益。在金融全球化的浪潮中，中国要能够参与利益和权力的再分配，争夺应有的权威与国际地位；并且防范其他国家敌意的金融控制；我们就必须从国际政治外交、国家金融建设及其竞争策略等层面来制定动态战略规划。周立（2006）研究了中国和平崛起的经济金融安全问题，他从外部性的角度分析了中国威胁论和机遇论，并提出利用外部性来维护国家经济金融

---

① ［美］皮尔逊、巴亚斯里安著，杨毅、钟飞腾、苗苗译：《国际政治经济学：全球体系中的冲突与合作》，北京大学出版社2006年版。

安全。中国崛起的过程中，应力图减少以"中国威胁论"为主的负外部性影响；充分利用和宣扬以"中国机遇论"为主的正外部性影响，以保障国家经济安全，特别是金融安全。

综上所述，金融安全的重要方面是一国对关键资源的支配和控制问题，即金融权力问题。随着经济金融化和经济全球化程度不断提高，全球金融体系中蕴涵着巨大的能量；金融活动的主体在全球政治经济决策中拥有了相当大的权力。宏观金融领域的核心权力主要指国家及其代表性集团控制整个金融体系的能力，表现为保持国内金融运行和金融发展的控制权与主导权。国内外研究文献一般从主权的角度出发研究金融安全，将其视为经济安全的核心部分。对主权和权力的研究属于国际关系学的框架，我们也不难理解国外学者更多认为所谓金融安全应该属于政治学的研究范畴。

（二）金融全球化经济与金融主权分享

1. 主权与经济主权

研究国家层面的安全问题最不能回避的概念是"国家"和"国家主权"。《牛津法律大辞典》（1988年中译本）中定义的"国家"概念是生活在地球表面特定部分、在法律上组织起来并具有自己政府的人的联合。其中，人是国家组织的基础单元。现代国家概念产生于资产阶级革命时期，欧洲神权衰落和文艺复兴促成欧洲民族国家的兴起，1648年《威斯特伐利亚和平条约》承认每个主权国家在其领土范围内享有主权。而洛克、霍布斯、孟德斯鸠、卢梭、潘恩等思想家从人本意识与契约观念的角度出发阐述了现代国家的概念：国家是社会个人和社会团体为共存相互契约的结果，契约是社会每个个人自然权利相互让渡后的结合。这种结合的最高的表现是人民权；而国家主权是人民权的外观形式。法国著名重商主义学者让·博丹（1576）在其著述《论共和国六论》中第一次明确提出了近代主权概念，他们的上述理论对后来国家观念及作为国际法基础理论的关于"国家基本权力"理论原则的形成产生了决定性的影响。《牛津法律大辞典》定义的"国家主权"是国家根据国际法所享有的必需的最为重要的权力；是国家基本权力；国家享有这种权力才被承认为国家。因此，国家主权是国家的最基本的属性。国家由其自然权力可以引申出四种基本权力：一、独立权；二、平等权；三、自保权；四、对内最高管辖权。这四大权力实际上分为内外两部分权力。张文木（2000）提出"国家"与"国家主权"是"国家安全"概念产生和发展的认识原点。主权中的"自保权"与由此引出的"国家安全"概念之间有着内在的逻辑联系。国家安全的最高目标是保卫国家。而主权的最高表现则是保卫国家的生存权和发展权。国家安全本来是国际关系学的概念。国家安全是指对国家"核心价值"的维护，具体内容包括保持国家统一和领土完整、内外经济正常运行、制度和统治不受外部力量干扰的状态，维护这种状态的能力，以及人民对维护这种状态能力的信心和主观感觉（梁勇，1999）。

冷战以后，各国的安全观念与政策从以军事安全为主体的传统安全观向以政治、经济、文化、外交、国防等多方面多层次的综合安全观演进，国家主权的独立性、自主性和排他性的倾向进一步加强，经济主权作为国家主权在经济领域的表现，是主权理论从政治维度延展至经济维度的必然结果。这种趋势下，经济主权成为国家主权的核心部分。

2. 全球化对主权的冲击

经济全球化是人类社会全球化进程中的最明显、最基本的内容。它以跨国公司的发展、资本的跨国运动、国际贸易的加强、网络经济的兴起等为特征。但在既有的世界体系中，民族国家的主权界限是十分清晰的长期历史发展的结果，使特定地域空间上的人们，将自己生存空间的利益统统置于特定国经济主权的庇护之下，使得特定的主权与特定的社会活动和利益相融在一起。以捍卫自己民族国家独立性的主权特征，恰恰成为经济全球化推进过程中的最大障碍，因而冲击民族国家的经济主权必然成为经济全球化过程的显著现象（索罗斯，2001，2003）。徐开金（2002）提出由发达国家首先兴起的新一轮经济全球化浪潮势不可挡必然冲击各主权国家的经济主权，构成与各国经济主权互动的特殊关系，所谓经济主权分享，就是指参与经济全球化过程中的民族国家，为追求其国家利益，让渡自己部分经济主权的现象。经济主权的分让可以分为空间分让（特定的生存发展空间）与权能分让（所有权、生产经营权、经济法则制定权、经济利益分配权等）。独立的主权在与人分享时，对被分享的主权来说就构成了一种安全威胁，而这些都是一国采取全球化战略后的必然现象。对于发展中国家愿意主权分享的原因，正如德国经济学家觉特拉赫（1995）所说，全球化使许多发展中国家增加了从经济上把本国发展成为工业化国家的机会。因此，它们不拒斥全球化，即使全球化充满风险，它们还是愿意把自己的独立主权有限制地、部分地与外来经济形式或组织分享。

亚洲金融危机之后，国家经济安全引起了我国政府、学术界、公众的广泛关注，掀起了有关于经济安全问题的研究热潮。国内外的研究在思考经济安全问题时更多地立足于经济主权的视角。在核心经济主权被进一步强化的同时，经济的全球化与开放进程也是附属经济主权不断被分享的过程。在全球化时代背景下，哪些主权属于核心主权，主权能够分享到何种程度等等，都是很现实的课题。每个时代都有其显著的经济特征，主权的内容与观念随着时代变迁而变化，核心主权应该是在观念上最为根本、在时间上相对稳定的主权权力。只要牢牢控制了核心主权，非核心主权的行使方式则可灵活多样。

第三节　金融国际化中的货币主权与金融安全

经济全球化趋势下，保持货币主权独立性对维护本国金融安全、国家安全至关重要。如果货币主权独立，不但可以一定程度上掌控社会信用、物价体系稳定运行，而且可以在巩固本国铸币税征收的基础上进一步拓展其他国家的铸币税，可以以独立的姿态参与经济全球化。如果货币主权丧失，该国丧失的不仅仅是铸币权，而是将影响金融、经济、社会安全运行的政策调控权拱手让人，久而久之必然丧失国家自主权。因此，货币主权对金融安全再怎么强调都不为过。为进一步阐述两者的内在联系，下文从金融全球化下货币主权范畴、货币主权与金融安全内在联系、维护货币主权的策略与战略以及当前国际货币秩序发展趋势等四个方面进行抽丝剥茧、深入剖析。

一、金融全球化下的货币主权

（一）全球化下货币主权的范畴

货币作为特殊的一般等价物，其功能和作用主要是看其内在价值的高低及其稳定性。在商品货币（包括金融货币）制度下，货币所体现的价值和待交换的商品的价值相等。无论是国家拥有铸币权还是私人拥有铸币权，都必须保证货币价值充足。由于货币价值的充足性，货币主权无论赋予谁，都无法获取铸币的好处，货币主权不会受到过多的影响。在纸币制度下，货币的价值即货币的购买力更多的取决于它的信用和国家法律的保障。一旦货币只是一种价值符号，完全由法律规定决定流通能力，就会出现货币主权的争夺，尤其在开放经济下。

在开放经济的背景下，货币的使用很大程度上是市场竞争的结果，表现为多种货币间的选择，从而形成外币对本币的替代或本币对外币的替代。这种替代过程实际上就是不同国家之间主权货币的竞争过程。这一过程中，政治因素对国际经济活动中货币使用的影响是绝对不容忽视的，尤其是在一种货币扩大影响力和竞争力的初期。布雷顿森林体系的形成就为美元国际化网络系统的建立提供了必要的制度条件，从而加速了美元世界货币地位的巩固，美元也成为了"二战"后货币金字塔中第一层中的唯一一种货币。20世纪70年代以前的货币竞争是在国际货币市场上展开的，即货币竞争限于少数国际货币之间，20世纪70年代以后，随着资本管制的逐渐取消和金融市场全球一体化的加速，货币竞争出现了"非领土化"（deterritory）特征，即货币竞争已经跨越了国境的界限，深入到主权国家的领土范围以外，将大部分国家都卷入其中（Cohen，2007）①。无论一国政府愿意与否，其货币都被迫参与了国际的货币竞争，货币竞争"非领土化"的最终结果就是货币替代（Currency Substitution）。

因此，根据货币发行和流通能力，我们认为货币主权包括四个层面的内涵：一是货币发行权；二是国内领土上本国货币的使用结算权；三是国外领土上本国货币的使用结算权；四是国际上本国货币与他国货币兑换的定价权。货币发行权是一国主权独立的重要标志，决定了一国货币经济的掌控能力。国内领土上本国货币的使用结算权是一国所发行的货币的基本能力，即在本国法律保护的清偿力范畴内给商品计价、偿还债务、充当交易媒介等。国外领土上本国货币的使用结算权主要是一国在一定的经济实力基础上参与国际经济往来程度的体现，尽管有时它以国际战争为契机充当货币霸主地位，但根本前提是该国经济实力及由此而决定的各国对该国货币的使用程度。国际上本国货币与他国货币兑换的定价权，即汇率的决定和调整权，汇率往往是各国为最大化本国利益相互争夺、妥协的结果，争夺手段有时是政治压力、有时是战争打击，但本质上都是各国主权利益的体现，它对影响各国实体经济和金融经济举足轻重。

（二）货币主权与货币分层

货币主权问题的实质就是一国在多大范围内对制造货币、支付货币具有掌控能力，它既是该国综合国力的体现，也是包括本国在内的经济实体对它的认可和需要。货币主权的体现是该货币在货币体系中所占的空间和时间结构，根据这一标准货币能够进行分层。

弗兰德鲁和约布斯特（Flandreau and Jobst，2005）② 利用网络分析法（network analysis）对 1890~1910 年间的国际货币体系进行了结构分析。其分析特点是借助一定的网络统计方法和指标体系来分析货币体系结构。他们认为，19 世纪晚期的国际货币体系最宜被描述为"三层级体系"而不是传统所说的"双层级体系"，即在关键货币（英镑、法郎和德国马克）和外围货币之间，存在着相当数量的中间货币，它们主要是欧洲货币；而且，美元作为中间货币中的一个特

① Chinn and Frankel. *Will the Euro Eventually Surpass the Dollar as Leading International Reserve Currency?* NBER WP No. 11508, 2005. In G7 Current Account Imbalances: Sustainability and Adjustment, edited by Richard Clarida. Chicago: University of Chicago Press, 2007, 285 – 323.

② Flandreau and Jobst. *The ties that divide: A network analysis of the international money system*, 1890 – 1910. April 2005.

例，经历了从中间到顶端的演化过程。科恩（Cohen）在他的著作《货币的未来》一书中的划分，存在七种货币等级，最高级别的货币拥有最广泛的势力范围：（1）顶级货币（Top currencies），即最主要的国际货币，如"二战"前的英镑和"二战"后的美元，而且今天的美元独占了货币金字塔的最高层。（2）高贵货币（Patrician currencies），即在国际上广受欢迎，但未取得支配地位的货币，虽不能像美元一样拥有最为广泛的势力范围，却能在某一特定区域发挥其多数跨境功能，如原来的德国马克、欧元和日元。（3）杰出货币（Elite currencies），即虽然拥有较大的交易范围，也可发挥国际性的价值储藏职能，但其权威职能延伸到一个或两个邻国，如现在的英镑、瑞士法郎等。（4）普通货币（Plebeian currencies），即有限国际使用的更温和的货币，其势力范围基本上可以界定为本国范围内，只能吸引少量跨境使用或国际贸易，如一些小型工业国家或中等收入的新兴市场国家货币。（5）被渗透货币（Permeated currencies），即在国内市场对外国货币做出实质性让步的货币，它们在市场力量驱动的货币替代过程中，虽然名义上货币主权的发行还属于该国政府，但实际上外国货币已取代其部分货币职能。（6）准货币（Quasi currencies），即货币有效竞争力向外国货币妥协，不仅价值储藏功能被替代，而且交易媒介和价值尺度的功能也被替代的货币，此类货币只具备法律上的而不是实际的势力范围，如一些拉美国家的货币。（7）伪货币（Pseudo currencies），即处于"金字塔"最底端的级别，只有法律地位，而无任何实际经济作用，被完全替代的货币。

（三）货币在层级之间的转化

货币所属层级并非一成不变，而是应国家经济实力和国际秩序变迁而进行转化的，层级转化过程的形式是货币替代，转化的结果是货币主权地位。因此，国家经济实力→货币被认可需求程度→货币替代程度（包括被其他货币替代和替代其他货币两个方面）→货币主权地位，由于基础条件的变迁，货币在层级之间不时转化。由于国家之间相对经济实力和金融市场发展程度的变化，导致各国居民、政府在不同货币之间需求发生变动，导致货币在货币体系中的地位发生变动。我们归纳影响货币层次的基础条件分别如下：

1. 产出、贸易的规模与地位

一国货币在国际产出、贸易和金融交易中的占比越大优势越大，货币层次越高。艾肯格林、弗兰克尔（Eichengreen，Frankel，1996）[1] 曾经计算，如果关键

[1]　Eichengreen. *Sterling's past，Dollar's future：historical perspectives on reserve currency competition.* NBER Working Paper，No. 11336，2005.

货币国家的产出占世界产出（按 PPP 计算）的比例上升 1%，那么，这一关键货币在全球外汇储备中的份额将会上升 1.33%。艾肯格林（Eichengreen，1997）① 发现，即便考虑到历史惯性和规模经济等因素，如果关键货币国家的产出占世界产出（按 PPP 计算）的比重增加 1%，这一关键货币在全球外汇储备中的份额也将会增加 0.9%。后者虽然稍有下降，仍可以说明经济规模对货币国际竞争力的影响。

2. 金融市场的相对发展程度

为了增强一国货币的国际地位，国内的货币和资本市场不仅仅是开放无管制的，还要更加深入发达。从美元和欧元的对比来看，据国际清算银行的统计，就开放程度而言，欧元全面启动之初的 2000 年、2001 年欧元区进出口商品和劳务占 GDP 的比重都在 20% 左右，相应地，美国这一比例则分别只有 11.9% 和 13%。若以此作为判断标准，欧元区的开放程度要高于美国。当然，在资本市场的广度、深度和流动性，以及经济稳定性和外部均衡方面，欧元区和美国各有优劣。尽管以欧元为面值发行的国际债券已经超过美元债券，欧元区资本市场（以法兰克福市场为中心）的广度、深度和流动性同美国相比，还有一定差距，美国证券市场不仅在规模上是欧洲市场之和的两倍左右，而且市场的一体化程度也比欧元区高得多。欧元的国际竞争力之所以提升迅速，与欧洲经济一体化过程中的金融市场发展紧密联系。

3. 对货币价值的信心

关键货币尽管只是作为计价单位的话也需要保证其价值不会剧烈波动；而关键货币还会作为一种资产被政府或私人部门持有（比如公司具有的外汇头寸，投资者持有的国际债券，中央银行持有的外币储备资产等）；那么，货币价值的稳定尤其是存在通货膨胀预期时就显得尤为重要。20 世纪 70 年代的日本、德国和瑞士曾经建立起一种比美国更好的保持低通货膨胀的机制，从而帮助本国货币确立国际地位。80 年代，美国通货膨胀率的均值和方差都高于上述三种硬通货国家，但是低于英国、法国、意大利等多数国家。90 年代，由于美国成为规模较大的债务国，尽管美联储从未采取任何措施整治通胀，持续的经常账目赤字也给美元带来了巨大的贬值压力。相反，欧元问世之后，很快就有一些国家以这样或那样的方式把欧元当作参考货币（reference currency）。据不完全统计，目前大约有 50 多个国家的货币汇率与欧元挂钩。欧元已成为这些国家的锚货币（Chinn and Frankel，2008）②。

① Eichengreen. *Sterling's past，Dollar's future：historical perspectives on reserve currency competition.* NBER Working Paper，No. 11336，2005.

② Chinn and Frankel. *The Euro may over the next 15 years surpass the Dollar as leading international currency.* NBER Working Paper，No. 13909，2008.

4. 交易网络外部性

每一种货币都有自己的势力范围，随着竞争力的增强，其网络外部延伸性越来越大，不仅可以形成区域优势，而且可以作为辅助国际贸易和国际金融的货币手段。对于储备货币成员国来说，这种作用会比较明显；然而，这种变化并非短期效应，往往形成一种历史惯性。对于一个经济主体来说，如果其他人都使用某种货币交易结算那么自己也很可能采用；如果某一种货币广泛用于贸易结算，那么也就更可能同样用于金融交易中，从而成为外汇交易中的工具。如果作为一种国际交易工具，那么就有可能被小国货币盯住（Eichengreen and Mathieson，2000）。利用 IMF1973～1998 年的可查央行持有储备数据，钦和弗兰克尔（Chinn and Frankel，2007）[①] 测算储备货币份额和发行国 GDP 份额之间的关系，得出一国经济规模（相对收入）正面效应且相关度高，其他三个收益率变量则是负面效应，货币价值的下降使得储备货币吸引力降低。

二、货币主权与金融安全：影响机理及传导路径

货币主权对本国金融安全极具重要意义，体现在两者之间存在千丝万缕的联系，前者通过种种途径影响后者。小国经济状态下，主权国为了维护本国经济稳定而与大国货币挂钩，或完全采用大国货币，其经济、金融受影响程度较低。大国经济状态下，货币主权不同程度受损，对本国金融安全具有至关重要的影响，其影响机理与传导路径如下。

（一）货币主权、金融稳定与金融安全

货币主权关系到本国金融机构能否长期稳定发展，决定了本国金融体系的生死存亡，左右着整个国民经济究竟"鹿死谁手"。货币是现代经济体系运转必不可少的要素，货币发行之初是多个银行类金融机构竞争发行货币，一定程度上造成了不同机构发行的货币流通范围、流通能力、币值稳定性的不同，不利于经济整体范围内自由流通，影响经济运行效率，损害公众福利。因此，中央银行代表国家垄断发行货币，为货币稳定性负责，为陷入清偿危机的金融机构提供流动性（最后贷款人职能）。如果本国领域的货币主权受到侵害，本国的中央银行功能严重弱化或不复存在，一旦本国金融机构陷入流动性危机，无论是由于信用风

① Chinn and Frankel. *Will the Euro Eventually Surpass the Dollar as Leading International Reserve Currency?* NBER WP No. 11508, 2005. In G7 Current Account Imbalances: Sustainability and Adjustment, edited by Richard Clarida. Chicago: University of Chicago Press, 2007, pp. 285 – 323.

中国金融国际化中的风险防范与金融安全研究

险、市场风险，还是操作风险，都无法得到及时的救助（最后贷款），只能自寻出路或坐以待毙。此时，侵害本国货币主权的国家也希望本国金融体系崩溃，借以操控金融，进而通过此环操控整个国家经济和政治。因此，货币主权独立程度影响到本国金融机构流动性风险的高低，决定着本国金融体系是否稳健，进而左右着本国的金融安全。传导机制可概述为：货币主权→金融机构流动性风险→金融稳定→金融安全。

（二）货币政策干扰

货币主权决定着本国货币政策效率的高低，进而影响金融体系的运行态势和稳定程度，决定金融安全状况，一旦货币主权受损，通过金融市场运行等路径，影响金融安全。货币主权决定了本国能否根据经济运行态势自由调节货币供给量、自由调整利率水平，尽管一些国家、一些学者主张规则行事的货币政策，但这也是建立在货币政策独立的基础上。如果货币主权受损，本国货币的流通范围一定程度受到约束，货币供给量不再单单是由政策当局决定的事情，而且受到国外货币政策的影响，此时调节货币量的利率手段也因此大打折扣。例如，一些非国际储备货币的国家拥有规模惊人的外汇储备，外汇储备在央行资产负债表中表现为资产，当外资通过国际收支项目涌向国内时，央行必须发行本国货币予以兑换，外汇储备被动增加。中央银行若不发行票据，必然造成国内货币供给量的上升，即使发行票据，也必须结合国外货币政策进行决定。如果国外处于经济萧条期实施的是宽松的货币政策，本国发行票据缩减货币供给或提高利率，必然造成本国货币升值，约束出口经济；如果也实施宽松货币政策，则造成本国通货膨胀或既有的通货膨胀得不到治理（可以参考我国外汇储备、货币供给变动和利率，见图7－1）。因此，货币主权受损时，货币政策受到冲击，冲击后的货币政策可能错误引导国内金融市场，使其做出过激反应，甚至促成金融动荡。综合其机理，传导路径如下：货币主权→货币供给冲击、利率调节冲击→货币政策调控效果→金融市场波动→金融安全。

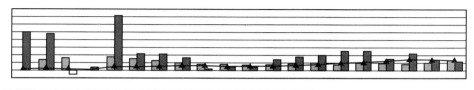

■货币和准货币（M2）–同比增速　■外汇储备增长率　▲外汇储备占货币供给比重

图7－1　中国外汇储备与货币供给变动

（三）国际金融结构失衡

货币主权影响了本国国际收支结构和平衡状况，而这背后往往是整个国民经济的福利损失和金融安全局势。货币主权在国际经济往来中的地位，决定了本国与外国国际贸易等经济活动中使用的结算货币，决定了国际金融活动的结算货币。如果一国拥有国际公认的货币主权，它可以以低廉的印钞成本甚至更低廉的电子货币来购买其他国家的商品和劳务（表现为经常项目巨额逆差），它的金融机构极度扩张的金融资产不但控制其他国家物品的定价权（表现为金融与资本项目巨额顺差），而且在风险膨胀、危机发生时可以通过货币发行，将负担分摊给其他国家。由本次美国金融危机前后经济指标可以证明，如图7－2、图7－3所示。如果一国丧失国际承认的货币主权，本国货币在国际经济活动中难以充当媒介，本国不得不花费巨大精力出口商品劳务换取外汇，本国的金融产品（只能用本国货币清偿）也由此难以得到国际认可、难以扩张。这表现出经常项目巨额顺差和金融资本项目逆差。中国一定程度上可以说明这一点。因此，货币主权通过国际收支影响金融安全的渠道为：货币主权→经常项目→通胀风险→金融危机→金融安全；货币主权→金融与资本项目→金融泡沫→金融危机负担转嫁→金融安全。

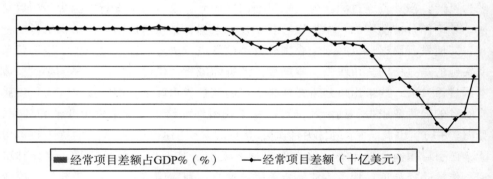

图7－2　美国经常项目差额变动趋势（10亿美元，%）

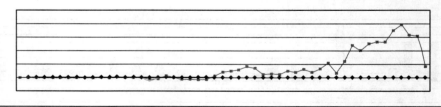

图7－3　美国资本与金融项目净额、占GDP比例及增长率波动

（四）汇率施压

货币定价权作为对外经济中本国货币主权的重要方面，决定了本国维护经济利益和金融安全的主动性及有效性，在经济一体化和区域化之前，大国之间发生汇率战（货币定价权的争夺）成为常态。如果一国缺少国际上本国货币与他国货币兑换定价权，无论价值是高估还是低估，都会导致本国调节国际贸易、国际投资等经济活动的政策僵化，从而成为经常项目顺差（或逆差）和金融资本项目逆差（或顺差）的推动力。表面上这是一国经济报表的结构变动，实质上反映了本国经济福利受损程度，本国与其他国家之间经济套利空间及由此引发的热钱暗涌，并由此造成的经济金融动荡。当一国货币完全丧失汇率定价权时，严重失衡的金融与资本项目逆差使本国金融市场定价权、风险控制权几乎完全交于拥有这一主权的国家，最终为他国金融机构过度投机、冒险投资埋下的风险隐患买单。因此，货币主权汇率渠道影响金融安全的机制为：货币主权→汇率受困→冲击本国经济→金融风险积累→金融安全。

第四节　全球化下中国金融业开放战略——以银行业为例

在金融全球化迅猛发展的时代背景下，银行业的开放是各个主权国家经济发展的必然选择。银行业的开放是一国经济金融对外开放的核心内容。银行业开放的理论必然要回答两个基本问题：一是外国银行为什么要进入东道国市场寻求跨国经营的机会？二是东道国为什么要开放本国市场接受外国银行跨国经营？由此可知，银行业开放的传统理论都是解释进入方与东道国的动机，现有的理论模式提出了一些假说，并试图通过实证分析进行验证。值得注意的是，世纪之交国际银行业的并购整合如火如荼，超过之前数百年的发展程度。而银行业开放理论远远落后于实践，现有文献还没有建立成熟的理论体系来对这一现象做出解释。

一、银行业开放的效应及述评

（一）文献的梳理

加雅特尼和斯特拉恩（Jayartne and Stranhan，1996，1998）的研究表明美国的各州政府放宽了银行在各地发展分支机构的限制以后，给美国市场带来了积极的效应，增加了贷款的质量，提高了银行效率并促进了经济增长。他们同时提出能够进行有效扩张的银行一定是在本国或者本地最有活力和效率的银行，因此它们可以给东道国的银行部门带来效率改进。当然，外资进入不同情况的国家也会带来不同的效应。其中最全面的分析来自于克莱森斯、德米尔古克肯特和赫伊津哈（Claessens，S.，Demirgüç-Kunt，A. and Huizinga，H.）在 2001 年所做的研究。他们使用了 1988～1995 年 80 个国家的银行数据来分析引入外资银行对本国银行在净利差、盈利水平、非利息收入、经营费用和贷款损失准备等方面的影响，发现外国银行的增加是与国内银行非利息收入水平提高和经营支出减少相联系的。这一结果说明开放提高了东道国银行业整体效率，对东道国经济产生了积极的福利效应。克莱森斯等人研究的不足之处在于未区分外资银行进入的东道国是发达国家还是发展中国家。伦辛克和赫米斯（Lensink and Hermes，2004）注意到外资银行在不同发达程度的国家所产生的不同作用和影响，在回归模型中引入了经济发展水平这一因素，以检验经济发达程度不同是否会影响外资银行进入的效应。其实证结果证明银行业绩的改善与金融发展水平有关。他们发现：在金融发展水平较低的国家，外国银行的存在导致国内银行边际成本较高，说明降低了银行效率；而在金融发展水平较高的国家，外国银行的存在则是与国内银行边际成本较低、效率提高相关联的。许多研究者（Denizer，1999；Barajas，1999；Unite，2002；Janek Uiboupin，2004）还对外资进入单个发展中国家的效应进行了分析。他们的实证结果多数表明在短期内外国银行的增加导致了对国内银行产生负面影响；而外资进入对发展中国家的经济增长与社会福利水平等长期效应的影响，文献中并没有得到较为清晰和统一的结论。国际经验没有提供足够的参照来说明外资金融机构参股中资银行最终会带来什么样的效果。很多外国学者认为，最近进入中国银行业对于外国投资者来说不是很大的战略性举措，因为外国投资者只在其中占有很小的份额，现在的参股只是未来更大规模在中国市场拓展的前奏。虽然现在几乎所有的中国大中型银行都引进了战略投资者，但是外资银行对于中国银行资产的控制非常低，因此，外国投资者参与中资银行的管理也非常受限制。莱明·雷和理查德·波德皮尔（Lamin Leigh and Richard Podpiera，2006）认为，对于像中国这样的发展中国家来说，外国投资者的介入会给中国市场带来空前竞争，这将有助于提高这个市场中所有银行的效率。对中国这样正在将金融部门大规模市场化的国家，引进外资银行可以带来特殊的发展经验和专业的风险管理技术，外资银行的进入将大大加速东道国金融体系转轨的进程。

从国内研究现状来看，就外资银行进入对发展中国家银行业开放的效应以及对我国金融监管的挑战等问题定性分析较多，实证分析较少。目前只有郭妍、张立光（2005），吕剑（2006），李晓峰等（2006），黄宪等（2006）等数篇论文选取国内主要银行 1993～2003 年间的面板数据就外资银行进入对我国银行盈利状况、经营水平、抗风险能力等方面的影响进行了定量研究。郭妍等认为外资银行的影响在 90 年代前半期不甚明显，到 1998 年以后才逐渐显著；外资银行的"市场竞争效应"、"技术示范效应"、"金融稳定效应"在我国均有体现。李晓峰等认为外资银行的进入导致的竞争加剧与存款分流将使得国内银行的流动性显著降低，导致资产质量下降和风险增加，非利息收入减少，经营费用和资产收益率减少，而技术外溢效应以及对国内银行盈利性的影响并不显著。然而他们提出的外资银行进入导致的国内银行市场份额和优质客户大量分流、经营资金来源严重流失等假设缺乏理论基础和实证资料支持，而单凭回归估计不能完全证明上述结论。黄宪等将实证结果与国外研究进行对比，发现我国银行在利息收入率等关键指标的变化上与外资进入没有显著关系，说明不同市场化程度对外资进入效应有重大影响。他们同时也指出由于我国银行业发展历史有限，外资银行在中国发展的时间也不长，目前又正处于制度转换的关键时期，因而实证结果应该是一种短期经济效应，可能不具有普遍意义。

（二）基本的结论

从现有研究，我们可以得出以下一些结论：

1. 大多数学者都认为外资银行给东道国的资本流动带来了新的因素，外资银行的参与增加了国内市场可贷资金的总量，这将有助于资本的积累和流动。

2. 而外资银行进入与东道国银行效率的关系则不能一概而论，而应根据不同国家经济金融的发展水平、银行的开放程度以及宏观经济状况等进行具体分析，从国外实证研究中我们至少可以得出的一个初步结论是，在中东欧、东南亚等地区的新兴市场国家，外资进入对母国银行业造成了很大的竞争压力，增加了国内银行的经营成本和风险。这一结论在中国仅有的少数实证材料中也得到了一定程度的证实。

3. 外资进入对金融稳定、经济增长以及福利水平造成的影响实证研究并没有得出较为清晰和一致的结论，且对一些宏观问题很难给出解释，如何从测度层面研究金融安全仍然是一个很大的难题。

（三）主要的争议

从研究文献可以看出，对于外资银行进入效应问题存在广泛的争议的地方主要集中于三个方面。很多研究成果在同一问题上提出了针锋相对的观点。存在广泛争议的问题都涉及到了对外资银行动机的判断，都强调了东道国银行业开放中的控制权风险。而对这些问题的求证不能仅仅通过实证的方法，因为它还牵涉到民众观念和价值判断的内容。

第一，外资银行是负责任的银行吗？文献中提出的第一个问题是，外资银行进入增加了东道国的资本流动，会不会给贷款市场带来更大的波动性，特别是在东道国发生金融危机的时候？在各种文献中，墨西哥、阿根廷、智利等曾经发生过金融危机的国家被广泛引为案例进行研究。部分西方学者认为，外资银行进入给东道国带来了更加雄厚的资金支持国内的项目，而跨国银行都是具有国际知名度的大银行，具有更强的抗风险能力，这些银行的贷款项目将比其他银行具有更稳定的效应，因此，外资银行能够增加东道国贷款市场的稳定性。这种观点对于东道国是较小经济体的情况相对有说服力，梅尔泽（Meltzer，1998），琳达·戈德堡、杰拉德·艾吉斯、肯尼（Linda Goldberg，Gerard Ages，Kinney，2000）等学者都支持上述观点。然而，也有很多学者认为，外资银行会显著增加东道国贷款市场的波动性和系统性风险。外资银行的进入给东道国市场带来更大的不确定因素，在发生经济危机的时候，由于拥有全球网络和更快的市场反应能力外资银行可以更迅速的抽逃资金，跨国银行更多的看重商业利益，它们不会对一个危机的经济体负道义上的责任。持这种观点的人包括反对新自由主义的学者、发展中国家的政府官员和危机国的广大民众。东南亚金融危机后，以马哈蒂尔为代表的亚洲国家领导人普遍抨击了跨国银行、国际游资等西方经济势力不负责任的敌对行为。由此可见，对外资银行道义问题的争论已经远远超过了经济学家的研究范畴。

第二，外资银行的摘樱桃（cherry pick）给东道国银行业带来什么后果？对外资银行进入效应的第二种广泛质疑是关于外资银行在目标市场的战略动机。人们都认为外资金融机构在目标市场采取的是一种叫做"cherry pick"（摘樱桃）的战略。外资银行凭借其强大的业务实力和高超的风险管理技术，夺取东道国银行市场的少数高端客户。它们分取了东道国市场利润率最高的部分，而给国内机构留下盈利水平较低的市场和风险较大的客户，这样的发展趋势使得国内金融机构承担了更大的风险，在发生金融危机的时候国内银行将受到更严重的打击。然而，外资银行通过竞争提高金融业效率，而效率的提高也促进了金融业的稳定。在一定的条件下，外资银行的盈利性冲击不但不会造成银行体系的崩溃，还将有利于体系的长期稳定。因为虽然外资银行进入在短期内会给东道国的银行业带来一些不稳定的因素，但从长期看，经过优胜劣汰得以生存下来的银行将有更强的竞争力，拥有更忠诚的客户，因此，银行可获得更加稳定的经营环境。卡诺伊（Canoy，2001）的研究发现，有多种方式可以加剧银行间的竞争，不同的方式对体系稳定的影响不同，外资银行大多是通过复制进入（replicating entry）当地银行市场的，而且该过程是逐步进行的，只要辅之以适当的管理和审慎的监管，不太可能形成巨大的外部冲击，因此不会加剧银行体系的不稳定。

第三，外资银行进入是否对战略性产业构成控制权威胁？第三个问题的提出更加一针见血。很多人认为银行系统作为一国的战略性产业，理所当然的应该由国内的资本来掌握。尤其是那些由政府主导型改革模式的国家，控制银行业对于金融安全具有重要意义。银行业开放的反对者主张加强对外资进入国内金融业的准入和业务监管，当然这种认识更多的来自于新兴市场国家的学者。他们认为在开放过程中，东道国的民众总会担心本国的银行变成西方跨国银行的一个分支机构。然而，大多数西方学者认为这种评论过于严重，他们反而认为外资银行的进入会增强东道国银行系统自身的实力，并会有效改善该国的金融结构，包括政府的金融监管。外资银行进入将导致银行特许权价值的下降，进而导致利润下降。所谓银行特许权价值（franchise value of banking license），是指根据银行未来的预期利润进行贴现所获得的现值。显然，如果一国的银行部门准入限制越多，银行所获得的垄断利润就越高，从而其特许权价值就越高。许多国家和地区的银行依靠特许权价值获得了巨额的垄断利润，这些利润对于他们维持较高比率的不良贷款具有重要的意义。

在中国近一轮银行业开放过程中，国内学术界围绕着引进战略投资是否威胁我国金融安全也进行过激烈论争，并提出了针锋相对的两种不同意见。无独有偶，在韩国和中东欧国家银行业开放的过程中，也出现过类似的争论。在大多数中东欧国家开放初期，政府和部分民众持相对审慎态度，甚至有些人认为外资控股国内银行是西欧的经济侵略；但是银行监管部门和学术界则主张大胆开放，并促使这些国家最后完全放开了银行业。韩国在1997年金融危机后几乎一夜开放了银行业，但是银行业的开放程度在韩国国内争议很大，韩国央行（2003）罕见地以公开声明方式呼吁政府应该关注外资控制过多银行业可能对经济发展带来的弊端；韩国公平贸易委员会主席姜哲圭（2006）公开表示，有必要采取额外对策，防止外资接管韩国关键行业和领先企业；其金融监督院主席以及伍里银行行长等官员甚至呼吁金融机构联合抵制外资。由此可见，任何一个主权国家的政府和民众都不敢对涉及国家安全的银行业开放问题掉以轻心，而此轮发生在我国学术界的论争，也反映出广大学者试图从理论和实证上对金融安全问题做出合理解释的努力。从研究方法上进行梳理，国内代表性文献体现了如下几个研究视角：

1. 从宏微观成本效益的角度分析，史建平等（2006）从中资银行控制权风险和客户信息泄密等问题的角度提出引进战略投资的改革措施需要慎重；陆磊（2006）运用选择权、治理和风险分担作为银行业对外开放的三个衡量国家金融安全的变量，认为至少在短期内必须保留某种形式的国有独资银行，以平衡金融资源配置，平准货币、信贷和外汇市场。而费伦苏等（2006）则提出银行对金融安全的影响是微观对宏观的作用，由于我国政府的主导，目前不必担心金融安全问题；

唐双宁（2005，2006）、苏宁（2006）从监管层面回应了人们对安全的担忧，提出引进战略投资会增强银行业的抗风险能力和国际竞争力，有效促进安全稳定。

2. 从国际比较的角度分析。王一江、田国强（2004）对比了中日韩三国政府行为与银行改革，认为中日韩进行的都是强政府主导下的银行改革，有很大的可比性。他们通过对韩国银行业外资战略的分析提出限制外资进入银行业不是防范金融危机的有效手段，防范金融风险要从根本上消除银行不良资产膨胀的制度性因素。鉴于中日韩这种强政府下的政银关系，只有引进外资才能从根本上改变银行治理与经营机制。据此他们还提出，外资战略要有广度和深度，外资在银行业的比重要大，并以多种形式全面参与一国的银行业。李石凯（2006）研究了境外投资者对中东欧 8 国银行产业转型与发展的影响，对转型国家银行引进战略投资持肯定态度。但因为中东欧国家与西方发达国家的经济互补性很强，政治制度与政治环境与我国大相径庭，其休克式改革的很多做法并不适合于我国。

3. 从历史比较的角度分析。王森（2005）根据对山西票号衰亡的研究提出引进战略投资要防止外国列强通过新式金融对旧式金融的侵蚀，进而达到控制经济的目的；同时认为中国金融业拓展市场业务比改善治理结构更为重要。借鉴我国近代开放历史是一个很好的研究视角，然而需要注意的是近代中国半殖民地半封建社会的政治经济背景与今天的中国已经没有直接的可比性，况且"认为中国金融业拓展市场业务比改善治理结构更为重要"的观点也仅只是作者的一家之言而已。

4. 从银行控制权租金（即通过控制权获得的超额收益）的角度分析。占硕（2005）认为当控制权租金大到可以补偿控股风险和股权交易成本时，战略投资者就有动机控股中资银行，这也正是我国银行业引进战略投资者的风险。而引进战略投资中风险防范的关键是通过银行经理目标函数的改变和市场微观基础的改变来降低控制权租金。

5. 从外资银行在中国发展的经营动机和经营策略分析。黄宪、熊福平（2005）从业务发展阶段、地域布局、技术优势、企业文化等方面研究外资银行近年来的经营策略变化，意在分析外资银行在华的整体战略。虽然他们研究的落脚点不在金融安全问题，但是为后续研究提供了一个很好的视角。

综上所述，学术界关于银行业控制权的论争，说明银行业控制权维度是研究金融安全的一个关键切入点，同时也反映出广大学者试图从理论和实证上对金融安全问题做出合理解释的努力。但从理论和实证两方面探讨引进战略投资、银行业控制权与金融安全三者的关系却还有待进一步深入；银行业开放的国际比较值得关注，但由于各国国情的不同，在与中国这样一个转型经济大国的比较中需要认清政治、经济、文化等背景的差异；引进战略投资带来的任何问题都是中外双方多重博弈的结果，研究外资银行战略的行为以及大国间的金融政策博弈无疑对我国金融业开放战略具有极其重要的战略意义。

二、金融全球化下的银行业控制权的理论研究

（一）全球化下银行控制权的国际比较

21 世纪金融、贸易和技术的流动变化将决定新时代的政治经济现实，外国势力冲击民族国家经济主权必然成为经济全球化的显著现象（索罗斯，2001；徐开金，2003；等）。以美国为首的西方发达国家作为金融全球化的倡导者与推动者，试图通过货币金融、投资贸易等经济政策以及操控国际组织运作来达到影响他国经济、赢得国际竞争优势的目的。既然金融安全问题的关键是对一国"核心金融价值"的维护，何谓一国的核心金融价值呢？金融是现代经济的核心，金融体系的运转很大程度决定经济资源的配置。一国核心金融价值的维护主要表现为国家对资源配置能力的掌控，在某些极端状况下、政府甚至要具有完全控制和调动全国金融资源的能力。显然，这种能力是通过金融的功能来体现的。从金融功能观（Merton，Bodie，2000）的角度出发，我们可以把基于金融核心价值的金融安全问题理解为对金融资源配置能力的控制权。而金融配置社会资源的功能是由金融机构通过市场来完成的。金融体系的控制权是关乎金融安全最紧要的权力。引进战略投资就是通过出售股权部分让渡我国银行的控制权。战略投资拥有一定股权与董事席位，也取得了相应的经营管理与收益分配权限。

表 7 - 1　　　　2003 年部分国家外资占国内银行业资产比重　　　单位：%

拉美	墨西哥	83	中东欧	捷克	97	发达国家	英格兰	46
	巴拉马	59		匈牙利	89		美国	19
	智利	47		波兰	71		挪威	19
	乌拉圭	43		罗马尼亚	47		瑞士	11
	委内瑞拉	43		爱沙尼亚	100		芬兰	6
	秘鲁	42		斯洛伐克	98		日本	7
	玻利维亚	36		匈牙利	82		意大利	6
	阿根廷	62		俄罗斯	9		加拿大	5
	巴西	30	亚洲	韩国	30		德国	4
	哥伦比亚	22		马来西亚	19			
				菲律宾	15			
				泰国	7			
				中国	2			

资料来源：世界银行监管调查（IMF），2003。

基于垄断市场或投机动机的跨国银行并购会对一国经济产生消极影响，所以一些发达国家较早就开始为外资跨国并购设计审查制度，并进行适度的政府干预，这一点在银行业中表现得尤为明显。从世界范围来看，外资参股银行的比重是衡量金融资源控制权的一个显著指标，它直接关系到外资银行参与经营决策的深度和广度。许多国家都对此设定了上限。并对外资入股本国银行以及建立营业性机构的审查机制进行了严格规定。一国银行业开放的法律规定表明的是政府对外资进入本国银行业的态度；而一国法律对外资参股比例的限制是对外资的最重要的一道防线。

（二）银行控制权的微观视角

1. 基于控股权的控制模式

由于控股股东可以通过一系列设计良好的组织结构、制度、方法、手段从多角度多方面来对合资银行展开严密控制，因此这种控制是一种有效的强势控制。而由于政策、资金的限制或基于战略的限制，母公司不能控股，只是合资银行的参股人。因此，以股权而论其处于被动地位，不能像控股人那样对子银行进行直接控制，而只能利用非资本优势，掌握银行的某些核心要素，来创造条件索取一部分控制权。因此，非控股权控制是一种相对控制，通常是外资因政策原因不能控股东道国银行而采取的一种寻求控制的次优策略。

（1）股权及股权份额的基础性作用

股权和股权份额是资本的代表，其基础性作用表现为以下几点：

第一，如果不持有东道国银行一定数量的股份，就不能介入银行活动，自然也就无从对银行经营构成影响和控制。参与主体主要以其投入的资源和要素为担保来行使控制权。

第二，按照股权比例分享合资银行中的决策权和控制权的分配，是由各国公司法或银行法规定的，也就是说，获得与其股权比例相一致的投票权是受法律保护的。而各国股份公司法的一个基本规定是：股东持有公司的股权比例越高，在公司重大决策中的投票权就越大，从而越能控制公司的生产经营活动。

第三，如果持有的股权比例比较低，达不到控股的比例，则持股者就不能在董事会中获取具有支配地位的席位数，因而不能获得对银行董事会的控制。但是两权分离的特点决定了控股股东也必须向其他持股者（如经营者或核心要素控制者）实际上出让其所拥有的权力。

第四，若不能获得对董事会的控制，跨国银行就必须借助于其他资源获取对合资企业的控制。

总之，在现有企业制度安排下，因为股权和股份具有控制合资银行的基础性作用，因此控股权的控制方式具有确定性、稳定性、公开性的特点。跨国银行通常直接借助于对合资银行的控股权占有对合资银行施加影响和控制，这种控股权控制模式兼具名义控制权和实际控制权，且具有法律效力和稳定性，是最普遍和跨国银行最乐于采用的控制模式。

在控股权的转变过程中，并购是争夺控股权的主要手段。外资银行参股并购我国股份制商业银行仍以协议并购为主。从我国股份制银行目前的状况来看，由于流通股和非流通股并存，控股股东持股比例高，协议并购的现实可能性和操作性远远强于要约并购。在已完成的商业银行资产重组案例中，95%以上仍为协议并购。值得注意的是，由于要约并购更为公开透明，可以有效防止虚假重组、报表重组或者内幕交易、价格操纵等现象，要约并购可能成为我国中小商业银行（尤其是股权结构分散、流动性强的银行）资产重组的主要方式。

（2）外资银行的增资扩股冲动

一般来说，跨国银行的投资更着眼于长期利益和战略性考虑，注重参股或者控股的合资银行要服从公司的总体目标。为了能够有利于监督和控制合资银行达成其战略目标，跨国公司总是希望能够在合资银行中获得高股权比例，能够获得股权比例过半的绝对控股地位。由于各国政府对银行业都有严格的准入监管，对外资银行参股的股权比例有严格的限制，故在创建时跨国公司往往不能获得令其满意的股权比例，于是，在合资经营后利用机会增资扩股，提高乙方在合资银行中的比例，就成为外资银行常用的策略。

2006年，我国《外资银行管理条例》颁布，三次中美战略经济对话中又不断讨论银行业外资参股比例问题，这将促成两方面的变化：一是对于除五大商业银行之外的中小商业银行，外资银行将争取突破20%入股比例，从而取得控股权；二是直接并购中资银行成为可能，直接并购可能将成为中外资银行股权变化的又一主要形式。外资银行将通过上述两种方式以及结合自身网点扩张来实现在华业务的进一步拓展。

2. 基于非控股权形式的控制模式

如前所述，除了采取控股形式，某些利益相关者也有可能取得银行相对控制权。掌握银行的非资本核心要素，是外资机构控制东道国银行的手段之一，由于控股限制，外资机构会通过自身掌握的要素优势不断增强对合资银行的影响力，争取部分控制权。具体来说，就是通过股东间协议、董事席位、产品品牌、技术优势、人才优势等来获取经营管理权。在我国银行的并购案中，花旗团队入主广发行的并购重组安排最令人关注。

控制银行业最重要的是要控制银行市场，以及银行业资源对国家经济与安全的辐射能力。银行市场的经济利益及其对国家战略的影响是控制权争夺的动机或结果，国外经济体可能通过扩张经营性机构和参股并购这两条途径来侵占东道国银行市场，控制金融资源。产权、人才、信息、网络系统、核心技术都可能成为争夺的要点。另外，东道国银行业结构决定了外资控制的途径和策略；提高银行体系国际竞争力、促进金融稳定是东道国保障控制权的根本措施①；而政府的规制和监管是反制外资渗透控制的主要形式和手段。

（三）银行控制权的产业视角：四个维度

1. 银行产权维度

金融配置社会资源的功能是由金融机构和金融市场来完成的。金融机构的控制权与金融市场的定价权是关乎金融安全最紧要的权力。引进战略投资就是通过出售股份部分让渡我国银行的控制权。战略投资拥有一定股权与董事席位，也取得了相应的经营管理与收益分配权限。从世界范围内来看，外资参股银行的比重②都是衡量金融资源控制权的一个显著指标，它直接关系到外资银行参与经营决策的深度和广度。许多国家都对此设定了上限。究竟多大比例才能确保国家对银行的有效控制目前没有理论答案，各国银行对外开放实际情况表明，银行控股权的丧失意味着国家金融支配权的让渡。

2. 金融人才维度

人才的培养和保有历来是保障国家经济社会发展的命脉。而银行业又是高知识、高技术产业，信息、技术、客户关系资源都是掌握在个人和团队的手中，因此，说到底人才是银行业持续发展的根本。外资银行进入，必然导致一场人才的争夺战。虽然人们都有民族情感，然而我们也不能排除外资通过人才争夺达到控制一国金融资源的可能性。

3. 金融信息维度

金融的一个重要功能是提供以价格为核心的信息，协调不同经济部门的决策。这些信息包括金融企业的客户信息和专业的社会经济信息，金融开放前本来为中资银行和相应中国机构所控制，一部分属于商业秘密。外资进入我国银行业涉及到了金融信息资源的共享问题，因此，金融信息安全是金融安全的重要方面。日前争论激烈的中资银行高端客户流失应该从两个方面来分析：如果是在我国金融监管框架下通过合理竞争导致"存款搬家"就不应归罪于引进战略投资的改革；如果中资银行客户信息等商业机密泄露导致高端客户流失，才实实在在

---

① 发展才是硬道理。新兴国家银行业的改革与发展是一个宏大的问题，虽然这个问题对控制权的影响也非常大，但是本书并未做展开研究。

② 外资参股比例是一个显著指标，但不是唯一指标。本章第四节将建立一个指标体系来更详尽阐述银行业外资控制程度的衡量。

影响到我国的金融安全。

4. 交易清算网络维度

金融系统提供清算与支付结算的途径以完成商品、服务、资产的交易。金融体系基础设施的完善与有效运作对金融安全更加重要（唐旭，2006）。中央银行与中资商业银行控制登记、托管、交易与支付清算体系，完善征信系统与反洗钱系统，对一国的金融安全具有重大的意义。

5. 核心技术维度

在一国科技产业发展中，原始性创新能力和自主知识产权是事关国家长远发展和国家安全的战略性问题。金融专利战略是银行战略的重要组成部分，专利等技术壁垒为促进银行技术创新提供了主要动力机制和保护机制。虽然银行一般提供同质化产品与服务，能够获取专利的领域相对有限，然而某些金融"商业方法"（如风险模型与管理技术方法等）、网络服务系统方面则存在严重的技术壁垒，一些基础金融专利方法具有不可估量的市场控制力。美国花旗银行从1992年起在我国共申请19项专利被披露后，就在国内金融界引起了不小震动。

三、境外战略投资对银行业控制权的影响

（一）战略投资全球战略及其在中国发展态势

战略投资者的概念最初来源于国外证券市场。在我国银行股权改革中，官方将机构投资者分为战略投资者和财务投资者。财务投资者单纯以获得资本回报为目的；而战略投资者是以战略为驱动，有明确的长期战略目标，通过战略合作与合作伙伴建立领先地位，有抱负和承诺，并愿意进一步增加业务投资，且具有付款的诚意和能力的投资机构（金运、徐宝林，2005）。唐双宁（2005）提出中国银行业引进合格战略投资者的"五项原则、五个标准"，核心是通过对参股比例、锁定期限、派驻董事、入股限制和提供支持等方面的规定来保证满足中方既引进机制技术又避免同质化竞争的要求。与战略投资者相关联的是"战略投资"与"战略联盟"的概念。战略投资是国际机构运用并购方式对其他企业进行参股和控股的投资活动，是全球直接投资的主要形式。一般来说，可以将进行战略投资的机构投资者定义为战略投资者，把向外资机构出售股份定义为引进境外战略投资者（李石凯，2006）；战略投资和被投资企业形成参股型战略联盟的关系，其实质是一种以资本为纽带的企业间竞合（Co-competition）的伙伴关系（温斌，2004）。由此可以看出，战略投资者的概念本身就来源于企业投资战略或并购战略，目前我国没有以立法形式明确对战略投资者做出正式界定，在信息

不充分的情况下，也很难完全识别境外投资者的真正意图，因此，从战略动机和战略行为的角度分析境外战略投资对我国银行业的影响尤为重要。

国际主要战略投资者的发展战略明显体现出不同的经营理念和经营性质（如表 7－2 所示）。本书选取的研究对象主要是参股我国国有商业银行的战略投资者，这些机构也是在国际市场具有最重要影响力的商业性金融机构。根据其全球战略定位与战略发展态势，我们可以把目前入股中资的战略投资者分为国际活跃银行与财务投资者两类。

战略投资者在中国区的战略意图和发展趋势是其全球发展战略的延伸。两类战略投资在中国市场表现出来的动机和行为进一步印证了它们不同性质的发展战略。尽管我国金融监管法规对外资银行参股和在华扩充机构有明确规定，但是汇丰、花旗等战略投资已经呈现出咄咄逼人的气势。从整体看中资和外资的利益冲突会越来越大，这些"活跃银行"正试图不断拓展在中国的市场份额和影响力。它们表现出来的潜在动机与行为可能在未来给我国金融安全提出挑战。

表 7－2　　　　　主要战略投资者在华发展态势一览表（截至 2006 年年末）

境外投资者	国别	被投资企业	金额	比例	时间	备注
汇丰集团	英国	交通银行	17.47 亿美元	19.9%	2004 年 8 月	香港上海汇丰银行
		平安保险	81.04 亿港元	9.91%	2005 年 5 月	汇丰保险集团
		山西信托	9 800 万人民币	49%	2005 年 11 月	汇丰投资（欧洲）管理公司
		平安银行	2 000 万美元	27%	2004 年 1 月	平安信托和汇丰银行分别以不超过 2 000 万美元的资金正式获准收购福建亚洲银行 100% 股份，平安增资 2 300 万美元，持股比例将达到 73%，汇丰持股为 27%。2007 年 8 月 28 日，深圳市商业银行在吸收合并平安银行后正式更名为深圳平安银行。
		上海银行	5.17 亿人民币	8%	2002 年 1 月	香港上海汇丰银行
		中国区分支行发展状况：目前汇丰在内地现有 26 个网点。汇丰银行中国区总裁翁富泽（Richard Yorke）曾表示 2006 年年底内地分行及支行数目将增至 36 家。				

境外投资者	国别	被投资企业	金额	比例	时间	备注
花旗银行	美国	上海浦发	6 亿人民币	4.62%	2005 年 12 月	届时在中国法律规定并获监管机构批准的情况下，至 2008 年 4 月 30 日，花旗可通过行使认股权增持浦发股份至 24.9%。
		广发行	2006 年 11 月 16 日，花旗集团投资者团队与广东发展银行签下协议，投资者团队出资 242.67 亿元人民币，认购广发行约 85.6% 的股份。中国人寿和花旗集团及其附属公司分别持有 20% 的股份。				
		中国区分支行发展状况：在国内 6 个城市开设了 13 家零售银行网点，共有 ATM 提款机 55 台，计划年底达到 85 台。2005 年 9 月 13 日，花旗银行的旗舰分行花旗集团大厦分行正式在上海开业，这家分行将以提供丰富的金融零售产品为核心。					
淡马锡	新加坡	被投资企业	金额	比例	时间	备注
		中国建设银行	10 亿美元	5.1%（上市前）	2005 年 7 月	子公司亚洲金融控股首次公开发行时认购 10 亿美元。
		中国银行	31 亿美元	10%	2005 年 8 月	中国银行公开募股时认购 5 亿美元的股份。
		民生银行		3.9%	2005 年 12 月	亚洲金融控股为淡马锡全资子公司。
		中国区分支企业发展状况：没有与中资银行竞争的分支机构。				
美洲银行	美国	被投资企业	金额	比例	时间	备注
		中国建设银行	25 亿美元	9%	2005 年 10 月	于建行 IPO 时购入 5 亿美元的股权，同时拥有未来数年内将股权增持到 19.9% 的选择权。
		中国区分支行发展状况：撤销了在中国的美洲银行分支机构，退出中国市场。2006 年 11 月 24 日建设银行宣布以总价 97 亿港元收购美国银行亚洲（包括香港与澳门业务）子公司全部股权。美国银行（Bank of America）亚洲公司注册于 1912 年，在港澳分别拥有 14 家与 3 家分支机构；2/3 收入来自个人银行业务，资产列香港当地注册银行第 17 位。通过收购美国银行（亚洲），建行在香港的业务规模扩大为原来的两倍，客户贷款从原来的第 16 位升至第 9 位。					

续表

境外投资者	国别	被投资企业	金额	比例	时间	备注
苏格兰皇家银行	英国	中国银行	16 亿美元	5.16%	2005 年 8 月	团队共参股 10%，其中苏格兰皇家银行 16 亿美元，美林 7.5 亿美元，长江实业 7.5 亿美元。
		中国区分支行发展状况：在中国内地只设有上海分行及北京代表处。				

资料来源：根据公开资料收集整理。

（二）引进战略投资者对我国金融安全提出的挑战

尽管我国金融监管法规对外资银行参股和在华扩充机构有明确规定，但是随着我国在 WTO 规则下对金融业保护屏障拆除，以及金融自由化浪潮所带来更加通畅的资本流动，近两年来，外资银行加快了在中国扩张步伐，很多外资银行单独持股比例上，接近了银监会规定的 20% 的上限，如汇丰银行持有交通银行 19.9% 的股份，渣打银行持有渤海银行 19.99% 的股份，荷兰国际集团持有北京银行 19.9% 的股份，澳洲联邦银行持有杭州市商业银行 19.9% 的股份。也有多家外资机构联合持股比例接近银监会 25% 的上限，如兴业银行被 3 家外资金融机构合计持股达到 24.98%，西安市商业银行被两家外资机构合计持股达到 24.9%，北京银行被两家外资机构合计持股达到 24.9%，南京银行被两家外资机构合计持股达到 24.2%[①]。外资银行大举进入一方面充实了银行资本金，带来了先进管理经验，另一方面对我国金融安全提出严峻的挑战：

第一，金融资源控制权问题。汇丰银行的中国区业务居外资银行首位，目前有 27 家独资营业性机构，并持有中资多家金融机构的股份。尽管如此，汇丰在华扩张势头还依然强劲。其中国区业务总裁翁富泽（2006）说："我们在北京的扩张计划从未停止过。只要监管当局允许，汇丰将在中国进一步扩大营销网络，开设分支行，拓展零售业务。"主席郑海泉（2006）表示愿意将交行持股扩大到 40%，让交行成为汇丰的子公司。执行董事王冬胜（2006）表示希望汇丰 5 年内可在内地 A 股市场上市，并将分支机构数目增至 100 家，并通过 CEPA 框架涉足内地保险市场。虽然汇丰银行目前的表现是一相情愿，但是随着我国金融业开放的深入，要防止外资银行通过控股中资银行，整合其在华的机构网络，在某些

① 孙霞：《外资银行对我国金融安全的影响分析》，载于《合作经济与科技》2009 年第 6 期。

极端情况下压迫我国金融业被动开放，谋求对核心金融资源的控制。

第二，金融信息安全问题。汇丰入股交行后派驻董事、高管和技术人员，这有益于交行提高管理水平和产品技术更新，但是他们由此也可能获得交行的信息。而汇丰在华机构的业务发展会与交行存在利益冲突，因此，存在交行客户向汇丰转移的可能。花旗投资者集团控股广发行后将派董事和领导层进驻广发行，贯彻花旗的经营管理思想。广发行有较好的零售和信用卡业务基础，花旗将可能运用这些信息用在自身中国区业务网络的整合上。

第三，金融技术壁垒与专利问题。在全球范围内申请金融专利是国际活跃银行的惯用手法，花旗在我国申报 19 项金融专利，为建立网络银行垄断地位抢得了先机。外资专利不仅数量大，而且多抢占市场价值高的基础项目；外资银行在风险管理、产品创新上也存在很大技术优势。反观我国，金融机构的专利保护意识薄弱、核心技术与专利研发相对落后，而引进战略投资的成本就是付出的"股权换技术"学费。因此，在金融领域培养自主创新能力、避免外资金融机构建立技术壁垒也是保障金融安全的重要方面。

第四，战略投资在中国混业经营与并购问题。汇丰银行同时持有交行、上海银行、平安保险、平安银行和山西信托的股份，其在中国大陆横跨银行、保险、信托的金融网络已经初步形成，然而，目前我国尚无相应法规对跨国金融控股公司加以监管。在国内金融机构不能混业经营和金融监管采取分业监管模式的情况下，允许国际金融控股集团分别参股国内金融业的各个层面，不仅不利于创造一个公平的竞争环境，而且很难对外资进行全方位监管，构成金融安全的潜在隐患。

四、国际政治对银行业开放战略的影响——基于大国博弈的分析

（一）典型开放案例的不同政治历史背景

本部分一直强调，金融开放，特别是银行业的开放并非一个单纯的经济学问题，在选择过程中往往必须考虑国内利益集团之间以及国家之间争夺权力与利益的博弈。从政治学角度来看，发展中国家银行业开放的实质内容是：美国等发达国家政府试图对发展中国家的金融制度安排施加有利于自己的影响；而发展中国家政府则要基于经济改革需要和政局稳定需要，按照自己的偏好来制定银行业对外开放的决策。发达国家的着眼点更多在于以改革促开放，而发展中国家则更多地立足于以开放促改革。应该说，不同国家在不同发展阶段，银行业对外开放具有截然不同的意义。

综观世界，东欧、拉美和亚洲部分国家是银行业开放幅度最大、影响最深入的国家。通过研究发现，东欧和拉美某些国家银行业资产 70% 以上是由外资控制的。这些国家金融当局没有太多的发言权，金融控制权可以说已经基本丧失。到目前来看，东欧一些国家的金融效率得到改善，稳定性得到提高。我们是否以此推论银行体系的效率和稳定是第一位的，难道控制权的问题不重要？从不同国家的国情，特别是政治角度来分析，答案是否定的。国际金融领域呈现出明显的中心—边缘结构。地缘政治、意识形态和文化观念会给不同国家的金融安全带来显著的差异。

1. 欧盟一家：中东欧开放的潜台词

在中东欧，最早由计划经济转变为市场经济的所谓"转型国家"主要包括波兰、匈牙利、捷克、斯洛伐克、斯洛文尼亚 5 个中欧国家和立陶宛、拉脱维亚、爱沙尼亚 3 个波罗的海沿岸国家。这 8 个国家不仅地域相近，而且银行体系改革的时间和路径也基本一致，此外，它们均于 2004 年加入欧盟，成为欧盟的最新成员。"二战"结束后，苏联将中东欧国家统统纳入以自己为核心的华约阵营。在漫长的"冷战"时期，中东欧国家的银行体系自然也遵循了苏联的大一统银行体系。中央银行与商业银行融为一体，财政与金融彼此不分，排斥商业信用和市场竞争，国家主体银行成为全国的发行中心、出纳中心、信贷中心和结算中心。中东欧国家银行体系改革的第一步出现在政治"剧变"前后，中央银行和商业银行的分离在 20 世纪 90 年代初期都已经基本结束。各国新政府曾经希冀通过建立独立的中央银行和市场主导的商业银行使银行体系适应市场化改革，但由于当时的商业银行为国家独资或绝对控股，计划经济残留严重，不廉行为严重，再加上改革阵痛导致大量企业破产，分拆时接收的和经济衰退时新增的不良贷款使商业银行和政府不堪重负，银行私有化改革势在必行。20 世纪 90 年代中期，私有化成为中东欧国家银行体系改革的主旋律。由于金融市场不完善，仅仅依靠国内金融资源和金融市场无法完成商业银行改革重任。有鉴于此，中东欧各国政府对银行体系实施了激进的、暴风骤雨的对外开放政策：一是降低甚至取消了外资银行进入的门槛，放松外资银行设立分支机构的限制；二是允许外资银行作为战略投资者参股国有银行或收购国内银行。大规模向外国银行出售国有银行股份，形成了现在中东欧国家银行产业的最大特色：银行市场对外开放度高，外资银行占有国内银行市场的主要甚至绝对份额。

中东欧国家加入欧盟战略的选择，不仅体现了冷战后欧洲地缘结构的改变，而且也意味着制度和发展模式的竞争①。西方新自由主义经济理论主导了中东欧

---

① 崔宏伟、姚勤华：《中东欧国家加入欧盟进程：战略选择与政策调整》，载于《东欧中亚研究》2002 年第 2 期。

入盟国家的经济政策调整过程。从开放银行业市场来看，中东欧银行结构改革，其模式的选择直接反映了政策调整的"欧洲取向"，如在法律框架、管理方式、技术指标等方面大都采用德国通用银行模式，商业银行兼具金融和投资功能，银企关系十分密切，这与国际金融机构和欧盟国家大银行的直接指导和援助有关，它们向中东欧提供了大量相关的改革方案、顾问小组和专家咨询团，其中，国际货币基金组织和欧洲复兴开发银行做了大量的工作。在它们的指导下，债务重组和私有化是银行改革的最主要手段，其结果就是银行业资本集中趋势加强，外资银行对中东欧金融市场的主导作用越来越明显。而中东欧民众对外国控制银行业的认识过程是一个渐进过程。在中东欧 8 国银行市场对外开放特别是大规模引进战略投资者的初期，曾经引起强烈的震动，反对和担忧者颇多，他们惊呼："坦克走了，银行来了"，即好不容易摆脱了苏联的军事控制（Tank），又遇到了西欧的经济入侵（Bank）①。然而随着政府强制性推行银行市场开放的深入，中东欧国家改善了银行业的效率和稳定，加强了与西欧和美国经济的直接联系，加快了加入欧盟的进程。因此，现在中东欧民众和学术界对银行市场开放现在基本上都持肯定态度。

20 世纪 90 年代初的东欧剧变以来，脱离了苏联阵营的中东欧国家在民众观念与经济体系上经历了惨痛的蜕变过程。回归欧洲、融入欧洲是中东欧国家的共同愿望。这十多年来，中东欧国家从自身政治经济等利益考虑，把加入北约和欧盟，以及纳入欧洲经济圈作为主要奋斗目标。加入欧盟的巨大收益对于希望经济腾飞的中东欧诸国来说，无疑是极有吸引力的诱饵。中东欧国家在强大的经济转轨压力下以开放市场来加速内部改革，加入欧盟进一步缩短了中东欧的转轨过程，加快了与世界经济接轨的步伐。虽然目前中东欧国家政府的注意力主要集中在加入欧盟的时间表上，广泛推行新自由主义经济改革的结果是外国资本占领许多战略性行业，国家主权也依附于美国和各欧洲大国。然而与此同时，这些国家右翼政党普遍上台执政，民众似乎已经非常享受"激进式改革"的成果，并未感觉到金融安全的严重威胁。

出现这种情况的主要原因在于，中东欧国家基本都是中小国家，在国际政治中处于从属地位。在安全上这些国家要依附于北约的军事保护伞，尽量在美国和老欧洲国家的矛盾中平衡自己的政治立场。在经济上，这些国家又想尽快融入欧盟经济圈，获得更开放的市场和更优惠的补贴。同时，中东欧地区是西方文明的发源地之一，具有悠久的罗马—拜占庭传统；兼之多数民众笃信基督教，都渴望保持历史延续性，不断强调自己欧洲人的身份。由此看来，中东欧国家将战略目

---

① 李石凯：《后转型时期的中东欧银行业》，载于《中国金融》2006 年第 6 期。

标定位于融入"欧洲—大西洋"地缘政治圈和欧盟经济圈，自愿放弃部分民族主权是理所当然的事情。

2. 美国后院①：墨西哥开放的政治影响

墨西哥是美国的重要贸易伙伴，是《北美自由贸易协定》的成员国。20世纪80年代中后期以来，墨西哥在美国和国际货币基金组织的支持下积极推动以经济自由化为导向的经济金融改革，并取得了不少引人注目的成就，曾一度被捧为"改革之星"。然而，与此同时，墨西哥的各种社会矛盾与潜在冲突也在逐渐积聚，各种经济金融问题若隐若现，1994年爆发了以比索大幅贬值为主要特征的金融危机。1997年政府彻底改革了银行业的法律，允许外资银行不受约束地进行经营。这次改革掀起了兼并收购的浪潮，导致了所有墨西哥大型商业银行都落入美国、西班牙、加拿大和英国的公司的控制中。在1997年早期，外资银行控制了墨西哥银行资产的16%；到2004年6月，外资银行占有了约82%的银行资产，墨西哥19家银行中有7家是被外资并购的银行，这7家银行控制了银行资产的75.5%，外资银行的分支机构又控制了6.2%的资产。

显而易见，墨西哥银行业的开放的直接原因就是墨西哥1994～1995年金融危机的爆发。金融危机后，美国以及IMF对墨西哥进行了大力援助。1995年，IMF承诺用178亿美元来拯救墨西哥的经济，美国甚至动用了其外汇平准基金的资金，当然银行业开放也是墨西哥接受国际救助的重要条件。然而，对爆发金融危机国家的态度如何，往往与该国对发达国家利益的重要性如何密切相关。美国对墨西哥提供大力的救助，原因在于墨西哥金融危机爆发时北美自由贸易协定生效还不到一年，如果墨西哥经济进一步恶化，美国确定的以北美自由贸易协定为核心的西半球战略必将会受到影响；其次，作为一个重要邻国，美国不愿看到墨西哥形势恶化而导致大量的非法移民入境，从而引发社会动荡；再其次，美国希望墨西哥实行的自由主义经济模式取得持续的发展，为其他发展中国家进行经济自由化改革和结构调整提供一个样板。就危机的影响范围和程度而言，亚洲金融危机显然要比墨西哥金融危机严重得多。但对亚洲金融危机，美国基本上是"袖手旁观"，"隔岸观火"。这一态度在"亚洲国家引起了广泛的敌意"。出现

---

① 早在19世纪20年代，美国总统门罗就提出了著名的"门罗宣言"，称"美洲是美洲人的美洲"，实质上"美洲是美国人的美洲"；20世纪初西奥多·罗斯福当政时期，对外奉行门罗主义，实行扩张政策，建设强大军队，干涉美洲事务。美国对拉美政治经济军事的控制一直都非常强，只是近来，由于美国对拉美的政策仍将服从于美国的全球战略并处于次要战略地位，拉美一些国家的左翼领导人上台，表现出不与美国妥协的态度。有意思的是，2003年12月，墨西哥常驻联合国大使辛塞尔在美国一所大学发表讲话直接将墨西哥称作"美国的后院"。当时，美国国务卿鲍威尔对辛塞尔的这番讲话大为恼火。鲍威尔称辛塞尔的言论"令人愤慨"。他还说："墨西哥是美国的邻居和好朋友。我们永远不会把墨当作什么后院或二等国家。"

这一现象的原因很简单，"泰国并不像墨西哥一样具有'美国后院'的重要地位"①，即泰国并没有墨西哥那样重要的地缘政治经济地位。美国一直坚持认为泰国的问题应由国际货币基金组织来处理。虽然国际货币基金组织后来先后对泰国（170亿美元）、韩国（570亿美元）和印度尼西亚（400亿美元）等国提供了规模空前的金融援助，但贷款条件过于苛刻，行动过于迟缓，IMF因此遭到了各种各样的批评。显然，天下没有免费的午餐，美国政府的支配地位使得国际组织成为了实现其外交政策的工具。同意和接受美国的政策主张和所谓的"华盛顿共识"往往成为发展中国家和发生危机的国家得到援助的必要条件。

3. 落后就要挨打：近代中国银行业开放的教训

1840年鸦片战争后，中国开始沦为半殖民地半封建国家。列强通过缔结不平等条约而获得种种政治经济上的特殊权力，中国门口洞开，逐渐丧失独立发展经济的能力。外国资本输入，中国成为各国商品的倾销市场；对外贸易受在华洋行控制，每年入超，对外汇兑等现代银行业务为在华外商银行所掌握。从银行业的角度来看，1845年，英国的丽如银行在中国建立了最早的现代银行。至清末，外商在华先后开设25家银行，其中，英籍汇丰银行、德籍德华银行、日籍正金银行、美籍花旗银行、俄籍道胜银行和法籍东方汇理银行实力强大，它们以上海为中心，覆盖中国30个以上大中城市。外商银行在华经营一切银行业务，基本控制了中国金融业并进而控制中国的经济财政命脉。

（1）控制中国财政税收

近代中国强迫与帝国主义国家签订了一系列不平等条约，中国每年须付出1亿元左右借款赔款本息，仅庚子赔款一项，中国历届政府就支付本息白银652 377 987.75两②。中国的铁路矿山等几乎都靠借外债建设。中国每年经济收入被外国层层盘剥，这其中，一切借款赔款本息都由在华外商银行其支付，铁路矿山及其他企业投资大部分由外商银行经手，国家收入如关税、盐税都由外商银行保，在华外商银行成为凌驾在中国主权之上的银行，中国的各类政治势力无不争先恐后的依托于列强银行。

（2）控制中国金融市场

外商银行一方面垄断国际汇兑等当时主要的银行业务，另一方面控制中国初生的金融市场。黄金、证券等金融市场的建立，金融制度的改革，民族资本与财政当局均不能独自掌握，都要受外商银行的牵制或主导。例如20世纪20年代上海国际银钱公会的15名委员中，外商银行推举7人，上海银行公会曾推举5人，

---

① 杰弗里·法兰克尔、彼得·奥萨格：《美国90年代的经济政策》，立信出版社2004年版。
② 财政科学研究所，中国第二历史档案馆编：《民国外债档案史料》，档案出版社1992年版，第12卷，第43页，"中国海关与庚子赔款"，第228～234页。

外业公会推举 4 人，并指定麦加利银行经理或其代表为第一任主席。当时的汇兑经纪人员，外籍 56 人，国内仅有 16 人①。

（3）压制中国民族资本发展

近代中国在华外商银行势力之大，中国的钱庄、账局和银行无法与之匹敌，外资的垄断和控制对中国本国银行的发展起着阻碍作用。虽然国内一些士绅和官吏很早就认识到自办银行的重要性，国内也较早就出现了自办银行。账局等早期银行业都是组织结构落后的小银行，与中国传统的小农经济社会结构相适应，始终没有实现向现代银行的转变。即使到了 20 世纪，民族资本也不能完全摆脱封建和买办色彩，取得长足发展。30 年代初，世界各国受经济危机严重影响，金融市场极为萧条。可是汇丰银行一家 1932 年在华纯利竟达 20 315 231 元，1933 年更是达到 18 840 000 余元。而 1933 年上海 36 家中资银行盈余仅 18 845 000 元②。由于实力差距和政治经济地位的差距，民族资本始终没有摆脱西方列强控制奴役的阴影。

（4）策动金融风潮

贫弱的近代中国，民族金融业和民族工商业都不发达，国家的经济命脉受制于人，极易引发金融危机。据史料统计，1840～1949 年的百年之间，我国共发生了 13 次规模较大的金融风潮（1840～1856 年白银危机、1866～1867 年金融风潮、1871～1873 年金融风潮、1878～1879 年金融风潮、1883～1884 年金融风潮、1910 年橡皮股票风潮、1911 年票号集中倒闭、1916 年中交停兑风潮、1921 年信交风潮、1934～1935 年白银风潮、1947 年黄金风潮和 1948 年法币、金圆券崩溃危机③），历次金融风潮对本已残破不堪的旧中国经济来说更是雪上加霜，最终触发了半封建半殖民地社会的崩溃。究其原因，外资银行控制中国金融业是其中致命的一点。几次大的金融风潮都是由外资银行的疯狂投机和紧缩银根引发的。例如 1883～1884 年金融风潮，1881 年、1882 年，上海出现洋钞、银两的价值背离，外国银行开始主导银洋投机。1882 年，我国入超上千万两，贸易结算不堪重负。胡雪岩代表的旧式商业资本与外国势力争夺丝茶贸易的价格领导权，最终出现大额亏损，银号倒闭，金融市场定价权旁落。这时，各钱庄只有依赖外国银行融通拆款。民族资本涌向上海集资，银根紧张。而外国在华银行又突然拒办一直都在开办的短期信用贷款，金融风潮爆发并波及全国各重要城市。又如 1934～1935 年的白银风潮，就是由于美国 1934 年实行"购银法案"，世界市场银价上涨，在华

---

① 徐寄顾：《最近上海金融史》，上海商务印书馆 1929 年版，第 423～424 页。

② 《申报年鉴》，财政经济类"金融"，1933 年 3 月版，第 186 页。《中行月刊》第 6 卷，第 3 期，1932 年 3 月版。

③ 根据洪葭管等人的研究成果整理而成。

外资银行将白银大量运往伦敦银市场出售，导致我国大量白银外流，通货紧缩并形成影响深远的全国性经济危机。最后国民政府只得放弃银本位，实行法币制度。

从 1840～1949 年漫长的百年近代史上，中国银行业主权沦丧，保障金融安全更是无从谈起。开放是历史的必然，但是落后就要挨打。上述史料说明，近代中国经济的衰败和金融风潮的爆发都与被迫开放密切相关，而根源在于半殖民国家主权的沦丧和民族金融业的羸弱。中国近代史上，外国资本的冲击之烈，影响之深，足以警喻当世！虽然近代与当代历史条件有所不同，但是金融风潮的成因、爆发、后果还存在许多相似之处。因此，金融国际化背景下的金融安全问题在当代仍需引起大家的高度重视。

4. 对我国银行业开放战略的借鉴

通过对上述典型案例的剖析，我们可以看出，不论是当代中东欧和拉美开放，还是近代中国的门户洞开和当代中国的国情都不具备直接的可比性。然而，不同的开放模式中间总有一些相关的因素，这些因素决定了国家开放战略的选择，对我国现阶段具有重要的借鉴意义。

（1）大国的安全观念和小国截然不同。地缘政治、经济依附性和历史文化传统等综合因素既决定了目标国经济在霸权国眼中战略地位和地缘价值的差异，也决定了东道国对外国干预的接受程度。"小国对大国政治、经济的依附性，决定了大规模对外开放，甚至在特定的历史条件下由外资银行占主导都不失为一种可取的政策选择。而大国之间的对抗性及政治、经济的非依附性使大规模引进外资的长期结果难以预料，利弊的分野在于推行开放政策的国家管理经济金融的水平。"①

（2）中国历来都是大国，近代百年开放的惨痛教训告诫我们国家主权和民族意识的重要性。当代中国迅速崛起，采取的又是社会主义政治制度和自主发展模式，这都让某些西方势力长期耿耿于怀。此时的国际地缘格局更加凸显了主权观念与大国博弈的现实意义。因此，不论在哪个历史时期，我都不可能采取类似中东欧国家的金融开放战略，现阶段我国的银行业开放也只能采取"以我为主、循序渐进"的开放模式。

（二）我国金融开放中的国际政治因素

由于各国国情不同，大国的金融安全观念与小国存在显著差异。因而大国制

---

① 曾康霖、高宇辉、甘煜：《国别差异与银行业对外开放风险评判》，载于《国际金融研究》2006年第 11 期。

定银行业开放战略时会更多地考虑到国际地位、国家影响力等方面的制约因素。我国银行业开放战略的抉择无疑会受到大国间政治外交的影响,这其中主要就在于中美之间国家战略层面的角力。总的来说,中美关系可以归结为如下两点:非对称性的相互依赖与必然的战略冲突。

1. 中国的安全战略与开放政策

(1) 中国对国家安全局势的判断

《2006年中国国防白皮书》对我国现今的国家安全局势的阐述如下:中国的安全仍面临不容忽视的挑战,国内和国际因素关联性增强,传统和非传统安全因素相互交织,维护国家安全的难度加大。反对和遏制"台独"分裂势力及其活动的斗争复杂严峻。台湾当局实行激进"台独"路线,加紧通过推动所谓"宪政改造"谋求"台湾法理独立",对中国的主权和领土完整、台海及亚太地区的和平稳定构成严重威胁。美国多次重申坚持一个中国政策、遵守中美三个联合公报、反对"台独"的立场,但美国继续向台湾出售先进军事装备,并与台湾加强军事联系和往来。少数国家炒作"中国威胁论",加强对中国的战略防范与牵制。周边复杂而敏感的历史和现实问题,仍对中国的安全环境产生影响。国际社会面临的安全威胁日趋综合化、多样化和复杂化,天下仍不太平。

天下仍不太平,特别是在亚洲经济危机以后,这样的观点也是中国政府对经济金融方面比较普遍的判断。

(2) 决策偏好:渐进式的金融开放模式

社会主义制度是我国的根本制度。"坚持公有制的主体地位,发挥国有经济的主导作用"是不容动摇的。国资委《关于国有控股上市公司股权分置改革的指导意见》所说的"发挥国有控股上市公司在资本市场中的导向性作用,促进资本市场实现长期、稳定发展",事实上也离不开国有资本对上市公司的整体控股。因此,坚持国有经济的主导地位,维持全局稳定是中国政府宏观政策决策的关键所在。如果非要在效率和稳定之间进行选择的话,肯定偏好稳定目标。

当前中国经济高速发展的表象下仍然隐藏着棘手的深层次结构调整问题:国企的产权改革、不良资产处置、产业升级、经济结构转换、失业与社会保障以及地区经济平衡等问题依然困扰中国经济健康发展,中国金融体系的制度性和结构性因素扭曲尚未得到有效消解,金融体系存在很强的脆弱性。在这样的背景下,我国银行业大规模对外开放可能对中国的金融体系带来严重的冲击和影响。因此,金融体制虽然也在逐渐改革,但是国家作为产权所有者的地位始终没有改变。目前中国正在进行的金融改革是以政府为主要推动力的自上而下的体制改革,改革仍然要求大银行国家要长期控股。一些重要中介机构,比如说交易所、银联,支付清算系统如数据库设施,都肯定是国家要长期控制,不可能对外开放的。

2. 中美之间的依赖与冲突

在中国加入 WTO 后，中美经贸关系已经进入了一个新的阶段。中国不断上升的国际竞争力已经使美国把中国当作一个真正的竞争对手，而不仅仅是一个潜在市场来看待[①]。美国至今依然是世界上唯一的政治、军事、经济霸权国。中国依靠美国实现出口和经济增长，从美国的进口也提升了中国的技术能力，美元资产是中国最主要的外汇储备资产。美国依赖中国扩大出口和扩大海外市场份额也发展极其迅速；除贸易外，美国在华直接投资也发展迅速，虽然中国占美国全部对外直接投资的比重还小，但是增长势头旺盛；美国的国内储蓄不足需要中国购买大量的美国国债予以补充，中国以取代日本充当了给美国最大融资的银行家。然而，这种相互依赖性是非对称性的，不论从经济实力、贸易规模，还是外汇储备币种与资产结构上，中国对美国的依赖都要大于美国对中国的依赖，美国占主导地位，中国处于被动地位。[②]

与此同时，中美之间的结构性战略冲突是必然存在且难以调和的，是新兴大国与老牌帝国在全球既定资源利益格局下的必然，它既不会因中国"积极融入主流国际社会"而化解，也不会因中国政府的低姿态和政治制度的民主化转型而消失。在全球资源总量出现瓶颈的背景下，"中国崛起"对所有既得利益国家（传统强国）都是噩梦，对美国"保持对世界秩序主导权"的战略目标更是严重的障碍，所谓的"双赢"只是口头上好听的政治词语。当今世界仍是美国一超独大、单极化特征明显的世界。迄今为止，虽然中国的经济水平、综合国力已有较大增长，但仍不具备与美国全面抗衡的能力。因此，一味地正面对抗硬顶美国也不符合中国的利益和实力。当然，美国的视野是全球一盘棋，也不会全力对付中国，否则只会鹬蚌相争，渔翁得利，便宜了欧盟、俄罗斯和日本等，因此只能对中国采取"既遏制又接触"的策略。

因此，2001 年中国加入 WTO 以来，两国间贸易摩擦层出不穷。两国在纺织品、知识产权、反补贴、反倾销等领域不断发生冲突，并多次诉诸 WTO 争端解决机构，两国在人民币汇率问题上的交锋更成为近年来世界经济政策协调中的头等大事。中国对美国的巨额贸易顺差和人民币升值问题是目前两国争议的焦点。而随着经济全球化不断加深，美国要求中国开放金融市场的呼声也越来越高。基于中美两国力量对比不均衡，相互依赖与战略冲突必然存在的格局，中国对美国只能采取牵制策略，既不一味地迎合，也不对其要求置之不理，要发挥政治智慧在二者之间寻找均衡。2006 年以来中美两国三次战略经济对话就反映了中美经

① 屠新泉：《中国加入 WTO 以来的美国对华贸易政策》，载于《世界经济研究》2007 年第 12 期。

② 栗志纲：《政治因素与汇率制度选择——关于中美人民币汇率争论的一个政治学解释》，中国人民银行综合处，2006。

济既交流又博弈的过程。

（二） 中美战略经济对话中的金融开放博弈

近几年来，全球经济失衡是国际经济发展的主要议题。引起这种失衡有众多的原因，其中，中美贸易差额与人民币汇率是争论的焦点之一。中国经济崛起意味着西方主要经济大国需要强化与中国的经济政策协调。国际上存在多种经济政策协调机制，而西方国家之间的经济协调很多时候都是通过 G7、G8 会议的协商机制来完成的。然而，美国不愿意中国作为享有全权成员的身份加入以前七国集团的协商机制，中国又不可能接受俄罗斯那样降低标准参与的八国集团模式。中美经济政策交流的障碍需要一种创新的机制。中美战略经济对话在一定程度上、相当时期内就成为中国加入七国集团的替代品，有学者认为，中美战略经济对话机制本身的功能定位及其发展也可以作为对话的议题①。在现有的三次战略对话中，双方交流讨论的重心应该是涉及双方重大利益的双边问题，以及需要双方协作解决的全球性重大经济问题。对话议题覆盖了全球经济失衡、中美贸易差额、人民币汇率、金融服务业市场准入、资本流动及其监管、能源战略协调、知识产权保护、企业社会责任、疾病防控等众多领域。

1. 战略对话中金融开放内容

2006 年 12 月，2007 年 5 月、12 月，中美两国共举行了三轮战略经济对话，都是由中国国家主席胡锦涛的特别代表、国务院副总理吴仪同美国总统布什的特别代表、财政部部长保尔森共同主持。

第一次战略对话共进行一天半时间，重点在于框架性的内容。中美双方在金融领域的主要成果是同意在中国设立纽约证券交易所和纳斯达克代表处。

第二次战略对话中，双方在金融服务业领域达成了很多成果，主要包括：

中国将在 2007 年下半年恢复审批证券公司的设立；在第三次中美战略经济对话之前，将宣布逐步扩大符合条件的合资证券公司的业务范围，允许其从事证券经纪、自营和资产管理等业务；在有利于促进国际收支基本平衡的前提下，将把合格境外机构投资者（QFII）的投资总额度提高至 300 亿美元；允许具有经营人民币零售业务资格的外资法人银行发行符合中国银行卡业务、技术标准的人民币银行卡，享受与中资银行同等待遇；允许外资产险分公司申请改建为子公司，对于目前尚未批准的申请，中国保监会将于 2007 年 8 月 1 日前完成审核。美国强烈支持中国在 2007 年 6 月召开的 FATF（金融行动特别工作组）全会上成为FATF 成员，双方理解中国将采取适当步骤以达到 FATF 核心成员资格标准；美

---

① 梅新育：《中美经济对话——一场大国的博弈》，新华网 2007 年 5 月 23 日。

方确认中资银行在美开设分行的任何申请都将根据国民待遇原则进行审批；并承诺与中国开展金融监管人员的交流。

在第三次战略对话中，中方在我国金融业开放领域做出了重要的让步。这些决策将对我国银行业、证券业未来的开放进程带来较大影响。

中方同意在第四次中美战略经济对话前宣布，中国证监会将就外资参股中国证券公司及其对中国证券市场的影响进行认真评估，并基于评估结果就调整外资参股中国证券公司的股权比例问题提出政策建议。中国银监会目前正就外资参与中国银行业进行科学性研究。整个研究过程将于 2008 年 12 月 31 日前结束。届时，在政策评估结论的基础上，银监会将就外资持股比问题提出政策建议。依据相关审慎性规定，中方允许符合条件的外商投资公司包括银行发行人民币计价的股票，允许符合条件的上市公司发行人民币计价的公司债券，允许符合条件的外资法人银行发行人民币计价的金融债券。中国和美国欢迎最近批准的中国招商银行在美设立分行的申请。美国政府继续承诺对在美开展业务的中资银行实施国民待遇，并确认按照国民待遇原则对中资银行的申请进行评估。美国对所有外国银行在美建立分行或子行、或者购买美国现有银行机构的股份的申请应用同样的审慎标准。美国注意到中国提出的请美国相关监管机构根据相关法规和程序快速审批中资银行申请的要求。美国政府同时继续承诺对中国的证券公司和投资咨询机构在美登记和开展业务实施国民待遇。中国银监会与美国证监会已原则同意将于近期签署交换信函（EOL），该信函将就涉及中国银监会或美国证监会核发许可的金融机构所从事的跨境活动的相关信息交换做出安排。

2. 战略对话对银行业开放的影响

要求放宽外资对中资金融机构的持股比例是几次战略对话的重要议题之一。按照目前有关规定，中资保险公司外资持股比例最高不得超过 25%，外资证券公司所持合资企业的股权最多不得超过 33%，外资持有中国国内银行的股份不得超过 25%，外国资产管理公司在合资公司的股份也不得超过 49%。在持股比例方面，美国财政部、各级在任离任官员在各种场合进行游说呼吁。同时，相信在谈判桌上，美方也给予中方相当大压力。美国前商务部部长、现任美国理财服务论坛首席执行官唐纳德·埃文斯（Donald L. Evans）的观点在美国具有代表性：两国之间虽然取得了许多成果，但还需要做更多。中国应进一步放松外资在中国设立分支机构的限制，放松外资股权比例的上限，增进金融和监管的透明度，同时朝向汇率机制市场化迈进。

从实际的政策变动情况来看，中美战略对话的效果是非常明显的。第三次对话中中方同意在第四次中美战略经济对话前宣布中国证监会就证券业持股比例提出的政策建议。然而，在这次对话后的一个月内，我国就迅速调整了证券业开放政策：我国允许外资参股我国 A 股市场的上市证券公司不超过 25% 的股权，当家外资机构的持股比例不超过 20%。在更重要的银行业开放方面，第三次对话提出"中国银监会将于 2008 年 12 月 31 日前在政策评估结论的基础上，就外资持股比例问题提出政策建议"。这说明在限制外资进入的最重要指标上，我国政府的态度也已经出现了明显松动的迹象。与此同时，我国一些学者也建议适度放开外资持股比例的限制。成思危表示，从引进战略投资者的目的来看，如果要加强银行的治理，对于地方商业银行来说，可以适当放宽。他认为，和四大国有商业银行相比，地方商业银行在国家金融体系运行过程中的作用相对较小①，如果引进战略投资者的持股比例过小，对于改善公司治理结构的作用可能比较有限。夏斌也指出：引进外资可增强国内金融业的活力，而监管部门坚持国有控股的原则应区别对待。赵锡军表示：监管层最终放松外资银行持有中国商业银行持股比例已不存在太多的障碍。因为 2006 年年底银行业全面开放后，我国已经允许外资银行在华开设独立的法人银行，就是允许其 100% 持有当地法人银行。外资银行想进入中国市场，完全可以通过新成立银行来进行。至于想参股中资银行，无非是出于商业化运作的考虑。

基于上述信息我们可以判断，在 2007 年以后有限的时间内，我国可能就外资参股中资银行比例上限问题进行一定程度的政策调整。预计最可能变动的方面在于：

（1）单家持股 20% 的比例和总持股 25% 的比例可能不会有太大变化，如果变动，最多将上限调整到 33%。

（2）可能根据我国银行类型进行分类，对于四大国有银行，外资参股比例扩大的可能性较低；对于全国性股份制商业银行，外资参股比例上限也很难超过 33%；而对于众多的城市商业银行，外资参股比例上限可能会调整到 33% 甚至是 50%。

（3）我国如果调整相关政策，除了外资持股比例上限这一单独指标之外，对外资入股细则可能需要相应完善。同时还应该在银行外资并购的国家审查制度、银行并购立法与反垄断立法等方面加强相应的制度安排。

总而言之，我国银行业还处在谨慎有序、以我为主的开放进程中，虽然存在国际压力，我国秉承的原则肯定还是稳定重于效率，将金融安全放在了更为优先的位置上。

---

① 其含义是说地方商业银行开放对金融安全的影响较小——作者注解。

五、我国银行业控制权的实证研究

（一）衡量银行业外资控制程度的指标体系

在文献研究中，我们没有发现有单独对某个产业，特别是银行业控制程度进行衡量的研究。与之相关的是大量文献对银行竞争力、银行业开放度的量化和对于产业安全指标的设计。通过文献研究，我们发现要建立一套评价指标体系，有如下三个问题值得研究：第一，指标与权重的可测度和可量化问题。产业安全的影响因素纷繁复杂，其中有些因素对产业安全的影响用定量分析的方法进行描述是比较困难的。景玉琴就特别提出产业安全属于"半结构性"复杂问题，在判断各种因素对产业安全的影响时，要结合其作用程度赋予其不同权重，而且权重的确定并非定量分析能解决的问题，安全与不安全之间并无十分明确的界限。第二，指标的重复与冲突问题。产业控制力受很多因素的影响，而这些因素又构成了非常复杂的函数关系。选择变量指标的时候，指标之间可能存在重复计量或相互冲突。这样会使指标之间相互作用时的数据抵消或者放大，使测度数值失真。比如，外资企业竞争力和内资企业竞争力就是一个问题的两面，而我们在计量市场控制率的时候，可能其中已经包涵了品牌占有、技术控制的因素。第三，"显性指标"与环境诱发因素指标的区分。模型中各类指标的影响范围、影响程度并不相同。有些因素存在于产业内部，其发展变化可能直接决定产业安全的状态；有一些外部环境条件的影响是间接的。以往研究认为，应该根据有关因素的作用机理，将产业安全评价指标区分为"显性安全"模块和产业安全诱发因素。而我们认为，全部评价指标可能构成一个复杂的复合函数关系，一部分指标是内生变量，一部分是外生变量，而区分显性指标和诱发指标就是说明各变量指标对于因变量影响的直接程度。

研究银行业控制程度的测度可以借鉴产业安全测度的研究成果。银行业控制程度的衡量是一个多层次、多指标、系统性的决策问题，既有定量分析，又有定性判断，应该采用多层次分析法（AHP）。设计银行业控制程度的指标体系，要遵循一定的原则。首先要求各方面评价具有完备性，而具体指标则要尽量简要直接；其次力求所有指标可量化表达，尤其是能够以统计数据来支持，使得指标体系的可用性更高；再其次要保证评价指标量纲的统一，应该多采用相对数指标，相对指标是均质指标，更能体现发展程度以及预测未来趋势。

根据本书对影响银行业控制权各类因素的总结，结合编制指标体系的基本方法。我们将通过政府规制能力、东道国市场状况和外资银行控制力三个方面来刻画一国银行业被外资现实控制的程度和可能的发展趋势。其中，外资银行控制力的指标体系是一种显性指标，而政府规制和东道国市场状况是环境诱发的因素。本书考虑了编制指标可能出现的冲突和重复，淡化了东道国内资银行的控制能力和竞争力指标；考虑到指标的简化和直接性，本体系尽量采用可量化指标，简化最终指标（银行业控制程度）与各层次指标之间的关系。在完成指标体系之后，要给各类指标赋予权重并给出可以度量的函数关系是非常困难的。本书并未就指标之间的逻辑关系与模型的最终设定进行定量研究，将留待今后进一步研究。

表 7 - 3　　　　　　　　　银行业外资控制程度评价指标体系

评价方面	影响因素	指标
政府规制能力	政府行政司法能力	1. 中国政府绩效评估指标
	银行业立法力度	2. 立法完备程度
	外资监管力度	3. 外资参股比例限制
		4. 外资银行分支机构增长率
		5. 税收优惠指数
东道国市场状况	市场结构	6. 存款集中度（CR4）
		7. 贷款集中度
	银行业竞争程度	8. 市场竞争度
	本国银行国际竞争力	9. 本国银行综合绩效指标
外资银行控制力	外资银行市场控制	10. 外资银行存款占比
		11. 外资银行贷款占比
		12. 外资银行中间业务占比
		13. 外资银行利润占比
		14. 外资银行资产总额增长率（入世五年，2001～2006）
		15. 外资银行人民币业务增长率
		16. 外资银行外汇业务增长率
	外资银行产权控制	17. 外资经营性机构资产比率
		18. 外资占合资银行股权比率
	外资银行技术控制	19. 外资专利技术占比
	核心银行的外资控制	20. 四大银行股权外资占比
	外资银行的地域控制	21. 外资银行地域集中度
	外资国别集中度	22. 前两个外资来源国资产占外资银行总资产比率

（二） 基于我国实证指标的初步判断

根据上述指标体系，我们引入我国银行业开放的实证数据，对我国银行业外资控制程度做一个初步的判断。

1. 判断我国政府对外资的规制力度

（1）我国政府的主权独立性是毋庸置疑的。同时，对我国政府行政能力的研究在我国还处于起步阶段，《中国政府绩效评估研究》报告结果尚不清楚。

（2）我国银行业外资监管的立法还处于初级阶段。虽然经过最近几年的努力，《外资银行法》没有出台，外资银行监管的法律体系还没有完善；《银行并购法》没有出台，《反垄断法》金融垄断部分的具体法律细则还有待完善。

（3）就并购而言，我国现在规定单家金融机构的外资参股比例不能超过20％，外资总比例不能超过25％，这对外资来说是很强的约束，基本可以杜绝外资对我国国有银行和多数中小银行的控股。

从1996年亚洲开发银行入股光大银行以来，部分中资股份制商业银行和城市商业银行也相继引入境外战略投资者。截至2007年7月，共有大约30家外资金融机构投资入股了20家中资银行，入股金额超过了190亿美元。我国21家银行（包括4家国有银行、13家股份制商业银行以及上海银行、北京银行、南京银行、杭州市商业银行等4家城市商业银行）的总股本占中国银行业总股本的比例超过了85％，而这些银行的外资占比已经达到了11.78％[①]。

就外资营业性机构的增长来说，截至2007年5月末，共有42个国家在华设立了75家外国银行，已批准改制的外资法人机构12家，外国银行分行95家，中外合资银行3家，外商独资银行7家，财务公司2家，获准经营人民币业务的外国银行分行86家，法人银行12家。外资银行的营业性机构家数比2001年12月末减少了4家，而经营人民币业务的家数增加了67家[②]。

（4）我国内、外资企业所得税税率的不统一一直是妨碍国民待遇实施的重要问题。以往内资企业和外资企业所得税税率均为33％。同时，对一些特殊区域的外资企业实行24％、15％的优惠税率，对内资微利企业分别实行27％、18％的两档照顾税率等，而事实上外资企业实际税率一直低于国内企业。2007年3月16日第十届全国人民代表大会第五次会议通过新的企业所得税法，内外资企业的所得税税率统一为25％。

[①] 数据摘自：金昱：《重新审视外资银行进入中国银行业的深度》，载于《中国经济时报》2007年12月4日。

[②] 数据摘自：《外资银行在华竞争力日趋增强》，载于《中国证券报》2007年7月4日。

2. 判断东道国市场状况

我国银行市场中，国有银行占绝对主导地位，掌控四大国有银行对银行业控制权具有最重要的意义，虽然国有银行在资本、资产和市场份额上占很大比重，但我国银行业竞争程度日益加大。近年来，我国银行的综合实力和国际竞争力虽有提高，然而与国际活跃银行来比还有很大的差距。

3. 判断外资银行控制力度

（1）外资银行各项业务发展较快，人民币资产增长迅猛。2007年5月末，外资银行资产总额为9 896亿元，比2001年末增长1.62倍，入世5年年平均增长率为19.71%。其中，人民币资产总额为4 077亿元，比2001年末增长7.43倍，入世5年年平均增长率为46.95%。

然而，外资银行的市场份额在入世以后并没有明显增长。截至2007年5月末，外资银行的资产总额占我国全部金融机构的份额为2.1%，与上年基本持平，仅比2001年末提高了0.3%。各项存款占比为0.9%，比上年末略有提高，比2001年末提高了0.5%。各项贷款占比为2%，与上年末基本持平，比2007年末提高了0.7%。中间业务收入占比3.0%，比上年末下降了0.37%。入世5年来，中间业务占比由2002年的6.19%下降到2006年的3.37%。外资银行累积利润占比为1.23%，比上年末下降0.5%，入世5年来，除经济过热的2003年外资银行利润占比达到过最高的6%以外，其他年份逐年小幅下降。

（2）外资银行资产占我国银行资产比例非常小，2007年5月末，外资银行的资产总额占我国全部金融机构的份额为2.1%。虽然很多中资银行近年来引入了战略投资者，然而由于20%~25%的监管要求，外资股权占我国银行业资本总额的比例也比较低。

（3）深圳地禾知识产权管理咨询有限公司在《我国银行产业专利情报分析报告》中对中国的银行产业专利申请进行了有关描述。截至2004年底，该报告共检索出国内外银行业和银行相关产业在国家知识产权局专利局申请专利总数为220件，其中国内银行103件，国外银行113件。报告显示，在发明专利申请中，国内银行的发明专利申请量只是国外银行申请量的1/5，只及日本的1/2。国内银行的专利热点在于实用新型，占了专利申请总量的一半以上，而发明专利只占了专利申请总量19.3%，比外观设计的比例20.56%还低。可以看出，国内银行申请的专利技术含量不高。

（4）基于银行业结构的分析。我国最大的4家国有银行外资占比都还比较低。其中，中国工商银行为10%；中国建设银行为14.1%；中国银行为

21.8%①；中国农业银行到目前还没有引入境外战略投资者。

从我国外资银行机构和资产的区域分布来看，外资银行的区域分布状况于世界各国基本一致，集中于我国三大经济圈。而三大经济圈的金融中心城市和沿海发达城市又是外资银行业务拓展的重地，上海的外资银行占据了半壁江山。

外资银行的国别集中度非常高，以花旗和汇丰为代表的国际活跃银行占据主要地位。2007 年 5 月末，在华外国银行资产规模排名前四位的分别是：美国花旗银行、汇丰银行、日本三菱东京日联银行和日本瑞穗银行。

4. 对我国银行业外资控制程度的初步判断

（1）我国行使主权的能力非常强；目前对外资银行准入的监管力度很大；但是我国关于外资监管和银行购并等方面的立法还不足。

（2）基于实证数据的分析可以看出，外资经营性机构占我国银行业的份额极其有限，我国银行业外资市场占有率远比工业性企业要低得多。从目前状况判断，还谈不上国外势力通过控制我国银行市场进而威胁我国金融安全。

（3）就我国银行业结构来分析，目前我国四大国有银行的国有控股保证了我国银行业的控制权稳定。但是外资银行对金融技术以及现代金融业务的控制、对我国重点城市和区域的布局应该引起我国监管部门重视。

第五节　主要结论

通过前文的分析，我们可以提出国家维护银行业控制权，保障金融安全的一些基本条件：一是国家政局相对稳定，国防安全与国际地位能够得到保障，国家采取独立自主的发展战略；二是国家经济平稳健康发展，避免剧烈的经济波动甚至是严重经济金融危机；三是本国银行业发展相对健康有序，具有较强的国际竞争力；四是政府对银行业采取自主控制、有限度的开放战略，建构好有利于银行业健康发展与外资监管的法律框架。

根据上述条件，对现阶段形势做如下基本判断：在政治方面，我国政府行使主权的能力非常强。在经济方面，人民币资本项目还没有完全开放，国外资本也只有通过 QFII 等少数渠道投资我国资本市场。从银行业法律法规来看，我国政府对外资银行准入的监管要求已经较为严格，并且关于外资监管和银行购并等方

---

① 该数据为签订引资协议时的比例，3 家国有银行上市后，该比例有所变化。

面的立法正在不断加强。因此虽然目前外资银行在中国的扩张势头较为迅猛，然而单家跨国银行的影响力毕竟还不足以与当代一个经济大国的综合力量相抗衡，单纯靠商业性并购的扩张还难以掌控大国的核心金融利益。从我国的银行业开放情况看，外资银行经营性机构占我国银行业的份额极其有限（2007年5月底，占比2.1%），我国银行业外资市场占有率远比工业性产业要低得多；鉴于20%~25%的限制，外国资本参股中资银行的实际比例也还非常低（2007年7月底，21家中资银行的外资总占比11.78%），因此现阶段所有证据都不足以支持国外势力通过控制我国银行市场进而威胁我国金融安全的说法。

根据上述条件，能够对我国未来一段时间的银行业控制权与金融安全形势进行预判：第一，中国是正在和平崛起中的大国，我国政治局势、国防安全、国际地位都能够得到基本保障；我国社会主义大国的性质和民族情感决定了我国只能走独立自主的发展道路；第二，我国经济中虽然存在很多结构性矛盾，但是总体经济面还比较健康，改革开放给我国带来的活力依然存在；第三，我国正在积极的改革金融体制，化解各类金融风险，本国银行业的效率和稳定形势预计能够得到积极改善。

在这样的背景下，我国政府在未来不可能大幅度放弃本国银行业控制权，做出超乎寻常的开放抉择。在可以预见的时期内，我国银行业的外资资产比重很难超过发达国家中开放程度最大的英国（40%左右），更不可能达到部分中东欧和拉美国家的程度（70%以上）。综上所述，在维护银行业控制权的维度上，我国金融安全是能够得到保障的。

第八章

金融风险防范与金融安全维护——基于政府行为与机构竞争力的双重视角

第三章至第七章分别研究金融系统性风险的生成、系统性风险向宏观经济部门转移、全球宏观经济风险分摊与转移、金融主权四大问题。前面章节侧重于金融安全问题生成的机制与原理问题，第八章至第十章将侧重于金融安全的维护与管理问题。从时间维度来讲，金融安全管理分为事前的防范与监测、事中的应对与控制、事后的退出与恢复三大部分。本章将基于政府行为与机构竞争力的双重视角，从事前角度研究金融风险的防范与金融安全维护，并注重于金融安全生成机理部分的对应，分别从对外开放策略与跨国风险合意分摊模式、金融结构优化与有效风险分担模式、金融安全网构建与系统性风险防范、市场纪律与风险防范四个方面构建金融安全维护的制度框架。

第一节　引言：我国金融安全隐患与管理框架

一、我国金融安全形势的总体判断

从第二章至第七章的研究我们可以对我国金融安全的总体形势进行综合的判断：

（一）从银行系统性风险来看，我国银行系统性风险测度的波动较大，在 1985～1996 年间，除 1987～1988 年内出现了微小的系统性风险外，其余都保持在了较低的水平。但在 1997～2003 年我国银行体系却遭遇了严重系统性风险，不良贷款占比不断上升、资本充足率不断下降，这一情况随着央行在 1999 年剥离不良贷款及 2005 年、2006 年大型国有企业的上市才导致我国银行系统性风险不断下降，基本上恢复到正常水平。尽管近几年来我国银行的风险状况得到一定程度好转，然而某些风险还是处于潜伏的状态，经济大幅衰退、净出口大幅降低、资金流动突然逆转、投资过度集中与房地产泡沫崩溃等情况都有可能导致银行风险的急剧放大，而银行的同质性、资本关联与金融脆弱性可能会导致风险在体系内的进一步传染，最终生成严重的银行系统性风险，甚至于触发整个银行业的危机。另外，经济的急剧转型与金融的持续开放可能会加速这一进程。从制度根源来看，双重预算软约束及其引发的政府隐性担保成为制约我国银行系统性风险状况的关键因素。

（二）从系统性风险在金融体系的分布状态与分担转移情况来看：第一，对我国各部门经济资产负债表的分析显示，我国经济发展过多依赖银行体系间接融资，各部门具有较高的债务风险暴露；银行部门债务风险非常集聚，具有较强的脆弱性；公共部门始终保持对银行部门的隐性担保，且我国金融担保价值占公共资产的比重较大，因而公共部门实际上承担了很高负荷的宏观风险。第二，金融稳定的核心在于政府的金融担保，而金融担保是否可持续是以公共部门的实力作为保证的。我国财政风险和中央银行风险都不容乐观，从债务可持续的角度看，我国外币债务和本币债务风险溢价水平较高，公共部门需要保持较高的资产收益率才能使债务可持续。同时，我国公共部门隐性债务水平较高，这将增加我国公共部门的风险水平。第三，结合现实，我国公共部门与地方政府债务存在以下问题：一是从政府部门隐性债务的特点看，我国政府隐性负债的状况与宏观经济运行的状况有着密切的关系。外债、社会保险及银行资产的质量都直接受到宏观经济运行的影响。除了宏观经济形势的发展，政府隐性债务的状况还与我国的经济体制本身有着密切的关系。二是从静态考察，政府隐性债务会影响到一定时期公共债务存量是否进入过度负债状态的边界。隐性债务越大，显性公共债务存量进入过度负债状态的临界值就越小，即显性公共债务越容易进入过度负债状态。三是从动态进行考察，政府隐性债务在特定的条件下，是有可能转化为政府直接负担的，当政府不能通过其他渠道解决这些隐性债务时，就只能求助于发行公共债务，从而实现隐性债务向显性的公共债务转化，这样，就可能导致短期内公共债务规模的迅速扩大和积累，进而有可能落入政府部门过度负债的陷阱。四是上述隐性财政赤字所带来的潜在风险必将向金融领域转移，进而可能影响到我国的金融稳定。中国隐性财政赤字风险或者通过机构传导途径（通过地方政府对金融机构的贷款和地方政府的贷款担保，地方政府的财政困境将直接通过银行贷款转化为银行的不良资产），或者通过政策传导途径向金融领域转移。即在隐性财政赤字规模持续上升的情况下，政府将不得不通过赤字货币化方式融资，从而可能诱发通货膨胀和货币贬值风险，对中国的金融稳定和安全构成严重的威胁。

（三）我国在寻求经济对外开放的过程中，在微观主体的跨国交易实践中，必然与来自发达国家的经济个体处于风险不对等的地位，制度背景的差异和制度性信息的不充分，将使我国的经济主体成为内生性风险的被转嫁者；而就宏观层面上看，微观风险的积累和加总也将使我国承担的宏观风险量值远大于发达国家；并且该风险量值的大小取决于我国制度性信息与国际规则 α 之间的信息差距。要改善我国的金融风险分摊地位，应尽快推进经济体制改革，建设、完善真正意义上的市场制度和市场环境。但我们还应清醒地认识到，我国在一段较长的历史时期里，在跨国金融风险分摊中，都将继续扮演发展中国家的角色，并且根据此消彼长的基本原理，将处在与以美国为代表的西方发达国家相对立的地位上。换言之，在此期间，我国宏观层面所面临的主要金融风险将是由发达国家转嫁来的内生性金融风险。在推动我国经济融入全球化浪潮的同时，如果对这一点缺乏清醒认识和警惕，盲目追求金融领域的"与国际接轨"，将会使我国成为国际金融风险的集散地，从而给我国的经济建设和金融建设进程带来难以估量的祸患。

（四）我国银行控制权与金融主权状态的判断：第一，中国是正在和平崛起中的大国，我国政治局势、国防安全、国际地位都能够得到基本保障；我国社会主义大国的性质和民族情感决定了我国只能走独立自主的发展道路；第二，我国经济中虽然存在很多结构性矛盾，但是总体经济面还比较健康，改革开放给我国带来的活力依然存在；第三，我国正在积极的改革金融体制，化解各类金融风险，本国银行业的效率和稳定形势预计能够得到积极改善。在这样的背景下，我国政府在未来不可能大幅度放弃本国银行业控制权，做出超乎寻常的开放抉择。在可以预见的时期内，我国银行业的外资资产比重很难超过发达国家中开放程度最大的英国（40%左右），更不可能达到部分中东欧和拉美国家的程度（70%以上）。综上所述，在维护银行业控制权的维度上，我国金融安全是能够得到保障的。

二、次贷危机对我国金融安全的冲击与影响

（一）次贷危机带来我国高经济增长速度不可持续是我国金融安全面临的最大隐患

1. 金融危机不可能短期结束。第一，从历史的角度来看，无论是世界经济

325

金融危机的历史，还是中国历史上发生的历次金融危机，都不是一个短期可以解决的问题。历史上每一次经济金融危机，从衰退到繁荣，不可能短期完成，通常至少需要 3～5 年以上的时间，才走出危机的阴影。第二，尽管这次危机不同于历史上的自由主义放任情况下的历次危机，各国政府联手提出了很多反危机的措施，但是这些反危机措施什么时候能够生效？在哪种程度上生效？生效过程中会遇到一些什么问题？我们认为经济的恢复还是需要相当长的一个过程的。第三，从金融危机的历史看，要真正走出危机，危机从复苏到繁荣，它需要一个新兴的产业带动。没有一个新的产业，没有经济结构的调整，没有产业的升级，在短期内就不可能走出危机。目前，还很难看到这样一个新产业的出现，来带动整个经济走出危机。第四，金融危机实际上就是信用链条的断裂，进而导致资金链条的断裂。信用链条的断裂是人们对经济活动信心的丧失，要重新恢复这种信心，重新链接这个链条，笔者认为也需要有一个相当长的时间过程。所以，这场危机是百年不遇的大危机，无论从历史还是现实的角度来讲，都不可能短期结束，还要持续一个相对长的时间。

2. 中国经济率先回暖的可能性较小。第一，我们整个消费需求不足，消费能力不足。从分配制度上看，在现有的分配制度下，这几年居民分配所占的比重表现出一直下降的趋势；工人、工薪收入者缺乏一个稳定的未来收入预期；收入的差距也太大。现在要增加消费，更多的是消费不起，这是一个关键的问题。危机是什么？危机就是需求不足，我们现在能够保持一定的消费增长，这是很好的，但是，这种增长是有限的。第二，我们整个微观经济主体投资欲望并不强。从整个微观经济主体来看，大量的资金的投入、大量信贷的投入，主要是在政府项目，是在大的企业，真正的微观经济的主体——中小企业并没有一个很好的投资环境。甚至从某种程度上讲，由于我们过去制度的缺陷，现在一些中小企业的投入不仅没有增长，甚至出现萎缩的迹象。第三，不管是发达国家还是其他发展中国家，都会受金融危机的影响，在全球经济萎缩需求下降的环境中，中国想"一枝独秀"那是很困难的。目前中国的外贸仍呈现出一个持续下降的趋势，这种状况，短期内不可能好转。第四，2008 年以来，我们大量倒闭的企业是不可能复原的。这些企业之所以倒闭，就是因为它生产的产品不适合市场了，不可能拿钱又去生产这些卖不掉的产品，所以它的产品急需升级，要有新的产业来带动。所以，没有新产业的出现，中国经济要率先回暖，那只是一句空话。第五，中国经济要率先回暖，经济结构的调整和经济增长方式的转变是一个根本，而这不是短期可以做到的。有人在分析中国经济的时候认为，各级政府间的竞争是中国经济增长的动力之一，从目前来看，各级政府间的竞争仍然非常激烈，确实也是一个推动经济增长的重要因素。但是我们从实体经济、从微观经济主体来看，我们经过 30 年的高速增长，也会存在经济结构调整和经济增长方式转变的过程。

（二）各种刺激经济增长的政策失效以后出现的通货膨胀预期以及银行不良资产的增加

面对这场危机，各国政府均采用了宽松的货币政策与积极财政政策，但这些政策都不可避免带来了通货膨胀预期出现与银行不良资产增加的潜在风险：首先，这种用通货膨胀来对付危机的方法本身隐含了很多的隐患；其次，现在各级政府实际已经产生了通货膨胀预期。目前，各级政府为什么热衷于加大投资？它认为现在不抓紧上项目，下一步出现了通货膨胀，中央必然采取紧缩措施，在紧缩情况下，许多项目就难以开工，难以完成，所以现在必须抓紧项目的投入。因此，现在各级政府实际上已经产生了这个东西。此外，现在增加货币信贷的投入，远超过经济发展的实际需要，而且这些货币信贷投入在一定程度上还支撑了一些应该淘汰的企业或产业的生存，产生了无效供应。这种无效供应，将来会显现出来，这就会导致银行的不良资产增加。

（三）政府融资平台可能出现的风险

中国这次刺激经济、刺激内需的 4 万亿元投资计划，实际操作主要是围绕政府融资平台。应该说，政府融资平台，在扩大内需、刺激经济增长中，有着不可估量的作用。特别是在推动财政政策与金融政策的协调、调动地方政府积极性方面，确实起了非常重要的作用。但是也应该看到，现在银行贷款的增长，过分集中于政府的融资项目和政府的融资平台，这也必然会带来以下几个问题：

1. 政府增加很猛，企业投资不足。目前中国总体上是企业投资不足，特别是政府的投资挤占了企业的投资，产生"挤出效应"这个问题是一个很大的问题。现在很多地方出现了企业投资增长幅度下降的趋势，从某种角度上，这确实与反危机的精神是不相吻合的。政府增加投资的目的，就是弥补市场缺陷，引导企业增加投资。

2. 银行贷款增加很多，而中小企业和农村及县域经济贷款难。目前我们的贷款增长很多，2009 年一季度实际上就把全年的贷款计划基本上用得差不多了，用了 90% 多。按照 2008 年的工作计划规定，2009 年贷款总额计划为 48 000 亿 ~ 50 000亿元，现在一季度就投了 4 万多亿元。但是，在贷款增加很多的情况下，我们的中小企业贷款难、农村和县域经济贷款难问题仍然存在，并且更加困难。各种资金的投入，更多的是集中在大城市、大企业、政府的大项目，而大量中小企业生产过程中需要的资金并没有真正得到满足。所以我们现在讲的企业融资难，是难在中小企业、难在农村和县域经济这一块。

3. 政府投资，其资金的使用效率较低。我们现在各级政府的融资平台，实际上成了一个"影子银行"。也就是说，这个融资平台实际上成了配置信贷资金的一个平台，成了一个通过政府来配置信贷资金的平台。现在许多银行为了降低贷款风险，为了防止企业出现破产倒闭，不敢对企业贷款。在不敢对企业增加贷款的情况下，银行干什么呢？为了把过多的资金用出去，为了体现银行对政府项目的支持，而又少承担责任，银行现在是每天围着政府的融资平台转，凡是政府融资平台的项目都无条件支持，而企业所需的资金，则持谨慎态度。支持政府融资平台没有错，必要的支持也是应该的，但是如果过度的支持，完全不是通过市场或者市场主体而由政府融资平台来配置资金，资金的使用效率将会很低，导致信贷资源的浪费。

4. 各级政府融资平台的资金大大超过了政府的债务承担能力，加重了各级地方政府的债务负担，加之政府的投资多数属于基础设施项目，周期长，效益低。因此，有可能成为今后银行不良资产的非常重要的一个因素。

5. 通过政府融资平台投资，主要是用于大项目或基础设施，投资周期长，见效慢。项目资金的投入要按其建设进度，因此相当部分的银行信贷资金投入政府融资平台，由融资平台转入项目建设，而项目资金的投入相当一部分转回银行，形成了资金的空循环。

三、我国金融安全管理的分析框架

从金融理论发展历程来看，凯恩斯以前经济学家关于金融问题的讨论集中在货币本质和货币对经济的增长两个方面；凯恩斯则通过货币供给外生化，提出了以货币需求理论为主体的金融理论。随着其后金融创新所带来的产品已经远远超出了过去经济学家的理解力，金融的范畴也远远大于过去的货币概念，人们开始关注的已经不是货币的本质或内生问题，而是金融产品及其蕴含的内在契约关系与社会信用关系。为此，曹廷贵（2005）[1] 认为信用理念的建立是金融改革的核心，金融改革的实质不是别的，正是要在与货币有关的一切方面调整信用关系和建设信用关系。因此，从金融的本质来讲，金融安全管理的核心在于保持社会信用的总量和结构适合实体经济发展的需要，并对虚拟经济和实体经济的发散和收敛过程进行管理。

①　曹廷贵：《我国金融改革理念与方式的误区》，载于《财经科学》2005 年第 3 期。

（一）从金融安全管理的动态过程来看，可以分为事前、事中、事后三个阶段

事前阶段关注金融风险的防范与金融安全的维护，重点是防止社会信用超过实体经济的需要，方式是完善实体经济的结构和激励机制，建立某种约束机制防止社会信用的过量发行以及社会信用结构的不合理，并避免契约承担过多的信用风险。

事中阶段关注金融危机的救助，实质就是通过恢复或者说稳定社会信用的契约关系，来重新使社会信用水平恢复到正常状态。方式是制止社会信用在内生机制的反向作用下过度萎缩，从而出现低于经济正常发展需要的情况，刺激信用内生增长的同时利用危机过程调整信用结构来调整不合理的经济结构。如果危机情况非常严重，正常的信用内生机制完全失效，此时安全管理的重点就是危机救助，也就是用高等级信用来替代已经不被市场接受的低等级信用（用政府的高杠杆代替私人高杠杆，用更多的外生货币代替内生货币），使信用的契约得以维持，保证债权债务关系得以维系，避免出现交易的彻底割裂，保证信用货币网络的稳健，通过债务扩展来带动信用总水平的恢复。

事后阶段关注金融救助措施的退出与恢复，内生社会信用的刺激过程不能一直持续，否则又会引发新的信用过多发行问题，高等级债务替代低等级债务的过程也是一个不可持续的过程，因为用高等级债务来替代低等级债务的过程中，会面临一定的信用损失，货币契约担保品在这个过程中是不断贬值的，所以这个替代过程不可能一直持续下去。因此及时进行退出非常必要。危机应对措施如果是认为用高信用等级的公共债务来替代私人部门的债务，那么危机后的退出就是用私营部门债务替代公共部门这样一个方向的债务替代，恢复社会的内生增长机制，使信用总水平和结构维持在适当的水平。

（二）金融安全管理的核心与难点在于安全与效率的权衡

金融安全是一个高度综合的概念，一般与金融国际化交织在一起，与金融危机、金融主权密切相关。它体现为一国金融体系的稳定运行状态，关键在于核心金融价值的维护，根本取决于一国政府维护或控制金融体系的能力和一国金融机构的竞争能力。金融国际化可能带来的金融安全问题并不表示我们反对实行开放战略与政策，因为国家政府的目标函数中不仅仅是安全因素，还有更重要的发展与增长因素，况且安全的目标函数中本身就包括了发展因素。正如美国国际关系学家麦克纳马拉所言："安全就是发展，没有发展就没有安全可言，发展可以促进安全程度的提高。"[①] 我们认为，在国家层面，金融体系的

---

①   Mcnamara. *The Essence of Security*. New York, Harper and Row, 1968.

风险收益准则和一国金融资源控制权配置本身就是不可分割来看待的。如果只是牢牢掌握着金融资源的控制权，而体系内部存在诸多弊端和风险隐患，金融不能为国家经济发展提供足够支持，那么这并不是真正的金融安全；反之，仅仅片面考虑金融业的市场环境与经济效益，而导致金融资源的控制权旁落，这肯定也会威胁到国家金融安全。在金融国际化的大背景下，金融的开放就必然伴随着开放国对于金融运行效率改善的期望与金融安全状态丧失之间的艰难平衡。

从安全与效率权衡的核心主体为政府与金融机构，涉及政府行为与市场纪律的边界划分，涉及政府部门权力的配置与协调，涉及我们是否需要国际化的问题。为此，我们将以政府行为与金融机构竞争力双重视角来研究金融风险的防范与金融安全维护问题。

（三）从金融安全的微观机理来看，金融安全管理包括四大紧密联系的内容与层次

国家安全、经济安全与金融安全是相互关联的三个层次，经济安全与金融安全是政治概念与经济概念的混合。在既有研究中，我们试图以国家安全层面为起始，在双重转型的特殊约束条件下，从国家安全、经济安全、金融安全三个层次论述金融安全在不同层面上的相互转换与分担机制。国家层面的金融安全主要探讨国际政治经济新秩序下的中国金融开放战略与控制权的争夺问题；经济层面的金融安全主要探讨金融系统性风险与经济系统风险的分担与转换机制，研究金融系统性风险向金融危机、经济危机转化的临界条件与路径；金融层次的金融安全主要探讨经济风险如何集中于金融体系，研究金融机构个体风险如何向系统性风险转换及金融机构、金融市场之间的风险传染机制。三个层次从宏观到微观，相互递进、相互关联，微观层次的研究可作为宏观层次研究的微观基础与理论依据，宏观层次的研究可作为微观层次的前提条件。

为此，金融安全管理也可划分为四大内容：第一，国家安全主要研究如何优化我国对外开放策略，改善中国在全球金融风险分摊中的地位；第二，经济安全层面主要研究如何控制金融系统性风险向金融危机乃至经济危机的转化，进而基于效率与安全角度优化我国金融结构，促进经济又好又快发展；第三，金融安全层面主要研究如何控制金融机构个体风险向系统性的转化，研究金融安全网在其中的双重角色；第四，基于金融机构视角研究如何利用市场约束与公司治理结构改善来提高金融机构竞争力与风险防范能力。

（四）以时间、范围、对策三个维度构建金融安全管理动态框架

从理论上讲，可以从应对危机的时间纬度将金融安全管理方案分为事前、事中和事后，也可以根据危机的规模或者说影响的程度分为单个金融机构危机、系统性金融危机、全球范围金融危机，也可从安全管理的组织的级别和架构或者相关政策工具的作用范围进行划分。这三个纬度实际上构成了危机管理的三维空间架构，但是我们必须选择一个阐述的主要顺序，考虑到一个由单个机构危机是否会引发系统危机其至全球范围的危机，事前是无法准确判断危机的程度，对其进行判断本身就是危机管理的重要方面，而危机管理的组织架构或者政策工具也必须根据危机的危害程度和所处阶段。因此，本书将以应对危机的时间纬度为主线进行划分（横轴），并根据危机不同阶段监测出来的危机程度提出不同安全管理方案（纵轴），包含对不同危机不同阶段、不同危机程度的组织行为、决策过程、政策工具组合的分析（第三轴），构建我国金融安全管理的立体框架，如图 8－1 所示。这和中国传统的哲学中讲究天时、地利、人和的观念是一致的，也就是说必须在一定的时间约束下（处于安全管理的什么阶段），在识别危机的规模和程度之后，构建相应安全管理组织框架（由哪一层级来进行决策）并适时适度的提出相应对策，采用合适的政策工具来进行金融安全管理。

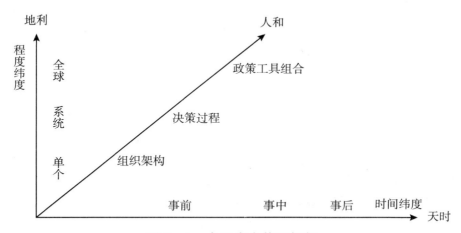

图 8－1　金融安全管理框架

为此，本书其余部分结构安排如下：第八章基于政府行为与金融机构竞争力的双重视角研究金融风险的防范与金融安全的维护；第九章为我国金融安全的状态监测与预警；第十章为金融危机救助及其退出框架研究。

第二节　国际政治新秩序下的对外开放策略

金融国际化已成为世界经济、金融发展的趋势和特征，其声势浩荡，不可逆转。因而，在当今世界范围内，任何一国都不可能在闭关锁国的条件下得以持续性的生存和发展。就我国而言，在一个经济全球化和金融一体化已成为时代潮流的背景下，要在融入世界经济的同时、提高自身在全球金融风险分配中的地位、降低被迫分摊的跨国金融风险量值、从而充分保障自身的金融安全和经济安全，就必须改变以往就金融论金融、就金融风险论金融风险的狭隘思路，从更为宏观的层面措手，寻求一个合理的、动态的宏观政策规划。笔者认为，首先，要从根本上改造我国的信息—制度结构，消除内生性金融风险的转嫁、提升我国金融风险的承担能力，就须从体制改革、对外开放和经济增长三方面入手进行通盘考量；其次，要在技术层面上理顺跨国风险的真实反应机制、消除非系统性风险的累积根源，则须通过商业银行、资本市场和民间金融三方面的发展促进我国的金融发展和金融结构改造，过滤掉非系统性风险、真实反映跨国金融风险，从而为维护金融安全提供技术性保障。具体来说，我们应该做好以下工作：

一、循序渐进推进我国资本市场开放

为有效推进资本市场开放，维护我国金融安全，我们需加强以下几方面的建设：第一，资本市场开放应循序渐进、量力而行。第二，重视经济结构调整，防止泡沫形成。为此，我们要下大力气改善外贸体制，推进外贸结构的调整，实行进出口贸易基本平衡、创造良好的国际贸易环境。政府还应及时调整产业结构和鼓励企业从劳动密集型的低技术行业向高附加值的技术行业转移。要注意多吸引中长期资金和外国直接投资，严格控制短期游资的流入规模，改变只重视银行信贷和股票市场的做法，重视发展债券市场，通过发行债券筹集资金。第三，利用外资规模要适度、结构投向要合理。在引进外资的过程中，要特别注意促使产业结构的升级和出口能力的提高。第四，保持汇率制度的灵活性和稳定性。第五，积极参与国际协调与资金融通。

二、完善银行治理制度，改进银行监管，不仅引进外资银行改善国内银行股权结构，更应该择机购买外资银行股权、改善国内银行资产结构

我们可以借鉴国际经验，对外资银行的业务和组织进行必要的限制：一是参照新加坡模式，对外资银行发放分级营业执照，对不同级别执照的金融机构规定不同的人民币业务范围。二是参照巴西模式，对外资金融机构的机构设置数量进行限制。三是参照英国模式，对外资银行的存款吸收进行限制，必须公告声明没有储蓄保险、可能的汇率风险与交易风险，以及其他详细信息。四是参照日本模式，对外资银行的贷款进行限制。日本政府长期限制外资银行发放辛迪加贷款，直至 20 世纪 80 年代，外资银行的贷款量仅占国内贷款总量的 3% 左右。五是参照加拿大模式，对外资银行资产增长及规模进行限制。加拿大在其银行法中规定，所有外资银行占国内银行的总资产不能超过 8%，总资产数量不能超过 110 亿加元。

三、金融市场的开放策略。强健金融市场，提高市场效率，分阶段、分步骤地对外资开放国内金融市场

逐步消除股市多年积累的矛盾（如庄家操纵股价、上市公司内部治理），促进股票市场的规范发展：（1）减少政府对市场的不必要的干预，保证政策的连续性和透明度；（2）进一步完善核准制，加强推荐商和中介机构的责任，保证上市公司的质量和规范运作；（3）积极培育合格的机构投资者，在大力发展证券投资基金的基础上，条件成熟时可以考虑加大保险资金、社保基金的参与力度，在股票市场中培育和引导正确的投资理念，抑制投机行为；（4）加大信息披露的力度和规范化，减少股票交易中的信息不对称问题。

因为我国证券市场的不完善，其对外资开放应该有一个渐进性的安排，可分为以下三个阶段：第一，间接开放证券市场阶段。主要是设立中外合资、合作基金，以及引入合格的外国投资机构，参与投资国内证券市场。为避免大量投机性国际游资流入对国内证券市场的冲击，对外国机构投资者资格、外资流入规模、资金投向与比例、资金汇出等进行严格的限制。第二，有限制的直接开放证券市场阶段。境外投资者可以直接购买国内证券市场上的证券，但投资范围与比例有限制。在此阶段，我国可以借鉴国际经验，对不同行业的上市公司规定外资的最大投资比例限制。第三，全面开放证券市场阶段。境外投资者可以自由进入国内证券市场，投资范围与比例也不受限制。

四、设计稳定的区域货币联盟，人民币走先区域化再逐步国际化之路

美元霸权地位一时难以扭转，人民币的国际化出路是设计参与稳定的区域货币联盟，逐步弱化美元地位，同时由区域化逐步走向国际化。

首先，顺应经济多极化趋势打破美元垄断局面，建立多元化货币体系。"二战"后至 2002 年，美元保持霸权地位；2002 年，欧元的诞生打破了美元一币独大的局面，国际储备货币出现了美元、欧元双本位的格局。弗莱德·伯格斯坦（C. Fred Bergsten，2009）[①] 认为由于美元存在着过度特权（exorbitant privilege），美国利用美元为其融资，美元波动导致世界经济不稳定。通过加强非主导货币国家间的合作的方式推进国际货币体系的改革，一方面可以改善外汇储备的美元主导格局，改善全球经济的失衡局面；另一方面，通过削弱美元在国际贸易和投资中的计价、结算的主导作用以及减少对美国国债的依赖可以降低美国在美元主导国际货币体制中的既得利益，进而倒逼其参与国际货币体系的改革。具体措施包括：一是鼓励发展中国家加快本国货币的国际化进程，且在本国的对外贸易和投资中积极采用本国货币进行计价结算。二是发展中国家之间展开更加有效的合作，通过签署更多的货币互换协议等方式促进相互之间货币在国际贸易和投资中的使用。三是发展中国家，尤其是贸易顺差国适当持续地减少对美国国债的持有量，并通过协商方式、甚至第三方（如果区域性金融机构）互相持有对方的适当数量国债，以稀释各国对美国国债的持有比例。2008 年美国引发的金融危机，使多元化货币体系建设进程加快。尽管一些经济学家预言这一过程比较漫长，但美元霸权向多元化货币体系转变乃大势所趋。

其次，设计并参与稳定的区域货币联盟，优先实现人民币区域化。欧元区成功实现了超过 10 年的稳定运行，且覆盖经济体数量不断扩大，不但证明了区域货币联盟的可行性，也为其他区域国家的实践提供了有益经验。货币区域联盟比较而言具有以下便利：一是相对于全球经济体的多样性，区域范围的货币联盟更容易实现。相邻国家构成的经济区域由于经济发展和历史原因，经济的互补性强，相互依存度和经济一体化程度高，区域范围内的各国更容易就货币合作的政治利益达成一致的推进意愿，东亚、拉美和中东产油国各国之间越趋紧密的货币合作充分证明了这一点。二是多重货币联盟本身是比美元主导货币体

---

① C. Fred Bergsten. Peterson Institute for International Economics，The Dollar and the Renminbi，Statement before the Hearing on US Economic Relations with China：Strategies and Options on Exchange Rates and Market Access，Subcommittee on Security and International Trade and Finance，Committee on Banking，Housing and Urban Affairs，United States Senate.

系更加优化的体系模式，即使全球范围内单一货币联盟的目标很难实现，相比目前的美元主导的国际货币体系，多重货币联盟也是更加有利于全球经济稳定的选择。

拉格等（Isabelle Mateosy Lago et al.，2009）①认为历史上几个替代货币可以同时存在，与现在的主要区别是今天体系存在有垄断地位的货币美元，现在最主要的货币如欧元（与美国有同样的经济规模，其货币有很高的信任度）、日元和人民币（未来有很大的空间）。这些货币产生扩大影响力的条件包括：一是深度流动性的金融和外汇市场在金融危机期间也保持较好弹性；二是宏观经济稳定长期确保对该货币的信心；三是货币在私人交易中大量使用。金融危机之后，中国政府提出多元国际货币体系建议，人民币区域化步伐明显加快。2007 年上半年伊朗总统和委内瑞拉总统呼吁在结算中放弃美元。2007 年 11 月中国与白俄罗斯探讨不使用美元进行双边结算、俄国总理普京呼吁在中俄贸易中放弃美元。2008年 10 月 30 日，中俄两国总理签署协议，今后在中俄贸易中使用人民币和卢布结算。目前我国已经分别与越南、尼泊尔、蒙古国、俄罗斯和老挝签署了双边货币结算与合作协议；巴基斯坦、尼泊尔、越南、俄罗斯、蒙古国等已经通过立法，允许在出口贸易中使用人民币结算，如表 8 - 1 所示。

表 8 - 1　　　　　　　　　　人民币在周边国家结算比重

国家	人民币结算比重（%） （2006 年）	人均 GDP（美元） （2007 年）
中国	—	2 360
越南	96	790
缅甸	90	332.7
蒙古国	71	1 290
朝鲜	79	86（2004）
俄罗斯	0.002	7 560
哈萨克斯坦	0.002	5 060
尼泊尔	5.43	340

资料来源：李东荣（2008），世界银行、东盟网站。李东荣：《人民币跨境计价结算：问题与思路》，中国金融出版社 2008 年版，第 14～15 页。

最后，人民币走向国际化，但未必一定成为无出其右的国际货币，不是为了

---

① Isabelle Mateosy Lago, Rupa Duttagupta, and Rishi Goyal. *The Debate on the International Monetary System*. imf staff position on note, 2009 - 11 - 11.

获取可以计算的铸币税，而是为了获取国际经济中的话语权和主宰本国经济的调控权。蒙代尔和斯沃博达（Mundell and Swoboda，1969）认为如果国际货币多元化，则各货币竞争可能使得国际铸币税收益消失。理查德·多布斯等（Richard Dobbs et al.，2009）估计美元现在的净收益也只有 400 亿～700 亿美元，正常经济背景下欧元获得的净金融收益每年也只有 40 亿美元。因此，他们得出各国努力使本国货币国际化，但却不愿意本国货币成为主要国际货币。如果未来人民币成为众多国际货币之一，则可获得的国际铸币税规模将小得可怜。我们认为，人民币成为主要的国际货币，不仅仅是为了获取铸币税，而是为了获取国际经济政策协商的话语权和调控本国经济运行的自控权，更是为了保障经济、金融运行的安全，后者的效应是无法计算的。

五、资本项目的开放策略

逐步取消对资本流动的管制，在资本流出管制放开的情况下，为了限制短期资本过度流动的不利影响，我们可以考虑以下国际通用的做法对其进行间接限制：（1）对居民和非居民的存款实施不同的存款储备金，如对 1 年期限以下的存款并由非居民持有，则实施较高的存款准备金率；（2）对银行的本币和外币存款实施不同的准备金，从而影响银行的外币融资成本，进面影响资本流动；（3）对外部金融交易征税，即对居民持有的海外金融资产、非居民持有的国内金融资产收益征税；（4）对从事跨境资本账户交易的银行，要求它们以零利率将一定比例的外币挣头寸的本币或外币存入中央银行。

第三节　金融风险分担机制优化与金融结构改善

如美国国际关系学家麦克纳马拉所言："安全就是发展，没有发展就没有安全可言，发展可以促进安全程度的提高。"我们认为，金融开放必然带来新的风险源和既有风险状态及分担模式的改变，金融结构的优化就必然伴随着开放国对于金融运行效率改善的期望与金融安全状态丧失之间的艰难平衡。

一、依据宏观经济风险的转移路径来控制、对冲和转移风险（见图8-2）

第一，公司部门和私人部门与银行部门的联系可在银行部门的资产负债上体现，银行部门最直接的控制风险措施就是改变资产负债结构降低资产组合的风险；第二，银行所面临的风险多种多样，对风险的管理关系到银行的持续经营。当银行自身承担风险能力不强时，必须进行风险转移，而不是把风险自留在银行内；第三，银行面临的风险分为系统风险和非系统风险，非系统风险是可以通过风险转移进行分散的，而系统风险则不能。考虑到银行部门的公共性，公共部门对银行部门进行了金融担保，金融担保对金融稳定至关重要，我们要加强金融担保本身的管理，让监管者随时可以关注到系统风险的变化；第四，作为金融担保的担保人，公共部门自身的风险管理也需要我们密切关注；第五，从系统的角度看，银行部门最关键的是流动性风险。银行部门的一切问题最终都将表现为流动性问题，一旦银行系统流动性不足，金融危机将爆发，因此，如何防范流动性风险对维护宏观金融稳定至关重要；第六，从宏观风险管理的角度看，可以建立宏观市场，通过宏观金融创新工具来转移和管理宏观风险。

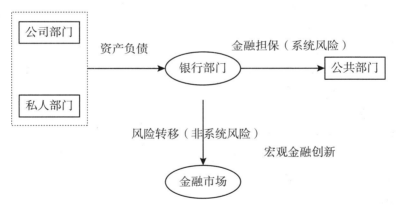

图8-2 宏观经济风险管理策略

二、改善政府治理结构、发展多元融资体系，提升银行机构的竞争力，并促进我国国民经济的快速健康发展

首先，促进国民经济的快速健康稳定发展是防范我国系统性风险的根本。对于我国银行体系而言，流动性问题不是造成银行体系崩溃最重要的原因。银行体系的崩溃最终原因表现为政府信用的崩溃、经济的大幅衰退及储蓄存款的大幅下

降。中国政府的担保能力取决于财政的持续能力、经济的增长速度和外汇储备的不断增长。从实证方面来讲，我国经济属于金融开放程度低、金融发展程度高的国家，系统性风险的生成更多受经济增长速度的影响。

其次，实证表明，政府治理指数的改善，多元融资体系的推进有利于防范银行系统性风险。制度环境的完备能在很大程度上抑制金融自由化、银行竞争加剧对抑制系统性风险的影响。金融全球化需要建立规则型的治理体制，迅速推进旨在保护债权人利益和股东利益的法律改革，增强合同实施能力，完善金融交易环境，建立具有充分激励、硬预算约束和充分竞争的多元化融资体系。

三、加强金融基础设施建设，提高宏观调控能力

（一）逐步推进利率与汇率市场化，增强间接金融宏观调控效力

成功的利率市场化与以下因素有关：相对稳定的宏观经济环境，利率结构不存在严重的扭曲，银行业中存在充分的竞争，银行业的财务状况较好，有活跃和功能完善的货币市场和支付体系，货币政策工具能够灵活和有效的影响银行筹资的边际成本，具有充分有力的监管政策和工具。在上述条件尚不完全具备的情况下，我国的利率市场化改革只能采取渐进的方式，并且在利率市场化渐进式改革的过程中，积极推进实现这些条件的配套改革措施。我国渐进式利率市场化改革思路可安排为：第一，根据宏观经济状况调整利率结构，使之逐渐趋于合理，取消优惠贷款利率，简化利率的品种、档次，并使各种利率之间保持合理的关系；第二，根据配套改革措施的实施进度和效果，逐步扩大存贷款利率的浮动范围，并保证存贷款利率间的合理利差；第三，完全放开利率，实现利率的市场化。

利率市场化将对人民币汇率制度产生冲击，在利率市场化改革启动后，应该逐步扩大人民币汇率的浮动幅度，增强汇率制度的弹性，加强市场自发调节均衡的能力。以公开市场业务为主的间接调控，受制于货币市场的发展。促进间接金融宏观调控作用的发挥，在于货币市场的发展：首先是放开市场准入限制，允许企事业单位、个人等非金融机构的广泛参与，使货币市场的交易价格能反映整个社会的资金供求状况。其次是建立做市商制度，活跃交易、保证交易价格的连续性和不失真，并提高货币市场的信息反馈与传导效率。

（二）完善银行破产程序，提高银行破产效率，减缓银行破产的负面影响

银行破产具有极大的传染性，其对公众信心的伤害也很难在短时间内修复，各国对银行破产都采取慎重的对待方式。解决金融机构"大而不能倒"的一个关键点是要建立银行破产机制，从而使经营不善的机构实现退出，降低央行进行金融危机救助的道德风险。目前，世界上关于银行破产的体例主要有两种类型：一是法院主导的司法破产程序；二是政府部门主导的行政破产程序。从当前银行破产危机处理实践看，世界各国都注重发挥银行监管部门和政府行政机构的职能作用，如赋予银行监管部门的破产启动权、接管重组权、清算监督权等。因此，建立行政主导型破产程序，发挥银行监管部门专业知识和业务经验，能更好实现政府政策意图，快速有效地处置银行破产问题，降低破产成本，有利于保护债权人利益和维护金融市场的稳定。要重点做好以下工作：一是要建立破产应急接管处置机制，有效控制破产风险的扩散和传染，保障破产顺利实施。二是建立存款保险制度，保障存款人利益，增强公众对银行体系的信息，维护金融体系的稳定。三是坚持跨境破产普遍性原则，统一破产程序，降低破产成本，实现全球债权人的平等保护。四是建立银行跨境破产合作机制，推动银行跨境破产有效实施。五是积极参与国际规则的制定和执行，提高我国在跨国银行破产处置领域的主动权和话语权。

（三）完善市场主体的激励制度

所有金融机构都必须建立一个收益与风险相匹配、相制衡的机制，这是它们存续下去的制度基础。风险约束过度而激励功能不足则会损害金融的效率，从而丧失竞争力；而风险约束不足、激励功能过度，则必将使风险急剧加大，从而可能丧失存续的能力。因此美国等国家大力推动金融机构薪酬制度改革，要求金融机构将薪酬政策与长期经营业绩相挂钩，不要鼓励那些过度冒险的经营行为。从本书的角度看，薪酬问题并不是一个简单的收入分配问题，直接涉及防止金融机构高管从事风险过高的业务，从而导致信用创造过度的问题，因此改革薪酬制度实质上就是对信用内生创造的主观动因进行改革，是金融危机管理的重要内容。

第四节 金融安全网构建与系统性风险防范

凯恩和德米尔古克—肯特（Kane and Demirguc-Kunt，2001）认为一国的金融安全网由一系列防范系统崩溃的金融政策构成，这些政策包括：隐性或显性的存款保险政策、中央银行的最后贷款人便利、调查与处理清偿力不足的专门程序、监管银行的策略，以及向一些国际机构，诸如国际货币基金组织寻求紧急援助的条款等。从这三个构成要素的职能看，审慎监管是第一道防线，是一种主动的、防患于未然的保护措施，也是构成金融安全网的成本最低、效果最为明显的环节，通过有效监管能够提高银行自身抵御风险的能力，减少最后贷款人和存款保险使用的机会；最后贷款人处于第二道防线，当外在风险超过银行自身防范能力时，需要中央银行及时给予流动性支持，防止银行因暂时流动性问题而出现倒闭，最后贷款人的有效使用可以防止银行倒闭，降低存款保险的使用频率，最后贷款人制度是银行危机防范的应急管理手段，属于事中管理，可以解决问题机构短期流动性不足问题，但不能根本解决资不抵债的银行问题，也不适宜经常使用；第三道也是最后一道防线是存款保险制度，当银行出现倒闭情况后，存款保险可以保证小额储户得到赔偿，防止非理性的挤提事件的扩散，避免一家银行的倒闭波及到其他银行，从而可以避免中央银行对被波及银行的流动性支持。同时，在存款保险基金出现缺口时，中央银行仍将是资金的"最后"供应者给予补充。存款保险制度是防范和管理银行危机的补充手段，既可以通过赋予其一定的监管职能而达到提前救助的目的，又可以通过赋予其清算人和接管人的职能而建立问题银行的市场退出机制。由此可以看出，存款保险制度是对审慎监管和最后贷款人制度的必要补充和有效连接，一方面可以使监管当局和货币当局专心履行各自的职能，避免一个机构承担过多职责而产生角色冲突，效率下降；同时也使权力机构建立了对银行业从市场准入、日常管理、危机防范、问题救助到市场退出这一完整过程的持续规范管理，从而构建了一国稳固的金融安全网（见图8－3）。

图 8－3　资本监管、最后贷款人和存款保险的关系

当前我国的金融安全网由分业经营、分业监管的金融监管体系、政府"兜底"的隐性存款保险制度、以央行再贷款为主要手段的最后贷款人制度以及政府行政主导下的金融机构接管、撤销等退市制度组成。其主要缺欠体现为：一是政府监管与市场纪律的关系失衡，政府介入过深，市场约束严重不足；二是在金融稳定与金融效率的关系上，片面强调稳定与安全，忽视效率的提高；三是道德风险与逆向选择严重，制度成本过高，效益低下；四是风险处置效率低下，效果不佳，大量风险因素只是在金融体系内跨越时空转移而未能从根本上消除，导致我国金融体系包含大量潜在风险。因此，尽管现行金融安全网迄今为止成功阻止了金融危机的爆发与蔓延，但由于上述制度缺陷的存在以及大量风险因素的积聚，加之金融机构与金融体系效率低下，在金融全球化和我国金融业加速对外开放的条件下，我国的金融安全与稳定状态仍非常脆弱。因此，有必要借鉴国际经验，建立健全我国金融安全网制度，保障国家金融安全。

一、构建逆周期宏观审慎监管机制

本次金融危机的一个重要教训是，对单个金融机构的有效监管非常必要，但是不能充分保障金融体系整个系统的稳定。加强宏观审慎监管，并将其与微观审慎监管进行有机结合，标志着金融监管理念和方式的重大调整。

2000 年 9 月，国际清算银行行长安得鲁·克罗克特（Andrew Crockett）[①] 首先主张将金融稳定划分为微观审慎与宏观审慎两个方面。微观审慎指单个金融机构的稳健，而宏观审慎指的是整个金融体系的稳定，与之对应的分别是微观审慎监管和宏观审慎监管。刘春航（2009）[②] 认为宏观审慎监管与微观审慎监管的区别在于：一是监管目标不同。微观审慎监管目标是避免单一机构的倒闭和保护金融消费者，而宏观审慎监管的目标是避免系统性的金融风险及其对经济产出（GDP）的负面影响。二是关注风险不同。微观审慎监管主要考虑单个机构的风险，而宏观审慎监管则关注风险的相关性和金融机构的共同风险暴露，以此分析金融机构同时倒闭的可能性及其给整个金融体系带来的风险。三是政策工具的着力点不同。微观审慎在整个周期都运用同样的资本监管标准，而宏观审慎监管则会随经济周期变动进行逆周期资本要求，也会根据具有系统重要性机构对系统性风险的贡献度提出差异性的资本要求；微观审慎采用的贷款损失准备只会考虑当期的贷款损失，而宏观审慎监管则会考虑在整个经济周期的平均损失而采用动态拨备。

从以上论述中看，宏观审慎监管以制度和措施防控系统性风险，概念不复杂，复杂的是实践。如何识别和度量系统性风险，如何防止风险在不同地域、国家、市场和机构之间传递？如何实现各类宏观审慎当局之间的协调与信息共享？

---

① Andrew Crockett. *Marrying the micro-and macro-prudential dimensions of financial stability*. Basel，Switzerland，2000.

② 刘春航、李文泓：《关于建立宏观审慎监管框架与逆周期政策机制的思考》，载于《比较》2009年第 4 期。

如何在各国监管当局之间形成有效的分工合作？中国的现实是，虽然在法律上实行金融分业经营，但实际上混业经营已经达到相当大的程度，不仅银行、保险、证券之间互相渗透，而且由产业集团主导的混合型金融集团已经越来越活跃，差不多每家大银行都开办了投资银行业务，直接办起了全功能银行。相比之下，中国还远远没有与之适应的金融集团监管体系，三家金融监管当局之间的协调与信息共享、监管当局与中央银行和其他宏观管理部门之间的协调与信息共享，仍然限于表面化和形式主义，缺乏体制保障和实际效果。本书建议：

首先，中国作为金融稳定理事会的成员国，当前应该抓紧研究建立和完善宏观审慎监管框架。开发宏观审慎监管工具，缓解现有规则的顺周期性，在经济上行期控制信贷和资产价格过度增长，并促使银行建立逆周期的资本和拨备缓冲，建立逆风向的差别准备金制度，这些逆周期的拨备、缓冲、准备可供银行在经济下行周期使用，防止经济在下行期内过渡收缩。并通过加强跨市场、跨行业的全面监管维护金融体系稳定，促进经济平稳和可持续发展。根据国际组织的建议和我国实际，至少应该建立以下三个逆周期的监管工具：一是建立应急资本。银行应具有将非普通股一级资本和二级资本工具转换成普通股的能力，并设定了资本的转换条件和转换率。在发生银行危机时，如果政府选择救助银行，银行应根据一定的触发事件将优先股或债务转换为普通股，目的是在危机时期增加能够吸收损失的普通股、促进对管理者和投资者的激励、提高资本对已发生损失的吸收能力、减少道德风险等。二是引入杠杆率作为监管工具，作为资本充足率的补充。杠杆率是银行总风险暴露与资本之间的比例，与资本充足率相比，它更能限制银行表内外的风险暴露程度；它不经风险调整，可以避免资本充足率中模型风险和计量风险，为银行业提供额外的监管保证。三是按照信贷/GDP比率对其长期趋势的偏离程度计算资本缓冲，促使银行在信贷扩张时期计提更具前瞻性的拨备、建立资本缓冲，并在危机时使用，缓解资本要求的顺周期性。

其次，建立宏观审慎监管体系的主导机构。这是因为，单个的金融监管当局，主要的任务是维护具体的金融机构的稳健经营，因此其本质属于微观审慎的范畴。这些机构虽也涉及一部分宏观审慎职能，例如逆周期资本金管制，以及对金融机构同类组的某些监管政策等，但终究不会有整体图景。为此，我国必须建立专业部门或委员会从事宏观审慎监管和维护金融稳定的功能。这样的一个委员会，既可以把国务院从繁重的协调任务中解脱出来，又可以让行业监管当局专心致志地改善微观审慎监管，还可以超越目前监管当局之间以及与中央银行之间协调与信息共享的障碍，高屋建瓴、高瞻远瞩地分析、监控所有可能导致体系性风险的机构、产品、工具、市场和交易行为。金融委员会的职能，还应该包括开发和建立宏观审慎的工具、标准、指标，并且对改善微观审慎提出建设性意见和要求。

最后，微观审慎监管方面需要做好以下工作：一是提高金融机构的资本质量和资本充足率水平，建立逆周期超额资本和贷款损失准备监管制度，增强金融体系的损失吸收能力。对具有系统重要性的银行要提出超额资本要求和超额流动性要求，对系统重要银行对单个及集团客户的总体风险暴露规定上限要求和披露要求，降低其对重要交易对手的风险暴露等。二是扩大监管范围，确保整个金融体系受到合理监管，尤其是要加强对非银行金融机构以及金融集团的监管。三是重视传统监管工具和手段的运用，在银行体系与资本市场之间建立"防火墙"。银行和资本市场之间在机构设置、业务限制、融资渠道等方面建立有效的风险隔离机制是有必要的。四是完善流动性监管制度，加强金融机构的流动性风险监管。五是重视会计制度对金融稳定的影响，强化透明度建设。六是加强对金融创新的监管，保证创新型产品的发起、出售、投资行为受到恰当的监管，尤其是加强对金融衍生品的监管。七是将信用评级机构纳入监管范围，加强对会计制度设计和使用方面的监管。八是重视激励机制对金融机构风险承担的影响，监管机构应对薪酬机制实施恰当的监管。九是加强跨境监管合作和对跨境机构的联合监管。十是支持在客观、有效的基础上实施全球监管标注，加强对离岸金融中心和避税天堂的合理监督。

二、最后贷款人制度与最优救助规则制定

中央银行最后贷款人职能的发展与金融危机史密切相关，英格兰银行成为最后贷款人是金融危机引发的制度强制变迁的结果，而美联储成立的初衷就是提供最后贷款人这种公共产品。1797 年，弗朗西斯·巴林（Francis Baring）在《关于建立英格兰银行的考察》（Observation on the Establishment of the Bank of England）中指出，一切有清偿力的银行在危机时刻可以向英格兰银行借款，并将英格兰银行的这种行为称之为"最后手段"，这是关于最后贷款人的首次阐述。根据《新帕尔格雷夫货币金融大辞典》中对最后贷款人的定义，最后贷款人（Lender of Last Resort，LLR）是指在危机时刻中央银行应尽的融通责任，它应满足对高能货币的需求，以防止由恐慌引起的货币存量的收缩。从最后贷款人实践来看，在以往历次金融危机中，中央银行最后贷款人救助的对象大多数是出现问题的商业银行。但在次贷危机爆发和救助的过程中，中央银行最后贷款人救助的范围已经扩大到所有可能引发社会恐慌的问题金融机构。这里的问题金融机构是指接近或处于无流动性清偿能力（技术上违约），或无资本清偿能力（净资产等于或小于零）的金融机构①。

---

① 孙海芹：《对我国问题金融机构处置工作的政策思考》，载于《新疆金融》2007 年第 7 期。

（一）最后贷款人对问题金融机构的选择标准

为提高公共资金的利用效率，中央银行不能不加区别地对所有陷入困境的金融机构提供紧急救助。通常情况下，只有当中央银行认为如果该金融机构不能获得紧急救助，将破坏整个金融体系的稳定，并且该银行的确已出现流动性困难，但被认定仍有清偿债务能力；除中央银行提供的支持外没有其他渠道可以获得资金以及确实准备采取适当的自我纠正措施以应对其流动性问题。这时该金融机构才可能获得央行谨慎提供的紧急流动救助。如丹麦银行法就明确规定，中央银行可以对暂时陷入流动性危机的银行进行帮助，但资不抵债的银行除外。

具体来说，中央银行对问题金融机构是否救助，决策的流程中有四个基本判断，一是判断金融机构是否存在问题；二是判断金融机构问题的类型；三是判断救助该机构的成本，包括央行的资金成本、货币发行对货币稳定的影响、引发道德风险的大小等因素；四是判断救助该机构的收益，包括该机构继续经营的价值和判断该机构对系统风险的影响力。根据这四个判断的答案才能真正做到有的放矢、对症下药。

首先，对于金融机构进行是否出现问题的判断，如果出现了问题，就需要对问题进行诊断。金融机构陷入危机的原因很多，大体概括为以下几种：流动性不足、资本充足率不足、不良资产过多、丧失偿债能力，有的则是多种原因并存。即使有些银行出现流动性不足的问题，只要资产的总价值大于负债的总价值，可能仍具有偿债能力。根据巴杰特的最后贷款人原则，央行应仅向陷入流动性危机而并非破产的银行提供贷款。对于没有清偿力的银行，巴杰特认为"最后贷款人应该说不"。对于银行体系内一小部分"不健康稳重的经营者"，最后贷款人也应该说不。因此，其中资本充足率不足及流动性不足问题是可以通过央行的救助措施予以纠正的，而不良资产过多、丧失偿债能力等问题必须采取合并、重组、退出等处置措施。

但是，值得注意的是，在最后贷款人的操作过程中，最大的难度在于如何确定流动性与清偿性的区别。原因在于：一是银行的资产和负债不像其他商品一样有明码标价，其真正的市场价值往往很难测量；二是在危机爆发时甚至是危机爆发之后的很长一段时期，往往不容易摸清银行的真实财务情况；三是贷款人贷款标准难以确定，一定程度上决定了最后贷款人决策的随意性，从而削弱了其在防范银行危机中的作用。

其次，即使对于出现流动性不足问题的金融机构，决定是否予以救助还要考察其救助的成本和收益孰大孰小。救助问题金融机构的收益取决于其继续经营的价值大小，还取决于这一金融机构在整个金融体系的影响力，即在国家金融安全中的地位，如果金融机构业务规模大、影响范围广、市场恐慌情绪正在酝酿之中，其破产可能引发更大的系统性金融风险，那么采取救助措施的收益较大。如果此金融机构出现的问题仅局限于本机构，且是由于违法违规运营导致的危机，则救助的道德风险即救助成本过高。因此，中央银行对一个问题金融机构是否救助需要经过如图 8-4 所示的判断过程：

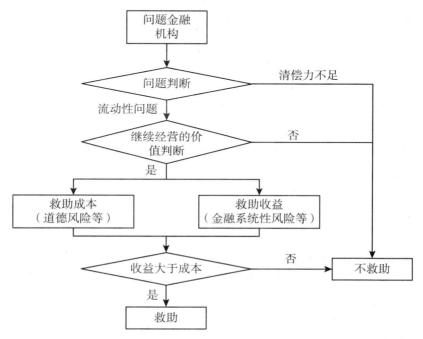

图 8-4 问题金融机构救助决策流程

（二）最后贷款人制度的道德风险

中央银行在对问题金融机构进行救助过程中，即最后贷款人制度的实施中，会产生多重道德风险问题。多重道德风险根源于在社会公众——政府——中央银行——监管机构——商业银行经营者——股东及债权人之间存在着复杂的委托代理关系。道德风险被绝大多数的经济学家认定为危机救助最大的成本，因为它带来了持久的负面影响，可能导致整个金融体系更趋脆弱①。罗切特和蒂罗尔（Rochet and Tirole，1996）② 认为，救助行为促使银行经营者和股东为获得更多

---

① 赵静梅：《金融危机救济论》，西南财经大学出版社 2008 年版，第 194 页。
② Rochet, J. C. and J. Tirole. *Interbank Lending and Systemic Risk*. Journal of Money, Credit and Banking, 1996.

的救助补贴而去冒更大的风险。米什金（Mishkin，2001）① 认为，这种道德风险在大银行身上表现更为严重，通过惩罚性的高利率、依靠自救、实施适当的救助承诺条款、严格的事后信息披露等措施有助于缓解道德风险。

中央银行金融危机救助涉及的道德风险可分为三类：一类是管制者的道德风险：监管当局与被监管机构存在利益趋同性，客观上存在"监管宽容"，同时在处理问题银行过程中有掩盖银行风险的激励；在缺乏竞争的条件下，中央银行可能抬高救助的价码，同时可能被银行（政府）游说或威胁而降低救助的标准；监管当局和中央银行在职权边界未明确的情况下相互推诿。二类是银行外源的道德风险：债权人缺乏对银行监督的激励；投资者要么以损害银行利益为代价为自己牟取个人利益，要么在银行出现问题时袖手旁观。三类是银行内源的道德风险：管理者从事更高风险的业务而加重了银行的风险②。根据上部分中对多重委托代理问题的分析，第一类道德风险源于社会公众——政府——中央银行之间的激励冲突，第二类道德风险源于金融机构债权人和股东——经营者的激励冲突，第三类道德风险源于中央银行——金融机构之间的激励冲突。本书以中央银行维护金融稳定的职能为出发点，即假设中央银行的激励目标与社会公众金融稳定的目标是相容的，将不对第一类道德风险作重点研究。第二类道德风险属于所有权与经营权分离的现代企业都面临的普遍问题，也不是本书的重点研究对象。第三类道德风险构成金融危机救助中最重要也是最难以控制的成本因素，它可能在金融危机救助后留下最主要、影响力最持久的后遗症。大致来说，此类道德风险表现为以下几种形式：

第一，金融机构减少努力程度或产生更多的投机行为。由于中央银行提供金融救助的便利，一方面金融机构在缺乏流动性时，可以从中央银行获得资金支持，从而金融机构会较少关心资金的流动性，产生转嫁风险的依赖心理，诱使银行吸收过高的风险。同时，金融救助的提供为金融机构提供了保护伞，使金融机构较少受到挤兑的威胁，从而使金融机构减少努力程度，轻视风险控制，或产生新的投机行为。如在此次次贷危机中，美联储救市过程中最大的弊端就是给予机构制造新的道德风险的机会。美联储主席伯南克曾愤怒地说，"18 个月来最让我气愤的是 AIG 利用纳税人救市进行新的投机，制造了新的道德风险。"事实上，美国国际集团（American International Group，AIG）在 2008 年接受美联储的援助后在信用违约掉期（CDS）市场进行了新的豪赌，交易对象是对冲基金。AIG 本

---

① Mishkin, F. S.. *Financial Policies and the Prevention of Fianncial Crises in Emerging Market Economies.* NBER Working Paper 8087，2001.
② 李世宏：《中央银行最后贷款人制度研究》，西南财经大学博士学位论文 2005 年，第 137 ~ 154 页。

身是一家保险商，保险的实质就在于大数法则。对某个具体的个人来讲，何时会出现损失，会出现什么形式的损失，以及损失的程度会有多大，是很难预测的。但是如果集中了大量面临同样风险的人，通过统计学的方法，就可以比较准确地预测损失发生的频率和程度。保险公司根据这种统计，计算出保险费的费率，使所收到的保险费能够补偿所发生的实际损失。也就说通过将没有相关性的不同个体风险进行集中，确定整体风险概率（比如不同区域火灾发生的概率是彼此独立的）。AIG 在保险领域中经营是很优秀的，在全球保险业取得的成就是屈指可数的。但是其对 CDS 的价值保险却是疯狂的，因为不同于可保风险的不相关性和分散性，CDS 的风险是高度相关的，某些 CDS 市场的崩溃必然导致其他 CDS 的崩溃。而作为交易对手的对冲基金则认为，AIG 的最终买单者是美国纳税人，他们可以跟 AIG 一起来豪赌一把。

第二，金融机构减弱自身改革和结构调整的动机。金融危机救助的实质是一种特殊的政府对自由市场体系的干预，必然带来所有政府干预的负面性。试想对于一个陷入困境的金融机构如果总是能够得到政府的救助，那么它怎么会有动力去进行痛苦而前途未卜的改革和结构调整呢？救助依赖的最典型国家就是日本。许多经济学家将日本长达十余年的经济衰退归咎于以政府对企业过度保护为特征的裙带资本主义制度（Crony Capitalism）。以日本银行业为例，1998 年，日本官方承认的银行坏账已达 600 亿美元，1997 年，日本几家大银行的资产收益率为 0.24%，在发达国家中排名最后，还不到美国银行业平均资产收益率的 1/5（美国的平均值为 1.33%）。日本银行业低迷得以持续的原因正是政府对企业过于频繁的救助。

第三，由于信息不对称，中央银行或政府当局无法全面了解金融机构的经营行为和经营结果，因而无法对金融机构的舞弊行为进行及时和有效的惩处。比如金融机构在发生困难的初期，隐瞒投资损失，制造稳健经营的假象，错失对危机管理的最佳时机。再如对金融机构信息造假、损公肥私、贿赂官员等行为缺乏有效监督，政府对金融机构的干预通常表现为"官治金融体制"，由此滋生的腐败、低效情况让人触目惊心。

（三）金融危机最优救助原则

世界各国关于金融危机救助对象与时机的选择至今未有一个严格的标准，犹如允许中央银行在货币政策相机抉择一样，其在履行危机救助职能仍然属于"一事一议"的范畴（Schioppa，2003）。因此，要寻求一个金融危机救助介入的最佳临界点和时机是困难和不现实的。但是这并不是说我们在金融危机中只能束手无策，我们能够做的是更多总结历史经验与危机救助原则，以应对将来金融危机的冲击。古德哈特和黄（Goodhart and huang，1999）建立了一个关于最后贷款人的权威模型，为央行危机救助提供了定量分析的基础和框架。该模型通过对道德风险、传染性问题等 LOLR 理论中的变量进行数学抽象，得出了中央银行 LOLR 的最佳策略：第一，在单一时期，央行只救助临界规模以上的银行；第二，在多时期，央行的最优策略是在系统传染性和道德风险之间进行权衡。模型同时说明，传染性问题是央行考虑的重点，而不是流动性问题和清偿力问题的区分，这一点和各国央行的实际操作相吻合。但是该模型对危机救助的核心为传染性问题，而对道德风险研究较弱。为此，本部分在明确不同情况下中央银行与金融机构之间博弈关系的基础上，对不同承诺选择的政策效果进行分析。具体可分为三种情况：一是不承诺；二是建设性模糊的承诺；三是在系统性危机的宏观经济条件下确定性救助承诺。

1. 不承诺条件下的必然结果是"大而不倒①"

本节我们在不承诺条件下，建立中央银行与金融机构（商业银行）的完全信息静态博弈模型，寻求纳什均衡解。中央银行在一定的环境条件下做出是否救助问题金融机构的选择，取决于其对救助与清算成本的比较。理性的金融机构（商业银行）可以预期到中央银行救助策略的选择，并采取行动将自己的条件符合中央银行救助的标准，从而使获得救助的可能性最大化。

对于金融机构来说。假设一家金融机构（商业银行）遭遇流动性危机而向中央银行寻求救助。该金融机构的总资产为 A，由权益 E（equity）、加入存款保险的负债 ID（insured deposits）和未加入保险的负债 UD（uninsured deposits）组成。我们假设金融机构（银行）可以自主决定持有的保险负债和未保险负债的比率。当金融机构（银行）持有的未保险负债增加时，未加入保险的存款持有人会要求更高的利率以补偿所承担的更高风险。金融机构（商业银行）投资成功的概率为 p，投资成功带来预期现金流入为 X（UD），由于投资收益与风险成正比，因此假设预期现金流入为未加入保险的负债的函数。金融机构投资失败的概率为 1 - p，投资失败时金融机构的收入为 0，发生流动性危机。在这种情况下，如果金融机构获得救助，其期望价值为 V_S（Value after salvation），如果金融机构被清算，其期望剩余残值为 V_R（Value remainder），且 $V_S > V_R$，同时假定 $V_S - V_R$ 随金融机构资产 A 的增加而增加。对于受存款保险保护的投资者来说，

---

① "大而不倒"（Too Big To Fail，TBTF）是指这样一种状况：如果一家金融机构已经大到它的倒闭会对整个金融体系与经济造成不可估量的负面冲击，政府和货币当局显然无法接受这种冲击，因而政府与货币当局就会对这类金融机构进行隐性担保，使其不会倒闭。这样，由于存在太大不能倒闭的政策，大型金融机构就会倾向于高风险高回报的投资行为，以谋取私利。那么，中央银行提供金融危机救助面临的道德风险骤然而升。

不论金融机构（银行）是否被救助，都将获得收益 $ID(1 + R_D)$，R_D 为存款利率。对于未加入保险的投资者而言，在金融机构（银行）投资成功时可获得收益 $UD(1 + R_L)$，R_L 为未保险存款的利率，R_L 随着 UD/ID 的提高而提高。如果金融机构（银行）被清算，则未加入保险的投资人获得的收益为残值中扣除保险投资人收益的剩余价值为，用 $\max(0, Vr - ID(1 + R_D))$ 表示。当银行被救助时，未保险存款的持有人获得的利益为：$S = UD(1 + R_L) - \max(0, Vr - ID(1 + R_D))$。

即对未加入保险的投资者（存款人）来说，取得收益的情况分为三种：一是，金融机构（银行）投资成功，此时，获得收益 $UD(1 + R_L)$；二是在投资失败时金融机构（银行）被清算，此时，获得收益 $\max(0, Vr - ID(1 + R_D))$；三是在投资失败时金融机构（银行）被中央银行救助，此时获得收益为：$S = UD(1 + R_L) - \max(0, Vr - ID(1 + R_D))$。为分析简便，进一步假设如下：

第一，在金融机构（银行）被救助时，未加入保险的投资者可以获得正收益，即 S 为正，那么 $UD(1 + R_L) + ID(1 + R_D) - Vr > 0$。

第二，金融机构（银行）如果投资成功则可以偿还所有债务，包括加入保险的和未加入保险的负债。即，$X(UD) > UD(1 + R_L) + ID(1 + R_D)$。

第三，金融机构（银行）破产清算的边际成本大于中央银行对其提供资金本息救助的成本。设关闭这家金融机构（银行）的全部成本为 C，包括所有的直接成本和金融机构清算产生的负外部性，如清算的管理成本，出售非流动性资产的成本及金融机构（银行）与其客户关系破裂的成本等。我们假设成本 C 是金融机构资产规模 A 的增函数。假设金融机构被救助时公共资金向私人部门转换带来的成本率为 λ，则 $\partial C/\partial A > (1 + \lambda)(1 + r)$。

对于中央银行来说，面临着两种策略即救助金融机构（银行）和让金融机构（银行）破产清算。机构破产清算的期望成本为 C。对金融机构提供救助的成本包括中央银行提供的公共资金偿还所有的债权本息和使金融机构起死回生带来的价值。可以表示为：

$$(1 + \lambda)\left[UD(1 + R_L) + ID(1 + R_D) - (V_S - V_R)\right]$$

其中 $(1 + \lambda)(V_S - V_R)$ 是金融机构（银行）被救助相对被清算时增加的价值向公共部门转换后的价值。中央银行在决定是否救助金融机构时，在救助与清算两种策略中进行权衡，权衡的原则是成本的最小化或社会福利最大化。用 Δ 表示救助与不救助的成本之差，即：

$$\Delta = (1 + \lambda)\left[UD(1 + R_L) + ID(1 + R_D) - (V_S - V_R)\right] - C$$
$$= (1 + \lambda)\left[(1 + r)(UD + ID) - (V_S - V_R)\right] - C$$

其中 r 表示金融机构（银行）的平均资本成本，$UD + ID$ 表示金融机构的总负债。中央银行的政策选择取决于 Δ 的大小，当 $\Delta < 0$ 时，金融机构将被救助，

因为救助成本小于清算成本，此时救助能增加社会福利；当 $\Delta \geqslant 0$ 时，金融机构将被清算，因为救助它是得不偿失的，会减少社会福利。

由于 $\partial C/\partial A > 0$，$\partial(V_s - V_R)/\partial A > 0$，且，$\partial C/\partial A > (1+\lambda)(1+r)$，所以 $\partial\Delta/\partial A < 0$，当存在 $\bar{A}$ 使 $\Delta(\bar{A}) < 0$ 时，对于任一的 $A > \bar{A}$，均有 $\Delta(A) < 0$。因此，在此假设情况下，"大而不倒"将成为中央银行的救助原则，即如果中央银行救助一家金融机构（银行）是最优时，则对所有资产规模更大的金融机构（银行），救助都将是其最优的选择。

因此，我们得出结论，"大而不倒"将是在中央银行不承诺的情况下，基于救助与清算成本最小化权衡的必然结果。金融机构（银行）可以预期到中央银行这样的策略选择，因此，这样的救助政策将扭曲金融机构的资产选择行为。一方面，这激励了小金融机构的盲目扩张，为了寻求最后贷款人的救助，选择无效率的较大的资产规模。另一方面，大金融机构因其破产成本巨大而存在被救助的预期，将加大其高风险的投机倾向，以获得高回报，而在经营不善时寻求救助。同时，这将对金融业的竞争产生影响，大金融机构可以获得政府或中央银行的隐性担保，而小金融机构则不能获得任何救助保护，这将影响金融业的公平竞争，对中小金融机构的发展产生不利影响。

2. 在正常时期"建设性模糊"是对道德风险的有效治理

"建设性模糊"是指中央银行不事前承诺救助与否和条件，通过建立这种不确定性机制增强商业银行自我救助的能力。雷克斯艾斯（Rexias，1999）通过建立中央银行承诺和不承诺的模型，分析了两种模式下的最优策略，研究结果是中央银行的最优策略是一个混合策略，即救助和允许清盘的可能性都存在。救助政策依具体条件而定，是事前模糊的，取决于一国征税的成本、传染性风险的大小和清算成本，依时间和地区差异而不同[①]。本节将通过中央银行和金融机构的博弈分析，考查中央银行的救助承诺对金融机构投资决策的影响。

我们构建中央银行与金融机构的二人博弈模型，支付矩阵如表 8-2 所示：

表 8-2　　　　　　　　　　　　　　**博弈矩阵**

中央银行

金融机构		救助（α）	破产清算（$1-\alpha$）
	高风险（β）	V_H，$-C'_0$	$P'V_H$，$-C'_1$
	低风险（$1-\beta$）	V_L，$-C_0$	PV_L，$-C_1$

---

① Freixas X. *Optimal Bail Out Policy, Conditionality and Creative Ambiguity mimeo.* Bank of England, 1999.

假设 1：金融机构有两种战略选择：选择高风险投资或者选择低风险投资，概率分别为 β 及 $1-\beta$，中央银行在金融机构发生流动性困难时也有两种战略即救助或破产清算，概率分别为 α 及 $1-\alpha$。中央银行与金融机构都以自身的期望收益最大化作为决策原则。

假设 2：对于金融机构来说，选择低风险项目投资时，投资成功的概率为 P，投资收益为 V_L；选择高风险项目投资时，投资成功的概率为 P'，投资收益为 V_H。其中 $P>P'$，$V_L<V_H$，且 $P'V_H<PV_L$。若金融机构投资失败则收益为 0，金融机构发生流动性困难。此时，中央银行救助可以使金融机构获得投资成功的收益，高风险投资的 V_H 或低风险投资时的 V_L；若中央银行不对其救助，那么金融机构的收益就将是投资的预期收益，高风险投资时的 $P'V_H$ 和低风险投资时的 PV_L。

假设 3：对于中央银行来说，中央银行救助时的成本用下标 0 表示，不救助即任凭金融机构破产清算时的成本用下标 1 表示。在金融机构选择低风险战略时，中央银行救助可以保留金融机构特许权价值并避免可能的系统性危机所造成的巨额社会成本，但也带来包括救助引发道德风险在内的成本，用 C_0 表示；中央银行不救助，可节约救助成本 C_0，金融机构破产造成的总社会成本为 C_1。当金融机构选择高风险战略时，救助成本为 C'_0，破产清算的社会成本为 C'_1。假设，$C'_0>C'_1$，即当金融机构选择高风险战略时中央银行的救助成本大于其破产清算的成本；$C_1>C_0$，即在金融机构选择低风险的情况下，中央银行选择救助的成本低于破产清算的成本。且假设 $C'_0>C_0$，$C'_1>C_1$，即无论救助还是破产清算，其成本对于高风险的金融机构都比低风险的金融机构要高。

通过二者的支付矩阵，分析以下几种情况：

（1）寻找纯战略纳什均衡

当中央银行确定采取"救助"战略时，即救助的概率为 $\alpha=1$，金融机构预期到央行在金融机构发生流动性困难时将无保留地提供救助，则金融机构将选择"高风险"战略（因为 $V_L<V_H$）。当金融机构选择高风险战略时，因为 $C'_0>C'_1$，中央银行选择破产清算更有利；当中央银行选择"破产清算"战略时，因为 $P'V_H<PV_L$，金融机构"低风险"战略更有利；当金融机构选择"低风险"战略时，$C_1>C_0$，中央银行选择"救助"更为有利。由此可见，中央银行与金融机构的博弈中不存在纯战略纳什均衡。

（2）寻找混合战略纳什均衡

给定 $\varphi=(\varphi_a,\ \varphi_b)$ 代表此项博弈的混合战略，中央银行的混合战略为 $\varphi_a=(\alpha,\ 1-\alpha)$，金融机构的混合战略为 $\varphi_b=(\beta,\ 1-\beta)$。则中央银行的期望收益可以表示为：

351

$$E_a = \alpha[\beta(-C'_0) + (1-\beta)(-C_0)] + (1-\alpha)\{[\beta(-C'_1) + (1-\beta)(-C_1)]\}$$

将 E_a 对 α 求导，得到中央银行最优化的一阶条件为：

$$\partial E_a / \partial \alpha = \beta(C'_1 - C_1 + C_0 - C'_0) + (C_1 - C_0) = 0 \qquad (8-1)$$

金融机构的期望收益可以表示为：

$$E_b = \beta[\alpha V_H + (1-\alpha)P'V_H] + (1-\beta)[\alpha V_L + (1-\alpha)PV_L]$$

将 E_b 对 β 求导，得出金融机构最优化一阶条件为：

$$\partial E_b / \partial \beta = \alpha(V_H - V_L + PV_L - P'V_H) + P'V_H - PV_L = 0 \qquad (8-2)$$

联立式（8-1）、式（8-2），求得混合战略纳什均衡解为：

$$\beta^* = (C_1 - C_0)/(C_1 - C_0 + C'_0 - C'_1) \qquad (8-3)$$

$$\alpha^* = (PV_L - P'V_H)/(V_H - V_L + PV_L - P'V_H) \qquad (8-4)$$

因此，中央银行以 α^* 概率选择救助，金融机构以 β^* 的概率选择高风险战略。若 $\alpha > \alpha^*$，即在中央银行选择救助的概率大于均衡时的概率时，商业银行选择高风险战略更为有利，同理，当 $\alpha < \alpha^*$ 时，金融机构将选择低风险战略。当 $\beta > \beta^*$ 时，金融机构选择高风险项目的概率大于均衡时的概率时，中央银行选择破产清算的成本低于选择救助的成本，中央银行将选择破产清算战略，同理，若 $\beta < \beta^*$，中央银行选择救助的战略更为有利。这几种条件下双方均会因对方的战略而做出战略选择的调整，只有当均衡条件（α^*，β^*）实现时，给定一方的战略，博弈另一方没有改变其战略的动力。

（3）对混合战略纳什均衡的分析

从混合战略纳什均衡解的式（8-3）可以看出，β^* 随着 $C_1 - C_0$ 的增大而增大。即中央银行对低风险金融机构破产清算与救助的成本差额越大，金融机构选择高风险的激励越大；β^* 随着 $(C_1 - C_0) - (C'_1 - C_0')$ 的增大而减少，即中央银行对低风险金融机构选择救助与破产清算的成本差额与对高风险金融机构救助及破产清算的成本差额做差，所得值越大，金融机构选择高风险战略的激励越小。

从式（8-4）可以看出，α^* 随着 $PV_L - P'V_H$ 的增大而增大，即中央银行对低风险金融机构选择清算时与对高风险金融机构进行清算时，金融机构的预期收益差额越大，则中央银行选择救助的概率越大；α^* 随着 $(PV_L - P'V_H) - (V_L - V_H)$ 的增大而降低，即中央银行选择对低风险金融机构清算和对高风险金融机构清算时，金融机构的预期收益差额，与中央银行对低风险金融机构救助和对高风险金融机构求助时，金融机构获得的预期收益差额做差，所得值越大，中央银行选择救助的概率越小。

由上述分析我们可以看到，中央银行与商业银行对于自身战略的权衡，会对对方的决策产生动态的影响。也就是说，中央银行是否救助的权衡对金融机构产生动态影响，反过来，金融机构基于高风险和低风险投资的权衡，也对央行的决策产生动态的影响。

综上所述，建设性模糊是对道德风险的有效治理。首先，在不承诺条件下，中央银行基于收益最大化的考虑选择救助政策将导致"大而不倒"的结果；而当中央银行承诺确定性救助时，金融机构会选择高风险战略，单个金融机构投资失败的可能性增加，从而从整体上增加了金融体系的风险。中央银行只有在采取混合战略，即"建设性模糊"承诺的情况下，以救助的不确定性影响金融机构风险战略的选择，起到抑制金融机构道德风险的效果。其次，采用"建设性模糊政策"有助于中央银行对不同金融机构风险偏好的甄别。虽然中央银行或其他监管机构在开始时不能完全获得全部金融机构风险选择的信息，但对于面临流动性可能申请救助的个别金融机构，中央银行可以通过合理的监管手段获得其风险选择信息。进而根据金融机构最初的风险选择来区别进行对待，使选择高风险战略的金融机构要么不被救助，要么必须接受较为苛刻的条件，从而改变金融机构选择高风险战略的期望收益，使其转而选择低风险战略。最后，"建设性模糊"的政策，使金融机构面临救助与否的不确定性，从而优化中央银行在博弈中的主动权。中央银行"建设性模糊"战略的实施一方面传递给金融机构这样的信息，即金融机构在遭遇流动性冲击时并不一定会得到央行的救助，尤其在其采取高风险战略的情况下；另一方面，存款者亦不能确定央行是否对其存款实施救助，从而存款者监督金融机构的参与约束仍然有效，从而能有效的治理道德风险问题。

但是，"建设性模糊"的策略也存在缺陷，主要体现在流动性救助的不确定性在一定程度上降低道德风险的同时，通过预期实现机制可能会刺激金融恐慌的出现，在受到不利宏观经济因素冲击时尤其如此。

3. 确定性救助承诺是不利经济环境下的最优选择

在宏观经济状况良好，企业经营正常的情况下，金融机构投资风险相对较低，投资成功的概率较大，不易发生流动性危机。此时，中央银行采取"建设性模糊"的政策，能有效抑制金融机构道德风险，而不易引发系统性危机。但是当宏观经济因素冲击，系统性危机有可能发生的条件下，商业银行容易在市场恐慌情绪的主导下遭受挤兑或由其他因素引发流动性危机，此时，中央银行有必要考虑宏观经济环境因素作为政策制定和选择的参考变量，做出确定性救助的承诺。世界银行的蒂托·科德拉（Tito Cordella）和巴克莱银行的爱德华多·列维·耶亚提（Eduardo Levy Yeyati）在 2004 年、2005 年建立了宏观经济变量与最优政策选择之间的关系[①]。本书以此为基础来说明在引入宏观经济环境变量作

[①] Tito Cordella and Eduardo Levy Yeyati. *Country Insurance*. IMF Working Paper, No. 04/148, 2004, 8 and Tito Cordella and Eduardo Levy Yeyati. *A New Country Insurance Facility*. IMF Working Paper No. 05/23, 2005, 1.

为央行决策参数时对金融风险的影响及中央银行的最优政策选择。此节将尝试建立将外界环境因素考虑在内金融机构收益、风险与中央银行救助政策的函数关系，从最小化金融风险的角度分析金融危机救助的制度安排。

在模型的构建中，我们假设中央银行无法观察金融机构的真实风险，这在信息不对称普遍存在的金融市场中是合理的。金融机构的经理们通过选择不同风险回报的资产组合最大化其期望收益。当选择较高风险的资产组合时会提高金融机构下一个时期的回报同时也提高了金融机构在期末破产和损失的概率。

假设 1：中央银行 $t=0$ 时期预先承诺对问题金融机构救助的概率为 α，这一承诺是可信的，且可以被市场预期到。金融机构在每一时期开始时选择资产组合，$t \in [0, \infty]$。因为金融机构的资产组合（即风险选择）是无法被观测的，中央银行不能根据金融机构的风险选择情况来进行救助决策。

假设 2：从中央决策者的角度，假定在没有任何救助条件下，金融机构以每期收益最大化为目标时的风险水平为中央银行希望的最优风险水平。且假设经济中的货币供给是无弹性的，并标准化为 1。

假设 3：对于单个金融机构来说在遭遇流动性危机时得到救助是可能的但不确定，其概率依国内国际的宏观经济情况而定。α 是宏观经济情况的函数，即 $\alpha = \alpha(\gamma)$，其中 γ 是一个随机变量，代表宏观经济情况，假设 $\gamma \in [0, 1]$，其密度数为 $f(\gamma)$，分布函数为 $F(\gamma)$，且 $F(\gamma = 1) = 1$。

假设 4：为简化分析，假设对金融机构的负债进行完全存款保险，即金融机构融资成本等于无风险利率 r_f。金融机构投资成功的收益为 X，成功的概率为 $P(X, \gamma)$；投资失败的收益为 0，金融机构陷入流动性危机。且假设 $P(X, \gamma) = \gamma P(X)$，金融机构的收益状况如表 8 – 3 所示：

表 8 – 3　　　　　　　　　金融机构收益状况

	收益 $\bar{R}$	概率
投资成功	X	P (X, γ)
投资失败	0	1 – P (X, γ)

则金融机构期望收益可表示为：$E[\tilde{R}] = E[X\gamma P(X)] = uP(X)X$，其中 $u = \int_0^1 \gamma f(\gamma) d\gamma < 1$。因为通常情况下，收益和风险呈同方向变化，因此，金融机构投资成功的概率越小，成功可获得的收益越大，即 $P(X)$ 是 X 的减函数，$P'(X) < 0$。

假设 5：$P(X)$ 为凹函数，即 $P''(X) \leqslant 0$。因为 $0 \leqslant P(X) \leqslant 1$，存在 $\bar{X} < \infty$，

使 $P(\bar{X})=0$。当投资一定成功时，可获得无风险的收益 r_f，因此存在 $\bar{X}>0$ 使 $P(\bar{X})=1$，此时 $E[\underset{\sim}{R}]=uP(\bar{X})\bar{X}=r_f$，可知 $\bar{X}\geqslant\underline{X}=r_f/u$。

（1）分析金融机构的最优风险水平

金融机构的目标函数为其预期利润最大化，表示为：

$$V_c = \max[uP(X)X - r_f]$$

其中 r_f 为金融机构需要支付的融资成本。求解利润最大化的一阶充要条件：$\partial V_c/\partial X = uP'(X)X + uP(X) = 0$，由此式可得利润最大化时的 X^* 满足方程：

$$\eta(X^*) = P'(X^*)X^*/P(X^*) = -1 \tag{8-5}$$

式（8-5）表明在 $X=X^*$ 时，投资成功的概率对投资成功时投资回报弹性等于 -1。对 $\eta(X)$ 求导可得：

$$\eta'(X) = [P''(X)X + P'(X)]P(X) - [P'(X)]^2 X/[P(X)]^2 < 0 \tag{8-6}$$

故 $\eta(X)$ 是 X 的减函数。因为 $\eta(X^*) = -1$，当 X 取最小值时，$\eta(\underline{X}) = P'(\underline{X})\underline{X}/P(\underline{X}) > -1$。所以 $X^* > \underline{X}$，即最优的风险选择是正的。

（2）在没有央行救助的情况下（当 $\alpha(\gamma)=0$ 时），分析金融机构以最大化 t 时期利润的现值为目标时的最优风险水平

金融机构在 t 时期的目标函数为最大化 t 时期利润的现值：

$$V_t = \max[R_t + \delta s_t(\cdot)R_{t+1} + \delta^2 s_t(\cdot)s_{t+1}R_{t+2} + \cdots]$$

其中 $\delta = 1/(1+r_f) < 1$ 是贴现因子，$s_t(X_t, \gamma_t)$ 是金融机构从 t 期到 $t+1$ 期幸存下来的概率，用 R_t 表示 t 期的期望利润，则

$$R_t(X) = uP(X_t)X_t - r_f \tag{8-7}$$

由金融机构利润的递归关系，金融机构 t 时期的价值可写成：

$$V = \max[R_t(X)/1 - \delta s(\cdot)] \tag{8-8}$$

在没有中央银行救助的条件下，金融机构资不抵债时，就会破产；当金融机构利润为 0 时，如果股东不对金融机构进行资产重组，则金融机构的幸存几率为：$s(X, \gamma) = uP(X)$，代入式（8-8），得：$V_a = \max\{[uP(X)X - r_f]/[1 - \delta uP(X)]\}$。

这时目标函数最优化的充要条件即方程的一阶导数为：

$$\eta(X) = P'(X)X/P(X) = [P(X)/\omega_\alpha - 1][X/(X-r)] \tag{8-9}$$

其中，$\omega_\alpha = 1/\delta u$

从式（8-5）、式（8-6）、式（8-9）三式可推出：当 $[P(X)/\omega_\alpha - 1][X/(X-r)] < -1$ 时,即

$$uP(X_\alpha)X_\alpha/r_f \leqslant 1/\delta \tag{8-10}$$

时，有：

$$\eta(X_\alpha) \leqslant \eta(X^*) = -1 \Rightarrow X_\alpha \geqslant X^*$$

由此可知，当给定贴现率时，预期收益相对无风险利率越低，条件（8-10）越容易满足，金融机构越易于从事风险大的投资，即 $X_\alpha \geq X^*$；相反，给定预期收益的情况下，贴现率越高，条件（8-10）越易满足，此时，金融机构越易于参与较大风险的投资。当条件（8-10）不满足时，金融机构将选择较低风险，即 $X_\alpha < X^*$。这种情况是金融机构在投资回报为 0 时，股东仍然有机会从资本市场上筹集资金，当金融机构重组后未来收益的现值大于 0 时，股东基于自身的利益，会选择较低的风险，并对金融机构进行重组。即：

$$V_\alpha = \max\{[uP(X)X - r_f]/[1-\delta]\}$$

即 $\delta V_\alpha = \delta\{[uP(X_\alpha)X_\alpha - r_f]/[1-\delta]\} \geq r_f$

整理得： $$uP(X_\alpha)X_\alpha/r_f \geq 1/\delta \qquad (8-11)$$

当式（8-11）成立时，股东期望金融机构不会破产清算，因此最优的策略是每期收益最大化，风险选择与最优的风险选择相同，为 X^*。由此可以得到结论：均衡风险水平大于或等于最优的风险水平，即：

如果 $uP(X_\alpha)X_\alpha/r_f \leq 1/\delta$，即式（8-10）成立时，金融机构选择的风险大于 X^*，即 $X_\alpha > X^*$，当投资回报低于融资成本时，金融机构将破产；

如果 $uP(X_\alpha)X_\alpha/r_f \geq 1/\delta$，即式（8-11）成立，金融机构选择最优的风险水平 X^*，金融机构不会破产。

我们假定在没有救助的情况下，金融机构破产是可能的，故假设式（8-10）成立，考虑救助政策对金融机构风险选择的影响。

（3）中央银行救助对金融机构风险选择的影响及最优政策的选择

在考虑中央银行金融救助的情况下，金融机构幸存的概率等于投资成功的概率加上投资失败（收益为 0）时被救助的概率，即：

$$s = E\{\gamma P(X) + [1 - \gamma P(X)]\alpha(\gamma)\}$$
$$= \int_0^1 [P(X)\gamma + (1 - P(X)\gamma)\alpha(\gamma)]f(\gamma)\,\mathrm{d}\gamma$$
$$= p(X)(u - C) + \alpha \qquad (8-12)$$

其中：

$$C = \int_0^1 \gamma\alpha(\gamma)f(\gamma)\,\mathrm{d}\gamma, \bar{\alpha} = \int_0^1 \alpha(\gamma)f(\gamma), \text{且 } C < \min(\mu, \bar{\alpha})$$

把式（8-12）代入式（8-8），金融机构的价值为：

$$V_d = \max\{[P(X)(X-r)\mu]/1 - \delta[P(X)(\mu - C) + \bar{\alpha}]\}$$

对 V_d 求解最优化一阶条件，得：

$$\eta(X) = P'(X)X/P(X) = [P(X)/\omega_d - 1][X/(X-r)] \qquad (8-13)$$

其中：$\omega_d(\alpha(\gamma)) = (1 - \delta\bar{\alpha})/\delta(u - C) > 1$

因为 $V'_d = 0$ 时，$V''_d < 0$，金融机构的目标函数连续可微，因此存在唯一的极值，且为最大值，用 X_d 表示式（8-13）的唯一解，联立式（8-6）、式（8-9）、式（8-13），当且仅当 $\omega_d(\alpha(\gamma)) < \omega_\alpha$ 时，即 $C < u\delta\bar{\alpha}$ 　　　　　（8-14）

救助政策才会降低金融机构的风险水平，因为

$$\omega_d(\alpha(\gamma)) = \frac{1-\delta\bar{\alpha}}{\delta(u-C)} < \omega_\alpha = \frac{1}{\delta u} \Rightarrow \eta(X_d) > \eta(X_\alpha) \Rightarrow X_d < X_\alpha$$

因为当 $C < u\delta\bar{\alpha}$，有 $C < u\delta\bar{\alpha} < u\bar{\alpha}$，即 $C < u\bar{\alpha}$ 为 $X_d < X_a$ 的必要条件。因此可得出以下结论：

第一，救助政策降低金融机构风险吸收的必要条件是救助概率 α 与经济环境因素 γ 负相关，即：

$$\text{cov}(\alpha(\gamma), \gamma) < 0 \,(由\,\text{cov}(\alpha(\gamma), \gamma)) = E[(\alpha(\gamma) - \bar{\alpha})(\gamma - \bar{\gamma})] < 0 \Rightarrow C < \mu\bar{\alpha}$$

也就是说，在外在经济环境较好的情况下，为减少道德风险的成本，中央银行救助的概率应相应降低。因为在经济环境良好的条件下，金融机构的流动性危机是由其不谨慎的高风险投资引起的，中央银行采取较低救助概率，实际上是一种对金融机构不谨慎经营行为的惩罚。

如果中央银行采取救助政策的概率与经济环境状况不相关，即 $\text{cov}(\alpha(\gamma), \gamma) = 0$，也就是说，对于所有的 γ，均有 $\alpha(\gamma) = \alpha$，均衡时金融机构风险水平高于最优的风险水平，使道德风险问题更加严重，诱使金融机构进行高风险的投资。

第二，对于所有救助政策 $\alpha(\gamma)$，当破产条件 $r_f > \delta V_d$ 满足时，如下政策使得金融机构风险最小：当 $\gamma \leqslant \gamma_d$ 时，$\alpha_d(\gamma) = 1$，当 $\gamma > \gamma_d$ 时，$\alpha_d(\gamma) = 0$。其中 γ_d 满足下式条件：　　　　　$\gamma_d - 1/\omega_d(\alpha_d(\gamma_d)) = 0$ 　　　　　（8-15）

因为 $\gamma_d \in (0,1)$，故总存在一个救助政策 $\alpha_d(\gamma)$ 能降低金融机构的风险水平，使得 $X_d < X_a$，即金融机构的风险水平低于没有救助情况下金融机构最大化利润条件下的最优风险水平。

因此，当宏观经济条件恶化，已经超出金融机构经营者可控能力范围内时，中央银行对因流动性危机濒临破产的金融机构做出明确的救助承诺，不仅可以通过增加金融机构的特许权价值（Chartered Value），降低金融风险，还能够克服救助政策不确定性的弱点，防止市场恐慌和挤兑的进一步恶化，从而减少金融机构破产的频率和降低金融体系的风险。正如美国前财长鲁宾在其自传《不确定的世界》中提到，比较"救市"所造成的"道德风险"和市场可能遭受到的巨大波动的破坏，以实用主义的做法，还是两害相较取其轻比较好。

（四）完善我国"最后贷款人"制度

第一，通过立法明确人民银行"最后贷款人"的职能及救助的原则、方式、

时机和范围，以增强其独立性，防止问题银行及地方政府倒逼人民银行发放紧急贷款救助，减少问题银行对政府救助的依赖性。第二，根据危机的严重程度采取灵活的救助办法。当危机较轻微时，人民银行应该只向具有清偿能力的银行提供流动性支持，或由人民银行牵头对问题银行进行重组，并适当提高贴现窗口惩戒力度，缩短贷款期限；当危机较严重时，应该扩大"最后贷款人"保障范围，只要问题银行的倒闭会引发系统性金融风险，"最后贷款人"应该果断提供流动性援助，但需要申明这些"非常"救助的终止时间。第三，危机救助时采用"建设性模糊"的手段，让社会公众和问题银行无法得知人民银行是否会救助以及救助的方式和程度，既可以防止公众恐慌又可以减轻问题银行的道德风险。但需要加强危机救助后的信息披露，增加政策透明度，便于社会公众监督，有效防止人民银行在救助过程中的"寻租"行为和监管宽容问题。

三、存款保险制度的构建

（一）存款保险制度存在的问题

存款保险制度始于 20 世纪 30 年代的美国。当时为了挽救在经济危机的冲击下已濒临崩溃的银行体系，美国国会在 1933 年通过《格拉斯斯蒂格尔法》，联邦存款保险公司（FDIC）作为一家为银行存款保险的政府机构于 1934 年成立并开始实行存款保险，以避免挤兑，保障银行体系的稳定。20 世纪 60 年代中期以来，随着金融业日益国际化的发展，金融风险明显上升，绝大多数西方发达国家相继在本国金融体系中引入存款保险制度，中国台湾、印度、哥伦比亚等部分发展中国家和地区也进行了这方面的有益尝试。尤其是 20 世纪 80 年代以来，世界上相继发生了一系列银行危机与货币危机，促使许多国家政府在借鉴国外存款保险制度的基础上，结合本国实际，着手建立或改善已有的存款保险制度。近年来，存款保险在全球获得了快速发展。全球共有 78 个经济体建立了各种形式的存款保险制度，尽管其建立的时间各不相同，但在法律上或者监管中对存款保护进行了明确规定的已有 74 个经济体（即建立了显性的存款保险制度）。存款保险制度的建立已然成为现代金融体系不可或缺的组成部分。1963 年弗里德曼和施瓦茨在《美国货币史》中总结道："银行存款的联邦保险，是对 1933 年恐慌结束最重要的银行体系的结构性变化，这种变化是南北战争后各州银行券绝迹以来最有助于货币稳定的事情。"可见，即使是古典的自由主义者也认为存款保险是一项有效的公共政策。但是在看到存款保险制度优势的同时，存款保险制度本身的缺陷及其不当定价是完善金融安全网需要认真研究和解决的问题。存款保险制度主要存在道德风险、逆向选择等方面的问题。

1. 道德风险

存款保险制度发挥的公共安全网作用会诱导存款者忽视金融机构的经营状况和风险，增强了银行冒险的积极性，导致监管机关过分依赖存款保险制度而放松监管职责。存款保险制度可能引发道德风险的具体表现如下。

首先，存款者的道德风险。存款保险的存在使存款人的银行债权变得安全，从而削弱了对存款人监督银行以避免发生银行危机的激励。由于存款保险制度保护了存款人的利益，使存款人除了对较高的收益率感兴趣之外，缺乏积极性关心银行的经营业绩和安全性，没有必要监督银行的业务活动，对存款机构的风险情况也会掉以轻心，甚至缺乏积极性把存款从潜在的破产银行中取出。存款保险降低了存款人监督银行的自我保护激励，使低效率甚至资不抵债的银行能够继续吸收存款，并以低利率与竞争者争夺市场份额，从而埋下隐患，加大金融体系内部的风险。

其次，投保银行的道德风险。虽然存款保险制度保护的是投保银行的存款和银行体系，而不是投保银行本身，但是，对存款人的保护意味着存款人挤兑的威胁对吸收存款的机构施加的惩戒不复存在。市场纪律的弱化导致投保银行在制定经营策略时将存款保险视为一个可以依赖的重要因素，倾向于从事风险较高和利润较大的银行业务，如高息揽储、发放风险较大的贷款，从而增大了其承受的不适当的风险。同时，由于存款保险公司对规模不一、风险等级不同的银行以统一的保险费率收取不与风险挂钩的保险费，使得同样规模但风险性较大的银行不需要付出更多的保险费，它承担的风险将由经营保守的银行所补贴。而利用存款保险获取补贴的唯一办法是采取比通常更具风险的姿态，导致经营稳健的银行纷纷向冒险的银行看齐，银行采取冒险行动的冲动和动机增强了。对存款者的保护扭曲了银行的行为，因为它们知道，一旦出现危机，存款保险公司将挽救它们。特别是当一家银行出现危机而未被关闭时，银行就倾向于利用存款保险基金孤注一掷，因为当银行经营受到的监督下降并且吸收存款的能力不反映资产组合风险时，银行有动力从事高风险高回报的项目，尤其是当受到保护的银行股东和经理得知其保持资产正常运作已不可能时，它们便会在资产组合中追求更多的风险，减少资本充足率和流动性储备。如果高风险战略成功，就登记这笔利润，如果失败，则存款保险承担任何超过银行权益资本的损失。

最后，金融监管当局的道德风险。监管机关工作的重心在于确保金融体系的安全和稳定，而安全稳定最明显的标志是不发生银行倒闭事件。存款保险制度由于防止挤兑而使银行不会因为市场的惩戒作用而倒闭，同时存款保险机构对处于危机的银行进行的救助使银行难以关闭，因此造成监管机关对存款保险制度的依赖。监管机关过分依赖存款保险制度的结果是放松监管的职责，表现为：一是对

359

银行过度承担风险的失察；二是对银行冒险的纵容或者容忍，甚至掩盖问题。监管当局的道德风险造成的后果严重，它延误了解决危机的时机，使社会承担了更为严重的代价。

2. 逆向选择问题

主要体现在如果实行自愿性会员制度并且保险费不与风险挂钩，那么健全的银行会自动退出存款保险制度以避免在存款保险制度中受损。当健全的银行退出存款保险制度后，对剩余会员银行征收的保险费会相应提高，保险费率的提高会使保险体系内的次优银行相继退出。如此下去，只有最脆弱的银行留在存款保险制度内。如斯里兰卡在 1987 年对 13 家银行采取自愿性存款保险制度，保险费率为 0.04%，1992 年两家银行退出，保险费率提高到 0.15%，1999 年，斯里兰卡存款保险制度的会员银行减少到 7 家。

应该指出的是，任何制度都不可能是尽善尽美的，设计不佳的存款保险制度会引发道德风险和逆向选择的问题，从而削弱市场纪律，减少银行系统稳定性。因此我国的存款保险制度不仅要保护存款人利益，更要配合以审慎的金融监管以发挥市场纪律和监管纪律两种机制的作用，促使存款人、银行所有者和经营者以及监管当局都来关心银行的风险防范。

（二）建立符合我国国情的存款保险制度

我国目前的存款具有政府全额隐性担保的特征。这种隐性存款保险制度带来了一系列问题：存款人不关心银行的风险状况，银行也不重视风险管理，市场纪律低下。问题银行的倒闭也给国家带来巨大的财政成本，影响货币政策的效果，因此加快我国存款保险制度建设刻不容缓。

第一，尽快出台存款保险的法律法规，对存款保险机构的职能、权限、保障范围、基金的来源、保险费的收缴、问题银行的界定与处理等问题做出明确规定，使存款保险制度在实施中有法可依、规范发展，同时增强存款保险制度的公信力。第二，执行强制性存款保险制度。中小银行是存款保险制度保护的重点。由于国有商业银行享受了国家巨额财政补贴，无偿享有国家信用背书，与中小商业银行存在不平等竞争，必须缴纳保险费。随着外资银行参与我国金融业的深入以及国际金融监管体制的建立与完善，建议将未参加母国存款保险制度的外资银行纳入我国存款保险体系。

第三，建议由财政部和人民银行共同垫资作为存款保险制度建立之初的资金来源，存款保险机构利用收缴的保费进行分期偿还。危机发生时，存款保险基金可向财政部或者发行债券融资，以解决存款保险基金来源不足的问题。

第四，存款保险体系应只覆盖居民储蓄存款，不包括企业存款、银行同业存款和财政存款。当面临严重金融危机时，可以采取增加保险额度、扩大保障范围甚至承诺对具有系统性风险的银行进行全额保险等措施，但必须明确指出这些特别措施的终止时间，以提高市场约束力、降低道德风险。

第五，应加强存款保险机构与其他机构的协调配合。我国存款保险机构应当同人民银行、审计署、财政部和银监会建立信息共享机制，规范信息的收集、整理、发布和传递。对银行的日常监管由银监会负责，并将信息通报存款保险机构。当银行面临困境时，主要由存款保险机构对其进行监管，对无清偿力的银行应立即予以关闭。

第五节　市场纪律、银行公司治理与风险防范

公司治理是确保包括股东和债权人在内的所有投资者得到投资回报的各种方式（Shleifer and Vishny，1997）。公司治理机制可分为内部治理机制和外部治理机制两大类，其中，内部治理机制包括股东大会、董事会（或监事会）、经理报酬激励、大投资者监督；外部治理机制包括：经理市场、产品市场、接管市场、债权人治理等；而法律和监管作为外部环境影响这些机制的发挥。在银行风险管理体系中，公司治理提供了一种制度框架，有效的公司治理可以激励银行更有效地提高经营绩效和控制风险。在公司治理结构中，规则制定者/法律制定者、监管者、股东、董事会成员、经理、内部审计员、外部审计员和社会公众，都对金融风险防范起到重要作用。

"千里江堤，溃于蚁穴"，任何系统性风险的形成和金融危机的爆发都有其微观基础，对于金融机构风险而言，银行公司治理无疑居于重要地位，两者之间存在着密切的联系，主要体现在以下几个方面：第一，银行公司治理不完善是导致风险产生的微观根源，是诱发危机爆发的重要原因。20 世纪 90 年代全世界范围内发生了多起金融危机事件，特别是东南亚金融危机的爆发，使得人们急于探究导致金融危机爆发的原因，研究表明银行公司治理上存在的问题是形成危机的重要因素之一（Johanson，1999）[①]。家族在"金字塔"式控制中通过关联交易将银行作为企业集团的"提款机"，导致银行资产质量迅速恶化，投资者信心丧

---

① 其他的国别研究也支持这一结论。如 Benny Simon（2001）认为，东南亚金融危机暴露了印度尼西亚银行业公司治理的系统性缺陷。Anderson（2000）在对 1977～1996 年间日本银行的治理结构进行系统研究后认为，低效率的银行治理加重了日本银行危机，并且延缓了后来的重组，其主要原因是银行的外部治理机制没有给日本银行高层管理者足够的重组激励。

失和资金大量外逃，引起了银行和金融危机。第二，完善银行公司治理是防范金融风险、维护金融安全的重要基础性措施。商业银行是一个风险行业，也是竞争性的行业，其核心竞争力集中反映在对于风险的掌控能力上。公司治理完善的银行，就可能有较强的风险管理能力。良好的银行公司治理对于保障一国金融安全和提高金融体系效率至关重要。金融危机后国际上开始普遍关注商业银行的公司治理，包括商业银行的股权结构、董事会机制和经理激励报酬结构等内部机制，以及监管、市场约束、接管等外部机制的作用，同时银行监管者也开始参与银行公司治理的建设。巴塞尔委员会专门就此发布了《加强银行机构公司治理》的指导性文件，将商业银行治理问题提到了前所未有的高度。亚洲公司治理圆桌会议还成立了亚洲银行公司治理工作小组，并起草了银行公司治理政策草案。第三，从防范风险角度出发，我国银行公司治理改革显得非常迫切。东南亚金融危机的爆发给我国商业银行敲响了警钟，也表明了我国商业银行公司治理改革的迫切性和重要性。尽管商业银行股份制改革与上市工作已初显成效，但我国商业银行内部运行机制等深层次问题并没有发生根本转变，我国商业银行仍然面临着加强公司治理建设上的严峻挑战。

一、市场约束与风险防范

高杠杆性决定了风险转移或冒险行为在银行显得特别严重，这就需要债权人参与公司治理来限制这种代理问题。银行有两类特殊的债权人：一类是众多的小额存款人；另一类是少数大额未保险的债权人，包括次级债、大额可转让存单、金融债券、同业往来的债权人。这两类债权人的特点影响到公司治理的方式和风险防范的效果。

（一）银行债权人治理困境要求市场约束机制发挥作用

首先，众多小存款者的存在从四个方面使得债权人治理机制无效：一是严重的重复监督问题。小存款者有强烈的"搭便车"倾向，使得有效的日常监督变得不可能。从整个社会角度来看，重复监督引起的高昂成本也是次优的。二是无效的挤兑行为。即使是经营良好的银行，小存款者因"囚徒困境"常常会引发挤兑行为，这种退出机制与短期债务对经营者的硬约束不同，挤兑往往是无效率的，它使得银行难以从短借长贷中实现资产转换，提高资本形成和经营效率。大量小存款者产生银行挤兑的不稳定性是一种错误导向的经理约束机制（Dewatripont and Tirole，1993）。三是难以实现有效率的债务重组和破产清算。众多小债权人的存在使得债务重新谈判变得不可能，当银行陷入困境时，也无法形成有效的破产安排。四是存款保险的存在使得小存款者的治理作用完全消失。当权益得到完全保证时，小存款者没有任何激励去监督银行经营行为。

其次，未保险债权人的治理作用有限，更多的是通过间接的市场约束机制。银行的债券持有者通常包括两类，一类是普通债券持有人（如 CDs 的持有者），他们一般没有存款保险机构的保险（或没有得到全额保险），因而具有较强的参与监督治理的激励；另一类是次级债券持有人，由于此类债券的偿还权先于股权但次于其他债权，因而比其他债权人具有更强的监督激励。尽管银行业杠杆率很高，但存款是债务中的主要部分，未保险债权只占较小的比例。这意味着即使未保险债权人有动机对银行进行监督，其监督强度与一般企业相比仍然是较低的。在银行处于经营困境时，尽管允许大债权人进行干预是可行的，但却存在着重大缺陷。高杠杆率意味着银行资本金相对较少，任何重大的经营损失都会使银行处于资不抵债的状况。当银行严重缺乏资本金时，次级债实际上已等同于股权，此时次级债的持有者就没有激励对经理施加约束。因此，对于银行来说，债务的控制权相机转移机制具有很大的局限性。如果为防止金融体系恐慌的蔓延存在着全面隐性存款保险的话，它还会彻底破坏大债权人监督和干预的激励。由于银行债券具有较强的流动性，他们更多的是通过市场监督的间接措施来影响公司治理。

（二）市场约束的作用机制

银行债权人的间接治理机制主要是通过市场约束发挥作用的。市场约束机制包括三个方面：一是资金成本效应。银行风险越大，市场（投资者）要求的补偿越高，并最终反映到债券市场价格上，这构成对银行经营者的压力。预期到增加风险会带来更高的融资成本会激励银行经营者不从事过度冒险行为。二是市场信息效应。发行债券要求提供关于债券定价的更多信息，有助于提高银行的信息披露和透明度，加强对经营者行为的监督。这两种效应合在一起形成了狭义的市场约束。三是市场信息通过监管所产生的间接作用。市场信息有助于监管者对银行状况做出更准确的评估，进而对经营者行为进行干预。

为了提高资本充足率和弥补长期资金来源，我国商业银行已越来越多地通过发行金融债券和次级债等来筹集资金。公开发行更有利于投资者和监管层对发债银行的监督，但其作用的有效发挥依赖于一个发达完善的交易市场，目前我国银行市场约束还存在着下列问题：

一是从债权人主体来看，多为金融机构相互持有，难以实现相互监督。在国际上，次级债券的持有人大都是机构投资者，且大多数是非银行金融机构，其中又以保险公司为主要购买者。从中国目前的金融市场结构来看，保险公司等各类非银行金融机构在金融资产总量中的比例相对较低，单靠它们是无法消化商业银行巨大的融资要求的，允许商业银行投资其他商业银行发行的次级债，不可避免地出现银行之间互相持有次级债的现象。从目前的趋势看，在次级债券的发行中，银行已成为认购次级债的重要主体，大约有近一半的次级债被银行持有，在银行内部进行体系循环。从银行业整体来看实际资本并没有增加，而银行之间相互持有债券的结果是市场监督弱化。

二是债券限制性条款过少，难以发挥约束银行经营行为的作用。我国商业银行发行的金融债和次级债很少有限制性条款，在融资用途上，除次级债发行明确表示要补充银行附属资本外，金融债的资金用途则非常笼统，投资项目不明确。形成这种状况的重要原因是国家隐性信用担保的存在使得市场投资主体对银行资金使用效率没有给予充分的关注，对债权人权利保护显得激励不足，也就难以对银行经营行为进行有效约束。

三是信息披露力度仍然不大，市场不成熟妨碍了价格机制的信号作用。对比《巴塞尔资本协议》的要求，我国商业银行对经营状况、风险暴露及资本充足率的披露还远未达到规定的标准，会计制度离国际规范仍有不缺的距离，对已经出台的信息披露规范（《商业银行信息披露暂行办法》）的执行也存在诸多问题。同时，我国银行债券市场的流动性、宽度和深度都非常不够，难以形成有效的资本价格信号，对银行经营者的市场约束作用相应较弱。

二、从风险防范角度完善我国商业银行的公司治理

（一）改善政府治理，为银行公司治理创造良好的外部环境

转型经济的商业银行治理中政府作用的变化至关重要，大多数银行仍然是政府控股这一事实决定了改善政府治理是提高银行公司治理的重要先决条件。防止政府干预，改善政府治理的根本在于建立可置信的承诺机制。

1. 促进国有银行的股权多元化，明确规范政府股东的行为

在我国的国有商业银行中，作为控股股东的国家和作为"内部人"的经营者通过各种方式对其他投资者利益的侵占是造成银行不良贷款率过高，经营效率低下的重要原因。防范国家股东和经营者利益侵占的根本方法是股权多元化，一方面有助于改变国有产权虚置带来的"内部人"控制问题，有助于加强对经营者的约束；另一方面通过股东之间的相互制衡，减少政府股东的侵占行为。为此，要在严格监管的基础上，积极引进外国金融机构成为战略投资者，发展民营

企业入股银行，充分发挥股东的正面作用（田国强、王一江，2004；唐双宁，2005）[①]。洪正（2007）的研究表明，战略投资者在带来先进技术和经营管理经验提高银行效率的同时，也可能因其追求私人控制权收益而对银行价值和国家金融安全形成损害。权衡这两种效应，政府需要合理确定战略投资者的类型和股权比例，即应引进多个互补性战略投资者，战略大股东的股权比例应与其经营管理能力、国家出售股权上限、法律保护正相关，与其私人收益负相关；战略投资者间的股权比例之差应与国家出售股权上限、战略大股东价值创造能力正相关，与监督成本差异负相关。在国有商业银行股权多元化过程中，要准确界定财政部和汇金公司的政府股东角色，保持银监会作为监管部门的独立性，防止政府股东损害其他投资者利益，削弱监管部门的审慎监管作用。《国有商业银行公司治理指引》中已规定了股东大会是国有商业银行的权力机构，不得干预董事会和高级管理层履行职责；股东滥用股东权利给银行或者其他股东造成损失的，应当依法承担赔偿责任。尽管在原则上规定了国家也应通过其股东身份行事，但对于政府股东干预银行的人事任免，要求对国有企业贷款、承担宏观调控任务等可能损害其他投资者利益的行为并没有制定具体的制约措施，对于如何承担赔偿责任更没有明确规定。因此非常有必要进一步明确规范中央和地方政府的干预行为。

2. 政府参/控股商业银行的治理须以市场化为方向

除了实施股权多元化外，政府股东的承诺机制是把传统行政管理体制更换为市场化的管理模式。一是政府不直接干涉银行的日常经营，也不派代表担任银行的实际管理职位，通过董事会及其他专门委员会的投票权参与决策银行的重大经营战略、政策制定。董事会由足够多的外部董事和独立董事组成。二是从市场上公开招聘专才，建立起有能力的管理团队和高素质的员工队伍。三是参照行业标准为银行制定刚性的、有相应奖惩措施的经营业绩指标。四是建立起一个与经营业绩紧密挂钩的激励机制。

（二）规范股东的关联交易行为

从前面的分析中我们知道控股股东通过关联贷款对银行的掠夺程度与大股东的性质、公司治理、投资者法律保护以及监管密切相关。因此，对关联贷款的规范可从以下几方面来进行：

1. 股东资格限制

股东不仅仅需要资本，还要有银行经验和良好的社会信誉，以保证银行资源

[①] 陆磊（2005）还进一步区分并比较了战略投资者引进的四种模式：存量重组型、增量扩张型、风险化解型和投资转让型。

不会被滥用；对股权集中程度同样需要进行适度限制，尽量防止个别股东大权独揽。

2. 对银行的控制权结构要披露清楚

控股股东在银行和关联企业的控制权结构与现金流权差异是产生关联贷款的根本动因，当银行所有权结构不透明或制衡控股股东不当行为的机制不能发挥作用时，银行公司治理将面临独特的挑战。因而需要将监督视角从仅限于控股股东与银行自身的交易扩大到控股股东的全部主要交易活动，关注控股股东的整体控制权结构（包括关联企业或集团内的控制权结构）有助于从更大范围内防止银行被掠夺的机会。

3. 要求所有的关联交易都要进行全面、客观、真实地披露，检查是否遵循诚实信用及公允的原则

在关联交易管理制度中（2004 年 5 月银监会颁布实施了《商业银行与内部人和股东关联交易管理办法》），监管当局应详细规定商业银行应披露包括授信对象、授信条件、授信比例和授信金额等内容。在授信对象上明确规定包括股东、高级管理人员、普遍职员、相关监管者等利益关系人；在授信条件上对股东等关系人贷款的条件不得优于银行给其他借款人的条件，同时要获得董事会全体成员的同意。在授信比例和授信金额上，对不同关系人的授信应根据风险情况给予不同的比例。

4. 加强内部治理机制防范非法的关联交易

银行应建立一个专门监督、审批关联交易的委员会，在该委员会中要有足够多的、能独立判断的独立董事，避免决策被某一个人和控股股东独自把持，缺少相互制衡。

5. 针对控股公司集团的内部交易问题

我国应尽快建立风险隔离机制、建立规范的强制性的信息传递和披露机制，应加快监管法规体系的建设等有效的监管措施。

6. 加强投资者法律保护

通过规定银行控制性股东的诚信义务规范其关联贷款行为，以及要求管理层在银行破产中承担相应责任等措施加强投资者法律保护。

（三）改善内部监督机制，夯实公司治理基础

对于我国商业银行来说，改善公司治理的根本途径是加强内部监督机制。这不仅要求在内部治理结构安排上要考虑银行治理目标的特殊性，而且还要合理协调不同监督机制之间的关系。从现行监督机制安排来看，需要从以下几个方面来加强内部监督，提高公司治理的效率：

1. 从银行公司治理的目标来看，债权人的利益保护应得到足够的重视与相应的制度安排

银行的公司治理目标是要同时考虑股东和债权人的利益，特别是债权人的利益应该得到更大的保护，在内部治理机制上防范股东或经理的冒险行为。首先，银行董事和经理应负更大的信托责任。尽管我国商业银行公司治理指引中已规定，银行应建立董事、监事及高级管理人员的忠实和勤勉尽责履职制度，但在什么情况下承担以及如何承担则没有具体规定，需要进一步明确董事、监事和经理承担的信托责任。其次，董事会和监事会应具有更大独立性来代表债权人的利益。商业银行在独立董事、外部董事和外部监事的比例上应更高，建立由独立董事主导的董事会或外部监事主导的监事会，以保持监督的独立性。最后，可以考虑在监事会中引入未保险债权人代表或监管者代表，以加强日常监督，特别是风险监督。目前监事会是由股东、员工和独立第三方组成，并最终对股东大会负责，作为存款人代表的监管者只能以外部监督者的身份出现，而未保险债权人也只有在破产重组中才能发挥作用。为了有效发挥债权人的日常监督作用，可以考虑在监事会中引入他们的代表，或者建立监事会向监管部门的独立报告路线。

2. 协调董事会与监事会的监督职能

公司治理的一个重要原则是监督和激励的平衡。既要防止重复监督带来的监督过度问题，又要防止相互抵消或推诿导致的监督缺失。针对目前监事会职能弱化和与董事会的部分功能重叠的情况，特别是独立董事与监事会在职能上的重叠，改革的关键是明晰监督职责，而不是扩大监督规模，过于复杂的公司治理安排反而可能降低银行治理的效率。根据所代表的利益不同，对董事会和监事会的监督职能进行重新划分。在当前规定公司必须设立监事会的条件下，董事要以保障投资人的利益为自己的目标，重点关注经理的道德风险问题，其中独立董事侧重于不同类型股东之间利益制衡和利益保护。监事会应将债权人保护作为其主要目标，监督的主要内容是经理和股东的风险管理和控制，通过扩大监事会的职能，将其从目前以财务监督为主改造成为主要以风险控制为主的监督机构。

（四）建立防范金融风险的薪酬制度

次贷危机后，我国监管者对我国银行高管薪酬改革提出了一些建议。刘明康（2009）、谢平（2009）认为金融高管薪酬的制定应结合实际与风险成本挂钩，建立有利于机构持续稳定发展的科学合理的薪酬体系，兼顾短期和长期利益。

由于银行的薪酬激励强度以及以同行业业绩作为短期激励的基准可能会引起银行的冒险行为和顺周期行为，引起经济过度波动。因此，银行薪酬制度设计就必须同时兼顾经理激励和监管要求。首先要真正建立以绩效薪酬为主的薪酬制

367

度，薪酬水平必须综合考虑市场竞争和业绩因素，确定合理的综合业绩考核目标，提高高管人员薪酬信息的透明度，增强投资者和社会公众的监督。其次，调整薪酬结构，适当增加跨周期的长期激励方式，特别是对以基础设施、大型国有企业或房地产贷款为主的银行高管来说。以实现银行长期发展与对经营管理层短期激励的有效结合，避免注重短期激励带来的经济过度波动。最后，将经理激励强度与风险监管联系起来考虑，避免单纯强调增加薪酬激励效应的做法。在我国现阶段银行资本充足率普遍较低、监管力量有限以及存在政府隐性担保（预算软约束）情形下，银行高管薪酬激励强度应相对较弱，考虑到多任务和政治生涯激励因素，对于国有银行来说更应如此。

（五）加强市场约束作用，适当调整监管政策

对于银行来说，仅仅依靠股东治理和外部监管仍然不够，要充分发挥债权人的市场监督作用，就需要强化信息披露，扩大作为未保险债权人的机构投资者类型，增强银行债券市场的流动性。首先，发展包括银行同业、债券和股票市场在内的资本市场。发达的资本市场有助于通过价格信号形成市场约束；其次，增强银行债券市场的流动性，可以提高投资者的购买意愿，增强市场约束能力。银行债券在二级市场的表现客观上对银行起到一种约束作用。债券持有人在该债券存续期间，都有最强烈的动机随时监督该银行的风险状况，同时监管当局通过监控债券市场价格和交易量等指标，评估发债银行某阶段风险暴露水平或债务违约可能性，采取与价格信号相联系的行动。最后，扩大银行债券机构投资者类型。目前我国商业银行次级债的投资者主要是商业银行和保险公司，而要真正提高银行抗风险能力，还需要商业银行以外的投资者持有次级债，比如社保基金、邮政储蓄银行等，这些机构资产规模庞大，现金流量充足，同时对长期固定收益产品有着良好的投资意愿。

明确监管在银行公司治理中的正确定位。在目前我国商业银行公司治理改革中，简单地放松监管会产生治理缺口。在银行内部治理不完善的情况下，适度的监管替代显得非常有必要。因此需要将监管与银行公司治理联系起来考虑，将公司治理情况纳入监管程序。首先是根据银行公司治理状况来决定监管的严厉程度。对于公司治理好的银行监管可以相对放松；对于公司治理差的银行，监管监督应趋于严格，要在资本充足率监管的基础上扩大监管范围，比如限制其经理报酬激励、业务经营范围等。其次要防止监管机构对内部治理机制的过度替代。银行公司治理应建立在有效的内部治理基础上，监管过度会导致对股东治理和债权人约束的忽视。监管应鼓励商业银行优先建立良好的内部治理机制，随着内部治理机制的完善，监管应考虑逐步退出。最后是防止监管行为的扭曲。作为政府机

构，监管者被俘获或为权力设租的可能性均存在，由此导致的监管宽容和监管干预都有可能助长股东及债权人的道德风险。因此，界定并限制监管者的权力是建立有效公司治理的前提。

银行公司治理既是金融风险产生的根源，也是防范金融风险的微观基础。银行公司治理中出现的大量的代理问题，会刺激银行冒险动机，恶化银行经营绩效，降低银行价值，并最终导致金融风险的产生和传染，诱发系统性风险，威胁到国家的金融安全。

由于行业的特殊性，在银行公司治理中，这些代理问题主要表现为：一是投资者的相对分散使得银行经理缺乏必要的监督，导致经理直接侵占、追求私人利益和壁垒效应等问题；二是由于银行业控制权收益巨大，控制性股东有强烈的通过关联贷款、直接转移等途径进行利益侵占的动机，在政府控股的情形下，政府为政治目的进行干预的可能性非常大；三是因高杠杆率和金融安全网的存在，经理和股东有明显的冒险动机，进行资产替代或风险转移行为；四是银行高管薪酬计划过度关注短期激励和较多地采用相对绩效衡量方式，容易诱发经理的短期冒险行为和"羊群效应"，导致经济过度波动和系统性风险的形成；五是作为小存款人的代表者，银行监管的过度干预可能会弱化董事会监督和外部市场约束的作用，银行更容易被内部人控制。

为了限制上述代理问题，提高银行的经营绩效和竞争力，防范金融风险，我国商业银行公司治理应在以下几个方面进行系统的改革：一是基于公司治理构建全面的风险防范体系，将银行公司治理与金融监管和金融安全网联系起来共同设计。在我国双重转型期，特别需要体现银行分类公司治理（特别是国有银行）、严格的金融监管（较多的政府干预）以及隐性金融安全网（地方和中央政府的隐性担保）之间内在的制度关联，这也意味着银行公司治理应随着其他风险防范措施的变化进行动态调整。二是通过引进合格的战略投资者，重塑银行的股权结构。在引进中需要权衡战略投资者提高经营效率和利益侵占两种效应，进一步规范控制性股东的行为，防范其通过关联贷款等进行利益侵占，对于政府控制的银行来说，最重要的是理清监管部门和以汇金公司、财政部为代表的政府投资部门之间的职责和制衡。三是强化董事会的独立性和有效性，减少因监管过度干预导致的监管替代效应，让董事会在风险防范中发挥基础性作用。对于国有控股银行来说，需要划清党委会和以投资者为主的董事会之间的职责关系。四是重新设计银行高管的薪酬制度，创新多种长期激励方式，实行跨周期的薪酬激励，以应对银行短期冒险动机和系统性风险。五是通过公开上市和发行金融债券，吸引外部投资者进行市场约束。六是将公司治理融入日常的风险管理框架，明确界定银行各参与方的职责，构建全面的银行风险治理体系（见表8-4）。

表 8 – 4　　　　　　　　**金融风险治理体系与各参与方职责**

一、政策与监管环境	
法律和规制机关	设定规则框架，包括风险暴露限制以及其他风险管理参数，这些规则可以优化银行部门的风险管理
监管机构	监控财务生存能力和风险管理的有效性，检查规则执行情况
二、内部治理机制	
股东	任命"适合并适当"的董事会、管理层和审计人员（职业道德标准和经营管理银行所需要能力和经验），确保公司治理者不会利用银行来为它们自己及其关联企业谋利
董事会	制定风险管理和其他银行政策，承担银行的最终责任
管理层	建立执行董事会政策的系统，包括风险管理和日常运营系统
审计委员会/ 内部审计员	检查董事会政策的执行情况，为公司治理、控制系统、风险管理过程提供保证
三、外部市场约束	
外部审计员	对财务报表发表意见并评估风险管理政策
投资者/存款人	理解责任并要求适当的信息披露，利用媒体、金融分析师以及评级机构提供的信息，采取适当的市场行动影响管理层的风险行为
评级机构和媒体	为公众提供信息，并强调偿付债务的能力
金融分析师	分析风险方面的信息并为客户提供建议

注：参见：Greuning 和 Bratanovic：《银行风险分析与管理》（中译本），中国人民大学出版社 2003 年版，第 152 页。

第六节　主要结论

总体而言，随着次贷危机的冲击与我国经济的转型，我国面临较大的金融安全隐患。为此，从金融安全的微观机理来看，金融安全的事前维护与防范包括四大紧密联系的内容与层次：第一，优化我国对外开放策略，改善中国在全球金融风险分摊中的地位；第二，控制金融系统性风险向金融危机乃至经济危机的转化，进而基于效率与安全角度优化我国金融结构，促进经济又好又快发展；第三，控制金融机构个体风险向系统性的转化，构建符合我国特色的金融安全网体系；第四，基于金融机构视角研究如何利用市场约束与公司治理结构改善来提高金融机构竞争力与风险防范能力。

第九章

中国金融安全状态：监测与预警

展开世界金融发展史的漫漫长卷，我们不禁感叹："整个世界金融发展的历程几乎就是一部金融危机史！"——从 1825 年英格兰银行危机到 2007 年美国次贷危机的这 180 多年中，金融危机从未在这个世界上消失过。那么金融危机究竟是必然还是偶然？是热带丛林里蝴蝶不经意的翅膀一挥抑或是西西弗斯手中不停推动的巨石？本章紧紧围绕四个问题展开论述：金融危机能否避免？金融危机能否预测？中国何时爆发金融危机？中国应该如何健全金融危机监测预警体系？

第一节 引 言

一、金融危机能否避免？——基于国别经验证据的考察

关于金融危机的研究由来已久，但就金融危机的定义各方还尚未达成统一——《新帕尔格雷夫经济学大辞典》① 援引戈德史密斯（Goldsmith）对金融危机的定义：全部或大部分金融指标——短期利率、资产（证券、房地产、土地）价格、商业破产数和金融机构倒闭数的急剧、短暂和超周期的恶化。弗

---

① 约翰·伊特韦尔等：《新帕尔格雷夫经济学大辞典》，经济科学出版社 1992 年版，第 362 页。

里德曼和施瓦兹（Friedman and Schwartz, 1963）则认为金融危机必须具备银行恐慌和货币紧缩两个特征，否则为"假危机"①。米什金（Mishkin, 1991）指出金融危机是金融市场的非线性扰动、紊乱、崩溃，其中逆向选择和道德风险变得越来越严重，以至于金融市场无法有效地将资金配置到最有利的投资机会中②。

综合各家观点，本章将金融危机界定为金融状况在全部或大部分领域出现恶化，且具有突发、急剧、短暂和超周期的特点。具体表现为金融指标的急剧恶化和由于人们基于对未来经济更加悲观的预期而采取保值减损措施所造成的金融领域的严重动荡及其对整个经济引起的一系列后果，按照表现形式不同又可进一步划分为货币危机、银行危机、债务危机等。以此可对1825年世界历史上第一次普遍生产过剩至今爆发的历次危机进行大致梳理：

（一）从金融危机的时间分布来看，依照世界经济金融发展特征金融危机的演进大体可分为四个阶段（见表9-1），且呈现出如下趋势

第一，金融危机中心有从发达国家向发展中国家转移的倾向。19世纪，处于资本主义世界霸主地位的西欧和美国同样是金融危机的中心。至20世纪70年代，金融危机仍集中于欧美发达国家。但伴随经济全球化的推进，中心逐渐开始向发展中国家转移。拉美地区于80年代爆发了大规模的金融危机。进入90年代以后，发达国家爆发金融危机频率有所回升。第二，金融危机由单一危机形式转为混合型。90年代之前，金融危机通常呈现出单一形式。但自90年代爆发墨西哥金融危机和亚洲金融危机之后，产生了货币、银行孪生危机这一新形式，而墨西哥、泰国和韩国等金融危机生成的同时亦伴随着债务危机。第三，金融危机的程度愈演愈烈。80年代的市场化改革使得金融资产价格变动幅度开始剧烈和金融机构倒闭的机会大大增加，金融危机之后相应国家常常紧随着经济衰退。90年代以来，银行危机、货币危机、债务危机及经济危机相互交织，这一期间爆发的几次金融危机成为"二战"结束以来波及面最广、程度最深的世界性金融危机。2007年爆发的次贷危机由金融市场蔓延至整个美国经济进而导致全球性的经济衰退，世界经济目前仍在低谷中徘徊。

---

① M. Friedman, A. Schwartz. A Monetary History of the United States, Princeton University Press, 1971.
② F. Mishkin. *Anatomy of a Financial Crisis*. NBER Working Paper, 1991 (12).

表 9 - 1　　　　　　　　　金融危机次数、类型统计

国家类型	次数	危机类型
第 1 阶段：1825 年至第二次世界大战结束		
发达国家	31	货币危机、银行危机
发展中国家	0	
第 2 阶段：20 世纪 80 年代以前		
发达国家	10	货币危机、银行危机、货币银行双生危机
发展中国家	8	
第 3 阶段：20 世纪 80～90 年代		
发达国家	4	债务危机
发展中国家	19	
第 4 阶段：20 世纪 90 年代以来		
发达国家	15	货币危机、银行危机、债务危机
发展中国家	11	
合计	98	

注：1. 根据 IMF《世界经济展望》（2008）中对发展中国家或地区的划分，包括：阿根廷、墨西哥、巴西、中国、中国香港、中国台湾、印度尼西亚、韩国、马来西亚、菲律宾、新加坡、泰国、南非、土耳其、委内瑞拉、阿尔巴尼亚、亚美尼亚、阿塞拜疆、白俄罗斯、保加利亚、克罗地亚、捷克、爱沙尼亚、格鲁吉亚、匈牙利、哈萨克斯坦、吉尔吉斯斯坦、拉脱维亚、立陶宛、摩尔多瓦、波兰、罗马尼亚、俄罗斯联邦、斯洛伐克、斯洛文尼亚、塔吉克斯坦、土库曼斯坦、乌克兰、乌兹别克斯坦、阿尔及利亚、伊朗、伊拉克、科威特、利比亚、尼日利亚、阿曼、卡塔尔、沙特阿拉伯、叙利亚、阿联酋。其他非发展中国家即为发达国家。

2. 表中数据由以下资料整理而来：

金德尔伯格. 朱隽，叶翔译. 疯狂、惊恐和崩溃：《金融危机史》［M］. 北京：中国金融出版社 2007 年版.

G. Caprio，D. Klingebiel. Episodes of Systemic and Borderline Financial Crises. World Bank Research Dataset. http：//econ. worldbank. org.

Kaminsky，Lizondo，Reinhart. Leading Indicators of Currency Crises ［J］. IMF Staff Papers，1998.

Dodd，Randall. Subprime：Tentacles of a Crisis ［J］. Finance &. Development，2007.

IMF. Global Financial Stability Report ［M］. IMF Publishing Services，2008.

（二）从金融危机的空间分布来看，发达国家与发展中国家均难以摆脱金融危机的诅咒

就发达国家而言，1929～1931 年，资本主义世界爆发了一场有史以来最严重的金融危机，危机始于美国，之后迅速扩展到德、英、法、日等其他主要资本

373

主义国家。"二战"之后，布雷顿体系虽然建立起来，但美元危机、货币危机仍接连不断。20 世纪 70 年代，伴随布雷顿体系的瓦解及西方经济高速增长的逐步放缓，各方开始放眼世界试图以全球扩张为经济突破口，80 年代之后的信息技术革命更推动了这一过程。由此带来的后果是各国经济联系愈来愈深，金融危机发生后的波及面也愈来愈广。90 年代之后，金融自由化和资本全球化为信用和虚拟资本全面扩张提供了新的空间与发展推力，西方各国转至信用经济和虚拟经济的发展轨道之上，在西方经济自由化本身制度缺陷得不到根本解决的情况下相关趋势反而成为近年来发达国家爆发金融危机的重要诱因之一。

从发展中国家来看，几乎所有国家和地区都遭受过金融危机的沉重打击，且"自源性"更加明显。究其原因，发展中国家在实行金融自由化、国际化政策的过程中受到来自内部经济金融结构调整与国际金融环境动荡的双重压力，往往使其成为危机的首选地区。在经济全球化背景之下，不平等的国际金融制度与经济秩序安排更将发展中国家置于不利地位。1982 年墨西哥金融危机是一个转折点，其间十几个拉美国家相继出现严重的债务偿还问题，自此以后，爆发于发展中国家的金融危机均被打上"自源性"的烙印。

综上所述，发达国家和发展中国家都难逃金融危机的厄运。金融危机问题对于新兴市场国家而言无疑更是一个新问题。从实际情况来看，俄罗斯、巴西等走向市场经济的国家似乎都难以避免金融危机的爆发。面对这一形势，中国如何判断？是继续泰然自若无为而治还是应提高警惕以未雨绸缪？我们倾向于后一观点。在所有走向市场经济的国家都难以避免金融危机爆发的假说之下，下面将转至"金融危机能否预测"这一问题的讨论上来。

二、金融危机能否预测？——以金融稳健指标、压力测试和早期预警系统在次贷危机中的表现为据

1999 年，世界银行和国际货币基金组织（IMF）联合发起了"金融部门评估项目"（Financial Sector Assessment Program，FSAP），目的是在基金组织的双边监测和世界银行的部门发展工作中帮助成员国强化金融体系[①]。截止到 2005 年 2 月 1 日，已有 82 个国家和地区完成了 FSAP，19 个国家正在进行 FSAP，17 个国家承诺将加入 FSAP，可见其影响范围之广[②]。2008 年 2 月，温家宝总理在

---

① 世界银行、国际货币基金组织，中国人民银行金融稳定局译：《金融部门评估手册》，中国金融出版社 2007 年版。
② 周小川：《维护金融稳定是中央银行的天职》，载于《中国金融》2005 年第 22 期，第 8～9 页。

会见 IMF 总裁卡恩时正式宣布，中国也将加入 FSAP①。

FSAP 用于金融稳定评估所使用的数量方法主要指金融稳定指标（Financial Soundness Indicators，FSIs）、压力测试（Stress Test）和早期预警系统（Early Warning Systems，EWSs）。金融危机能否预测？通过三大数量工具在次贷危机中的表现可对这一命题进行初步检验。

（一）金融稳健指标与次贷危机

《金融稳健指标：编制指南》对 FSIs 做出如下定义："金融稳健指标是反映一国金融机构及其对应方：公司和住户的金融健康状况和稳健性的一系列指标。"② 从构成上讲，FSIs 具体由 12 个核心指标和 27 个鼓励性指标组成。对于核心指标和鼓励指标③的关系，《金融稳健指标：编制指南》将两者的区别集中于数据的可获得性——几乎在所有的国家，一般都可以得到与分析目的具有高度相关性的"核心指标集"数据，但不易获得"推介指标集"④。然而从覆盖范围上来看——核心指标只包含存款吸收机构，而鼓励指标涵盖了整个金融体系乃至相应的实体经济部门。这种安排暗含了一种观念——认为金融危机主要爆发于银行为主的间接融资市场上。"核心指标"的设计与微观视角的巴塞尔协议保持一致性也印证了这种判断。

FSIs 在次贷危机中表现如何呢？令人失望。IMF 专题报告《应对信息缺口》中对此给予了具体的说明，并对 FSIs 提出了修改意见⑤——具体的做法是对原有指标根据其在次贷危机中的表现分为高、中、低三个等级，去掉中、低等级指标，同时加入一些新的内容。从最终的修订稿中，我们看到调整的幅度比较大："核心指标"的一级指标增加了交易对手风险和跨国风险两项指标，而"鼓励指标"中一级指标则加入了对冲基金、主权财富基金、私募基金、养老基金四项指标，这种调整可以理解为突出对直接金融市场反应。然而站在事后的角度再来反思 FSIs 失败的原因，会发现这和早期的 FSIs 的设计理念不无关系。

传统理论往往认为银行为主的间接融资市场是金融危机爆发的主要导火索，然而在金融创新推动金融风险由银行部门向整个金融市场扩散的过程中，这种观

---

① 中国人民银行金融稳定局：《认真履行职责维护金融稳定》，载于《中国金融》2008 年第 24 期，第40～42 页。

② 国际货币基金组织，国际货币基金组织语言服务部译：《金融稳健指标：编制指南》，国际货币基金组织出版社 2006 年版，第 1 页。

③ "鼓励指标"英文 encouraged indicators，又可译为"推介指标"。

④ 世界银行、国际货币基金组织，中国人民银行金融稳定局译：《金融部门评估手册》，中国金融出版社 2007 年版，第 23 页。

⑤ IMF. *Addressing Information Gaps*. IMF staff position note，2009.

点就不够充分了。克鲁格曼（2009）在分析当下次贷危机成因的过程中引入了"影子银行系统"这个概念，从银行的行为而非外表来进行界定，将分析的视角由传统银行引至"非银行"运营的金融机构与融资安排，乃至整个金融市场①。缺乏对直接融资市场的关注必然导致 FSIs 的失效。然而令人寻味的是 IMF 在 2003 年推出 FSIs 时就隐约感到了这个问题，指出"尽管核心指标初步提供了一个优先选择，但是指标的选择不应局限于此。在以银行为主导的金融体系中，也许核心指标和一些相关的推介指标就足够了。如果其他类型银行机构具有系统重要性地位，那么也许需要这些机构的 FSIs。②"只是这种提示并未引起足够的重视。

（二）压力测试与次贷危机

房地美（Fannie Mae）和房贷美（Freddie Mac）最早映入大多数中国民众的眼帘当属 2007 年次贷危机的爆发之时，但这两家机构对于美国民众却不陌生。而且如果认为两家机构的倒闭属于突发事件也未必正确。翻开 IMF 2003 年 9 月期的《全球金融稳定报告》③ 会发现其专门设立"美国抵押贷款市场，Fannie Mac 和 Freddie Mac"一节。报告指出"Fannie Mae 和 Freddie Mac 是美国政府特许成立的住宅贷款企业，最近日益受到密切的关注，因为其增长速度很快，并可能对金融稳定造成风险。"报告后续还进一步分析了两家机构的特点④、相关压力测试⑤以及

---

① ［美］克鲁格曼著，刘波译：《萧条经济学的回归和 2008 年经济危机》，中信出版社 2009 年版。

② 世界银行、国际货币基金组织，中国人民银行金融稳定局译：《金融部门评估手册》，中国金融出版社 2007 年版，第 39～40 页。

③ 国际货币基金组织，国际货币基金组织语言服务部译：《全球金融稳定报告：市场发展与问题（2003 年 9 月）》，中国金融出版社 2003 年版，第 13～15 页。

④ "Fannie Mae 和 Freddie Mac 由美国国会特许成立，其宗旨是向住宅抵押贷款市场提供流动性。这两家机构属于私人股东所有，并不享受明确的政府担保，但许多参与者认为政府为其提供隐性担保。这种看法有助于降低这两家机构的借款成本，并且由于若干因素而得到加强，包括美国财政部为之提供信用额度；其债务享受银行业大宗暴露风险限制；其收入无需缴纳州税和地方税；其机构享受证券与交易委员会（SEC）注册豁免；最重要的因素可能是，人们认为其'规模如此巨大，不会破产'。这两家机构均享有 AAA 评级，但评信机构曾指出，如果不存在政府的隐性担保，其级别应为 AA。"见参考文献：国际货币基金组织，国际货币基金组织语言服务部译：《全球金融稳定报告：市场发展与问题（2003 年 9 月）》，中国金融出版社 2003 年版，第 13 页。

⑤ "联邦住宅企业监督办公室（OFHEO）负责监管这两家机构，并监督每季度进行的压力检验，确保这两家机构能够承受利率和住宅价格方面的剧烈波动。基于此类压力检验，联邦住宅企业监督办公室发现 Fannie Mae 和 Freddie Mac 的资本充足度一直超过最低标准。但是，监管人员应当密切关注其资本是否充足，特别应当记住在 Freddie Mac 内部控制过程中发现的问题。在 2002 年底，这两家机构的核心资本与资产比率仅为 3.2%，目前尚不明了这两家机构对在逆境中市场的深度不能允许它们继续对冲不断增长的投资组合这一风险是否有足够的估计。为增加这些机构的抵御风险能力，允许它们从事更长期的投资，减轻它们从事准确而持续的对冲活动的压力，可以采取两项措施，一项是进行更加全面的压力检验，另一项是在资产需求方面为操作风险留出更大的安全余度。"见参考文献：国际货币基金组织，国际货币基金组织语言服务部译：《全球金融稳定报告：市场发展与问题（2003 年 9 月）》，中国金融出版社 2003 年版，第 14 页。

公司行政丑闻①。

IMF金融稳定评估中所使用的"压力测试是对风险因素（比如资产价格）发生重大变化时资产组合价值变化幅度的大概估算。使用'大概估算'这个词，是为了避免人们错误地认为压力测试是一种具有科学准确性的工具②。"它既适合对单个资产组合进行测试，也可用来识别系统脆弱性，但两者存在诸多差异。"差异之一是两者的最终目的的不同，因为旨在识别系统脆弱性的方法试图识别金融机构共同面临的脆弱性，而这些脆弱性会破坏金融体系的总体稳定性。这类方法在本质上也更加关注宏观经济，因为观察者总是试图了解经济环境的重大变化如何对金融体系产生影响。差异之二是两种方法的复杂性和汇总程度不同。旨在识别系统脆弱性的方法涉及非同质资产组合的汇总问题和相互比较问题，这些汇总和比较通常是基于不同的假设和计算方法的，而且要对'苹果'和'橙'进行累加或比较，其繁杂程度远甚于单个资产组合压力测试。"③

"汇总问题和相互比较问题"可作为压力测试在次贷危机中表现不良的开脱之一。但即便方法能够突破，又能否准确度量风险以便达到预防次贷危机的效果呢？压力测试由单个资产组合发展到系统脆弱性测度范围至多涵盖至整个金融体系。而经历过此次次贷危机，我们会知晓其反映出的一个特点在于直接牵涉了经济部门中的居民这一方，资产缩水、失业等多重因素之下导致社会总需求急剧下降，出乎各方的意料。因而，单纯倚仗金融部门的压力测试是未可及的，后续还有待扩展到整个经济体。

（三）早期预警模型与次贷危机

IMF在《早期预警模型：前方的道路》一文这样开场："墨西哥金融危机（1994～1995）和亚洲金融危机（1997～1998）引发了一系列的探究危机成因及关联溢出效应决定因素的实证研究。过去的危机能够有助于我们对导致国家脆弱性乃至未来的金融危机的关键因素提供有益的经验总结，学者和政策制定者也很

---

① "2003年1月，Freddie Mac宣布由于衍生工具交易方面的不正确会计处理，该机构将重新申报以往年度的盈利和资本。2003年6月，三位高级主管因为一桩公司治理丑闻而离职。该机构的前任审计师错误地允许用多项不同的交易减小经营成果的波动幅度，从而违反了2001年颁布的'公允价值'会计准则，推迟了按市价计值对冲交易产生的利润。"见参考文献：国际货币基金组织，国际货币基金组织语言服务部译：《全球金融稳定报告：市场发展与问题（2003年9月）》，中国金融出版社2003年版，第15页。

② 世界银行、国际货币基金组织，中国人民银行金融稳定局译：《金融部门评估手册》，中国金融出版社2007年版，第385页。

③ 世界银行、国际货币基金组织，中国人民银行金融稳定局译：《金融部门评估手册》，中国金融出版社2007年版，第386页。

快意识到这些经验研究能够成为早期预警模型的一个重要部分。"① 这句话点明了 20 世纪 90 年代爆发的金融危机在 EWSs 发展过程中所处的关键地位。唐旭（2003）也以此为界，将 EWSs 理论的研究分为启蒙阶段和成长阶段。

EWSs 模型不仅迅速被各国使用，IMF、亚洲开发银行等国际组织在对地区金融稳定形势进行判断时也将该工具纳入。实践又再次反作用于相关研究，当前专家学者们对 EWSs 模型的研究不仅限于方法的翻新，同时还试图对不同模型的优劣以及指标有用性进行评价和识别，其间更是引入"样本外"检验的思路，以期增加模型的说服力②。但这些检验也都是已经发生的事实，尽管没有在最初的模型估计中使用。然而还是有些人对整个过程的主观性产生质疑。时下并未完全消散的次贷危机正好为此提供了一个真实世界的检验样本。

戴维斯和卡里姆（Davis and Karim，2008）选定 1979～1999 年间 105 个国家的样本数据，使用对数回归（Logit Models）和双叉树（Binary Recursive Trees）两种方法建模，并用英、美两国 2000～2007 年的数据进行了样本外检验③。"在美国和英国的全球早期预警系统中，对数回归表现得最好但仍只是勉强起到预测作用（尽管双叉树有较高的危机预测平均分）。这在某种程度上显示了次贷危机和以往爆发在发达国家和转型国家中的银行危机的一般情况存在差别。然而，我们并不想因此否定早期预警模型。如何从结果中更好地融入到模型中使其能更好地适应发达国家的具体特征，一种办法可能是考虑到证券市场的不稳定因素。"

（四） 结论

FSAP 三大数量工具在次贷危机中的表现对"金融危机能否预测"？提出了质疑，但仍不能完全否定这一命题。事实上，在之前的历次危机中各类预警模型也均遭遇滑铁卢，但相关研究不减反增，正是现状的不足才燃起了 IMF、BIS 等国际组织及全球范围内金融领域专家学者研究的动力，而且预警模型研究还应有更宽泛意义上的考虑，如同预报地震能挽救无数生命一样，危机造成的巨大成本和相关研究的低成本形成了巨大反差。正如亚洲开发银行（2006）指出："若可行的话，对公共部门和私人部门而言，对金融危机早期预警系统进行设计和检验将是一种很好的投资。"④ 而且，退而求其次，预警模型分析所呈现出来的金融

---

① IMF. *Global Financial Stability Report.* IMF Publishing Services，2002，P. 48.

② 唐旭：《金融理论前沿问题（第二辑）》，中国金融出版社 2003 年版，第 254 页。

③ P. Davis，D. Karim. *Could Early Warning Systems Have Helped to Predict the Sub-Prime Crisis？. National Institute Economic Review*，2008（1）：35 – 47.

④ 亚洲开发银行，张建华、王素珍、徐忠等译：《金融危机早期预警系统及其在东亚地区的运用》，中国金融出版社 2006 年版，第 34 页。

危机若干数量特征，在危机爆发后的管理中亦具有重要启示价值。

三、研究思路

对于危机问题的论述可以追溯到亚当·斯密的《国富论》甚至更早的文献当中，在其后的马歇尔、马克思、凯恩斯、哈伯勒等经济学大师，也有过关于经济金融危机的详细论述。而从思想转变为理论模型则要从克鲁格曼（1979）对当时拉丁美洲国家所经历的危机的解释开始算起，之后陆续发展出三代货币危机模型以及不同的银行危机理论[①]。

各类金融危机理论模型层出不穷，仍在持续。深入剖析这些模型会发现无一例外地都是从事后的角度来审视危机及其成因。在现实情况的复杂性使得各种理论黯然失色之下只能考虑其他途径。在众多倡议中，有一项其他途径引起政府、多边组织、投资机构乃至学术界关注的议题——早期预警系统（EWS）。"尤其是政策制定者对拥有一个预警工具更感兴趣，他们需要该工具对正在行程中的经济金融脆弱性发出警报，以使他们能及时做出合适的政策回应。"[②]

1979年，约翰·比尔森（John F. O. Bilson）在《哥伦比亚经济杂志》所发布的货币贬值先行指标被视为早期预警模型的首创，而后各类方法大量涌现，尤其是在20世纪末墨西哥金融危机、东南亚金融危机之后[③]——从模型的角度可分为参数模型和非参数模型[④]；从危机类型可分为货币危机模型、银行危机模型、债务危机模型、市场风险传递模型等[⑤]；从模型发布主体又可分为官方模型

[①] 亚洲开发银行（2006）对不同货币危机模型总结道：第一代模型用来解释一些拉丁美洲国家在20世纪70年代末所经历的危机。这些模型把货币危机看做是脆弱的经济基础的结果。随着1992年欧洲货币体系的瓦解，出现了第二代货币危机模型。第二代模型表明，即使在经济脆弱性不存在的情况下，货币危机也可能因为政府特定政策行为、市场参与者的自我实现预期以及可能的多重均衡而产生。自从1997年亚洲经济危机以来，有关的货币危机的理论研究发展较快。第三代模型把货币危机看做是经济中资金外逃或金融恐慌。针对银行危机，亚洲开发银行（2006）指出很多理论都集中关注银行的特殊性。这些特殊性使得银行和银行业在面对国内外不利冲击时很容易招致挤兑和倒闭。单个银行挤兑能够在传染效应的作用下引发系统性的银行危机。文献强调，经济制度特征，比如过度的存款保险、薄弱的银行监管、较差的公司治理等，与银行管理层在发放贷款过程中冒险动机密切相关。见参考文献：亚洲开发银行，张建华、王素珍、徐忠等译：《金融危机早期预警系统及其在东亚地区的运用》，中国金融出版社2006年版。

[②] 亚洲开发银行，张建华、王素珍、徐忠等译：《金融危机早期预警系统及其在东亚地区的运用》，中国金融出版社2006年版，第1页。

[③] 唐旭：《金融理论前沿问题（第二辑）》，中国金融出版社2003年版。

[④] 亚洲开发银行，张建华、王素珍、徐忠等译：《金融危机早期预警系统及其在东亚地区的运用》，中国金融出版社2006年版。

[⑤] IMF. *Global Financial Stability Report.* IMF Publishing Services，2002.

和私人部门模型[1]。

20 世纪末东南亚金融危机以后，我国学者逐步展开对 EWSs 的研究，但目前还基本处于识别式阶段，存在的问题有[2]：EWS 中预警指标的选择缺乏系统的理论基础；在国家安全状况的综合判别过程中临界值的选择过于主观，国际标准与中国实际情况存在差距；无论是预警指标本身的有效性，还是 EWSs 的有效性和准确性都难以明确，而且缺乏统一的评价标准；金融安全的预警机制不清晰，不利于在此基础之上进行准确的预警和风险的控制等。

纵观国内外早期预警研究所存在的差距，有相关研究基础与关注程度的悬殊对比，更主要的还是到目前为止我国并没有发生过大规模、系统性的金融危机或不安全事实，因此难以进行理论上的深刻辨析和数量上的可靠分析。这种现实不仅是我国金融安全问题研究的难题，同时也是整个金融安全理论发展的难题。但换一个角度来看，这无疑又为相关研究思路的扩张提供了一个更加宽广而开放的平台。

本章力求在金融预警方法上有所突破，以夯实中国金融安全状态监测与预警方法论研究的基础。同时结合我国实际构建相应模型，对判断中国未来爆发金融危机的可能性做出相应的尝试。

全章以全球化为视角、以整体主义思想为指导，基于既有危机的经验事实，在宏观层面上对金融危机爆发的数量特征进行把握：在研究对象上，既追踪当下席卷全球的金融危机同时也结合我国国情对中国未来爆发金融危机可能性进行判断；在研究步骤上，遵循一般实证分析逻辑，贯穿"问题提出—方法选择—模型构建与分析—结论与思考"；在研究视角上，如果说短期预警和长期预警是时间上的一种延绵，那么从相对独立的金融部门到整个宏观经济体的逐步扩大体现的是空间上的覆盖，时空交错、多视角探讨、理论与实证分析相结合、定性与定量分析相结合是本章整体主义思想的具体体现。

本章其余部分安排如下：第二节通过对国外 EWSs 模型进行比较提出适应性模型与方法的选择；第三、四节分别从短期与长期视角探寻金融危机爆发的数量规律并判断金融危机在我国爆发的可能性；第五节就进一步完善我国金融安全监测与预警体系提出若干思考与建议。

① A. Abiad. *Early Warning Systems: A Survey and a Regime-Switching Approach.* IMF Working Paper, 2003.
② 庞皓、黎实、贾彦东：《金融安全的预警机制与风险控制研究》，科学出版社 2009 年版。

第二节　金融危机预警方法的比较与选择

一、EWS 模型的一般方法论

戈尔茨坦、卡明斯基和莱因哈特（Goldstein，Kaminsky and Reinhart，2000）对 KLR 法（又称信号萃取法）进行了系统的阐述，其间不乏对模型构建思路与步骤的详细论述[①]。（亚洲开发银行，2006）据此总结出 EWS 建模的 5 个一般规则和 4 个关键方法问题[②]，基本上得到了 EWS 领域其他专家的认同——阿比阿德（Abiad，2003）在综述不同种类货币危机早期预警模型时就以数据集、危机定义、指标、方法和结果 5 个指标进行分类[③]；而伯格、伯恩斯和帕蒂略（Berg，Borensztein and Pattillo，2004）比较几个常用的官方与非官方 EWS 模型时按照危机定义、窗口、方法、变量来区分[④]。这些均与一般规则和关键方法保持一致。

具体而言，一般规则是指：①在金融危机起源中寻找系统性模式意味着不能局限于最近的一次大危机（或者一系列危机），而是要研究一个更大的样本；②要像关注货币危机一样去关注银行危机；③选择符合研究目的的数据频率；④尽量使用比较广泛的早期预警指标集合；⑤采用样本外检验来判断先行指标的有用性。

而关键性方法是指：①如何定义货币危机和银行危机？②如何定义早期预警系统中的"早期"？③如何选择"先行指标"来分析？④如何确定最好的先行指标，如何估计危机概率？——包括跨国范围和延长的时间。

对于一般规则和关键性方法问题之间的相互联系，我们可以这样理解：一般规则类似于数学证明中的公理或是计量经济学的古典假定，成为所有 EWS 模型共同遵循的原则。尽管不甚严密，但仍能在一定情况下起到约束作用；"关键方法"则涉及建模过程中所经历的各个环节，允许差异的存在。也正是由此演化出不同种类的模型，比如依据"如何确定最好的线性指标，如何估计危机概率"

---

① M. Goldstein，G. Kaminsky，M. Reinhart，刘光溪、刘斌、谢月兰等译：《金融脆弱性实证分析——新兴市场早期预警体系的构建》，中国金融出版社 2005 年版。

② 亚洲开发银行，张建华、王素珍、徐忠等译：《金融危机早期预警系统及其在东亚地区的运用》，中国金融出版社 2006 年版，第 24～29 页。

③ A. Abiad. *Early Warning Systems：A Survey and a Regime-Switching Approach.* IMF Working Paper，2003.

④ A. Berg，E. Borensztein，C. Pattillo. *Assessing Early Warning Systems：How Have They Worked in Practice？.* IMF Working Paper，2004.

这点，可将不同模型划分为参数模型和非参数模型①。

二、EWS 模型的代表性方法

金融危机是一个总称，它指代的是对金融市场的干扰，而这些干扰足以破坏金融市场作为中介配置资金的功能，从而导致投资的中止②。进一步探究会发现这些干扰其实表现为各种类型，进而呈现出不同的危机形式，大致可分为货币危机（又称汇率危机）、银行危机和债务危机三种类型③。每一类危机的成因、波及面和后果均有所区别，因此用于预测它们的 EWS 模型也相应地有所不同。IMF（2002）曾对 EWS 模型按照不同危机类型进行分述，本章也延续这一思路④，将 EWS 模型分别按"货币危机"、"银行危机"、"债务危机"以及"不同危机之间的转移与传递"四方面进行展开。

（一）货币危机

货币危机是最受瞩目的一类危机，它通常被定义为货币大幅度贬值（大部分是相对于美元）、外汇储备损失和（或）短期利率飙升的事件⑤。IMF 所采用的两个核心 EWS 模型（DCSD 模型⑥与 KLR 模型⑦）以及三个著名投行模型（GS-WATCH 模型⑧、EMRT 模型⑨和 DBAC 模型⑩），最初都以货币危机为研究对象。

---

① 亚洲开发银行，张建华、王素珍、徐忠等译：《金融危机早期预警系统及其在东亚地区的运用》，中国金融出版社 2006 年版，第 28 页。

② R. Portes. *An Analysis of Financial Crisis：Lessons for the International Financial System*. FRB Chicago/IMF Conference Chicago，8 – 10 October 1998.

③ R. Portes. *An Analysis of Financial Crisis：Lessons for the International Financial System*. FRB Chicago/IMF Conference Chicago，8 – 10 October 1998.

④ IMF. *Global Financial Stability Report*. IMF Publishing Services，2002.

⑤ 亚洲开发银行，张建华、王素珍、徐忠等译：《金融危机早期预警系统及其在东亚地区的运用》，中国金融出版社 2006 年版，第 40 页。

⑥ Berg，Andrew，Borensztein. *Anticipating Balance of Payments Crises：The Role of Early Warning Systems*. IMF Occasional Paper，1999.

⑦ Kaminsky，Lizondo，Reinhart. *Leading Indicators of Currency Crises*. IMF Staff Papers，1998.

⑧ Ades，Masih，Tenengauzer. *Gs – Watch：A New Framework for Predicting Financial Crises in Emerging Markets*. New York：Goldman Sachs，1998.

⑨ Roy，Tudela. Emerging Market Risk Indicator（Emri）：Re – Estmated Sept 00. New York：Credit Suisse/First Boston，2000.

⑩ Garber，Lumsdaine，van der Leij. *Deutsche Bank Alarm Clock：Forecasting Exchange Rate and Interest Rae Events in Emerging Markets*. New York：Deutsche Bank，2000.

表 9 - 2   **货币危机 EWSs 模型的比较**

	DCSD 模型	KLR 模型	GS-WATCH 模型	EMRI 模型	DBAC 模型
危机定义	外汇市场压力指数（一个月汇率变动和储备变动的加权平均）超过国家平均水平三倍标准差	同 DCSD 模型	金融价格指数（FPI，三个月汇率变动和储备变动的加权平均）超过内生的阈值（FPI 滞后值的函数）	贬值 > 5% 并且至少是上个月的两倍	各种"触发点"贬值 > 10% 并且利率上涨 > 25%
信号窗口	2 年	2 年	3 个月	1 个月	1 个月
方法	Probit 回归	构建单一综合指标	Logit 回归	Logit 回归	Logit 回归
指标变量	真实汇率高估 经常账户 储备损失 出口增长 短期债务/储备	真实汇率高估 经常账户 储备损失 出口增长 储备/M2（水平） 储备/M2（增长） 国内信贷增长 货币成数变化 真实利率 M1 超额供给	真实汇率高估 出口增长 储备/M2（水平） 融资需求 股票市场 政治事件 流动性传染	真实汇率高估 债务/出口 对私人部门债务的增长 储备/进口（水平） 原油价格 股票价格增长 GDP 增长 地区传染	真实汇率高估 工业生产 国内信贷增长 股票市场 贬值传染 市场压力传染 地区虚拟变量 利率事件

注：摘自参考文献 Berg，Andrew，Borensztein. Anticipating Balance of Payments Crises：The Role of Early Warning Systems［J］. IMF Occasional Paper，1999.

    伯格、伯恩斯坦和帕蒂略（Berg，Borensztein and Pattillo，2004）对 5 个模型的效果进行评估[①]：对于 DCSD 模型和 KLR 模型选取 1999 年 1 月至 2000 年 12 月期间的样本数据；GS 模型定在 1999 年 1 月至 2001 年 4 月之间；CSFB 模型 2000 年 4 月至 2001 年 6 月，并在"样本外"原则指导下进行模型构建。结果显示：KLR 模型对实际危机的预测不论在统计意义上还是经济意义上均较为显著，样本外验证的准确性略低于样本内。相较之下，DCSD 模型的样本内、外检验的

[①] A. Berg，E. Borensztein，C. Pattillo. *Assessing Early Warning Systems：How Have They Worked in Practice？*. IMF Working Paper，2004.

差别较大。总体而言，短窗口的私人部门模型表现不佳，对于危机的预测大多数情况都是失效的。作为"10 + 3① 早期预警系统开发框架"的成果，亚洲开发银行（2006）对 IMF 的两个官方模型进行扩展研究：在运用 KLR 模型时不仅将样本集中于更小更同质的国家集合的月度数据上，同时对方法进行了改进尝试；针对 DCSD 模型，改进体现在数据样本集的缩小，仅为东南亚 6 国。两者均取得较好的预测能力，特别是与其他研究所提的大部分 EWS 模型相比②。

上述 5 个模型通常被认为是 1997 年之前的早期模型，阿比阿德（Abiad，2003）则综述了 1998 年以后的 30 个货币危机实证研究并提出了马尔科夫状态转移法（Regime-Switching Approach）③。在危机定义方面，1997 年之前的研究已产生差异，而在此之后有扩大化的趋势。30 项研究中只有 9 项是采用标准的"外汇市场压力指数方法"来确定危机的时间点，4 项研究使用调整后的压力指数，7 项研究关注于成功的冲击，只选用了货币贬值这一指标，另外 9 项研究则将 0 ~ 1 二元变量扩充为离散多元或连续型式变量；就样本覆盖范围，大多数研究都设定在新兴市场经济体，只有 1/4 的研究将发达国家样本纳入。在时间跨度上，大多数研究都更关注于近期的数据，主要是由于数据的可获得性以及数据频率的要求；在方法选择上，一半的研究选择的是标准方法，即指标（集）法或离散选择模型，但在指标选择以及效果评估方法上存在略微的差别。另一半研究则选用与标准方法不同的计量模型，比如人工神经网络模型（artificial neural network）、潜在变量门槛模型（latent variable threshold model）、风险价值法（value-at-risk）、自回归条件风险模型（autoregressive conditional hazard）、费歇尔判别分析（Fisher discriminate analysis）、双元递归数（binary recursive tree）、遗传算法（genetic algorithm）等。

（二）银行危机

银行系统在经济运行中发挥资金配置的重要作用，因而银行系统危机的爆发会给整个经济系统带来巨大冲击，同时其又往往进一步引发货币危机。盖坦和约翰逊（Gaytán and Johnson，2002）指出银行危机 EWS 模型可以按照预测范围来分类（单个银行破产和系统性危机），也可按照使用模型的不同来区分（风险数

① "10 + 3"国家指东南亚国家联盟 10 个成员（文莱达鲁萨兰国、柬埔寨、印度尼西亚、老挝人民民主共和国、马来西亚、缅甸、菲律宾、新加坡、泰国和越南）加上中华人民共和国、日本和韩国。

② 亚洲开发银行，张建华、王素珍、徐忠等译：《金融危机早期预警系统及其在东亚地区的运用》，中国金融出版社 2006 年版，第 40 页。

③ A. Abiad. *Early Warning Systems: A Survey and a Regime-Switching Approach*. IMF Working Paper, 2003.

量指标、信号萃取法、离散变量选择模型等)①。

霍诺翰（Honohan, 1997）首先对银行危机的三类起源进行了区分：宏观经济问题、微观经济缺陷以及地方性危机，以此为基础编制出针对不同类型的信号，对危机进行播报，但这一风险数量指标法过多依赖于人为对指标的评价。与此类似但更具系统性的信号萃取法，最早见于（Kaminsky and Reinhart, 1995），而戈尔茨坦、卡明斯基和莱因哈特（Goldstein, Kaminsky and Reinhart, 2000）则被视为信号萃取法最全面的应用。他们认为当挤兑而导致银行倒闭、被兼并或被公共部门接管时，或者没有挤兑，但由其他原因导致了银行出现倒闭、兼并、接管或者政府给予某一重要金融机构大规模扶助时，银行危机发生。之后经过综合考虑选取反映金融自由化程度、对外部门、实际部门各个方面的诸多解释变量，并依照不同方式生成一个综合指标，以表示危机发生可能性。尽管信号萃取法因简单易行等优点而迅速被推广，但是质疑之声也较为明显：首先，其对于解释变量频率要求高使得部分低频数据直接被排除在模型之外；其次，无法检验各解释变量对于危机的贡献程度；再其次，综合指标构造过于主观，不宜对单个指标进行加权；最后，该模型也不能用于衡量危机的严重程度及地区差异。由于危机是否发生是一个二元变量，因此自然会想到使用离散选择模型（主要指 Logit 和 Probit 模型），它最大的优点是克服了信号萃取法不能对解释变量贡献程度进行度量以及实施统计推断的缺陷。两个较早案例分别是（Eichengreen and Rose, 1998）和（Demirgüç and Detragiache, 1998a, 1998b）。前者使用多元二项式 Probit 模型对新兴市场银行危机爆发可能性进行判断，模型显示了国外部门的变化对发展中国家银行危机的影响。后者使用多元二项式 Logit 模型对于发展中国家和发达国家系统性银行风险的决定因素进行研究，结果显示宏观经济环境是银行脆弱性的重要因素。具体而言，危机可能性增加常伴随着经济增长减速，而此时通胀率以及利率都维持高位。存款保险机制以及金融自由化同样能够增加危机的可能性。德米尔古克和德特拉贾凯（Demirgüç and Detragiache, 2000）在之前的研究基础上一方面增加了墨西哥金融危机的案例，同时也对样本外危机发生可能性进行预测。哈迪和巴扎巴西奥格雷（Hardy and Pazarbasioglu, 1999）建立了多元多项式 Logit 模型，并引入滞后项，便于进行动态分析。

次贷危机之后，戴维斯和卡里姆（Davis and Karim, 2008）使用多元 Logit 模型和双叉树模型对其进行了事后检验。双叉树模型较之于传统 Logit 等模型的

① A. Gaytán, C. Johnson. *A Review of the Literature on Early Warning Systems for Banking Crises*. Central Bank of Chile Working Papers, 2002.

最大优点是其能够用以度量变量之间的非线性关系，尤其适用于银行危机这种大的数据集，众多横向交叉能够产生足够的银行危机观测以及决定系统性危机发生的决定因素。该方法的重要特征还在于它不需要对解释变量预先设定一个特殊的统计分布或者所有变量服从相同的分布，对异常值的处理上也较 Logit 模型存在优势，结果也易于解释[①]。

（三）债务危机

债务危机是金融危机中的另外一类，也是近年来发生较为频繁的一种危机类型。主权国家偿债困难有许多表现形式，既有不愿到期立即支付债务所引起的公开违约，也有确因国家破产或流动性不足而难以还款的情况。但是在做实证的时候，不同的预警模型会具体对债务危机进行量化定义。

梅纳西、鲁比尼和施梅芬尼（Manasse, Roubini and Schimmelpfenning, 2003）[②]将现有债务危机的研究归为主权国家违约的理论模型、债务危机决定因素的研究、预测信用评级的实证研究和收益差决定因素的实证研究四类，并认为债务危机决定因素的研究与 EWSs 研究最接近。影响债务危机发生可能性因素的确定主要借助 Probit/Logit 回归或者信号法来确定。大多数研究都关注于 20 世纪 80 年代发生的债务危机，但是也有最近的一些研究着眼于 90 年代起发生的历次债务危机。归类起来，偿债能力的度量主要指债务/国内生产总值比率，而流动性的度量使用短期债务/储备（或出口），债务利息/储备（或出口）是除主要宏观经济控制（实际经济增长、通货膨胀率、汇率升值和财政赤字）以外的主要解释变量。莱因哈特（Reinhart, 2002）发现在他的案例中 84% 的债务危机是紧随货币危机的。因此，在预测货币危机时良好的变量在建立债务危机模型时也能具有相应的解释力。

玛拿西、鲁比尼和施梅芬尼选取外债变量等六类变量，以 47 个国家从 1970～2002 年的数据为样本，通过 3 个步骤建立起一个 Logit 模型。该模型在预测 70～80 年代危机时取得较好的效果，但是对 90 年代以后危机进行检验时却不尽如人意。作者将其归结为 90 年代以后所发生债务危机呈现出诸多新特点的缘故。因此，该书又将样本缩小到只包括 90 年代以后的数据，建立一个针对近代债务危机的具体的预警模型。

一般的回归方法解决的都是变量之间的线性相关关系，当变量之间存在非线

① P. Davis, D. Karim. *Could Early Warning Systems Have Helped to Predict the Sub-Prime Crisis？*. National Institute Economic Review, 2008（1）: 35 - 47.

② P. Manasse, N. Roubini, A. Schimmelpfennig. *Predicting Sovereign Debt Crises.* IMF Working Paper, 2003.

性的关系时，通过回归得到的预警模型的解释就不甚理想。可现实之中，经济变量的非线性关系又比比皆是。为了解决这个问题，玛拿西、鲁比尼和施梅芬尼提出了以二叉树分析方法为基础的 Tree EWS 对债务危机进行建模。

（四）不同危机之间的转换与传递

上述讨论都是针对不同危机类型进行的。众所周知，金融市场各部分不是孤立的，通过各种溢出效应联系在一起的债券市场、资产市场和借贷市场外在表现就是各类危机之间既独立又相互联系。因此，在构建 EWS 模型时必须将金融市场之间的这种潜在的联系考虑进去。弗勒德和马里恩（Flood and Marion，2001）提出任何将货币危机和银行危机彻底割离或者彻底等同的研究都是不恰当的，这样得到的危机发生可能性是有偏的。常和维拉斯科（Chang and Velasco，2000）将国内银行储蓄者的行为和国外债权人的行为放在一起来进行联合建模，以此来将银行危机和债务危机联系起来。克里斯蒂亚诺等（Christiano et al.，2002）认为，货币危机发生时，国内在国际市场作为抵押的资产价值会下降，于是会加速债务危机的到来。

除了金融市场内部联系使得不同危机的相互转化之外，国家之间的金融和贸易联系也会促使危机在国家间蔓延（contagion）。传统对蔓延效应的测度，是通过对比不同国家在平静时期和危机时期资产收益的相关系数，但是这种无条件的相关系数忽略了国家之间的相互依赖。为了克服这些缺点，IMF（2002）[1] 提出可以有另外两个途径来实现蔓延效应的测度：一种途径是通过极值理论测度所谓的"极端相关性"（extreme correlation），这个指标反映出一个国家的危机是由另一个国家的危机导致发生的可能性；其他主张测度冲击在国家间蔓延的不同渠道的经验相关性，只有无法解释的剩余收益之间的关系可以被视为"传染"效应。

三、EWS 研究的现状与展望

通过上述梳理，我们可以对 EWS 研究的现状做出总结并对其发展趋势进行大致的判断：

第一，20 世纪 90 年代以来 EWS 研究大量涌现：一方面，伴随着计量经济学的发展，EWS 所使用的方法也不断翻新。另一方面，由于不同方法与样本选择乃至预警窗口设定等相互搭配，更进一步增加了相关研究的数量。

---

① IMF. *Global Financial Stability Report.* IMF Publishing Services，2002.

第二，EWS 研究从单一的金融危机研究逐步向不同危机类型分类研究过渡，与人们对于危机认识的逐步深入过程是相伴随的。但不同危机早期预警模型在指标选择上，却又趋于一致。这既与前面分析指出的不同危机类型相互转换与传递的机理相符合，同时也受到统计数据可得性的限制。另外，不同方法也并未和相应的危机类型进行捆绑，体现出的是一种普适性。例如，非参数模型和参数模型既可以用于货币危机也可用于银行危机的预测。

第三，EWS 自产生之日起对其抨击就未停止过，其中有很多针锋相对的观点[①]。但在不同声音背后还是可以达成一些共识——即大多数学者都认为除使用预警模型之外，还应考虑制度等其他因素[②]。

总体而言，EWS 模型还处于发展的初期阶段。"在担心早期预警模型的成功会导致其终结之前，我们也许还有很长的路要走。"[③]

四、实证中金融预警方法的具体选择

唐旭（2003）曾指出："我国建立金融危机预警系统到底选择哪种方法或提出一种新的方法必须依赖于实证分析……KLR 信号分析法比其他两种方法（FR 概率模型和 STV 横截面回归模型）更完善、预警准确性更高，用于中国其操作性也比较强。他们建议，在建立中国金融危机早期预警系统时，应首先

---

① 比如唐旭（2003）在论及预警模型局限性指出，"预警模型是一个单纯的数学关系式，不是经济、金融发展规律的全面反映，仅仅是实际情况的近似模拟，是否准确、全面地反映了经济、金融内在规律值得怀疑，故其准确性受到挑战。""此外，预警模型还存在两难困境。一方面，如果所建模型很好，于此准确性也很高，然而当其发出危机信号后，政策制定者立即反应，据此制定措施，或许危机因此就被消除了。如果危机被消除，从表面上而言，因为危机并没有像预警模型预测那样发生，那么就会有人预警模型发出了伪信号……"亚洲开发银行（2006）却指出上述两项比较流行的批评是站不住脚的。针对认为"早期预警模型是纯粹机械性的——只是一些数字游戏"的观点，亚洲开发银行反驳道："对危机进行更多主观性的分析也会有偏差，而早期预警模型的机械性特点能够抵消其中的一些偏差。"针对后一种观点，亚洲开发银行指出："若真是这样，早期预警模型就不能起作用。但这样的话，危机就会更少，而我们也将过得更好。"见参考文献：唐旭：《金融理论前沿问题（第二辑）》，中国金融出版社 2003 年版。亚洲开发银行，张建华、王素珍、徐忠等译：《金融危机早期预警系统及其在东亚地区的运用》，中国金融出版社 2006 年版。

② 唐旭（2003）指出："由于预警模型存在这样那样的局限性，仅仅依赖模型本身，不能完全解决问题，还必须考虑制度层面的因素，并通过良好的制度安排促进金融预警系统更好地发挥作用。"而亚洲开发银行（2006）也认为之所以不能仅仅通过运用宏观变量来很好地预测银行危机主要原因还是缺少能够体现银行脆弱性的制度、所有权以及激励方面的指标。见参考文献：唐旭：《金融理论前沿问题（第二辑）》，中国金融出版社 2003 年版。亚洲开发银行，张建华、王素珍、徐忠等译：《金融危机早期预警系统及其在东亚地区的运用》，中国金融出版社 2006 年版。

③ 亚洲开发银行，张建华、王素珍、徐忠等译：《金融危机早期预警系统及其在东亚地区的运用》，中国金融出版社 2006 年版。

考虑选择 KLR 信号法，并在这种方法的基础上根据中国的实际情况做出一定的修正。"

通过本节前述分析，我们也基本认同这一观点。这不仅因为 KLR 信号分析法的简便性与良好的预测效果，更重要的是因为到目前为止我国并没有发生过大规模、系统性的金融危机或不安全事实，也就不能直接对我国进行参数模型建模。

本章第三节为在 KLR 信号法基础上的拓展研究，对世界范围内爆发金融危机的一般性规律进行非参数建模，以此外推至短期中国金融危机的爆发可能性判断之上；对参数模型的使用上，本章第三节选择 Logit 模型，旨在度量危机成本影响方面，并对中国爆发大规模金融危机的潜在因素进行分析；而第四节则秉承金融危机与经济周期相互联系的视角对中国长期爆发金融危机可能性进行探索。

另外，在研究过程中课题组成员贾彦东同时在进行博士论文撰写[①]，其博士论文结合原有 KLR 信号分析法与体制转换模型预警货币危机的思路，同时综合症状监测思想，提出了与中国实际相结合的 EWS – SM 模型。我们讨论的结果是他侧重中国短期跟踪模型研究，本书则侧重整体主义的全球视角建模。

第三节　短期视角的金融危机预警方法与应用研究

一、基于"相似度"分析法的金融风险状态测评

KLR 信号法着重从金融系统各指标是否出现异常波动的角度来对金融危机进行预警。与之相区别，本书提出的"相似度"分析法从金融系统与危机爆发前一般状态的相似程度来度量金融危机爆发的可能性，更侧重于金融系统的运行状态。

（一）"相似度"分析法的基本思想与表达

如图 9 – 1 所示，$F0$ 表示金融危机爆发金融系统的一般状态，$F1$ 和 $F2$ 分别

---

① 庞皓、黎实、贾彦东：《金融安全的预警机制与风险控制研究》，科学出版社 2009 年版。

表示两个不同金融系统当前所处的状态。选取 $F0$ 为参照系，如果某金融系统的运行态势随时间推移与危机前一般状态越来越接近，那么我们可认为该系统发生金融危机的可能性较大。这种利用金融系统与危机前一般状态的相似程度来度量危机爆发可能性大小的想法即为"相似度"分析法的精髓。

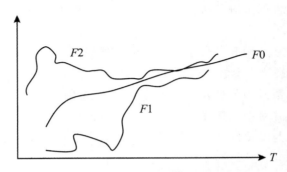

图 9－1　金融危机相似程度示意

实现这一思想需要进一步解决两个关键性问题：一是如何刻画金融危机前一段时期内的一般状态；二是如何度量某金融系统的运行态势与危机前一般状态的相似程度。

事实证明，经济体在爆发金融危机之前通常有 1～2 年的前置期[1]，其间伴随着相关经济和金融指标不同程度的异变。基于此，本书试图用不同指标的代表性强弱及其动态变化来反映金融危机前一段时期内的一般状态。

假定 $X_k^n = (x_{1,k}^n, x_{2,k}^n, \cdots, x_{T,k}^n)'$ 表示某 K 指标在危机爆发前连续 T 期的观测值，则某危机样本从爆发前 T 个月到爆发点为止的 K 个指标的连续观测可以用 $T \times K$ 阶矩阵 $X^n = (X_1^n, X_2^n, \cdots, X_k^n)$ 来表示。样本数为 N，即共有 N 个矩阵。按照风险控制一般原则对指标进行变换（见公式（9.1））。其中，$\overline{x_k^n} = (\sum_{t=1}^{T} \hat{x}_t^n k) / T$ 表示该样本事件第 k 个指标在 1～T 时间段内的样本均值，$\hat{\sigma}_k^n$ 表示相应的样本标准差：

---

[1]　通过实际数据的运用，Goldstein，Kaminsky 和 Reinhart（2000）从早期预警模型中获得了一些实证结果，9 个代表性发现中有一条就是："新兴市场中银行危机和货币危机在爆发之前都有征兆，有些现象有重复发生的行为特征。对于一个 26 年的样本期而言，一些相对较好的指标预测到了 50%～90% 的该期内发生的银行危机和货币危机，这就说明了这点。"见参考文献：亚洲开发银行，张建华、王素珍、徐忠等译：《金融危机早期预警系统及其在东亚地区的运用》，中国金融出版社 2006 年版，第 29 页。

$$
令\ \hat{x}_{t,k}^{n} =
\begin{cases}
4 & x_{t,k}^{n} > \bar{x}_{k}^{n} + 3\hat{\sigma}_{k}^{n} \\
3 & \bar{x}_{k}^{n} - 2\hat{\sigma}_{k}^{n} < x_{t,k}^{n} \leqslant \bar{x}_{k}^{n} + 3\hat{\sigma}_{k}^{n} \\
2 & \bar{x}_{k}^{n} + \hat{\sigma}_{k}^{n} < x_{t,k}^{n} \leqslant \bar{x}_{k}^{n} + 2\hat{\sigma}_{k}^{n} \\
1 & \bar{x}_{k}^{n} < x_{t,k}^{n} \leqslant \bar{x}_{k}^{n} + \hat{\sigma}_{k}^{n} \\
-1 & \bar{x}_{k}^{n} - \hat{\sigma}_{k}^{n} < x_{t,k}^{n} \leqslant \bar{x}_{k}^{n} \\
-2 & \bar{x}_{k}^{n} - 2\hat{\sigma}_{k}^{n} < x_{t,k}^{n} \leqslant \bar{x}_{k}^{n} - \hat{\sigma}_{k}^{n} \\
-3 & \bar{x}_{k}^{n} - 3\hat{\sigma}_{k}^{n} < x_{t,k}^{n} \leqslant \bar{x}_{k}^{n} - 2\hat{\sigma}_{k}^{n} \\
-4 & x_{t,k}^{n} < \bar{x}_{k}^{n} - 3\hat{\sigma}_{k}^{n}
\end{cases}
\tag{9-1}
$$

经过变换得到状态序列 $\{\hat{X}_{k}^{n}\}$（$n=1,2,\cdots,N$，$k=1,2,\cdots,K$）的取值范围为 $\{-4,-3,-2,-1,1,2,3,4\}$。标准化处理的目的在于增进样本间可比，为进一步提炼规律性信息奠定基础。

就某些指标而言，数值越大意味着风险越大；而对另一些指标来说，数值越小反而风险越大。理论上通常认为金融系统经过一段不稳定期的徘徊最终冲破临界状态进而导致危机的全面爆发[1]，因此明确危险状态至关重要。例如，如果在考察所有危机事件时发现某指标的状态序列数值在危机临近前大都在 3 以上，那么状态 3、状态 4 就是危机爆发前的典型状态；如果某指标序列数值在危机临近前大都处在 -2 以下，那么状态 -2、状态 -3、状态 -4 也可称为危机爆发前的典型状态。不妨将这两种状态统称为高位状态。

$$
令\ c_{t,k}^{n} =
\begin{cases}
1 & \hat{x}_{t,k}^{n}\ 处于高位 \\
0 & 其他
\end{cases}
\tag{9-2}
$$

对于任意 $t \in \{1,2,\cdots,T\}$，

$$
s_{t,k} = \sum_{n=1}^{N} c_{t,k}^{n}
\tag{9-3}
$$

$s_{t,k}$ 表示了在 t 时点上所有危机事件中 k 指标出现高位状态的频数，从而有

$$
p_{t,k} = \frac{s_{t,k}}{\sum\limits_{k=1}^{K} s_{t,k}}
\tag{9-4}
$$

$p_{t,k}$ 可用以衡量 t 时刻所有指标中第 k 个指标出现高位状态的可能性大小。按照 $p_{t,1}$，$p_{t,2}$，$\cdots$，$p_{t,K}$ 大小对所有指标 $\{1,2,\cdots,K\}$ 进行降序排列可以得到：$k_{t}(1)$，$k_{t}(2)$，$\cdots$，$k_{t}(K)$（$k_{t}(1) \geqslant k_{t}(2) \geqslant \cdots \geqslant k_{t}(K)$）。如果 $p_{t,k}$ 很大，即 k 指标在排序中比较靠前，说明在 t 时点更容易发生 k 指标处于高位状态的情况；

---

[1] 庞皓、黎实、贾彦东：《金融安全的预警机制与风险控制研究》，科学出版社 2009 年版。

如果 $p_{t,k}$ 极小，即 k 指标在排序中靠后，那么说明在 t 时点 k 指标相对于其他指标来说处于高位的可能性不大。

而经过汇总的数据矩阵 D 亦可用来考查不同指标出现高位情况的动态变化：

$$D = \begin{pmatrix} k_1(1) & k_1(2) & \cdots & k_1(K) \\ k_2(1) & k_2(2) & \cdots & k_2(K) \\ \vdots & \vdots & \cdots & \vdots \\ k_T(1) & k_T(2) & \cdots & k_T(K) \end{pmatrix} \qquad (9-5)$$

如果某一指标 k 在 D 中的位置从第一行的最末尾逐渐变动到最后一行的前列，那么可以认为随着时间的推移，在危机爆发前金融系统中指标 k 处于异常状态的特征就越来越明显，它对于金融危机前金融系统状态的代表性就越强，这个指标对于判断金融系统风险程度大小也就越重要。反之则说明指标对于判断金融危机的爆发的作用就逐渐变弱。综合考虑所有指标在矩阵 D 中的变化路径，就可以得出金融系统状态变化的一般规律。因此，D 矩阵即可认为是金融系统在危机前一般状态的反映。"相似度"分析法中遇到的第一个问题"如何刻画金融危机前一段时期内的一般状态"已经得到解决。

接着，我们需要解决"如何度量金融系统状态与危机前一段时间内的一般状态的相似程度"这个问题。

既然前面通过建立矩阵 D 来刻画危机爆发前一般状态，那么会很自然地想到利用实际金融系统 $B_{T\times K}$ 某时点上的指标排序与矩阵 D 相应时点的排序的差异来衡量该时点金融系统状态与危机前一般状态的相似程度。如果二者相似度随着时间的推移越来越大，那么我们就有较大把握相信危机即将到来！

具体做法是：首先对金融危机前一般状态某一时刻指标的代表性进行打分，按照各指标在 D 矩阵中的排名先后依次记为 K，$K-1$，$\cdots$，1[①]。如果实际金融系统 t 时刻所有的指标都处于高位状态（$B_{T\times K}$ 第 t 行指标均为 1），那么此时刻的分值为 $S = K + (K-1) + \cdots + 2 + 1 = \frac{1}{2}K(K+1)$；如果只有部分指标出现高位状态（$B_{T\times K}$ 第 t 行指标不全为 1），则总分小于 $\frac{1}{2}K(K+1)$；所有指标均处于正常状态的情况下（$B_{T\times K}$ 第 t 行指标均为 0），结果为 0。即便在高位状态数相同的情况下，指标重要性越强（排名靠前），最终分数越高。用数学表达式进一步说明：

设 $B_{T\times K} = (\hat{X}_{T\times 1}, \hat{X}_{T\times 2}, \cdots, \hat{X}_{T\times K})$ 是某金融系统运行状态的反映，其中

---

① 本研究在此处选取排队打分法，以期避免各种主观因素。当然打分方式还有诸多类型，有待在后续研究中有所试探。

$$\hat{X}_{T \times \kappa} = \begin{pmatrix} \hat{x}_{1,\kappa} \\ \hat{x}_{2,\kappa} \\ \vdots \\ \hat{x}_{T,\kappa} \end{pmatrix} \text{代表} \kappa \text{指标的状态序列，} \kappa = 1, 2, \cdots, K, \text{则}$$

定义
$$e_{t,k} = \begin{cases} K + 1 - j & \hat{x}_{t,k} \text{处于高位且} k_t(j) = \kappa \\ 0 & \text{其他} \end{cases} \qquad (9-6)$$

该处 $e_{t,k}$ 的含义在于：如果被考查的金融系统的第 k 个指标在 t 时点处于高位，而在 D 矩阵中的位置是第 t 行第 j 列，那么就对 t 时点的金融系统赋分值 $K + 1 - j$。进一步，将所有指标对应的赋分值加总，就可以得到该金融系统总的分值 $\sum\limits_{k=1}^{K} e_{t,k}$。

构造函数
$$l_t = \frac{\sum\limits_{k=1}^{K} e_{t,k}}{\sum\limits_{j=1}^{K} j} \quad t = 1, 2, \cdots, T \qquad (9-7)$$

该函数 l_t 就可以成为 t 时点的"相似度"的衡量。考查该函数会看到 $l_t \in [0, 1]$，如果 l_t 的值越大，则金融系统的状态和金融危机前一般状态相似度越高；值越小，相似度越低。

相似度越高意味着金融系统越不安全，爆发金融危机的可能性就越大。在国家应用中，可借金融风险（即相似度）划分为不同等级，得到更直观的判断。

至此已经解决了用"相似度"思想来研究金融危机状态及预警的两个关键性问题，同时也完成了模型构建过程。

（二）"相似度"分析法的实证分析

金融危机主要有货币危机、银行危机和债务危机 3 种类型。一般而言，货币危机较银行危机的界定更为明确，通常使用外汇市场压力指数、货币市场动荡指数等来刻画，而银行危机只能通过一些事件进行判断。KLR 信号法提出者卡明斯基（Kaminsky）从 1970 年 1 月至 2000 年 12 月这段时间中确定了 91 次货币危机样本和 31 次银行危机样本。本模型所使用数据承蒙卡明斯基教授提供，与之相一致，也主要研究货币危机与银行危机两种类型。

鉴于少数危机样本中存在数据大量缺失问题，本书提炼了 111 次危机事件为研究对象。危机窗口设定在 3 年，较传统 KLR 信号法延长 1 年。在可获得性、一致性和数据处理明确性等因素的综合考虑下，最终确定了 14 组变量：M2 乘数、国内信贷/GDP、存贷率之比、M2/外汇储备、银行存款、出口、进口、进

393

出口交换比率、实际汇率、外汇储备、产出、股市回报率、短期外债比率、外债总额。

通过公式（9-1）变换，各指标在危机前每个时点的状态用 $\{-4,-3,-2,-1,1,2,3,4\}$ 8 个数值代替，即得到状态序列 $\{\hat{X}_k^n\}$（$n=1, 2, \cdots, N$，$k=1, 2, \cdots, K$）。通过在给定时点就不同危机样本同一指标取平均 $\left(\bar{x}_k^t = \left(\sum_{n=1}^{N} \hat{x}_{t\ k}^n\right) / N\right)$ 可对危机爆发前各指标的变动情况进行一个初步判断。

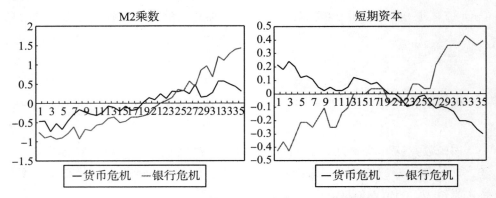

图 9 - 2　M2 乘数和短期资本一般变动趋势

注：纵坐标表示 $\bar{x}_k^t$，横坐标表示时间点。

结果显示[①]，货币危机与银行危机除在短期资本这一指标呈现出明显反向外其余均与 M2 类似，具有同向性。后续建模过程将不对货币危机和银行危机进行区分。

由于状态序列 $\hat{X}_t$ 中的指标集中在 $\{-2,-1,1,2\}$ 范围内取值。因此，实证分析中将指标大于或等于 2 的确定为高位状态，由此对每一时刻不同指标的高位状态频数进行统计（公式（9-3）），进而根据（公式（9-4））算出 t 时刻指标 k 出现高位的频率 $P_{t,k}$。依据频率大小对指标进行重新排序（公式（9-5）），得到用以反映危机爆发前金融系统各指标变动一般规律的矩阵 D（见表 9-3）。

---

① 本段内容结果均由 SAS 9.0 实现。因为篇幅所限，14 个指标这里仅列出 2 个代表性图表。其余部分及运行程序可见参考文献：尹亮：《金融危机预警方法与应用研究——基于"相似度"分析法的金融风险状态测评》，西南财经大学硕士学位论文，2009 年。

表 9 - 3　　　危机爆发前金融系统各指标变动的一般规律记录

time	NO1	NO2	NO3	NO4	NO5	NO6	NO7	NO8	NO9	NO10	NO11	NO12	NO13	NO14
1	9	4	1	3	12	11	10	2	8	6	7	5	14	13
2	9	12	10	4	1	8	11	3	2	14	5	7	13	6
3	9	12	4	8	10	14	1	2	5	11	3	7	6	13
4	9	8	12	4	10	2	14	5	1	11	3	6	13	7
5	9	12	8	5	10	4	2	11	6	3	1	14	7	13
6	8	12	9	10	1	7	5	4	3	14	11	2	6	13
7	12	9	8	4	11	10	3	1	5	2	7	6	14	13
8	9	12	6	8	7	10	3	4	5	11	14	2	1	13
9	8	7	9	6	12	10	11	1	14	3	5	4	13	2
10	9	8	7	6	10	12	3	11	2	14	4	5	13	1
11	9	6	7	8	3	11	10	4	2	14	5	1	13	12
12	7	9	8	1	6	2	3	10	12	11	4	14	5	13
13	9	7	5	8	11	1	10	6	4	3	2	12	14	13
14	7	6	4	1	8	10	5	11	12	14	2	9	3	13
15	4	7	12	8	11	9	2	6	10	5	3	14	1	13
16	12	7	6	8	2	10	11	5	1	14	4	3	9	13
17	7	6	4	10	8	12	2	3	1	14	9	5	11	13
18	6	4	7	10	2	8	12	11	1	5	9	3	9	13
19	6	10	7	8	4	11	12	14	1	2	9	5	3	13
20	10	12	6	14	11	8	1	7	4	2	9	3	5	13
21	10	6	7	12	11	5	2	14	1	4	8	3	9	13
22	10	7	6	11	1	14	12	4	9	8	2	5	3	13
23	10	6	7	12	14	5	11	1	3	9	8	2	4	13
24	10	7	12	14	5	1	8	6	4	11	9	3	9	13
25	7	6	10	11	4	12	1	14	5	3	8	2	9	13
26	10	2	14	1	5	6	7	12	4	11	8	9	3	13
27	10	2	14	5	6	8	1	7	12	11	4	9	3	13
28	10	14	1	2	6	5	8	7	11	12	4	9	3	13
29	5	14	2	10	1	6	7	4	11	12	8	9	3	13
30	10	10	14	2	11	1	6	4	7	12	8	3	13	9
31	5	2	10	14	1	4	11	12	7	6	8	13	3	9

续表

time	NO1	NO2	NO3	NO4	NO5	NO6	NO7	NO8	NO9	NO10	NO11	NO12	NO13	NO14
32	5	2	1	4	10	11	14	6	7	12	8	13	9	3
33	5	2	4	1	14	11	8	7	10	6	12	13	3	9
34	5	2	4	1	14	11	8	10	8	6	12	13	9	3
35	4	2	5	1	7	14	6	11	8	10	9	13	12	3
（危机点）36	9	5	2	1	4	7	8	6	11	14	10	3	13	12

注：资料来源包括 IMF 国际金融统计（IFS）、国际金融公司（IFC）新兴市场指数和世界银行的世界发展指数。1～14 分别代表 M2 乘数、国内信用/GDP、贷存利率比、M2/外汇储备、银行存款、出口、进口、贸易交换比、实际汇率、外汇储备、产出、股市收益、短期外债和总负债指标。就诠释危机的能力来说，指标之间有如下关系 NO1 > NO2 > … > NO14。

根据表 9－3 可对某一时刻不同指标对危机爆发的诠释能力打分，从高到低依次为 14，13，…，1。倘若现实金融系统 t 时刻所有指标都在高位状态，则分值之和 $S = 105$（公式（9－6））；若只有部分指标处于高位状态，则分值之和必然小于 105。将分值之和除以 105，得到介于 0～1 之间的数，即"相似度"l_t（公式（9－7））。

（三）"相似度"分析法的样本内检验和样本外检验

1. 样本内检验

利用"相似度"分析法得出的结果如何？需要对其进行样本内检验，标准认定相似度序列随危机临近而出现持续升高趋势的效果为好。据序列情况定义：{"较安全区域"$|0 \leq l_{i,t} \leq \bar{l}_t + \hat{\sigma}$}、{"较不安全区域"$|\bar{l}_t + \hat{\sigma} < l_{i,t} \leq \bar{l}_t + 2\hat{\sigma}$} 和 {"极不安全区域"$|l_{i,t} \geq \bar{l}_t + 2\hat{\sigma}$}（其中 $l_{i,t}$ 指某危机事件的 t 时刻的相似度，而 $\bar{l}_t = \sum_{i=1}^{N} l_{i,t}$ 为相似度样本平均值，$\hat{\sigma}$ 为样本标准差）。由 111 次危机样本可算出，$\bar{l}_t = 0.18$，$\hat{\sigma} = 0.167$，$\bar{l}_t + \hat{\sigma} = 0.347$，$\bar{l}_t + 2\hat{\sigma} = 0.51$。因此有 {$0 \leq l_{i,t} \leq 0.347$} 为较安全区域，{$0.347 \leq l_{i,t} \leq 0.51$} 为较不安全区域，{$l_{i,t} \geq 0.51$} 为极不安全区域。

随机选取 111 个危机样本中的一个事件——阿根廷 20 世纪 70 年代后的第三次金融危机（1981 年 2 月）来进行样本内检验。

从图 9－3 可以看到，阿根廷自危机爆发前两年风险即开始不断增大，至 1 年前风险（相似度）已经高达 56%，处于不安全的状态，随后虽有下降，但是在第 7 个月风险又再次急剧上升到达峰值 78%，已经进入极不安全区域。

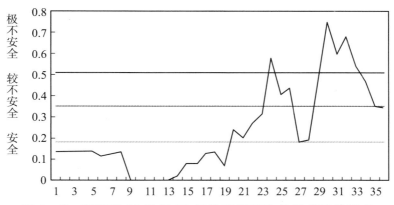

图 9 - 3　阿根廷 20 世纪 70 年代后第三次危机前风险状态

注：横坐标代表时间点；纵坐标代表金融风险程度即相似度。

　　对 111 次金融危机样本进行全面考查可以看出（见图 9 - 4）：平均而言，各序列在危机爆发点前 17 个月即进入"极不安全"区域，而在 7～11 个月内可能性达到最大。虽然图 9 - 4 显示在距离危机爆发前 34～35 个月的时候发生的次数也比较多，但是出于"离危机更近，相似度估计越准确"的基本原则，我们宁愿相信 11 个月就是进行危机预警的起点，即倘若一国金融系统运行进入"较不安全"区域时，就很有可能会在 11 个月之内爆发危机。

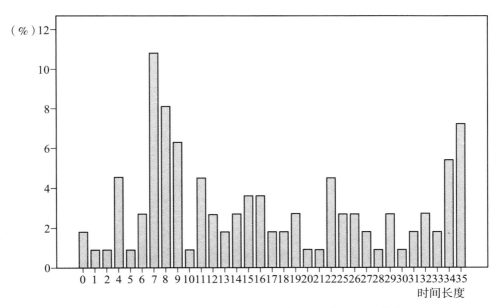

**图 9 - 4　第一次进入"较不完全"区域时点和危机
爆发时点之间距离分布**

2. 样本外检验

预警模型的优劣评判不仅仅要求对原始危机样本数据集合具有良好的拟合效果，更在于对未来发生危机预测的能力。本书进一步以美国次贷危机为对象进行样本外检验[①]。

表 9 - 4　　　美国次贷危机前金融风险状态（2005 年 6 月至 2008 年 5 月）

时间	1	2	3	4	5	6	7	8	9	10	11	12
相似度	0.105	0.152	0.152	0.000	0.000	0.076	0.067	0.057	0.038	0.029	0.000	0.000
时间	13	14	15	16	17	18	19	20	21	22	23	24
相似度	0.095	0.000	0.095	0.010	0.010	0.105	0.057	0.057	0.000	0.000	0.105	0.114
时间	25	26	27	28	29	30	31	32	33	34	35	36
相似度	0.190	0.000	0.105	0.229	0.352	0.429	0.476	0.333	0.457	0.610	0.514	0.581

注：1. 资料来源包括 IMF 国际金融统计（IFS）、国际金融公司（IFC）新兴市场指数和世界银行的世界发展指数。

2. 本表取小数点之后三位有效数字，原始结果及程序见：尹亮. 金融危机预警方法与应用研究——基于"相似度"分析法的金融风险状态测评 [D]：[硕士学位论文]. 成都：西南财经大学统计学院，2009.

如图 9 - 5 所示，美国金融系统在次贷危机前很长一段时间就显示出与金融

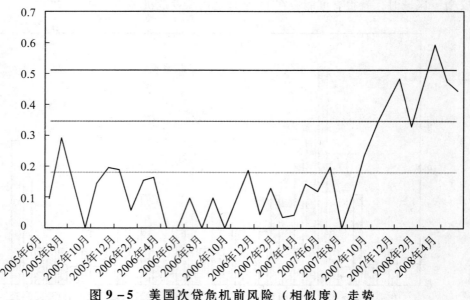

图 9 - 5　美国次贷危机前风险（相似度）走势

注：横坐标代表时间点；纵坐标代表金融风险程度即相似度。

[①]　除实际汇率利用 EIU 国家风险数据库取得外，其他指标均与 Kaminsky 教授提供数据保持一致。

危机一般状态的相似性——在雷曼兄弟申请破产保护的前一年即有整体不安全征兆，在 2007 年 11 月之后一直处于"较不安全"区域，之后风险不断放大，终致危机全面爆发。

总之，"相似度"分析法在"样本内检验"和"样本外检验"均取得了良好的效果。

（四）中国爆发金融危机的可能性探索

中国至今尚未爆发大规模的金融危机，但这不意味着中国金融体系将一直处于安全的状态。对中国爆发金融危机可能性的推测已有诸多研究，本书利用"相似度"分析法对其进行一个数量上的把握。选取两个时间段进行验证：2005 年 6 月至 2008 年 5 月和 2007 年 11 月至 2009 年 12 月期间的数据。

实证结果如下：

从表 9-5 与图 9-6 的结果显示，2005 年 6 月至 2008 年 5 月期间我国金融系统一直处于较为安全的区域，且未出现递增的趋势。说明中国的金融系统运行与金融危机前一般状态的相似性不高，爆发金融危机的可能性较小。通过 2009 年我国并未爆发金融危机的事实可对其进行反检验。

表 9-5　　　中国金融风险状态（2005 年 6 月至 2008 年 5 月）

时间	1	2	3	4	5	6	7	8	9	10	11	12
相似度	0.086	0.029	0.190	0.181	0.200	0.165	0.181	0.086	0.176	0.333	0.210	0.057
时间	13	14	15	16	17	18	19	20	21	22	23	24
相似度	0.029	0.095	0.162	0.162	0.267	0.2388	0.162	0.105	0.067	0.314	0.143	0.086
时间	25	26	27	28	29	30	31	32	33	34	35	36
相似度	0.219	0.011	0.029	0.114	0.121	0.029	0.181	0.105	0.286	0.248	0.095	0.095

注：1. 资料来源包括 IMF 国际金融统计（IFS）、国际金融公司（IFC）新兴市场指数和世界银行的世界发展指数。

2. 本表取小数点之后三位有效数字，原始结果及程序见：尹亮. 金融危机预警方法与应用研究——基于"相似度"分析法的金融风险状态测评［D］：［硕士学位论文］. 成都：西南财经大学统计学院，2009.

从表 9-6 与图 9-7 的结果显示，2007 年 2 月至 2009 年 11 月期间我国金融系统基本处于"较安全"区域（36 个时点中处于"较安全"区域的比例占 94.4%），相似度水平处于较低位置。但值得关注的现象是 2009 年 12 月相似度突增至 0.3846，高于"较安全"区域边界值 0.347，即已进入"较不安全"区域。结合实际情况，自国际金融危机爆发以来，中国一直采取宽松货币政策、积

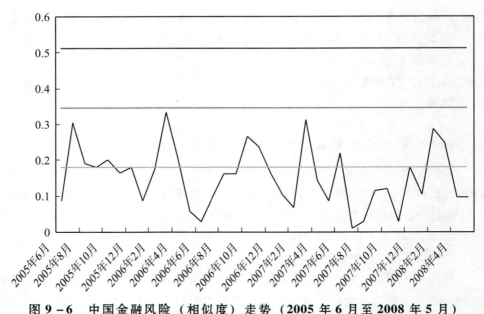

图 9 - 6　中国金融风险（相似度）走势（2005 年 6 月至 2008 年 5 月）

极财政政策。在 2010 年第一季度各项经济指标明显回升之际，亦有学者提出经济存在过热的隐患[①]。虽然我国当前还存在较多不稳定因素，比如通货膨胀压力、房地产市场泡沫治理、地方融资平台等，但整体上看中国当前还处于经济回暖过程，不存在经济过热（受国际金融危机影响，2007 ~ 2009 年中国经济趋缓，相关指标水平较低。以 2010 年数据与之前相比出现较大涨幅不能片面认为经济出现过热）。因此，还不能单纯以相似度高于 0.347 就断然做出中国即将发生金融危机的结论，后续还需要补入数据通过观察相似度在不安全区域的持续性来做出进一步研判。况且本书作为 EWSs 的扩展旨在事前预测，当下后金融危机的大背景对模型产生干扰实属正常。对经济体本身存在的不稳定因素和上一次危机的滞后效应进行区分将是今后 EWSs 研究中值得进一步追踪的研究方向。

表 9 - 6　　中国金融风险状态（2007 年 1 月至 2009 年 12 月）

时间	1	2	3	4	5	6	7	8	9	10	11	12
相似度	0.374	0.231	0.253	0.253	0.253	0.033	0.253	0.253	0.000	0.000	0.000	0.000
时间	13	14	15	16	17	18	19	20	21	22	23	24
相似度	0.000	0.000	0.000	0.077	0.077	0.011	0.176	0.176	0.176	0.242	0.154	0.198

---

①　贺铿：《经济运行中的问题及理论思考》，光华讲坛——社会名流与企业家论坛第 1619 期，西南财经大学，2010 年 4 月 16 日。

时间	25	26	27	28	29	30	31	32	33	34	35	36
相似度	0.154	0.176	0.176	0.176	0.077	0.154	0.154	0.297	0.286	0.187	0.220	0.385

注：1. 资料来源包括 IMF 国际金融统计（IFS）、国际金融公司（IFC）新兴市场指数和世界银行的世界发展指数。

2. 本表取小数点之后三位有效数字，原始结果及程序见：尹亮. 金融危机预警方法与应用研究——基于"相似度"分析法的金融风险状态测评［D］：［硕士学位论文］. 成都：西南财经大学统计学院，2009.

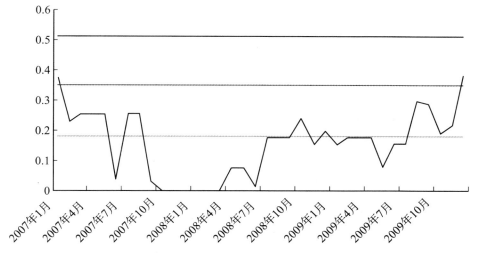

图 9-7　中国金融风险（相似度）走势（2007 年 1 月至 2009 年 12 月）

二、金融危机预警指标的选取与应用

上面提出的"相似度"分析法不仅克服了 KLR 法在后续生成综合指标时的主观性，更是将评判区间由时点扩展到整个时间段，体现了通过金融系统的运行状态来预警的思路。本节紧接着将针对 KLR 信号法指标的选取过程进行相应的扩展——以往研究在金融预警建模过程①中通常借鉴 KLR 信号法采用广泛选指标的方式来构建指标体系，缺乏对预警指标应有特性的分析。作为预警模型重要基础的预警指标，其优良特性至关重要，本部分以此为出发点进行研究。

---

①　详见 10.2.2EWS 模型的代表性方法。

（一）优良金融危机预警指标应具有的特性：有效性与敏感性

指标的"有效性"包含两层含义：一是能够对危机的发生进行准确的识别；二是具有显著的区分力，即危机前后呈现出统计上明显的差异。

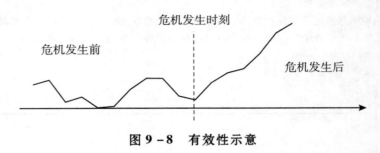

图 9 - 8　有效性示意

不仅如此，一个优良的预警指标还应在金融危机发生之前较早地发出预警信号且信号发出呈现先后次序并兼具强弱程度区分。后两组内容构成"敏感性"的特性。

综上，具备优良特性的预警指标应兼具有效性与敏感性。仅仅具备有效性的指标，会使得发现过晚而错过应对危机的最佳时间；同样地，单一的有效性会强化伪信号的发出致使做出错误判断。有效性与敏感性的统一才是进行成功预警的必要条件。

（二）金融危机预警指标的有效性分析

KLR 信号法使用噪声信号比（Noise to Single Ratio，NSR）来衡量指标是否有效[①]。如表 9 - 7 所示，$A/(A+C)$ 表示指标发出有效信号的概率，$B/(B+D)$ 表示指标发出失效（噪声）信号的概率，噪声信号比定义为：

$$NSR = [B/(B+D)]/[A/(A+C)]$$

表 9 - 7　　　　　　　　　正确和错误的预警信号

	在接下来的 24 个月内有危机发生	在接下来的 24 个月内无危机发生
发出信号	A	B
没有发出信号	C	D

---

① 亚洲开发银行，张建华、王素珍、徐忠等译：《金融危机早期预警系统及其在东亚地区的运用》，中国金融出版社 2006 年版，第 50～51 页。

NSR 不失为一个刻画预警指标"有效性"的手段，但其本身亦有不足之处——在对有效与无效界限的划定上往往偏主观，且对超出 24 个月的情形也并未做讨论。本书另辟蹊径，试图从更一般的视角来对预警指标的"有效性"进行界定（见图 9 - 9）——以相关金融危机理论及国内外预警实践为基础确定预警指标集，然后就真实发生的危机事件对所选的指标进行统计描述和差异性检验，进而对指标"有效性"做出判断。

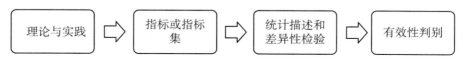

图 9 - 9　有效指标过程识别

研究中选用独立样本 T 检验[①]（independent-sample T Test），该方法主要用于对两组样本差异性进行判别，结合本节内容具体指危机前后两段样本。

原假设 $H_0: \mu_1 = \mu_2$，两样本均值没有差异。

备择假设 $H_1: \mu_1 \neq \mu_2$，两样本均值存在差异。

实证中选取历史上金融危机成本较大的 14 次危机为研究对象，样本集见表 9 - 8。综合各方研究[②]，结合可得性、可比性等原则最终选定 16 组指标：M2 乘数、国内信贷额与 GDP 之比率、借贷款利率、商业银行存款存量、出口总量、进口总量、贸易条件、工业总产出、股票价格、短期外债比率、GDP 增长率、出口价格、进口价格、国外负债与国外资产比例、M2/GDP、国内信贷额增长率。

表 9 - 8　　　　　危机成本较大的 14 次金融危机

序号	危机爆发时间	国家	危机类型
1	1982 年 2 月	墨西哥	货币危机
2	1982 年 7 月	阿根廷	货币危机
3	1982 年 8 月	智利	孪生危机
4	1983 年 2 月	巴西	货币危机
5	1992 年 11 月	瑞典	货币危机

[①]　Independent-sample T Test 要求总体服从正态分布，但现实中这样严格的条件难以满足，通常只要求图形上大致呈现正态分布即可。当出现严重偏离正态分布时，则需采用非参数检验的方法。

[②]　C. Reinhart and K. Rogoff, Is the 2007 U. S. Sub-Prime Financial Crisis So Different? An International Historical Comparison, American Economic Review, 2008, No. 2: 339 - 344. //Kaminsky, Lizondo, Reinhart. Leading Indicators of Currency Crises. IMF Staff Papers, 1998.

序号	危机爆发时间	国家	危机类型
6	1992 年 12 月	挪威	货币危机
7	1992 年 9 月	芬兰	货币危机
8	1992 年 9 月	西班牙	货币危机
9	1994 年 12 月	墨西哥	孪生危机
10	1997 年 7 月	泰国	货币危机
11	1997 年 7 月	菲律宾	孪生危机
12	1997 年 8 月	马来西亚	货币危机
13	1997 年 12 月	印度尼西亚	货币危机
14	1999 年 1 月	巴西	货币危机

以泰国 1997 年 7 月的金融危机为例，首先就国内信贷总额/GDP 增长速度指标进行有效性判别。图形上整体呈现出正态分布，因此采用 T 检验方法。对危机前后 3 年月度数据进行独立样本检验（independent-sample T Test），结果如表 9－9 所示[①]：

表 9－9　　　　独立样本检验（Independent-sample T Test）的结果

原假设	T 统计量	自由度	P 值	结论
两样本均值没有差异	22.024	71	0.000	拒绝

资料来源：刘佳．金融危机预警指标的数量分析——有效性与敏感性的统一 [D]：[硕士学位论文]．成都：西南财经大学统计学院，2009.

由 P 值 = 0.000 可判国内信贷额/GDP 指标对于泰国 1997 年 7 月危机的识别是有效的。

就 GDP 增长率指标而言，由于其分布与正态分布偏差较大，故采用非参数检验的方法。P = 0.000，拒绝原假设，说明两组的数值存在明显的差异。因而 GDP 增长率这一指标同样有效识别该次危机。

表 9－10　　　　曼－惠特尼检验（Mann-Whitney Test）的结果

原假设	Mann-Whitney 统计量	P 值	结论
两样本均值没有差异	315.000	0.000	拒绝

资料来源：刘佳．金融危机预警指标的数量分析——有效性与敏感性的统一 [D]：[硕士学位论文]．成都：西南财经大学统计学院，2009.

---

① 利用 SPSS16 进行分析。

依照上述步骤就 14 次危机对 16 个预警指标进行"有效性"检验，结果汇总至表 9 - 11：

表 9 - 11　　　　　　　　　金融危机预警指标有效性分析

危机	X1	X2	X3	X4	X5	X6	X7	X8	X9	X10	X11	X12	X13	X14	X15	X16
1	有	有	无	无	无	无	无	无	有	有	有	无	有	有	无	无
2	无	有	无	无	无	无	无	无	无	无	有	无	无	无	无	有
3	有	有	无	无	无	无	无	无	有	无	有	无	无	无	有	有
4	无	有	无	无	无	无	无	无	无	无	有	无	无	无	无	无
5	无	有	无	无	无	无	无	无	无	无	有	无	无	无	无	无
6	无	有	无	无	无	无	无	无	有	无	有	无	无	有	无	无
7	有	有	无	无	无	无	无	无	有	无	有	有	无	有	有	无
8	有	无	有	无	无	无	有	无	有	无	有	有	无	无	有	无
9	无	有	无	无	无	无	无	无	有	无	有	无	无	有	无	无
10	有	有	无	有	无	无	无	无	有	无	有	有	无	无	有	无
11	无	有	无	无	无	无	无	无	有	无	有	无	无	有	无	无
12	有	有	无	无	无	无	无	无	有	无	有	无	无	有	有	无
13	有	无	无	无	无	无	无	无	有	无	有	无	无	有	无	无
14	有	无	无	无	无	无	无	有	有	有	有	无	无	有	有	无
识别概率	8/14	9/14	2/14	2/14	0/14	0/14	1/14	1/14	12/14	2/14	11/14	5/14	1/14	9/14	8/14	9/14

注：1. 上表为根据 T 检验结果得出的结论，"有"表明通过 T 检验得出该指标危机前后数据具有显著统计差异，此指标对于此次危机具有识别效果；"无"表示通过 T 检验指标危机前后无显著统计差异。

2. X1 表示 M2 乘数、X2 表示国内信贷额与 GDP 之比率、X3 表示借贷款利率、X4 表示商业银行存款存量、X5 表示出口总量、X6 表示进口总量、X7 表示贸易条件、X8 表示工业总产出、X9 表示股票价格、X10 表示短期外债比率、X11 表示 GDP 增长率、X12 表示出口价格、X13 表示进口价格、X14 表示国外负债与国外资产比例、X15 表示 M2/GDP、X16 表示国内信贷额增长率。

3. 危机序号与表 9 - 8 保持一致。

资料来源：刘佳. 金融危机预警指标的数量分析——有效性与敏感性的统一 [D]：[硕士学位论文]. 成都：西南财经大学统计学院，2009.

由此得出的 8 个有效指标分别是：M2 乘数、国内信贷额与 GDP 之比率、股票价格、GDP 增长率、出口价格、国外负债与国外资产比例、M2/GDP 和国内信贷额增长率。

（三） 金融危机预警指标的敏感性分析

预警先行指标分析方法主要有 3 种：时差相关分析法、K－L 信息量法和马场法。

表 9 － 12　　　　　　　　　　不同线性指标分析方法的比较

方法比较	适用条件	计算方法
K－L 信息量法	主要是用于判断概率模型与已知分布相似程度（K－L 信息量越小，分布越近似）	对于每个选取的经济指标相对于基准指标前后移动若干个月，计算 K－L 信息量的值
马场法	只有在被选的几个指标的周期波动对应很好时，才能得出相应的结论。但这样的指标很不容易找到，很可能使一些比较好的指标漏选	以周期波动基准日期为尺度，检验各序列本身的周期波动的峰和谷的关系。对所选的指标序列求每一阶段上的平均值
时差相关分析法	适用条件较宽，易于操作，且此方法对指标没有严格的限制	可以提供指标与基准指标不同先行期的相关系数及统计显著性

由于时差相关分析可以提供被选择指标与基准指标不同先行期的相关系数及统计显著性，这与前面所界定的敏感性内涵相一致，因此本书选择该种方法。

设 $Y = \{Y_1, Y_2, \cdots, Y_n\}$ 为基准指标，$X = \{X_1, X_2, \cdots, X_n\}$ 为被选择的指标，X 与 Y 之间的时差相关系数表示为：

$$ r = \frac{\sum_{t=1}^{n} (X_{t-l} - \bar{X})(Y_t - \bar{Y})}{\sqrt{\sum_{t=1}^{n} (X_{t-l} - \bar{X})^2 \sum_{t=1}^{n} (Y_t - \bar{Y})^2}} \quad (l = 0, \pm 1, \pm 2, \cdots, \pm L) \qquad (9-8) $$

公式（9－8）中，l 被称为时差或延迟数，当 l 取负数时表示超前，当 l 取正数时表示滞后；L 是最大延迟数；n 是数据取齐后的个数。最大的时差相关系数反映了被选择指标与基准指标的时差相关关系。超前相关性较强的指标可以用作预测性指标。

考虑到选取样本多为货币危机与孪生危机，因而选择货币压力指数（*EMPI*）作为基准指标。

$$ EMPI_t = \frac{\Delta e_t}{e_t} - \frac{\sigma_e}{\sigma_r}\left[\frac{\Delta r_t}{r_t}\right] + \frac{\sigma_e}{\sigma_i}\Delta i_{i, t} \qquad (9-9) $$

公式（9－9）中，$EMPI_t$ 为 t 时刻的国家货币压力指数；e_t 为本币对美元汇率；r_t 为在 t 时刻总的外汇储备；i_t 为国内名义利率；σ 为对应指标标准差。

由于时差相关分析法要求数据必须是平稳的，且对于月度数据在进行分析时需进行季节调整，显示出序列潜在的能够真实地反映经济时间序列运动的客观规律的趋势循环分量，因此在敏感性分析之前使用 Eviews 软件中的 CensusX12 对所有数据进行预处理。

以阿根廷危机为例，使用 SPSS 统计软件进行时差相关分析，结果如下：

表 9 – 13　　　　　　　　　　阿根廷时差相关分析结果

提前期数		X1	X2	X9	X11	X14	X15	X16
2	相关系数			0. 202 **		0. 402 **	0. 157 **	
	显著性检验			0. 000		0. 000	0. 003	
3	相关系数				– 0. 281 **		0. 128 *	
	显著性检验				0. 000		0. 018	
4	相关系数				– 0. 211 **		0. 187 **	
	显著性检验				0. 000		0. 000	
5	相关系数		– 0. 102 *				0. 256 **	
	显著性检验		0. 049				0. 000	
6	相关系数			0. 141 *			0. 245 **	0. 256 **
	显著性检验			0. 016			0. 000	0. 000
7	相关系数		0. 114 *	0. 134 *		0. 289 **	0. 355 **	
	显著性检验		0. 034	0. 022		0. 000	0. 000	
8	相关系数			0. 247 **			0. 242 **	
	显著性检验			0. 000			0. 000	
9	相关系数	– 0. 129 *	– 0. 130 *	0. 199 **	– 0. 171 **	0. 248 **	0. 183 **	0. 145 *
	显著性检验	0. 016	0. 013	0. 001	0. 001	0. 000	0. 000	0. 012
10	相关系数				– 0. 128 *		0. 143 *	
	显著性检验				0. 015		0. 007	
11	相关系数			0. 127 *	– 0. 104 *	0. 200 *	0. 122 *	0. 330 **
	显著性检验			0. 031	0. 044	0. 000	0. 021	0. 000
12	相关系数				– 0. 139 **			
	显著性检验				0. 008			

续表

提前期数		X1	X2	X9	X11	X14	X15	X16
14	相关系数							0.110*
	显著性检验							0.038
16	相关系数	0.102*						
	显著性检验	0.048						
17	相关系数		0.107*	0.107*				0.106*
	显著性检验		0.043	0.043				0.044
18	相关系数							0.102*
	显著性检验							0.045
25	相关系数		0.101*					
	显著性检验		0.048					
30	相关系数				−0.138**			
	显著性检验				0.009			
31	相关系数				−0.130*			
	显著性检验				0.013			
32	相关系数				−0.120*			
	显著性检验				0.038			
33	相关系数		−0.108*		−0.109*			
	显著性检验		0.042		0.041			
34	相关系数				−0.110*			
	显著性检验				0.040			
35	相关系数	0.196**	0.240**		−0.158**		0.100*	
	显著性检验	0.002	0.000		0.003		0.049	
36	相关系数				−0.143**			
	显著性检验				0.005			

注: 1. * 表示在 0.05 的显著性水平下通过检验，** 表示在 0.01 的显著性水平下通过检验。

2. 指标定义同表 9 - 11。

表 9 - 13 显示，同一指标不同提前期的相关系数有很大差异，且不同指标对于基准指标的敏感程度也有所不同。

依照上述步骤就其他所有国家对之前确定的 8 组有效性指标进行敏感性分析。

表 9－14 　　　　　　金融危机发生国时差相关分析结果汇总

国家	X1	X2	X9	X11	X12	X14	X15	X16
阿根廷	9、16、35	5、7、9、17、25、33、35	2、6、7、8、9、11、17、33	3、4、9、10、11、12、30、31、32、33、34、35、36	无	2、7、9、11	2、3、4、5、6、7、8、9、10、11、35	6、9、11、14、17、18
印度尼西亚	2、3、5、6、11、35	11	1、2、4、5、12、33	4、9、11	无	1、6、10	2、3、5、6、9	1、3、6、11、23、35
泰国	5、7、10、12、36	5、10、12、36	1、2、3、7、12、19、24、33	2、8、9、10	无	1、3、10、33	6、8、15、35	5、7、10、18
菲律宾	10、12、15	9、34	1、4、9	9、34	无	8、34	9	7、8、18、34
马来西亚	1、9、33	11、12	9、33	9、10	无	1、7、8、16、23、27	11、23、33	11、18
墨西哥	10	4、5、36	1、6、7、8	4、10、33	无	11、12、14、22、26、31	10	4、10、24、33
巴西	3、4、7、8、19、21、29、32	12、33、34、36	1、5、6、8、12、14、17、35	无	3	4、5、6、8、14、24、28、35	1、2、3、4、5、6、7、8、12、15、17、19、21、32、34	1、2、3、4、5、6、12、17、31、33
西班牙	10、12、24	8、13、14、15、31、32	3、9、14、20、34	无	9、11、22、27	3、8、19、22、27、34	24	无

续表

国家	X1	X2	X9	X11	X12	X14	X15	X16
瑞典	5、19、30、33	2、9、19、22、31	26、27	10、32	无	10、31、35	10、23、32	2、9、19、22、34
芬兰	10、36	2、7、11、30	5、6、8、14、15、24、29	11、12、36	2	1、2、8、11、17、36	7、12、30	2、24

注：1. 表中数字表示各个指标在不同的国家，相关系数显著的提前期数。由各国时差相关系数表汇总而得。

2. 指标定义同表 9 – 11。

资料来源：刘佳. 金融危机预警指标的数量分析——有效性与敏感性的统一［D］：［硕士学位论文］. 成都：西南财经大学统计学院，2009.

至此得到 7 个兼具有效性与敏感性的指标为：M2 乘数、国内信贷额与 GDP 之比率、股票价格、GDP 增长率、国外负债与国外资产比例、M2/GDP 和国内信贷增长率。

（四）优良预警指标的样本外检验

1. 美国次贷危机检验

实证结果显示，具有优良性的预警指标在危机爆发前一定时期内即显示出了一定的相关性。利用这个特点，可使用 M2 乘数、国内信贷额与 GDP 之比率、股票价格、GDP 增长率、国外负债与国外资产比例、M2/GDP 和国内信贷增长率这 7 个兼具敏感性和有效性的指标对未来金融危机爆发的可能性进行预判。由表 9 – 14 可知，对于 M2 乘数选择提前 35 期，国内信贷额与 GDP 之比率为提前 34 期，股票价格为提前 33 期，GDP 增长率为提前 33 期，国外负债与国外资产比例为提前 35 期，M2/GDP 为提前 32 期，国内信贷额增长率为提前 34 期。以国内信贷/GDP 指标为例，具体过程如下：

次贷危机爆发于 2007 年 8 月，由于国内信贷/GDP 的提前期数为 34 期，所以将时点设在 2004 年 10 月前后，以此为界对前后各一年的数据进行独立样本 T 检验。

表 9 – 15　　　　　　　　国内信贷/GDP 的检验结果

原假设	T 统计量	自由度	P 值	结论
两样本均值没有差异	– 4.550	14.394	0.000	拒绝

注：资料来自 IMF 国际金融统计。

表 9 - 15 显示均值出现明显差异，故按内信贷/GDP 指标判断 2007 年 8 月美国将会发生金融危机。

就 7 个指标全部结果来看（见表 9 - 16），M2、M2/GDP、国外资产/国外负债、股票价格和国内信贷/GDP 这 5 个指标均出现明显差异。因此，基本上可以认为在次贷危机爆发之前 3 年即显现出不稳定因素，良好性状的预警指标已发出信号。

表 9 - 16 **2007 年美国爆发次贷危机金融预警指标测试**

指标	原假设	T 统计量	自由度	P 值	结论
国内信贷增长率	两样本均值没有差异	- 3.973	21.489	0.001	拒绝
M2/GDP	两样本均值没有差异	10.214	22	0.000	拒绝
国外资产/国外负债	两样本均值没有差异	- 2.310	9.199	0.046	拒绝
GDP 增长率	两样本均值没有差异	- 0.14	16.322	0.989	不拒绝
股票价格	两样本均值没有差异	- 3.449	22	0.002	拒绝
M2	两样本均值没有差异	- 9.15	22	0.370	不拒绝

资料来源：IMF 国际金融统计。

2. 中国发生金融危机的可能性判断

若欲对我国 2010 年下半年爆发危机可能性进行判断（即 2010 年 10 月），由于 M2 乘数的提前期数为 35 期，所以将时点设在 2007 年 11 月前后，以此为界对前后一年的数据进行独立样本 T 检验。

表 9 - 17 **M2 乘数的检验结果**

原假设	T 统计量	自由度	P 值	结论
两样本均值没有差异	1.300	17	0.211	不拒绝

资料来源：刘佳. 金融危机预警指标的数量分析——有效性与敏感性的统一 [D]：[硕士学位论文]. 成都：西南财经大学统计学院，2009.

表 9 - 17 显示均值未出现明显差异，故按 M2 乘数指标判断 2010 年 10 月将不会发生金融危机。

就 7 个指标全部结果来看（见表 9 - 18），除股票价格外，其余 6 个指标均认为未出现明显差异。因此，基本上可以确定地认为 2010 年下半年中国不会发生金融危机。

表 9 – 18　　　　中国 2010 年下半年发生金融危机的可能性判断

结果	M2 乘数	国内信贷/ GDP	股票价格	GDP 增长率	国外负债/ 国外资产	M2/GDP	国内信贷 额增长率
P 值	0.211	0.709	0.027	0.929	0.907	0.555	0.865
判断结论	不发生	不发生	发生	不发生	不发生	不发生	不发生

　　资料来源：刘佳. 金融危机预警指标的数量分析——有效性与敏感性的统一 [D]：[硕士学位论文]. 成都：西南财经大学统计学院，2009.

　　使用 2009 年统计数据对 2012 年 3 月前后中国爆发金融危机的可能性进行预测（见表 9 – 19），结果显示 7 个指标中有 2 个（国内信贷增长率和股票价格）发出爆发危机的信号，与之前预测相比说明金融风险有所加强，但仍可基本维持原判，即认为中国近期发生金融危机的可能性不大。

表 9 – 19　　　　中国 2012 年 3 月前后发生金融危机的可能性判断

指标	原假设	T 统计量	自由度	P 值	结论
国内信贷增长率	两样本均值没有差异	– 8.159	25	0.000	拒绝
M2/GDP	两样本均值没有差异	– 1.303	25	0.204	不拒绝
国外负债/国外资产	两样本均值没有差异	0.916	14	0.375	不拒绝
GDP 增长率	两样本均值没有差异	0.882	23.825	0.387	不拒绝
股票价格	两样本均值没有差异	– 3.255	24.013	0.003	拒绝
M2	两样本均值没有差异	– 2.097	12	0.058	不拒绝
国内信贷/GDP	两样本均值没有差异	– 1.953	25	0.062	不拒绝

　　注：数据取自国家统计局网站、中经网统计数据库。

三、危机成本视角下金融危机爆发环境特点的数量分析

　　危机是否爆发属于初步探讨，进一步观察会发现危机按成本呈现出大、中、小不同的规模。究竟何种因素决定金融危机的严重程度？本书即对这一问题进行研究。

（一）金融危机成本的衡量

　　金融危机的成本可理解为因危机爆发所付出的经济代价。在这一界定之下通常有两种成本测度思路：一则是指处理金融危机的直接支出，如为处置银行坏账所承担的财政支出、向存款人支付的存款及外汇储备的损失等；另一则是

计算出由危机发生所导致的经济增长率下降这一潜在损失。前者通常限定在政府作为承担方进行的金融机构重组过程；而后者关注的范围更广且持续时间更长，可以认为包含了直接损失，因而在相关研究中更多地被使用，我们也采用这一视角。

参照 IMF[①] 的计算方法，本书将危机成本定义为危机期间潜在 GDP 增长率与实际 GDP 增长率差额累计之和。其中，潜在 GDP 增长率具体指危机发生前 3 年 GDP 的平均增长率，而危机期间认为是从危机爆发至实际 GDP 增长率恢复至潜在 GDP 增长率的时期，公式表示为：

$$COST = \sum_{t=t_0}^{N} (g^* - gt)$$

t_0 为金融危机爆发的年份，N 为金融危机结束年份，在 $N - t_0$ 年间，实际 GDP 增长率 $g_t <$ 潜在 GDP 增长率 g^*。

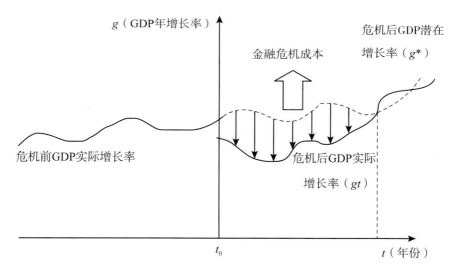

图 9－10　金融危机成本的衡量方法示意

样本汇集了 1960~2002 年 20 个国家所爆发的 66 次金融危机。计算结果显示，成本最大的危机是墨西哥金融危机（1982 年至今），为 162.07%；最小为哥伦比亚危机（1983 年），成本只有 0.86%；66 次危机的平均成本是 20.98%；就危机种类来看，银行危机较货币危机更持久、成本更高，货币危机的平均成本是 17.64%，而银行危机的平均成本是 18.02%；当发生孪生危机时，损失最大，平均成本为 30.19%。

---

① 国际货币基金组织，国际货币基金组织语言部译：《世界经济展望》，中国金融出版社 1998 年版。

表 9 - 20　　　　　　1960～2002 年间选取的 66 次金融危机成本概况

危机成本（%）	国家（地区）	危机时期	持续时间（年）	类型	洲
162.07	墨西哥	1982 年至今	至今	孪生危机	拉丁美洲
76.72	阿根廷	1994～2002 年	9	银行危机	拉丁美洲
65.36	秘鲁	1988～1993 年	6	货币危机	拉丁美洲
59.48	马来西亚	1997 年至今	至今	货币危机	亚洲
59.03	泰国	1997 年至今	至今	货币危机	亚洲
54.93	印度尼西亚	1997 年至今	至今	货币危机	亚洲
42.8	巴西	1999～2002 年	4	货币危机	拉丁美洲
41.4	智利	1981～1983 年	4	孪生危机	拉丁美洲
40.42	智利	1972～1976 年	5	货币危机	拉丁美洲
38.22	智利	1982～1987 年	6	货币危机	拉丁美洲
35.2	菲律宾	1981～1987 年	7	孪生危机	亚洲
34.6	英国	1974～1976 年	3	银行危机	欧洲及中东
28.22	以色列	1977 年	1	货币危机	亚洲
27.72	智利	1973～1976 年	4	货币危机	拉丁美洲
27.6	委内瑞拉	1980～1983 年	4	银行危机	拉丁美洲
27.02	哥伦比亚	1995～2003 年	9	货币危机	拉丁美洲
25.9	泰国	1980～1983 年	4	孪生危机	欧洲及中东
22.99	丹麦	1987～1993 年	7	银行危机	欧洲及中东
22.32	挪威	1986～1993 年	8	货币危机	欧洲及中东
20.7	阿根廷	1980～1982 年	3	孪生危机	拉丁美洲
20.66	芬兰	1991～1993 年	3	银行危机	欧洲及中东
20.57	菲律宾	1984～1985 年	2	货币危机	亚洲
18.96	哥伦比亚	1997～2003 年	7	货币危机	拉丁美洲
18.67	韩国	1997～1998 年	2	货币危机	亚洲
16.89	玻利维亚	1982～1986 年	5	货币危机	拉丁美洲
15.91	巴西	1989～1990 年	2	货币危机	拉丁美洲
15.9	阿根廷	1989～1990 年	2	孪生危机	拉丁美洲
15.58	秘鲁	1976～1979 年	4	货币危机	拉丁美洲
15.29	丹麦	1971～1975 年	5	货币危机	欧洲及中东
15.12	哥伦比亚	1998～2002 年	5	货币危机	拉丁美洲

危机成本（%）	国家（地区）	危机时期	持续时间（年）	类型	洲
15.1	西班牙	1977～1985 年	9	孪生危机	欧洲及中东
14.6	委内瑞拉	1994～1996 年	3	孪生危机	拉丁美洲
14.56	挪威	1978～1983 年	6	货币危机	欧洲及中东
14.54	马来西亚	1985～1987 年	3	银行危机	亚洲
14.16	墨西哥	1992～1995 年	4	银行危机	拉丁美洲
13.9	委内瑞拉	1989 年	1	货币危机	拉丁美洲
12.5	秘鲁	1983～1990 年	8	孪生危机	拉丁美洲
12.08	阿根廷	1981～1982 年	2	货币危机	拉丁美洲
11.16	中国香港	1998～1999 年	2	货币危机	亚洲
10.98	西班牙	1992～1995 年	4	货币危机	欧洲及中东
10.8	瑞典	1991～1993 年	3	孪生危机	欧洲及中东
10.18	挪威	1988～1993 年	6	银行危机	欧洲及中东
9.98	埃及	1991～1996 年	6	银行危机	非洲
9.5	墨西哥	1994～1995 年	2	货币危机	拉丁美洲
9.1	土耳其	1994 年	1	货币危机	欧洲及中东
9	马来西亚	1975 年	1	货币危机	亚洲
8.6	芬兰	1982～1987 年	6	货币危机	欧洲及中东
8.3	泰国	1981～1986 年	6	货币危机	亚洲
8.09	阿根廷	1975～1976 年	2	货币危机	拉丁美洲
8.03	阿根廷	2002 年	1	货币危机	拉丁美洲
7.77	阿根廷	1985 年	1	银行危机	拉丁美洲
7.77	巴西	1985 年	1	银行危机	拉丁美洲
7.65	菲律宾	1998～1999 年	2	货币危机	亚洲
7.6	土耳其	2001 年	1	货币危机	欧洲及中东
7.33	印度尼西亚	1983 年	1	货币危机	亚洲
6.7	哥伦比亚	1982～1987 年	6	孪生危机	拉丁美洲
5.75	墨西哥	1976～1977 年	2	货币危机	拉丁美洲
5.67	阿根廷	1970～1973 年	4	货币危机	拉丁美洲
3.78	芬兰	1992～1993 年	2	货币危机	欧洲及中东
3.24	土耳其	1991 年	1	银行危机	欧洲及中东

续表

危机成本（%）	国家（地区）	危机时期	持续时间（年）	类型	洲
3.2	俄罗斯	1998 年	1	货币危机	欧洲及中东
2.21	丹麦	1993 年	1	货币危机	欧洲及中东
1.48	印度尼西亚	1992～1993 年	2	银行危机	亚洲
1.35	以色列	1983～1984 年	2	孪生危机	亚洲
1.21	菲律宾	1970 年	1	货币危机	亚洲
0.86	哥伦比亚	1983 年	1	货币危机	拉丁美洲

注：资料来自于国际货币基金组织发行的国际金融统计数据库（IFS）。

资料来源：潘兴. 金融危机爆发环境特点的数量分析——以危机成本的衡量为视角 [D]：[硕士学位论文]，成都：西南财经大学统计学院，2009.

结合实证结果，如图 9-11 所示，本书以危机成本 25% 为界：之上定为大危机，17 次事件纳入其中，平均成本为 49.81%；其余为中小危机，共发生 49 次，平均成本为 10.99%。

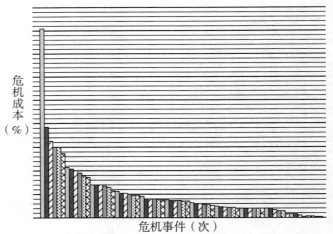

图 9-11　66 次金融危机成本分布

（二）不同程度的金融危机爆发前的环境特点

既然 66 次金融危机呈现出规模的不一致性，我们进一步就要追问这背后潜在的因素是什么？后续即通过计量建模来完成对这一问题的回答。

1. 指标选取

借鉴国际金融机构在选取指标过程中的共同经验和专家学者的研究成果①，同时考虑到数据的可得性与样本容量的限制，本书归纳出 13 个指标，旨在从宏观经济和金融系统两方面考查一个国家金融危机爆发前的经济环境特点。宏观经济变量包括：GDP 增长率、通货膨胀率（按消费价格指数计算）、实际汇率、出口额增长率、贸易额/GDP、经常项目差额/GDP、政府消费支出/GDP、短期外债/出口；金融变量主要指：M2 增长率、M2/国际储备、国内私营部门信贷总额/GDP、FDI 净流入/GDP、银行流动性储备/银行资产。

由于初选指标较多，在后续建模过程中亦出现多重共线性而导致"伪回归"。因而采用逐步回归剔除不重要变量②，最终保留的 4 组变量即 66 次金融危机爆发前的主要环境特点为：GDP 增长率、银行流动性储备/银行资产、短期外债额/出口额和政府消费支出额/GDP。归纳起来讲：金融危机爆发前，经济环境通常表现为经济增长速度较快但银行体系较为脆弱，外债依存度较高且政府财政支出占 GDP 比重较高。

2. 危机成本影响因素实证建模

参照德米尔古克特和德特拉贾凯（Demirguc-Kunt and Detragiache，1998）的研究方法③，本书建立 Logit 模型来估计不同程度的金融危机爆发的可能性及其影响因素。

将"是否发生较大危机"作为因变量 Y（Y 取值 0，1，$Y=1$，发生较大危机；$Y=0$，发生中小型危机）；被解释变量选用的是之前通过逐步回归选取的 4 个显著变量，模型估计如下：

表 9-21 是模型概况汇总。可见从 STEP1 到 STEP2，DEVINCE 从 64 降到 59，两种决定系数也都有上升。

表 9-21 模型概况

Step	-2 Log likelihood	Cox & Snell R Square	Nagelkerke R Square
1	64.207[a]	0.155	0.227
2	59.732[a]	0.210	0.309

① Kaminsky，Lizondo，Reinhart. *Leading Indicators of Currency Crises*. IMF Staff Papers，1998.

② 逐步回归具体过程见参考文献：潘兴：《金融危机爆发环境特点的数量分析——以危机成本的衡量为视角》，西南财经大学硕士学位论文 2009 年.

③ Demirgiic-Kunt，Detragiache. The Determinations of Banking Crises：Evidence from Developing and Development Countries. IMF Staff Papers，1997.

表 9 - 22 为模型预测准确程度检验。模型整体预测的正确率为 81.8%，该结果表明模型具有良好的预测性和稳健性。

表 9 - 22　　　　　　　　　　　　预测准确程度检验

	Observed		Predicted		
			Y_成本		Percentage Correct
			0	1	
Step 1	Y_成本	0	46	3	93.9
		1	10	7	41.2
	Overall Percentage				80.3
Step 2	Y_成本	0	46	3	93.9
		1	9	8	47.1
	Overall Percentage				81.8

表 9 - 23 为方程中变量检验情况，分别给出了 Step 1 和 Step 2 的拟合情况。解释变量 GDP 增长率（X_1）和银行流动性储备/银行资产（X_{13}）在给定 0.05 显著性水平下对因变量具有显著性影响。

表 9 - 23　　　　　　　　　　　　变量检验情况

		B	S. E.	Wald	df	Sig.	Exp（B）
Step 1[a]	X_1_GDP 增长率	0.409	0.138	8.765	1	0.003	1.505
	Constant	-3.145	0.820	14.715	1	0.000	0.043
Step 2[b]	X_1_GDP 增长率	0.465	0.152	9.387	1	0.002	1.593
	X_{13}_银行流动性储备_银行资产	-0.028	0.014	4.233	1	0.040	1.029
	Constant	-3.967	1.000	15.728	1	0.000	0.019

3. 结论

通过实证建模，我们找到了大危机爆发前经济环境的主要特点，就是较高的经济增长速度和较为脆弱的银行体系，在模型中分别以 GDP 增长速度和银行流动性储备/银行资产来表示。过度的高速经济增长极易导致经济泡沫，从而埋下金融不稳定的隐患。经济繁荣背景之下的信贷扩张往往又会加剧对经济增长缺乏理性的过度乐观预期进而导致投资过度和居民消费过度，而一旦遭遇突发事件就会引发经济预期的急剧变化，促使泡沫破裂，然而脆弱银行体系难以应付，最终出现银行等金融机构纷纷倒闭，进而积聚成一场大规模的金融危机。

（三） 样本外检验与预测

1. 美国次贷危机的样本外验证

通过计算美国次贷危机前 GDP 增长率、银行流动性储备/银行资产（见表 9 – 24），并将其代入之前估计的 Logit 模型[①]，可以得到对美国次贷危机规模程度的事前判断。

$$P(i, \ t) = \frac{1}{1 + e^{-(0.465, \ -0.028) X(i, \ t)}}$$

表 9 – 24 美国 2006 年相关指标

指标	2004 年	2005 年	2006 年	均值
GDP 增长率（%）	—	—	3.5	—
流动性储备/银行资产（%）	3.63	3.24	2.87	3.25

注：GDP 增长率取自美国人口普查局（http://www.census.gov/）；银行流动储备/银行资产取自世界银行数据库，美国银行业部分，其中流动性储备由于部分值缺失，用 Cash assets（All Commercial Banks）代替，银行资产用 Total Assets（All Commercial Banks）替代。

实证结果为 82.29%，即通过美国次贷危机爆发前经济环境的数量特征可认为该次危机有 82.29% 的可能会是一场大规模的危机。从次贷危机由金融市场蔓延至整个美国经济进而造成世界范围内的经济衰退，可判断该预测较为准确。

2. 基于参数模型的中国金融危机爆发规模程度的进一步分析

新中国 60 年来取得的成绩有目共睹，其中尤以 1978 年改革开放为序幕，拉开了我国 30 多年持续快速的经济增长历程——1979 ~ 2008 年中国 GDP 年均增长 9.8%，快于同期世界经济增速 6.8 个百分点。经济总量占世界比重也不断提高，2008 年为 6.4%，居美国和日本之后，列世界第三位[②]。

伴随改革开放，我国金融体系也经历着重大变革，30 年发展历程可以用一个个金融改革的重大事件串联起来[③]。在先后经历了初始阶段（1978 ~ 1983）、专业银行的企业化管理阶段（1984 ~ 1992）、国家专业银行向商业银行转变（1993 ~ 2002）、银行与国际规则逐步接轨阶段（2003 年至今）四个发展时期之后，我国已初步建立起适应当前市场经济体制的银行体系。但是诸如国有银行改

---

① 模型计算过程中，GDP 增长率取自危机爆发前一年的数值，流动性储备/银行资产则代入危机爆发前 3 年的平均值。

② 国家统计局：《新中国 60 年》，中国统计出版社 2009 年版，第 3 页。

③ 曾康霖：《金融改革的回顾与评析》，载于《金融研究》2008 年第 4 期。

革的目标定位、外部环境缺陷、潜在的系统性风险等问题仍很突出，与发达经济体银行体系差距明显，银行改革更有待进一步推进①。

由此视之，我国当前高速经济增长及不完善的银行体系已然与前面所得出的爆发大规模金融危机的环境特征相契合，在经济转型背景之下尤显复杂，而模型验证亦与之保持一致②。尽管从本节实证分析并结合当前总体经济运行形势来看，我国短期内爆发金融危机的可能性不大，但长期中国能否爆发金融危机还未可知。而危机一旦爆发将会带来不可预计的损失、对改革开放的进程产生巨大阻碍。这一结论为我们敲响的警钟是应抓紧眼前这段金融相对安全时期，尽量排除或减缓导致大规模金融危机爆发的各类安全隐患，即便未来爆发危机，也可能将其延缓在较小破坏程度以内或者能够沉着面对危机治理的新挑战。那么能够给予我们调整的时间有多久？换言之，中国未来何时可能会爆发金融危机呢？

第四节　金融危机预警应用研究的长期视角——基于经济周期与金融危机的相互联系

张五常（2010）称"'推断'股市走势的图表派为风水派。什么三角呀，什么双肩呀，等等，是没有条件指定的。这是预测。从经济学的角度看，预测股市的图表派没有指明局部条件及局限的转变。这是看风水，有人为之发达，也有人为之破产，但人还是人，不少人相信，所以风水先生有收入。科学是没有水晶球的。我懂得的经济学也没有"③。同样地，将这一思路照搬至长期金融危机预警中，通过单一的经验统计方式对20～30年后爆发金融危机可能性进行预测无疑也类似于算命。

难道我们在长期金融危机预警面前就束手无策了吗？我们认为不是。将金融危机置于整个经济周期的背景下开展研究或许是一个破解思路。国内、外学者对

---

① 刘锡良、董青马：《我国银行改革的回顾与分析——基于银行与政府关系演变的视角》，载于《财经科学》2008年第9期。

② 将中国2009年统计数据代入模型进行试算，可得出我国发生大规模金融危机的可能性是98.03%，即如果我国在2010年爆发金融危机，那么有98.01%的概率会是一场大型危机。由于参数模型样本选自国外66次危机事件，在中国尚未爆发金融危机的情形之下直接进行样本外预测所得概率数值有待商榷，但结论与定性分析基本取得一致。2009年中国GDP增速9.2%，2007年和2008年的流动性储备/银行资产分别为12.27%和14.88%。由于2009年数据缺失，因而计算中只取2007年和2008年两年平均数。数据来源：IMF金融数据库和《中国统计年鉴》。

③ 张五常：《五常学经济（神州增订版）》，中信出版社2010年版。

此已有关注——米切尔·波丹曾对 1870～1933 年间 6 个主要资本主义国家的经济周期和金融危机进行研究，其间 12 次经济周期中，共爆发 6 次金融危机，而 4 次都紧随经济周期顶峰，另外 2 次是其后一年发生；而高登在《银行恐慌与商业循环》一文中选取 1863～1914 年的"美国银行时代"的美国为研究对象，结果显示银行恐慌与经济周期之间存在密切的联系。贾可·弗蒂穆克和里卡·科尔霍宁（Jarko Fidrmuc and Iikka Korhonen，2009）以中国和印度这两个亚洲地区新兴市场经济体为例，从商业周期视角探讨全球金融危机的影响，这显示了从经济循环方面研究金融危机的新努力。国内方面，曾康霖（2007）、王德祥（2002）与石俊志（2001）等是此观点的倡导者。本节延续这一思想，对经济周期与金融危机之间的关系进行初步验证，并结合多方对中国未来经济增长情况的预测，提出中国未来爆发金融危机相关假设，为长期金融预警提出可供参考的思路。

一、经济周期与金融危机关系的初步验证

经济周期[①]必须是经济绝对水平的明显下降并紧随一个反弹，而且持续期不低于一年并排除季节因素影响，其中波峰、波谷处于两个关键位置。为此本书采用"波谷－波谷"的方法来对经济周期进行界定，并认为从周期开始的波谷到波峰为经济增长阶段，从波峰到下一个波谷为萧条阶段[②]。

（一）样本与指标选择

由于本书重点不在于对经济周期的完整度量及扩张、紧缩的具体划分，而关键在于找出金融危机爆发所对应的经济周期的阶段。因此，在样本选取过程中需兼顾一国经济运行情况及金融危机爆发情形，而且从经济周期视角下观察的金融危机，往往具有规模巨大且破坏性强的特点。最终确定了 21 个国家的危机样本[③]。其中，亚洲地区包括菲律宾、印度尼西亚、泰国、韩国和马来西亚 5 个国

---

① 美国国民经济研究局的韦利斯·米切尔和亚瑟·伯恩斯（1946）指出"经济周期是某些国家总量经济活动中可以发现的一种波动，在这些国家中经济工作主要以实业企业的形式来组织：一个周期包括同时发生在许多经济活动中的扩张，接下来是同样一般性的衰退、紧缩和复苏，复苏又融入下一周期的扩张之中；这一系列的变化是周期性的，但并不是定期的。在持续时间上各周期不同，从多于 1 年到 10 年或 12 年，它们不能再分为更短的与具有相同特征的周期"。

② 对于经济周期分类的详细表述可见参考文献：佟彬：《金融危机爆发前经济条件的数量分析——以经济周期为视角》，西南财经大学硕士学位论文，2009 年。

③ 样本选取参照参考文献：G. Caprio, D. Klingebiel. *Episodes of Systemic and Borderline Financial Crises*. World Bank Research Dataset. http://econ.worldbank.org.

家；拉美地区 10 个国家分别是阿根廷、玻利维亚、巴西、智利、墨西哥、哥伦比亚、巴拉圭、秘鲁、乌拉圭和委内瑞拉；芬兰、西班牙和瑞典分别为 OECD 高收入国家的代表；其余为土耳其、以色列和丹麦。而指标设定在人均 GDP 和人均 GDP 增长率这两个用于描述经济周期的常用指标。

（二）经济周期趋势分解方法——"HP 滤波方法"

结合前述经济周期定义可知，为如实找出反映经济周期的波峰和波谷位置，需要排除季节因素及不规则因素的干扰。趋势分解方法的不同将导致最终确定的经济周期的振幅、转折点、扩张期与衰退期间的随之改变，因而方法选择至关重要。

本书选取的提取长期趋势的方法为 Hodrick-Prescott 滤波法（简称为 HP 滤波方法）[1]。该方法综合考虑对数据拟合程度及趋势平滑性，且更具有灵活性，适合研究经济发展不同时期长期趋势可能出现各种情形。HP 滤波方法把经济周期看成是宏观经济对某一缓慢变动路径的一种偏离，该路径在期间内是单调增长的，所以成为趋势。该方法增大了经济周期的频率，使周期波动减弱。

（三）实证分析

对 21 个样本国家的研究发现，从 1960～2007 年中，21 个样本国家总共经历了 38 个完整的经济周期，发生了 27 次对经济总量 GDP 损失超过 5% 的金融危机。其中只有 1 次发生在经济的衰退阶段，2 次危机发生在经济的扩张阶段，4 次发生在经济周期的波谷期，但发生在波峰时期或波峰后一年的次数却高达 20 次，占危机总次数的 74%。由此可见，虽然不是每次经济的周期变动都发生金融危机，但金融危机和经济周期确实存在着密切联系。

表 9 - 25　　　　　　　　经济周期与金融危机对应情况

危机国家	周期阶段	危机时间（年）	危机所处经济周期阶段	人均 GDP（美元）
阿根廷	1963～1990 年	1980	波峰	7 550.75
		1985	衰退	6 156.071
	1990～2002 年	1995	增长阶段	7 184.114

---

① 使用 Eviews6.0 软件中的 Hodrick-Prescott Filter 过程实现。

续表

危机国家	周期阶段	危机时间（年）	危机所处经济周期阶段	人均 GDP（美元）
玻利维亚	1960～1971 年			
	1971～1986 年	1985	波谷	871.7972
	1986～2003 年			
巴西	1965～1983 年			
	1983～1992 年	1990	波峰后一年	3 586.36
	1992 年至今	1994	增长阶段	3 513.267
智利	1960～1975 年			
	1975～1983 年	1981	波峰	2 599.98
	1983～1999 年			
哥伦比亚	1960～1983 年	1982	波峰后一年	1 621.58
	1983～1998 年			
丹麦	1963～1981 年			
	1981～1993 年	1987	波峰	23 708.6
	1993～2003 年			
芬兰	1968～1993 年	1991	波峰后一年	18 752.91
印度尼西亚	1967～1999 年	1997	波峰	906.46
以色列	1967～1977 年	1977	波谷	11 361.5
	1977～2003 年			
马来西亚	1960～1985 年			
	1985～1998 年	1997	波峰	3 894.3
墨西哥	1960～1988 年	1981	波峰	5 432.29
	1988～1995 年	1994	波峰	5 016.38
秘鲁	1960～1983 年	1983	波谷	1 970.89
	1983～1992 年	1987	波峰	2 310.95
菲律宾	1960～1985 年	1981	波峰	1 008.81
	1985～1991 年			
	1991～1998 年	1997	波峰	973.55

423

续表

危机国家	周期阶段	危机时间（年）	危机所处经济周期阶段	人均 GDP（美元）
西班牙	1960~1985 年	1977	波峰后一年	8 472.33
瑞典	1960~1994 年	1991	波峰后一年	23 318.26
泰国	1960~1998 年	1996	波峰	2 184.59
土耳其	1980~2000 年	2000	波谷	3 963.35
乌拉圭	1967~1984 年	1981	波峰	5 329.65
	1984~2002 年			
委内瑞拉	1961~1989 年			
	1989~2003 年	1993	波峰后一年	5 366.57
韩国	1960~1998 年	1997	波峰	10 063.75
巴拉圭	1985~2002 年	1995	波峰	1 487.84

注：数据来源为世界银行世界发展指数数据库，时间跨度为 1960~2007 年，http://www.lib.ruc.edu.cn/zycx/zy-ww-wbdevel.html。

就经济周期扩张期限而言，21 个样本国的实证结果不尽相同且差异很大——有些国家经济恢复刚刚 5~6 年的时间又陷入金融危机的泥潭，而另一些国家却能够保持 30 年左右的经济高速增长。从金融危机爆发在经济周期波峰的这些国家的情况来看，其平均经历了 18.05 年的经济扩张期。对人均 GDP 的绝对数进行分析，差异同样巨大——最高为芬兰 1991~1994 年金融危机，爆发时人均 GDP 高达 18 752.91 美元；最低为玻利维亚 1985 年发生的金融危机，位于 1971~1986 年波谷时期的人均 GDP 仅为 871.7972 美元；21 个样本国爆发危机时的人均 GDP 为 8 430.345 美元。这一方面可能说明危机的发生在国际化背景下具有一定的普遍性，与经济发展水平的高低没有必然联系；另一方面也提示我们从经济循环角度审视金融危机必须重点关注特定国家的历史与现实情形。

二、中国长期经济增长形势判断——一个综述

改革开放以来中国经济保持了 30 年的高速增长，GDP 从 1978 年的 3 645.2 亿元增长到 2008 年的 302 853.4 亿元，平均增速达到 8% 以上。这一良好态势还会保持多久？国内外的学者对此已有较多研究。

美国兰德公司（1996）对中国 1994～2015 年的长期趋势进行预测。他们根据购买力平价，将中国 1994 年的人均 GDP 调整为 4 200 美元，相当于同年美国人均 GDP 的 16.3%，该初始值明显偏高。同时，对未来中国人均 GDP 增长速度的估计又过低，最高仅为 4.9%。1997 年世界银行发布了《2020 年的中国》的报告。在 1997 年之后 10 年中国国内储蓄率由 40% 逐渐下降至 35% 且全要素生产率以每年 1.5 的幅度减少两个假定之下，报告将 1995～2000 年间中国 GDP 平均增长率设为 8.4%，之后将依次递减至 2020 年的 5%。导致这一下降过程的原因主要有三方面：人口因素、资本积累和经济成熟化。同年，亚洲开发银行亦出版《崛起的亚洲》（1997）一书，对中国长期经济形势进行了预测。不同于其他研究，该书给出了 3 种估计：乐观方案认为中国 1995～2025 年将继续保持高速增长，人均 GDP 增长率为 6.6%；悲观方案认为如果不继续深化改革，各种瓶颈将制约经济增长，使得增长率降为 4.4%；基本方案估计的人均 GDP 增长率 6.05%，略高于东南亚地区 4.5% 的人均 GDP 增长率这一平均水平。1998 年麦迪逊对中国未来经济增长却给出了相当保守的估计。他首先假设劳动投入增长相对缓慢、劳动年龄人口的比例有所下降、妇女的劳动参与率也有所下降，其次假设教育水平增长速度有所放缓，再者人均资本存量增长速度不会超过 5%，最后假设全要素生产率增长速度也会有所下降。在此基础上，他预测 1995～2010 年间中国的 GDP 平均增长率由 1978～1995 年的 7.5% 下降到 5.5%，人均 GDP 增长率将由 6.04% 降至 4.5%。从今日来看，这一估计有失偏颇。

相比于国外研究，国内学者对中国长期增长率的估计略高。李成勋（1999 年）认为 1998～2020 年是中国经济发展的关键时期，虽然面临许多的矛盾和困难，但只要中国不在战略上出现重大失误，这些矛盾是可以逐步得到克服的。在《中国中长期发展的重要问题：2006～2020 年》一书中，王梦奎等采用情景分析方法，对"十一五"及更长时期中国经济发展的前景进行了模拟分析。通过中国经济的发展和结构特点，给出了基准增长情景，即经济将继续过去的发展趋势，劳动力仍然快速转移，人力资本的积累和科技进步可能会带来规模递增效益，体制改革进一步深入，金融、贸易、投融资体制等方面进一步改革，要素更加有效的配置，全要素生产率继续保持前 25 年的水平，维持在 2.0%～2.5% 之间。在基准增长情景下，对我国未来经济增长的趋势进行预期。而汪同三等（2005）则对 2005～2020 年间中国经济发展的趋势进行了分年度预测。为了便于分析对比，将三者的预测结果进行了综合（见表 9－26）。

表 9－26　　　　　　　　中国经济增长趋势的预测

时间（年）	GDP 增长率（%）		
	①	②	③
2000	—	8.7	8.5
2001	—		
2002	—		
2003	—		
2004	9.5		
2005	9.4		
2006	8.9	8.5	
2007	8.5		
2008	8.1		
2009	7.9		
2010	7.8		
2011	7.5	8.2	
2012	7.3		
2013	7.2		
2014	7		
2015	6.9		7.2
2016	6.7	7.7	
2017	6.5		
2018	6.4		
2019	6.4		
2020	6.3		

　　注：①汪同三，2005，《中国经济增长分析与战略研究》。
　　②王梦奎：《中国中长期发展的重要问题：2006～2020 年》，中国发展出版社 2005 年版。
　　③李成勋：《2020 年的中国：对未来经济技术社会文化生态环境的展望》，人民出版社
1999 年版。

　　综上，尽管国内外学者使用各种的方法对中国未来经济增长做出了不同的估计，但总体上认为中国经济依然会保持增长态势，但随着时间的推移增长速率会不断减缓。

三、长期来看中国爆发金融危机的可能性——一个预判

中国长期内是否会爆发金融危机？在前面铺设的经济周期与金融危机关系的框架下，本书将对此问题进行探讨。

各方学者就中国经济周期问题已进行了大量研究，最早可追溯到20世纪50年代末，而对中国经济周期特征变化规律进行深入系统研究则是在90年代我国明确提出建立社会主义市场经济体制之后展开的——黄桂田（1999）根据GDP的增长率，认为中国改革开放以来经历了四个经济周期，其中前三个周期总长度为14年，从70年代末开始，到1990年结束，第四个周期横跨整个90年代。刘恒、陈述云（2003）认为从1990年底至1991年初中国正进入了第9轮经济周期，直到2000年初才显示出这轮周期结束的迹象，且出现倒"U"形。贾彦东（2003）将我国经济周期划分为三个部分：第一部分为1952~1964年，第二部分为1964~1991年，第三部分从1991年至今，并进一步推断我国经济可能存在一个24年左右的库兹涅茨周期。聂富强、李明（2000）提出假设以1978年为界，自1978年谷底算起，大致可以分为两个周期。其中1979~1990年为第一个周期，1991年以来为第二个周期。该书进一步指出朱古拉周期在中国的存在性。总体而言，对1991年以后中国经济周期的划分，各方研究取得较一致的结论是1991~2001年为一个周期而2001年至今算作第二个周期。

随着美国次贷危机的蔓延，中国经济的高速增长也受到波及。自2009年起出现复苏态势，但不确定性仍然较多。如果将2009年视作中国经济的波谷期，则中国存在10年左右的经济周期的推断成立，那么下次经济低谷应该出现在2020年左右而更远的将来会在2030年左右形成。2030年的中国自改革开放已向前迈进了50年，那时已然走出制度的转轨期且由制度转换带来的效率提高已经耗尽，与前面综述的各方学者对于中国未来经济走势的估计相一致，又恰好符合50年左右的"康德拉季耶夫"周期的特征。因此，我们认为2030年左右将是经济问题出现的高峰，发生危机的可能性将大大提高。但这仍是一个推测，进一步的分析则应该看到长期中国经济所面临的来自国际化和市场化双重压力下的种种冲击。

第五节　主要结论

一、中国金融安全状态总体评判：虽无近忧，但有远虑

（一）金融危机不可避免——"立体"的国别经验考察

从 1825～2010 年这 180 多年来金融危机史的漫漫长卷中可以看出，发达国家及发展中国家均未摆脱金融危机的诅咒，而走向市场经济的各新兴经济体大部分也都难逃此运。面对如此情形，中国是继续泰然自若无为而治还是应提高警惕以未雨绸缪？我们持后一种观点。

（二）未来几年爆发金融危机的可能性不大——多视角下的统计证据

通过本书所建立的"相似度"分析法和优良性状指标体系两个短期预警模型来看，我国当前金融系统与金融危机爆发前一般状态不相一致，由此可判未来几年爆发金融危机的可能性不大。尽管如此，我们仍应提高警惕。尤其是从成本视角出发进行的危机爆发前环境的数量分析显示，我国经济的高速增长及脆弱的银行体系为大危机的爆发埋下了伏笔。因此，如何在当前金融较安全区间内消除各种隐患以便将未来爆发危机的成本控制到最小将是值得关注的重点问题之一。

（三）从现在至 21 世纪中叶，我国经济将面临前所未有的复杂性与不确定性局面，金融危机成为不可避免的大概率事件

一是全球金融业正在经历由以银行为主体的金融体系向以市场为主体的金融体系转型，金融监管模式面临新问题；二是中国经济完全转型还将持续较长时间，转型必将导致风险种类与传导机制频繁变动；三是中国经济金融崛起不可避免，中国崛起过程中的国家利益冲突必将导致金融安全问题难以避免。同时，在未来一段时间内，金融开放不可逆转，我国金融安全维护将遭遇严峻的现实挑战。一是高速经济增长的不可持续性是我国金融安全面临的根本挑战；二是金融国际化尤其是人民币的国际化与资本流动将对我国经济带来巨大不确定性与安全

隐患；三是中国金融崛起必将打破原有世界金融格局，世界利益版图将重新分割，全球货币体系也必将重置。

二、中国金融安全预警系统的构建及存在的问题

金融危机预警系统主要由预警信息基础、预警指标与方法、预警制度这三个要素构成。其中预警信息基础是预警系统的前提保障，是预警系统中的基础组成部分，它为预警系统的建立提供必要的数据支持。预警指标与方法是预警系统的核心，是建立预警系统的指导思想和出发点，是建立预警系统最关键的一步。制度安排是预警系统得以有效实施和运转的保证。三要素间相互影响、相互制约，三者共同作用决定预警效果的质量。因此，中国金融预警系统的构建与完善应当重点落实到这三要素的构建与完善上。

然而从总体上看，中国金融预警系统中这三个要素都存在相应问题，有待改进：首先，预警信息的主要来源为官方公布的统计数据，而我国统计数据质量不高是公认的事实。不仅数据种类、及时性等与国外统计存在较大差距，其真实性也备受怀疑。地方政府干预统计数据已是老生常谈，另一则还未从我们视线中完全消失的新闻——国家统计局公布数据显示 2009 年 70 个大中城市房屋销售价格上涨 1.5%，顿时引起社会各界一片哗然。其次，就预警指标和方法上来看。中国金融预警指标设计目前尚未有一个统一的标准，国内学者在对金融危机预警指标进行研究大多采用广泛选指的方式，尽管进一步对不同危机种类进行区分，但由此也带来不少后续问题——对于现有危机形式的刻画难以对新危机形式进行捕捉，正如 20 世纪末期出现的货币与银行孪生危机一样，当前次贷危机从金融市场引发打破传统思维定式亦出乎各方意料；同时，覆盖面过广的指标当全部发出信号时已经预示着危机的全面爆发，此时已然错过了危机防御的最佳时期。而方法选择上，国内学者主要借鉴国外金融预警方面的相关研究。由我国并未爆发过大规模的金融危机这一实际情况决定，直接用国外数据拟合而成的参数模型用来对中国金融危机进行预警逻辑上无法走通。因此，非参方法在现阶段来看更具指导意义，而其中又以 KLR 信号法最为突出，后续有待对其结合中国实际情况进行扩展。最后，从制度层面来看，我国目前尚没有涵盖金融监管各个层面、宏观和微观相结合的"金融宏观监测预警系统"。中国现有的监测指标主要是针对金融机构的财务状况，即监测的主要是微观金融性指标。而此类指标并不能反映金融体系的整体风险，所反映的金融机构的风险也不全面。而对于宏观金融稳定性和市场风险监测则没有完全引起更高决策层面的实质重视。

三、进一步完善我国金融安全监测预警体系的建议

（一）在我国政府统计体系由 GDDS 向 SDDS 过渡的背景之下，加强金融系统统计数据的质量管理

2002 年中国官方统计数据诠释在 IMF 网站上公布，标志着中国正式加入"数据公布通用系统"（GDDS），当前国家统计局正联同中国人民银行、财政部等各部门制定国家统计数据质量战略，推进由 GDDS 向更高级的"数据公布特殊标准"（SDDS）过渡。在这一背景下，我们认为应加强对重点经济领域及关键环节的统计数据质量管理。鉴于金融统计数据在央行制定货币政策、维护金融稳定方面具有重要作用，应对其给予重点关注。尤其是当前美国次贷危机暴露出金融市场统计的巨大问题——"事件暴露出在对金融机构及金融系统稳定性进行评估时所存在的巨大信息缺口"——并将其作为影响对金融形势做出判断的原因之一。由此反观中国金融市场统计，问题亦不少，统计范围不够全面、调查体系相对滞后、指标相对单一等问题同样不容忽视①。

（二）进一步加强金融预警指标体系与方法研究，通过金融当局与研究机构的合作促进相关理论与实际应用的更紧密结合

《中华人民共和国中国人民银行法》第 2 条规定："中国人民银行在国务院的领导下，制定和执行货币政策，防范和化解金融风险，维护金融稳定。"2003年 11 月 18 日中国人民银行总行设立金融稳定局，分行及省会城市中心支行设立金融稳定处，以司其职。中国人民银行根据国务院精神于 2003 年采用 IMF 推广的《金融部门评估规划（FSAP）》，首次对中国的金融体系进行全面的稳定评估，形成了《中国金融部门稳定性自评估报告》，提出加强金融稳定性的政策建议，并于 2005 年开始对外公布《中国金融稳定发展报告》。"但是由于评估经验有限，《中国金融稳定报告》主要侧重于定性分析，缺乏足够的数据支持和定量分析，与国际先进水平尚存在一定差距。"② 由此看来，中国金融预警指标及方法研究上的诸多问题，不仅要通过加强研究来弥补，更要推进金融实际部门与学

---

① 聂富强、崔名铠：《金融市场视角下的货币与金融统计——由近期金融统计新国际标准相继出台引发的思考》，载于《华北金融》2010 年第 1 期，第 52～53 页。
② 世界银行、国际货币基金组织，中国人民银行金融稳定局译：《金融部门评估手册》，中国金融出版社 2007 年版。

术界之间的联系加速成果向实践的转化。既可借鉴 IMF 等国际组织将各经济学家的成果纳入工作文件的管理方式，同时也可委托研究机构开发相应的金融安全指标，以提升我国金融稳定状况的分析质量。

（三）进一步完善我国金融安全预警的制度保障建设

金融稳定局自建立以来，在维护我国金融稳定方面起到了关键的作用[①]：积极推动国有商业银行股份制改革、金融机构风险处置工作成效显著、金融风险监测和评估工作不断加强、研究建立存款保险制度，联同"三会"共同筑起我国金融安全屏障。然而综观金融稳定局各项工作，金融安全预警部分整体偏弱尤其是相比国际组织及发达国家而言——不仅体现在缺乏法律、法规的明确界定，而且在组织架构上也并未明确某个部门对金融安全预警工作的承担任务——"一行三会"在现有制度框架下各司其职、相互配合，然而金融安全预警工作毕竟涉及整个金融行业，不是哪个部门所能单独完成的——因而可考虑在金融工委之下单独设立金融安全部门，或者在金融稳定局中设置相应部门并由金融工委垂直领导，以减少协调成本。同时，当代国家安全的重点已从传统意义上的军事安全转变为经济安全，而金融安全又是经济安全问题中不可忽略的重要方面[②]。因此，在金融安全预警体系的组织建设中如何处理其与其他经济安全方面之间的关系以有效整合现有国家经济安全管理体系这一问题兼具理论和实际意义，应尽快纳入最高决策层的议事日程上来。

---

① 中国人民银行金融稳定局：《认真履行职责维护金融稳定》，载于《中国金融》2008 年第 24 期，第 40~42 页。

② 聂富强等：《中国国家经济安全预警系统研究》，中国统计出版社 2005 年版。

431

第十章

国际化过程中的金融危机管理研究

本章为全书的最后一章，其研究限于金融危机爆发的应对、控制与金融危机后的恢复、退出。本章首先将危机管理理论移植于金融危机管理中，并从时间、范围、对策三个维度构建了危机管理的一般框架，然后以次贷危机为例研究各国在危机管理中的应对与退出机制。

第一节　引　言

不发生金融危机是实现金融安全的基本要求。进行金融危机管理可以避免现代金融危机带来的巨大损失，能够给经济金融的平稳可持续发展创造良好的环境。而且进行良好的金融危机管理还是实现我国赶超发达国家，实现大国兴替战略的关键一环。以往的大国兴替往往依靠战争完成，如英国取代荷兰过程中的四次英荷战争，美国取代英国过程中经历了两次世界大战，在大国普遍掌握核武器的时代，大国之间爆发战争的可能性微乎其微。大国的兴替需要寻找新的方式，经济金融危机是最有可能的一种方式。所谓危机本身就是危险中孕育着机会，如果我们能够更好地管理金融风险，不让金融危机在我国爆发，就可以避免发达国家所遭受的衰退和动荡，保持金融安全，有利于实现经济和金融的赶超，而且成功地应对危机有利于本国制度和文化在国际上的传播，有利于在发达国家所垄断的国际组织中获取更多的发言权甚至控制权，有利于本国货币的国际化，有利于获得一些发达国家在通常情况下不愿意提供的科学技术和关键领域企业的并购机会，有利于获取更多的自然和技术资源，最终有利于增强我国经济金融发展的稳健性和可持续性。中国有句俗话：不怕慢，就怕站。只要我们通过科学的金融危机管理，使经济金融处于平稳可持续的发展过程，其他国家一旦遭受危机困扰，经济社会发展出现停滞甚至倒退，就给我们提供了绝佳的赶超良机。反之，如果我们不能进行科学的金融危机管理，有可能导致与发达国家的差距拉大，甚至导致印度、巴西等新兴国家超越我国。这提醒我们要从国家安全、国家战略发展的高度来认识金融危机管理的重要性。

　　本章对危机管理的一般理论、金融危机管理理论评述的基础上构建了金融危机管理的三阶段框架模型，即事前的预防和预警、事中的控制和应对、事后的退出与恢复，并在时间维度的基础上添加了危机范围维度和政策应对维度，从而构造其具有较强实际操作意义的三维立体金融危机管理基本框架，其基本思路是要针对危机的不同阶段、危机的不同程度和范围，构建不同的危机管理组织架构、采取最及时和有效的决策程度，通过适当的政策组合来进行金融危机管理，反映了强调针对性和及时性这一现代金融危机管理的共同特征。

　　本章其余部分结构安排如下：第二节将危机管理理论移植到金融危机管理中构建一般分析框架；第三节以时间、范围、对策三个维度构建立体金融危机管理动态框架；第四节与第五节以各国实际经验探讨危机发生时的应对控制措施与退出恢复方式。

第二节　金融危机管理框架构建：从危机管理到金融危机管理

　　通过对现有文献研究发现，对金融危机管理的研究最深入的是对危机成因的研究，但是对危机应对的研究、应对措施退出的研究、退出后如何完善制度的研究相对还是比较薄弱，虽然公共管理学领域对危机的管理的研究已经比较充分，但在金融学、经济学领域，尚缺乏从金融危机管理事前、事中、事后进行全面的金融危机管理的研究。2004 年 2 月 22 日，使用大英图书馆的 ZETOC 电子目录系统（主要收录 1993 年以来的文章）进行检索，以"金融危机"（financial crisis，含财务危机）为关键词，可得文章 1 476 条；以"危机管理"

（crisis management）为关键词，可得 2 528 条；而以"金融危机管理"（financial crisis management）为关键词，只能得到 79 条。而这 79 条中，许多文章要么是借了"管理"之名，分析一些具体问题，要么是局限于对个别案例的一般讨论，还有一部分是关于企业或个人财务困难的文章。可见，相对于金融危机的重要性而言，金融危机管理研究的供给是多么的不足。他山之石，可以攻玉，借鉴公共危机管理理论对危机一般规律的研究成果，开展金融危机管理研究，可以在充分把握"共性"与"个性"的基础上，加深对金融危机管理的认识、了解和把握。

一、现代危机管理的理论框架及内在逻辑

危机管理以危机情境下的管理为研究对象，因此其理论体系与危机的定义有密切关系。因为危机是剧变，是时间的存在，所以危机管理必然涉及危机的过程。因为危机有人的参与，是人的存在，所以危机管理必然涉及计划、准备、决策等行动和策略问题。因为危机是系统熵变，是系统的存在，所以危机管理必然涉及系统分析。以上对危机管理内在逻辑的分析，可以用下面的框架表示出来：

表 10 - 1　　　　　　　　　　危机管理逻辑结构

过程		事前	事中	事后
系统	系统方法	致因	标准事故	组织学习
	系统要素			
	系统整体			
对策（相关利益者）		事前行动策略	事中行动策略	事后行动策略

就目前笔者总结的危机管理研究内容，以上框架可进行以下具体化，如图 10 - 1 所示：

（一）危机过程理论

危机具有其生命周期，且往往不断发生，呈现出某种循环特征。其生命周期通常可以分为：潜伏期（又称事前阶段）、发作期（又称事中阶段）和恢复期（又称事后阶段）。具体而言，危机过程理论包括事前理论，如致因理论、潜伏期理论；事中理论，如标准事故理论、7C 理论；事后理论，如单环学习理论。由于危机管理是一个动态过程，不同研究者从时间序列上提出不同的管理范畴，也就是危机的阶段模型，构成了危机过程理论的重要内容。

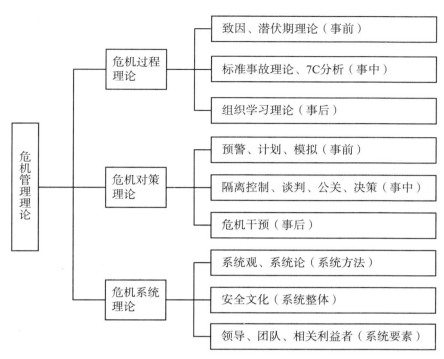

图 10 - 1　危机管理理论

罗伯特·希斯[①]提出了危机管理的四阶段模型，也称为 4R 模式：缩减（Reduction）、预备（Readiness）、反应（Response）、恢复（Recovery）。他认为，一个组织的生存能力从根本上依赖于组织的管理者和成员应对危机的能力，这种有效生存与反应的能力称为恢复力（Resilience），是有效危机管理的第五个"R"。

表 10 - 2　　　　　　　罗伯特·希斯的危机管理 4R 模式

危机管理过程	主要工作
缩减（Reduction）	确认危机来源，通过分析评估和风险管理减少危机爆发的可能性
预备（Readiness）	建立危机监测和预警系统，对员工进行危机培训和演习，提高应对危机的能力
反应（Response）	分析危机的影响，制订危机应对计划，采取相应的行动策略，并适时做出评估
恢复（Recovery）	确认危机平息后，将人财物以及工作流程恢复到正常状态

资料来源：董传仪：《危机管理学》，中国传媒大学出版社 2007 年版，第 29 页。

[①]　罗伯特·希斯著，王成、宋炳辉、金瑛译：《危机管理》，中信出版社 2004 年版，第 20 ~ 23 页、第 180 ~ 193 页。

美国人米特洛夫和皮尔森①提出了危机管理的五阶段模型：（1）信号侦测阶段，即甄别危机发生的预警信号；（2）准备预防阶段，即对危机爆发做好准备并努力减少危机的潜在损害；（3）损失控制阶段，即在危机发生后，采取有效策略和行动，全力以控制损失；（4）恢复管理阶段，即尽快从危机伤害中恢复过来，实现正常运转；（5）学习阶段，即汲取经验教训，以规避危机或在新的危机中提升管理效率。

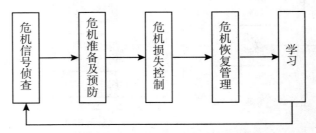

图 10 - 2　米特洛夫和皮尔森的危机管理五阶段模式

资料来源：胡百精：《危机传播管理——流派、范式与路径》，中国人民大学出版社 2008年版，第 18 页。

奥古斯丁②将危机管理划分为六个不同阶段，并提出了具体的管理建议：（1）危机的预防，在这一阶段，管理者必须竭力减少风险，对于无法避免的风险，必须建立适当的保障机制；（2）危机管理的准备，即危机管理计划及人财物资源的准备；（3）危机的确认，明确危机的类型及产生的根源；（4）危机的控制，即根据危机的具体情况确定应对策略的优先次序，将危机损害控制在最低限度；（5）危机的解决，即实施针对性强的解决对策，以成功化解危机；（6）从危机中获利，即总结经验教训，寻找新的机会。

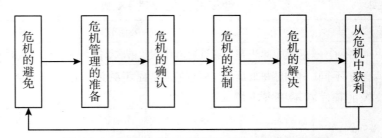

图 10 - 3　奥古斯丁的危机管理六阶段模式

资料来源：胡百精：《危机传播管理——流派、范式与路径》，中国人民大学出版社 2008年版，第 17 页。

---

① 董传仪：《危机管理学》，中国传媒大学出版社 2007 年版，第 29～30 页。
② 董传仪：《危机管理学》，中国传媒大学出版社 2007 年版，第 30 页。

此外，美国南加州大学的鲍勇剑、陈百助提出了端正态度（Perception）、防范发生（Prevention）、时刻准备（Preparation）、积极参与（Participation）和"危"中找"机"（Progression）的 5P 模型；国内研究者刘刚的危机预防和危机处理二阶段论。危机的各个阶段往往很难进行精确的划分，但是多数学者仍然采用了阶段研究的模式，这是由危机作为剧变的内在本质所决定的。这些研究结论本质上是相通的，只是划分标准大同小异，没有实质性区别，但基本上立足危机的事前管理、事中管理和事后管理，并根据不同阶段来明确管理的重点工作。

（二）危机对策理论

危机对策理论研究人在危机中的行动策略。它是危机管理理论的核心部分，也是学者们危机研究的主要内容。危机对策理论主要包括事前行动策略理论，包括危机预警、应急计划、危机模拟；事中行动策略理论，包括隔离与控制、危机公关、危机谈判、博弈、目标优化等；事后行动策略理论，包括早期干预、组织学习等。也有的学者按照危机发生的四阶段、五阶段来进行归纳，但主要的对策内容没有质的区分。其中，危机中如何进行决策已经是危机对策理论研究的重要内容。

危机决策与常规决策的不同在于：一是目标取向不同，常规决策强调民主的原则，决策权力比较分散，民意得以充分体现，决策者在充分民主协商的基础上定夺最后的决策方向，而危机决策强调快速的原则，决策权力高度集中，决策者主要依靠自己的智慧和胆略，审时度势，随机决断。二是约束条件不同，由于危机时期外在环境变动急剧，同时人类理性有限，无法完全掌握信息，所以对于事务状态和发展也就无法进行精确估量，不确定性由此产生，密利肯（Milliken）[1]依据决策者的主观感觉，将不确定性区分为：状态的不确定，影响的不确定，反应的不确定。这些决策情境的不确定，导致政府必须根据事态的发展，实行权变式决策。约束条件一般是：时间紧迫，信息有限，人力资源紧缺，技术支持稀缺。三是决策程序不同，危机决策属于非典型的非程序决策，危机状态的特殊性，要求危机决策的程序在不损害决策合理性的前提下适当简化，这种决策过程可以非程序化到它们表现为新颖、无结构，具有不同寻常的影响。四是决策效果不同，常规决策方案执行以后的效果一般可以预期，但非程序性决策实质上是一种模糊决策和非预期决策，决策方案实施的具体效果如何？执行过程中是否会变形？决

---

[1]　Milliken. *Three Type of Perceived Uncrtainty about the Environment*：*State*，*Effent*，*and Response Uncertainty. Academy of Management Review*，1987，12. 转引自：薛澜、张强、钟开斌：《危机管理——转型期中国面临的挑战》，清华大学出版社 2009 年版，第 165 页。

策受众会有哪些反应？这些问题，决策者很难有充分的时间考虑。

（三）危机系统理论

危机系统理论包括与系统熵增剧变相联系的系统观念与方法研究，如危机系统观、系统方法；对系统整体的研究，如安全文化理论；对系统要素的研究，如危机领导、危机管理团队、其他相关利益者理论等。

经典的危机系统观点及方法是所谓的"新三论"，即耗散结构论、协同论和突变论。耗散结构论的基本观点是"非平衡是有序之源"，"通过涨落达到有序"，"在非平衡状态下，通过系统与外界进行物质、能量、信息交流而形成或维持的一种稳定的新的充满活力的结构，即耗散结构"。随着系统理论的发展，许多新的系统方法，如博弈论、软系统方法、批判系统启发方法等，对危机中的问题也有很强的解释力和解决力。最新的研究代表是全面系统干预和批判性系统思考的方法。它们强调对不同情境的问题采用不同的方法，可以说是过去所有系统方法的综合运用。目前对于在危机中如何分别选择并运用这些系统方法的研究还非常不足，但根据系统的层次和特点对危机进行类型划分可以视为一个必要的前期步骤。

此外，学者们还根据系统范围，把危机分为个人危机、组织危机、国家危机、国际危机等；根据危机来源，把危机分为内生型危机和外生型危机；根据危机参与者的态度，把危机分为冲突型危机和一致型危机；根据系统属性，把危机分为政治危机、经济危机、金融危机、社会危机等。

总之：现代危机管理研究与传统危机管理研究呈现出以下区别：第一，它注重探寻危机共性，强调系统管理。传统危机管理多注重特殊规律，实施专业管理。第二，它注意从管理的角度研究危机，特别是研究危机中的人和组织。传统危机管理多从技术视角入手，强调客观对象。第三，它强调全过程的主动管理。传统危机管理多侧重应对管理，较为被动。第四，它的方法更为综合，多学科交叉。传统危机管理多为专门性，局限在单一学科领域。

二、危机管理理论在金融危机管理中的适用性

（一）危机管理理论适用于金融危机管理

金融危机是危机的一种，具有危机的一般特征。金融危机是金融系统中发生的熵增剧变，具有剧变、熵增、系统性、主观性和相对性的特点。第一，金融危

机是一种剧变。它在短时期内，可以将过去几十年甚至上百年的积累化为乌有，极大地改变社会面貌，深刻地影响未来经济格局。第二，金融危机以熵增为主。在危机中，金融的功能逐渐瓦解，金融体系由有序变为无序，甚至最终会分崩离析。与此同时，金融危机也孕育着新的机会，为危机后的新生打下基础。第三，金融危机的系统性很强。无论是单个金融机构还是宏观金融体系，都表现系统特征，发端于系统，形成于系统，作用于系统。第四，金融危机有明显的主观性。它是利益的分配和矫正，对多数相关利益者带来财产的损失，成其为"危"，对某些人而言，又意味着机会，成其为"机"。危机中的人不可避免地要做出各种反应，选择策略，付诸行动，并成为危机中的一部分。第五，金融危机具有相对性。同样的金融事件，发生在同样的金融机构，既可以成为危机，也可以不成为危机，关键在于该机构是否有能力面对这样的事件。例如，市场利率提高，对某金融机构造成严重影响，构成资产耗尽的破产危机。但当该机构渡过危机，成功地调整业务形成免疫力之后，再遇到市场利率提高，则不会发生危机。

危机管理的一般规律在金融危机中都能找到适用之处。危机管理理论包括危机过程理论、系统理论和对策理论。危机过程理论阐发了事前、事中和事后三阶段危机模型，通过相对静止的分割来研究危机的特征；系统理论把危机视为一个系统的存在，通过对系统整体、系统要素及相互关联的考查来理解和把握危机；对策理论探讨危机中人的能动性，通过对事前预警、事中控制和事后恢复的研究达到趋利避害的目的。这些理论在金融危机管理中同样适用。具体来讲，金融危机也分为事前、事中和事后，这在约翰·穆勒、马克思、凡勃仑、金德尔伯格对金融危机过程的描述中都可以反映出来。金融危机的研究中，致因理论占据着重要地位，这也是危机事前分析的一部分。对金融危机，也应从系统的角度把握和理解。在学者们对金融危机的研究中，宏观经济状况、企业负债结构、民众心理预期、相关体制机制、国际经济环境、金融运行效率等诸多因素都对金融危机产生影响，面对金融业这个复杂系统，只有从系统的角度出发才能复原其本质。而在金融危机的应对中，人们也开发了金融危机预警、紧急救助、重组和退出等机制，这都是危机中人的能动性的反映。危机管理理论的主要规律在金融危机中的适用性，是由金融危机内在的本质所决定的。金融危机作为危机的一种，其发生发展过程中，危机的共性规律必然起作用。

（二）金融危机管理与一般的危机管理相比具有特殊性

金融危机管理不可避免地具有危机管理的共性，但是这些共性又是在金融危机的个性中展开的，金融危机管理又有其独特的表现形式和规律。

一是金融危机对管理的要求更迫切。金融系统具有明显的内在不稳定性，容易受到危机的侵袭。首先，金融业是典型的资产负债不对称行业。负债流动性较高，而资产流动性较低。负债具有定期偿还的"硬约束"，而资产则由于主动权不全在自己常常具有"软约束"。负债成本相对确定的，但资产收益则相对不确定。这种特性决定了现代银行在实行部分准备金的条件下，永远存在发生支付困难的概率。其次，金融业是典型的高负债经营行业。与一般的工商企业不同，银行的资本金占总资产的比重很小，主要起一个财务杠杆的作用。按国际上的通行标准，健康的工商企业自有资本比率一般不会低于 40% ~ 50%，而根据巴塞尔协议 II 的规定，银行的资本充足率达到 8% 就可以说是"充足"。事实上，银行业的自有资本比率一直是比较低的。再次，金融业是典型的信息不对称行业。现实经济生活中，银行所有者与经营者之间，银行的分支机构之间，存款者与银行之间，银行与企业之间的信息不对称极为突出。银行对其授信对象的了解不足可能产生呆账，公众对银行实际情况不了解，容易引发信心危机，造成挤兑。此外，金融危机具有很强的外部性和破坏性，严重影响实体经济，造成企业破产，产出下降、失业增加和人民生活水平下降。因此，对金融危机必须进行有效的管理，金融危机管理研究十分必要。

二是金融危机管理的系统性更强。如同血液贯通人的全身，而血液循环系统延展在人体的每一个器官组织一样，货币和货币融通的体系——金融体系，连接了生产、消费、分配、流通等各个环节，牵涉了企业、居民、政府等各个主体，并把他们融为一体。金融危机不可避免地与其他经济社会系统发生广泛而深入的联系。具体地讲，与一般工业危机不同，金融危机涉及的企业众多；与一般的环境危机不同，金融危机直接渗透在人们生活的方方面面；与一般的公共卫生危机不同，与经济、社会、政治等都有着千丝万缕的联系；与一般的交通事故不同，金融危机是一连串事件相互作用、紧密耦合的过程。金融危机的系统性要求金融危机管理中充分注意系统性。第一，金融危机管理必须面对引发金融危机的各种因素，以及这些因素之间的复杂交错与相互影响。第二，金融危机管理必须对其他受到影响的社会经济系统有所回应，政治的变局、社会的失序和经济的衰退都需要在处理金融危机的过程中一并解决。第三，金融危机管理必须重视金融危机的传染性，打破危机传染的链条，防止一个金融机构倒闭引起整个银行业的恐慌，一个国家和地区的金融危机扩散到其他国家和地区。第四，金融危机管理必须突出系统的层次性。金融体系是与实体经济体系相对应的庞大体系，金融危机既有国际层面的危机，又有国家层面的危机，既有地区性的危机，又有个别银行的危机。对不同层次的金融危机也应采取不同的系统方法。

三是金融危机管理的技术性更强。金融业是知识技术含量较高的行业，涉及的信用形式、融资渠道、融资工具和金融机构众多，各种金融市场都有其运行的规律和特点，其经营活动中形成了一套风险管理的规则和程序，金融业的监督管理中，牵涉多数法律和规定。特别是 20 世纪 80 年代以来，金融创新的浪潮此起彼伏，金融衍生工具不断出现，国际资本流动规模加大，信息技术在金融业得到广泛应用，这种都使金融危机管理难度加大，技术性增强。与其他的危机形式相比，金融危机具有明显的"高风险技术"（High-Risk Technology）危机的特点，从单个工具或者技术看，都可能起到了规避风险、转移风险的作用，各种技术之间的相互作用往往是许多"始作俑者"在设计或发明时从未考虑过的，在单个风险转移的同时系统性风险不断的集聚。与 80 年代以前的金融危机管理相比，当代的金融危机管理具有高科技时代的明显特征，我们已不能想象在金融危机中，"用六便士硬币和一先令硬币的拖延支付来争取时间"的"巧妙安排"，而要着眼于银行之间的金融交易网络、复杂的金融衍生产品来管理危机了。当代金融危机管理无疑需要对知识技术的更深入的理解、把握、运用和限制。

四是金融危机管理的主体性更强。首先，从一般意义上讲，人们在金融危机中实施有效管理的意愿很强烈。与自然灾害、交通事故等其他的危机形式相比，金融危机虽然较少直接威胁人的生命，但却对人的财产造成普遍的严重影响，甚至把人们辛苦一生的点滴积累一扫而光，使国民经济严重倒退很多年。不仅如此，金融危机还会深刻地改变整个社会的生活面貌和未来走向，把大多数人牵连进去。因此，人们对金融危机所做出各种的反应，往往意愿更强、规模更大。同时，由于人们价值判断和现实处境不同，对金融危机进行管理时，产生意见分歧的可能性也往往较大。其次，更为突出的是，金融危机与其他形式的危机不同，它自始至终都有人的深入参与。金融危机在很大的程度是"人为灾难"（Man - Made Disaster），人与客观条件的互动共同构成金融危机的现实图景。例如，在危机的形成中，人们的心理预期和集体行为往往会造成危机的自我实现，在危机的处理中，人们的错误判断和行为又往往使危机更加深重。有时，人们甚至会把责任归于特定人群，采取抵触、仇恨、攻击等反社会行为，这在自然灾害等危机中是较为少见的。因此，金融危机管理既要充分利用主体的能动作用，同时又要尽力避免主观因素带来的扰动和破坏。

可见，金融危机比一般的危机的威胁性、破坏性和系统性更强，而且具有明显的宏观特征和"人为灾难"特征，涉及的利益更为复杂，因此金融危机管理的公益性、系统性也更强，需要金融危机的管理者具有更强的平衡各种利益、短时间调动各种资源的能力，特别是金融危机本身已经说明市场配置资源在危机状态下已经失灵，单纯依靠市场的力量很难实现危机管理的目的。因此，金融危机的管理者一般是各国政府、中央银行及国际金融组织。

事实上，金融危机研究由来已久，比许多其他形式的专门危机研究时间更长。工业危机研究始于 18 世纪中叶的工业革命，国际关系危机研究始于第一次世界大战后，心理危机研究始于 20 世纪 40 年代，环境危机研究还是"二战"之后的事……在各种专门形式的危机研究中，大概除了自然灾害研究历史更久远以外，其他的专门危机研究都没有金融危机研究历史悠久。与其他的形式的专门危机研究相比，金融危机研究在很多方面都有充分的论述和深刻的见解。人们关于经济基础和心理预期影响的看法已比较一致，对于最后贷款人和存款保护制度的作用已基本形成共识，金融危机预警和国际金融监管合作等实践也在一步步深入推进。应该说，前人对金融危机管理进行了相当全面深入的研究。但是由于长期以来很多学科都自成体系，加之学界对危机一般规律研究重视较晚，金融危机研究并没有汇入现代危机管理理论的大潮，同时也缺乏对危机一般规律的借鉴。

（三）危机管理理论框架在金融危机管理中的应用

基于现代危机管理理论，对过去的金融危机管理研究进行审视，也可以发现以上几点不同。第一，从系统和组织的角度看，以往的金融危机研究对危机救助者，如"最后贷款人"研究较多，对于组织的安全文化、相关利益者的关注不够，对于危机计划、情景模拟、危机公关、危机决策等实践环节研究较少。第二，从危机过程的角度看，以往的金融危机研究对于组织学习过程的关注明显不足。第三，金融危机管理的跨学科研究还刚刚开始。基于上面的分析，本书认为，从现代危机管理理论出发，探寻金融危机的内在规律和解决之道，需要在以下几个方面加强对金融危机管理的研究，如表 10 - 3 所示。

表 10 - 3　　　　　　　危机管理的重点改进内容

系统分析	系统观	安全文化与危机意识	相关利益者（领导、危机团队、媒体）	资源	
对策分析	危机计划	情景模拟	危机公关	危机决策	危机盈利
过程分析	组织学习				

金融危机的复杂性源于生成它的金融系统的复杂性。一是金融系统存在着大量的元素和非线性关系，金融系统由此涌现出单个元素叠加所不具有的新的特性。二是金融系统是典型的多层次、多功能结构。三是金融系统由人以及人格化的组织所构成，人的参与增加了金融系统中的不确定性，同时，也产生了投机性及主客体易位等自然系统所不具有的特征。四是金融系统是开放的，金融系统与所处的社会经济系统联系如此紧密，以至成为社会经济系统的"影系统"——一个社会经济体的虚拟存在。同时，在金融系统与环境之间存在着

大量的灰色地带，造成金融系统与环境之间的边界模糊不清。许多元素生存在这个灰色地带，在不同的情况下，呈现出不同的特点，从而进入或跨出金融系统边界。

金融危机爆发的必然性源于金融系统的熵增剧变。复杂性系统还有一个重要的特征，那就是处在不可逆的演化之中。这个演化的基本规律之一，就是熵增。金融危机就是这样一个熵不断增加、系统质变过程不稳定的突变。我们也可以将这一熵增过程具体化为信用货币的经济发行过程或者虚拟经济的发展过程，信用货币的发行量或虚拟经济膨胀的程度与实体经济偏离到一定程度就可能爆发金融危机，造成信用货币发行的急剧收缩，而保持信用货币的总量和结构与实体经济发展相适应就是金融危机管理的实质。也就是我们要主动地对金融系统的"熵增"进行管理。

首先，要树立系统观，对系统的要素和影响系统涌现性的内在联系，要进行全面考察。研究中不能只关注金融系统中某个层次或某些要素，而应对所有的系统层次和要素都进行审视，然后再作取舍。过去的金融危机研究乃至整个金融研究中，侧重于金融危机宏观结构层次和微观技术层次的研究，对于实施危机管理的主体，特别是危机中组织的行为，研究得很不够，安全文化、领导、团队、媒体研究等方面都是十分薄弱的环节。事实上，不仅金融危机研究，从更广的层面上看，整个经济学研究对组织的关注都很不够。价格理论、交易理论是新古典经济学以及新制度经济学的核心，理性人（从而理性的企业）是它们展开诸多讨论的基本假设。只要交易条件给定企业就会自动生成供给，消费者就会自动生成消费。这样，企业和个人都成为"黑箱"，而不是作为组织和系统存在，企业及个人与外界的交流也只局限于市场交易，而不存在其他的默契和关联。这样，在整个经济学研究中，企业和个人作为组织和系统的真实运作机制就受到了忽视。近年来，委托—代理理论、行为经济学理论的发展正是致力于弥补传统理论在这些方面的不足，但是这些研究也仅仅是刚开了个头儿。反映在金融领域，"金融管理"研究仍然是一个供给严重短缺的学科。现有的一些金融企业管理或金融监督管理研究，多停留在金融业务管理等技术层面和金融体系结构设计等制度层面上，而金融业的运营管理、营销管理、人力和财务资源管理、变革（环境、战略、功能）管理等，研究十分不足。

其次，把握关键因素——多重慢变量与放大机制。经济系统、国际金融系统和金融系统内部存在着大量的引发金融危机的变量，关注的变量不同，得出的结论不同。这造成了对金融危机的解释多种多样，莫衷一是。借助系统理论，我们可以区分出一些关键的变量和机制。协同论认为，系统中的序参量有快变量和慢变量之分，慢变量是系统的支配力量。在引起金融危机的诸多变量中，也可以区分出慢变量和快变量。例如，在由实体经济和金融系统组成的经济系统中，产业结构、生产效率、市场需求等实体经济要素是慢变量，货币供给、价格利率汇率、存款贷款等金融要素是快变量。在由国内和国外金融系统组成的国际金融系统中，国内金融业的负债状况、金融制度是慢变量，国外金融业中的资本流动、机构变动等是快变量。在由金融机构、金融市场和金融工具组成的金融系统内，金融工具的价值、金融机构的资产负债结构与管理水平、金融市场结构与规模是慢变量，对金融工具价值的预期、对金融机构健康状况的评价、金融市场竞争与资金流动是快变量。最重要的是把握慢变量，以上系统中的慢变量发生质变，必然引起包括金融危机在内的系统质变。快变量也发生作用，但它的作用是不断引起金融系统的非均衡，但如果系统中不存在对这种涨落的放大机制，慢变量和整个系统不对其进行响应，那么金融危机也不可能发生。因此，金融危机的分析和治理重在把握慢变量，重在检讨对各种扰动因素的放大机制。

再其次，借鉴批判性系统思考，针对不同的层次，运用不同的方法。德国著名的物理学家普朗克说过："科学是内在的整体，它被分解为单独的整体，不是取决于事物的本身，而是取决于人类认识能力的局限性。实际上存在着从物理到化学，通过生物学和人类学到社会学的连续链条，这是任何一处都不能被打断的链条。"在对金融危机的研究中，我们可以也需要使用系统科学的研究成果。目前，系统研究方法已发展到综合创新的阶段，基于批判性思考的全面系统干预方法得到了较为广泛的认同。它强调对过去的各种系统方法进行综合运用，就不同的管理对象实施不同的方法。其对各种系统方法的划分如表 10 – 4 所示。

表 10 – 4　　　　　　　　危机管理系统方法

系统 ＼ 参与者	单元型	多元型	强制型
简单	硬系统思考	基本假设表面化 软系统方法论 交互式规划	解放系统思考
复杂	系统动力学 组织控制论 复杂性理论		后现代系统思考

注：引自迈克尔·C·杰克逊（Michael C. Jackson）著，高飞、李萌译：《系统思考》，中国人民大学出版社 2005 年版。

对一些系统条件明确、参与者目标一致的简单/单元型问题，可以使用运筹学、系统分析、系统工程等硬系统思考方法，进行选优、择优、组合优化，以使实践活动更经济有效地达到目的。对系统的参与者有相似的价值观、信念和利益，但系统相关变量过多的复杂/单元型问题，则需要使用系统动力学、组织控制论、复杂性理论等方法，明确并利用系统的关键结构特征，不断增强组织的自我调节能力，以使组织在问题中生存下来。对于参与者基本利益相似，但没有相同的价值观和信念的情况，需要使用基本假设表面化、软系统方法论、交互式规划等方法，调和不同的、有时是冲突的世界观，以便能够在支持某些变革时形成暂时妥协，使面临的问题以一种各方能够接受的方式得到缓和或处理。而对于参与各方鲜有共同利益和目标的情况，则可以考虑借助解放系统思考和后现代系统思考等方法，分析权力的分配格局，克服强制性并鼓励多样化，使问题的解决过程向着促进人的平等和组织丰富性的方向前进。

在上面分析的金融危机中可能遇到的难题，既有简单/单元型的情境、复杂/单元型情境，也有简单/多元型的情境、复杂/多元型情境，还有简单/强制型情境、复杂/强制型的情况。因此，实施金融危机管理，不可能有一成不变的方法，而应针对管理对象的不同问题、不同背景分别给出解决问题的思路。可以把某些问题归入下面的情境方格，再使用对应的系统方法来解决问题。

表 10－5 **危机管理情境方格**

系统 ＼ 参与者	单元型	多元型	强制型
简单	• 危机预警 • 资金分配 • 人力资源分配 • 如何评价金融资产及金融机构的潜在价值 ……	• 投资人如何参与管理，影响管理层的决策 • 对金融危机是救助还是不救助（在救助的好处与坏处之间作何抉择） • 如何扩大私人部门的参与程度 • 如何引导社会舆论和大众心理 • 向谁求助，需要哪些帮助，凭什么得到帮助 ……	• 如何应对来自各方的压力 • 如何确定危机当事人的责任 • 如何应对法律诉讼 ……
复杂	• 如何克服金融脆弱性 • 如何克服经济起落 • 对金融危机是救助还是不救助（在救助的好处与坏处之间作何抉择） • 如何在金融资产处置和金融机构重组中实现自身利益 • 如何促进危机国经济及金融的持续改进 ……		• 如何控制住趋向失控的社会局势 • 对不同的人群如何对待 ……

即使对不同的问题按其出现情境进行了上面的分类，仍不能完全表达问题的复杂程度。首先，有的问题基于严格假定。例如，简单/单元型方格中的人力资源分配问题，在人员劳动效率的简化假设下，可以基于线性规划，建立模型求出每个岗位分配的数量。但是实际上，这种假设很脆弱，因为危机中对人员的规划，更重要的是如何对他们的素质进行评价，对其权责进行划分，而这些都不能进行简单的数量衡量。其次，有的问题往往同时会占据几个方格。例如，对金融危机是救助还是不救助（在救助的好处与坏处之间作何抉择），一方面它可能表现为一个基于金融危机评价的选择过程，但同时，它也有可能是一个涉及多方利益的妥协过程，甚至还可能是一个存在政治压力的强制过程。再次，危机中人们面对的实际情况，也可能是感到问题存在但是却不知问题所在，因此怎么样才能有效恰当地发现问题找出问题成为一切的关键。而这些问题过于隐晦，还无法明确地列进方格中。例如，我知道一定有问题，但又不知道究竟问题在哪里？这种问题不能事先进入方格之中。因此，答案最终又回到古老的哲学命题：具体问题具体分析。上面的方格也只能作为一个指导性的方法，而无法完全取代人们对问题的评估和在实际中的应变。

三、以时间、范围、对策三个维度构建金融危机管理动态框架

本部分将在上面分析危机管理理论、危机管理框架和基本逻辑的基础上，结合金融危机管理与危机管理的同性和特性，构建金融危机的管理框架。正如上面所述，金融危机管理的特殊性决定了其管理主体一般以政府公共部门为主。因此我们要构建金融危机管理的框架也应以公共部门为主，但是公共部门内部还可以进一步区分为：中央政府、地方政府、财政部门、中央银行、存款保险机构、银证保等行业监管部门、国有资产管理部门等，为了阐述的方便，本书选择央行作为危机管理的主体来构建危机管理的框架，这里的央行是一个广义的概念，是一个对社会信用总量负责的广义公共部门，包含了狭义的央行、监管机构、存款保险和国有金融资产管理部门的角色在内，财政货币政策的配合问题也已经包含在这个广义央行的框架之内。

（一）时间维度：危机前、危机中、危机后

从时间维度看，本书将金融危机管理分为危机前管理、危机中管理和危机后管理，在不同阶段各行为主体常遇到的难题是不同的（见表 10 - 6），本书将主要以包括监管在内的广义央行及其他公共部门的视角来分析金融危机管理的框

架，其他主体的应对作为央行相关措施的配合或者传导环节，如金融机构的相关措施是在央行有关制度规定框架内或者相关政策引导的作用之下，等等。

表 10 - 6　　　**金融危机不同阶段相关主体面临的主要难题**

事前	国际金融组织	• 如何确定引发危机的地域根源； • 如何确定引发危机的经济、社会或政治根源； • 如何与相关国家进行政策和信息上的沟通； • 如何加强金融监管，完善各国金融体系； • 如何提高危机预警的可靠性并做好具体的准备。
	包括监管在内的广义央行及其他公共部门	• 如何从根本上克服投机、泡沫和经济大起大落等实体部门的问题，如何改善经济结构和收入分配体制，如何通畅货币政策的传导渠道； • 如何降低金融部门的脆弱程度，如何使金融监管跟上金融创新的步伐； • 如何及时有效地搜寻危机的触发因素； • 如何提高危机预警的可靠性，如何制定应急预案并进行演练。
	金融机构	• 在增长速度与增长质量之间、盈利性与安全性之间如何取舍； • 拿出多少资金作为准备金，拿出多少人力加强内控； • 如何察觉各种可能引发危机的因素； • 如何预见到危机并做好准备。
	其他当事人	• 在盈利性与安全性之间如何取舍； • 如何从金融机构得到想要的信息； • 对从媒体、传言和他人行为等渠道得到的信息如何判断； • 如何参与管理，影响管理层的决策（投资人）。
事中	国际金融组织	• 对金融危机是救助还是不救助（在救助的好处与坏处之间作何抉择）； • 救助需要确认哪些前提条件； • 救助需要多少资金（资源）； • 通过何种方式筹集资金（资源）； • 如何扩大私人部门的参与程度； • 由哪些人或组织来处理危机； • 分什么步骤，用哪些措施处理危机； • 如何与发生危机的国家在政策、信息、行动等方面互动； • 对来自国际政治等方面的压力如何应对。

事中	包括监管在内的广义央行及其他公共部门	• 对金融危机是救助还是不救助（在救助的好处与坏处之间作何抉择）； • 救助需要多少资金（资源）； • 选择何种方式提供资金（资源）； • 由哪些人或组织来处理危机； • 分什么步骤，用哪些措施处理危机，如何在短期的救助目标和长期目标之间进行取舍； • 如何控制住趋向失控的社会局势； • 如何引导社会舆论和大众心理； • 如何处置有问题的金融机构； • 对存款人、债权人等不同的人群如何对待； • 对来自政治等方面的压力如何应对。
	金融机构	• 如何控制住组织内部的局势，并使组织外部局势不恶化； • 对不同的人，如内部员工、媒体和政府当局应提供何种信息； • 如何维护与不同相关利益者之间的关系； • 向谁求助，需要哪些帮助，凭什么得到帮助； • 需要多少资金（资源）； • 以何种方式使用资金（资源）； • 如何分配、派遣组织内的人员。
	其他当事人	• （存款人）提款还是不提款； • 与金融机构合作还是不合作； • 如何在存款或投资损失的情况下渡过危机； • （贷款人）如何继续取得贷款； • 如何开拓新的融资渠道； • 在融资困难、物价下降、市场萎缩的情况下，如何渡过危机； • 与金融机构合作还是不合作； • （投资人）如何引入新的外围资源，帮助克服危机； • 如何评价金融资产及金融机构的潜在价值，是否参与处置和重组； • 如何在金融资产处置和金融机构重组中实现自身的利益。
事后	国际金融组织	• 如何促进危机国经济、金融等方面的持续改进，是否需要对现有国际金融组织的体制进行改革； • 如何总结回顾处理国内金融危机中的经验教训并不断改进。
	包括监管在内的广义央行及其他公共部门	• 如何及时、有序退出相关救助和刺激措施，如何消除救助形成的"副产品"，如何促进经济、金融等方面的持续改进； • 如何确定危机的当事人的责任； • 如何总结回顾处理国内金融危机中的经验教训并不断改进。

事后	金融机构	• 如何应对法律诉讼，减小和避免法律责任； • 如何化解不良资产等问题；如何实现长远健康发展。
	其他当事人	• 存款损失后采取何种行动进行弥补； • 如何面临新的债权债务关系； • 如何总结经验教训。

央行危机管理的战略是始终要维护广义的信用货币契约关系的稳定，维持其相应的支付能力，当然由于危机管理不同阶段契约稳定所面临的挑战不同，央行危机管理的侧重点会有所不同。

危机前管理的关键词是"预防和预警"，主要是危机前识别和控制，包含建立危机预警机制，构建危机管理的观念、原则、法律、战略和组织框架以及相关的演习工作等危机准备工作，将危机消除在萌芽状态的危机控制等内容。从货币契约论的视角看，危机前管理主要是防止信用货币总量和结构的不合理增长，超过实体经济的合理需要，增加风险隐患，方式是完善实体经济的结构和激励机制，建立某种约束机制防止契约货币的过量发行以及货币层次的不合理（货币层次是否合理实际上反映了杠杆率水平是否合理），避免出现币值过度贬值而引发货币背后的信用受损，避免出现货币可接受性的下降，并且对信用货币偏离实体经济的情况进行监测，及时进行预警。需要做的主要工作是明确货币政策的主要目标，将更多的信用货币纳入货币政策管理框架，加强对各种衍生品、房地产等有可能成为信用货币或者对信用货币稳定造成影响资产的监管，完善货币政策传导机制，加强与其他政策的配合等。货币政策框架需要进行扩展和完善，以适应形势的发展，开发适合对货币可接受力进行监测的指标体系，准备消除危机的处理措施和处理方案，并组织进行演练。

危机中管理的关键词是"控制和应对"，主要是危机发生后的应对和处理，包含识别危机是否发生、危机的程度和危害、危机的成因和可能的传播路径等识别危机工作，隔离危机源、避免危机损害扩大等隔离危机工作，通过各种政策工具对危机进行救助并消除危机的影响。从货币契约论的视角看，危机应对或者说救助的实质就是通过恢复或者说稳定信用货币的契约关系，来重新使社会信用水平恢复到正常状态。方式是制止信用货币在内生机制的反向作用下过度的萎缩，从而出现低于经济正常发展需要的情况，刺激信用货币内生增长的同时利用危机过程调整信用结构，并最终调整和优化不合理的经济结构。如果危机情况非常的严重，正常的货币内生机制完全失效，此时危机管理的重点就是危机救助用高等级信用来替代已经不被市场接受的低等级信用，使货币的契约得以维持，保证债权债务关系得以维系，避免出现交易的彻底割裂，保证信用货币网络的稳健，通过债务替代和扩展来带动信用总水平的恢复。主要工作是将货币管理框架由通常状态向应对危机状态转变，政策的目标、政策工具、传导机制都相应发生变化。

危机后管理的关键词是"退出和恢复"，主要内容是危机的恢复和评价，包括在危机状态基本结束的情况下要考虑以适当的时机和形式实现退出，对可能引发的次级灾害进行管理，总结经验教训、消除可以引发危机的深层次隐患，等等。从货币契约论的视角看，内生货币的刺激过程不能一直持续，否则又会引发新的信用货币的过多发行问题，高等级债务替代低等级债务的过程也是一个不可持续的过程，因为用高等级债务来替代低等级债务的过程中，会面临一定的信用损失，货币契约担保品在这个过程中是不断贬值的，所以这个替代过程不可能一直持续下去。因此及时进行退出非常必要，找到合适的时机使私人债务重新替代政府债务，货币政策框架由应对危机状态向常态回归，这样才能保证信用水平长期与实体经济发展的需要相适应，过度刺激或者说过于激发信用货币的创造机制，可能会引发更深层次的危机。此外在退出过程中，还需要对危机的成因进行反思，完善相关制度，避免危机的下一次发生。

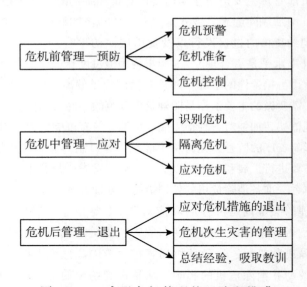

图 10 - 4　金融危机管理的三阶段模式

资料来源：在罗伯特·希斯 4R 模式、米特洛夫和皮尔森的五阶段模式、奥古斯丁的六阶段模式的基础上综合。

（二）范围维度：机构危机、系统危机、全球危机

如图 10 - 5 所示，从危机的范围和程度看，央行面临的金融危机的程度或者说范围可以分为单个机构危机、系统性金融机构危机、全球范围的金融危机。从货币契约论的视角看，信用货币内生创造的过程就是金融交易网络不断扩展和蔓延的过程，网

络的大小或者说机构在网络上的重要性反映出其在信用货币创造过程中的重要。

单个机构的危机主要是网络上的重点节点出现了问题，监测重点要识别哪些是具有系统重要性的重要机构（节点），并对其加强管理，避免其对网络上的其他节点和整个网络的稳定形成巨大冲击，如节点 A 的系统重要性要明显强于节点 B，B 所直接联系的 C 和 D，都能由 A 和它们的联系所取代，但是一旦 A 节点损失，将造成该网络中的很多交易无法进行，导致信用货币创造过程的受损。

系统性金融危机往往是整个网络出现了结构失衡，虽然单独的机构在现有市场环境中都是稳健的，但是整个系统确实存在着严重问题（即所谓个体理性、整体非理性的合成谬误状态），监测的重点是看整个金融系统结构是否合理，包括杠杆率、衍生品、激励机制、资本充足，虚拟经济与实体经济之间是否存在严重的失衡，重要的资产价格如房地产、股票是否存在较严重泡沫等，管理的重点要恢复整个网络的系统功能，并对整个网络的结构以及与实体经济的关系进行制度性的改造。解决此类危机必须从信用货币创造的根本体制机制上来进行，单个危机的救助无法维持这种网络的长期稳健。

全球性的金融危机是本国的金融系统网络与世界各国金融系统网络的连接和传染，监测重点是各个网络之间如何传染，管理的重点是防止网络之间的传染、在外部网络瘫痪的情况下如何维持自身网络的良好循环和构造网络的良好外部环境方面。

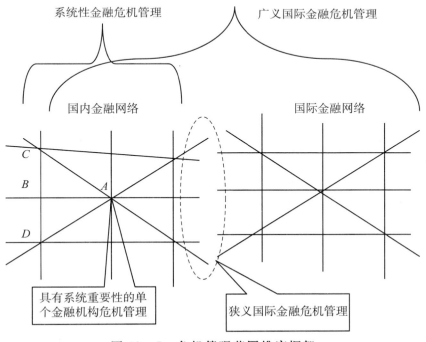

图 10－5　危机管理范围维度框架

（三） 对策维度：组织架构、决策程序、工具组合

金融危机管理的应对阶段是在时间紧迫、充满不确定性的条件下，整合、配置相对匮乏的人、财、物资源，理顺扭曲的沟通系统，采取有效的行动策略，进而改变金融系统的危机情境，缓解信用货币的收缩趋势，并使之恢复常态，因此无论是组织应对还是决策过程都与通常的状态有所不同，需要对此加以研究。无论是金融危机管理的组织架构，还是政策工具的作用方式、力度和工具组合都需要根据危机的程度和所处阶段进行选择，因此危机管理的组织架构、决策程序、工具组合事实上形成了危机管理的第三维。

1. 对金融危机管理组织架构的设想

由于危机事件现实的或潜在的突发性和危害性，政府必须将危机管理纳入日常的管理和运作中，使之成为政府日常管理的重要组成部分，而不能仅仅当做是临时性的应急任务。因此，必须建立危机事件的预警机制和快速反应机制，而这些机制的有效实现必须以一个职能明确、责权分明、组织健全、运行灵活、统一高效的危机管理体制为依托，用法制化的手段明晰各职能部门各自的职责，以实现危机应对时这些部门间高效的协同运作。这个管理体制必须具有满足有效危机管理要求的特征，这些特征包括：简单易懂的结构；简短的沟通与指挥通路；扁平管理，以在传达信息时间减少信息扭曲和时滞；集中决策；授权，并在任务水平上的共同决策；重视合作而不仅是战术指挥；收集、评估与整理信息；在危机形势中各当事人集团间有效地沟通；与外部团体有效地沟通。

本书将参考罗伯特·希斯提出的危机管理框架结构[1]（Crisis Management Shell Structure，CMSS），来构建我国金融危机管理组织的架构。很多危机管理的学者认为，CMSS 结构能够满足从一个公司直到国家政府的各种规模的组织，在CMSS 结构中，管理人员应根据他们的技能与能力行使责任，而不是根据职位的高低或他们在组织的工作时间。其组织结构如下：

从图 10 - 6 可看出，CMSS 主要包括四大系统（在图中用虚框表示），分别是：决策系统、咨询系统、运营系统（操作系统）、信息系统。并包含以下构成要素：

---

[1]　［美］罗伯特·希斯著，王成、宋炳辉、金瑛译：《危机管理》，中信出版社 2004 年版，第 203 ~ 211 页。

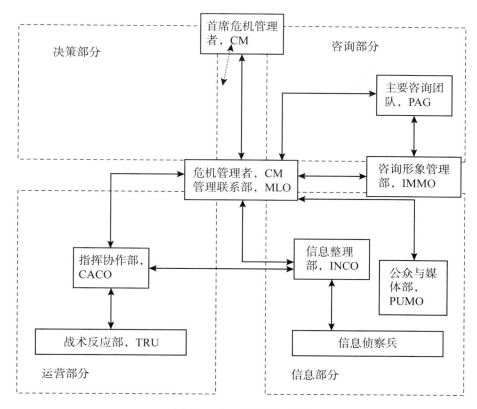

图 10-6　CMSS 系统

（1）决策系统

决策系统是危机管理者（Crisis Manage，CM）和高层权威（包括很多危机中都存在的首席危机管理者 Chief Crisis Manager，CCM）的接口。危机管理者在管理联系部（Managerial Link Office，MLO）的支持下，与四个系统进行有效的沟通。

首席危机管理者（CCM）属于高层权威，负责从全局高度总体把握，协调各系统之间的联系，同时需要对危机管理者进行授权，如美国总统奥巴马。根据我国的实际情况，金融危机的规模不同，首席危机管理者的级别层次将有所不同。

危机管理者（CM）是 CMSS 系统的负责人，需要得到首席危机管理者的授权以处理危机，它们必须能够承受巨大的压力，果断行动，并且经过严格的训练。如白宫首席经济顾问萨默斯、财政部部长保尔森（后来是盖特纳）、美联储主席伯南克。

管理联系部（MLO）保证危机管理者与首席危机管理者之间信息的传递与沟通，负责收集信息、整理信息、传递信息，做好协调沟通工作，同时要注意防止沟通过程中的信息中断。MLO 的工作人员在危机期间必须通过轮班实现 24 小时不间断传递信息。

表 10 - 7　　　　**本书构建的我国在不同金融危机程度下的决策系统**

一般性的地方金融机构危机	CCM：人民银行的行长或主管金融稳定工作的副行长或地方政府负责人
	CM：人民银行金融稳定局、货币政策司或者地方的金融工作办公室
	MLO：人民银行办公厅、金融稳定局综合处或地方政府办公室，相关领导秘书
具有系统重要性的金融机构危机	CCM：国务院秘书长或者主管金融的副秘书长
	CM：人民银行或者成立由"一行三会"、财政部组成金融稳定委员会
	MLO：人民银行办公厅或金融稳定委员会所在地办公厅，相关领导秘书
系统型金融危机	CCM：国务院主管金融的副总理
	CM：金融稳定委员会成员单位 + 发改委
	MLO：人民银行办公厅或金融稳定委员会所在地办公厅，相关领导秘书
全球性金融危机	CCM：国务院总理或主管金融的副总理
	CM：金融稳定委员会成员单位 + 发改委 + 商务部 + 外交部
	MLO：人民银行办公厅或金融稳定委员会所在地办公厅，相关领导秘书，在国务院内部成立由各相关部委办公厅抽调的骨干人员组成专门的金融危机应对小组，负责国务院与各部门之间的直线联系

（2）咨询系统

咨询系统由主要咨询团队（Principal Advisory Group，PAG）和形象管理部（Advisory Image Magement Office，IMMO）组成。

主要咨询团队（PAG）是危机管理者的外脑，为危机管理者提供专家建议，包括危机管理过程中需要的知识与技能，减轻了危机管理者的盲目性，以局外人的身份客观提出化解危机的方法。PAG 的存在使得 CM 在处理危机的时候不必是一个多面手，PAG 成员有更多的时间和经验去考虑信息及可供选择的方案。如美国智库和研究机构，如国际研究所、战略与国际研究中心、兰德公司、布鲁金斯学会、胡夫研究院等。

形象管理部（IMMO）负责分析危机的影响、公众对企业的看法与意见，并提出改善企业形象的建议，尤其是针对社会公众的谣言和恶意攻击制定应对策略，保证机构或整个金融体系的形象不受危机事件的影响。IMMO 进行组织形象管理，并向 PUMO 和 CM 提供建议，以使他们能更有效地向外发布信息，IMMO 也对外部人员所可能引起的事故提供参考性建议。IMMO 是个特殊的"公关"单元，应掌握如下技能：一是分析批评与评论；二是提供积极正确的建议；三是从持有敌意看法的团体中获得合作与谅解；四是应付危机中的恶意观点或公众观点。在小型组织中，CM也可以行使IMMO的职能，但当CM有许多其他事情要处理或者督导时，这样就不合适，因为这会使许多想法实行得太晚而无法进行有效的形象管理。如白宫的新闻发言人、执政党控制的新闻媒体。

表10-8 　　　　　　**本书构造的我国金融危机的咨询系统**

一般性的地方金融机构危机	PAG：人民银行研究局、地方政府的研究室
	IMMO：机构自身的危机公关部门、人行行属刊物、地方媒体
具有系统重要性的金融机构危机	PAG：人民银行研究局、财政部财科所、三家监管会的研究部门
	IMMO：机构自身的危机公关部门、新华社、人民日报、新闻出版总署、人行行属刊物其他部委部属刊物
系统型金融危机	PAG：国务院发展研究中心、社科院、大专院校
	IMMO：中宣部、新华社、人民日报、新闻出版总署、广播广电总局、中央电视台、人行行属刊物其他部委部属刊物
全球性金融危机	PAG：IMF、BIS等国际组织，国务院发展研究中心、社科院、大专院校
	IMMO：驻外大使馆、驻国际组织工作人员、中宣部、新华社、人民日报、新闻出版总署、广播广电总局、中央电视台、人行行属刊物其他部委部属刊物

（3）信息系统

主要由信息整理部（Information Collation Office，INCO）、公众与媒体部（Public and Media Office，PUMO）和信息侦察兵。

信息整理部（INCO）是CMSS中主要的信息整理者与评估鉴定者：一是危机反应团队内部提供信息交流设施（PUMO工作人员除外）；二是通过信息侦察兵收集信息，并对危机信息进行筛选、分类、加工、整理、评估和记录。INCO把CM和MLO从繁重的获取、筛选和评估来自危机内外形势的工作中解放出来，使CM、CACO及实地操作人员能转型进行反应或恢复任务。

信息侦察兵负责为信息整理部收集信息，是整个CMSS系统的耳目。负责进行专门的资源（广播、电视、报纸）收集者或者现场观看者和信息搜寻者。信息侦察兵是一群受过专门训练以收集和报告信息的人。侦察兵需要一定的适当、独立的装备，并能像做支持工作一样被各部门所接受。信息侦察兵要么在INCO地点工作，要么在先前决定的地点去收集现场数据，侦察兵可能会被安排去审查电台、报纸或互联网。

455

公众与媒体部（PUMO）的任务是应付媒体、利益团体和危机之外的人：一是接受危机之外的人们的信息及寻求帮助请求，并做出反应；二是将外部的信息传达给 INCO 中恰当的人；为媒体提供例行的信息发布。PUMO 可以向 INCO 的人发布信息，但却不能从对方那里获取信息。PIMO 提供的所有信息必须由危机管理者提前做出批准，有助于从三个方面改善危机管理：割断内外部信息交流，以减少留言、信息不稳定和信息缺乏等问题；将对外发布信息的信息源集中在一起；向媒体及其他利益集团更快地提供信息。PUMO 的工作人员应能有效应付媒体关于信息的请求，并能成功组织媒体采访，包括组织新闻发布会。

表 10 - 9　　　　　本书构造的我国金融危机管理的信息系统

一般性的地方金融机构危机	INCO：人民银行金融稳定局、货币政策司、研究局
	信息侦察兵：当地分支行信息报送人员、《金融时报》当地记者站
	PUMO：机构新闻发言人、人民银行新闻发言人、办公厅新闻处
具有系统重要性的金融机构危机	INCO：人民银行金融稳定局、货币政策司
	信息侦察兵：国家信息中心、各分支行信息报送人员、《金融时报》各地记者站
	PUMO：人民银行新闻发言人、办公厅新闻处、相关监管机构发言人
系统型金融危机	INCO：中央政研室、国务院发展研究中心、社科院、大专院校研究部门、人民银行金融稳定局、货币政策司
	信息侦察兵：国家安全局相关工作人员、新华社、国家信息中心、各分支行信息报送人员、《金融时报》各地记者站
	PUMO：国务院发言人、外交部发言人、人民银行新闻发言人、办公厅新闻处、相关监管机构发言人
全球性金融危机	INCO：中央政研室、国务院发展研究中心、社科院、大专院校研究部门、人民银行金融稳定局、货币政策司
	信息侦察兵：国家安全局相关工作人员、新华社、国家信息中心、各分支行信息报送人员、《金融时报》各地记者站
	PUMO：国务院发言人、外交部发言人、人民银行新闻发言人、办公厅新闻处、相关监管机构发言人

（4）操作系统

操作系统包括战术反应部（TRU）、指挥协作部（CACO）和标准运作联系部（Normal Operations Liaison Office，NOLO）。

指挥协作部（CACO）能帮助将来自策略计划"翻译"成实战的反应策略，以进行现场管理：一是将策略决定转换为现场的具体任务，并把任务分配给战术反应部；二是监控局势及资源配置。指挥协作部人员一般都接受过将策略指导转变为具体战术或对部门的指导的训练，其负责人一般是危机管理者的副手，在CM不在时，开始行使危机管理者的职能。

战术反应部（TRU）属于实际操作阶层，负责根据既有资源对危机事件做出反应，按照决策系统制订的解决方案逐步实施。现场危机反应的努力被分为普通单元和专门单元，并配备一定的人员与设备以应对危机和危机影响，为了进行信息沟通和指挥传递，TRU与指挥协作部相联系。

标准运作联络部（NOLO）是CMSS外部结构，在一些危机及危机恢复工作中，NOLO可以帮助实现受影响者与未受影响者之间的联络或者正常经营地区与受危机影响地区之间的联络纽带：一是合作和资源供应；二是照顾未受危机影响者之所需；三是维持危机管理与周围非危机环境之间的平衡。其出现的时机要视情况而定，不一定在危机反应时就要立即成立。

表 10 – 10　　　　本书构造的我国金融危机管理的操作系统

一般性的地方金融机构危机	CACO：人民银行分支行金融稳定、货币信贷部门的领导
	TRU：人民银行金融稳定贷款、再贴现、公开市场、准备金、利率、现金供应等政策工具的具体操作部门、存款保险机构
	NOLO：人民银行科技部门、支付结算、信息安全部门、人力资源部门
具有系统重要性的金融机构危机	CACO：人民银行金融稳定局、货币政策司的相关司局级领导、政策分析处
	TRU：人民银行金融稳定贷款、再贴现、公开市场、准备金、利率、现金供应等政策工具的具体操作部门、存款保险机构
	NOLO：人民银行科技部门、支付结算、信息安全部门、人力资源部门
系统型金融危机	CACO：人民银行行领导/金融稳定局、货币政策司的相关司局级领导
	TRU：人民银行金融稳定贷款、再贴现、公开市场、准备金、利率、现金供应等政策工具的具体操作部门，银证保监管会、财政部、发改委所掌握的政策工具、存款保险机构
	NOLO：国家信息安全部门、工业与信息化部、人事部、中组部、人民银行科技部门、支付结算、信息安全部门
全球性金融危机	CACO：人民银行行领导/人民银行金融稳定局、货币政策司的相关司局级领导
	TRU：人民银行金融稳定贷款、再贴现、公开市场、准备金、利率、现金供应等政策工具的具体操作部门，银证保监管会、财政部、发改委所掌握的政策工具，商务部、外交部相关具体措施、存款保险机构
	NOLO：国家信息安全部门、工业与信息化部、人事部、中组部、人民银行科技部门、支付结算、信息安全部门

　　考虑到在金融危机没有出现的情况下，仍需要有部门协调金融危机应对方案的制订和预警方案的制订。因此，非常有必要成立以人民银行为主导的金融稳定委员会，负责金融危机的日常管理工作，协调相关部门的行动。此外，为了保护普通存款者的利益，有必要成立存款保险公司，作为银行倒闭的第一道防线。

2. 决策程序

　　可考虑将金融危机管理的决策分为危机前决策和危机中决策。危机前决策要多方参与，在时间允许、信息充分的情况下，应通过集体决策、评估做出最优的决策，如我国现在采用的"一行三会"和外管局的金融监管联系会议、国务院金融旬会制度等。危机前决策可参考罗伯特·希斯（2001）[①] 八步骤决策法：一是确认决策面临的问题，例如确定如何进行金融危机管理、维护国家金融安全是面临的问题；二是确认决策标准和"事实"，如何判断危机发生或金融安全受到影响；三是决定评估标准、方式、权重，这一般是金融危机预警的重要内容；四是发展备选方案，寻求更多的选择和方法，努力使"预料之外"变成"意料之中"，如设想各种金融危机发生的可能性；五是分析备选方案，例如一个大型国有银行倒闭有没有应对方案，如何进行选择；六是选择一个备选方案；七是执行备选方案；八是评估决策程度以及决策结构的影响，决策者需要重温产生决策结果的过程和决策的影响，以提高决策水平。在危机情境下，时间有限，信息不完全或不确定，成本很可能上升或不可预测，对资源的需求也可能超过现有的储备，决策者也有可能出现失误，决策者可能是跳跃性理性思维的集合，应构建简单模式而不是复杂模式的决策程序，在很多情况下，决策者会制定"满意的"或是"次优"决策，而不是最优决策。危机中决策可参考彼得·F·杜拉克（1978）的有效决策方法的五个要素[②]：一是确立问题的实质，是否属于"常态"，是否只有建立一种规则或原则的决策才能解决，如金融危机是否爆发，市场是否失灵，是否需要政府部门介入；二是确实找出解决问题所需的规范，也就是要找出问题的"边界条件"，如政府介入的边界，什么情况下进行债权救助，什么情况下进行股权救助等；三是应仔细思考能满足规范的正确途径，然后再考虑必要的妥协、适应及让步事项，以期待决策者能被接受，如央行、财政等部门可以采用什么工具进行救助；四是决策方案应同时兼顾其能执行的方法，如在进行政府救助的过程中注意发挥市场机制，尽量采用市场化的方式；五是注意在执行的过程中，搜集"回馈"资料，以印证决策的适用性及有效性，如救助的力度和

---

　　① ［美］罗伯特·希斯著，王成、宋炳辉、金瑛译：《危机管理》，中信出版社 2004 年版。
　　② ［美］彼得·F·杜拉克，许是祥译：《有效的管理者》，中华企业管理发展中心 1978 年版。转引自：薛澜、张强、钟开斌：《危机管理——转型期中国面临的挑战》，清华大学出版社 2009 年版，第 178 页。

节奏要根据前期的救助效果进行动态调整，并根据有效性来调整工具的组合等。

3. 工具组合

从历史经验看，金融危机对策研究可能涉及的工具组合包括：支付小面值货币应对挤兑、最后贷款人、存款保险制度、消灭私有制、限制非实体性公司以减少投机、财政兜底票据、私人部门联合救助、对不同的危机区别对待、调整贴现率防止信贷过分扩张、传播金融知识、经济金融形势预报、金融危机预警、维持物价、克服"新纪元"心理、技术创新、扩大财政支出、统制社会投资、改善社会再分配、加强金融监管、宣布银行休假、实行货币贬值、加强社会救助以维护社会稳定、维护公众信心、产业复兴、扩大就业、加强金融法制、设立国际贷款人、加强信息披露、取消政府担保、控制国际资本流动、债务重组、提高政策透明度、加快改革建立坚实的经济与制度基础、发行货币、建立国家企业交易中介结算系统、摆脱国际从属地位、进行产权改革、完善公司治理、改进内部控制、大力发展多层次资本市场、规范政府行为以减少行政干预、防范资本外逃、渐次开放资本项目、完善信用体系、清理有问题银行等。我们把这些对策分为事前、事中、事后三大类十小类，如表 10 - 11 所示。

表 10 - 11　　　　　　　　危机管理三阶段关注的重点

事前	预防投机	限制非实体性公司	调整贴现率防止信贷过分扩张						
	危机预警	金融危机预警	经济金融形势预报	清理有问题银行					
	公众心理	存款保险制度	传播金融知识	克服"新纪元"心理					
事中	争取时间	支付小面值货币应对挤兑	宣布银行休假						
	融通资金	最后贷款人	财政兜底票据	私人部门联合救助	设立国际最后贷款人	发行货币			
	危机控制	维持物价	实行货币贬值	维护社会稳定	维护公众信心	控制国际资本流动	债务重组		清理有问题银行

续表

	政府政策	提高政策透明度	加快企业改革	规范政府行为	减少行政干预	完善信用体系	取消政府担保	
事后	金融管理	加强金融监管和法制，建立宏观审慎管理制度	改革产权，完善治理，改进内部控制	加强信息披露	完善信用体系	控制国际资本流动	大力发展多层次资本市场	清理有问题银行
	改善经济	实行货币贬值	扩大财政支出	统制社会投资	改善社会再分配	扩大就业	产业复兴	技术创新
	根本措施	消灭资本主义私有制	建立国家企业交易中介结算系统	摆脱国际从属地位				

从 2007 年开始的国际金融危机的救助实践看，有以下救助方式

1. 价格工具类。如（1）降低基准利率、（2）降低贴现率，等等。

2. 数量工具类。数量型工具根据流动性救助对象的不同进行分类。（3）直接向金融市场注入流动性、（4）对存款类金融机构进行债权或股权救助、（5）对投资银行进行债权或股权救助、（6）对货币市场基金进行债权或股权救助、（7）对住房贷款发放机构进行债券或股权救助、（8）对特定企业如大型汽车企业、需要扶持的中小企业提供债权或股权救助、（9）对相关债券投资人提供融资服务、（10）对住房抵押贷款人开展救助、（11）大规模的财政刺激计划。其中，债权救助包括向该机构拆借资金、购买该机构发行的债券、购买该机构持有的债券、给购买该机构债券的投资者提供融资等，股权救助一般是直接或者通过 SPV 购买机构的优先股或普通股等，从本次危机的救助来看，债权救助的政治和社会压力要小于股权救助，效果也似乎要好一些，主要因为无论股权由谁掌握，如果资产负债表中的有毒资产不能有效清除，是难以真正走出困境的。而且公共部门的股权救助往往意味着"国有化"，其舆论压力和后续的负面影响难以估计。

3. 信用担保或补贴类。（12）对金融机构或大型企业的债务进行担保、（13）为中小企业提供贷款担保、（14）降低央行能够购买或者愿意接受抵押的债券的信用等级等。

4. 修订完善交易规则、评级制度、会计准则。如（15）禁止"裸卖空"、（16）设置交易"断路器"等暂停交易方式、（17）限制涨跌幅度、（18）限制最大持仓量或一定时间内的交易量、（19）修正过于顺周期的评级制度和会计准则等。

5. 完善激励机制类。（20）对金融高管限薪或者建立与风险责任和公司长期收益挂钩的薪酬制度、（21）改变投行等过于"分散化"的股权制度并加强公司治理、（22）完善金融监管体制。

此外，在特定情况下通过国际货币基金组织等国际组织向特定国家或经济体提供资金援助。

第三节　金融危机中管理——控制与应对

金融危机爆发之后，往往会导致信用货币的内生收缩过程，无法满足实体经济的正常需要，从而损害实体经济的发展，因此危机管理一方面要对局势进行控制，避免货币总量的进一步缩减，另一方面要积极应对，刺激内生货币的增长，如果内生货币的增长机制完全失效，则需要用高信用等级的债务来替代低信用等级的债务，来暂时维持信用总量不至于过于缩减。通过消除市场障碍、经济结构调整、刺激经济等措施逐步恢复货币的内生增长。危机应对中决策程序往往简化，传导往往经过更少的环节，政府行为往往替代了私人部门的行为，因此必须谨慎使用。如果能在原框架内解决最好，不能在原框架内解决，需要使用新的框架的情况下，也要尽量保留市场机制，如市场定价、设置退出机制，等等。

一、金融危机救助的主体

救助主体一般分为四个层次，自救、同业救助、政府公共部门、国际组织或他国政府。

一是自身救助。首先会采用的是通过同业拆借或回购来从货币市场获取短期资金，或者通过正常的央行公开市场操作或者贴现窗口来获取资金，然后是各种获取中长期资金或降低开支的措施，以花旗集团为例，包括以下措施：大规模裁员、调降股息、公开发行优先股募集资金、剥离旗下非核心资产及业务、调整资产结构。

二是引入战略投资者，实施外部资本救助。如花旗集团引入新加坡政府投资公司、科威特等中东的国家主权基金合计达 145 亿美元的战略投资。美林引入淡马锡、瑞穗银行、韩国、科威特等主权基金合计达 128 亿美元的战略投资。摩根斯坦利引入中投公司 50 亿美元的投资。

三是政府救助。财政救助，包括提供财政低息贷款甚至无息贷款、购买股权、购买债权、为央行或其他金融机构的贷款提供担保和贴息、进行税收减免等政策优惠。央行救助，包括通过公开市场和贴现窗口提供资金、通过设立 SPV 购买债权甚至股权、为财政注资提供资金支持、组织其他金融机构进行收购或救助并提供资金支持。

四是国际金融机构和他国政府的救助。最典型的例子是希腊债务危机中，希腊得到了德法等欧盟国家和 IMF 的救助。

无论是哪种救助都是有一定条件，有时候被救助者有选择救助主体、救助方式的谈判能力，有时候则只能被动接受其他机构或国家的救助条件。这些条件包括：撤换被救机构的主要负责人，薪酬限制，某些业务限制等。不同的救助主体在救助时机、救助程序、救助成本、收益上各有不同。因此在危机的不同阶段，各类资金和救助方式的配合模式应各有侧重。本书认为，从信用货币的创造机制的角度看，危机救助很大程度上是救助主体用自己的信用对被救助主体的信用进行"替代"，过度的"替代"往往造成救助主体自身信用的损失，甚至引发更为严重的信用危机，因此，在条件允许的情况下，能够使用较低等级的信用来化解危机是最为理想的，有助于减少对市场机制的扭曲，有助于长期的金融稳定，所以在同样能够达到救助目的的前提下，自救优于外救，同业救助优于政府救助，国内救助优于国际组织和他国政府救助，当然，在经济金融国际化的整体背景下，无论谁是救助主体，都必然会借助多方力量、利用多种资源和手段开展救助才能达到救助效果的最大化。需要强调的是，由于金融危机往往意味着系统性金融风险的集中爆发，单纯的自救和行业互救往往难以达成目的，往往是辅助手段而非救助的主体，实践证明，当金融危机成为一种公共危机的情况下，政府救助往往是最直接、最及时、效果最明显的方式，政府的不同部门主体的协调往往成为救助主体的重要研究内容，其中最主要的就是央行和财政的分工。

（一） 问题金融机构救助中财政的职能

财政是一种国家或政府的经济行为。市场经济中国家财政的职能主要体现在以下几个方面[①]：第一，资源配置职能。财政不仅是一部分社会资源的直接分配者，而且也是全社会资源配置的调节者，具体表现在：调节社会资源在政府部门和非政府部门之间、政府部门内部、非政府部门资源配置的调控。第二，收入分配职能。财政收入分配职能的实现方式有四种：划清市场分配和财政分配的范围和界限；规范工资制度；加强税收调节；通过转移性支出。第三，经济稳定与发展职能。经济稳定包含充分就业、物价稳定和国际收支平衡等多重含义。财政实现稳定和发展职能的机制和主要手段有：采取不同的财政政策，实现社会总供给和总需求的基本平衡；通过累进的个人所得税等制度安排，发挥某种"自动"稳定作用；政府通过投资补贴和税收等多方面安排，提供公共产品，消除经济增长的瓶颈，实行产业扶持或结构调整，保证国民经济稳定与调整发展的最优结合。

基于财政的三大职能，我们认为，在危机救助中财政的具体职能可以表现在以下方面：第一，财政是政府的行为，财政具有最后支付人的功能。在市场经济中市场化解不了的风险会转化为公共风险。财政的本质在于，它是公共风险的最终承担者，是防范公共风险的最后一道防线。财政充当最后支付人，是一种质的规定性，是金融稳定、经济稳定职能的要求。第二，财政掌握着整个社会资源和财富收入配置的巨大优势，同时作为一个明确的产权主体和投资主体，在危机中针对问题金融机构大量不良资产、资本金不足等长期资金不足状况可以进行注资、控股、债务分担等，而这是相对于央行救助、行业救助机构、金融机构自身救助，无法比拟的优势。

因此，危机中对问题金融机构的救助职能和优势充分体现在：解决问题金融机构不良资产、资本金不足等长期资金不足的问题，并在问题金融机构市场退出过程中，通过多种资源配置的方式解决债务分担与转移。

（二） 问题金融机构救助中央银行的职能

中央银行是一国金融体系的核心，是最高的、统筹全局的、特殊的金融组织，也是一国宏观经济的重要调控机构之一。在商品经济高度发展、金融业发达的时代，它担负着监督管理、金融稳定、执行货币政策、控制社会信贷规模总量以及货币供应总量的特殊职责。中央银行的职能并非一律明确记载在各国的中央银行法令中，但中央银行制度的成熟化使得其主要职能趋于标准化，因此，人们不难取得共识。

---

① 陈共：《财政学》，中国人民大学出版社 2000 年版，第 31 页。

在整个社会经济中，中央银行最基本的职能：一是发行的银行。央行独占货币发行权①（相对于商业银行），供给基础货币，保持金融体系流动性。二是政府的银行。代理国库、买卖政府债券、接受政府存款并对政府提供必要的短期融资；执行货币政策，维护金融稳定；代理政府的外汇平准基金账户、授权买卖外汇和黄金，维持汇率稳定，此外还要充当政府金融顾问，代表国家参与国际金融活动。三是银行的银行。保管本国商业银行的其他接受存款的金融机构的存款准备金，通过调整法定存款准备金率、再贴现率、再贷款利率等方式调整金融机构融资成本，控制信贷和货币供应总量。针对金融机构，央行具有三个基本职能：金融机构市场准入、金融活动监管、危机中充当"最后贷款人"实施救助。因此，危机中中央银行正是依据这三个基本职能对问题金融机构的救助。具体表现在：依据对金融活动的监管，对问题金融机构进行识别、对金融系统流动性进行干预；作为最后贷款人对陷入流动性不足的问题金融机构进行救助，尤其是注入短期流动性；负责金融机构的市场准入，对问题金融机构的可持续经营与否进行判别、救助和清退。

这里需要说明的是，央行在救助问题金融机构时的职能优势体现在解决流动性问题，而对于解决不良资产和资本金的问题不具优势。央行的资产负债表可以反映一国央行的业务内容，我们可以从央行资产负债表分析得出这一结论。下面通过表10-12、表10-13、表10-14，来分析美联储、中国人民银行、一般中央银行的资产负债表。

表 10-12　　　　美联储 2010 年 1 月 13 日的资产负债表　　单位：百万美元②

资产		负债	
黄金凭证账户	11 037	美联储发行的联邦储备券未清偿的净额	879 220
特别提款权凭证账户	5 200	反向回购协议	64 366
硬币	2 098	存款	1 276 233
有价证券、回购协议、定期竞标信贷及其他贷款	2 067 699	存款类金融机构在联储的存款账户余额	1 135 245
联储直接持有的有价证券	1 906 022	美国财政部在联储的一般性账户余额	124 175

---

① 在有些国家，如美国、德国和日本，中央银行职能垄断"主币"的发行权，而"辅币"是由财政部发行。

② 备注：由于各家储备银行在合并报表时四舍五入的原因，各子科目加总得到的数值与总数之间并不相等。此表的资产项目和负债项目中就各存在389百万美元的差额。

续表

资产		负债	
联储持有的美国国债	776 603	美国财政部在联储的补充性金融账户余额	5 001
短期国债	18 423	外国央行、货币当局、外国政府及其他外国官方机构在联储的存款账户余额	2 884
名义中长期国债	707 649	其他存款账户	8 927
通胀指数化的中长期国债	44 643	被联储延期支付的存款类金融机构应获得的现金项目	2 879
通货膨胀补偿	5 889	其他负债和应付股息	19 920
联储持有的联邦政府机构发行的债券	160 829	总负债	2 242 618
住房抵押贷款证券	968 590	资本	
回购协议	0	实收股本	25 652
定期竞标信贷	75 918	资本盈余	25 296
其他贷款	85 760	其他资本	1 375
CPFF LLC 持有的资产净额	14 092	总资本	52 324
Maiden Lane LLC 持有的资产净额	26 742		
Maiden Lane II LLC 持有的资产净额	15 404		
Maiden Lane III LLC 持有的资产净额	22 401		
TALF LLC 持有的资产净额	298		
纽约储备银行拥有的对友邦保险极光有限责任公司和美国人寿保险控股有限责任公司的优先权益	25 106		
应收项目	328		
银行房屋建筑及附属场地	2 242		
中央银行流动性互换	5 895		
其他资产	96 400		
总资产	2 294 942		

资料来源：美联储官方网站（http://www.federalreserve.gov/），齐稚平（2010）博士论文。

表 10-13　　　　　中国人民银行资产负债表（2008.11.30）　　　单位：亿元

资产		负债	
国外资产	159 941.35	储备货币	119 332.71
外汇	147 032.37	货币发行	34 456.46
货币黄金	337.24	金融性公司存款	84 876.25
其他国外资产	12 571.74	其他存款性公司	
对政府债权	16 233.94	其他金融性公司	
其中：中央政府		不计入储备货币的金融性公司存款	578.03
对其他存款性公司债权	8 442.71	发行债券	46 527.10
对其他金融性公司债权	12 083.47	国外负债	733.27
对非金融性公司债权	44.12	政府存款	27 409.31
其他资产	8 054.98	自由资金	219.75
总资产	204 800.57	其他（净）	10 000.40
		总负债	204 800.57

资料来源：转引方显仓（2009），中国人民银行网站统计数据——货币当局资产负债表，http：//www.pbc.gov.cn/diaochatongji/tongjishuju/gofile.asp？file = 2008s04.htm，2009 年 1 月 12 日访问。

表 10-14　　　　　　　中央银行资产负债表

资产	负债
A1 对商业银行的贴现及贷款	L1 流通中的通货
A2 持有的政府债券	L2 商业银行等金融机构存款
A3 外汇、黄金储备	L3 政府部门存款
A4 其他资产	L4 国际金融机构存款
	L5 资本项目
合计	合计

资料来源：方显仓：《货币银行学》，北京大学出版社 2009 年版，第 93 页。

表 10-12 和表 10-13 说明了各国央行资产负债表的差异和特点，表 10-14 提炼出了中央银行的资产负债表的一致性内容。对问题金融机构的救助主要通过调整资产的应用构成和资产负债的总体规模，分析如下：

首先，资产方的构成中 A1 是对商业银行救助的主要内容：贴现及再贷款，对于解决暂时流动性不足最为直接有效，也是目前救助中最主要的方式。在我国的资产负债表中表现为对其他存款性公司、其他金融性公司、非金融性公司的债权。本次次贷危机中，联േ各项救助工具的创新，如 TAF（定期招标工具，Term Auction Facility，TAF）、TSLF（定期有价证券借贷工具，Term Security Lending Facility，TSLF）、PDCF（一级交易商信贷工具，Primary Dealer Credit Facility，PDCF）、

CPFF（商业票据融资工具，Commercial Paper Funding Facility，CPFF）① 等，可通过其资产负债表的二级科目表现出来。

其次，资产方的 A2 为持有的政府债券，即国债，是公开市场操作的主要载体。次贷危机中，央行可通过用国债置换问题金融机构的问题债券的方式，为其提供流动性，并将这些问题债券转化为其他资产另行处理。联储的证券资产中，政府债券占了绝大多数比重，危机初期，经营正常的机构证券和银行承兑汇票也可注入市场提供流动性，而一旦这些券商和银行成为问题金融机构，系统性风险显现的时候，则流动性的提供就只能依靠政府发行的债券。

再其次，A3 为外汇和黄金储备，是应对外部金融风险的基础保障。从技术上讲，因为这些外汇不能在国内购买任何商品，因此对于解决国内的问题金融机构的困难必须通过国际途径，或寻找海外投资。目前学术界对此已开始研究。

最后，A4 为其他资产，在问题金融机构救助中也是使用较为频繁的一级科目。通过金融创新，可调整其二级科目，将各种救助工具纳入其中。如此次次贷危机中，联储增设"一级交易商信贷工具"（Primary Dealer Credit Facility）和"其他信贷扩展"（Other Credit Extensions）两项新型贷款工具，以提供紧急流动性救助。

此外，通常可以通过政府增资增加负债方的整体规模，提高资产运用和危机救助的能力。

综上所述，我们可以看到，央行在资金运用和危机救助中的优势主要还是集中于紧急援助的各种贷款，以解决短时流动性不足的问题。而对于恶化中的大量不良资产和资本金不足的问题，不具优势。这是央行职能区别于财政职能的主要方面。

各国对中央银行的金融危机救助职能一般
都在法律层面进行了规定

（1）英国中央银行金融危机救助制度简介

英格兰银行是世界上最早的中央银行，其成立之初并不承认自己负有进行金融危机救助的公共义务。但从 17 世纪至 1870 年频频爆发的金融危机一直困扰着英国经济，在危机形势的逼迫下英格兰银行终于在 1870 年公开承认了其维护英国金融体系稳定的公共义务，开始主动承担最后贷款人的重要责任。按照 1998 年《英格兰银行法》的规定，英格兰银行可以对那些有迹象表明陷入困境的金融机构采取一系列措施，包括派专员对金融机构的业务经营和财务状况进

---

① 次贷危机中联储创新的各种政策工具及分析，参见文章的核心部分第四、五节的具体内容。

行调查、吊销吸收存款许可证、请求法院对金融机构进行停业清理等。

英格兰银行对危机处理的根本目的是维持金融体系的稳定，防止危机扩散，以免造成更大范围的经济损害。英格兰银行在处理问题银行时，主要遵循以下原则：第一，对问题银行提供援助应以商业性解决方案为首要选择，其次才考虑直接资金援助；第二，中央银行援助的是问题金融机构，而非该机构的股东；第三，保证被援助的出现流动性问题的金融机构具有清偿力；第四，解决办法需明确。布莱恩·奎因（Brian Quinn）将英格兰银行支持困境银行战略的观点总结为三个方面：第一，银行倒闭是否是系统性的？第二，这家银行的流动性或偿付能力是否存在问题？第三，是否存在任何形式的存款保险，无论是显性的还是隐性的？

2000年6月英国通过了《金融市场与服务法案》，从法律上进一步明确了中央银行货币政策与金融监管权分离的原则。为明确英格兰银行、财政部、金融服务管理局之间的权力边界，2000年三方达成了《理解备忘录》，规定了四项合作的指导原则，确立了三方合作的基本框架。其合作原则包括：一是明确责任，每一方都必须对其行为负责，职责分工应明确具体；二是公开透明，议会、公众要对三方各自的职责了解清楚；三是职责不重叠，每一方的职能范围必须具有界定，不能权责重叠；四是信息交流，建立央行与其他金融监管者之间的信息交流机制。

（2）美国金融危机救助制度

根据联邦储备法的规定，美联储的宗旨是"提供全国一个更加安全、更加富有弹性以及更加稳定的货币与金融系统"。由此可见美联储成立的初衷就是危机防范与危机救助，维护金融稳定。根据联邦储备银行法规定，联邦储备银行可以向具有偿付能力的会员银行提供临时性、短期抵押贷款，向那些陷入困境的银行提供资金支持。美联储对于金融危机救助的首要原则是维护公众信心。在危机中，恐慌是引发危机蔓延的重要推动力。

美国金融救助体系中，联邦存款保险公司（FDIC）担任着重要角色。联邦存款保险公司主要有保险人、接管人和监管人三大职责。联邦存款保险公司是所有倒闭联邦银行和联邦储蓄信贷协会的清算管理人，目前大部分州也任命FDIC为倒闭州银行的清算管理人。作为清算管理人，FDIC具有受托管理被关闭机构资产和负债的职责，以尽可能快的速度，最大限度地回收、变现倒闭机构资产，偿付债权人。

（3）日本金融危机救助制度

根据1997年新版的《日本银行法》，日本银行所肩负的主要任务包括：通过保持物价稳定促进国民经济健康发展；保证结算系统顺利、平衡运行，从而确保金融体系的稳定。为"保持、维护信用制度的稳定"，日本银行可以行使最后贷款人职能，甚至可以将提供最后贷款作为日常业务的一个环节，在大藏大臣的许可之下，甚至还可以采取超出日常业务范围的对策。

根据《日本银行法》第 25 条的规定，日本银行向问题金融机构提供流动性资金时，前提条件必须符合以下四项原则：一是发生系统性风险的可能性很大；二是没有其他替代方法，而且中央银行的援助是成功地解决问题所不可缺少的；三是所有有关责任方都应承担责任来避免发生道德风险；四是中央银行的金融稳健性将不会受到破坏。

（三） 基于美国金融危机救助实践的财政金融政策配合的经验总结

一是在危机时期，财政政策和货币政策各有优势和不足，必须密切配合才能更好地发挥作用，美国的救助措施在危机第三、四阶段（即 2008 年 10 月之后）的政策综合效果明显要强于第一、二阶段（即 2007 年 7 月至 2008 年 9 月）一个关键性因素就是在后期货币政策得到财政政策的大力配合。二是央行的独立性可以使货币政策比财政政策更灵活地对市场流动性状况做出反应。货币政策更加灵活，决策效率高，扩张潜力大，能够更有效地发挥市场机制的作用。而财政政策效果更加直接，能够进行结构调整，标本兼治。三是债权救助的政治和社会压力要小于股权救助，效果也似乎要好一些。四是购买资产的行为比直接购买股权的行为更有效，无论股权由谁掌握，如果资产负债表中的有毒资产不能有效清除，是难以真正走出困境的。五是同样的购买资产行为，操作细节的差别会造成结果的本质不同，资金来源多元化、引入私人投资、市场化定价、增加透明度、减少市场扭曲等举措，有利于有毒资产的定价和清除。六是财政货币政策要既有分工又紧密合作，整体上看央行购买债权，财政可以购买股权和债权，货币政策可以通过购买国债为财政政策扩张提供资金支持，通过降息减少财政融资成本，通过调节汇率避免财政刺激效果过度外溢。财政政策能够为货币政策疏通传导渠道，降低融资风险，甚至提供流动性贷款的资金来源（如财政补充融资计划）。七是财政部门在拯救破产金融机构、清理不良资产、对高风险金融机构注资等方面发挥主要作用，中央银行可以向金融市场和金融机构提供资金支持，当问题金融机构难以通过市场融资时，中央银行视情况提供额外资本或阶段性持有股权（而且是通过 SPV 持有），以避免金融机构大规模倒闭，但前提是不能承担超过其风险管理能力的风险，因此财政担保和提供铺底资金是一个非常好的办法。

二、金融危机救助的对象

在本次由美国次贷危机引发的国际金融危机的救助过程中，一些金融机构得到了不同形式的救助，如北岩银行、贝尔斯登、AIG、美林、两房，有些却没有得到救助，任其倒闭，如美国五大投行之一的雷曼兄弟、美国第十大抵押贷款机构美国住房抵押贷款投资公司、大量的对冲基金、多达上百家的美国小型银行，等等，特别是雷曼兄弟的倒闭引发关于"该救"和"不该救"的巨大争议。从实际的救助情况看，救助对象的选择过程中重点考虑以下问题：

（一）是否存在系统性风险

由于金融机构在经济系统中的特殊地位，对经济的影响面较大，比较容易产生系统性传染，影响整个经济体系的正常运行。所以，在出现问题时，政府出于经济稳定与社会稳定的考虑，往往倾向于对存在系统性风险的机构进行救助；而没有系统性风险的，则不救助。在此前提下，对此问题的争论主要是：

1. 是"救机构"还是"救市场"的问题

古典的最后贷款人理论如巴林、桑顿、巴杰特等讨论的都是救助机构的问题，但是随着现代金融市场的快速发展，这种情况发生了变化，古德弗兰德和金（Goodfriend and King，1988）、鲍德（Bordo，1990）等认为最后贷款人的资金支持对象应该是市场，最紧急流动性资金的支持只能通过公开市场操作直接向市场提供，同业市场可以保证资金从流动性充足的银行流向流动性不足的银行。考夫曼（Kaufman，1991）认为，借助公开市场操作也可以满足最后贷款人对高能货币的紧急需求，因而不必担心如何援助个别的危机银行，由于真实经济活动和总体经济防止了恐慌引起的对货币存量的冲击，最后贷款人就不必害怕个别经营不善的银行倒闭。对整个市场来说，最后贷款人的资金投放与旨在调整利率的货币政策资金投放作用相同。除非央行对银行的清偿力有明显的信息优势，否则对个体银行的帮助是没有必要的。理论界一般将这两种观点归结为"银行观点"和"货币观点"，本书认为前者关注的是银行能不能支付储户的存款，后者更加关注银行之间的交易能否继续、金融网络是否安全，在存款保险机构逐步健全、金融市场快速发展的今天，应该说货币观点具有更加宏观的视角，但是金融机构作为流动性的主要使用者和创造者，危机中存在的"市场失灵"会导致身处困境的机构无法从市场上获得流动性，"救市场"的效果可能不如理论推导得那么有效，因此也具有明显的局限性。本次危机中美联储的一些"信贷宽松"措施（Credit Easing，CE）事实上融合了这两种观点，一方面在机构救助层面呈现更大

470

的广泛性，除了传统的存款性金融机构以外，投资银行、基金公司、保险公司甚至商业企业都纳入流动性救助的范围，关注的是救助某个机构对提升整个市场的流动性有无帮助，另一方面在市场救助层面呈现针对特定市场注入流动性的情况，采用一些很巧妙的技术（如财政补充融资计划、用国债置换有毒资产等）能够在向特定领域注入流动性的同时却不增加整体流动性。这事实上说明，在"救机构"的过程中更加关注该机构如果倒闭对整个市场流动性的影响，在"救市场"过程中更加重视对市场进行细分，让流动性流入到最需要的市场之中，提高针对性。

2. 是否救助没有清偿能力的银行问题

古典的最后贷款人理论一般是反对为没有清偿能力的银行提供贷款，提倡只对暂时缺乏流动的银行救助，对没有清偿能力的银行进行救助会导致中长期的金融系统低效率和不稳定、增大道德风险、造成纳税人损失，并认为没有坚持巴杰特的基本理论是导致金融危机频发的原因。索罗（Solow，1982）、古德哈特（Goodhart，1987）等学者更加关注机构对市场流动性、金融系统稳定的影响，而弱化了对机构是否具有清偿能力的要求，认为是否具有清偿能力无法判断或者没有足够时间判断、大银行的破产会引发对整体金融系统的信任危机，等等，甚至有学者认为正是由于拘泥于巴杰特等传统的最后贷款人理论的原则，导致对金融危机救助迟缓，使危机的损害增大。本书认为，这事实上涉及短期和长期、显性和隐性的成本收益的综合衡量问题，很难将"有无清偿能力"作为是否救助的唯一标准。

（二）救助成本多大

政府在利用货币政策时，会对各个方面产生不良影响，比如通过膨胀、央行公信力下降。在利用财政政策时，或者直接注资救助时，利用纳税人的钱为金融机构的过错买单，会引起纳税人的不满。而不救助，同样会产生经济衰退、社会动荡等问题。所以，在救助中，必须在做好包括短期和长期、显性和隐性成本在内的全面分析的基础上做出对救助对象的选择。但难点在于由于不同利益集团对一些隐性成本赋予权重差异较大，难以对救援成本进行全面的衡量，更难以得出各方都认同的统一结论。

（三）如何防止道德风险

最后贷款人对银行援助的负面影响主要有：一是救助促使银行经营者和股东为获得更多的救助补贴而去冒更大的风险；二是最后贷款人向倒闭的金融机构提供资金的可能性大大降低了存款人监督金融机构的经营行为和业绩的积极性，并且由于救助是对所有存款人提供隐性保险，所以也会削弱银行间同业监督的积极性；三是道德风险在大银行身上表现得更为严重，政府和公众都不希望其倒闭，于是大银行往往成为监管宽容的对象；四是最后贷款人向经济中投放基础货币，通过货币乘数作用，将大大增加流通中的货币量，从而引发通货膨胀。为了避免最后贷款人的道德风险，学者们通常的建议包括：征收惩罚性高利率；组织私人部门参与救助；"建设性模糊"救助条款；严格的事后信息披露等措施有助于缓解这一问题。其争议主要集中在：

1. 救助中是否应该采取惩罚性利率

在古典的最后贷款人理论中，对接受救助的机构收取惩罚性的利率是共识，但在现代受到了挑战。汉弗莱（Humphrey，1985）认为，在现代金融环境下，征收惩罚性高利率等于向市场提供了一个促使资金加速抽逃的信号，这反而会加剧银行危机的发生，同时，银行经营者为在短期内获得更高收益以支付贷款高利息，会追求更高的风险。很多学者认为，在实践中，对个别机构的紧急贷款并没有征收比市场利率更高的利率。本次危机的救助过程中，美联储大大降低了贴现窗口贷款利率与联邦基金利率之间的利差，事实上降低了惩罚性，以及用短期招标工具（TAF）来代替贴现窗口的主要功能，事实上保护了向美联储借款的银行的信息，这些举措一定程度上为上述观点提供了例证。因此，如何在体现惩罚性和防止提供负面信号、增加银行的经营困难之间进行权衡需要仔细斟酌，同时也是央行进行救助工具创新的关键点。

2. 最后贷款人是否应该进行事前明确承诺

在古典最后贷款人理论中，央行应该在事前进行明确的救援承诺，以防止恐慌状况的出现，但出于对道德风险的担忧，一些学者对此提出了异议。克里根（Corrigan，1990）首次提出了"建设性模糊"的最后贷款人概念，指出最后贷款人在事先故意模糊履行其职责的可能性，即最后贷款人向银行表示，当银行出现危机时，最后贷款人不一定提供资金支持。关于是否、何时、在何种条件下提供支援的预先承诺应该停止。克劳克特（Crockett，1996）认为"建设性模糊"主要有两个作用：一是迫使银行谨慎行事，因为银行自己不知道最后贷款人是否会对他们提供资金支持；二是最后贷款人对出现流动性不足的银行提供援助时，可让该银行经营者和股东共同承担成本。管理层会意识到一旦银行倒闭，他们将会失去工作，股东将失去资本，因此道德风险会大大减少。金德尔伯格对金融危机史进行总结时指出，应该有一个最后贷款人，并精心设计策略，最后贷款人总会援助困难机构以防止不必要的通货紧缩，但他总是使市场对援助是否能及时到来或者是否能够得到援助感到怀疑，唯有如此，才能向其他投资者、其他银行、其他城市或其他国家逐步灌输审慎经营的思想。另外一些学者认为，建设性模糊也有一定的局限性，赋予危机管理机构过大的自由决定权，会带来实践持续性问题，如开始时最后贷款人认为不向危机银行提供安全保障比较有利，但事后又觉得向银行提供资金援助可能更为恰当。从本次危机救助的实践看，本书认为让雷曼兄弟公司倒闭一定程度上是"建设性模糊"理论的运用，能够提醒其他机构进行谨慎经营，一定程度上降低了道德风险。现在普遍采用事前"建设性模糊"＋事后"政策透明度"＋"事后追责"的策略组合来降低最后贷款人的道德风险。

三、金融危机救助的政策工具——以美国为例

应对金融危机过程中所能使用的政策工具组合在上面的金融危机管理三维框架中已经进行了详尽的列举，下面我们结合美国的经验，来分析在危机不同阶段、针对不同规模的危机采取不同政策组合，突出危机救助的及时性和针对性。选择美国作为案例，一方面是因为本次国际金融危机起源于美国的次债危机，美国较早受到影响，经历了危机完整的阶段，另一方面美国政策措施力度大，而且种类齐全，不仅悉数运用利率、再贴现、公开市场操作等传统政策工具，还推出大量创新型的流动性管理工具，如 TAF、TSLF、PDCF、CPFF、MMIFF、TALF 等。在救助范围或操作对象上，从存款类金融机构扩大至一级交易商、再扩大至投资银行甚至罕见地向商业企业或某些特定市场特定债券的投资人提供流动性支持。在救助期限上，融资期限由隔夜延至 28 天及以上，有的期限最长为 3～5 年（TALF）。在确认合格抵押品上，美联储通过拓宽抵押品范围，将 ABCP、MBS 等纳入多个政策工具融资时的合格抵押品范围，将高流动性资产置换注入市场。财政货币政策的配合也经历了多种模式，具有相当的代表性。

本书根据美联储采用货币政策工具侧重点的变化，将危机划分为四个阶段。在危机的不同阶段，由于宏观经济金融环境和流动性状况的不同，美联储所采用的非常规货币政策有较大差别。这说明非常规货币政策必须根据实际情况进行动态微调，在危机的不同阶段，政策的重点、力度、节奏大不相同。

表 10－15   美联储信贷宽松政策和量化宽松政策在危机
不同阶段的分布情况

阶段	政策特征描述	重点目标	财政政策配合
第一阶段： 2007 年 7 月至 2008 年 3 月	常规政策为主＋ 初步的信用宽松	在不增发货币的情况下， 对金融体系注入流动性	无

续表

阶段	政策特征描述	重点目标	财政政策配合
第二阶段： 2008 年 3 月至 2008 年 9 月	信用宽松	在不增发货币的情况下有针对性地对特定市场注入流动性	基本上无
第三阶段： 2008 年 9 月至 2009 年 3 月	信用宽松为主 +初步的量化宽松	增发货币，对特定机构注入流动性	保尔森计划
第四阶段： 2009 年 3 月至 2009 年 10 月	量化宽松为主 + 初步退出的信用宽松	增发货币，通过促进消费信贷和对整个金融体系注入流动性，促进宏观经济的恢复	盖特纳计划

（一） 阶段 1：2007 年 7 月至 2008 年 3 月

此阶段为次贷危机逐步转化为全球金融危机的阶段。此阶段的流动性不足往往只是阶段性的，全球的流动性过剩在一定程度仍然存在。每当遇到如英国北岩银行事件、美国贝尔斯登事件等危机深化或升级的节点，全球金融市场就会出现局部、短时间的流动性紧缩，市场融资成本会在短期内急剧上升，在央行或政府采取措施干预后再逐步恢复。与上述局部、间歇式流动性紧缩相伴的，是整体流动性过剩引发的全球范围内的通货膨胀，这个阶段各主要国家还处于通货膨胀的阶段。此阶段各国的政策甚至一国之内不同部门之间并没有达成一致看法，既有发生时点性全球流动性紧缩时的一致行动，也有为了应对各自国内通货膨胀而采取的小幅加息甚至部分收回流动性的行为，如欧央行、澳大利亚和部分新兴市场国家央行选择了小幅加息。这段时期美联储应对危机的方式主要集中在通过回购协议和定期招标便利（TAF）来向金融市场注入流动性，交易的对象还基本上集中在一级交易商和存款类金融机构的范围内，没有专门针对某一个市场或机构注入流动性；开始进入降息周期，贴现窗口也开始放松，但无论是降息还是贴现利率降低的幅度都很有限。因此，从整体上看这段时间的货币政策基本上还在常规货币政策操作的框架之内，但还是能发现一些不同之处。一是回购操作的频率加快、规模加大、期限延长、抵押品范围放宽，特别是抵押品范围的放宽已经具备了向某些特定市场提供融资的特征；二是采用新工具 TAF，初始的金额较小，后来逐步增大；三是各国央行协同行动，共同注资，以稳定全球金融市场。本阶段美联储资产负债表的规模没有显著变化，流通中的现金和存款类金融机构的存款也没有显著增加，美联储的货币政策没有进入定量宽松阶段，处于信贷宽松的起步阶段（TAF 的规模还较小，没有使用其他非常规工具），此阶段主要靠出售国债来获取对外融资的资金来源。此阶段美联储持有的国债比例降低，回购资产和 TAF 比例略有上升。这一阶段主要是央行在采取措施，财政部基本上没有发挥作用。

表 10 - 16　　危机第一阶段美联储采用的主要货币政策措施

2007 年 8 月 9 日	全球央行联手注入流动性近 3 000 亿美元，其中美联储注入 620 亿美元。
2007 年 8 月 17 日	开始放松贴现窗口，降低贴现率 50 个基点。
2007 年 9 月 18 日	降息 0.5 个百分点，从此美联储进入"降息周期"。
2007 年 12 月 12 日	推出定期招标便利（TAF），随后拍卖金额不断扩大。
2008 年 1 月 22 日	目标利率和贴现利率均降低 75 个基点。
2008 年 3 月 11 日	美联储、欧央行等 5 家西方主要央行宣布采取联合措施向金融系统注入资金；宣布 TSLF。

资料来源：根据网络公开信息整理。

（二）阶段 2：2008 年 3 月至 2008 年 9 月

此阶段金融危机持续升级，并逐步向实体经济渗透。两房陷入危机、贝尔斯登被接管。陷入危机的机构范围扩大，从大银行到中小机构，到政府支持企业（GSEs，类似我国的国有企业）、投行、保险、商业银行等各领域。流动性紧张的程度较前期有所加强，出现紧张的时段频率增高。该阶段央行通过政策创新将流动性补充对象由传统的商业银行拓宽到了受次贷危机冲击最大的非银行金融机构，由于仍然面临着较大的通货膨胀压力，美联储这一阶段的货币政策调整主要是结构性的，央行资产负债表仍然没有显著增大，国债出售的幅度放缓[①]，逐步用财政的补充融资计划（SFD）来替代出售国债的资金来源，各种流动性便利工具所占比重逐步上升；央行将信贷宽松政策的对象扩大至非传统交易对手，政策利率进一步降低；为应对可能出现的系统性风险，央行更加积极使用非传统政策，创新型的政策工具又增加了 PDCF 和 TSLF，TAF 的规模也不断扩大，并针对特定机构动用最后贷款人功能，针对贝尔斯登、两房、AIG 设计了多种提供救援资金的方案。可以说，这段时间仍没有采用量化宽松政策[②]，信贷宽松的特征逐步明朗化，由第一阶段对整个市场注入流动性逐步转化为针对特定市场、特定

[①] 危机前两个阶段美联储的资金来源主要还是靠出售国债，2008 年 8 月的国债拥有量由 2007 年 8 月最高峰时的 7 908.14 亿美元下降到了 4 796.04 亿美元。

[②] 2008 年 8 月美国基础货币同比增长了 2.12%，与历史趋势基本一致。

证券甚至特定机构的流动性注入，政策针对性逐步增强。这一阶段财政部开始逐步发挥作用，但是力度仍然较小。

表 10 – 17　　　危机第二阶段美联储采用的主要货币政策措施

2008 年 3 月 14 日	美联储决定，让纽约联储通过摩根大通银行向美国贝尔斯登提供应急资金。
2008 年 3 月 16 日	美联储根据紧急授权创设一级交易商信贷便利（PDCF），并于 3 月 17 日开始实施。贴现利率降低 25 个基点，贷款期限从 30 天扩展至 90 天。
2009 年 3 月 27 日	2008 年 3 月 11 日宣布，3 月 27 日正式推出定期证券借贷便利（TSLF）。
2008 年 7 月 3 日	美联储在其资产负债表的资产方增设了"贝尔斯登项目"。
2008 年 7 月 13 日	美财政部和美联储宣布救助房利美和房地美，并承诺必要情况下购入两公司股份。
2008 年 9 月 1 日	应联储请求，美国财政部通过补充融资计划（SFP）向联储提供资金。

资料来源：根据网络公开信息整理。

（三）阶段 3：2008 年 9 月至 2009 年 3 月

此阶段金融危机扩散至实体经济，世界各地经济增长速度放缓，失业率激增，一些国家开始出现严重的经济衰退。雷曼兄弟倒闭，美林证券被美国银行收购，"两房"危机爆发，美大型金融机构危机集中爆发。此阶段的宏观经济形势恶化很快，金融市场信心崩溃，金融市场流动性急剧收紧。与此同时，随着主要金融机构大量变现美元资产，将资金调回本国救急，加上危机对新兴市场影响快速显现、大量日元套利交易平仓，以及全球金融市场缺乏能在广度和深度方面与美元资产相抗衡的其他投资渠道，资金开始回流美国国内，推动美元持续走强。2009 年 4 月美元汇率指数已回升至 104 以上，大大高于危机前水平。受世界经济明显放缓、美元转强等因素影响，国际大宗商品价格在 2008 年第四季度后急剧跳水，石油价格在 2008 年底曾一度跌至 40 美元/桶以下，金属、粮食等初级产品价格也回落了近一半。全球通货膨胀压力迅速得到缓解，部分经济体甚至出现通货紧缩苗头。美联储进一步实施信贷宽松政策，并开始实施量化宽松政策。特别是在雷曼事件之后，美联储采取了诸多政策举措创新以改善货币市场功能。由于通货膨胀风险的消除，美联储能够以空前的速度向市场释放流动性，美联储的资产负债表快速增肥，从 2008 年 9 月初的

9 067 亿美元快速增加到 2009 年 3 月中旬的 20 686 亿美元，增幅高达 128%，更是曾经在 2008 年 12 月 17 日一度达到 22 565 亿美元的历史高点，银行准备金出现了快速持续上涨，从 2008 年 9 月初的 109.36 亿美元到 2009 年 3 月中旬的 9 552.20 亿美元，增幅高达 8 635%，大幅上升始于 2008 年 10 月国会批准美联储向准备金支付利息之后，超额准备金从 2001 年 1 月至 2008 年 8 月间占总准备金 4% 的平均水平大幅上升至 2009 年 7 月的 92%。流通中的现金也出现了持续上涨，量化宽松货币的特征明显。同时，TAF、CPFF、央行间货币互换的操作数量也快速增加，AMLF、MMIFF、CPFF 等创新性工具不断涌现，信贷宽松的特征也非常明显。对 AIG 的救助贷款以及购买其旗下资产的贷款增加很快，对"两房"债券的购买或者以其为抵押的贷款不断增加，对特定机构救助的特征也很明显。可以说这段时期是美联储各种非常规政策工具集中展示并快速增长的时期，但是总结特征的话应该是"直接救助阶段"，一是因为美联储直接参与对陷入困境金融机构的救援活动。大量购买"两房"发行的抵押资产支持证券和机构债，并通过成立特殊载体公司（SPV），向美国国际集团（AIG）购买住房抵押支持债券（RMBS）及其提供信用违约互换（CDS）保障的抵押债务债券（CDOs）；二是通过直接在市场上购买特定金融资产，支持特定市场甚至特定机构，如美联储在 2009 年 1 月宣布购买不超过 1.25 万亿美元房地美（Freddie Mac）和房利美（Fannie Mae）发行的抵押贷款支持证券，仍具有很强的救助性质，相继推出了货币市场共同基金流动性工具（AMLF）、商业票据融资便利（CPFF）、货币市场投资者融资便利（MMIFF）、定期资产支持证券信贷便利（TALF）等新的政策工具也都具有相当的针对性。在这一阶段，美国政府在反危机中发挥了越来越大的作用，并与美联储初步形成了既有分工又紧密合作的关系。

表 10 - 18　　　　危机第三阶段美联储采用的主要货币政策措施

2008 年 9 月 16 日	美联储等西方主要央行宣布再次同时向金融系统注入大量资金，美国政府接管全球保险业巨头美国国际集团 AIG。
2008 年 9 月 19 日	美联储宣布总额约 2 000 亿美元的货币市场共同基金资产抵押商业票据流动性便利（AMLF），为商业金融机构从共同基金购买资产抵押商业票据提供资金支持。
2008 年 10 月 1 日	通过法案赋予美联储给准备金付息的权力。
2008 年 10 月 8 日	美联储、欧洲央行、英国央行以及加拿大、瑞士和瑞典等国的央行联合大幅降息 50 个基点。

2008 年 10 月 21 日	创立货币市场投资者融资便利（MMIFF），为货币市场投资者提供流动性支持。
2008 年 10 月 27 日	启动商业票据融资便利（CPFF），为商业票据发行机构提供资金支持。
2008 年 11 月 25 日	美联储宣布投入 8 000 亿美元，用于解冻消费信贷市场、住房抵押信贷和中小企业信贷市场，同时宣布将推出 2 000 亿美元的定期资产支持证券贷款便利（TALF），用于购买与消费信贷相关的资产支持证券，同时购买 1 000 亿美元由房利美、房地美、吉利美 3 家联邦住房机构发行的债券以及 5 000 亿美元由其担保的抵押贷款支持债券（MBS），美国财政部也从 7 000 亿美元金融救援计划中拨出 200 亿美元，支持美联储的上述行动。
2008 年 11 月 25 日	发放 Maiden Lane Ⅱ LLC 的贷款购买 AIG 分支机构的住房抵押贷款支持证券（RMBS）和 AIG 旗下金融产品集团开发的信用违约掉期合约所依赖的多部门有担保债券（CDOs）。
2008 年 12 月 16 日	将联邦基金利率降至历史最低点 0～0.25%，意味着美国已经进入"零利率"时代。

资料来源：根据网络公开信息整理。

（四）阶段 4：2009 年 3 月至 2009 年 10 月

此阶段是危机逐步摆脱最坏状态、逐步企稳回升的阶段①。流动性紧张局面有所缓解，银行间市场和货币市场状况改善。金融体系逐步恢复，经济在底部徘徊，先行性指标部分转好，但是就业、信心、企业盈利等指标仍然滞后。开始在银行部门之外实施量化宽松和信贷宽松政策。最为明显的是，若干央行引入或扩大了资产购买计划，美联储进入了明显的数量宽松货币政策阶段，大举购买国债。政策重点从支持金融机构和特定金融市场转移到一般性的流动性支持，特别注重对实体经济的促进作用。此后，银行间市场和货币市场状况改善，导致信贷宽松政策工具的使用率下降，投资者对风险资产的偏好逐渐回升。

---

① 2009 年 10 月之后事实上仍处于危机阶段，但考虑到我们是根据美联储货币政策工具的侧重点来划分阶段的，从 2009 年 10 月 6 日澳洲央行开始升息以及美联储在 10 月宣布将测试通过逆回购回收流动性，而且 10 月之后美联储没有新的救助工具出台，各国非常规政策进入到了逐步退出阶段，此后阶段考虑的重点是如何退出。因此本书以 2009 年 10 月作为我们分阶段研究美联储救援措施的时间截止点，之后属于对危机的退出路径进行研究的时间段。

在这一阶段，美联储十分强调恢复市场信贷可获得性对于经济复苏的重要意义，然而信贷复苏取决于金融机构能否摆脱困境，而这又取决于金融机构能否及时补充资本金和清理不良资产，对此美联储都难以有大的作为。因此奥巴马政府上台后，已经成为反危机的主角，公布并实施了一系列的刺激经济和恢复金融稳定的计划。美联储逐渐由前台转向幕后，成为资金的主要提供者，一方面通过购买长期国债为美国政府庞大的财政赤字融资，另一方面，通过为私人投资者购买不良资产提供贷款，成为不良资产清理计划的实际"买单者"。需要注意的是，2009 年 3 月同样也是财政政策的一个重要分水岭。事实上财政政策从 2009 年 3 月也分为"保尔森"和"盖特纳"两个计划。财政政策进入到"盖特纳计划"阶段之后对货币政策的促进作用明显增强。

表 10 - 19　　　危机第四阶段美联储采用的主要货币政策措施

2009 年 3 月 3 日	美国财政部和美联储公布了一项总额为 2 000 亿美元的刺激消费信贷计划。
2009 年 3 月 18 日	美联储宣布在未来 6 个月将购买总额 3 000 亿美元的 2~10 年期美国国债。联储也宣布将此前购买"两房"、联邦房屋贷款银行发行的债券及联邦住房机构担保的 MBS 的规模分别从 1 000 亿美元和 5 000亿美元扩大至 2 000 亿美元和 12 500 亿美元。
2009 年 3 月 19 日	美联储进一步扩大 TALF 抵押品种类范围至批发贷款支持证券、车队租约支持证券、商业设备贷款和租约支持证券以及抵押贷款服务商垫付款支持证券。
2009 年 3 月 25 日	3 月 25 日，联储正式启动了 TALF，开始入市购买与消费信贷相关的资产支持证券。
2009 年 4 月 6 日	美联储、欧洲央行、英国央行、日本央行和瑞典等西方五大央行宣布了总额近 3 000 亿美元的货币互换协议。
2009 年 8 月 17 日	美联储又宣布，将以 ABS 和 CMBS2 为担保的 TALF 延长到 2010 年 3 月 31 日；将以 CMBS 为担保的 TALF 延长到 2010 年 6 月 30 日，除非理事会延期此项工具。

资料来源：根据网络公开信息整理。

除了美联储采用包括信贷宽松和量化宽松的非常规货币政策进行多种方式的救助之外，美国政府的财政政策主要致力于公共支出的增加、减税、问题资产的救助和市场信心的恢复。包括布什政府推出了 1 680 亿美元的减税方案，旨在通过减税手段刺激消费和投资；在雷曼兄弟倒台后，布什政府又授权财政部推出 7 000亿美元的救助方案，对问题资产进行救助；奥巴马上台后，在财政刺激力度上更大，其态度也更加坚定，上台伊始便推出了总额高达 7 870 亿美元的大规模的经济刺激方案，该方案 35% 用于减税，65% 用于投资，其内容几乎涉及美国经济的方方面面。

四、金融危机救助中的短期与中长期策略选择

（一）迅速收集信息，判断危机的主要影响程度和利益方，快速决策，启动危机应对程序

从现在中国的现实情况看，三家监管会既是行业的监管者，又是行业主管部门，这容易导致负面信息跨监管行业之间的沟通问题。因此，非常有必要建立对这种危机信息或者可能引发危机的负面信息在"一行三会"之间共享的机制，而不是简单的金融统计数据共享。危机隔离阶段，果断地做出决策是最重要的，但是，危机状态下危机管理人员面临巨大的压力，因此管理者必须建立一个有效的思考框架去迅速地掌握正在发生危机的时机情况，并选择相应的应对方案。卡尔·帕顿和大卫·沙维奇①把快速、初步政策分析法的过程区分为六个步骤：一是根据预警指标的阈值判断危机是否发生，是什么程度的危机？在判断危机程度的基础上快速启动在危机预防阶段事前构建好的危机应对组织框架，并开始运作；二是设定危机的评估标准，分析危机的原因，对危机的传导渠道进行预测和分析；三是列举所有可能的措施和方案；四是对备选方案进行评估；五是对选中的方案进行展示；六是监督和评估政策实施，并再次评价所面临的究竟是何种程度的危机。

（二）短期措施的关键在于迅速隔离危机

首先，通过合法合理的拖延来争取必要的反应时间。比如业务继续性拖延、放假或暂停交易等等。其次，多渠道快速获得流动性。要想在危机时期快速向金融机构或金融市场注入流动性，央行需要再做好以下工作：一是增加创新性工具类型，在了解特性的基础上有针对性地组合和使用。二是尽可能保留更多的市场功能，建立明确的损失分担和弥补制度。三是实施创新性政策要有相应的风险管理能力。我国以国有银行为主的货币市场有其内在稳定性，可由大银行担当做市

---

① ［美］卡尔·帕顿和大卫·沙维奇著，孙兰芝、胡启生等译：《政策分析和规划的初步方法》，华夏出版社 2001 年版，第 1～20 页。

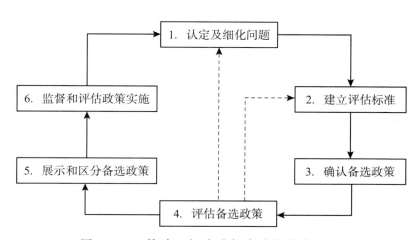

图 10 - 7　快速、初步分析方法的基本过程

资料来源：卡尔·帕顿和大卫·沙维奇著，孙兰芝、胡启生等译：《政策分析和规划的初步方法》，华夏出版社 2001 年版。

商的角色，完成流动性的配置。再其次，尽量保持银行存贷业务和相关交易的正常进行。危机隔离过程中要通过一切手段保持银行存贷业务和相关交易的进行，以维护市场信心和防止交易中断的连锁反应。一是保障正常的存取款业务，防止引发连锁性的银行挤兑。二是原有的交易行为的债务链条要维持，如果机构缺乏足够的资金维持，通过清算所票据对相关机构的票据进行清算。在美联储成立之前，美国采用的主要手段就是清算所票据。或者由央行直接对这些票据进行清算。三是该银行所有债权债务暂时由其他银行代理，保持正常的交易进行。最后，多种措施消除公众恐慌情绪。一是无论如何取款业务不能停止；二是让公众看到银行有足够的钱；三是事前要有良好的存款保险制度，并且必要的时候可以提升保险的存款额度；四是快速找到银行发生挤兑或其他危机的原因，并向公众进行解释和说明，央行官员也要在公开媒体上进行辟谣和表示支持。

（三）中长期措施的关键在于金融网络的重新恢复或重造

1. 实现单个机构功能的完全替代或恢复

对于一般性的不具有系统重要性的金融机构危机，其原有的交易功能和支付功能可以暂时由另外银行取代，并且保障其存款者的利益即可，隔离的重点是对存款者信心的维护，避免引发其他银行挤兑，如果必要可以让此类机构倒闭。但对具有系统重要性的金融机构，是不可能让机构倒闭的，因此重点是改善该机构资产质量，让其自身恢复交易功能。总之，对单独机构的救助分为定点流动性注入和包围圈式的流动性注入。不仅要关注信贷，也要关注银行理财产品的赎回问

481

题。需要注意的是对单个节点的救助要尽量发挥私营机构的力量，从货币契约论的角度就是尽量用高等级的私营机构债务来替代不被市场接受的私营机构债务，轻易不要用公共债务进行替代，以减轻市场扭曲和道德风险，避免因公共债务规模过大，引发更大的危机。在救援的时候要坚决，其中涉及的体制问题事后要解决，但是救援的时候不能过度拘泥于烦琐的程序和试图一下子改变体制机制问题，要分清事情的轻重缓急，美国在救援后再进行秋后算账非常具有借鉴意义。

2. 实现金融系统网络结构的再造

如果是整个金融系统的问题，一方面要向关键机构注入流动性，保持市场信心，对单个重要机构的措施都可以采用，另一方面要重构金融网络，要保持金融系统和实体经济之间的比例关系。一是尽量保持金融系统整体的融资功能，实施宽松的货币政策，通过降低利率、准备金、保持合理的存贷利差让金融机构获利、支持金融机构变卖信贷或进行信贷资产证券化的方式获取流动性，等等，避免对实体经济的冲击。二是通过刺激实体经济的恢复（如增加财政支出、鼓励投资、宽松货币政策等）来带动金融体系的恢复。三是改善整个金融体系的资产质量，如用国债和央票置换金融机构所持有的资产、不良资产剥离。四是调整金融体系机构，使其更加符合经济可持续发展的需要。结构调整中可能的损失要降到最低，最好由政府出面承担。总之，金融系统结构重构的目的是使金融体系的发展与实体经济发展相匹配，其中，建立良性激励机制，避免个体理性的合成谬误是关键。对整个金融系统再造过程一般都会涉及公共债务对私人债务的替代，但是替代的数量、方式要认真研究，公布出来的计划要足够充分，起到提振市场信心的作用，但是真正实施起来要慎重，要逐步实施，一旦监测到信用货币的内生性得到了恢复，市场的正常交易恢复，就应该考虑逐步减少债务的替代。尤其注意避免出现公共债务过度发行形成的融资成本过快上涨的情况，如果出现这种情况，说明公共债务超过了最佳数量区域，应该高度警惕是否引发公共债务危机。

3. 实现全球危机救助的互联互通与防火墙构建

一是研究可能的传导渠道，并采取相应的措施。二是在最终贷款人如 IMF 和 BIS 中获得更大的发言权限，如增加基金份额，争取获得更多 SDR、派驻更多本国人员进入相关国际组织的决策层或者咨询议事机构等。三是逐步完善人民币汇率形成机制，稳步推动人民币国际化进程，促使人民币最终成为一种储备货币。四是积极参与国际救助，避免危机向纵深发展。如通过签署人民币互换协议、专项外汇存款或贷款支持新兴市场国家，通过基金组织交易计划参与基金组织对危机国家的贷款。五是在现阶段防火墙是必要的，包括外国资本的流入流出、外国人购买中国的住房等重要资产，应该有比较严格的限制。可以考虑设置基于托宾税理论的金融交易税、对跨境资本实行不付息的准备金制度，等等。

（四）救助过程要尽量兼顾短期目标和长期目标

1. 尽量兼顾短期的货币可接受性恢复与长期的币值稳定

美联储与美国财政部达成协议，由美国财政部通过增发国债将筹措到的资金转入财政部在美联储新设立的"补充融资账户"供给美联储使用的方式来解决美联储资金来源的问题。随后，美联储于 2008 年 10 月 6 日宣布给存款机构在美联储的法定存款准备金和超额储备金账户支付相当于联邦基金目标利率的利率，此举的目的是为了鼓励银行将储备资金留存在美联储，供美联储自由支配使用。如上所述，由于美联储在应对危机的同时，尽量考虑到应对措施对美国价格稳定形势的可能影响，在财政部的大力配合和协作下，较成功地避免了应对措施对狭义货币供应量的负面影响。美联储的这种应对策略显然有助于减弱通胀压力和有益于稳定市场的通胀预期，在相当程度上消除了市场对美联储应对危机措施可能会给当时正在上升的通胀"火上加油"的忧虑。

2. 救助过程尽量减少对市场机制的扭曲

从美联储的救援经验看，非常规政策，尤其是为银行部门和非银行部门搭建获取信贷渠道的措施，应该设计成为避免将私人激励挤出的机制，充分发挥了市场的定价机制，让私人部分尽量地参与，而且随着市场的逐步恢复和相关债券流动性增强，相关工具会实现自然的退出。这些都尽量保证对市场的扭曲减少。

3. 兼顾短期救助与长期制度建设

在现代金融体系中，脱离了有效监管辅助的央行货币政策可以说是寸步难行。美联储和美国政府都认识到监管松懈也是危机的成因之一，要想危机中的各项政策制定过程中获得的信息充分准备、政策实施过程贯彻得力，必须加强监管。所以一方面美联储利用自身的监管权限，堵塞银行监管漏洞改进了其监管大型银行的方式。另一方面美国其他的金融监管部门，如美国储蓄机构监理局（OTS）、货币监管总署（OCC）、联邦存款保险公司（FDIC）、美国证券交易委员会（SEC）等机构开展或者加强多项监管措施，有助于货币政策的传导。

（五）救助过程中注意多方面进行协调和沟通

首先，注重国际合作和政策协调。一是危机的全球性使得各国央行面临共同的、类似的挑战，各国央行间的多次联手合作也使得金融政策方面产生了"国际标准"，突出表现就是向定量宽松等非传统货币政策倾斜；二是在应对通缩方面，无论是从理论还是实践看，央行的经验都相对较少。因此，各央行之间只有借鉴，包括联储主席伯南克所持的应对通缩的理论观点，日本央行在"失落的十年"中积累的现实经验，都被各国央行相互借鉴模仿；三是美联储等国采取的"非常规"政策具有明显的外部性，如联储采取的政策明显会使得美元相对其他国家货币贬值，从而迫使其他国家央行采取类似政策进行防御；四是一旦周边国家采取"非常规"货币政策并取得效果，势必会增大各界对本国采取"非常规"政策的预期，增大央行面临的舆论和政治压力，如美联储采取买入国债的举措就是在英格兰银行正式宣布采取买入国债方式并取得明显效果之后才宣布的。这些原因必将增大各国央行间政策的协同性，从而增强共同应对危机的力度。其次，注重多种政策的沟通配合。在一国经济体内部，风险是跨部门传播的，多种政策的协调至关重要。而且在金融危机中，小到企业、大到宏观经济金融所面临的问题也都不是单一的货币政策所能够解决的，所以美联储十分注意与其他政策的配合，事实上很多货币政策如果缺乏其他政策的配合也是无法完成的。其中财政政策、监管政策、存款保险政策的作用使美联储的货币政策作用得到有效的发挥，这些政策要么为市场输入流动性，并提振市场信心，要么规范了金融机构行为，使其在危机中按照美联储希望的途径前进。最后，注重对市场之间的沟通和引导。美联储在运用各种货币政策工具实施危机救助的过程中将更加重视信息交流。从其宣传的重点看主要有两个努力方向：一是尽量减少政治阻力，要在多重政治条件约束下取得一个综合平衡，以便相关政策能够在国会等获得更多的支持；二是通过适当的媒体宣传获取社会公众对货币政策的理解和支持。

第四节 金融危机后管理——退出和恢复

危机处理和化解阶段的结束，并不意味着危机管理过程已经完结、危机管理任务宣告完成，只是进入了危机管理的一个新阶段——危机后处理①。此阶段的关键是信用水平和结构由应对危机状态向常态回归，公共债务逐步被私营部门债务替代，公共债务比例回到正常水平。时机、节奏和力度的选择是退出过程的关键。

---

① 需要强调的是，危机后管理仍处于危机状态中，本书所说的前、中、后三个阶段其实对应两个基本状态，危机前对应常态，也就是没有危机的状态，危机中和危机后对应的是危机状态或者说是非常态，危机后的状态虽然整体仍处于危机状态，但是已经位于常态与非常态的过渡阶段。

一、准确判断救助效果，合理选择退出的时机、方式和次序

救助措施退出的首要前提是对救助效果的判断。救助效果评价指标选择的依据是什么？这个问题实际上涉及救助的目的和一系列的价值判断。救机构还是救市场？稳定金融体系还是刺激实体经济？促进经济增长、维护物价稳定、促进就业、国际收支平衡这些目标之间如何权衡？是只评价收益还是要成本收益综合评价？效果是短期的抑或是长期的？是显性的还是隐性的？是看微观效果还是宏观效果？这些问题在不同国家、不同的评价者那里会有不同的答案。从实际操作的情况看，本书认为以下几类指标经常用来评价救助效果：一是存款人利益保护指标和市场心理指标。如存款人损失补偿指标、反映市场风险的 LIBOR - OIS 等利差指标、投资恐慌指数指标等。二是金融业稳定性指标。如问题金融机构违规指标、危机指标、资本指标、资产质量指标、破产金融机构数量、流动性指标。三是金融业效率指标。如问题金融机构竞争力能力恢复、增值能力、信贷恢复情况、特定金融市场融资功能恢复情况、杠杆率。四是宏观经济指标。经济增长或者产能利用率指标、物价指数、就业率等。

救助措施的退出面临三个核心问题：一是退出时机的选择。各国在经济危机来临时，采取的救助手段不同，在退出时机的选择上也不同。通常考虑两个因素：（1）目的是否达到，如金融市场融资功能是否恢复、就业是否增长，等等；（2）其他国家的退出情况。二是退出方式的选择，是渐进退出，还是一次性退出，是各国协调退出，还是根据自己国家的情况适时退出。三是退出的最优次序选择。财政政策、货币政策、特殊的超常规的政策手段等的退出次序、数量工具和价格工具的退出次序。下面分别从这三个方面进行分析。

退出时机：历史经验的两难选择。退出过早可能导致经济二次探底，甚至引发新的危机，例如，1936 年 8 月至 1937 年 4 月，美联储开始提高存款准备金，导致了 1937～1938 年间的衰退，实际 GDP 减少 10%。日本在 20 世纪 90 年代末经济逐渐上行时，先后提高了增值税税率和利率，使得日本 GDP 增长明显下降，并且又持续了长达 5 年的经济低迷。退出过晚、流动性回收不够果断，存在引发恶性通货膨胀的危险以及其他中长期不良影响的可能：一是短期看的必须之举可能埋下潜在长期通货膨胀的隐患；二是可能引发道德风险；三是对央行独立性和公信力的影响，不利于在以后发挥央行应有的作用；四是对市场配置资源的机制形成影响；五是对央行的风险管理形成挑战。如美国 2000 年高科技泡沫破灭后的长期低息政策，导致房地产泡沫积累很大，次贷危机的损害很大，美联储的公信力遭受了极大质疑，格林斯潘甚至不得不为自己当时的决策进行道歉。从历史

教训看，退出虽然要参考其他国家的退出情况，做好国际协调，但是主要基于本国的经济金融状况，一般关注产能（就业）、通胀、市场功能方面的指标，从美联储的会议纪要中可以看出两点：一是重点关注的指标：资源闲置水平、通胀水平、金融市场功能；二是价格工具（利率）更加看重宏观经济的整体情况，重视宏观流动性供给问题，而数量工具（资产负债表规模）更加看重的是金融市场的功能恢复问题，重视的是微观流动性的问题。

退出方式与次序。从目前的情况看，美国采取的顺序是：在特定市场融资机能恢复后，退出了信贷宽松政策—退出了财政所购买的特定金融机构的股权—量化宽松政策和刺激性的财政措施的退出顺序尚不明确。从目前的情况看，中国采取的顺序是：先停止数量扩张（贷款的适度增长）—适度收缩数量工具（公开市场力度加大、节奏加快，公开市场交易品种的期限增长）—调整兼有数量和价格特性的工具，如贴现率、存款准备金、央票利率—基准利率—财政刺激退出。由于中国在相对稳定汇率制度下，因此整个退出的关键点就是对流动性的管理。在不适合立即采用价格工具的情况下（象征意义过大，容易造成政策转向的判断），可以通过一些行业的调控措施，如差别化的信贷政策对房地产的调控、提高对环保和节能减排的要求等来达到适度紧缩的效果，这样在优化经济结构的同时，也减缓了货币政策调整的压力。中美两国在退出策略上的共同特点是：先数量工具退出，后价格工具退出。不同点是：美国先结构性政策退出，后总量性政策退出；中国先总量性政策退出，后结构性政策退出。这是由于美国的结构性政策一般针对特定机构或特定市场，主要目的是修复市场功能，若市场功能恢复的情况下及时退出可以避免对市场机制的扭曲，而中国的结构性政策是针对特定产业、重点发展区域等，持续进行刺激有利于经济结构调整。需要注意的是，由于世界经济复苏基础脆弱，因此不排除个别国家退出过程中出现政策反复，刺激政策意外延长甚至重启。

从退出方式看，各国普遍采取了逐步退出的方式。但多数发达国家由于价格工具迟迟没有退出，不排除在通胀压力过大的情况下出现个别国家大幅升息的激进退出方式。我国在退出过程中要高度关注国际主要经济体刺激政策退出对我国的影响。其他主要经济体货币及财政政策的退出步伐和方式对全球经济和我国经济都会产生较大影响。因此，我国货币政策的调整不仅着眼于内部经济的恢复情况，还将充分考虑其他主要经济体政策变化的潜在影响。特别要积极应对美联储可能的政策转向带来的溢出效应，美元作为国际主要储备货币，美联储"退出"将给我国金融稳定和货币政策带来挑战。为此，我国必须加强短期跨境资本流动监测、监控和监管，密切关注美国汇率和利率政策变化对世界资金流向的影响。在坚持我国货币政策独立性的前提下，根据国内的经济金融状况进行政策调整的同时，关注世界各主要经济体退出步伐，合理选择退出时机、节奏，加强国际协调配合，密切防范输入型通胀等国际冲击，争取取得最佳的货币政策实施效果。

二、消除危机救助"副产品"

只有消除了危机救助的"副产品"，才能真正实现救助措施的退出。

（一）退出过程中的通胀预期管理

一是通过宣示目标、加强沟通等方式引导和稳定预期。可通过公布居民消费价格涨幅、货币供应量增速、贷款增速等预期目标，起到合理引导预期的作用。在加强政策宣示的同时注意加强信息引导，消除通货膨胀恐慌。二是通过适当的政策操作切实管理好流动性和货币信贷总量使实际政策与宣传保持一致性，增强公信力。为此，需及时加强流动性管理，引导信贷适度增长，并加强货币政策与财政政策、项目审批之间的协调，保证货币信贷总量目标得到更好执行。三是适时适度发挥好利率等价格杠杆在管理通货膨胀预期中的作用。四是增加有效供给和遏制过度投机也是管理通货膨胀的有效手段。要增加人民基本生活必需品方面的有效供给，维持必需品价格稳定。

（二）处理过高的资产价格水平

危机救援过程中由于流动性的注入，往往会造成资产价格的过快上涨。为此，需通过多种措施来消除资产价格泡沫：一是采取多种政策措施保持流动性的合理充裕，引导信贷投放适度增长；二是优化信贷结构，加强货币信贷政策与产业政策、环保政策的协调配合，支持重点产业结构调整振兴，促进文化产业、服务外包、战略性新兴产业、低碳经济发展；三是实行更为严格的差别化住房信贷政策、抑制投机需求。

（三）处理过高的公共部门债务

一是要明确对于已发生的担保和承诺，地方政府及相关机构必须认真履行还款责任。二是要提高对地方平台贷款的风险控制和监管标准，加强对商业银行信贷行为的约束。三是要重视发挥市场机制的风险识别和约束作用，及时发现和分散地方平台贷款风险。四是要利用好规范地方政府债务管理的契机，建立支持城镇化发展的健康、长效融资机制。

（四）处理"国进民退"问题

应对危机不仅会出现公共债务替代私人部门债务，还会出现"国进民退"现象，这个现象在多个国家都有发生，但是在中国这个问题更加突出。因此，在危机后阶段需要积极采取措施，重点防止"国进民退"在一般性竞争行业的蔓延：一是坚持贯彻落实国企改革总体精神，坚决纠正与之明显偏离的"国进"行为；二是加速体制改革，尽快赋予民营企业国民待遇，为民营经济健康发展打下坚实基础；三是规范政府行为，在新的形势下重新摆正政府与企业、政府与市场的关系，减少并逐渐杜绝政府对企业事务的行政干预；四是公平地进行资源分配，避免出现不合理地向国有企业分配资源，形成大部分民营企业只能依靠国有企业才能存活的发展模式。

三、完善机制建设，为金融长期稳健运行奠定制度基础

要建立独立调查制度，公开甄别危机诱因，客观评价危机管理的效果，并将结果用于今后的危机管理实践，尤其要注意解决引发危机的一些制度性因素，避免因此制度性因素没有解决从而引发下一次危机。危机爆发之后相对容易解决一些长期存在的制度问题，包括观念更新、制度完善、机构建设、政策改进，这是因为：一是危机将深层次问题彻底暴露，而且造成严重损害；二是危机容易引发高层重视和社会公众的注意，解决深层次问题的阻力可能相对较小；三是解决深层次问题的成本或舆论压力可以转嫁到危机之上，政治压力小一些。因此，危机管理组织应以危机问题的解决为中心和契机，配套地解决和控制一些与危机有关的，可能导致危机局势再度发生的各种社会问题，化"危"为"机"。

（一）退出过程尤其要注意对经济结构的调整

这是因为：一是从各国的情况看，有选择地退出和继续往往是经济结构调整的一种有效方式。二是诸多金融危机案例表明，一个主权国家只有实体经济健康发展，才有能力抵御外部冲击，经济结构的优化本身也有利于吸收退出政策的负面冲击。因此，要注重货币政策与财政等相关政策调整相配合，以促进经济结构调整和经济发展方式转变。退出过程中按"有保有控"的原则，引导金融机构优化信贷结构，加大信贷对经济社会薄弱环节、就业、战略性新兴产业、产业转移等方面的支持，严格控制对产能过剩等行业盲目发放的贷款。促进经济发展模式转变，从重出口推动型经济转向以拉动内需为主、从重扩大投资转向以扩大社

会支出为主、从重低端发展模式转向以科技发展为主。

(二) 完善收入分配体制

曾康霖（2009）[1]认为，美国收入分配贫富差距拉大导致"精英集团"的产生，"精英集团"的行为，则为金融危机奠定了思想基础，安排了组织准备和打造了实现的途径。建立合理的收入分配制度、缩减收入差距对我国的金融危机管理具有重要意义，可以增加居民收入占国民收入的比重，有利于改善内需，有利于经济结构的调整，有利于社会和谐。一是积极推进个人所得税制改革，增加居民收入。继续较大幅度提高个税起征点，提升居民可支配收入和消费能力。可考虑实行"宽税基、低税率"政策，小幅提高起征点同时大幅度降低个人所得税各档次税率。在目前通货膨胀水平较高、实际负利率的情况下，有必要取消或免征利息所得税。增加个人所得税的抵扣范围，将部分无保险的医疗费用、必要的赡养支出及教育费用、按揭贷款利息等纳入抵扣范围。加快综合个人所得税制度建设，实现个人所得税税前合理抵扣，体现税负公平原则。二是处理好国企分红和税收的关系，降低企业储蓄。加大国有企业分红力度，有利于国家集中资金提供公共服务和改善收入分配结构，也有利于走出国有企业高储蓄—高投资的循环，缓解经济失衡。

(三) 健全主体激励机制，完善政策传导机制

一是促进金融市场的发育和完善，扩展以利率为主的传导途径。完善已有的金融产品，规范金融工具的运作程序。通过金融创新不断加大金融市场的广度和深度。大力发展直接融资，进一步提升金融体系合理配置资源的功能，促进真实资金价格信号的形成。加快发展保险市场，促进货币市场、资本市场和保险市场协调发展。加快发展外汇市场和相关衍生品市场，增强外汇市场发现价格、规避风险的作用。稳步推进资产证券化市场的发展和规范。二是深化金融企业及国有企业改革，强化货币政策传导的微观基础。微观基础是否追求利润最大化，将直接影响货币政策的传导机制和效果。可以想象的是，如果微观基础不追求利润的最大化，价格型货币政策工具恐怕就难以发挥作用。随着经济改革的不断深入，金融机构的经营目标正在逐步向利润最大化目标转变，但是和市场经济所要求的相比还有一定差距。一些金融机构，特别是一些大的金融机构，依然没有摆脱传统计划经济体制所留下的"官本位"的特征，在经营目标中，个人的职位级别

---

[1] 曾康霖：《美国收入分配的贫富差距与金融经济危机》，载于《马克思主义与现实（双月刊）》2009年第5期。

往往排在利润指标之前，这无疑会影响价格型货币政策工具的传导效果。因此需要继续推进金融企业改革。把商业银行和证券公司、保险公司、信托投资公司改造成为资本充足、内控严密、运营安全、服务和效益良好的现代金融企业。进一步完善银行业、保险业、证券业体制创新和金融机构股份制改造的相关税收政策，促进金融改革的深化。进一步规范金融机构股东行为、完善董事会运作机制、推动内控建设、加强信息披露、健全薪酬监管、深入开展公司治理评价，提升公司治理的监管水平。把金融机构的薪酬考核与风险、合规管理相挂钩，引导其建立指标科学、标准合理、程序合规的薪酬管理机制，充分发挥激励约束机制在公司治理、风险管控中的作用。加大金融对外开放力度，积极探索和鼓励金融创新。促进国有企业改革，加强预算约束，改进公司治理。促进民营经济发展，进一步改善中小企业、民营企业融资环境，提高企业部门对资金价格、货币政策的敏感度。三是进一步转换政府经济管理职能，完善间接调控机制。加快政府经济管理职能转换，切实把政府经济管理职能转到主要为市场主体服务和创造良好发展环境上来。加快投融资体制改革，进一步确立企业的投资主体地位。配合财政、税收等制度改革，规范各级地方政府行为，发挥其在维护金融稳定、改善金融生态、推动金融改革中的积极作用。各级政府要着力营造公平竞争环境，增加公共产品供给。特别要注意的是央行与三个监管会各自为政的分业监管局面必须有所改变，跨行业的金融风险、金融控股公司的监管事实上处于中间地带，监管机构要做好中编办"三定"规定的职责，但是如果"三定"留有职责真空和模糊，也会形成风险隐患。我国央行根据"三定"规定，承担"推动金融业改革与发展"、"金融稳定"等职责，其中的重要任务就是建立金融业管理者对风险的责任制，建立金融业正当的激励机制，防止为了追求个人或小集体的利益，而让企业甚至整个社会承担过大的风险。四是加强金融法制建设，维护和促进金融体系稳健运行。新通过的《物权法》和《企业破产法》对更好地维护金融债权都有着积极的意义，在出台和生效后应认真贯彻执行，并在司法实践中继续加以完善。制定《征信法》，修订《贷款通则》等完善金融法规的相关工作要稳步推进。逐步建立金融机构市场化退出机制，建立科学、高效的金融稳定协调机制，建立金融危机应急处理机制，并尽量进行制度化、法律化。

（四）配备多样化的货币管理工具

按照丁伯根定律，要达成某一个既定的目标，必须有一种有效的工具，而要达成 n 个相互独立的目标，则至少需要 n 个相互独立且有效的工具。把货币扩展到更广泛的形式之后，相当于有了更多的控制目标（不同层次的契约货币），特别是在应对危机的时期，要同时达到多种目的，就需要有多种政策工具。出于危机管理的需要，中央银行必须在正常状况下就开始丰富自己的工具箱，即使有些工具平常用不上，也要有所研究，关于工具的使用条件、使用原则等形成书面的、系统性的方案，并根据本国或其他国家的危机管理不断进行修正，以备不时之需。一是多元化的资产负债工具有利于危机时期结构调整目标的实现。政策工具进行创新，丰富央行工具箱中政策工具类型大有裨益，一旦危机发生可以根据特定的操作目标采用特殊的工具，实现货币政策进行结构调整的需要，也可以将工具组合使用发挥其叠加效用。至少应该具备以下三类工具：（1）拓展中央银行传统的最后贷款人职能的措施，通过多种政策工具向银行及其他主要金融企业提供充足流动性，包括拓宽抵押品范围、提供多种融资便利等的政策工具设计；（2）直接影响其他信贷市场和经济主体的工具，如直接面向非金融机构与商业票据、资产抵押证券相关的流动性工具；（3）以直接购买中长期债券为特点的量化宽松政策的政策工具。我们可以有选择地对美联储和其他央行已经采用的工具进行改造和使用，并对种类和期限进行丰富，但是必须清楚认识到每个政策工具的作用机理和可能的正面负面效果，并根据本国国情实事求是地进行发展和应用。二是在灵活使用非常规政策的同时必须遵循一定条件和原则。从美联储情况看，非常规货币政策的灵活运用对于缓解危机的负面影响发挥了积极作用。不过，非常规政策只有在市场严重失灵的前提下，当原有的货币政策传导机制受损时才应该启用，不能将之作为干预市场的常规手段。同时，非常规政策的使用还须遵循以下原则：尽可能保留更多的市场功能，让私人部门参与定价，尽可能减少价格扭曲；要注重流动性注入对市场机构和货币内生性的作用，要以最小的外生流动性换取最多的内生流动性；与财政等部门建立明确的损失分担和弥补机制，保持央行应有的独立性；加强各种法律和制度建设，为政策工具的实施和传导创造更好的宏观和制度环境；储备足量有能力的工作人员，从而具备与非常规货币政策相对应的风险管理能力；要兼顾流动性救助措施的目标与货币政策长期目标之间的关系，将利益冲突尽可能降到最低；流动性因为可以全球流动，流动性政策工具的使用具有较强的政策外溢性，需要加强全球合作；工具在使用的同时要设计好退出策略。

（五） 构建全方位的流动性监测体系

本书认为，进行全方面、多层次的流动性监测在金融危机救助过程中意义重大：首先，危机的爆发最早从流动性紧张开始，货币市场利差急剧增大，金融机构为了保持流动性不得不加快抛售资产，形成资产的加速下跌，从而引发一系列连锁反应；其次，非常规政策往往针对特定市场和机构注入流动性，要求央行能够对特定市场和机构的流动性状况以及其流动性状况对整个市场流动性的影响进行监测和分析；再其次，各种救援政策和货币政策的叠加效应很难依靠传统的利率或货币等单一指标给出精确判断，此时必须扩大流动性监测范围，尤其要重视对风险指标的分析，这样才能全面衡量措施的效果，进而决定是继续加大力度还是采取其他措施；最后，非常规政策的退出前提之一是市场机能恢复，市场机能恢复的重要指标就是市场上的流动性状况。因此，完备的流动性监测体系对各阶段的危机管理都很重要，我国央行要做好以下几方面的流动性监测工作。一是要加强央行金融监管协调职能，扩展流动性监测范围。由于我国的分业监管现状，根据监管权限，央行现有的流动性监测主要集中在货币市场而且主要是银行间市场，而流动性往往是跨市场流动的，事实上央行需要对证券、保险、财务公司、信托公司以及地方性银行和信用社等机构或市场的流动全面掌握，而这往往难以得到其他监管部门的配合。例如，在现行新股发行制度下，IPO 对银行体系流动性的冲击较大；银监会对商业银行资本充足率、超储率、流动性比例等规定的调整会对商业银行信贷投放、意愿备付水平等产生影响，而央行在事前不掌握监管机构推出这些政策的情况，往往是在事件发生之后被动地进行应对，在一定程度上不利于货币调控目标的实现。因此，加强央行的金融监管协调职能，才能真正促使监管部门能及时与央行共享诸如 IPO 发行进程安排、监管政策重大调整等有关监管信息，有利于央行建立全面的流动性监测机制，保证宏观调控目标的实现。央行也可考虑建立单独的处室甚至司局，专职从事流动性监测工作。从长远发展看，应该设计针对特定市场的流动性衡量指标，如对国际流动性情况监测的指标体系，对跨行业、跨市场的流动性监测体系，大宗商品市场流动性监测体系、股票市场流动性的监测体系、期货市场流动性监测体系、房地产流动性监测、金融控股公司流动性监测体系，等等。并逐步研究探索构建相应的流动性预警指标体系，逐步建立新型互动的流动性监测工作机制。二是在短期内要完善现有的流动性监测指标体系，在现有框架下设定可容忍的流动性风险水平标准。我国央行现有的流动性监测主要集中在银行体系的头寸和超额备付率上，通过公开市场操作、存款准备金、再贷款等对银行体系的超额准备水平进行调节，使银行体系流动性保持在合适水平，并在必要时对银行体系提供流动性支持。按照银行的经营战略和系统重要性确定单个银行的可容忍流动性风险水平，以可容忍流动性风险水平为基准建立银行流动性风险管理战略、制度和措施，确保银行具有充足的流动性水平。对监测中发现流动性指标突破警示线或有异常变化的法人金融机构，监测者要及时了解原因，并对可能产生流动性困难的金融机构发出警示，引导金融机构加强流动性管理，改善流动性状况。同时向危机管理部门报送相关情况。三是在中长期，可以考虑引入更多的流动性监测指标。如引入反映金融机构短期流动性水平的流动性覆盖比率和反映中长期流动性水平的净稳定融资满足率，还可以考虑引入合约期限错配、融资集中度、可自由运用资产等国际统一的流动性风险监测工具，以便我国央行加强对银行的表内和表外流动性监测。还可考虑建立类似 SHIBOR – OIS、TED 利差这种通过反映风险溢价来反映市场流动性的指标。当然现在利用中央国债公司的登记系统计算出来的债券收益率曲线数据，可以从收益曲线的变动来反映市场流动性状况，但是效果还是差强人意，有进一步改进的必要。可考虑在宏观审慎监管的整体框架下，进一步完善金融网络模型，加强对系统重要性机构的筛选和流动性监测，加强对流动性结构不均衡状况的分析和预测。四是确立流动性的成本、效益和风险分析。确立流动性的风险可控、成本效益原则，将流动性的成本、效益和风险分配到银行的所有表内和表外重要业务活动上，并以此为基础对各类业务活动进行评估，提高银行的流动性管理水平。五是督促银行建立并定期实施流动性风险的压力测试。压力测试应与公司治理和风险管理相结合，覆盖银行的各类风险和各个业务领域，反映银行的整体风险状况。应重点关注金融危机中凸显的风险缓释和风险传递等特定领域，如证券化特别是次级产品等复杂金融产品、高杠杆交易对手风险暴露的压力测试等。央行应加强对银行压力测试的检查监督，要对银行压力测试方案进行定期评估，对银行压力测试方案的不足进行纠正和修改，把对银行压力测试检查监督纳入银行资本充足性评估和流动性评估。六是强化流动性风险紧急应对措施。督促银行制订正式的流动性短缺的应急资金计划，建立可自由使用的高质量流动资产缓冲，应对各种流动性危机。央行要制订与之对接的流动性救助方案。

（六）完善金融机构破产程序，减轻"大而不能倒"的道德风险

金融是现代经济的核心，银行则在现代金融体系中占据至关重要的地位。银行的稳健不仅关系存款人信心和金融稳定，而且影响着货币政策传导机制和支付体系等能否顺畅运行。与实体经济部门企业破产不同的是，银行破产具有极大的传染性，其对公众信心的伤害也很难在短时间内修复。因此，金融机构的社会性使其不宜大量破产，但是有问题金融机构大量存在又难以严肃市场纪律，降低了整个金融体系的效率，提高了潜在风险。合理的金融机构破产制度一方面能扫清、健全金融机构生存的基础；另一方面破产保护能有效维护债权追索秩序，最大限度保护债权人利益。鉴于银行在经济生活中的重要地位，各国对银行破产都采取慎重的对待方式。解决金融机构"大而不能倒"的一个关键点是要建立银行破产机制，从而使经营不善的机构实现退出，降低央行进行金融危机救助的道德风险。从我国目前的情况看，重点做好以下工作：一是要建立破产应急接管处置机制，有效控制破产风险的扩散和传染，保障破产顺利实施。要在银行破产程序中设立前置接管程序，建立银行破产应急处置机制，明确各政府部门的职责权

限、建立协调机制、制定应对措施和预案，积极应对突发事件，有效控制银行破产过程，稳定公众对市场的信心，为银行顺利实施破产提供有力保障。二是破产制度中要有防范道德风险的相关措施和追责机制。吴晓灵（2004）[①] 提出，要严防破产逃债的道德风险：对有关联交易的股东，其财产应负连带责任，对有破产记录的公司董事长、法人代表、总经理，金融机构要严格控制与其授信关系。对金融企业要严格追究违规经营的法律责任：对挪用委托财产的要追究刑事责任，对违规造成损失的要追究渎职责任，对一般违规人员要按金融法规追究责任，金融业关系国家经济安全、社会公众利益，破产企业的经营管理层、直接责任人必须有经济利益的损失，否则无以惩戒后人。三是建立存款保险制度，保障存款人利益，增强公众对银行体系的信息，维护金融体系的稳定。破产一方面造成存款人利益的损失，严重影响其生活、生产，危及社会稳定，另一方面损害了存款人对银行的信任和忠诚，而这种信任和忠诚是维系银行可持续发展的重要市场基础。因此，为保障存款人利益和维护金融市场的稳定和可持续发展，减少金融市场的不确定性，就需要建立存款保险制度，有效保护存款人的利益。四是建立银行跨境破产合作机制，推动银行跨境破产有效实施。加强监管信息和交流与监管规则标准的统一，建立有效的银行破产风险识别和预警机制，预防跨国银行破产的发生。相互承认银行监管机构在履行重整和清算措施中的法律地位。统一银行跨境破产管辖权标注和破产法律使用规则，消除法律冲突，节约破产成本，提高破产效率。五是积极参与国际规则的制定和执行，提高我国在跨国银行破产处置领域的主动权和话语权。目前，国际上还没有统一适用的跨国银行破产处置方面的公约，不同的国际组织在这一领域的努力还在进展过程中。因此，我国可积极主动地参与跨国银行破产处置规则的制定，一方面可以深入学习国际经验和教训，另一方面有助于争取规则，体现和维护我国金融利益，以提高我国在国际合作中的话语权。

（七）加强微观审慎监管的同时建立完善宏观审慎监管体系

本次金融危机的一个重要教训是，对单个金融机构的有效监管非常必要，但是不能充分保障金融体系整个系统的稳定。加强宏观审慎监管，并将其与微观审慎监管进行有机结合，标志着金融监管理念和方式的重大调整。建立我国的金融危机管理框架，这是不可缺少的重要一环。一是中国作为金融稳定理事会的成员国，当前应该抓紧研究建立和完善宏观审慎监管框架。开发宏观审慎监管工具，

① 吴晓灵：《加强金融法制建设　维护金融稳定基础》，2004 年 7 月 3 日在北京大学光华管理学院"中日高级经济论坛"上的演讲稿。

缓解现有规则的顺周期性,在经济上行期控制信贷和资产价格过度增长,并促使银行建立逆周期的资本和拨备缓冲,建立逆风向的差别准备金制度,这些逆周期的拨备、缓冲、准备可供银行在经济下行周期使用,防止经济在下行期内过度收缩。并通过加强跨市场、跨行业的全面监管维护金融体系稳定,促进经济平稳和可持续发展。根据国际组织的建议和我国实际,至少应该建立以下三个逆周期的监管工具:(1)建立应急资本。银行应具有将非普通股一级资本和二级资本工具转换成普通股的能力,并设定了资本的转换条件和转换率。在发生银行危机时,如果政府选择救助银行,银行应根据一定的触发事件将优先股或债务转换为普通股,目的是在危机时期增加能够吸收损失的普通股、促进对管理者和投资者的激励、提高资本对已发生损失的吸收能力、减少道德风险等。(2)引入杠杆率作为监管工具,作为资本充足率的补充。杠杆率是银行总风险暴露与资本之间的比例,与资本充足率相比,它更能显示银行表内外的风险暴露程度;它不经风险调整,可以避免资本充足率中模型风险和计量风险,为银行业提供额外的监管保证。(3)按照信贷/GDP比率对其长期趋势的偏离程度计算资本缓冲;促使银行在信贷扩张时期计提更具前瞻性的拨备、建立资本缓冲,并在危机时使用,缓解资本要求的顺周期性。二是中央银行在宏观审慎监管体系中应发挥主导作用。这是因为,单个金融监管当局主要的任务是维护具体金融机构的稳健经营,因此其本质属于微观审慎的范畴。这些机构虽也涉及一部分宏观审慎职能,例如逆周期资本金管制,以及对金融机构同类组的某些监管政策等,但终究不会有整体图景。而中央银行有着进行宏观审慎管理的天然优势:首先,从法律层面看,我国央行承担着维护金融稳定的重要职责,而金融稳定本身就是宏观审慎管理的主要目标。其次,从不同职能配合层面看,中央银行的货币政策功能、支付清算体系功能都使其处于维护宏观审慎、防范系统性风险的独特地位,从上面的分析中还可以看出,成功有效的宏观审慎政策和货币政策能够相辅相成、相互促进。最后,从工具层面看,央行的诸多政策工具如通过窗口指导引导信贷投放,调整信贷/GDP比重,进行风险提示,收取准备金、特种存款、差别准备金制度等本身就是宏观审慎管理的重要内容。盛松成(2010)[①]认为宏观审慎管理的本质是"宏观流动性管理",因此与货币政策的旨趣一致,而与微观审慎监管却存在冲突,应该由央行承担宏观审慎管理的职能。本书认为,要么以"三定"形式赋予央行宏观审慎监管的职能,要么在现有的框架基础上,建立央行主导的金融委员会,专司宏观审慎监管和维护金融稳定的功能。这样的一个委员会,既可以把国务院从繁重的协调任务中解脱出来,又可以让行业监管当局专心致志地改善微

---

① 盛松成:《宏观审慎监管:中央银行行使的依据、目标和工具》,2010年工作论文。

观审慎监管，还可以超越目前监管当局之间以及与中央银行之间协调与信息共享的障碍，避免由于多个部门同时使用宏观审慎政策工具造成了一些不合理的政策叠加效应，可以高屋建瓴、高瞻远瞩地分析、监控所有可能导致体系性风险的机构、产品、工具、市场和交易行为。金融委员会的职能，还应该包括开发和建立宏观审慎的工具、标准、指标，并且对改善微观审慎提出建设性意见和要求。

微观审慎监管方面需要做好以下工作：一是提高金融机构的资本质量和资本充足率水平，建立逆周期超额资本和贷款损失准备监管制度，增强金融体系的损失吸收能力。对具有系统重要性的银行要提出超额资本要求和超额流动性要求，对系统重要银行对单个及集团客户的总体风险暴露规定上限要求和披露要求，降低其对重要交易对手的风险暴露等。二是扩大监管范围，确保整个金融体系受到合理监管，尤其是要加强对非银行金融机构以及金融集团的监管。三是重视传统监管工具和手段的运用，在银行体系与资本市场之间建立"防火墙"。银行和资本市场之间在机构设置、业务限制、融资渠道等方面建立有效的风险隔离机制是有必要的。四是完善流动性监管制度，加强金融机构的流动性风险监管。五是重视会计制度对金融稳定的影响，强化透明度建设。六是加强对金融创新的监管，保证创新型产品的发起、出售、投资行为受到恰当的监管，尤其是加强对金融衍生品的监管。七是将信用评级机构纳入监管范围，加强对会计制度设计和使用方面的监管。八是重视激励机制对金融机构风险承担的影响，监管机构应对薪酬机制实施恰当的监管。九是加强跨境监管合作和对跨境机构的联合监管。十是支持在客观、有效的基础上实施全球监管标准，加强对离岸金融中心和避税天堂的合理监督。

第五节　主要结论

本章对危机管理的一般理论、金融危机管理理论评述的基础上构建了金融危机管理的三阶段框架模型，即事前的预防和预警、事中的控制和应对、事后的退出与恢复，并在时间维度的基础上添加了危机范围维度和政策应对维度，从而构造其具有较强实际操作意义的三维立体金融危机管理基本框架，其基本思路是要针对危机的不同阶段、危机的不同程度和范围，构建不同的危机管理组织架构、采取最及时和有效的决策程度，通过适当的政策组合来进行金融危机管理，反映了强调针对性和及时性这一现代金融危机管理的共同特征。具体来说，我们需在金融危机管理中注意以下问题：

一、树立危机意识，避免过度自信

危机意识是危机预警和管理的起点，而在和平稳定时期，人们往往缺乏危机意识。我们必须从关系党和国家的稳定、发展的高度认识危机处理的重大意义，保持高度敏感性，杜绝麻痹大意，要根据时代发展和各种危机应对的经验，实时调整、更新危机应对战略。但是国内现在存在一些缺乏危机意识的思想观念需要纠正。

一是国内很多人包括一些监管机构认为美国本次危机发生后我们之所以没有发生金融危机，说明我国的金融体系很稳健，监管也很到位，这事实上就是缺乏危机意识的表现。除了我国的金融杠杆率相对较低、储蓄率较高之外（这两点其实也在快速发生变化），我们的经济结构问题、过度依靠房地产发展、过度依靠出口，贷款过度集中地方融资平台，"国进民退"，"两高一资"高耗能式的粗犷式发展等，都给我国可能发生金融危机埋下了隐患。最现实的例子就是一旦我国的房地产价格出现大幅调整，金融机构将可能遭受巨大冲击，不排除类似美国的次贷危机。我们没有出现危机可能只是矛盾没有积累到一定程度，也可能是因为我们与国际金融体系的联系度较弱而已。一个人没有得流感，不见得是真的身体好，可能只是他没有上街、与外界隔离，没有接触到传染源而已。在我国，还需要高度重视大型金融机构"大而不能倒"而引发的道德风险对金融系统稳定的危害。

二是由于过于看重经济政绩、政治生命周期等因素影响，各级政府和国有企业的负责人普遍更关心眼前的问题，对深层次的结构性问题关注不高，或者虽然关注但是担心结构调整对眼前的利益影响过大，不愿意承担政治风险和相关压力。这事实上也是缺乏危机意识的表现，因为多年的发展成果可能被一次危机完全损失掉，所以过于依赖眼前的发展模式是很危险的。

二、树立系统性的金融危机管理理念，建立金融危机管理的制度框架

树立系统性的金融危机管理理念必须认识到金融危机成因的复杂性和管理工作的复杂性，并重点做好以下几个方面工作。

一是要对"熵增"进行管理，具体来说就是对信用货币的经济发行进行管理。保持社会信用水平和结构与实体经济发展需要相适应是金融危机管理的本质，但是在危机管理的不同阶段侧重点将有所不同。信用货币的内生属性是理

解金融危机频发问题的关键。缺乏监管是信用货币过多发行的外因，对广义的信用货币进行控制单纯依靠传统的货币政策是不行的，还需要通过加强微观审慎监管和宏观审慎管理来控制信用货币过度增长。扩展央行能够控制的信用货币范围，对央行的货币政策框架进行完善和扩展，关注资产价格变动对通胀预期和金融稳定的影响。实体经济的结构失衡和缺乏可持续发展动力以及微观主体的激励机制缺陷是信用货币过快增长的内因，因此必须重视深层次的经济结构调整。

二是从金融系统的长期稳健发展看，在危机应对过程中必须兼顾短期目标和长期目标，注意多方面的沟通协调，尽量采用市场化的方式，防止对市场机制的过度扭曲，危机救助措施的退出必须及时适度，因为债务替代过程不可能一直持续，公共债务规模过大必将引发新的危机。退出过程必须对救助措施的"副产品"进行处理，否则会引发道德风险，并可能引致下一次的金融危机。

三是对金融危机管理的规则和组织架构进行制度化，完善法律法规体系，构建包括人民银行、财政部、银证保监管会、外管局、发改委、宣传部等多个部门协调配合的组织架构，相关国务院领导的职责也要进行明确，相关的决策程序也要进行明确。

四是提高危机预警能力，加强救助的时效性。中央银行对金融危机救助的及时性、有效性，必须依赖于金融危机预警的能力，包括对宏观经济走势的准确判断及对问题金融机构的准确监管信息。

五是明确救助原则，建立破产机制，以降低道德风险。首先，对问题金融机构的救助应遵循以下三点原则："最后"手段原则，金融机构的自我救助是首要手段，其次是其他市场主体的救助，中央银行对金融机构的救助是最后手段。及时性原则，在金融危机形势恶化，金融风险传染便利性较强，系统性风险一触即发的时刻，中央银行要在第一时间采取措施挽救。权责对称原则，建立秋后算账的惩罚机制。其次，建立并完善金融机构破产机制是降低道德风险的有效措施。

三、加强财政货币政策的协调配合

财政政策和货币政策是一个国家最重要的宏观经济政策，是国家实行需求管理，调节和干预整个经济运行各个层面的最重要的武器。中央银行与财政的关系主要包括三个方面的内容，即行政关系、资金业务关系、政策上的配合关系。

一是在资金业务关系层面。（1）市场及机构流动性不足的情况下，以金融政策救助为主，财政政策积极配合。（2）在金融机构不良资产过多的情况下，以财政政策救助为主，金融政策积极配合。（3）在金融机构资本金不足、信用丧失的情况下，以财政政策救助为主，金融政策积极配合。（4）问题金融机构兼并重组下的配合，可由财政提供担保、央行购买有毒资产，并由财政注资弥补资本金。（5）问题金融机构破产关闭下的配合，由货币政策为社会提供流动性，财政提供相应补偿防止社会动荡。

二是从政策配合关系看。货币政策与财政政策的配合在危机前主要表现在对经济结构调整和促进国民收入分配合理方面，危机中主要表现在扩大内需和提供资金来源、提供高等级债务替代方面，危机后主要表现在退出顺序和制度完善方面。但无论在哪个阶段，财政货币政策配合往往成为危机管理成败的关键。

三是改进在操作层面的协调配合。建立中央银行与财政部的日常沟通协调机制，以及重大政策和事项的协商处理机制。在当前国际收支不平衡、流动性总体宽松的形势下，需要合理把握国库现金管理的操作规模和时机，并与货币政策协调配合，保持银行体系流动性总量适度、变化平滑，以及货币市场利率的基本稳定。强化中央银行国库经理职能，保证国库现金的安全性、流动性和盈利性。

四是在推进改革方面，财政、税收部门可与中央银行相配合，发挥更大作用。完善金融企业税收政策和税收管理，优化金融业税收负担水平，积极消除金融税制中的重复征税问题，统一内外资金融机构税收制度，促进金融企业改革，增强金融机构持续发展和公平竞争能力。建立健全鼓励金融创新的税收制度，完善和规范新兴金融业务和金融衍生产品的税收政策，避免产生可能影响金融创新的税收障碍，促进金融产品创新和金融市场发展。逐步清理历史欠账，进一步健全中央银行资产负债表，增强中央银行的公信力与权威性，从而提高货币政策实施的有效性。

四、加强货币政策与金融监管政策的协调配合

货币政策与金融监管政策的协调配合是改进金融宏观调控、加强金融机构综合经营管理、巩固我国金融微观基础的客观需要，也是应对金融国际化、全球化日益发展的必然选择。但是由于目前金融体制及管理机制的局限性、政策协调程度及方式的单一性、政策协调本身所固有的障碍等都给货币政策与金融监管政策协调配合带来不同程度的困难。为确保金融宏观调控政策的科学制定和有效实施，需要切实加强货币政策与监管政策的有机协调和配合。

一是设计制定较为科学完备的金融宏观管理法律框架，进一步完善与货币政

策、监管政策相关的各项法律、法规，为货币政策、监管政策协调配合创造良好的金融生态环境。

二是着眼于金融市场体系建设的长期规划加强协调配合，研究并明确各部门的职责任务。通过市场制度、市场标准、交易规则、市场平台等方面的基础性建设，协调把握市场培育和产品创新的步伐和节奏，通过专业化的监管措施防范风险。实现金融市场的健全和稳定，从而形成直接融资和间接融资共同发展、相互促进的良好局面。

三是根据各自分工，努力促进金融业全面、协调、可持续的发展。货币政策重在保持价格稳定，促进金融体系平稳运行，发挥其服务金融机构的潜力；监管政策在有效防范金融风险的前提下，不断创新监管方式，放松行政管制，改善金融服务，鼓励金融企业改革、创新和发展，为真正实现金融企业的自主经营、自担风险、自负盈亏、自我约束创造更有利的环境。

四是实现多层次的信息共享，研究建立货币政策和金融监管政策的沟通协调机制，保证政策发布的严谨和全面，科学合理地引导公众预期。

五、加强货币政策与产业政策的协调配合

发挥货币信贷政策与产业政策协调配合的综合效应。引导金融机构认真贯彻落实国家产业政策要求，进一步优化信贷结构。在贷款投放上坚持"有保有压"，既要严格控制对过度投资行业的贷款，又要加大对中小企业、个人消费及农村农业等经济薄弱环节的信贷投入。合理控制基本建设等中长期贷款，停止对政府的打捆贷款和授信活动。增加对中小企业特别是成长性比较好的民营企业的贷款支持。加大对具有自主品牌、自主研发产品企业的信贷支持。拓展消费信贷业务，增加消费信贷品种。有效利用个人信用信息基础数据库中的相关信息，建立健全内部定价规则，合理确定住房贷款利率水平，改进住房金融服务和风险管理，根据不同客户群体的需要创新住房信贷品种，支持合理住房消费，有效防范风险。改善农村金融服务，扶持和发展农村金融，进一步加强对农业农村经济的信贷支持力度。扩大对完善下岗失业人员小额担保贷款工作的长效机制，推动建立小额担保贷款、创业培训与信用社区建设的有机联动的协调机制。

参 考 文 献

英文部分

［1］ Abiad. *Early Warning Systems*: *A Survey and a Regime-Switching Approach*. IMF Working Paper, 2003.

［2］ Ades, Masih, Tenengauzer. *Gs-Watch*: *A New Framework for Predicting Financial Crises in Emerging Markets*. New York: Goldman Sachs, 1998.

［3］ Aghion, P. , J. Tirole: *Real and Formal Authority in Organizations*. Journal of Political Economy, 105.

［4］ Aharony J. , Swary I. . *Additional evidence on the information-based contagion effects of bank failures*. Journal of Banking and Finance. 1996, pp. 57 – 70.

［5］ Aitken B. , Harrison A. . *Do Domestic Firms Benefit from Direct Foreign Investment? Evidence from Venezuela. American Economic Review*, 1999, 89 (3), pp. 605 – 618.

［6］ Aizenman, Joshua Volatility. *Employment*, *and the Patterns of FDI in Emerging Markets*, NBER Working Paper No. 9397 (December), 2002.

［7］ Akerlof G. , Romer P. , Hall R. , Mankiw N. . *Looting*: *The Economic Underworld of Bankruptcy for Profit*. Brookings Papers on Economic Activity. 1993, pp. 1 – 73.

［8］ Allen, F. and D. Gale. *Financial Contagion*. Journal of Political, 2000.

［9］ Andrew Crockett. *Marrying the micro-and macro-prudential dimensions of financial stability*, Basel, Switzerland, 2000.

［10］ Andrew Rozanov. *Who Holds Wealth of Nations*. Central Banking Journal, May, 2005.

［11］ Arnold Wolfers. *National Security as an Ambiguous Symbol*, Political Science Quarterly, 67/1952.

［12］ Arora and Ou-Yang. *A model of asset pricing and portfolio delegation*. Paper presented at the AFA 2002 annual conference, 2001.

[13] Asli Demirguc-Kunt & Enrica Detragiache. *The Determinants of Banking Crises in Developing and Developed Countries.* IMF Staff Papers, Palgrave Macmillan Journals, Vol. 1998, 45 (1), P. 3.

[14] Bandiera, O., G. Caprio, P. Honohan, and F. Schiantarelli. *Does Financial Reform Raise or Reduce Savings?. Review of Economics and Statistics.* 2000, 82 (2), pp. 239 – 263.

[15] Barajas A., Steiner R., Salazar N.. *The Impact of Liberalization and Foreign Investment in Colombia's Financial Sector.* Journal of Development Economics. 2000, 63 (1), pp. 157 – 196.

[16] Barry Eichengreen & Andrew K. Rose. *Staying Afloat When the Wind Shifts: External Factors and Emerging-Market Banking Crises.* NBER Working Papers 6370, National Bureau of Economic Research, Inc., 1998.

[17] Barth, J. R., G. Caprio, and R. Levine. *The regulation and supervision of banks around the world: a new database*, In: Brooking-Wharton Papers on Financial Services, Eds: Litan, Robert E. and Richard Herring, Washington, D. C., Brookings Institution, 2001, pp. 183 – 250.

[18] Barth, James, Gerard Capiro, and Ross Levine. " *Banking System Around the Globe: Do Regulation and Ownership Affect Performance and Stability?*" in Frederic Mishkin, ed., Prudential Supervision: What Works and What Doesn't. University of Chicago Press, 2001.

[19] Basak, Pavlova and Shapiro. "Offsetting the incentives: risk shifting, and benefits of benchmarking in money management", paper prepared for the EFA 2003 annual conference, 2003.

[20] Becker, G. and G. Stigler. *Law Enforcement, Malfeasance, and the Compensation of Enforcers. Journal of Legal Studies*, 1974, 3 (1), pp. 1 – 18.

[21] Berg, Andrew, Borensztein. *Anticipating Balance of Payments Crises: The Role of Early Warning Systems.* IMF Occasional Paper, 1999.

[22] Berg, E. Borensztein, C. Pattillo. *Assessing Early Warning Systems: How Have They Worked in Practice?.* IMF Working Paper, 2004.

[23] Berger A., Goldberg L., White L. *The Effects of Dynamic Changes in Bank Competition on the Supply of Small Business Credit. European Finance Review*, 2001, 5 (1 – 2), P. 115.

[24] Blankenau, William, M. Ayhan Kose and Kei-Mu Yi. *Can World Real In-*

terest Rates Explain Business Cycles in a Small Open Economy？. *Journal of Economic Dynamics and Control*, 2001, 25, pp. 867 – 889.

［25］ Blejer M, Schumacher L. *Central Banks Use of Derivatives and Other Contingent Liabilities*：*Analytical Issues and Policy Implications*. IMF Working Paper, 00/66, 2000.

［26］ Blinder. *Crazy compensation and the crisis*. *The Wall Street Journal*, May 28, 2009.

［27］ Blomberg, S. Brock & Hess, Gregory D.. *Politics and exchange rate forecasts. Journal of International Economics*. 1997, 43 （1 – 2）, pp. 189 – 205.

［28］ Bodie Z., Gray D., Merton R.. *A new framework for analyzing and managing macrofinancial risks of an economy*. NBER Working Paper, 2006.

［29］ Booth, R., Cornett, M., Tehranian, H.. *Boards of directors, ownership, and regulation. Journal of Banking and Finance*, 2002, 26, pp. 1973 – 1996.

［30］ Bordeleau and Engert. *Procyclicality and Compensation. Bank of Canada Financial System Review*, June 2009.

［31］ Borensztein E., De Gregorio J., Lee J.. *How Does Foreign Direct Investment Affect Economic Growth？. Journal of International Economics*. 1998, 45 （1）, pp. 115 – 135. Business School, 1995.

［32］ Calvo G.. *Capital Flows and Capital-Market Crises*：*The Simple Economics of Sudden Stops. Journal of applied Economics*. 1998, 1 （1）, pp. 35 – 54.

［33］ Calvo, Guillermo. *Varities of Capital-Market Crises*, IEA Conference Volume, No. 118, New York：St. Martin's Press；London：Macmillan Press, 1998.

［34］ Campbell, John. *Institutional Change and Globalization*. Princeton University Press, July 26, 2004.

［35］ Chang R., Velasco A.. *The Asian Liquidity Crisis*. NBER Working paper, 1998.

［36］ Chang R., Velasco A.. *Exchange-Rate Policy for Developing Countries. American Economic Review*, 2000, 90 （2）, pp. 71 – 75.

［37］ Charkham J.. *Keeping Good Company*：*A Study of Corporate Governance in Five Countries*. Oxford University Press, USA, 1994.

［38］ Chevalier and Ellison. *Risk taking by mutual funds as a response to incentives. Journal of Political Economy*, 1997, 105, 6, pp. 1167 – 1200.

［39］ Chinn and Frankel. *Will the Euro Eventually Surpass the Dollar as Leading International Reserve Currency？. NBER WP No. 11508, 2005. In G7 Current Account*

Imbalances: Sustainability and Adjustment, edited by Richard Clarida. Chicago: University of Chicago Press, pp. 285 – 323.

[40] Chinn and Frankel. *The Euro may over the next* 15 *years surpass the Dollar as leading international currency.* NBER Working Paper, No. 13909, 2008.

[41] Christiano L., Gust C. and J. Roldos. *Monetary Policy in a Financial Crisis.* Working Paper 0204, Federal Reserve Bank of Cleveland, 2002.

[42] Cifuentes, R., G. Ferrucci and H. S. Shin. *Liquidity Risk and Contagion. Journal of the European Economic Association*, 2004, 3 (2 – 3), pp. 556 – 566.

[43] Claessens, S., Glaessner, T.. *The Internationalization of Financial Services in Asia.* World Bank Policy Research Working Paper, 1998, No. 1911.

[44] Claessens S., Djankov S., Fan J., Lang L.. *Disentangling the incentive and entrenchment effects of large shareholdings. The Journal of Finance*, 2002, 57 (6), pp. 2741 – 2771.

[45] Claessens, S., Demirgüç-Kunt. A. and Huizinga. H.. *How does foreignentry affect the domestic banking market? Journal of Banking and Finance.* 2001, 25 (5).

[46] Cook, D. O. and Spellman, L. J.. *Firm and guarantor risk, risk contagion, and the interfirm spread among insured deposits. Journal of Financial and Quantitative Analysis*, 1996, 31, pp. 265 – 281.

[47] Crockett, A.. *The theory and practice of financial stability. Economist*, 1996, 144 (4).

[48] Dages, B. Gerard, Linda Goldberg, and Daniel Kinney. *Foreign and domestic bank participation in emerging markets: Lessons from Argentina and Mexico. Economic Policy Review (Federal Reserve Bank of New York)* 6 (*September*), 2000, pp. 17 – 36.

[49] Dale F. Gray, Cheng Hoon Lim, Elena Loukoianova, Samuel Malone. *A Risk-Based Debt Sustainability Framework: Incorporating Balance Sheets and Uncertainty*, IMF WP/08/40, 2008.

[50] Dale F. Gray, Robert C. Merton, Zvi Bodie. *A New Framework For Analyzing and Managing Macrofinancial Risks of An Economy*, NBER Paper 12637, 2006.

[51] Van Rijckeghem, C. and B. Weber. *Spillovers Through Banking Centers: A Panel Data Analysis.* IMF Working Paper WP/00/88, 2000.

[52] Monetary Fund. De Bandt O., Hartmann P.. *What Is Systemic Risk Today? Risk Measurement and Systemic Risk.* 1998, pp. 37 – 84.

［53］ Dellas. Harris and Martin K. Hess. *Financial Development and the Sensitivity of Stock Markets to External Influences. Review of International Economics*, 2002, 10 (3), pp. 525 – 538.

［54］ Demirgüç-Kunt, Detragiache. *The Determinations of Banking Crises*: *Evidence from Developing and Development Countries.* IMF Staff Papers, 1997.

［55］ Demirgüç-Kunt A. , Detragiache E. . *The determinants of banking crises*: *Evidence from developed and developing countries.* IMF Staff Papers 45, 1998, pp. 81 – 109.

［56］ Demirguc-Kent, Asli & Detragiache, Enrica. *Financial Liberalization and Financial Fragility.* Policy Research Working Paper Series 1917, the World Bank, 1998.

［57］ Demirgüç-Kunt A. , Detragiache E. . *The determinants of banking crises*: *Evidence from developed and developing countries.* IMF Staff Papers, 1998, 45 (1), pp. 81 – 109.

［58］ Demirgüç-Kunt, Detragiache E. . *Monitoring banking sector fragility*: *a multivariate logit approach. The World Bank Economic Review*, 2000, 14 (2), pp. 287 – 307.

［59］ Denizer C. *Foreign Entry in Turkey's Banking Sector*, 1980 – 1997. The internationalization of financial services: Issues and lessons for developing countries, 2000, pp. 389 – 406.

［60］ Diamond, D. and P. Dybvig. *Bank runs, deposit insurance and liquidity. Journal of Political Economy* . 1983, P. 401.

［61］ Diamond, D. and R. Rajan. *Liquidity Risk, Liquidity Creation and Financial Fragility*: *A Theory of Banking. Journal of Political Economy*, 2001.

［62］ Dodd, Randall. S*ubprime*: *Tentacles of a Crisis. Finance &. Development*, 2007.

［63］ Dyck and Zingales. *Private Benefits of Control*: *an International Comparision.* Working Paper 8711 http: //www. nber. org/papers/w8711 Economy 108, 2002, pp. 1 – 33.

［64］ Edison, Hali & Reinhart, Carmen M. . *Stopping hot money. Journal of Development Economics*, 2001, 66 (2), pp. 533 – 553.

［65］ Edison, Hali and Frank WarNock. *A Simle Measure of the Intensity of Capital Controls.* International Finance Discussion Paper No. 705, Washington: Board of Governors of the Federal Reserve, 2001.

[66] Edward J. Kane & Asli Demirgüç-Kunt. *Deposit Insurance Around the Globe*: *Where Does it Work?* . NBER Working Papers 8493, National Bureau of Economic Research, Inc., 2001.

[67] Eichengreen. *Sterling's past*, *Dollar's future*: *historical perspectives on reserve currency competition*. NBER Working Paper, No. 11336, 2005.

[68] Eichengreen B., Mathieson D.. *The Currency Composition of Foreign Exchange Reserves*: *Retrospect and Prospect*. IMF Working Paper 131, 2000.

[69] Eichengreen, Barry. *Comment on "The Impact of the Euro on Exchange Rates and International Policy Coordination"* . in Paul R. Masson, Thomas H. Krueger and Bart G. Turtelboom (eds.), EMU and the International Monetary System, Washington, D. C.: International Monetary Fund, 1997, pp. 49 – 57.

[70] Eichengreen, Barry and Jeffrey Frankel. *The SDR*, *reserve currencies and the future of the International Monetary System*. in Michael Mussa, James Boughton and Peter Isard (eds.), The future of the SDR, Washington, D. C.: IMF, 1996, pp. 337 – 377.

[71] Engle, R. F. and C. W. J. Granger. *Cointegration and Error-Correction*: *Representation*, *Estimation*, *and Testing*. *Econometrica*, 1987, 55, pp. 251 – 276.

[72] F. Mishkin. *Anatomy of a Financial Crisis*. NBER Working Paper, 1991 (12).

[73] Feldstein, M. and C. Horioka. *Domestic Saving and International Capital Flows*. *Economic Journal*, 1980, 90 (358), pp. 314 – 329.

[74] Fidrmuc J., Korhonen I., Bdtorovd I.. *New Global Players and Disharmonies in the World Orchestra*: *Cohesion Analysis of Business Cycles of China*. The economic performance of the European Union: issues, trends and policies, 2009, P. 241.

[75] Flandreau & Jobst. *The ties that divide*: *A network analysis of the international money system*. April 2005, pp. 1890 – 1910.

[76] Flood R., Marion N.. *A Model of the Joint Distribution of Banking and Exchange-Rate Crises*. International Monetary Fund, 2001.

[77] Focarelli, D., Pozzolo, A. F.. *The Determinants of Cross-Border Bank Share holdings*: *an Analysis with Bank-Level Data from OECD Countries*. Proceedings, Federal Reserve Bank of Chicago, Issue May, 2000, P. 381.

[78] Frankel J., Rose A.. *Currency Crashes in Emerging Markets*: *An Empirical Treatment*. *Journal of International Economics*, 1996, 41 (3 – 4), pp. 351 – 366.

[79] Friedman, M., and Schwartz, A. J.. *A monetary history of the United States*, 1867 – 1960. Princeton: Princeton University Press, 1963.

[80] Furfine, C.. *Interbank Exposures*: *Quantifying the Risk of Contagions.* *Journal of Money Credit and Banking*, 2003.

[81] Furfine, Craig. *Interbank Payments and the Daily Federal Funds Rate.* Federal Reserve Board FEDS Paper No. April 24, 1998, pp. 98 – 131.

[82] Furfine. C. *InterBank Exposure*: *Quantifying the Risk of contagion.* BIS Working Paper, No. 70, 1999.

[83] G. Caprio, D. Klingebiel. *Episodes of Systemic and Borderline Financial Crises.* World Bank Research Dataset. http://econ. worldbank. org.

[84] Gapen, M. T. , D. F. Gray, C. H. Lim and Y. Xiao. *The Contingent Claims Approach to Corporate Vulnerability Analysis*: *Estimating Default Risk and Economywide Risk Transfer.* IMF Working Paper 04/121, 2004.

[85] Gapen, M. T. , D. F. Gray, C. H. Lim and Y. Xiao. *Measuring and Analysing Sovereign Risk with Contingent Claims.* IMF Working Paper 05/155, 2005.

[86] Garber, Lumsdaine, van der Leij. *Deutsche Bank Alarm Clock*: *Forecasting Exchange Rate and Interest Rae Events in Emerging Markets.* New York: Deutsche Bank, 2000.

[87] Gaytán, C. Johnson. *A Review of the Literature on Early Warning Systems for Banking Crises.* Central Bank of Chile Working Papers, 2002.

[88] Georgieva, Emiliya Economic Alternatives, No. 4, 2009, pp. 84 – 90.

[89] Giulia Iori & Ovidiu V. Precup. *Weighted Network Analysis of High Frequency Cross-Correlation Measures.* City University Economics Discussion Papers, Department of Economics, City University, London, 2006.

[90] Gizycki M. , Levonian M. . *A Decade of Australian Banking Risk*: *Evidence from Share Prices*: Economic Research Dept, Reserve Bank of Australia, 1993.

[91] Goldberg, L. , G. and R. Grosse. *Location Choice of Foreign Banks in the United States.* *Journal of Economics and Business*, 1994, P. 46.

[92] Goldstein, M. , G. L. Kaminsky, and C. Reinhart. *Assessing financial vulnerability*: *an early warning system for emerging markets.* Institute for International Economics, Washington D. C. , June, 2000.

[93] Goodfriend M. and R. A. King. *Fiancial Deregulition*, *Monetary Policy*, *and Central Banking.* American Enterprise Institute, 1988.

[94] Goodhart, Charles A. E. . *The Two Concepts of Money*: *Implications for the Analysis of Optimal Currency Areas.* *European Journal of Polical Economy*, Vol. 14, 1998.

507

参考文献

［95］Gray D. , S. Malone. *Macrofinancial Risk Analysis*. London：John Wiley&Sons, 2008.

［96］Gray, D. , and S. Malone. *Macrofinancial Risk Analysis*. Hoboken, N. J. : John Wiley and Sons, 2008.

［97］Guillen, M. . *Corporate governance and globalization*：*Is there convergence across countries?* . *Advances in International Comparative Management*, 2000, 13：pp. 175 – 204.

［98］Hanazaki, Masaharu and Akiyoshi Horiuchi. *A Vacuum of Governance in Japanese Bank Management*. In Hiroshi Osano and Toshiaki Tachibanaki (eds.), Banking, Capital Markets and Corporate Governance, London：Palgrave Macmillan Press, 2001, pp. 133 – 180.

［99］Hardy D. C. and Pazarbasioglu C. . *Determinants and leading indicators of banking crises*：*Futher evidence*. IMF Staff Papers, 1999, 46 (3), pp. 274 – 258.

［100］Harry M. Makler, and Walter L. Ness, Jr. *How financial intermediation challenges national sovereignty in emerging markets*. The Quarterly Review of Economics and Finance, 2002, 42 (5), pp. 827 – 851.

［101］Hart O. , Hart O. . *Firms, Contracts, and Financial Structure*. Oxford University Press, USA, 1995.

［102］Hoggarth, G. , R. Reis, and V. Saporta. *Costs of banking system instability*：*Some empirical evidence*. *Journal of Banking and Finance*, 2002, 26 (5), pp. 825 – 855.

［103］Houston, J. and C. James. *CEO Compensation and Bank Risk*：*Is Compensation in Banking Structured to Promote Risk Taking?* . *Journal of Monetary Economics*, 1995.

［104］IMF. *Addressing Information Gaps*. IMF staff position note, 2009.

［105］IMF. *Global Financial Stability Report*. IMF Publishing Services, 2008.

［106］IMF. *Global Financial Stability Report*. IMF Publishing Services, 2002.

［107］Isabelle Mateosy Lago, Rupa Duttagupta, and Rishi Goyal. *The Debate on the International Monetary System*. Imf staff position on note, 2009 – 11 – 11.

［108］Jams Tobin. *The globalization of the world economy, financial globalization*. November 14, 1998 at the Autumn Meeting of the American Philosophical Society.

［109］Jansen W. . *What Do Capital Inflows Do? Dissecting the Transmission Mechanism for Thailand*, 1980 – 1996. *Journal of Macroeconomics*, 2004, 25 (4), pp. 457 – 480.

中国金融国际化中的风险防范与金融安全研究

［110］Jayartne，Jith and Philip Strahan. The Finance-Growth Nexus：Evidence from Bank Branch Deregulation. Quarterly Journal of Economics，1996，111（3），pp. 639 – 670.

［111］Jensen，M. C. and Meckling，W.. *Theory of the Firm*：*Managerial Behaviour*，*Agency Costs and Capital Structure. Journal of Financial Economics*，1976，Vol. 3，pp. 305 – 360.

［112］Kaboub. *Elements of a Radical Counter-movement to Neoliberalism*：*Employment-led Development.* Fadhel Review of Radical Political Economics，2008，40（3），pp. 220 – 227.

［113］Kaminsky G.. *Banking and currency crises*：*the early warnings of distress.* International Finance Discussion，1998，P. 629.

［114］Kaminsky G.. *Varieties of currency crises.* NBER Working Paper No. 10193，2003.

［115］Kaminsky G.，Lizondo S.，Reinhart C.. *Leading indicators of currency crises.* Staff Papers-International Monetary Fund 45，1998，pp. 1 – 48.

［116］Kaminsky G.，Reinhart C.. *The twin crises*：*the causes of banking and balance-of-payments problems.* American Economic Review 89，1999，pp. 473 – 500.

［117］Kaminsky，G. and C. Reinhart. *The Twin Crises*：*The Causes of Banking and Balance-of-Payments Problems*，*American Economic Review.* 1999，pp. 473 – 500.

［118］Kaminsky，G.，Lizondo，S.，Reinhart，C.. *Leading indicators of currency crises.* IMF Working Paper 9779，1997.

［119］Kaminsky，Graciela L. *Currency and Banking Crises*：*The Early Warnings of Distress.* Working Paper WP/99/178，1999，International Monetary Fund，Washington，D. C.，1999.

［120］Kaminsky，Lizondo，Reinhart. *Leading Indicators of Currency Crises.* IMF Staff Papers，1998.

［121］Kaufman G.. *Too big to fail in banking*：*What remains? Quarterly Review of Economics and Finance*，2002，42，pp. 423 – 436.

［122］Kaufman，G.. *Bank contagion*：*a review of the theory and evidence. Journal of Financial Services Research.* 1994，pp. 123 – 150.

［123］Kaufman，G. G. & K. E. Scott. *What Is Systemic Risk*，*and Do Bank Regulators Retard or Contribute to It? . Independent Review .* 2003，pp. 371 – 391.

［124］Kaufman，G. G.. *Bank Failures*，*Systemic Risk*，*and Bank Regulation. Cato Journal.* 1996.

509

[125] Kaufman, G., 1991. *Lender of Last Resort: A Contemporary Perspective. Journal of Financial Services Research*, pp. 123 – 150.

[126] Kaufmann D., Kraay A., Mastruzzi M.. *Governance Matters Iii: Governance Indicators for* 1996, 1998, 2000, *and* 2002. *The World Bank Economic Review*, 2004, 18 (2), P. 253.

[127] Kindelberger. *Manias, panics, and crashes: A history of financial crises.* New York: Basic Books, 1978.

[128] Kinderberg C.. *The Formation of Financial Centers: A Study in Comparative Economic History.* Princeton Studies in International Finance, 1974, P. 36.

[129] Kohli R.. *Capital Flows and Their Macroeconomic Effects in India.* International Monetary Fund, 2001.

[130] Kose M., Yi K.. *Can the standard international business cycle model explain the relation between trade and comovement? Journal of International Economics*, 2006, 68, pp. 267 – 295.

[131] Kose M., Ayhan. *Explaining Business Cycles in Small Open Economies: How Much Do World Prices Matter?*. *Journal of International Economics*, 2002, Vol. 56, pp. 299 – 327.

[132] Kouparitsas, Michael A.. *North-South Business Cycles.* Working Paper, No. 96 – 9, Federal Reserve Bank of Chicago, 1996.

[133] Krause L. B., Nye J. S.. *Reflections on the economics and politics of international economic organizations. International Organization*, 1975, pp. 323 – 342

[134] Krueger, Anne O. and Jungho Yoo. *Capitalism and the Currency-Financial Crisis in Korea.* In Preventing Currency Crises in emerging Markets, ed., by Sebastian Edwards and Jeffrey Frankel, 2002, pp. 461 – 501.

[135] Krugman P., Centre UoAA. *What happened to Asia?*. Audio-Visual Centre, University of Auckland, 1998.

[136] Krugman P.. *A Model of Balance of Payments Crisis. Jouenal of Money, Credit and Banking*, 1979 (11), pp. 311 – 325.

[137] Lane, P. and G. M. Milesi-Ferretti. *The External Wealth of Nations Mark II: Revised and Extended Estimates of Foreign Assets and Liabilities.* IMF Working Paper 06/69, 2006.

[138] Lasswell H., Kaplan A.. *Power and Society: A Framework for Political Inquiry.* New Haven and London: Yale University Press, 1950.

[139] Lehar A.. *Measuring Systemic Risk: A Risk Management Approach. Journal*

of Banking and Finance, 2005, 29 (10), pp. 2577 – 2603.

[140] Leigh, Lamin, and Richard Podpiera. *The Rise of Foreign Investment in China's Banks: Taking Stock.* IMF Working Paper 06/292, 2006.

[141] Lensink R. and Hermes N.. *The short-term effects of foreign bank entry on domestic bank behavior: does economic development matter?* . Papers prepared for the conferences on "Foreign Banks and Economic Transition" in Poznan (September 2001) and Tallinn (April 2002). Published in Journal of Banking and Finance. , 2004, Vol. 28, pp. 553 – 568.

[142] M. Friedman, A. Schwartz. *A Monetary History of the United States*, 1867 – 1960. Princeton University Press, 1971.

[143] Macey, Jonathan and Maureen O'Hara. *The Corporate Governance of Banks.* FRBNY Economic Policy Review. April, 2003.

[144] Mangold P.. *National security and international relations.* Routledge, 1990.

[145] Charles P. , Kindleberger and Robert Z. Aliber. *Manias, panics, and crashes: A history of financial crises.* Palgrave Macmillan, 2005, 5 edition, pp. 1 – 309.

[146] Martin Čihák and Klaus Schaeck. *How Well Do Aggregate Bank Ratios Identify Banking Problems: Initial Results.* IMF Working Paper, forthcoming (Washington: International Monetary Fund), 2007.

[147] Matouk, Jean Revue d'Economie Financiere, Special Issue 2009, pp. 59 – 70.

[148] Mcnamara. *The Essence of Security.* New York, Harper and Row, 1968.

[149] Meltzer, Alan. *Financial Structure, Saving, and Growth: Safety Nets, Regulation, and Risk Reduction in Global Financial Markets.* In Seongtae Lee, ed. , The Implications of Globalization of World Financial Markets. Seoul: Bank of Korea, 1998.

[150] Merton R. , School H. B.. *Future Possibilities in Finance Theory and Finance Practice.* Division of Research, Harvard Business School, 2000.

[151] Miller and Parkhe. *Patterns in the Expansion of U. S. Banks' Foreign Operations*, *Journal of International Business Studies*, 1998, 29 (2).

[152] Milliken. *Three Type of Perceived Uncrtainty about the Environment: State, Effent, and Response Uncertainty.* Academy of Management Review, 1987, P. 12.

[153] Mishkin, F. S.. *Symposium on the Monetary Transmission Mechanism. Journal of Economic Perspectives.* 1995, pp. 3 – 10.

[154] Mishkin, F. S.. *Financial Policies and the Prevention of Fianncial Crises*

in Emerging Market Economies. NBER Working Paper 8087, 2001.

[155] Mody, Ashoka and Mark P. Taylor. *International Capital The Time Varying Role of Informational Asymmetries.* IMF Working Paper 02/34, 2002.

[156] Sungmin Kim and Won-Tai Kim. *Recent Development in Monetary Policy Operating Procedures: the Korea Case.* In Monetary Policy Operating Procedures in Emerging Market Economics. BIS Policy Papers No. 5, 1999, pp. 118 – 168.

[157] Niall Ferguson. *Cash Nex us: Money and Politics in Modern World* 1700 – 2000, Penguin Books Ltd., 2002, pp. 1 – 576.

[158] Nicolis & Prigogine. *Self-Organization in Nonequilibrium systems.* From Dissipative Structures to Order through Fluctuations, 1977, pp. 223 – 232.

[159] Nicolis & Prigogine (1977), *Self-Organization in Nonequilibrium systems.* From Dissipative Structures to Order through Fluctuations, Chapter 10, pp. 239 – 272.

[160] Olivier de Bandt & Philipp Hartmann. *Systemic risk: a survey.* Working Paper Series 35, European Central Bank, 2000.

[161] P. Davis, D. Karim. *Could Early Warning Systems Have Helped to Predict the Sub-Prime Crisis?*. *National Institute Economic Review*, 2008 (1), pp. 35 – 47.

[162] P. Manasse N., Roubini A.. *Schimmelpfennig. Predicting Sovereign Debt Crises.* IMF Working Paper, 2003.

[163] Paolo Manasse, Nouriel Roubini, and Axel Schimmelpfennig. *Predicting Sovereign Debt Crises.* IMF Working Paper, WP/03/221, 2003, International Monetary Fund, Washington, D. C..

[164] Pauchant T., Mitroff I.. *Transforming the Crisis-Prone Organization: Preventing Individual, Organizational, and Environmental Tragedies.* Jossey-Bass Publishers, 1992, pp. 1 – 255.

[165] Persaud, Avinash. *Liquidity Black Holes.* Working Paper, State Street Bank, 2001.

[166] Prowse. *Corporate control in commercial banks.* The Journal of Financial Research, 1997, Vol. 20, pp. 509 – 527.

[167] Quinn, Dennis P.. *The Correlates of Change in International Financial Regulation*. American Political Science Review, 1997, Vol. 91, No. 3 (September).

[168] R. Merton et Z. Bodle. *A conceptual framework for analysing the financial environment.* In: DB Crane et al. (Eds.), The global financial system: a functional perspective, Boston, Mass: Harvard, 1995.

［169］ R. Portes. *An Analysis of Financial Crisis*：*Lessons for the International Financial System*. FRB Chicago/IMF Conference Chicago，8 – 10 October，1998.

［170］ Raghuram Rajan & Luigi Zingales. *The Emergence of Strong Property Rights*：*Speculation from history*. NBER Working Papers 9478，2003.

［171］ Reinhart and K. Rogoff. *Is the* 2007 *U. S. Sub-Prime Financial Crisis So Different? An International Historical Comparison*. *American Economic Review*，2008，98（2），pp. 339 – 344.

［172］ Reinhart C.，Rogoff K.. *This Time Is Different*：*A Panoramic View of Eight Centuries of Financial Crises*. NBER Working Paper，2008.

［173］ Reinhart，Carmen M. Credit Ratings. *Default and Financial Crises*：*Evidence from emerging Markets*. World Bank Economic Review，2002，16（2），pp. 151 – 170.

［174］ Riain O. *The Flexible Developmental State*：*Globalization*，*Information Technology and the "Celtic Tiger"*. *Politics and Society*，2000，28（2），pp. 157 – 193.

［175］ Richard Dobbs and Timothy Koller. *The crisis*：*Timing strategic moves*. Mckinsey on Finance，April 2009.

［176］ Robert Lensink，Niels Hermes. *The Short-term Effects of Foreign Bank Entry on Domestic Bank Behaviour*：*Does Economic Development Matter?*. *Journal of Banking & Finance*，2004，28（3），pp. 553 – 568.

［177］ Rochet J.，Tirole J.. *Platform competition in two-sided markets*. *Journal of the European Economic Association*，2003，pp. 990 – 1029.

［178］ Rochet，J. C. and J. Tirole. *Interbank Lending and Systemic Risk*. *Journal of Money*，*Credit and Banking*. 1996，28（4），pp. 733 – 762.

［179］ Romain Ranciere，Aaron Tornell and Frank Westermann. *Decomposing the effects of financial liberalization*：*Crises vs. growth*. *Journal of Banking & Finance*，2006，30（12），pp. 3331 – 3348.

［180］ Ross Levine. *The Corporate Governance of Banks*：*A Concise Discussion of Concepts and Evidence*. World Bank Policy Research Working Paper 3404，2004.

［181］ Rothgeb. *Defending Power*：*Influence & Force in the Contemporary International System*，*Vhps Distribution*. St. Martin's Press，1993，pp. 13 – 29.

［182］ Roy，Tudela. *Emerging Market Risk Indicator*. New York：Credit Suisse/First Boston，2000.

［183］ Sachs J.，Tornell A.，Velasco A.，Calvo G.，Cooper R.. *Financial Crises in Emerging Markets*：*The Lessons from* 1995. Brookings Papers on Economic Activity，1996，pp. 147 – 215.

[184] Saez L. , Shi X. . *Liquidity Pools, Risk Sharing, and Financial Contagion. Journal of Financial Services Research*，2004，25（1），pp. 5 – 23.

[185] Santomero A. . *Insurers in a Changing and Competitive Financial Structure. Journal of Risk and Insurance*，1997，64（4），pp. 727 – 732.

[186] Schotter，A. and T. Yorulmazer. *On the Severity of Bank Runs*：*An Experimental Study.* Working Paper，Department of Economics，New York University，2003.

[187] Schroder，M. and Schuler，M. . *Systemic risk in European banking-Evidence from bivariate GARCH models.* ZEW Discussion Paper，2003.

[188] Seth R. , D. E. Nolle，S. K. Mohanty. *Do Banks Follow Their Customers Abroad?* . *Financial Markets，Institutions and Instruments*，1998，7（4），pp. 1 – 25.

[189] Shleifer，A. , Vishny，R. W. . *A survey of corporate governance. Journal of Finance*，1997，52，pp. 737 – 783.

[190] Shleifer，Andrei and Robert Vishny. *The Grabbing Hand*：*Government Pathologies and their Cures.* Cambridge，MA：Harvard University Press，1998.

[191] Solow，Robert M. . *On the lender of last Resort.* Cambridge University Press，1982.

[192] Stiglitz. *Stiglitz Says Bank Problems Bigger Than Pre-Lehman.* www. bloomberg. com /apps/news? pid = newsarchive&sid，2009.

[193] Stiglitz J. , Greenwald B. . *Towards a New Paradigm in Monetary Economics.* Cambridge University Press，2003.

[194] Sundararajan V. , Bali O. T. . *Banking Crises*：*Cases and Issues.* Intl Monetary Fund，1991.

[195] Sundararajan，V. And Tomas J. T. Balino. *Issues in Recent Banking Crises.* In V. Sundararajan and Tomas J. T. Balino（eds.)，Banking Crises：Cases and Issues，Washington，D. C. ：International Monetary Fund，1991，pp. 1 – 57.

[196] Sundararajan，Marston，Basu. *Financial System Standards and Financial Stability*：*The Case of the Basel Core Principles.* IMF Working Paper，2001.

[197] Tarisa Watanagase. *Rethinking monetary policy in a globalized world*：*Coping with current challenges and beyond* ［EB/OL］. http：//www. bis. org/review/ r090319c. pdf.

[198] Udaibir S. Das，Marc Quintyn，Kina Chenard. *Does Regulatory Govern-*

ance Matter for Financial System Stability? An Empirical Analysis. 2004, www. imf. org, WP/04/89.

[199] Uiboupin J. . *Implications of Foreign Bank Entry on Central and East European Banking Market. Kroon & Economy*, 2004, 1, pp. 25 – 35.

[200] Unite, A. A. , Sullivan, M. J. . *The Effect of Foreign Entry and Ownership Structure on the Philippine Domestic Banking Market. Journal of Banking & Finance*, 2003, 27, pp. 2323 – 2345.

[201] Valdes, R. . *Emerging market contagion*：*Evidence and theory.* MIT Mimeo, 1996.

[202] van Deventer, D. and K. Imai. *Credit risk models and the Basel Accords*：*the Merton model and reduced form models.* John Wiley & Sons, 2003.

[203] Van Rijckeghem, C. and B. Weder. *Spillovers Through Banking Centers*：*A Panel Data Analysis of Bank Flows.* IMF Working Paper No. 00/88, 2000.

[204] Young I. . *Polity and Group Difference*：*A Critique of the Ideal of Universal Citizenship. Ethics*, 1989, 99 （2）, pp. 250 – 274.

中文部分

[1]《剑桥欧洲经济史》，经济科学出版社 2002 年版。

[2]《经济大辞典·金融卷》，上海辞书出版社 1989 年版。

[3]《经济大辞典·中国经济史卷》，上海辞书出版社 1993 年版。

[4]《列宁全集》（第 23 卷），人民出版社 1990 年版。

[5]《全球金融稳定报告：市场发展与问题》（国际货币基金组织语言服务部译），中国金融出版社 2003 年版。

[6]《新帕尔格雷夫货币金融大辞典》，经济科学出版社 2000 年版。

[7]《中国金融通史》，中国金融出版社 2002 年版；《中国近代金融史》，中国金融出版社 1988 年版。

[8] M. Goldstein, G. Kaminsky, M. Reinhart，刘光溪、刘斌、谢月兰等译：《金融脆弱性实证分析——新兴市场早期预警体系的构建》，中国金融出版社 2005 年版。

[9]［美］艾伦、盖尔著，王晋斌译：《比较金融系统》，中国人民大学出版社 2000 年版。

[10]［美］奥尔斯顿、埃格特森、诺思：《制度变迁的经验研究》，经济科学出版社 2003 年版。

[11] 巴曙松、吴博：《人民币国际化进程中的金融监管》，载于《中国金融》2008 年第 10 期。

［12］巴曙松：《中国金融市场大变局》，北京大学出版社 2006 年版。

［13］白当伟：《全球化的新进展与货币政策国际协调》，载于《国际金融研究》2010 年第 5 期。

［14］［美］本杰明·科恩著，代先强译：《货币地理学》，西南财经大学出版社 2004 年版。

［15］［美］彼得·F.杜拉克著，许是祥译：《有效的管理者》，北京中华企业管理发展中心 1978 年版。

［16］卞志村：《金融自由化条件下的金融监管》，载于《南京师范大学报》（社会科学版）2002 年第 5 期。

［17］［英］伯特兰·罗素：《权力论》，商务印书馆 1991 年版。

［18］［英］蔡尔德（John Child）、布瓦索著，王寅通译：《信息空间：认识组织、制度和文化的一种框架》，上海译文出版社 2000 年版。

［19］曹廷贵：《我国金融改革理念与方式的误区》，载于《财经科学》2005 年第 3 期。

［20］曹照：《政府管理经济的方式与"入世"风险》，载于《探索》2000 年第 3 期。

［21］曾康霖、高宇辉、甘煜：《国别差异与银行业对外开放风险评判》，载于《国际金融研究》2006 年第 11 期。

［22］曾康霖、高宇辉：《中国转型期商业银行公司治理研究》，中国金融出版社 2005 年版。

［23］曾康霖：《金融改革的回顾与评析》，载于《金融研究》2008 年第 4 期。

［24］曾康霖：《美国收入分配的贫富差距与金融经济危机》，载于《马克思主义与现实（双月刊）》2009 年第 5 期。

［25］常欣欣等：《经济全球化对国际关系的影响》，载于《当代世界》1999 年第 2 期。

［26］陈日清、杨海平：《我国金融自由化进程的历史、前提条件及存在问题研究》，载于《华北金融》2008 年第 12 期。

［27］陈学彬、张文：《完善我国商业银行激励约束机制的博弈分析》，载于《国际金融研究》2003 年第 3 期。

［28］陈野华、卓贤：《中国渐进改革成本与国有银行财务重组》，载于《经济研究》2006 年第 3 期。

［29］陈野华：《2002 年中国金融研究报告》，西南财经大学出版社 2003 年版。

［30］陈野华：《国企改制与中国证券市场的国际化进程》，载于《经济体制改革》1999 年第 5 期。

［31］陈瑛：《金融全球化浪潮下我国的金融安全问题研究》，载于《贵州民族学院学报》（哲学社会科学版）2006 年第 5 期。

［32］程定华：《双刃剑——金融国际化的利益与风险》，上海社会科学院出版社 1999 年版。

［33］程民选、唐雪漫：《社会信用体系:需要深入思考的几个理论问题》，载于《当代经济研究》2009 年第 12 期。

［34］崔光庆：《我国隐性财政赤字与金融风险的对策研究》，载于《宏观经济研究》2007 年第 6 期。

［35］戴相龙：《关于金融全球化问题》，载于《金融研究》1999 年第 1 期。

［36］［美］道格拉斯·C·诺思著，陈郁、罗华平译：《经济史中的结构与变迁》，上海三联书店、上海人民出版社 1995 年版。

［37］董传仪：《危机管理学》，中国传媒大学出版社 2007 年版。

［38］杜厚文、王元龙等：《金融全球化与中国》，载于《宏观经济研究》1999 年第 3 期。

［39］鄂志寰：《资本流动与金融稳定相关关系研究》，载于《金融研究》2000 年第 7 期。

［40］樊纲：《论"国家综合负债"——兼论如何处理银行不良资产》，载于《经济研究》1999 年第 5 期。

［41］范小云：《繁荣的背后:金融系统性风险的本质、测度与管理》，中国金融出版社 2006 年版。

［42］冯福来、高燕：《对我国发展金融衍生工具市场的研究》，载于《海南金融》2006 年第 4 期。

［43］［法］弗朗索瓦·沙奈著，齐建华、胡振良译：《金融全球化》，中央编译出版社 2001 年版。

［44］宫占奎、冯兴艳：《韩国金融账户自由化的经济效应研究》，载于《东北亚论坛》2006 年第 3 期。

［45］顾宇婷：《关于国内金融安全研究进展的述评》，清华大学硕士学位论文，2005 年。

［46］郭平、李恒：《财政风险的金融视角:共生性及其破解》，载于《广东金融学院学报》2005 年第 2 期。

［47］郭研、张立光：《外资银行进入对我国银行业影响的实证研究》，载于《经济科学》2005 年第 2 期。

[48] 国际货币基金组织，国际货币基金组织语言服务部译：《金融稳健指标：编制指南》，国际货币基金组织 2006 年版。

[49] 国际货币基金组织，国际货币基金组织语言服务部译：《全球金融稳定报告：市场发展与问题》，中国金融出版社 2003 年版。

[50] 国际货币基金组织：《世界经济展望》（国际货币基金组织语言部译），中国金融出版社 1998 年版。

[51] 韩冰、魏凯：《在金融全球化下我国金融安全若干问题综述》，载于《价值工程》2006 年第 6 期。

[52] 何德旭、史晓琳：《金融安全网：内在联系与运行机理》，载于《当代财经》2010 年第 5 期。

[53] 何德旭、姚战琪、余升国：《资本流动性：基于中国及其他亚洲新兴国家的比较分析》，载于《经济研究》2006 年第 41 期。

[54] 何慧刚：《人民币国际化：模式选择与路径安排》，载于《财经科学》2007 年第 2 期。

[55] 何金旗、喻丽：《跨国公司控制海外合资企业机制研究》，载于《经济纵横》2006 年第 7 期。

[56] 何强：《母公司对合资企业的控制策略》，载于《国际经济合作》2000 年第 5 期。

[57] 何泽荣：《论经济、金融全球化》，载于《经济学家》2000 年第 5 期。

[58] 贺铿：《经济运行中的问题及理论思考》，载于《西南财经大学光华讲坛——社会名流与企业家论坛》2010 年第 16 期。

[59] 崔宏伟、姚勤华：《中东欧国家加入欧盟进程：战略选择与政策调整》，载于《东欧中亚研究》2002 年第 2 期。

[60] [美] 亨廷顿著，周琪、刘绯、张立平、王圆译：《文明的冲突与世界秩序的重建》，新华出版社 1998 年版。

[61] 洪正、周轶海：《内部监督、监督替代与银行价值》，载于《金融研究》2008 年第 7 期。

[62] 洪正：《管理能力、私人利益、政府干预与国有银行战略投资者选择》，载于《世界经济》2007 年第 12 期。

[63] 胡百精：《危机传播管理——流派、范式与路径》，中国人民大学出版社 2008 年版。

[64] 华民：《经济全球化——中国准备好了吗?》，载于《国际经济评论》1999 年第 9~10 期。

[65] 黄桂田：《中国经济增长转型阶段的宏观政策取向：基于对经济周期转

型特点的分析》，载于《金融研究》1999 年第 3 期。

[66] 黄海州、许成钢：《金融制度、风险扩散和金融危机》，载于《经济与社会体制比较》1999 年第 4 期。

[67] 黄玲：《金融开放的多角度透视》，载于《经济学（季刊）》2007 年第 2 期。

[68] 黄宪、熊福平：《外资银行进入对我国银行业影响的实证研究》，载于《国际金融研究》2006 年第 5 期。

[69] 黄宪、熊福平：《外资银行在中国发展的经营动机和经营策略分析》，载于《金融研究》2005 年第 2 期。

[70] 黄新飞、张娜：《国有商业银行激励机制的影响因素分析——一个多重任务的博弈分析框架》，载于《数量经济技术经济研究》2005 年第 11 期。

[71] ［美］基辛格著，顾淑馨译：《大外交》，海南出版社 1998 年版。

[72] 贾俊雪：《中国经济周期波动特征及原因研究》，中国人民大学博士论文，2006 年。

[73] 江涌：《金融安全是国际经济安全的核心——国际金融危机的教训与启示》，载于《求是》2009 年第 5 期。

[74] 蒋岚翔：《次贷危机引发金融海啸的成因及对 IS – LM 模型的冲击》，载于《理论与当代》2009 年第 8 期。

[75] 蒋旭怀、吴富佳、金桩：《当前资本市场的风险传导机制——基于传染效应的实证分析》，载于《财经科学》2006 年第 2 期。

[76] ［美］杰弗里·法兰克尔、彼得·奥萨格：《美国 90 年代的经济政策》，立信出版社 2006 年版。

[77] 金德尔伯格著，朱隽、叶翔译：《疯狂、惊恐和崩溃：金融危机史》，中国金融出版社 2007 年版。

[78] 景玉琴：《产业安全评价体系指标研究》，载于《经济学家》2006 年第 2 期。

[79] 卡尔·E. 瓦什：《货币理论与政策》（中译本），中国人民大学出版社 2001 年版。

[80] 卡尔·帕顿和大卫·沙维奇著，孙兰芝、胡启生等译：《政策分析和规划的初步方法》，华夏出版社 2001 年版。

[81] 克鲁格曼著，刘波译：《萧条经济学的回归和 2008 年经济危机》，中信出版社 2009 年版。

[82] 李宝伟：《美国的金融自由化与经济虚拟化》，载于《开放导报》2010 年第 1 期。

［83］李炳炎、王小刚：《金融全球化条件下的中国金融安全》，载于《南京理工大学学报》（社会科学版）2006 年第 10 期。

［84］李成勋：《2020 年的中国：对未来经济技术社会文化生态环境的展望》，人民出版社 1999 年版。

［85］李东荣：《人民币跨境计价结算：问题与思路》，中国金融出版社 2008年版。

［86］李健：《金融全球化进程中的风险防范》，载于《国际金融研究》2000年第 2 期。

［87］李美清：《企业控制权配置：基于非所有权视角的考察》，载于《湖南科技学院学报》2005 年第 8 期。

［88］李萌：《论开放经济条件下我国货币政策的国际协调》，载于《经济问题》2004 年第 6 期。

［89］李石凯：《境外战略投资者对中东欧 8 国银行产业转型与发展的影响》，载于《国际金融研究》2006 年第 9 期。

［90］李世宏：《中央银行最后贷款人制度研究》，西南财经大学博士论文，2005 年。

［91］李天栋、冯全普：《次贷危机与国际金融秩序重构的博弈分析——兼论我国对全球性资源布局的战略》，载于《复旦大学学报》（社会科学版）2009年第 3 期。

［92］李小娟：《论货币政策国际协调的机制及其选择》，载于《亚太经济》2006 年第 3 期。

［93］李晓峰、王维、严佳佳：《外资银行进入对我国银行效率影响的实证分析》，载于《财经科学》2006 年第 8 期。

［94］李永宁、郑润祥、黄明皓：《超主权货币、多元货币体系、人民币国际化和中国核心利益》，载于《国际金融研究》2010 年第 7 期。

［95］李忠平：《中国金融国际化问题研究》，中国财政经济出版社 1997年版。

［96］梁勇：《开放的难题：发展中国家的金融安全》，高等教育出版社 1999年版。

［97］刘春航、李文泓：《关于建立宏观审慎监管框架与逆周期政策机制的思考》，载于《比较》2009 年第 4 期。

［98］刘佳：《金融危机预警指标的数量分析——有效性与敏感性的统一》，西南财经大学统计学院硕士学位论文，2009 年。

［99］刘莉亚：《境外"热钱"是否推动了股市、房市的上涨？——来自中

国市场的证据》，载于《金融研究》2008 年第 10 期。

［100］刘沛、卢文刚：《金融安全的概念及金融安全网的建立》，载于《国际金融研究》2001 年第 11 期。

［101］刘沛：《金融稳定的制度分析》，载于《南方金融》2002 年第 12 期。

［102］刘尚希：《财政风险：从经济总量角度的分析》，载于《管理世界》2005 年第 7 期。

［103］刘锡良、齐稚平：《金融危机后美国的金融自由化策略选择》，载于《当代经济研究》2009 年第 11 期。

［104］刘锡良、董青马：《我国银行改革的回顾与分析——基于银行与政府关系演变的视角》，载于《财经科学》2008 年第 9 期。

［105］刘锡良：《中国经济转轨时期金融安全问题研究》，中国金融出版社2004 年版。

［106］刘兴华：《中国资本流动性的估测及国际比较》，载于《金融教学与研究》2003 年第 5 期。

［107］刘迎秋：《国际金融危机与新自由主义的理论反思》，载于《经济研究》2009 年第 11 期。

［108］卢梭：《社会契约论》，商务印书馆1980 年版。

［109］陆磊：《外资入股中资商业银行治理与国家金融安全》，载于《武汉金融》2006 年第 1 期。

［110］［美］罗伯特·希斯著，王成、宋炳辉、金瑛译：《危机管理》，中信出版社2004 年版。

［111］吕剑：《外资银行进入对我国银行业的影响——基于面板数据的分析》，载于《国际商务——对外经济贸易大学学报》2006 年第 5 期。

［112］马君潞、范小云、曹元涛：《中国银行间市场双边传染的风险估测及其系统性特征分析》，载于《经济研究》2007 年第 1 期。

［113］马君潞、吕剑：《人民币汇率制度与金融危机发生概率——基于Probit 和 Logit 模型的实证分析》，载于《国际金融研究》2007 年第 9 期。

［114］马克思：《资本论》，人民出版社1975 年版。

［115］马歇尔：《货币、信用与商业》，商务印书馆1986 年版。

［116］马勇、杨栋、陈雨露：《信贷扩张、监管错配与金融危机：跨国实证》，载于《经济研究》2009 年第 12 期。

［117］迈克尔·C·杰克逊（Michael C. Jackson）著，高飞、李萌译：《系统思考》，中国人民大学出版社2005 年版。

［118］［美］麦金农著，卢骢译：《经济发展中的货币与资本》，上海人民出

版社 1997 年版。

[119] 梅鹏军、裴平:《外资潜入及其对中国股市的冲击——基于 1994 ~ 2007 年实际数据的分析》,载于《国际金融研究》2009 年第 3 期。

[120] 孟艳:《扩大金融开放与金融监管的国际化》,载于《理论前沿》2008 年第 4 期。

[121] [美] 米尔顿·弗里德曼、安娜·J·施瓦茨著,巴曙松、王劲松等译:《美国货币史 (1867 ~ 1960 年)》,北京大学出版社 2009 年版。

[122] 倪世雄:《当代西方国际关系理论》,复旦大学出版社 2001 年版。

[123] 聂富强、崔名铠:《金融市场视角下的货币与金融统计——由近期金融统计新国际标准相继出台引发的思考》,载于《华北金融》2010 年第 1 期。

[124] 聂富强等:《中国国家经济安全预警系统研究》,中国统计出版社 2005 年版。

[125] 钮文新:《股市泡沫将危及金融主权》,载于《中国经济周刊》2008 年第 25 期。

[126] 潘锐:《美国次贷危机的成因及其对国际金融秩序的影响》,载于《东北亚论坛》2009 年第 1 期。

[127] 潘兴:《金融危机爆发环境特点的数量分析——以危机成本的衡量为视角》,西南财经大学统计学院硕士学位论文,2009 年。

[128] 潘悦:《试论韩国金融自由化》,载于《世界经济》1997 年第 11 期。

[129] 庞皓、黎实、贾彦东:《金融安全的预警机制与风险控制研究》,科学出版社 2009 年版。

[130] 庞晓波、黄卫挺:《金融安全网络与金融机构道德风险》,载于《吉林大学社会科学学报》2009 年第 6 期。

[131] 裴桂芬:《美、日金融自由化与金融监管》,载于《外国经济与管理》1998 年第 1 期。

[132] 裴小革:《国际金融危机与马克思主义》,载于《经济研究》2009 年第 11 期。

[133] 彭兴韵:《金融危机管理中的货币政策操作——美联储的若干工具创新及货币政策的国际协调》,载于《金融研究》2009 年第 4 期。

[134] [美] 皮尔逊、巴亚斯里安著,杨毅、钟飞腾、苗苗译:《国际政治经济学:全球体系中的冲突与合作》,北京大学出版社 2006 年版。

[135] [美] 乔治·索罗斯著,王宇译:《开放社会:改革全球资本主义》,商务印书馆 2001 年版

[136] [美] 乔治·索罗斯著,王荣军译:《索罗斯论全球化》,商务印书馆

2003 年版。

[137] 曲凤杰:《韩国金融开放的经验和教训》,载于《新金融》2006 年第 8 期。

[138] 让·梯若尔著,陈志俊、闻俊译:《金融危机、流动性与国际货币体制》,中国人民大学出版社 2003 年版。

[139] 上海财经大学现代金融研究中心,上海财经大学金融学院:《2006 年中国金融发展报告——金融开放与金融安全》,上海财经大学出版社 2006 年版。

[140] 邵平、刘林、孔爱国:《高管薪酬与公司业绩的敏感性因素分析——金融业的证据（2000～2005 年）》,载于《财经研究》2008 年第 1 期。

[141] 沈悦、赵建军:《中国金融自由化改革进程判断:1994～2006 年》,载于《西安交通大学学报》（社会科学版）2008 年第 2 期。

[142] 沈中华:《银行危机形成原因探讨》,载于《存款保险季刊》1999 年第 12 期。

[143] 盛松成:《宏观审慎监管:中央银行行使的依据、目标和工具》,工作论文,2010 年。

[144] 施伯珩:《钱庄学》（民国丛书第四编,34,经济类）,上海书店——据上海商业珠算学社 1931 年版影印。

[145] 石俊志:《金融危机生存机理与防范》,中国金融出版社 2001 年版。

[146] 史建平:《国有商业银行改革应慎重引进外国战略投资者》,载于《财经科学》2006 年第 1 期。

[147] 世界银行、国际货币基金组织,中国人民银行金融稳定局译:《金融部门评估手册》,中国金融出版社 2007 年版。

[148] 宋炳方:《亚洲金融风暴与我国金融安全》,载于《河北经贸大学学报》1998 年第 3 期。

[149] 宋勃、高波:《国际资本流动对房地产价格的影响——基于我国的实证检验（1998～2006 年）》,载于《财经问题研究》2007 年第 3 期。

[150] 苏宁:《借鉴国际经验,加快建立适合中国国情的存款保险制度》,载于《金融研究》2005 年第 12 期。

[151] 苏宁:浦东干部学院首期金融系统领导干部"金融改革与风险防范"专题研究班课件,2005 年 10 月。

[152] 苏珊·斯特兰奇:《国家与市场:国际政治经济学导论》（中译本）,经济科学出版社 1990 年版。

[153] 孙可娜:《以金融危机为契机重构国际经济秩序》,载于《理论与现代化》2009 年第 1 期。

[154] 唐双宁：《2006 年入股银行不等于做银行高管》，载于《中国经济周刊》2006 年第 15 期。

[155] 唐双宁：《中国银行业引进战略投资者应符合五原则、五标准》，载于《经济政策法规参考》2005 年第 23 期。

[156] 唐旭、梁猛：《中国贸易顺差中是否有热钱，有多少?》，载于《金融研究》2007 年第 9 期。

[157] 唐旭：《金融安全重在体系建设》，载于《瞭望经济周刊》2006 年第 3 期。

[158] 佟彬：《金融危机爆发前经济条件的数量分析——以经济周期为视角》，西南财经大学统计学院硕士学位论文，2009 年。

[159] 汪建、吴英蕴：《银行国际化的效应分析》，载于《投资研究》2000 年第 10 期。

[160] 王宝杰：《国际化视野下的中国金融监管法律体系及其完善》，载于《理论前沿》2009 年第 4 期。

[161] 王川：《基于国际金融危机背景下的人民币国际化研究》，浙江大学硕士学位论文，2010 年。

[162] 王德祥：《经济全球化条件下的世界金融危机研究》，武汉大学出版社 2002 年版。

[163] 王晖蓉：《我国金融自由化进程中的银行监管》，北京工商大学，2006 年。

[164] 王金龙：《金融国际化效应研究》，中共中央党校，2000 年。

[165] 王梦奎：《中国中长期发展的重要问题：2006 ~ 2020 年》，中国发展出版社 2005 年版。

[166] 王倩、何志鹏：《从国际金融危机反思国际金融秩序》，载于《北华大学学报》（社会科学版）2009 年第 2 期。

[167] 王森：《国有商业银行改革:改善治理结构还是拓展市场业务》，载于《金融研究》2005 年第 6 期。

[168] 王晓春：《资本流动程度估计方法及其在发展中国家的应用》，载于《世界经济》2001 年第 7 期。

[169] 王叙果、蔡则祥：《中国系统性金融风险担保机制的分析》，载于《金融研究》2005 年第 9 期。

[170] 王一江、田国强：《不良资产处理股份制改造与外资战略》，载于《经济研究》2004 年第 11 期。

[171] 王元龙：《我国对外开放中的金融安全问题研究》，载于《国际金融

研究》1998 年第 5 期。

[172] 王元龙:《关于金融安全的若干理论问题》,载于《国际金融研究》2004 年第 5 期。

[173] 王元龙:《中国金融安全论》,中国金融出版社 2003 年版。

[174] 卫红:《金融自由化进程中的金融稳定:结构视角》,中国社会科学院,2002 年。

[175] 吴晓灵:《加强金融法制建设 维护金融稳定基础》,北京大学光华管理学院"中日高级经济论坛"演讲稿 2004 年。

[176] 吴晓求:《关于金融危机的十个问题》,载于《经济理论与经济管理》2009 年第 1 期。

[177] 谢平、陈超:《论主权财富基金的理论逻辑》,载于《经济研究》2009 年第 2 期。

[178] 谢平:《货币监管与金融改革》,三联书店 2004 年版。

[179] 谢平:《金融监管的五个前沿问题》,载于《新金融》2009 年第 12 期。

[180] 徐洪水:《人民币国际化的理论分析及战略思考》,载于《国际经贸探索》2004 年第 5 期。

[181] 徐寄庼编辑:《增改最近上海金融史》(民国丛书第四编,33,经济类),上海书店——据 1932 年版影印。

[182] 徐开金:《经济安全:基于经济主权角度的研究》,载于《社会科学研究》2003 年第 2 期。

[183] 徐平、陈丽华:《论政府规制的适度性把握》,载于《经济与管理研究》2006 年第 10 期。

[184] 薛澜、张强、钟开斌:《危机管理——转型期中国面临的挑战》,清华大学出版社 2009 年版。

[185] 亚洲开发银行,张建华、王素珍、徐忠等译:《金融危机早期预警系统及其在东亚地区的运用》,中国金融出版社 2006 年版。

[186] 亚洲开发银行,张建华、王素珍、徐忠等译:《金融危机早期预警系统及其在东亚地区的运用》,中国金融出版社 2006 年版。

[187] 阎庆民:《银行业公司治理与外部监管》,载于《金融研究》2005 年第 9 期。

[188] 杨斌:《威胁中国的隐蔽战争》,经济管理出版社 2000 年版。

[189] 易文斐、丁丹:《中国金融自由化指数的设计和分析》,载于《经济科学》2007 年第 3 期。

[190] 易文斐:《中国金融自由化改革的增长效应》,复旦大学出版社硕士论文,2008年。

[191] 尹亮:《金融危机预警方法与应用研究——基于"相似度"分析法的金融风险状态测评》,西南财经大学硕士学位论文,2009年。

[192] 尹宇明、陶海波:《热钱规模及其影响》,载于《财经科学》2005年第6期。

[193] 余云辉、骆德明:《谁将掌控中国的金融》,载于《上海证券报》2005年第10期。

[194] 虞伟荣、胡海鸥:《国际货币政策协调低效的经济学分析》,载于《世界经济与政治论坛》2005年第1期。

[195] 袁德磊、赵定涛:《国有商业银行脆弱性实证研究（1985～2005年）》,载于《金融论坛》2007年第3期。

[196] 袁鹰、涂志勇:《国际货币政策协调能带来社会福利的增加吗?》,载于《上海金融》2007年第3期。

[197] ［英］约翰·伊特韦尔等:《新帕尔格雷夫经济学大辞典》,经济科学出版社1992年版。

[198] ［英］约翰·泰勒:《美联储准备金膨胀威胁》,载于《金融时报》2009年3月26日。

[199] ［英］约翰·希克斯:《经济史理论》,商务印书馆1987年版。

[200] 张纯威:《需求移入货币汇率政策博弈分析》,载于《金融研究》2006年第8期。

[201] 张健华、张雪春:《美国次贷危机与金融制度重构》,载于《金融研究》2008年第12期。

[202] 张明:《热钱,对新兴市场究竟意味着什么》,载于《上海证券报》2008年4月11日。

[203] 张桥云:《加强金融监管 维护金融安全》,载于《中国审计》2009年第17期。

[204] 张少春:《体制转轨中的金融风险问题——基于财政金融体制变革的研究》,东北财经大学博士学位论文,2001年。

[205] 张维迎著:《企业的企业家——契约理论》,上海三联书店、上海人民出版社1995年版。

[206] 张文木:《中国国家安全哲学》,载于《战略与管理》2000年第1期。

[207] 张秀莉:《橡皮股票再研究》,载于《社会科学》2009年第4期。

［208］张雪丽：《开放经济条件下的中国金融稳定研究》，东北财经大学，2007 年。

［209］张亦春、许文彬：《金融全球化、金融安全与金融演进》，载于《管理世界》2002 年第 8 期。

［210］张谊浩、沈晓华：《人民币升值、股价上涨和热钱流入关系的实证研究》，载于《金融研究》2008 年第 11 期。

［211］张幼文等：《国家经济安全问题的性质与研究要点》，载于《世界经济研究》1999 年第 3 期。

［212］张渝敏：《美、日金融自由化进程比较及其启示》，载于《当代经济》2006 年第 5 期。

［213］赵静梅：《金融危机救济论》，西南财经大学出版社 2008 年版。

［214］赵瑛：《亚洲金融危机前后的韩国金融改革》，载于《生产力研究》2010 年第 3 期。

［215］中国人民银行金融稳定局：《认真履行职责维护金融稳定》，载于《中国金融》2008 年第 24 期。

［216］周虎：《国际资源争夺中的金融战》，载于《战略与管理》2002 年第 3 期。

［217］周立：《中国和平崛起的经济金融安全——外部性角度的解释》，载于《中国金融业全面开放与金融稳定学术研讨会论文集》2006 年。

［218］周小川：《保持金融稳定 防范道德风险》，载于《金融研究》2004 年第 4 期。

后　记

　　本书在课题组成员的共同努力下，通过大量的调查研究和反复讨论，几易其稿，最终完成。在研究过程中，我们得到了以下的主要观点与结论：第一，从现在至21世纪中叶，我国经济将面临前所未有的复杂性与不确定性局面，金融危机成为不可避免的大概率事件：一是全球金融业正在经历由以银行为主体的金融体系向以市场为主体的金融体系转型，金融监管模式面临新问题；二是中国经济完全转型还将持续较长时间，转型必将导致风险种类与传导机制频繁变动；三是中国经济金融崛起不可避免，中国崛起过程中的国家利益冲突必将导致金融安全问题难以避免。第二，未来一段时间内，金融开放不可逆转，我国金融安全维护将遭遇严峻的现实挑战：一是高速经济增长的不可持续性是我国金融安全面临的根本挑战；二是金融国际化尤其是人民币的国际化与资本流动将对我国经济带来巨大不确定性与安全隐患；三是中国金融崛起必将打破原有世界金融格局，世界利益版图将重新分割，全球货币体系也必将重置。第三，我们必须对金融风险防范与安全维护提供切实可行的战略性选择：一是金融危机每一次的爆发方式与生成机理均呈现较大的差异，人们难以精确地对其进行准确的预测，我们只能通过事前的制度建设来"固本强元"，增强我国维护金融安全能力；二是构建危机管理的综合框架，对金融危机过程，事前防范、事中救助、事后处置等关注的重点、难点及应用工具进行认真审视，进一步完善我国金融安全维护体系；三是从根本上改造我国的信息—制度结构，降低内生性金融风险的转嫁影响、提升我国金融风险的承担能力，进而改善我国在全球金融风险分摊中的地位。

　　掩卷长思，意犹未尽，我们认为未来这一领域仍然有许多值得进一步思索的重要问题，概要如下：

　　（1）关于中国金融崛起的路径及其面临的挑战与金融安全问题。中国经济金融的崛起，必将打破原有的世界经济金融格局，世界利益版图将重新分割，全球货币体系也必将重置，亚洲及中国的经济金融问题日益也必将成为研究关注的焦点。中国应该采用什么样的方式崛起？崛起过程可能出现的金融安全问题？人

529

民币如何实现国际化过程？对外开放的具体次序问题？中国资本输出的方式？

（2）关于金融危机生成机理问题。金融危机属于病理经济学研究范畴，很难有统一的分析范式。我们的分析也仅实现了逻辑与分析范式上的统一，并未能实现模型的一般化与统一化，金融安全的微观形成机理还需进一步研究。金融国际化给我国带来了广泛的影响，我们很难清晰地描述金融国际化的内容，也很难将金融国际化进行准确的数理刻画并代入模型之中。同时，数据问题致使金融安全的实证研究遭遇较大障碍，尤其是严重的信息约束，从而影响监测和预警目标的实现。一是由于银行的保密原则与研究样本缺乏连续性，导致一些关键数据难以取得，比如银行真实的关联头寸等；二是金融市场有效性不足导致在国外应用较广的基于市场信息的系统性风险评估方法推广受到较大限制；三是关于中外政府或利益集团的背景和国际银行业市场行为的第一手资料收集存在较大的障碍。为此，对中国爆发金融危机的可能性的准确预测成为本书面临的最大难题。

（3）关于金融机构与金融市场风险的形成扩散问题。本课题侧重以金融机构为节点研究金融风险的形成与扩散，而对金融市场系统性风险形成的机理研究较少，如：资产价格、汇率、利率的异常波动，金融市场对外开放次序、金融市场定价权、衍生品风险等。应以金融机构的微观风险为主线，探讨金融风险的形成与扩散，抑或是把机构风险与市场风险融为一体，综合研究？

（4）关于金融危机的转嫁问题。在封闭经济条件下，金融风险、金融危机的损失由各国自己承担；在开放经济条件下，由于风险的国际传染，其损失就存在跨国分担与转嫁问题。从现实的状况看，发展中国家总是处于不利的地位，成为风险或危机损失的被转嫁者或承担者；发展中国家有什么措施对抗其风险转嫁，减轻自己承担的损失，维护自身利益；同样，大国与小国间，发展中国家间，金融风险与金融危机的损失又是什么样的分担转嫁机制呢？

（5）关于金融主权问题。金融全球化就意味着金融主权的共享，各国必须放弃部分主权，问题是：各国经济发展的程度不同，利益诉求存在很大差异，哪些金融主权可以分享或共享？哪些主权不可分享？必须维护？各国间存在极大差异，因此，如何平衡各国间的政治经济利益？发达国家如何承担更多的义务？如何维护发展中国家的政治经济利益？这都是金融全球化中，各国博弈的重点或不可回避的问题。

（6）风险防范与安全维护问题。政府与金融机构是风险防范与安全维护的最基本的力量，问题是：政府行为的规范与机构公司治理的完善，是否就不会出现金融风险的扩散及金融危机的爆发呢？事实告诉我们，金融危机依然可能出现，何况政府规范自身行为还有相当难度，或放纵自己，或滥用权力。而金融机构公司治理的完善，也只是理想的状态。同时，次贷危机后全球推出的宏观审慎监管模式在理论与实践上都处于起步阶段，仍存在许多悬而未决的问题：逆周期审慎监管对系统性风险的改善程度到底有多大？系统性金融机构如何认定？逆周期监管准则如何确定？等等。

（7）关于金融危机预警问题。资本主义发展的历史，就是一部金融危机的历史。每一次危机之后，人们都从不同的角度研究危机爆发的原因，可能引发危机的种种因素，以预测或预警下一场危机爆发的可能性，但令人失望的是，迄今没有哪一次危机被人们所准确预测或预警。有人认为这如同地震预测，几乎是不可能的事。

（8）关于危机救助问题。危机救助是凯恩斯主义的基本主张，也是各国政府面临的头痛问题。为了降低危机造成的损失，各国政府都采取了各种救助措施，问题是：救谁不救谁，救助成本与收益，救助时机、救助力度的把握，救助方式的选择，救助中财政金融政策的协调，国际的协调，救助措施的退出机制，救助可能产生的次生灾害，如政府财政危机或通货膨胀，等等。

（9）对一些突发事件的情景模拟不足，比如战争的爆发、地震爆发、人口减少、恐怖袭击、"9·11"事件等突发事件对金融安全带来的冲击。

（10）我国未来经济金融发展模式对金融安全带来的挑战。总结这次金融危机的原因时，有一重要观点：过度金融化，或金融发展过度。问题是：这个度怎么衡量？金融发展与经济发展关系中，金融发展的度是什么？怎么衡量适度？怎么衡量过度？同时，全球金融格局都处于一种重新洗牌与完善的阶段，很多东西需留待以后进一步研究：中国人口结构变化带来的储蓄率下降问题，金融自由化与全球化带来的风险源增加及风险分担模式转变问题、国际货币体系改革问题、政府债务可持续性问题、地方政府融资平台问题，等等。

刘锡良

2011 年 8 月

531

教育部哲学社會科学研究重大課題攻關項目
成果出版列表

书　名	首席专家
《马克思主义基础理论若干重大问题研究》	陈先达
《马克思主义理论学科体系建构与建设研究》	张雷声
《马克思主义整体性研究》	逄锦聚
《改革开放以来马克思主义在中国的发展》	顾钰民
《当代中国人精神生活研究》	童世骏
《弘扬与培育民族精神研究》	杨叔子
《当代科学哲学的发展趋势》	郭贵春
《面向知识表示与推理的自然语言逻辑》	鞠实儿
《当代宗教冲突与对话研究》	张志刚
《马克思主义文艺理论中国化研究》	朱立元
《历史题材文学创作重大问题研究》	童庆炳
《现代中西高校公共艺术教育比较研究》	曾繁仁
《楚地出土戰國簡册［十四種］》	陳　偉
《京津冀都市圈的崛起与中国经济发展》	周立群
《金融市场全球化下的中国监管体系研究》	曹凤岐
《中部崛起过程中的新型工业化研究》	陈晓红
《中国市场经济发展研究》	刘　伟
《全球经济调整中的中国经济增长与宏观调控体系研究》	黄　达
《中国特大都市圈与世界制造业中心研究》	李廉水
《中国产业竞争力研究》	赵彦云
《东北老工业基地资源型城市发展接续产业问题研究》	宋冬林
《转型时期消费需求升级与产业发展研究》	臧旭恒
《中国金融国际化中的风险防范与金融安全研究》	刘锡良
《中国民营经济制度创新与发展》	李维安
《中国现代服务经济理论与发展战略研究》	陈　宪
《中国转型期的社会风险及公共危机管理研究》	丁烈云
《人文社会科学研究成果评价体系研究》	刘大椿
《中国工业化、城镇化进程中的农村土地问题研究》	曲福田
《东北老工业基地改造与振兴研究》	程　伟

书　名	首席专家
《全面建设小康社会进程中的我国就业发展战略研究》	曾湘泉
《自主创新战略与国际竞争力研究》	吴贵生
《转轨经济中的反行政性垄断与促进竞争政策研究》	于良春
《面向公共服务的电子政务管理体系研究》	孙宝文
《中国加入区域经济一体化研究》	黄卫平
《金融体制改革和货币问题研究》	王广谦
《人民币均衡汇率问题研究》	姜波克
《我国土地制度与社会经济协调发展研究》	黄祖辉
《南水北调工程与中部地区经济社会可持续发展研究》	杨云彦
《产业集聚与区域经济协调发展研究》	王　珺
《我国民法典体系问题研究》	王利明
《中国司法制度的基础理论问题研究》	陈光中
《多元化纠纷解决机制与和谐社会的构建》	范　愉
《中国和平发展的重大国际法律问题研究》	曾令良
《中国法制现代化的理论与实践》	徐显明
《农村土地问题立法研究》	陈小君
《生活质量的指标构建与现状评价》	周长城
《中国公民人文素质研究》	石亚军
《城市化进程中的重大社会问题及其对策研究》	李　强
《中国农村与农民问题前沿研究》	徐　勇
《西部开发中的人口流动与族际交往研究》	马　戎
《中国边疆治理研究》	周　平
《中国大众媒介的传播效果与公信力研究》	喻国明
《媒介素养：理念、认知、参与》	陆　晔
《创新型国家的知识信息服务体系研究》	胡昌平
《数字信息资源规划、管理与利用研究》	马费成
《新闻传媒发展与建构和谐社会关系研究》	罗以澄
《数字传播技术与媒体产业发展研究》	黄升民
《教育投入、资源配置与人力资本收益》	闵维方
《创新人才与教育创新研究》	林崇德
《中国农村教育发展指标体系研究》	袁桂林
《高校思想政治理论课程建设研究》	顾海良

书　名	首席专家
《网络思想政治教育研究》	张再兴
《高校招生考试制度改革研究》	刘海峰
《基础教育改革与中国教育学理论重建研究》	叶　澜
《公共财政框架下公共教育财政制度研究》	王善迈
《农民工子女问题研究》	袁振国
《处境不利儿童的心理发展现状与教育对策研究》	申继亮
《学习过程与机制研究》	莫　雷
《WTO 主要成员贸易政策体系与对策研究》	张汉林
《中国和平发展的国际环境分析》	叶自成
＊《西方文论中国化与中国文论建设》	王一川
＊《中国抗战在世界反法西斯战争中的历史地位》	胡德坤
＊《近代中国的知识与制度转型》	桑　兵
＊《中国水资源的经济学思考》	伍新林
＊《中国政治文明与宪法建设》	谢庆奎
＊《地方政府改革与深化行政管理体制改革研究》	沈荣华
＊《知识产权制度的变革与发展研究》	吴汉东
＊《中国能源安全若干法律与政府问题研究》	黄　进
＊《我国地方法制建设理论与实践研究》	葛洪义
＊《我国资源、环境、人口与经济承载能力研究》	邱　东
＊《产权理论比较与中国产权制度变革》	黄少安
＊《中国独生子女问题研究》	风笑天
＊《当代大学生诚信制度建设及加强大学生思想政治工作研究》	黄蓉生
＊《边疆多民族地区构建社会主义和谐社会研究》	张先亮
＊《非传统安全合作与中俄关系》	冯绍雷
＊《中国的中亚区域经济与能源合作战略研究》	安尼瓦尔·阿木提
＊《冷战时期美国重大外交政策研究》	沈志华

......

＊为即将出版图书